제2판

농·식품경제원론

권오상·김성훈·김승규·김태영·문한필·유도일
윤병삼·이병훈·이종욱·장재봉·정원호

PRINCIPLES OF AGRICULTURAL
& FOOD ECONOMICS

박영사

『농·식품경제원론』은 농업경제학, 식품경제학, 자원경제학을 전공하는 대학 학부생들과 이 분야의 원론적인 내용을 학습하고자 하는 독자들을 위해 발간되었었다. 저자들은 전통적인 농업경제는 물론, 식품산업을 포함하는 관련 산업 및 국가 경제 전체와의 연계성, 국제무역, 경제개발과 자원·환경관련 문제 등을 모두 분석할 수 있는 경제원론 교과서를 제작하려 하였고, 그 성과물인 초판은 현재 여러 대학 강좌에서 교재로 사용되고 있다.

초판이 발간된 이후 벌써 상당한 시간이 지났기에 저자들은 내용을 보완하고 개선한 개정판을 이렇게 발간하게 되었다. 제2판에는 윤병삼, 이병훈, 김태영, 이종욱 네 명의 교수가 새로이 저자로 참여하여 교재의 포괄범위를 넓히고 전문성을 높이는 데 기여하였다.

교재의 전체 구성은 크게 달라지지 않았지만, 제12장 "농·식품산업과 기술경제"가 추가되어 농업부문 기술진보의 성격과 기여도에 관한 경제이론을 설명한다. 제10장은 "농·식품관련 보험과 파생상품"으로 제목이 바뀌었으며, 갈수록 중요도가 높아지는 보험관련 이론과 실제까지 포함하여 설명한다. 또한 마지막 장의 국제협력 부분도 분량이 늘어났다. 그 외 기존 내용의 경우 농·식품 경제 관련 현실 자료와 정책 동향을 모두 최근의 것으로 교체하였다. 그리고 각 장의 이론 부분도 상당한 정도 개선하였는데, 특히 보론을 추가하여 정책 사례나 좀 더 깊이 공부할 필요가 있는 내용을 설명하도록 하였다. 그리고 연습문제도 보완하고 내용도 늘렸다.

초판 발간 시와 마찬가지로 11명의 저자들 모두가 전체 내용에 대해 협의하고 협력하였지만, 각 저자가 주로 담당한 내용은 다음과 같다: 권오상(1, 2, 5, 6장), 김성훈(8, 9, 11장), 김승규(17장), 김태영(12장), 문한필·이병훈(18, 19장), 유도일(7, 15, 16장), 윤병삼(10장), 이종욱(20장), 장재봉(3, 4장), 정원호(13, 14장).

『농·식품경제원론』의 개정판 발간은 박영사의 변함없는 지원과 격려에 힘입은 바 큰데, 특히 전채린 차장님과 최동인 님의 노고에 감사드린다.

2024년 9월
저자 일동

본서는 농업경제학, 식품경제학, 자원경제학을 전공하는 학부 학생들이 세부전공과목을 배우기 이전에 공부할 수 있는 종합적인 원론서로서 작성되었다. 이들 세 전공은 과거 농업경제학이라는 전공 명칭을 공통으로 사용하였고, 본서도 10여 년 전에 발간되었다면 아마 농업경제원론이라는 제목을 가졌을 것이다. 우리나라에서 농업경제학의 교육·연구가 시작된 지도 70년이 지났고, 많은 선배 학자들이 새로운 이론을 도입·개발하고 한국 현실에 적용해 왔으며, 전공 관련 다수의 교재들도 발간해왔었다. 본서의 저자들 역시 그러한 교재들을 통해 처음으로 농업경제학을 배웠던 세대에 속한다. 그동안 농업경제학이 다루는 학문 주제가 많이 다양해지고 주안점이 상당히 변했으며, 한국의 농·식품관련 현실도 지속적으로 변해왔다. 따라서 학생들이 쉽게 접할 수 있는 교재 역시 꾸준히 개편되어 제공될 필요가 있으나, 최근 연도에 있어서는 수요에 비할 때 새로운 교재의 발간이 충분히 이루어지지 못한 점이 있다. 이에 저자들은 힘을 합하여 학부 1, 2학년 수준의 학생들이 수업교재로 사용하거나, 농·식품경제의 원론적인 내용을 배우고자 하는 독자들이 읽고 공부할 수 있도록 본서를 발간하게 되었다.

본서를 제작함에 있어 저자들은 세 가지 점에 주의를 기울였다. 첫째, 본서는 제목 『농·식품경제원론』이 의미하는 바와 같이 전통적인 농업부문은 물론 식품산업, 농산물 투입재 산업 등과 같은 농업관련 산업 전체를 분석대상으로 하였고, 농업생산 외에도 새롭게 관심을 끌고 있는 생산 및 소비관련 주요 주제들을 분석할 수 있도록 보다 다양한 방법론을 설명하고자 하였다. 예를 들자면 농업관련 산업의 규모와 산업 간 연계관계를 자료를 이용해 정리하여 제시하였고, 식품산업 등에서 흔히 관찰되는 불완전경쟁시장에서의 균형과 생산자 및 소비자 행위를 설명하였다. 또한 주요 투입재나 천연자원의 합리적 이용, 바이오에너지 등 농산물 신소재산업 관련 정책의 효과, 농촌개발 정책의 효과 등도 분석하였다.

둘째, 본서는 다른 산업과 달리 농·식품부문만이 가지고 있는 여러 고유 특성을 감안하면서도 동시에 농·식품외 산업과의 균형이나 상호 연관성도 강조하고자 하였다. 국민 경제 전체의 시각에서 농·식품산업의 위치와 농·식품외 산업과의 연계성을 자료를 이용해 분석하고, 농·식품산업이 거시경제에서 차지하는 비중, 국가 경제발전에의 기여도, 자원의 도농 간 이동 등에 대해 논의하였다. 또한 최신의 국제무역이론을 적용한 국가 전체 및 농·식품산업의 교역형태 분석 등도 시도하였으며, 농·식품관련 정책의 생산자는 물론 소비자의 후생에 대한 영향 분석도 강화하였다.

셋째, 설명에 있어 '원리'와 '실제' 사이의 균형을 가능한 한 유지하고자 노력하였다. 원론적인 경제이론 전달에 치중하게 되면 일반경제원론과 별다르지 않은 교재가 되고, 반대로 너무 많은 실제현상에 대한 설명을 할 경우 농·식품 경제현상을 해석하는 기본 능력을 전달하는 데에는 오히려 장애가 되며 저자들이 가지고 있는 현실에 대한 판단을 독자들에게 강요할 위험성이 있다. 따라서 소비이론이나 생산이론, 시장균형이론 등과 같은 원론적 성격이 강한 주제들은 기본적인 원리를 충실하게 설명하도록 작성하고, 한국의 고유한 현실 특성을 이해하는 것이 중요한 부문에 있어서는 간략한 형태로 현실에 대한 설명을 하고 그에 대한 해석을 할 수 있도록 하였다.

본서의 저자들은 현재 여러 대학이나 국책연구기관에서 각기 다른 전문분야의 연구와 교육을 활발하게 진행하고 있는 연구자들이다. 저자들은 본서를 위해 각기 자신의 전문분야에 해당되는 내용을 작성하였는데, 본서를 읽고 공부할 학생들의 입장에서 필요한 내용을 빠짐없이 그러나 과하지 않게 작성코자 노력하였다. 그렇게 하기 위해서 본인들이 작성한 내용 외의 내용들도 모두 함께 검토하였고, 몇 차례에 걸친 원고 수정을 통해 각 장 간의 유기적 연계성을 확보하고자 노력하였다. 아울러 상당 수 내용을 어느 저자가 작성했느냐에 관계없이 전체 내용구성상 적절한 장에 위치토록 했기 때문에 본서는 각 장별로 집필자를 한정하지는 않지만, 각 장의 주 저자를 소개하면 다음과 같다. 권오상은 제1, 2, 5, 6장을 집필하였고, 김성훈은 제8, 9, 11장을 작성하였다. 김승규는 제16, 19장을, 김현석은 제10장을, 문한필은 제17, 18장과 함께 제19장을 김승규와 공동으로 집필하였다. 유도일은 제7, 14, 15장을, 장재봉은 제3, 4장을, 그리고 정원호는 제12, 13장을 작성하였다.

본서의 발간에는 박영사의 의지가 많이 작용하였다. 농·식품경제학이 대학 교육 및 연구에서 차지하는 높은 중요도에도 불구하고 본격적인 농·식품경제학 교재가 충분히 발간되지 않고 있는 상황이라 본서의 출간을 적극 저자들에게 권해왔고, 사실 많은 수의 저자가 참여하다 보니 저자들이 당초 계획했던 일정을 맞추어주지 못한 점이 있다.

그러한 불편을 감수하면서도 본서의 발간을 꾸준히 추진해준 박영사 안종만 회장님과, 기획단계에서부터 많은 협조와 지원을 해준, 조성호 이사님, 손준호님, 그리고 편집업무를 성공적으로 해준 김효선님께 감사드린다. 아울러 서울대학교 대학원에 재학했던 박경원 박사와 현재 재학중인 반경훈, 윤지원, 한지연 학생은 본서를 위한 자료작성과 교정 업무에 참여하였고, 일부 원고에 대해 수요자의 입장에서 유익한 조언을 해주었다. 이 분들의 도움에도 불구하고 여전히 남아 있을 오류나 부족함에 대한 책임은 물론 저자들에게 있다.

2018년 2월
저자 일동

차례CONTENTS

PART II 시장이론

PART III 농·식품경제의 확대와 고도화

PART IV 농·식품경제와 국민경제

CHAPTER 13 농업과 거시경제

CHAPTER 14 거시정책과 농·식품산업

농·식품경제원론

"

제1장과 제2장은 서론으로서, 제1장은 농·식품경제학의 학문적 성격이 어떠한지, 한국과 주요 국가에서 어떤 발전과정을 거쳤는지를 논의하며, 본서가 앞으로 다루게 될 주요 내용이 무엇인지를 소개한다. 제2장은 한국의 농·식품산업의 생산 및 소비구조, 생산자의 소득 구조, 소비자의 특성, 국제무역 현황 등을 논의하고 그 변화 형태도 실제 자료를 이용하여 분석한다. 제2장은 독자들로 하여금 한국 농·식품산업의 전체적인 모습과 문제점 등을 이해할 수 있게 한다.

농·식품경제학의 소개

CHAPTER
01

농·식품경제학이란?

제1장은 농·식품경제학이 학문으로서 가지는 특성과 그 중요성을 살펴본다. 그리고 농·식품경제학이
한국은 물론 미국을 비롯한 주요 국가에서 어떻게 형성·발전되어 왔고 어떤 특성을 가지는지도 논의
하며, 마지막으로 본서가 제2장부터 다루게 될 주요 주제에 대해 설명한다.

지구에는 약 80억 명의 인구가 있고, 이들은 하루도 빠짐없이 충분한 양의 식품을 자신들이 원하는 방식대로 소비하고자 하며, 또 그렇게 하여야 한다. 국제연합(UN)의 전망에 의하면 이 인구는 2100년이 되면 현재보다도 약 20억 명 이상이 더 늘어나 100억 명을 넘어설 것이며, 그때에도 지구 전체의 인구는 충분한 양의 식품을 소비할 수 있어야 한다. 하지만 지구는 이렇게 늘어나는 인구를 도시화로 인해 오히려 줄어드는 농지와 농업노동력을 이용해 먹여 살려야 하고, 소득이 증가하면서 소비가 급격히 늘어나는 육류를 공급하기 위해 가축에게 먹일 곡물까지 더 많이 생산해내야 하며, 식량이 바이오에너지 원료로 사용되면서 자동차를 위해 사용될 곡물까지 생산해내야 한다. 이러한 생산은 환경에 미치는 부담은 줄이면서 해야 하고, 점점 더 현실화되는 기후변화에 적응하고, 온실가스 배출량도 줄이면서 해내야 한다.

하지만 지구 전체가 늘어나는 인구를 먹여 살릴 수 있느냐의 여부가 우리가 농 · 식품과 관련하여 고민해야 할 내용의 전부라면 오히려 문제는 덜 심각하다고 할 것이다. 충분한 양의 식품을 소비하는 것은 지구 전체는 물론이고 세계 모든 국가가 뒤처지지 않고 달성해야 할 것인데, 역사적 경험이나 현재의 상황, 미래에 대한 전망을 감안할 때 가까운 시일 내에 모든 나라가 이를 달성하기는 어려워 보인다. 또한 세계 모든 나라에서 공급되는 식품의 양이 충분하다 하더라도 식량을 생산하는 생산자들 또한 도시민과 비교하든 과거의 자신들과 비교하든 소득이 더 낮아지지 않아야 하고 더 열악해지지 않는 환경에서 삶의 질을 누릴 수 있어야 한다. 이것들이 모두 가능할까에 대한 답을 찾고자 하고, 그러한 목표를 실현시킬 방도를 찾고자 하는 것이 우리가 공부하게 될 농 · 식품경제학의 본모습이라 할 것이다.

크게 보면 세계 전체, 보다 가까이로는 한국에 있어서 충분한 양의 식품을 생산하여 소비자들에게 공급할 수 있게 하고, 그 생산자가 절대적으로나 상대적으로나 적절한 수준의 소득과 삶의 질을 유지하도록 하는 것은 단순히 농업생산이 많이 이루어지는 것으로는 해결할 수 없는 복합적인 문제이다. 이 문제의 해결방안을 찾는다는 점에서 농 · 식품경제학은 학문으로서의 중요성을 가진다. 아울러 이러한 문제의 해결방안은 각 국가의 발전단계와 경제여건에 따라 다를 수밖에 없고, 문제의 해결여부는 농 · 식품의 생산과 소비문제에서 나아가 국가 전체의 발전에도 큰 영향을 미치기 때문에 세계 모든 국가에서 농 · 식품경제학이 연구되고 교육되고 있다.

농·식품경제학 연구주제의 중요성을 좀 더 세부적으로 살펴보면, 첫째, 생산측면 혹은 **산업적 측면**의 경우 경제발전 초기 단계에 있는 저개발국에서는 국가 경제 전체 규모에서 농업생산이 차지하는 비중이 절반을 넘기도 하고, 어느 정도 도시화가 진행된 개발도상국에서도 10%를 넘는다. 따라서 이들 국가에서는 국가의 성장 동력이 농업에 있는 경우가 많고, 경제성장의 주도권을 이미 도시부문으로 넘겨준 경우에도 안정적으로 농산물을 도시부문에 공급하는 것이 국가 경제 전체 발전에 대단히 중요하다.

도시화와 산업화가 이미 충분히 진행된 선진국에서는 농업생산이 국가 경제 전체에서 차지하는 비중이 많이 낮아지지만, 이것은 직접적인 농산물 생산액만을 계산할 때 그러하다. 선진국 경제일수록 농업생산은 농기계나 유리온실과 같은 많은 액수의 자본투자를 필요로 하고, 이들 자본재를 공급하는 산업이 필요하다. 아울러 과거에는 농업생산자들이 스스로 조달했을 종자나 비료, 사료 등을 이제는 전문생산자로부터 구매하여야 한다. 그리고 생산된 농산물도 바로 소비되기보다는 부가가치가 더 높은 식품으로 가공되어 판매되며, 농산물이 조직화된 시장에서 거래되고 유통되기 때문에 그 과정에 많은 거래자들이 참여하고 경제적 가치가 만들어지기도 한다. 이렇게 농업생산과정은 물론이고, 농업생산에 필요한 기계, 장비, 시설물, 종자, 비료, 사료 등의 투입물을 생산하는 산업, 그리고 농산물의 유통과 거래, 수출입, 가공 및 판매 등과 관련된 산업 모두를 합하여 농산업(본서의 경우 농·식품산업), 애그리비즈니스(agribusiness), 푸드 시스템(food system) 등의 여러 용어로 표현하기도 한다. 이들 산업들은 선진국에서조차도 여전히 국가 경제에서 큰 비중을 차지하며, 어떤 비농업부문 못지않은 산업적 중요성을 가진다. 한국의 농업도 국가 경제가 성장하면서 직접적인 농산물 생산액의 비중은 많이 줄어들었지만 대신 농업 투입요소산업과 유통 및 가공, 식품산업의 규모는 다른 산업들 못지않게 빠르게 성장하였다.

둘째, 농업생산의 주체, 즉 **생산자적 측면**이다. 농·식품산업은 규모면에서 산업적 중요성을 가지지만, 경제발전단계와 상관없이 여전히 대단히 많은 수의 소규모 생산자에 의해 생산이 이루어진다는 점에서 일반 제조업과는 차이를 가진다. 과거 사회주의국가에서의 집단농장이나 일부 국가에서 시행되었던 플랜테이션농업을 제외하고는 전 세계의 일반적인 농업생산형태는 여전히 가족중심의 생산이다. 다만 국가 토지자원의 많고 적음에 따라 가족 농장당 생산규모의 차이가 있을 뿐이다. 농업이 가지는 이런 특성으로 인해 같은 정도의 경제적 가치를 생산해내기 위해서 농업은 다른 산업에 비해 훨씬 많은 노동력을 필요로 하며, 따라서 고용과 가구소득 면에서는 경제 규모에 비해 훨씬 큰 영향력을 가지고 있다. 전 세계 인구의 절반 이상이 여전히 농업소득에 의존하고 있다고 알려져 있으며, 우리의 경우도 농업생산액이 국가 경제에서 차지하는 비중보다는 취업자 중에서 농업생산자가 차지하는 비중이 훨씬 더 크다. 따라서 건강한 농업의 육성은 보다 많은 국민들이 안정적인 소득을 얻게 하는 데 있어 매우 중요한 조건이 된다.

농·식품산업이 이처럼 생산자의 소득문제를 해결함에 있어 대단히 중요하지만 현실에 있어서 농업생산자는 소득 면에서 약자인 경우가 많아 이에 대한 연구와 해결책을 찾는 것이 필요하다. 저개발국의 경우 농업의 생산성이 아직은 낮고 과도한 농촌인구를 부양해야 하기 때문에 농촌은 도시와 비교할 수 없을 정도의 심각한 빈곤문제를 가지고 있다. 우리와 같이 도시화가 진행된 국가에서는 농업생산자 수는 매우 줄어들었고 농업의 생산성은 높아져 농업노동자 1인당 생산량은 많다. 반면, 도시 소비자 1인당 소비량 증가는 물리적인 한계를 가질 수밖에 없는 식품소비 특성으로 인해 농산물 가격이 상대적으로 낮으며, 그로 인해 농업생산자는 도시민에 비해 낮은 소득만을 얻고 있다. 아울러 도시화 과정에서 도시경제 적응력이 높은 고학력의 젊은 사람들이 우선적으로 도시로 이주하기 때문에 농업에 남아 있는 생산자들은 도시주민보다는 더 노령화가 되어 있어 이들의 후생을 유지하는 문제와, 장래의 농업생산을 책임질 후속세대를 확보하는 것 역시 중요한 문제로 대두된다. 따라서 농·식품경제학은 산업에 대한 분석과 더불어 생산을 담당하는 사람에 대한 분석을 위해서도 노력하여야 한다.

셋째, 농업생산이 주로 이루어지는 **공간적 측면인 농촌의 중요성**이다. 농업생산은 생산규모에 비해 많은 양의 노동을 고용하지만 동시에 많은 면적의 토지를 필요로 하고, 농촌경제의 중심이 된다. 도시와 농촌의 균형 발전은 대부분의 국가가 중요시하는 목표이며, 그 달성 여부는 한 국가의 발전단계가 어느 정도인지를 드러내는 중요한 지표라 할 수 있다. 특히 농촌은 농·식품산업이 제공하는 많은 비시장적 가치가 실현되는 공간이라는 점에서 중요하다. 농·식품산업은 농산물과 식품을 생산하고 그 가치는 시장을 통해 평가된다. 그러나 다른 산업과 달리 농·식품산업은 생산과정에서 다양한 비시장적(non-market) 혹은 비상품적(non-commodity) 가치도 함께 제공하는데,[1] 그 가치는 대부분 농촌이라는 공간에서 실현된다. 농업도 생산과정에서 화학비료를 사용하거나 축산분뇨를 배출하여 환경을 오염시키기도 하지만, 반면 토양을 관리하고 특히, 한국 논 농업의 경우 수자원 관리에 많은 도움을 준다. 농촌이 제공하는 목가적인 풍경이나 전통문

---

1) 이러한 비상품적 가치를 농업의 다원적 기능(multifunctionality)이라 부르기도 한다.

화 보존기능은 그 자체가 높은 경관가치(어메니티)를 가지며, 건강한 농촌은 이러한 농촌 자원이 잘 보존되도록 한다는 점에서도 국가와 국민들에게 큰 기여를 한다. 이러한 농촌 경관가치의 중요성은 현재 우리 사회에서 크게 늘어나고 있는 귀촌현상을 통해서도 확인이 된다.

농·식품산업의 분석대상은 따라서 이상과 같이 산업측면, 고용측면, 공간측면에서 중요성을 가진다고 할 수 있으며, 농업경제학분야에서는 전통적으로 이러한 중요성을 농업, 농민, 농촌의 중요성, 즉 **3농(三農)의 중요성**이라 강조해왔다. 이러한 중요성을 실현하는 것은 방식 면에서는 경제여건과 발전단계에 따라 다를 수 있지만, 모든 국가에 있어 예외 없는 국가 발전의 중요 전제조건이라 할 것이다.

아울러 이들 세 가지 측면은 모두 서로 연계되어 있다. 농·식품산업은 도시 소비자는 물론이고 농산물의 생산단계에서부터 농촌이 가진 수자원, 토지자원과 수준 높은 농업생산 인력을 필요로 한다. 농업생산자는 농업이 산업으로서의 경쟁력과 수익성을 유지해야만 생산행위에 몰두할 수 있으며, 자신의 거주지인 농촌이 쾌적한 생활환경과 문화수준을 제공해줄 수 있어야 농촌에 기꺼이 머무르려 할 것이다. 아울러 농촌은 그 자원의 관리자로서의 농촌주민과 농업생산자를 필요로 하고, 농촌경제는 농업생산으로부터 발생하는 소득과 농업 외 산업활동으로부터 얻어지는 소득이 적절히 조화와 균형을 이룰 때 건강하게 유지될 수 있다.

이렇게 농업, 농민, 농촌의 유기적인 관계가 건강하게 형성되고 발전될 때 그 결과는 국가 경제 전체에 대한 농·식품분야의 기여도가 높아지는 것이며, 도시민들에게는 안전하고 안정적인 농·식품을 공급하고, 환경보전과 휴양의 기능을 가진 공간을 제공하는 것이 될 것이다. 따라서 우리의 현실이 이러한 목표에 비할 때 어느 단계까지 와있고, 어떤 문제를 가지고 있으며, 그 원인과 해결책은 무엇인지를 찾는 것이 우리가 농·식품 경제학을 공부하는 목적이라 할 것이다.

이상 설명한 바와 같은 농업, 농민, 농촌이 가지는 서로 연계되고 복합적인 문제를 분석하는 데에는 농업생산기술관련 분야와 사회과학 각 분야의 학문이 다양하게 기여할 수 있을 것이다. 농·식품경제학은 이 중 사회과학적 방법론을 사용하며, 그 중에서도 경제학적 방법론을 주된 방법론으로 사용한다. 현재의 농업이 다양한 관련 산업과 연계되어 있고, 농업생산자 후생과 농촌발전, 그리고 소비자의 후생에 미치는 중요성이 강조되는 것을 감안하여 본서는 농·식품경제학을 '농림수산물의 생산, 유통, 저장, 가공 및 소비와 관련된 행위와 생산에 필요한 자원의 관리행위, 그리고 생산의 주체인 농가의 후생과 관련된 문제를 경제학적 방법론을 중심으로 분석하는 사회과학'이라 정의하고, 그에 맞게 각 분야의 관련 이론을 제3장에서부터 전개하도록 한다.

section 02 농·식품경제학의 형성 및 발전과정

농·식품분야 연구대상이 확장되면서 본서가 농·식품경제학이라 부르는 학문은 이제는 농업 및 응용경제학, 농업(혹은 식품) 및 자원경제학 등의 다양한 명칭으로 불리고 있으나, 전통적으로는 농업경제학이라 불려왔고, 그러한 명칭하에서 발전해 왔다. 본 절에서는 주요 국가에 있어서 농업경제학의 형성과 발전과정을 간략히 소개한다.

1 미국과 유럽[2]

미국은 이미 19세기 말에 최초로 농업경제학이라는 학문을 개발하여 발전시킨 나라이고, 현재에도 세계 농업경제학 발전에 가장 큰 영향을 미치고 있다. 미국에서는 크게 두 가지 학문 흐름에 의해 미국 농업경제학, 현재 명칭으로는 농업 및 응용경제학(agricultural and applied economics)이 발전해 왔다. 첫 번째 흐름은 1870년대 이래 약 20년간 겪었던 미국 농업의 공황을 탈출하고자 주로 농학자나 원예학자와 같은 자연과학자들이 주도한 흐름이다. 이들은 현대 용어로는 경영학적인 방법론을 도입하여 농업 생산의 기술적 측면 외에 작물선택이나 판매 전략 수립과 같은 의사결정을 분석할 필요성을 주장하였고, 실제로 그러한 연구를 수행하였다. 이들은 많은 수의 농가를 대상으로 하는 현장조사를 통해 농가 경영자료를 획득하고 이를 분석하는 방법을 주로 수행하였는데, 특히 미네소타대학과 코넬대학에 그러한 연구자들이 포진되어 있었으며, 1910년에 미국농업경영학회(American Farm Management Association)를 설립하였다.

두 번째 흐름은 일반경제학의 이론적 발전성과를 이용해 농업경제문제를 분석하고자 하는 흐름이다. 일단의 경제학자들이 농업경영학자들과 비슷한 시기에 미국 농업문제를 분석하기 시작하였고, 이들은 본서의 생산이론부문에서 다루는 기본 경제이론들을

---

2) 아래 내용에 관한 보다 자세한 정보를 위해서는 렁게(Runge, C. F. (2006), *Agricultural Economics: A Brief Intellectual History*, Center for International Food and Agricultural Policy, University of Minnesota)를 참조할 수 있다.

농업생산문제에 적용하였으며, 농업경영 외의 여러 농업경제문제에 대한 분석도 시도하였다. 이들은 1900년대 초기까지는 미국경제학회 내에 별도 그룹을 만들어 농업경제연구를 시행하였으나, 1915년 국립농업경제학회(National Agricultural Economics Association)를 설립하여 독립하였다. 경제학을 농업문제에 적용하는 연구는 위스콘신대학과 미네소타대학, 하버드 대학 등에서 초기에 시작했지만, 곧이어 대부분의 미국 주립대학에서 연구하는 주요 연구 분야로 자리 매김하였다.

미국 농업경제학은 이렇게 서로 다른 두 가지 연구흐름으로부터 시작되었지만 양자간의 구분이 곧 의미가 없어지게 되었으며, 1919년 두 학회가 통합되어 미국농업경영경제학회(American Farm Economics Association)로 명칭이 변경되었다가, 1968년에는 미국농업경제학회(American Agricultural Economics Association)로 다시 명칭이 변경되었다. 또한 농업경제학 자체의 연구 분야가 크게 확장되면서 동 학회의 명칭이 2008년에는 농업 및 응용경제학회(Agricultural and Applied Economics Association)로 변경되어 현재에 이르고 있다.

현재 미국에서는 소위 토지불하대학(land grant university)이라 해서 미국 정부의 토지불하로 설립된 주립대학 거의 모두에서 농·식품경제학의 교육과 연구가 이루어지는데, 여기에는 우리에게도 잘 알려진 대형 주립대학이 대부분 포함된다.3) 미국 주립대학의 농업경제관련 학과는 총 51개인데 농업경제학과(10개), 농업·자원경제학과(10개), 농업·응용경제학과(4개) 등의 명칭을 많이 사용하고, 그 외에도 농업경제학에 식량, 환경, 혹은 발전 등의 명칭을 추가하여 학과 명칭으로 사용하고 있다.4) 현재 미국 상당수 대학의 농업경제학 관련 대학원에서는 전문적인 경제학적 분석을 엄밀하게 교육·연구하고, 학부에서는 농업의 산업화를 의미하는 애그리비즈니스를 경영학적 방법론까지 결합하여 주 전공으로 가르치고 있다.

미국 농업경제학회에서의 연구와 교육은 초기에는 농업생산과 경영에 초점이 맞추어졌으나, 이후 본서가 다루게 될 대단히 많은 영역으로 확장이 되고, 지역발전, 경제발전, 자원 및 환경문제, 계량경제학, 그리고 일반경제학 등의 인접 학문 발전에도 큰 기여를 하였다.5) 특히 미국의 농업경제학은 미국 농무부가 이미 19세기 중반부터 농업 및

---

3) 사립인 시카고 대학의 경제학과에서도 예외적으로 농업경제학 발전에 많은 영향을 미친 연구를 해왔고, 이 대학은 농업경제학자로서는 최초의 노벨경제학상 수상자인 슐츠(T. W. Shultz)가 근무한 곳이기도 하다.

4) 권오상·최지현·조용성·강혜정(2010), "한국농업경제학회 발전방안에 관한 조사 연구,"『농업경제연구』제51권: 99-137. 다음 두 소절에 나오는 조사내용도 주로 이 문헌을 참고하였다.

농촌관련 통계자료를 꾸준히 체계적으로 조사하여왔기 때문에 그러한 통계자료의 분석기법을 함께 발전시켜왔고, 따라서 통계분석과 계량경제분석기법 발전에 많은 기여를 하였다. 현재에는 미국 정부의 직접적인 농산물 시장 개입 정도가 줄어들면서 미국 농업경제에 대한 분석에서 나아가 전 세계를 대상으로 하는 경제발전분석과 자원·환경경제 분야 분석의 비중을 높이고 있다.

유럽은 영국을 중심으로 근대경제학이 가장 앞서 발전한 지역인데, 국가별로 이질성이 어느 정도 있기 때문에 미국처럼 주요 대학위주로 농업경제학과가 개설되어 학술연구를 주도하는 것과는 조금 다른 형태의 발전을 하였다. 1905년 로마에서 현재의 유엔식량농업기구(FAO)의 전신인 국제농업연구소가 설립되어 농업경제연구가 시작되었고, 이후 영국에서도 옥스퍼드대학과 캠브리지대학, 런던대학에서 관련 연구소나 학과(토지경제학과)가 설립되어 농업경제관련 연구를 수행하였다. 유럽 내륙에서도 독일, 프랑스, 스위스, 네덜란드의 대학을 중심으로 농업경제연구가 수행되는데, 1975년에 유럽농업경제학회가 설립되었다. 현재에는 농업경제학 연구를 네덜란드의 와게닝겐(Wageningen)대학, 독일의 괴팅겐(Göttingen) 및 본(Bonn)대학, 이탈리아의 파도바(Padova)대학, 프랑스의 국립농업연구소(Institut national de la recherche agronomique, Inra) 등에서 왕성하게 진행하는 것으로 알려져 있다. 유럽의 농업경제학은 미국과 비교할 때에는 여전히 농업경영연구의 비중이 높고, 또한 지역발전문제와 통합된 형태의 농업경제 연구를 많이 한다는 특성이 있다.

서구에서는 캐나다와 호주에서도 농업경제학 연구와 교육이 활발하게 이루어지고 있다. 캐나다에서는 1907년에 이미 농업경제학과가 궬프(Guelph)대학에 설치되었고, 호주에서는 농업경제학회가 1957년에 설립되었다.

2 아시아

농·식품경제학의 교육과 연구는 이제는 서구는 물론 전 세계 모든 지역에서 이루어지고 있고, 국제농업경제학회들도 설립되어 있다. 아시아에서는, 영어권 국가이면서 농업관련 국제기구도 위치해있는 필리핀이 비교적 빨리 근대적인 농업경제학 연구를 시작하였다. 그러나 현재에 있어 왕성한 연구와 교육을 시행하는 국가들은 역시 일본, 중

---

5) 미국 농업경제학이 사회과학 각 분야에 미친 영향은 농업 및 응용경제학회가 2010년 학회 수립 100주년을 기념하여 발간한 논문 특집호에 게재된 논문들에 매우 상세하게 서술되어 있다.

국, 대만, 그리고 한국 등의 동아시아 국가들이라 할 것이다.

일본에서는 일본농업경제학회가 1924년에 설립되어, 일본 내 어느 사회과학 학술단체에도 뒤지지 않을 정도로 긴 역사를 가질 정도로 일찍부터 농업경제학 연구와 교육이 시행되었다. 동 학회는 농업경제학분야 연구와 농촌지역발전 및 농산업 육성을 위한 연구를 주목적으로 한다. 동경대학, 경도대학, 북해도대학, 규슈대학 등의 국립대학들과 동경농업대학 등의 사립대학에서 연구가 활발히 이루어지고 있으며, 그 외 다수 대학에 독립된 학과단위는 아니더라도 농업경제학의 연구 및 교육 기능이 있다. 농업경제학 연구 및 교육이 이루어지는 약 25개의 일본 대학이 있는데, 일본의 농업경제학 연구주제는 농업·농촌 환경의 유사성으로 인해 한국에서의 연구주제와도 상당히 비슷한 점이 있다.

중국의 농업경제학 연구는 사실 공산화 이전인 1910년대에 이미 코넬대학 등과 협력하여 진행되었지만, 현재의 연구 및 교육 구조는 그 때와는 매우 다르다. 현재 중국에서는 특이하게 중국농업대학, 남경농업대학 등과 같은 농업을 전문으로 연구하는 대학들이 농업경제학을 포함하는 농업생명과학 연구와 교육 전반을 주도하고 있는데, 잘 알려진 농업대학들이 24개 정도이다. 종합대학 중에는 중국인민대학과 절강대학에서 농업경제학 연구와 교육이 이루어지고 있고, 학과단위는 아니나 북경대학에도 농업경제학 연구기능이 있다. 중국 대학의 농업경제학과(혹은 학원)에는 다른 국가에 비해 많은 수의 교수와 학생들이 소속되어 있으며, 도농 간 소득격차 해소를 가장 높은 정책 우선순위로 두고 있는 중국 정부의 지원에 의해 활발한 활동이 이루어지고 있다. 중국에서의 농업경제학 교육과 연구는 사회주의 경제체제로부터 출발한 역사적 배경으로 인해 서구에서의 그것과는 상당히 달랐다. 그러나 중국 경제 자체의 국제화로 인해 이제는 서구식 분석기법이 대단히 많이 도입되었고, 한국을 비롯한 해외 대학과의 교류도 활발하게 추진되고 있다.

대만은 인구가 적고 따라서 대학의 수도 적지만 국립대만대학이나 국립중흥대학처럼 농업경제학 관련 학과가 설치된 대학에서는 교수와 학생의 수가 많고 연구 역시 활발하게 이루어진다. 미국 농업경제학의 영향을 받은 학풍을 지녀 국제화된 교육과 연구를 많이 수행한다는 특징도 가진다.

이상의 아시아 대학들에서도 농업경제학 관련 학과들은 농업 및 자원경제학, 응용경제학 등 다양한 명칭을 사용하여 전통적인 농업경제학의 연구대상 확장 추세를 반영하고 있다.

3 한국

한국의 농학 관련 교육은 일제 강점기에도 시행되었지만, 해방 후 학과단위 농업경제학의 교육과 연구는 1946년 서울대학교에 농경제학과가 설립되면서 시작되었다. 이후 많은 대학에서 농업경제학과가 설립되었는데, 국립대학은 물론 저명한 상당수 사립대학에서도 학과가 설립되어 농업경제학 교육 및 연구가 시행되었다. 대학 구조조정으로 인해 사립대학의 일부 농업경제학과는 일반경제학과와 통합되기도 하였지만, 현재 약 20개 정도의 농업경제관련 학과가 존치되어 있다. 이들 학과들도 농업경제학이라는 명칭에 식품, 환경, 자원, 산업, 혹은 유통 등의 명칭을 추가하거나 이들 용어로 농업이라는 용어를 대체하는 방식으로 전공명칭을 정하고 있다. 또한 관련 학회로는 한국농업경제학회(1957년 설립), 한국농·식품정책학회, 학국식품유통학회, 한국축산경영학회, 한국협동조합학회, 한국농촌계획학회 등이 있다. 그리고 국책연구기관인 한국농촌경제연구원에서도 농업경제학 관련 학술지를 발간하고 있다.

일제로부터 해방된 직후 시작된 한국의 농업경제학 교육과 연구는 여건이 아직 미비된 상태에서 곧이어 닥친 한국전쟁으로 인해 큰 어려움을 겪었다. 그러나 전쟁이 종료되면서부터 미국 중심의 근대적 이론을 수입하면서 크게 발전하기 시작하고, 경제성장 과정에서 한국 농업이 직면했던 농가소득문제, 이농문제, 쌀을 비롯한 농산물 가격문제, 농촌개발문제, 농산물수입문제, FTA 등의 개방문제, 농업 및 농촌 환경문제, 남북한 및 해외교류문제, 식품의 안전도와 품질문제, 식품소비의 다양성문제, 기후변화문제 등과 같은 시대별로 중요도가 변화되었던 주제들을 분석해왔다.[6] 또한 한국의 농업경제학계는 농업관련 각종 통계자료의 조사방법론을 수립하는 데 많은 기여를 하였고, 그 결과 한국의 농업통계는 외국과 비교할 때 양적·질적으로 상당히 양호하게 구축되어 있다.

1950년대 이래 학문의 발전과정에서 미국 중심의 농업경제학에 많은 영향을 받은 것은 사실이지만, 일본이나 유럽의 학풍도 여전히 국내 학계에 반영되고 있고, 한국 대학 스스로가 전문 연구자들을 다수 키워내고 있다. 연구방법론 면에서는 개방적인 태도를 취하고 있지만, 한국의 농·식품경제학계는 외국과 비교할 때 보다 현장중심의 연구 풍토를 강조하고 있고, 경제적 약자라고도 할 수 있는 농업인과 농촌발전에 현실적인 기여를 할 수 있는 태도와 능력을 요구한다. 그런 이유로 농·식품경제학이 단지 응용분야

---

6) 한국 농업경제학계의 시대별 주 관심영역과 발전과정에 대해서는 다음이 상술한다: 김완배(2012), "제1장 농업경제학의 범위와 방법론," 한국농업경제학회 지음, 『농업경제학』, 율곡출판사.

가 넓은 경제학의 한 분야에 머물기보다는 독자적인 관심영역과 문제의식을 가진 종합사회과학으로서의 위상을 지녀야 함이 강조되고 있다.

section 03 농·식품경제학의 주요 주제

본서는 농·식품경제학이 다루어야 할 주요 연구주제를 선정하고 그에 맞게 내용이 구성되어 있다. 본서가 다룰 내용은 크게 농·식품관련 경제행위에 관한 원리와 실제 현황으로 구분할 수 있는데, 우리 농·식품산업의 전체적인 모습과 생산 및 소비현황에 대해서는 제2장에서 종합적으로 검토한다. 또한 각 분야별 현황설명이 필요한 경우에는 해당 장에서 이를 소개하고 검토하기로 한다. 본서는 농·식품경제학의 주요 분석주제로 다음을 선정하였다.

첫째, 소비자와 생산자의 선택문제이다. 농·식품을 생산하는 개인과 이를 소비하는 개인은 자신들에게 주어진 여건 내에서 각각 가장 원하는 방식으로 생산하고 소비하고자 한다. 따라서 농·식품산업에 대한 분석은 이들 개별 행위자의 행위에 대한 분석으로부터 출발하여야 한다. 사실 경제학이라는 학문 자체가 제한된 자원을 가장 합리적으로 배분하는 것을 연구하는 학문이기 때문에 이러한 미시적 행위에 대한 분석은 모든 종류의 경제행위 분석의 기초가 되는 것이다. 본서의 제3, 4장은 주로 그래프와 간단한 부호를 사용하여 생산자와 소비자들이 어떤 품목을 얼마나 생산하고 소비하는지와, 어떤 요인들이 이들의 행동에 영향을 미치는지를 분석한다.

둘째, 농·식품이 거래되는 시장에 대한 분석이다. 자급자족형의 전근대적 농촌사회가 아닌 한 농산물은 조직화된 시장에서 거래되며, 시장은 생산자와 소비자가 서로 만나는 공간이기도 하다. 시장은 거래된 농·식품의 가격을 결정하며, 또한 누가 얼마나 생산하고 소비할지를 결정하는 데 필요한 정보를 제공한다. 농·식품산업 자체가 이러한 기능을 원활히 수행할 수 있는 시장의 발전을 필요로 하는데, 시장은 그 모습이 동일하지가 않고 그 스스로가 어떤 특성을 지닐 수가 있다. 따라서 본서의 제5, 6, 7장은 생산된 농·식품과 그 생산에 사용되는 투입요소들이 거래되는 시장의 특성은 어떠하며, 그 시장에서 어떠한 일이 발생하는지를 분석하고자 한다. 전통적인 농산물에만 국한된 분석을 할 때에는 농산물이 거래되는 시장은 흔히 대단히 많은 수의 생산자와 소비자가 거래에 참여하는 완전경쟁시장의 모습을 갖춘다고 가정되지만, 본서가 분석하는 투입요소

산업과 식품산업 전반을 볼 때에는 그보다는 훨씬 다양한 형태의 시장이 실제로 형성되고 있기 때문에 그러한 비경쟁적 시장에 대한 분석도 이루어진다.

시장론과 관련하여 반드시 검토되어야 할 내용이 정부의 시장개입이다. 정부는 생산자의 소득보장이나 여타 여러 가지 목적을 달성코자 여러 방법을 사용해 시장에 개입하게 되는데, 그러한 시장개입의 효과에 대해서도 논의할 필요가 있다. 정부의 개입은 원래 시장이 만들어냈을 가격이나 거래량과는 다른 결과를 야기하게 되고, 그로 인해 생산자와 소비자 모두가 후생의 변화를 경험하게 될 것이기 때문에 그 효과를 검토할 필요가 있다. 그러나 경제의 각 구성원은 정부의 시장개입에 의해 서로 다른, 심지어 반대 방향의 영향을 받기도 하기 때문에 정부 개입의 효과를 평가하기 위해서는 평가기준을 먼저 정해야만 한다. 다른 사회과학과 마찬가지로 경제학적 분석도 실증적(positive) 분석과 규범적(normative) 분석을 모두 할 수가 있다. 전자는 시장에서 어떤 일이 발생하고 있는지를 다루는 반면, 후자는 시장에서 어떤 일이 발생해야 하는지를 논의한다. 규범적 가치판단은 사회적 합의를 필요로 하기 때문에 분석자가 임의로 판단기준을 정하기가 어려운 문제가 있으므로, 본서는 전체적으로 다양한 농·식품 경제현상에 대한 실증적 분석을 우선적으로 시행한다. 그러나 정부정책의 평가를 위해서는 어느 정도의 규범적 분석도 불가피한 면이 있으며, 본서의 시장론에서는 어떠한 기준을 가지고 시장 자체의 성과와 정부개입의 성과를 평가할지도 다룬다.

셋째, **농·식품경제의 확대와 고도화문제**이다. 경제가 발전할수록 생산된 농산물이 바로 소비자에 의해 소비되는 경우는 줄어들고, 다양한 유통 및 가공단계를 거쳐 그 가치가 증대된다. 아울러 농산물을 소비자가 직접 조리하여 소비하는 경우보다는 외식산업이 최종 식품을 공급하는 비중이 갈수록 커지고 있으며, 여기에는 가족구성의 변화와 노동시장의 구조변화 같은 요인들이 지속적으로 영향을 미치고 있다. 본서의 제 8, 9장은 그러한 농·식품의 유통과 식품산업에 대해 분석한다. 이 부분은 우리 농·식품산업에 있어 중요도가 급속히 커지는 부분으로서, 본서는 관련 현황과 이론을 독자들에게 제공하고자 한다.

농·식품의 생산 및 소비에 있어 특별히 강조되는 측면이 생산 및 가격 면에서의 불안정성이다. 자연조건에 의해 영향을 받는 농업은 그 생산량 자체가 자연적 조건이나 병충해 등에 의해 예기치 않게 변하며, 반대로 소비는 비교적 꾸준히 유지되는 경향이 있어 적은 양의 예기치 않은 생산 증대나 감소에도 시장가격은 급락하거나 급등할 수가 있다. 생산량이나 가격의 예기치 못한 변화는 생산자와 소비자 모두에게 있어 상당한 위험요인이 되며, 특히 생산자에게 그러하다. 따라서 농산물 수확과 가격의 불안정성에 대처하는 것은 대단히 중요한 일이며, 그것이 가능하도록 새로운 산업영역도 형성된다. 보험상품과 파생상품은 위험에 대응할 때 생산자가 사용할 수 있는 대표적인 두 가지 수단이면서 동시에 그 자체가 경제적 상품이 되기도 한다. 본서의 제10장은 이 두 새로운 경제상품과 그 시장에 대한 분석을 제공한다.

농·식품경제가 성장하는 데 있어 중요한 역할을 하는 것이 조직화의 문제이다. 생산자의 생산 및 유통효율성을 높이는 데 있어 협동조합이라 불리는 농민조직의 역할이 중요함은 각국이 경험을 통해 체득한 바이며, 실제로 협동조합은 국내 농·식품 유통에서 상당한 중요성을 점하고 있다. 소비자의 경우도 개별 소비자의 구매행위보다는 집단화된 소비행위를 통해 더 큰 만족도를 얻을 수 있어 생산자만큼은 아니지만 역시 조직화의 경향을 볼 수가 있다. 본서는 제11장에서 생산자와 소비자가 조직화를 시도하는 이유와 결성된 판·구매조직의 행동원리, 그리고 한국에 있어서의 현황에 대해 살펴본다.

농산물의 생산과 유통, 가공 전 단계에 걸쳐 기술혁신은 대단히 중요한 문제이다. 기술혁신은 과학기술 발전에 힘입어 발생하지만, 소비자들의 선호나 시장 여건의 변화에 적극적으로 대응하는 과정에서 발생하기도 한다. 현대 농업에 있어서는 기술혁신이 특히 중요한 발전요소이므로, 본서의 제12장은 농·식품산업에 있어서의 기술혁신 관련 경제이론을 설명한다.

넷째, 농·식품산업의 전체 **국민경제와의 관계와 농업정책에 대한 분석**이다. 산업적으로 볼 때 농·식품산업도 국민경제의 한 구성요소이고, 국민경제에 의해 영향을 받기도 하고 영향을 주기도 한다. 본서의 제13장에서는 국가 전체의 거시경제와 농·식품산업의 그러한 상호관련성을 검토한다. 아울러 정부는 농산물의 시장에 대한 개입 외에도 자본시장이나 금융시장 등에 개입하여 산업 육성이나 생산자 소득향상을 시도하며, 한국에 있어 정부의 농·식품관련 정책이 구체적으로 어떻게 시행되는지를 분석할 필요가 있다. 이는 제14장의 주제이다.

다섯째, **자원·환경 및 농촌발전**의 문제이다. 농·식품의 생산은 토양과 수자원 등의 천연자원을 반드시 필요로 한다. 또한 수산물이나 임산물의 경우 일종의 채집을 통해 생산이 이루어지기 때문에 그 자원의 관리가 대단히 중요한 문제이다. 아울러 특히 생산비중이 커지는 축산업의 경우 농촌지역의 가장 큰 수질오염원이 되기도 하는 등, 농업자체가 환경오염의 원인자가 될 수 있다. 천연자원 이용이나 환경 보전과 관련해서는, 각 개인의 자유로운 행동이 사회 전체의 기준과 일치하도록 유도하는 데 있어 시장의 역할이 제한적일 수가 있다. 이는 자원의 소유권이 적절히 설정되거나 관리되지 못하거나, 아니면 경제행위과정에서 발생하는 사회적 비용이 적절히 시장가치에 반영되지 못하기 때문에 발생하는데, 그런 면에서 천연자원과 자연환경은 일반 생산품이나 다른 종류의 투입요소와는 다른 성질을 지닌다. 따라서 본서의 제15, 16장은 그러한 자연환경과 농·식품산업의 관계, 그리고 천연자원의 합리적 이용방안에 대해 논의한다.

이미 앞에서 설명한 바와 같이 농촌은 농업생산이 이루어지는 공간이지만, 동시에 농업 생산자의 거주공간이자, 농업으로 인한 환경오염이 발생하는 공간이기도 하고, 전 국민에게 경관가치를 제공하기도 하며, 지속되는 도시화 속에서도 국토의 균형적 발전을 담당할 한 축이 되기도 한다. 농촌이 그러한 기능을 순조롭게 하는 것은 개별 행위자의 의사결정과 시장의 자원배분 기능에 의해 이루어질 수도 있겠지만 많은 경우에 정부 등의 지원과 개입을 필요로 한다. 제17장은 농촌개발과 관련된 이론적 내용을 검토하고, 한국에서 실행되는 여러 발전 전략들을 설명한다.

마지막으로 **농·식품산업의 무역과 경제발전**의 문제이다. 우리 농·식품의 생산, 유통, 소비 전 단계에 걸쳐 이미 국제화는 광범위하게 진행되었고, 해외 요인은 정부 요인만큼이나 농·식품의 생산과 소비에 영향을 미치고 있으며, 그 중요도가 시간이 지날수록 커지고 있다. 전통적으로 농산물의 시장개방은 우리 농·식품산업에는 큰 위협요인으로 인식되어 왔으나, 반대로 최근에는 새로운 수출기회로서의 가능성도 부각되고 있다. 본서는 이러한 무역의 문제를 두 개의 장으로 나누어 살펴보는데, 제18장은 무역관련 이론과 농·식품무역의 특성에 대해 논의한다. 무역이 발생하는 원인과 그 형태에 대한 논의는 최근에도 관련 이론이 급속히 발전할 정도로 중요도가 높으며, 그러한 이론이 우리의 무역현실을 어떻게 설명하는지를 공부하고, 농·식품의 무역은 어떠한 특성을 지니는지도 확인할 필요가 있다. 제19장은 보다 구체적으로 농·식품관련 무역정책들을 소개하고 그 효과가 어떠한지도 우리 현실의 자료를 가지고 설명한다.

제20장은 경제발전, 농업발전, 국제협력이라는 동태적이고 글로벌한 주제에 관한 것이다. 인류가 제2차 세계대전 이후 적극적으로 경제발전의 동력을 찾고 실행하기 위해 노력을 했으나 실제로 성공적인 경제발전을 이루는 국가는 많지가 않다. 따라서 경제발전의 주 메커니즘이 어떠한 것인지를 우리는 확인할 필요가 있고, 무엇보다도 그 과정에서 농업, 농촌부문이 해야 할 역할은 무엇이며, 성공적인 국가 경제발전을 위해 농업, 농촌부문은 어떻게 구조적 변환을 달성해야 하는지를 논의할 필요가 있다. 또한 농업, 농촌의 구조적 변환은 개발도상국 스스로의 노력에 의해 이루어져야 하겠지만 국제기구

나 해외의 도움을 받을 필요도 있으며, 그러한 협력체계는 어떻게 구성되고 실행되어야 하는지도 검토되어야 한다.

CHAPTER
02

농·식품 산업의 현황

제2장은 우리 농·식품산업의 전반적인 현황에 대해 소개한다. 이 장에서는 실제 자료를 이용해 농·식품산업이 국민경제에서 차지하는 비중과 그 변화, 농업생산자의 경제적 위치와 특성, 농업생산구조의 특성과 변화, 식품 및 외식산업의 발전현황, 농·식품 소비자의 특성과 변화를 이해한다. 또한 사회계정행렬(social accounting matrix, SAM)이라 불리는 계측표를 활용해 농·식품산업과 비농·식품산업 그리고 해외부문이 생산, 소비, 무역측면에서 서로 맺고 있는 연관관계를 종합적으로 고찰한다. 이러한 분석을 통해 우리 농·식품산업이 성장하고 구조변환을 해온 과정과 그에 영향을 미친 요인들을 이해할 수 있고, 현재의 모습이 어떠한지도 파악할 수 있다. 제2장에서 다루지 못하는 보다 세부적인 농·식품산업 현황은 제8장 이후의 관련 장들에서 다루기로 한다.

본서는 농·식품경제학을 농림수산물의 생산, 유통, 저장, 가공 및 소비와 관련된 행위와 생산에 필요한 자원의 관리행위, 그리고 생산의 주체인 농가의 후생과 관련된 문제를 경제학적 방법론을 중심으로 분석하는 사회과학이라 정의하였다. 우리 국민경제 전체는 다양한 종류의 산업들로 구성되어 있는데, 그렇다면 농·식품경제학은 국민경제를 구성하는 산업 중 어떤 것들을 분석대상으로 하며, 이들 산업의 중요도는 어느 정도일까?

경제학에서는 산업을 유사한 경제행위를 하는 생산자의 모임이라 정의한다. 따라서 농·식품산업은 농·식품 생산행위를 하는 생산자의 모임이라 볼 수가 있는데, 국가 경제자료에 적용되는 통상적인 산업분류를 감안하면 이러한 농·식품산업에는 ① 농림수산물 생산행위 ② 농기계나 비료, 농약과 같은 농업투입재 생산행위 ③ 모든 종류의 농산물의 가공, 유통, 저장 및 무역관련 행위 ④ 농산물을 이용한 음식서비스, 즉 외식의 제공행위 ⑤ 행정, 교육, 연구개발, 금융 등 농·식품 생산과 관련된 각종 서비스 제공행위가 모두 포함된다고 보는 것이 적절할 것이다.[1] 농업경제학 문헌에서는 이들 산업을 모두 포함하여, 구체적인 의미는 서로 차이가 있지만, 농산업, 애그리비즈니스, 푸드 시스템 등으로 부르기도 한다.

한국 경제의 고도성장과정에서 이상 다섯 가지로 크게 구분되는 농·식품산업이 국민경제 전체에서 차지하는 비중은 그 규모와 구성면에서 크게 변해왔다. 국가경제활동을 산업유형별로 구분하여 계량화하는 자료로서 가장 대표적인 것이 한국은행의 산업연관표이다. 〈표 2-1〉은 산업연관표에서 파악이 되는 앞에서 열거했던 농·식품산업이 생산한 부가가치가 1985년, 2013년, 그리고 산업연관표 실측표가 발간된 가장 최근 연도인 2020년에 경제 전체의 부가가치에서 차지했던 비중을 보여주고 있다. 부가가치(value-added)는 각 산업이 생산하여 판매한 총 금액에서 생산을 위해 투입했던 중간투입재 금액을 빼준 것으로서, 각 산업이 순수하게 창출해낸 부가 되며, 우리가 흔히 국가경제의 성취도를 평가하기 위해 사용하는 국내총생산(GDP)의 산업별 금액과 거의 같은 개념이다.

---

1) 이외에 토지나 수자원과 같은 천연자원도 농·식품관련 산업에 포함시킬 수 있겠지만, 통상적으로 천연자원을 이용해 이루어지는 생산행위는 산업활동으로 분류하지만 자원 자체를 산업으로 분류하여 규모를 집계하지는 않는다.

표 2-1 국민경제의 산업별 기여도

산업	구성	1985		2013		2020	
		비중 (%)	금액 (조 원)	비중 (%)	금액 (조 원)	비중 (%)	금액 (조 원)
농업	작물 및 동물생산 (종자 포함)	10.16	24	1.89	27	1.39	26
임업	영림, 원목, 임산물	0.79	2	0.15	2	0.12	2
어업	수산어획, 양식	1.24	3	0.23	3	0.18	3
농림수산업 합계		12.19	29	2.27	32	1.69	32
식품산업	도정, 도축, 식품가공 (사료 포함)	5.32	13	1.22	18	1.29	24
섬유 · 가죽 · 목재산업	천연섬유사, 가죽, 목재, 제지	1.86	4	0.65	9	0.58	11
농기계 · 농화학산업	농기계, 비료, 농약	0.81	2	0.17	2	0.18	3
농 · 식품유통 · 저장 · 농업서비스산업	농 · 식품의 도매, 소매, 운송, 저장, 농업 생산서비스, R&D	0.43	1	1.54	22	1.45	27
외식산업	음식점, 주점	0.90	2	2.42	35	2.02	38
농 · 식품산업 전체		21.51	51	8.28	118	7.21	136
국민경제 전체		100	235	100	1,431	100	1,891

주: 모든 금액은 GDP디플레이터를 이용하여 2020년 불변가격으로 계산하였음.
　　항목별 금액과 비중은 반올림의 영향으로 완전 일치하지 않을 수 있음.
　　유통 · 저장 · 농업서비스산업 중 유통과 저장의 경우 산업연관표가 농 · 식품관련산업에 대해서만 집계하지 않으므로 이들 산업의 중간재투입비용에서 농 · 식품이 차지하는 비중을 적용해 추계함.
자료: 한국은행, 『산업연관표』를 이용해 추계함.

> 부가가치 = 경제주체가 특정기간 동안 생산활동을 통해 새로이 창출한 가치
>
> = 총산출액 − 중간투입액

　　전체 규모면에서 보면 2020년의 부가가치 총액은 1,891조 원이었는데, 이 가운데 7.21%인 약 136조 원의 부가가치가 연간 농 · 식품산업에 의해 생산되었다.[2] 개별 산업별로 보면 흔히 농림수산업이라 불리는 농산물, 임산물, 수산물을 생산하는 부문이 모두 합하여 전체의 1.69%로서 약 32조 원의 부가가치를 생산하였다. 농림수산물을 가공하여

---

2) 산업연관표에서의 산업들 중 〈표 2-1〉에 포함되지 않은 통신, 건설, 금융 등 여타 많은 산업들도 농 · 식품 생산 및 소비행위와 관련된 활동을 하는데, 이들 활동으로 인해 발생하는 부가가치는 〈표 2-1〉에 반영되지 않았기 때문에 농 · 식품분야의 실제 부가가치 생산액은 이보다도 더 클 수 있다.

판매하는 식품부문이 그 3/4 수준인 24조 원의 부가가치를 생산하였고, 외식서비스를 제공하는 외식부문이 농림수산 생산부문보다 조금 더 많은 38조 원의 부가가치를 생산하였다. 아울러 유통·저장·농업서비스산업은 농·식품관련 경제행위만으로도 27조 원의 부가가치를 생산하였다. 제지산업을 포함하는 (천연)섬유·가죽·목재산업도 11조 원의 부가가치를 생산하였다. 농기계와 비료 및 농약으로 구성된 농기계·농화학산업은 약 3조 원의 부가가치를 생산하였다. 즉 통상적으로 우리가 농림수산업이라 부르는 1차산업인 신선 농산물, 임산물, 수산물을 생산하는 부문은 여전히 국가적으로 중요하지만, 농·식품산업 전체에서 차지하는 비중은 2020년 기준으로 약 24%에 그치고 있고, 그 외 식품의 가공, 외식, 유통 및 저장 등과 관련된 2차 혹은 3차 생산활동이 만들어내는 부가가치가 오히려 더 큰 모습을 보여주고 있다.

〈표 2-1〉은 1985, 2013, 2020년 세 연도의 자료를 비교하여 농·식품산업이 국민경제에 기여하는 바가 전체 규모와 세부 구성면에서 어떻게 달라졌는지도 보여준다. 이 표는 35년의 기간 동안 전반적인 물가 상승이 있었기 때문에 이를 보정하여 1985과 2013년의 산업별 부가가치 생산액도 2020년 가치로 환산한 것이다. 이 기간 동안 국가 전체의 연간 부가가치 생산은 235조 원에서 1,891조 원으로 약 8.05배가 되었다.

그러나 1차산업으로서의 농림수산업이 직접 생산하는 부가가치는 실질가치로 환산하면 각각 29조 원, 32조 원, 32조 원으로서, 세 연도 간에 거의 차이가 없다. 1985년에는 농림수산업의 부가가치가 전체 부가가치에서 차지하는 비중이 12.19%로서 대단히 높은 수준이었지만 2013년의 2.27%, 2020년의 1.69%로 하락하였다. 1985년 농·식품산업 전체는 국민경제 전체 부가가치 생산의 21.51%를 차지하여 2013년의 8.28%, 2020년의 7.21%에 비하면 역시 대단히 높은 수준이었고, 따라서 시간이 지나면서 부가가치 생산측면에서 볼 때 농·식품산업의 국민경제에 대한 기여도는 줄어들어 왔다. 이는 그동안 한국 경제가 중화학공업, 전자산업 등 제조업 위주의 성장을 해온 결과라 할 것이다.

농·식품산업의 경제성장에 대한 기여도가 감소했을 뿐 아니라 그 내적 구성 역시 크게 변하였다. 농림수산물 직접 생산 부가가치가 큰 변화가 없기 때문에 이에 사용되는 농기계·농화학산업의 부가가치 생산도 실질가치 기준으로는 35년 동안 큰 변화가 없었다. 그러나 농·식품가공(식품산업)의 부가가치는 13조 원, 18조 원, 24조 원으로 그 규모가 급속히 커지고 있으며, 2013년 2020년 사이에는 국민경제에서 차지하는 비중 자체가 높아지기도 하였다.

1985년과 비교할 때 21세기로 들어오며 가장 큰 변화는 농·식품의 유통·저장·농업서비스와 외식산업에서 발생하였다. 이들 두 부문의 부가가치 생산규모가 1985년 각각 1조 원과 2조 원에서 2020년 27조 원과 38조 원으로 국민경제 전체의 부가가치 증가율보다도 더 큰 폭으로 증가하였고, 1차산업인 농림수산업보다 더 많은 부가가치를 생산하게 되었다. 외식산업의 경우 1985년에는 그 규모자체가 2013년, 2020년과는 비교할 수 없을 정도로 작았다. 유통·저장·농업서비스의 경우 1985년에는 그 규모가 2013, 2020년에 비해 크게 작았을 뿐 아니라 농림수산물이 전체 유통 및 저장활동에서 차지하는 비중도 대단히 낮았다. 그 외 섬유·가죽·목재산업 역시 수입 재료에 대한 의존도가 높은 일종의 제조업이기 때문에 그 부가가치 생산규모가 4조 원, 9조 원, 11조 원으로 커지는 경향을 보이고 있다.

요약하면 한국의 농·식품산업은 그 규모와 더불어 구성면에서도 큰 구조적 변화를 겪어 왔는데, 1차산업으로서의 농림수산업의 부가가치 생산규모는 35년 전과 비교해도 조금만 늘어날 정도로 거의 정체되어 있지만, 2차산업으로서의 가공관련 산업, 3차산업으로서의 유통·저장 및 외식산업은 대단히 큰 폭의 규모 증가가 있었고, 따라서 농·식품산업 내에서도 2차 및 3차 산업 활동의 비중과 기여도가 커졌다는 것을 확인할 수 있다.

그러나 이러한 모습이 1차산업으로서의 농림수산업이 쇠퇴했다거나 국민경제에 제대로 기여하지 못함을 의미하지 않는다는 것도 유념할 필요가 있다. 관련하여 두 가지 점을 지적할 수 있는데, 첫째, 2020년의 우리 농림수산업은 1985년의 농림수산업에 비해 훨씬 더 적은 토지와 노동력만을 가지고 있고, 자본 역시 여타 산업에 비할 때 상대적으로는 줄어들었지만 더 많은 부가가치를 생산할 정도로 생산성이 높아졌다. 그동안 꾸준히 진행된 이농으로 인해 인력과 자본이 도시로 이동하였고, 농지 역시 개발되어 비농지로 바뀌었지만 농림수산부문 부가가치 규모가 조금이라도 커졌다는 것은 그만큼 1차산업의 생산성이 높아졌다는 것을 의미한다.

둘째, 노동, 토지, 자본이 절대적으로 혹은 다른 부문과 비교할 때 상대적으로 줄어드는 가운데서도 농림수산업의 부가가치가 아닌 총산출은 전자보다도 더 높은 증가세를 유지하고 있다. 농림수산업은 노동, 토지, 자본이 줄어드는 대신 종자, 사료, 농약, 비료, 에너지 등의 중간투입재 사용량을 늘릴 수밖에 없었는데 총산출에서 중간투입재를 빼준 부가가치가 소폭이라도 증가했다는 것은 중간투입재 사용량 증가분 이상으로 산출이 늘어났다는 것을 의미한다. 〈표 2-1〉에 나타나 있지는 않지만, 생산액 자체를 집계하면 2020년 불변가격으로 평가했을 때 1차산업인 농림수산업의 총산출은 1985년 43조 원에서 2013년 60조 원, 2020년의 63조 원으로 계속 증가하였다.

1차산업으로서의 농림수산업의 생산주체는 농업인, 임업인, 어업인이다. 어업과 축산과 같은 일부 품목에서는 법인이나 생산자단체에 의한 대규모 생산이 이루어지기도 하지만 농림수산업의 주된 경영체는 여전히 가족으로 구성된 농가나 어가들이다. 과거 사회주의국가의 집단적인 농업경영형태를 제외하면 농가 호당 경작면적이 크든 작든 대부분의 자본주의국가에서도 우리와 마찬가지로 가족농이 주된 농업생산주체이다. 그렇다면 한국의 표준적인 농업경영체는 어떤 모습을 지니고 있는가?

〈표 2-2〉에 의하면 우리나라에서 농가와 어가의 인구는 합하여 2022년 현재 전 인구의 4.4%로서, 1970년의 48.3%에 비하면 비교할 수 없을 정도로 줄어들었다. 국토면적 중 농경지와 산림의 비중도 꾸준히 줄어들었는데, 이는 도시화와 산업화로 인해 토지와 인력이 지속적으로 비농업부문으로 이동한 결과이다.

농촌지역에 거주하는 비농가까지 포함한 농촌인구 역시 시간이 지나면서 줄어들고는 있지만 농가인구만큼 빠른 속도로 감소하지는 않고 있다. 따라서 농촌지역의 비농가 비중이 상대적으로 커지고 있으며, 이제는 농촌지역이라고 해서 농가가 가장 큰 비중을 차지하는 가구유형이라 할 수 없다. 한편 최근에는 귀농 및 귀촌현상이 대두되고 있어 농촌으로의 인구 유입도 상당한 숫자가 되고 있고, 일부 전문가는 향후 농촌인구가 다시

표 2-2 농업생산주체의 모습

항 목	단위	1970	1985	2000	2022
국토면적 중 농경지 비중	%	23.3	21.6	15.6	15.2
농경지 중 논 비중	%	55.4	61.8	60.8	50.8
국토면적 중 산림 비중	%	67.1	65.9	64.6	62.7
농가호당 경지면적	ha	0.925	1.113	1.365	1.494
농촌인구 비중	%	56.4	34.3	20.0	18.6
농가인구 비중	%	44.7	20.9	8.6	4.2
어가인구 비중	%	3.6	1.7	0.6	0.2
취업자 중 농림어업 비중	%	50.4	24.9	10.6	5.4
도시근로자소득 대비 농가소득	%	111.1	112.8	80.5	64.0[a]
농가소득 중 농업소득 비중	%	75.8	64.5	47.2	20.6
농가인구 중 60세 이상 비중	%	7.9	13.8	33.1	65.1

a): 2016년 자료임.

자료: 관련 정부통계를 정리한 농림축산식품부, 『2023 농림축산식품 주요통계』에서 발췌.

늘어날 것으로 예측하기도 한다.

경지면적 자체가 감소했지만 농가인구가 더 빨리 줄어들었기 때문에 농가호당 경지면적은 약 1.5ha로 1970년의 0.9ha에 비하면 60% 이상 늘어났다. 그러나 한국 농가의 일반적인 모습은 여전히 소규모의 농지를 가지고 경작하는 모습이다. 시기별로 등락은 있었으나 농지의 절반이 조금 넘는 면적이 논이고 나머지가 밭 혹은 과수원 등이다.

농가 입장에서 보면 가장 중요한 것이 농가소득인데, 1970~1980년대에는 농가소득이 도시 근로자의 평균 가구소득보다 더 높았다. 그러던 것이 도시부문의 소득증가율이 상대적으로 더 높아지면서 1980년대 말 역전이 되고, 특히 IMF의 구제금융 지원을 받던 1990년대 말의 경제위기 이후 산업구조가 재편되면서 농가의 소득은 도시가구 소득에 비해 상당히 낮아진다. 그 격차는 최근에 있어서도 계속되고 있으며, 농가소득은 2016년에는 도시가구 소득의 64% 수준을 기록하였다.

농가의 소득은 농업소득과 그 외의 소득으로 구분된다. 농업외의 소득은 다시 농외소득과 이전소득, 비경상소득 등으로 구분되고, 농외소득은 다시 겸업소득과 사업외소득의 합이다. 겸업소득은 농가가 농업 외 임업, 어업, 제조업, 건설업 등의 사업을 수행하여 벌어들인 소득이고, 사업외소득은 농가가 가계 밖의 생산행위에 참여하여 얻은 농업노임, 급료, 임대료 등으로 구성된다. 이전소득은 사례금이나 가족 혹은 타인이 준 보조금 등이며, 비경상소득은 경조수입이나 퇴직금 등을 의미한다.

2022년 농가소득원

농가소득(4,615만 원, 100%) = 농업소득(20.6%)

+ 농외소득(=겸업소득(13.6%) + 사업외소득(28.0%)

+ 이전소득(33.0%)

+ 비경상소득(4.8%)

전체 농가소득에서 농업소득이 차지하는 비중은 1970년에는 75.8%였으나, 2022년에는 20.6%로 농가소득의 거의 1/5 수준에 불과하다. 즉 지금의 농가는 여전히 농업생산활동을 하지만 농업외의 다른 사업을 직접 운영하거나(=겸업소득) 다른 사업체에 노동력을 제공하여 얻는 임금수입(=사업외소득) 등이 소득의 더 큰 비중을 차지하고 있어, 농촌의 비농업부문과도 긴밀하게 연계된 형태를 보여주고 있다.

이상에서 제시되었던 자료들은 우리나라의 평균적인 농가의 모습이 지난 50여 년

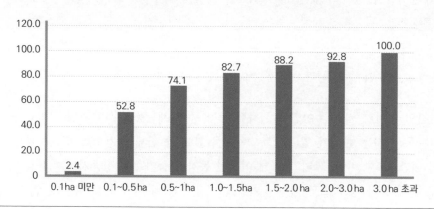

그림 2-1   2022년 농가당 경지면적의 누적분포(단위: %)

자료: 농림축산식품부, 『2023 농림축산식품 주요통계』를 이용해 작성

간 어떻게 달라져 왔으며, 현재에는 어떤 모습인지를 보여준다. 그러나 농가들은 사실 서로 유사하지가 않고 상당한 정도의 이질성을 갖고 있다. 농가의 모습은 주로 어떤 품목을 생산하는지, 전체 소득 중 어느 정도나 농업생산에서 얻는지, 가족 규모나 구성은 어떤지 등에 의해 결정되겠지만 역시 가장 중요한 것은 중요 생산요소인 농지를 얼마나 가지고 있느냐이다. 〈그림 2-1〉은 2022년 농가당 농지면적의 누적분포를 보여준다. 〈표 2-2〉는 농가호당 평균 경지면적이 약 1.5ha라고 했는데, 〈그림 2-1〉은 전체 농가의 약 83%가 평균 경지면적 이하를 경작하고 있음을 의미한다. 즉 우리나라 농가의 80% 이상이 사실은 1.5ha에 미치지 못하는 농지를 가지고 있으며, 나머지 20% 정도의 농가들이 1.5ha 이상의 농지를 가지고 있을 정도로 농지의 분포가 불균등하게 이루어져 있다. 호당 경지면적이 넓은 농가일수록 많은 농업소득을 얻기 때문에 이는 다시 말하면 대다수 농가들은 대단히 적은 농지면적을 가지고 적은 금액의 농업소득을 얻으며, 따라서 이들 농가의 농업소득 비중은 매우 낮은 반면, 소수의 비교적 대규모 영농을 하는 농가들은 상당히 큰 농업소득을 얻어 농가소득에서 농업소득이 차지하는 비중도 높다는 것을 의미한다.

농가 간 이질성 측면에서 볼 때 농가인구의 연령구조도 중요하다. 2022년에는 농가인구의 약 65%가 60세 이상이며, 전체의 약 50%가 65세 이상으로서, 도시 가구라면 경제활동인구에 속하지도 않는 고령인구의 비중이 대단히 높다. 한국 사회 전체가 고령화에 접어들기는 하였으나, 농가의 고령화는 특히 심각한 수준이며, 농가의 이러한 초고령화가 농가소득의 정체 현상을 유발한 하나의 요인이 되기도 한다. 농가소득과 도시근로

표 2-3 2022년 가구주 연령과 농가소득

60세 미만 농가 전체 농가	65세 미만 농가 전체 농가	65세 이상 농가 전체 농가	도시 근로자 가구 전체 농가
1.60	1.45	0.86	1.56[a]

a): 2016년 자료임.
자료: 농림축산식품부, 『2023 농림축산식품 주요통계』를 이용해 작성.

자소득 간의 격차가 커지는 이면에는 사실 농가 중 경제활동인구가 아닌 고령농가의 비중이 갈수록 커지는 현상이 있다. 〈표 2-3〉은 2022년 전체 농가소득 평균치와 가구주가 60세 미만, 65세 미만, 그리고 65세 이상인 농가의 농가소득 평균치의 비율을 보여주고 있다. 전체 농가 평균 소득 대비 농가소득 비율이 60세 미만인 농가는 1.6배, 65세 미만인 농가는 1.45배로 높은 반면, 65세 이상 농가는 0.86배에 불과하다. 2016년 도시 근로자가구가 평균 농가소득의 1.56배를 소득으로 얻었는데, 경제활동인구라 할 수 있는 65세 혹은 60세 이하 농가의 소득만을 대상으로 하면 도농 간 소득격차가 크게 줄어든다는 것이 확인된다.

section 03 농업생산구조

한국의 농업생산자들은 그동안 어떤 방식으로 농업생산을 해왔을까? 농업생산구조와 관련된 많은 자료들이 보여주는 모습을 한마디로 정리하기는 어렵지만, 〈그림 2-2〉와 〈그림 2-3〉은 각각 1971~2015년의 40여 년 간 우리 농업에 있어 각 품목이 전체 생산액에서 차지하는 비중과 노동, 토지, 자본, 중간투입재의 네 가지 투입요소가 전체 생산비에서 차지하는 비중이 변해온 모습을 보여준다. 산출물이든 투입요소든 매우 많은 품목이 있는데, 이들 두 그림의 자료는 다양한 산출물을 일곱 가지로, 그리고 투입요소를 네 가지로 분류하여 각각의 산출물과 투입요소가 총 산출금액과 총 비용에서 차지하는 비중을 계산한 것이다.

〈그림 2-2〉를 보면, 산출물에 있어 주곡인 쌀의 생산비중이 오랫동안 가장 높았지만 21세기에 들어와 육류의 비중이 보다 커지게 된다. 쌀은 1인당 소비가 줄어들어 생산량이 크게 늘어날 수가 없고, 상대적인 가격도 오르지 않아 전체 생산액에서 차지하는 비중이 감소하였다. 육류는 소비가 늘뿐 아니라 주로 수입사료에 의존해 생산되므로 토

그림 2-2 총 산출물의 품목 군별 구성(단위: 비중)

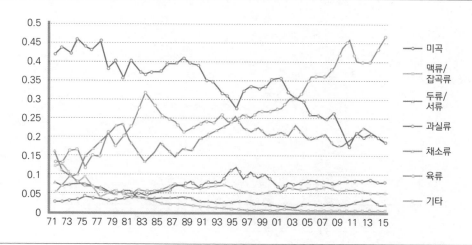

자료: 권오상·반경훈·허정회(2018), "농업부문 연구개발투자가 농가유형별 소득에 미치는 영향,"『농촌경제』 41(2): 1−34 및 권오상·반경훈(2017),『공공 R&D 투자가 농업소득분포에 미치는 영향 분석』, 서울대학교 산학협력단.

지면적 제약과 같은 생산여력 제약이 상대적으로 약해 분뇨로 인한 환경문제와 수입개 방에도 불구하고 생산비중이 갈수록 커지는 모습을 보인다. 그 외 채소와 과일류도 전체 생산에서 축산만큼 빠른 속도는 아니지만 비중이 커진 품목들이다. 그러나 맥류/잡곡류 와 두류/서류는 과거에는 우리 농업에서 상당히 중요한 품목들이었지만 이제는 매우 낮 은 비중만을 차지하고 있는데, 이들 식량작물의 비중 감소는 식량자급률이나 식량안보 측면에서의 우려를 자아내고 있다.

〈그림 2−3〉은 투입물 사용에 있어서의 구조적 변화 역시 뚜렷함을 보여준다. 1970 년대에 있어 농지는 가장 중요한 투입요소였고, 자가 소유 농지를 포함한 농지의 비용이 한때 전체 생산비의 70%를 차지하기도 하였으나, 그 상대적 중요도는 계속 감소하고 있 다. 농지의 면적 자체가 줄어들 뿐 아니라 투입요소로서의 가격 역시 다른 투입요소에 비해서는 시간이 지나면서 하락하는 모습을 보였다. 노동 역시 이농에 따른 절대적인 투 입량의 감소로 생산비에서 차지하는 비중이 지속적으로 줄어들었다. 반면 자본과 중간 투입재가 생산비에서 차지하는 비중은 꾸준히 늘고 있고, 중간투입재가 차지하는 비중 이 크게 증가하고 있다. 축산물 생산비중의 증대로 인해 특히 사료비용이 크게 증가하였 고, 여타 중간투입재가 생산비에서 차지하는 비중도 높아졌지만, 최근 연도에 있어서는 중간재 비중 증대가 주춤해졌다. 경기변동에 따른 영향이 있기는 하지만 기계화, 시설화

그림 2-3 총 생산비의 투입요소 군별 구성(단위: 비중)

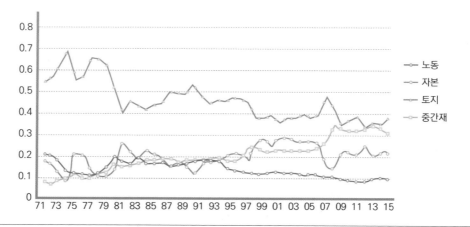

자료: 권오상 외(2018, 전게논문) 및 권오상·반경훈(2017, 전게서).

등으로 인해 자본 역시 전체 생산비에서 차지하는 비중이 높아지는 추세에 있다.

　　따라서 한국의 농업생산은 그동안 농지와 노동력은 절약하면서 대신 중간투입재와 자본의 사용량을 늘리는 구조적 변화를 보여주었고, 그 과정에서 축산, 채소, 과일류의 생산비중은 늘어나면서 쌀을 비롯한 곡류와 두류 및 서류 등의 생산비중은 크게 감소하는 변화를 보여주었다.

　　〈그림 2-2〉에 나타난 일곱 가지 산출물을 다시 가중평균하면 하나의 농업 산출물량이 나오고, 〈그림 2-3〉의 네 가지 투입요소도 다시 가중평균하면 하나의 농업 투입물량이 지수처럼 나오게 된다. 이 두 지표의 연간 성장률은 〈표 2-4〉와 같이 정리된다.

　　한국 농업의 생산량과 투입량이 변해온 형태는 크게 세 개의 시기로 구분된다. 1970년대와 1980년대 중반까지는 총 산출이 연간 4.71%로 매우 빠르게 증가하였고, 노동과 토지가 감소함에도 불구하고 자본과 중간투입재 사용량이 늘어나 총 투입이 연간 2.62%의 속도로 증가하였다. 그 결과 생산성 즉, $\frac{총산출}{총투입}$의 성장률이 연간 평균 2% 이상으로 높은 시기였다.[3] 1980년대 중반에서 1990년대 후반까지는 총 산출의 증가율이 연간 2.41%로 하락하지만 대신 기계화와 중간투입재를 사용하는 상업화도 어느 정도 일단락되면서 총 투입 증가율도 0.65%로 낮아지고, 그 결과 생산성 증가율이 1.75%라는 여전히 양호한 수준을 유지하였다. 그러나 21세기에 들어오면 총 산출과 총 투입이 모두

---

3) 분수의 증가율은 분자의 증가율에서 분모의 증가율을 빼준 것과 같다.

표 2-4 시기별 연평균 생산성 증가율(단위: %)

연도	총 산출 증가율 (A)	총 투입 증가율 (B)	생산성 증가율 (A-B)
1972~1986	4.71	2.62	2.09
1987~1997	2.41	0.65	1.75
2000~2015	-0.28	-0.56	0.29
연평균 증가율 (1971~2015)	2.16	0.86	1.31

자료: 권오상·반경훈(2017, 전게서).

표 2-5 전 세계 연평균 생산성 증가율: 2002~2011(단위: %)

구분	총 산출 증가율 (A)	총 투입 증가율 (B)	생산성 증가율 (A-B)
전 세계	2.53	0.85	1.69
선진국	0.53	-1.38	1.91
개발도상국	3.42	1.30	2.12

자료: 미국 농무부 경제연구소(USDA, Economic Research Service, International Agricultural Productivity Data).

불변가격 기준으로는 마이너스 성장을 기록하고 있고, 그 중에서도 총 투입의 감소율이 더 높아 가까스로 양(+)의 생산성 증가율을 보이고 있다.

한편 한국 농업이 기록한 이상과 같은 생산성 변화 형태는 〈표 2-5〉가 보여주는 2002~2011년 사이의 전 세계 각국의 농업생산성 변화율과 비교해 볼 수 있다. 〈표 2-4〉와 〈표 2-5〉를 비교하면, 한국은 1980년대 중반 이전까지 현재의 개발도상국들이 보여주는 바와 같은 높은 산출 증가와 높은 투입 증가의 특성을 가지고 있었지만, 21세기에 들어와서는 현재의 선진국처럼 낮은 산출 증가와 낮은 투입 증가의 특성을 보여주고 있어 지난 40여 년 간 현재의 개발도상국형 농업생산구조에서 현재의 선진국형 생산구조로 급속히 변해왔음을 확인할 수 있다. 그러나 현재의 선진국 평균과 비교하더라도 농업 산출의 증가가 정체되는 측면이 지나치게 강하다는 것은 우려되는 점이기도 하다.

우리 농업의 생산구조와 관련하여, 갈수록 관심과 우려가 커지는 것이 기후변화가 농업생산성에 미칠 영향이다. 기후변화는 이산화탄소(CO_2)를 포함하는 온실가스들이 대기 중에서 차지하는 비중이 커지면서 온실효과로 인해 기온이 지속적으로 상승하고 그에 따른 여러 가지 생태적 변화가 발생하는 현상이다. 온실가스는 원래 주로 동식물의 사체로부터 발생하고 삼림과 바다에 흡수되어 그 대기 중 농도가 일종의 균형을 이루고 있었으나, 산업혁명 후 화석연료를 연소하게 되면서 대기 중 농가가 급격히 높아지고 있다.

IPCC(Intergovernmental Panel on Climate Change)의 6차보고서에[4] 의하면, 최근 연도 기온은 지난 2000년 동안의 기온 중 가장 높은 수준이었고, 기온상승과 더불어 폭염, 가뭄, 홍수의 발생 빈도와 정도도 눈에 띄게 커지고 있다. 아울러 기후변화의 정도는 지역별로도 차이가 있어서 해양보다는 육지부의 기온상승 정도가 더 크고, 저위도보다는 고위도의 기온상승 정도가 더 크다.

기후변화가 농작물 생산성에 미치는 영향은 단정하기 쉽지 않으며, 작물과 지역별로 다르고, 또한 어떤 적응조치를 사용하느냐에 따라서도 크게 달라진다. 고온으로 인한 작물 생육 손실이 있을 수 있지만, 대기 중 CO_2 농도 증가는 일종의 비료효과를 통해 일부 작물의 생장에 도움을 주기도 한다. 기후변화의 생산성 영향은 쌀, 밀, 옥수수, 대두 등의 식량작물에 대해서 주로 분석이 되고 있는데, 아무래도 이미 기온이 높은 저위도 지역에서의 생산성 피해가 더 클 것으로 전망된다.[5]

한국은 비교적 고위도 지역에 속하지만 앞에서 지적한 바와 같이 기온변화율 자체는 고위도 지역이 더 높을 것이다. 기후변화는 평균적인 생산성에 영향을 미침은 물론 생산 가변성을 높이고 농산물 품질저하를 초래할 수 있으며, 자연재해 빈도를 높여 생산 위험도를 증가시킬 수 있다. 그리고 주요 농산물 수출국의 피해 심화로 인해 국제 곡물 가격이 추가로 상승하고, 그로 인한 전반적인 물가상승과 식량위기를 경험할 수 있다.

따라서 향후의 우리 농업생산은 기후변화에 대한 적응조치를 일상적으로 반영하는 상태에서 이루어질 필요가 있다. 품목/품종의 선택, 농법의 변화, 농외소득원 개발 등과 같은 생산자 개인의 적응조치는 물론이고, 관련 교육과 홍보, 기상관측과 예보, 관배수 시설과 수자원 관리, 신품종 개발, 적응조치에 대한 재정지원과 같은 국가/공공분야의 역할도 효과적으로 개발·시행되어야 한다.

section 04 식품 및 외식산업

농림수산부문에서 생산된 신선 농산물, 임산물, 수산물은 소비자에 의해 직접 소비

---

[4] IPCC AR6 WGI SPM(*Summary for Policy Makers*).

[5] Rosenzweig, C. et al. (17 authors) (2014), "Assessing Agricultural Risks of Climate Change in the 21st Century in a Global Gridded Crop Model Intercomparison," *PNAS* 111 (9): 3268−3273.

되기도 하고 해외에 수출되기도 하지만, 상당한 비중이 음·식료품을 만드는 식품산업과 외식산업에 재료로 공급된다. 또한 식품산업과 외식산업은 국내에서 생산된 신선 농림수산물과 더불어 수입된 농림수산물 및 그 가공품도 재료로 사용한다. 농·식품분야 각 산업은 이렇게 수직적, 수평적으로 연계되어 있다. 2021년에 있어 식품산업과 외식산업의 현황은 〈표 2-6〉과 같다.

식료품 제조업에는 총 6,183개의 업체가 있고, 228,462명을 고용한다. 업체당 판매액이 연간 163억원 정도로서, 개별 농업경영체나 음식점에 비하면 상당히 많지만, 업체 간 규모의 차이도 커서 대기업부터 작은 중소기업이나 가내공업까지 식품산업에 종사한다.

〈표 2-1〉이 보여주었던 바와 같이 음식점과 주점을 포함하는 외식산업은 우리 농·식품산업 중에서도 매우 활발하게 성장하는 부문이다. 소득수준 향상과 가구원 수 감소, 여성 경제활동 참여 증대로 인해 외식을 통한 식품섭취 비중이 높아졌고, 이에 부응하여 주점 및 음식점의 숫자가 1990년 이래 거의 세 배 가까이 늘어났으며, 개별 음식점의 규모도 더 커지고 더 고급화되었다. 2021년 현재 800,648개의 주점 및 음식점이 있고, 총 1,937,768명을 고용하여 그 고용효과도 매우 크다고 하겠다. 그러나 업체당 매출액은 연간 1억 8,800만 원 정도이고, 종업원 1인당 매출액은 7,800여 만 원 정도라 대부분 규모가 작은 편이다.

표 2-6 식품 및 외식산업 현황(2021년)

구 분	업체	업체 수 (개)	종사자 수 (명)	업체당 출하액 (백만 원)
음·식료품 제조업	도축 · 육류가공 및 저장처리	1,241	45,027	16,840
	수산물가공 및 저장처리	1,022	29,181	7,606
	과실 · 채소가공 및 저장처리	666	19,744	6,551
	동물성 · 식물성 유지 제조	86	2,663	41,954
	낙농제품·식용빙과류 제조	121	9,854	68,374
	곡물가공품 · 전분 · 전분제품 제조	362	10,174	18,352
	기타식품제조	2,391	102,396	15,530
	동물용사료 · 조제식품 제조	294	9,423	41,772
	알콜음료 제조	106	6,772	48,568
	비알콜음료 · 얼음 제조	173	9,565	40,531
음식점· 주점업	음식점업	572,550	1,494,373	223
	주점·비알콜음료점업	228,098	443,395	101

자료: 농림축산식품부, 『2023 농림축산식품 주요통계』에서 발췌.

농·식품이 중간투입재로 사용되는 경우를 배제하면 가계와 해외 구매자가 최종적인 농·식품 소비자가 된다. 이 중 일반 가계는 어느 정도의 식품을 어떻게 소비하고 있을까?

우선 우리나라 가구의 일반적인 현황은 〈표 2-7〉과 같다. 지난 50여 년간 높은 1인당 소득 증가가 있었던 반면 인구성장률은 대단히 낮아져 마이너스(-) 성장의 단계로 접어들었으며, 따라서 인구의 평균 연령이 23.6세에서 44세로 높아졌다. 낮은 인구성장률은 평균 가구원 수를 절반 이하로 줄였고, 여성의 경제활동 참여율을 눈에 띄게 높였다.

21세기에 들어와 발생하고 있는 가구 구조의 엄청난 변화는 1인 및 2인 가구의 비중이 급격히 높아진다는 것이다. 이러한 변화는 인구 성장률 감소와 함께 평균 가구원 수를 크게 줄이는 요인이 되었다. 〈표 2-8〉에 의하면, 2022년의 전체 가구 수에서 1인

표 2-7 가구 현황

항 목	단위	1970	1985	2000	2022
총 가구	천 호	5,857	9,571	14,312	21,774
총 인구	천 명	32,241	40,806	47,008	51,628
가구당 인구	명	5.50	4.26	3.28	2.2
인구성장률	%	2.2	1.0	0.8	-0.23
평균 연령	세	23.6	27.5	33.1	44
여성 경제활동 참여율	%	-	-	48.8	54.6
1인당 GDP[a]	달러	7,162	8,490	18,667	32,410

a): GDP디플레이터를 이용하여 2022년 불변가격으로 계산하였음.
자료: 통계청, 『국가통계포털』 및 농림축산식품부, 『2023 농림축산식품 주요통계』에서 발췌.

표 2-8 가구원 수별 가구 비중(단위: %)

가구 구성	2015	2018	2022
1인 가구	27	29	34
2인 가구	26	27	29
3인 가구	21	21	19
4인 가구	19	17	14
5인 이상 가구	6	5	4
평균 가구원 수 (명)	2.5	2.4	2.2

자료: 통계청, 『국가통계포털』

가구의 비중은 34%, 2인 가구의 비중은 29%에 달한다. 따라서 이 두 유형 가구의 비중이 63%로 절대 다수를 점하는 반면, 5인 이상 가구의 비중은 4%로서의 거의 소멸되는 모습을 보이고 있다. 과거에는 정부 통계조사에서 1인 가구는 가구의 구성요건을 갖추지 못한다고 보아 소비행위 조사대상에 포함하지도 않았었지만, 〈표 2－8〉에 따르면 2015~2022년의 불과 7년 사이에 점유율이 27%에서 34%로 대폭 증가하였고, 이제는 가장 큰 비중을 차지하는 가구 구성 형태가 되었다.

이처럼 노령화, 평균 가구원 수 감소, 여성 경제활동 참여율 상승, 그리고 소득 증대는 자연스럽게 농·식품 소비행태의 변화로 연결된다. 다른 소비재처럼 식자재도 구매와 요리에 규모 효과와 가족 간 외부효과가 존재할 가능성이 크기 때문에, 가구원 수가 줄면 조리용 식자재 구매는 줄이고 간편식 섭취 비중을 늘릴 수 있다. 반면 필요 식료품비가 적어지면서 건강을 고려하는 음식 소비의 고급화가 발생할 수도 있다. 또한 여성의 경제활동 참여율이 높아지고 가구원 수가 줄어들면 가족 내 경제활동 구성원의 비중이 커지고, 그로 인한 시간 기회비용의 변화 역시 농식품 소비행위에 영향을 미칠 수 있다.

〈표 2－9〉는 우리나라 소비자들이 하루에 필요한 에너지를 공급하는 방식을 이용해 소비자와 가구 구성의 변화가 유발한 식품 소비패턴의 변화를 확인한다. 지난 50여년간 에너지 섭취량이 많아졌지만, 에너지를 섭취하는 데에는 물리적 한계가 있기 때문에 가구당 소득수준 향상보다는 낮은 섭취량 증가가 관측된다. 에너지 섭취량은 그 총량보다는 그 구성상의 변화가 더 두드러진다. 과거에 비해 육류와 우유/계란 등 동물성 에너지원과 유지류를 통한 에너지 섭취가 크게 늘어난 반면, 쌀을 비롯한 곡물의 섭취량은

표 2-9　1일 1인당 공급에너지(단위: Kcal)

분 류	1970	1985	2000	2021
곡류	1,818	1,798	1,665	1,257
육류	49	100	201	301
어류/수산물	40	92	87	106
우유/계란	17	68	129	189
유지류	33	227	391	723
과일	14	32	54	51
채소/해조	63	102	131	124
기타식품	–	280	352	406
합계	–	2,699	3,010	3,156

자료: 한국농촌경제연구원, 『식품수급표』 및 농림축산식품부, 『2023 농림축산식품 주요통계』.
　　　기타식품에는 견과, 종실, 서류, 설탕, 두류 등이 포함됨.

표 2-10 농·식품 소비량의 가격 및 지출액에 대한 반응도

	빵/곡물	육류	어류/수산물	낙농/계란	과일	채소/해조	기타식품	음료	주류
가격 1% 변화	−0.52	−0.69	−1.16	−0.27	−0.84	−0.49	−0.77	−0.41	−0.15
지출액 1% 변화	0.96	1.27	1.27	0.64	1.13	1.06	1.00	0.29	0.37
지출액 비중[a]	0.15	0.17	0.09	0.06	0.11	0.10	0.19	0.08	0.06

a): 2020년 기준임.

자료: 권오상·심지민(2022), "농식품 수요체계에 있어 가구원 수 변화가 소비지출에 미친 영향,"『농촌경제』45(4): 1−29.

많이 줄어들어 전체적으로 식습관의 서구화가 진행되었다. 아울러 채소류와 과일류, 어류/수산물 등에 대한 수요도 많이 늘어났음을 확인할 수 있다.

〈표 2−9〉의 에너지 공급에서 차지하는 식품 유형별 비중은 사실 인구나 가족 구성 변화뿐 아니라 가격이나 소득의 변화, 그리고 소비자들의 전반적인 식품 선호도 변화 등을 모두 반영하고 있기 때문에 각 세부 요인별로 어떻게 식품 소비에 영향을 미치는지를 직접 확인하는 데 사용되기 어렵다. 그러한 요인별 영향은 가격과 소득 및 인구와 가족 구성 변화를 모두 감안하는 소비자들의 농·식품 수요행위를 계량적으로 분석하여 파악할 수 있다.

2006~2021년의 15년 간 우리나라 가구의 9가지 식품군의 소비행위를 분석하되, 일단 가격과 소득에 대한 반응을 도출하면 〈표 2−10〉과 같다. 즉 이 표는 농·식품수요가 농·식품의 가격에 대해 어느 정도나 반응을 하고, 또 소득이 늘어 농·식품 전체에 대해 지출액을 늘릴 때 어떤 품목을 우선적으로 더 소비하는지를 보여준다. 여기에서의 수치는 가격이 1% 변할 때 각 농·식품의 소비량이 몇 % 변하는지와, 농·식품에 대한 총 지출액이 1% 변할 때 각 농·식품의 소비량이 몇 % 변하는지를 보여준다. 어류/수산물, 과일 등이 가격이 상승할 때 소비가 줄어드는 정도가 상대적으로 크고, 낙농/계란, 음료, 주류, 채소, 빵/곡물 등은 수요가 가격변화에 상대적으로 둔감하게 반응한다. 소득 증가로 농·식품에 대한 지출액을 늘릴 때 지출액 증가율 이상으로 소비를 늘리는 것은 예상할 수 있는 바와 같이 육류, 어류, 과일, 채소 등이고 나머지 품목군에 대한 지출은 소득 증가율만큼 늘어나지 않는다. 따라서 경제 성장에 따른 소득상승의 결과 육류, 어류, 과일, 채소 등의 소비비중이 높아지는 현상이 나타나게 되었다.

농·식품의 가격이나 소득 (혹은 지출액) 외에도 인구·통계학적 특성변화가 농·식품의 소비에 영향을 미치는 것으로 파악되고 있다. 소득이나 가격변수의 영향을 배제하더라도 시간이 지나면서 육류에 대한 선호도가 높아지고 따라서 모든 종류의 가구 구성에서 육류에 대한 지출비중이 커지는 것은 사실이지만 그러한 증가 경향은 가구원 수, 소득원(임금 vs. 자영업), 가구주 연령, 가구 소득 수준에 따라 상이한 것으로 파악된다. 예를 들면 1인 가구와 2인 가구의 증가는 곡물, 육류, 낙농의 지출비중을 줄이고 수산물, 과일의 비중을 늘리는 현상 등도 관측이 된다.6) 그리고 1인 가구에는 젊은 층은 물론 상당한 정도의 노령층도 포함되기 때문에 같은 1인 가구라도 가구주 연령에 따라 농·식품 소비패턴의 차이를 보여준다. 따라서 이러한 인구·통계학적 특성이 식품 소비에 어떤 영향을 미치는지에 대한 연구와 검토가 지속될 필요가 있다.

농·식품 소비행위에 있어 또 다른 중요한 현상은 외식비 지출액의 비중이 매우 커지고 있으며, 외식비 지출 행위는 조리용 농산물 구입 행위와는 구조적으로 다른 특성도 가지고 있다는 점이다. 예를 들어, 경제학이 오랫동안 제기해왔던 가설 중 하나인 엥겔의 법칙(Engel's law)이 외식비의 경우 적용되지 않을 수도 있다. 엥겔의 법칙은 소비자들이 필수재인 농·식품 섭취를 늘릴 수 있는 데에는 한계가 있어 소득증대만큼 농·식품에 대한 지출액이 늘어나지 않고, 따라서 경제가 성장할수록 농·식품의 가격은 다른 상품에 비해 하락할 수밖에 없다는 의미를 갖고 있다. 〈그림 2-4〉는 관련 내용을 전체 농·식품 지출액과 외식비 지출액에 대해 분리하여 보여준다.

〈그림 2-4a〉에서 가로축은 2014년에 조사된 총 9,933가구의 월별 소득(단위: 만 원)이고, 세로축은 전체 가계소득에서 농·식품에 대한 지출액의 비중이다. 통계분석을 통해 두 변수 간의 관계가 비교적 매끄럽게 나타나도록 하면 그림에서의 곡선을 도출할 수 있는데, 전체 소득구간에서 엥겔의 법칙이 성립함을 확인할 수 있다.7) 〈그림 2-4b〉는 같은 분석을 전체 가계소득에서 외식에 대한 지출액이 차지하는 비중을 세로축에 나타내고 시행한 결과이다. 월 소득이 200만 원이 조금 넘는 구간까지는 소득이 늘어날수록 오히려 외식비 지출액 비중이 커진다. 그 이상의 소득에서는 엥겔의 법칙이 성립한다고 할 수 있지만 소득이 늘면서 외식비지출액 비중이 감소하는 정도는 대단히 완만하다

---

6) 권오상·심지민(2022, 전게 논문).

7) 앞에서 지적한 바와 같이 소득 외의 가구 특성들도 농·식품 지출액 결정에 영향을 미치기 때문에 이처럼 소득과 지출액 비중 간의 관계만을 보고 결론을 짓는 것에는 위험성이 따른다는 것도 이해하기 바란다.

그림 2-4   가구별 소득과 엥겔계수의 관계

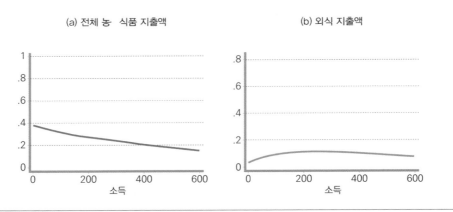

(a) 전체 농 식품 지출액   (b) 외식 지출액

자료: 2014년 『가계동향조사자료』의 9,933가구의 지출액 자료를 통계 분석함.

는 것을 확인할 수 있다. 즉 가정에서 직접 조리를 해 먹는 식재료의 경우 엥겔의 법칙이 명확히 나타나지만 외식의 경우 반드시 그렇지는 않다. 외식은 이미 밝힌 바대로 고소득층일수록 소비량이 많으며, 또한 가격대도 다양하여 소득이 높아지면 보다 고가의 제품을 소비하는 것이 가능하기 때문에 소득이 높아져도 지출액 비중이 반드시 감소한다고는 보기 어렵다. 따라서 〈그림 2-4〉는 1차 생산품인 농림수산물보다는 외식을 대표로 하는 2, 3차 농·식품의 부가가치가 시간이 지나면서 커지는 현상을 다시 한 번 설명하고 있다.

section 06   농·식품산업과 국민경제, 국제무역

농·식품산업은 내적으로 서로 연계되어 있을 뿐 아니라 에너지, 교통, 건설, 금융 등 국민경제 내의 다른 산업과도 수직적, 수평적으로 연계되어 있다. 또한 농·식품은 해외로 수출도 되고 동시에 수입도 되기 때문에 해외 산업과도 연계되어 있다. 따라서 농·식품산업에 대한 올바른 이해를 위해서는 비농·식품산업을 포함하는 국민경제 내에서 농·식품산업이 어떤 역할을 담당하고 있는지와 외국과의 교류는 어떠한지를 종합적으로 파악하는 것이 필요하다.

〈그림 2-5〉는 2020년의 한국 경제를 도식화한 것이다. 경제 내의 산업을 농·식품

그림 2-5 2020년 한국 경제의 생산, 소비, 무역 구조(단위: 조 원)

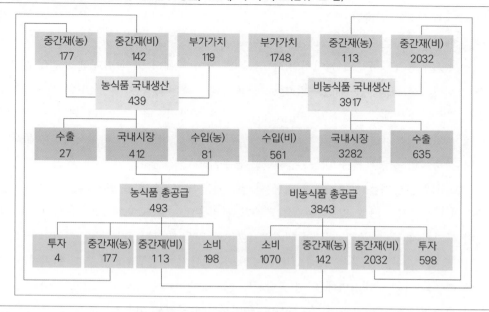

자료: 한국은행, 『산업연관표』를 이용해 박경원 박사(대한상공회의소 SGI 연구위원)가 작성함.

산업과 비농·식품산업 두 가지로 분류하는데, 여기에서 농·식품산업은 〈표 2-1〉의 산업 중 소비자들이 직접 소비하는 농림수산업(및 일부 연관산업), 식품산업, 외식산업, 이 세 가지로 한정하였다. 〈그림 2-5〉는 한국 경제의 실제 자료와 완전 일치하지만, 일부 변수 간에는 미세한 불일치도 보여준다. 이는 단순 반올림 오차이거나, 아니면 정부 활동 등을 명시적으로 표기하지 않아 발생한 것이다. 예를 들면 〈그림 2-5〉의 농·식품부문 부가가치 119조 원과 비농·식품부문 부가가치 1,748조 원의 합은 〈표 2-1〉이 보여준 국가 전체 부가가치 1,891조 원보다 약 24조 원이 부족한데, 이 금액은 정부가 생산세를 부과하여 걷어간 것이다.

그림의 좌상변을 보면, 2020년 국내 농·식품산업은 439조 원을 생산하였고, 이 중 농림수산물처럼 농·식품 생산에 원료나 중간재로 사용된 비용으로 177조 원, 그리고 기계나 에너지처럼 비농·식품이 농·식품 생산에 중간재로 사용된 것에 대해 142조 원, 그리고 생산세를 제외한 노동, 자본 등의 본원적 투입요소에 대한 비용인 부가가치로 119조 원이 지급되었다. 즉 농·식품산업은 비농·식품산업의 산출물을 상당한 정도 투입요소로 사용한다.

국내 농·식품기업이 생산한 439조 원의 농·식품 산출물은 국내시장에 신선농산물, 가공식품, 외식 등의 형태로 412조 원어치가 공급되고 해외에 27조 원어치가 수출되었다. 국내시장에 공급된 412조 원어치의 농·식품은 다시 해외에서 수입된 81조 원어치와 합해져 국내시장에 총 493조 원어치의 농·식품이 공급되었다.

이렇게 공급된 493조 원어치의 농·식품은 이미 앞에서 밝힌 바대로 177조 원어치가 다시 농·식품생산을 위한 중간재로 사용되었고, 113조 원어치는 비농·식품산업의 생산과정에 중간재로 공급되었으며, 4조 원어치가 투자되거나 재고처리 되었다. 마지막으로 198조 원어치의 농·식품이 소비자에 의해 최종 소비되었다. 따라서 농·식품산업역시 산출물의 상당부분을 비농·식품산업에 원료로 공급한다.

그림의 우상변을 보면, 국내 비농·식품산업은 3,917조 원을 생산하였고, 농·식품 중간재 비용으로 113조 원, 비농·식품 중간재 비용으로 2,032조 원, 역시 생산세를 제외한 부가가치, 즉 노동과 자본의 대가로 1,748조 원을 지급하였다. 국내 기업이 생산한 3,917조 원의 비농·식품은 국내시장에 3,282조 원어치가 공급되고 635조 원어치가 해외에 수출되었다. 국내기업에 의해 공급된 3,282조 원어치에 수입된 561조 원어치가 더해져 총 3,843조 원어치의 비농·식품이 국내시장에 공급되었다.

공급된 3,843조 원어치의 비농·식품 중 142조 원어치는 앞에서 본 바와 같이 농·식품생산에 중간재로 활용되었고, 2,032조 원어치는 비농·식품생산의 중간재로 활용되었으며, 598조 원어치가 투자되거나 재고로 보관되어, 결국 1,070조 원어치가 소비자에 의해 최종 소비되었다.

국제부문과의 거래를 보면 비농·식품부문은 수출이 635조 원이고 수입은 561조 원이라 큰 폭의 무역흑자를 얻고 있으나, 농·식품부문은 수출이 27조 원인 반면 수입은 81조 원이라 반대로 무역적자를 기록하고 있다. 경제의 개방화와 생산자원 부존량의 한계로 인해 농·식품부문의 무역수지 적자는 상당한 정도이다.

〈그림 2-5〉는 2020년 우리 경제가 어떤 순환구조를 가졌는지를 실제 자료와 일치하도록 보여준다. 이러한 순환관계는 매년 형성되어 왔으며, 경제가 이렇게 순환하는 과정에서 그 규모가 커지고 부가가치 총액이 증가하면 순조로운 경제성장이 이루어지는 것이다. 우리 경제는 현재에는 저성장 추세를 보여주고 있으나 지난 수십 년 간 큰 성장을 이루어왔고 따라서 전체 순환규모도 매우 커졌지만, 그 내적 구성에 있어서도 큰 변화를 겪어왔다. 전체적으로 농·식품분야보다는 비농·식품분야의 구성비중이 더 커졌고, 농·식품분야 내에서도 전통적인 1차 생산품보다는 유통 및 식품가공, 외식 등의 비중이 커졌다. 경제의 개방화로 인해 해외부문의 비중도 커져왔는데, 농·식품분야의 경

우 수출보다는 수입의 비중이 더 커져왔다. 그러나 최근에 들어와서는 농산물과 가공식품의 수출량이 주목할 만한 정도로 늘어나는 추세도 보이고 있다.

section 07 농·식품산업 현황 요약

한국 경제가 발전하는 과정에서 농·식품산업도 큰 구조적 변화를 겪었다. 노동, 토지 등 주요 생산요소가 도시로 이전되는 과정 속에서도 생산규모의 증대를 이룩할 수 있었지만, 1차산업인 농림수산업의 생산비중은 줄어들고 유통·저장·가공 및 외식과 같은 2, 3차산업으로서의 농·식품산업의 중요도가 커지고 있다. 농촌인구에서 농가인구의 비중은 크게 줄어들었고, 농가소득에서 농업소득의 비중도 역시 매우 줄어들었다.

소비자들의 경우 늘어나던 인구가 출생률 저하로 정체 혹은 감소하기 시작하였으며, 가구원 수 감소, 식습관의 서구화, 외식에 대한 선호도 상승과 같은 경향을 만들어냄으로써 오늘날과 같은 농·식품산업 구조가 형성되는 데 영향을 미쳤다. 아울러 정부도 농업에 대한 지원정책이나 가격정책 등을 통해 농·식품산업에 꾸준히 영향을 미쳐왔으며, 1980년대 중반 이후 지속적으로 이루어진 개방화로 인해 해외 농업의 동향 역시 국내 농·식품산업에 영향을 미치고 있다.

이 모든 현상은 우리 경제가 성장하는 과정 속에서 전통적인 농림수산경제와 도시경제가 통합되면서 나타나는 것이며, 사실 두 부문의 원활한 통합이 이루어졌다면 도시와 농촌 어디에 거주하든지, 농촌의 농가가 되든지 비농가가 되든지, 농가라면 농업소득이 주 소득원이든지 농업외 소득이 주 소득원이든지 상관없이 거의 동일한 수준의 소득과 삶의 질을 얻을 수 있어야 한다. 우리 농·식품산업에 있어서 관측되는 현상은 적어도 1차적인 농림업 생산자의 소득은 도시민과 비교할 때 상대적으로 낮아지고 있어 우리가 바라는 이상적인 상태와는 거리가 있다. 따라서 앞으로는 이러한 통합과정이 보다 적절하게 이루어지고 농·식품산업의 활력이 좀 더 높아져야 할 필요성을 인식하게 된다. 그러한 방법을 찾기 위해서는 경영체의 생산행위, 소비자의 소비행위, 농·식품시장의 구조, 생산을 위한 자원관리, 해외 경제와의 관계, 정부정책의 영향 등에 관한 종합적인 분석을 행하여야 하며, 본서는 제3장에서부터 이들 내용에 대한 구체적인 논의를 진행한다.

01 우리 농·식품의 수출입 규모와 그 변화, 각 품목이 수출입에서 차지하는 비중, 그리고 주요 수출입 대상국에 대해 조사하여 시사점을 찾아보라.

02 농가당 생산하는 산출물의 가지 수가 시간이 지나면서 늘어났을 것 같은가 아니면 줄어들었을 것 같은가? 그 이유를 설명해보라.

03 농가 수가 줄어들면 농지의 소수 농가에 대한 집중현상이 더 심화될까 아니면 약화될까? 그 이유를 설명하라.

04 농가 수가 줄었기 때문에 정부가 농민들을 보호하려는 정책을 줄여야 한다는 주장에 대해 논의해보라.

05 농가 밖에서 구입하는 중간투입재가 생산비에서 차지하는 비중이 커지는 현상이 농가의 소득에 어떤 영향을 미칠지를 논의해보라.

>>

제Ⅱ부 시장이론은 농·식품의 생산과 소비관련 기본 이론들로 구성된다. 제3장은 농·식품을 소비하는 소비자들의 행위를 분석하며, 소비자들이 어떤 변수를 반영하여 농·식품 구매행위를 결정하고 시장 전체의 수요는 어떻게 나타나는지를 보여준다. 제4장은 생산자 행위론으로서, 개별 생산자가 어떤 품목을 어떻게, 그리고 얼마나 생산하는지를 결정하는 과정을 설명하며, 농·식품 시장 전체의 공급량이 결정되는 원리도 설명한다. 제5장은 매우 많은 수의 소비자와 생산자가 시장에서 서로 만나 거래량과 거래가격을 결정하는 과정을 완전경쟁시장 모형을 이용해 설명하며, 농산물 시장에 정부가 개입하였을 때 발생하는 시장균형의 변화와 소비자 및 생산자 후생의 변화를 논의한다. 제6장은 현대 농·식품시장에서 나타나는 보다 다양한 시장 구조하에서 생산자와 소비자들이 어떻게 반응하는지를 분석하여 제시하며, 소비자나 생산자가 독점력을 가질 때의 행위와 시장 균형의 특성을 중점 분석한다. 제7장은 토지, 노동, 자본과 같은 농업생산요소시장에서 가격이 결정되는 원리와, 특히 농업에서 사용되는 생산요소들이 가진 고유한 특성들에 대한 분석을 다양하게 보여준다.

시장이론

CHAPTER
03

소비

소비자나 가계(household), 생산자나 기업들은 경제시스템을 구성하는 중요한 경제 주체들이다. 이 장에서는 소비자 혹은 가계에 국한하여 이들의 경제행위를 살펴본다. 예를 들어, 한우고기의 가격이 하락하면 소비자들은 한우고기를 더 많이 구매하게 된다. 이러한 구매행위는 보기와는 달리 매우 복잡한 과정을 거쳐 결정되게 된다. 대부분의 경제행위 과정은 모든 환경이 통제된 실험실과는 달리 관찰할 수 없는 다양한 요인들이 복합적으로 작용하는 시장에서 발생한다. 동일한 가격수준에서도 왜 소비자들마다 구매하는 쇠고기의 양은 다를까? 이 장에서는 소비자들은 합리적이고 자신들의 예산 하에서 만족을 극대화시킨다는 소비행위 이론을 살펴보고 이러한 소비이론이 어떻게 소비자들의 구매행위를 이해하는 데 활용될 수 있는지 살펴본다.

일반적으로 소비자들은 자신들의 소득을 식품이나 내구재 등의 재화나 서비스 구매에 배분할 때 매우 다양한 선택 대안들을 직면한다. 소비자들은 자신들이 얻게 되리라 기대하는 만족, 즉 **효용(utility)**을 얻기 위해 재화나 서비스를 구매한다. **효용함수(utility function)**는 소비행위로부터 얻게 되는 그러한 효용 수준을 바탕으로 소비자들이 선택할 수 있는 **소비 꾸러미(consumption bundle)**들의 우선순위를 정할 수 있도록 도와주는 수리적 표현이다. 여기서 소비 꾸러미란 소비를 위해 고려되는 재화들의 조합을 의미한다. 효용함수는 다양한 소비 꾸러미들 가운데 어떤 특정 꾸러미를 소비함으로써 얻게 되는 총 효용을 나타낸다.

쇠고기와 돼지고기를 소비하는 어떤 소비자가 있다고 하자. 쇠고기의 소비량이 B, 돼지고기의 소비량이 P라면 B와 P의 묶음 (B, P)가 바로 소비 꾸러미가 된다. 이 꾸러미를 선택한 소비자가 얻는 소비 만족도의 크기는 효용함수 $U(B,P)$와 같이 나타낼 수가 있을 것이다. 그러한 효용함수의 한 예로서 다음과 같은 효용함수를 생각해볼 수 있다(물론, 주변에서 이러한 효용함수를 갖는 소비자를 보게 되는 경우는 매우 드물다).[1]

$$U(B,P) = \sqrt{B \times P} = B^{0.5}P^{0.5}$$
$$총\ 효용 = \sqrt{쇠고기\ 소비량 \times 돼지고기\ 소비량}$$

만약 소비 꾸러미 A가 1주일 동안 100g의 쇠고기와 400g의 돼지고기를 포함한다면, 위와 같은 효용함수를 가지는 소비자의 총 효용은 소비 꾸러미 A를 소비함으로써 $\sqrt{100 \times 400} = 200$이 된다. 마찬가지로 다양한 소비 꾸러미마다 얻게 되는 효용 수준은 〈표 3-1〉과 같다.

다양한 소비 꾸러미 중에서 어떤 소비 꾸러미가 다른 소비 꾸러미에 비해 더 선호되거나 덜 선호되는지, 또는 동일한 선호를 갖는지는 소비 꾸러미를 통해 얻게 되는 총 효용 수준을 나타내는 효용함수를 통해 파악할 수 있다. 예를 들어, 1주일 동안 200g의 쇠고기와 800g의 돼지고기를 소비하는 소비 꾸러미 C로부터의 총 효용은 $\sqrt{200 \times 800} = 400$이다. 따라서 소비자는 더 큰 효용을 얻게 되는 소비 꾸러미 C를 소

---

1) 지수함수형태의 효용함수를 콥-더글러스(Cobb-Douglas) 효용함수라 부른다.

표 3-1 소비 꾸러미와 총 효용

소비 꾸러미	쇠고기(g)	돼지고기(g)	총 효용
A	100	400	200
B	150	600	300
C	200	800	400
D	250	160	200
E	400	100	200
F	300	75	150
G	350	350	350
H	400	400	400
I	500	320	400

비 꾸러미 A보다 더 선호할 것이다. 또 다른 예로 1주일 동안 400g의 쇠고기와 400g의 돼지고기를 소비하는 소비 꾸러미 H의 경우에는 얻게 되는 총 효용이 400이므로 소비 꾸러미 C와 같은 총 효용수준을 유발한다. 따라서 소비 꾸러미 C와 H에 대해서 소비자는 무차별(indifferent)하게 된다.

현실적으로 재화나 서비스를 구매할 때마다 위의 식과 같은 특정한 효용함수를 고려하는 소비자는 거의 찾아볼 수 없다. 그러나 효용함수가 표현하는 총 효용, 즉 만족의 개념은 소비행위에 대한 경제적 분석의 기초가 되는 중요한 개념이다.

다른 상품의 소비량은 그대로 둔 채 특정 재화만을 더 소비하거나 덜 소비할 때 효용은 얼마나 변할까? 이 질문에 답변하기 위해서는 효용의 수준을 측정할 수 있어야 한다. 특정 재화의 소비량 변화로 인해 발생하는 총 효용의 변화를 그 재화의 **한계효용(marginal utility, MU)**이라고 한다. 경제학에서 '한계(marginal)'란 용어는 '변화(change)'의 의미를 가지고 있다. 쇠고기 소비의 한계효용은 다음과 같이 표현할 수 있다.

$$MU_B = \frac{\Delta U}{\Delta B}\Big|_{P \text{는 일정}}$$

$$\text{한계효용}_{\text{쇠고기}} = \frac{\Delta \text{효용}}{\Delta \text{쇠고기 소비량}}\Big|_{\text{돼지고기 소비량은 일정}}$$

위 식에서 Δ(그리스어로 '델타'라고 읽는다)는 값의 변화를 의미한다. 한계효용은 따라서 쇠고기 소비량이 하나 더 늘어날 때 효용이 얼마나 더 증가하는지를 나타낸다. 위에서 주어진 효용함수 $U(B,P) = \sqrt{BP}$ 로부터 한계효용은 $MU_B = \sqrt{P}/(2\sqrt{B})$

또는 $MU_P = \sqrt{B}/(2\sqrt{P})$로 도출할 수 있다. 소비 꾸러미 C의 경우 $MU_B = \sqrt{800}/(2\sqrt{200}) = 1$과 $MU_P = \sqrt{200}/(2\sqrt{800}) = 0.25$가 된다.

> 한계효용은 재화를 한 단위 더 소비할 때 추가로 늘어나는 효용수준이다.

돼지고기 소비량은 100g으로 고정된 상태에서 쇠고기 소비량이 달라짐에 따라 이 소비자의 효용은 〈표 3–2〉와 같이 변한다. 첫 번째 행은 소비자가 1주일마다 소비하는 쇠고기 소비량을 나타낸다. 두 번째 행은 각각의 쇠고기 소비수준에서의 총 효용을, 세 번째 행은 한계효용을 나타내고 있다. 쇠고기 소비량이 많아질수록 증가하는 효용 수준은 점차 줄어들고 있음에 주목하라. 예를 들어, 쇠고기 소비량이 400g에서 500g으로 늘어날 때, 효용은 200.0에서 223.6으로 23.6만큼 증가하였다. 그런데 쇠고기 소비량이 900g에서 1,000g으로 늘어날 때는 효용은 300.0에서 316.2로 16.2만큼 증가하였다. 즉, 쇠고기의 한계효용이 점점 감소한다.

사실 소비량과 한계효용과의 관계는 다양할 수가 있는데, 〈표 3–2〉의 예에서는 다른 소비재인 돼지고기 소비량은 불변인 채 쇠고기의 소비량을 늘려가면 쇠고기의 한계효용이 감소하는 경우를 보여준다. 이러한 현상을 한계효용 체감(감소)의 법칙(law of diminishing marginal utility)이라고 하는데, 특정 재화 단위당 소비가 증가할수록 한계효용은 감소하게 되는 것을 의미한다. 많은 소비자들이 처음 쇠고기 100g을 먹고 추가

표 3–2 소비자의 총 효용과 한계효용

쇠고기 소비량(g)	총 효용	한계효용
100	100	
200	141.4	41.4
300	173.2	31.8
400	200.0	26.8
500	223.6	23.6
600	244.9	21.3
700	264.6	19.6
800	282.8	18.3
900	300.0	17.2
1,000	316.2	16.2
1,100	331.7	15.4
1,200	346.4	14.7

로 100g을 먹을 경우, 추가로 먹은 쇠고기로부터 얻는 만족도 수준이 처음 먹은 쇠고기로부터의 만족도 수준보다 낮다고 느끼는 경향이 있기 때문에 경제학은 한계효용의 감소를 흔히 가정하곤 한다.

> 한계효용 체감(감소)의 법칙: 다른 재화의 소비량은 변함없이 특정 재화를 한 단위 추가로 소비할 때 그로 인해 늘어나는 만족도의 크기는 그 재화의 소비량이 많아질수록 감소한다.

그렇다면 특정 상품 소비의 한계효용은 다른 재화 소비량과도 관련이 있을까? 조금 더 구체적으로 쇠고기 소비로부터의 효용은 주류나 음료수, 함께 먹는 채소의 양과 관련이 있을까? 아마 많은 사람들이 이 질문에 '그렇다'라고 답변할 것이다. 따라서 소비자들의 행위를 정확하게 이해하기 위해서는 다른 모든 재화나 서비스의 소비도 동시에 고려해야 한다.

section 02 무차별곡선

소비자들이 두 가지 이상의 상품을 꾸러미로 만들어 소비할 때 그 만족도를 분석할 수 있는 매우 중요한 개념이 등효용곡선 혹은 **무차별곡선(indifference curve)**이다. 특정 무차별곡선은 소비자에게 동일한 수준의 만족도를 갖게 하는 상품 꾸러미들로 구성된 곡선이다. 특정한 무차별곡선 상의 모든 점들에서의 만족도 혹은 효용은 모두 동일하며, 소비자는 동일한 만족도를 유발하는 소비 꾸러미들에 대해서 무차별하다.

어떤 소비자에게 특정한 만족 혹은 효용수준을 유발하게 하는 쇠고기와 돼지고기의 조합을 〈그림 3-1〉로 나타낼 수 있다고 하자(실제로 이 그림은 〈표 3-1〉의 소비꾸러미들을 나타낸 것이다). 그림에는 두 개의 무차별곡선 U_1과 U_2가 그려져 있는데, 각각 $U_1 = 200$이라는 만족도와 $U_2 = 400$라는 만족도를 가져다주는 무차별곡선이다(〈표 3-1〉 참고). 즉, 점 D와 E처럼 U_1곡선 위에 있는 모든 소비 꾸러미는 200이라는 동일 만족도를 가져다주며, 점 C와 H 두 꾸러미는 모두 400라는 만족도를 유발한다.

소비자가 재화의 소비로부터 얻게 되는 효용의 변화는 무차별곡선의 이동으로 표현된다. 무차별곡선 U_2는 U_1보다 원점으로부터 더 멀리 떨어져 있고 U_2상의 점 H에서

그림 3-1 무차별 곡선

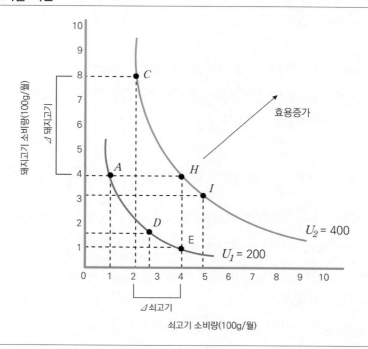

쇠고기 소비량(100g/월)

는 U_1상의 점 D보다 쇠고기와 돼지고기 모두 소비량이 더 많다. 쇠고기와 돼지고기처럼 정상적인 재화라면 동일한 조건에서 소비자는 소비량이 많을수록 만족도가 높아지며 이는 더 높은 효용 수준을 의미한다. 따라서 소비자는 무차별곡선 U_2를 무차별곡선 U_1보다 더 선호한다. 무차별곡선은 효용이라는 높이를 나타내는 일종의 등고선으로서, 원점에서 멀어질수록 더 높은 등고선이 되며, 각기 다른 높이를 나타내는 두 등고선이 서로 만날 수 없듯이 서로 다른 효용을 나타내는 무차별곡선도 만날 수 없다.

　아울러 무차별곡선은 〈그림 3-1〉에서처럼 음(-)의 기울기를 가져 우하향하는데, 이는 예를 들면 돼지고기 소비량이 줄어도 대신 쇠고기 소비량을 적절히 늘리면 여전히 동일한 만족도를 얻을 수 있기 때문이다. 이처럼 소비자가 동일한 만족도를 유지하면서 한 재화의 소비를 늘리기 위해서는 다른 재화의 소비는 감소시킬 수 있고, 소비자는 일정한 만족 수준을 유지하기 위해서 한 재화를 다른 재화로 대체할 수 있다. 그러나 그 대체비율은 반드시 1:1일 필요는 없는데, 이때 소비자가 동일한 만족도를 얻으면서 한 재화를 다른 재화로 대체하고자 하는 비율을 한계대체율(marginal rate of substitution: MRS)이라고 한다.

따라서 돼지고기에 대한 쇠고기의 한계대체율은 동일한 만족수준을 유지하면서 쇠고기를 추가로 한 단위 소비하기 위해서 포기하고자 하는 돼지고기의 양을 의미하며, 아래와 같은 수식으로 표현할 수 있다.

$$\text{돼지고기에 대한 쇠고기의 한계대체율} = -\frac{\Delta \text{돼지고기}(P)}{\Delta \text{쇠고기}(B)}$$

한계대체율에 음$(-)$의 부호가 붙는 것은 쇠고기 소비를 늘릴 때 동일 만족도 유지를 위해서는 돼지고기 소비는 줄여야 하므로 $\frac{\Delta \text{돼지고기}}{\Delta \text{쇠고기}}$ 자체는 음$(-)$의 값을 가지기 때문이다. 〈그림 3−1〉에서 소비자의 각 재화별 소비량이 점 C에서 점 H로 이동할 때 한계대체율은 400/200 = 2이다. 즉, 소비자는 쇠고기를 100g을 추가로 소비하기 위하여 돼지고기 200g을 포기하고자 한다. 만일 소비자가 점 D에서 점 E로 소비량을 변화시킬 경우에는 한계대체율은 60/150 = 0.4가 된다.

한계대체율은 두 재화에 대한 무차별곡선의 특정 지점에서의 기울기의 음$(-)$의 값이기도 하다. 무차별곡선상에서 쇠고기 소비량이 증가($\triangle$쇠고기)할 때 단위당 한계효용$_{\text{쇠고기}}(MU_B)$이 발생한다. 동시에 돼지고기 소비량이 감소($\triangle$돼지고기)하면서 단위당 한계효용$_{\text{돼지고기}}(MU_P)$이 감소한다. 무차별곡선 위의 모든 점들은 같은 수준의 효용을 의미하므로 쇠고기 소비량의 증가로 발생한 한계효용의 크기와 돼지고기 소비량 감소로 줄어든 한계효용의 크기는 같아야 한다. 따라서 소비자가 소비량을 줄인 돼지고기 양에 돼지고기의 한계효용을 곱한 값은 늘어난 쇠고기 소비량에 쇠고기의 한계효용을 곱한 값과 동일하다.

$$-\Delta \text{돼지고기} \times (\text{한계효용}_{\text{돼지고기}}) = \Delta \text{쇠고기} \times (\text{한계효용}_{\text{쇠고기}})$$

위의 식을 정리하면 돼지고기에 대한 쇠고기의 한계대체율이 아래와 같이 한계효용의 비율로도 표현할 수 있다.

$$-\frac{\Delta\,\text{돼지고기}}{\Delta\,\text{쇠고기}} = \frac{\text{한계효용}_{\text{쇠고기}}}{\text{한계효용}_{\text{돼지고기}}} = \frac{MU_B}{MU_P}$$

　그렇다면 무차별곡선을 따라 아래로 이동하면 왜 한계대체율은 하락하는 걸까? 앞에서 살펴본 것처럼 〈그림 3-1〉에서 점 *C*에서 *H*로 이동할 때의 한계대체율이 2에서 점 *H*에서 *I*로 이동할 때의 한계대체율은 0.8로 그 값이 감소하였다. 소비자가 200g의 쇠고기를 소비할 때(점 *C*), 쇠고기 200g을 더 소비하기 위해서 400g의 돼지고기 소비를 포기하고자 한다(점 *C*에서 점 *H*로 이동). 그러나 소비자가 400g의 쇠고기를 소비할 때(즉, 점 *H*)는, 100g의 쇠고기를 더 소비하기 위해서 80g의 돼지고기를 포기하고자 한다(점 *H*에서 점 *I*로 이동). 이렇게 쇠고기 소비량이 늘수록 한 단위의 쇠고기 소비 대신 포기하고자 하는 돼지고기 소비량이 줄어드는 현상을 **한계대체율 감소(diminishing marginal rate of substitution)**라고 한다.

　이렇게 한계대체율이 감소하는 것은 소비자들이 균형된 소비를 더 선호하기 때문이다. 즉 쇠고기나 돼지고기 중 한 가지만을 많이 소비하는 것보다는 둘 다를 균형 있게 소비하는 것을 원한다. 따라서 쇠고기 소비량이 많은 상태에서는 돼지고기의 가치가 상대적으로 더 커지기 때문에 쇠고기 소비 증가를 위해 포기하고자 하는 돼지고기 소비량이 줄어드는 것이다. 이렇게 한계대체율이 감소하면 무차별곡선은 〈그림 3-1〉이 보여주는 바와 같이 원점에 대해 **볼록(convex)**하게 된다. 이것이 통상적으로 가정되는 무차별곡선의 또 다른 성질이다.

section 03　예산제약

　평소에 우리는 구입하고 싶은 것들이 많이 있다. 맛있는 음식을 사 먹고 싶고, 멋진 옷이나 신발을 사서 입거나 신고 싶어 한다. 또 멋진 신형 자동차를 구입해서 타고 싶어 하고 전망이 좋은 집을 구입해서 이사하고 싶다는 생각을 할 수 있다. 앞 절에서 살펴본 쇠고기와 돼지고기 소비에 있어서도 가능한 한 많은 양을 구입하여 소비하고자 할 것이다. 그렇지만 우리는 **예산제약(budget constraint)**을 가지기 때문에 원하는 대로 모두 구입할 수는 없다. 다시 말해 소비자들은 자신이 가진 예산, 즉 소득 수준을 초과한 소비행위를 할 수는 없으며, 소비자의 선택행위를 설명하기 위해서는 앞 절에서 살펴본 소

표 3-3 예산제약의 사례

쇠고기(12,000원/100g)	돼지고기(4,000원/100g)	예산(지출)
600g	0g	72,000원
400g	600g	72,000원
200g	1,200g	72,000원
0g	1,800g	72,000원

비자가 어떤 소비 꾸러미를 좋아하는지에 대한 분석, 즉 소비자의 선호분석과 함께 소비자가 직면하는 예산제약에 대한 분석이 함께 이루어져야 한다. 예산제약은 소비자가 자신이 가진 소득 범위 내에서만 소비행위를 선택할 수 있다는 것을 의미한다.

음식료품 이외에도 소비자는 다양한 재화들을 소비한다. 한 개인이 다양한 재화들을 소비하는 데 지출한 총 비용은 개별 재화나 서비스의 구매량에 각각의 가격을 곱한 후 모두 더하여 구할 수 있다. 다시 한 번 쇠고기와 돼지고기만을 소비하는 소비자의 경우를 살펴보자. 이 소비자는 자신의 소득 전부를 쇠고기와 돼지고기를 소비하는 데 사용한다. 즉, 소비자의 총 소득(=지출)은 쇠고기 소비량에 쇠고기 단위당 가격을 곱한 값과 돼지고기 소비량에 돼지고기 단위당 가격을 곱한 값의 합과 같다.

소득＝(쇠고기 소비량×쇠고기가격)＋(돼지고기 소비량×돼지고기가격)

어떤 소비자가 1주일 동안 72,000원의 예산(소득)으로 쇠고기와 돼지고기의 소비량을 결정한다고 가정하자. 쇠고기 100g 당 가격은 12,000원이고 돼지고기 100g 가격은 4,000원이라고 하자. 이 경우 소비자는 72,000원이라는 예산하에서 〈표 3-3〉과 같이 다양한 쇠고기와 돼지고기의 소비조합을 결정할 수 있다.

만약 소비자 A가 쇠고기만을 소비하고자 한다면 돼지고기 소비량은 0이 되고 쇠고기 소비량은 72,000원÷(12,000원/100g)=600g이 된다. 즉 이 소비자는 매주 최대 쇠고기 600g을 소비할 수 있다. 반대로 돼지고기만을 소비하고자 한다면, 쇠고기 소비량은 0이 되고 돼지고기 소비량은 72,000원÷(4,000원/100g)=1,800g이 된다. 따라서 모든 가능한 소비조합들이 〈그림 3-2〉의 직선 AB를 따라 표시되어 진다(그림 (a)). 이처럼 특정 예산을 가지고 선택할 수 있는 소비재의 조합을 그래프로 나타낸 것을 **예산선(budget line)**이라 하는데, 위의 수식에 두 재화의 가격을 대입하면 예산선은 다음과 같이 나타낼 수 있다.

$$72,000 = 12,000 \times \text{쇠고기 소비량}(B) + 4,000 \times \text{돼지고기 소비량}(P)$$

식의 양변을 돼지고기 가격(4,000원/100g)으로 나누고 돼지고기 소비량에 대해 정리하면 아래와 같은 직선의 예산선을 구할 수 있다.

$$\text{돼지고기 소비량}(P) = \frac{72,000}{4,000} - \frac{12,000}{4,000} \times \text{쇠고기 소비량}(B)$$

$$= 18 - 3B$$

따라서 예산선의 기울기는 두 재화의 가격비율에 −1을 곱한 값과 동일하다.

$$\text{예산선의 기울기} = -\frac{\text{쇠고기의 가격}}{\text{돼지고기의 가격}} = -\frac{12,000}{4,000} = -3$$

이 예산선은 몇 가지 변수에 의해 그 형태가 결정된다. 먼저 만약 두 재화의 가격은 변하지 않고, 총 예산이 달라지면 예산선은 어떻게 될까? 위의 사례에서 소비자의 주당 소득(총 예산)이 72,000원에서 144,000원으로 두 배 증가하였다고 가정하자. 이 경우 소비자가 최대로 소비할 수 있는 쇠고기는 점 A의 600g에서 점 D의 1,200g(144,000원 ÷12,000/100g=1,200g)으로 증가하게 된다. 마찬가지로 최대로 소비할 수 있는 돼지고기는 점 B의 1,800g에서 점 E의 3,600g(144,000원÷4,000/100g=3,600g)으로 증가하게 된다. 이렇게 가격의 변화 없이 총 예산(소득)이 두 배가 되면 예산선 AB는 기울기의 변화 없이 오른쪽으로 이동하여 새로운 예산선 DE가 된다. 마찬가지로 총 예산이 절반으로 줄어들 경우에는 왼쪽으로 이동하여 새로운 예산선 FG가 된다(그림 (b)). 즉 이용 가능한 소득의 변화는 예산선을 평행 이동시킨다.

반면 예산선을 구성하는 두 재화의 가격비율 변화는 예산선의 기울기를 변화시킨다. 예를 들어 만일 돼지고기의 가격이 두 배로 증가하면 소비자의 예산선은 AB에서 AF로 회전한다(그림 (c)). 즉 주어진 예산하에서 쇠고기 소비량이 주어졌을 때 돼지고기 가격이 상승하여 돼지고기 소비량은 줄어들 수밖에 없게 된 것이다. 반대로 돼지고기의 가격이 절반 수준으로 하락하면 소비자의 예산선은 AB에서 AE로 회전하게 된다. 위의 두 가지 경우 모두 점 A는 변하지 않음에 주의하라. 점 A는 쇠고기만을 소비하는 경우이다. 따라서 돼지고기의 가격 변화는 전혀 영향을 미치지 않는다. 마찬가지로 쇠고

그림 3-2 예산선

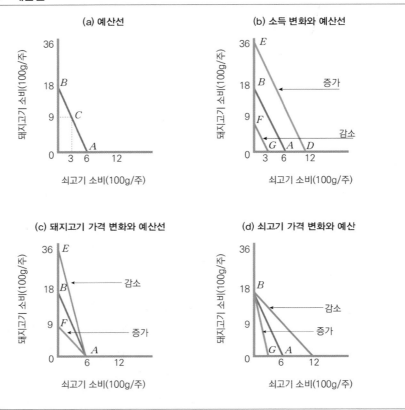

기의 가격 변화에 따른 예산선의 변화는 그림 (d)와 같다. 즉 소득의 변화는 예산선을 평행이동시킴에 반해 특정 상품의 가격변화는 예산선을 회전이동시킨다.

section 04 소비자선택

지금까지 우리는 소비자의 선호와 예산제약을 살펴보았다. 만일 예산의 제약이 없다면 소비자는 모든 재화나 서비스를 각 재화나 서비스의 한계효용이 0이 될 때까지 소비할 것이다. 즉 만족도가 추가 소비로 인해 늘어나는 한 계속해서 소비량을 늘릴 것이다. 그러나, 현실에서는 예산제약이 있기 때문에 그렇게 많은 소비를 할 수는 없고, 소비자는 자신의 예산 제약 하에서 최대한의 만족도를 얻는 소비선택을 하고자 할 것이다.

그림 3-3 소비자선택

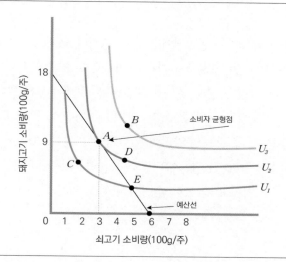

즉 소비자의 소비량 결정문제는 소비자가 가진 상품 꾸러미에 대한 선호와 소비자가 직면하는 예산의 제약을 동시에 고려하여야 풀 수가 있다.

　　그럼 어떠한 경우에 소득제약 하에서 효용이 최대가 되는지 그림을 이용해서 알아보자. 〈그림 3-3〉에서는 어떤 소비자의 예산선과 세 개의 무차별곡선이 표현되어 있다. 예산제약하에서 효용이 최대가 되기 위해서는 예산선상에서 가장 높은 효용을 유발하는 지점을 찾아야 한다. 〈그림 3-3〉에서 주어진 예산제약하에서는 점 A에서 효용이 최대가 된다. 무차별곡선 U_1의 점 C에서는 두 재화의 소비에 배분된 예산을 모두 소비하지 않는다. 점 C에서 무차별곡선 U_2의 점 A로 이동할 경우 소비자는 효용을 $U_2 - U_1$만큼 증가시킬 수 있다. 또한 점 E에서는 예산을 모두 소비하지만 점 A에 비해 낮은 효용을 유발한다. 무차별곡선 U_3상의 점 B가 점 A보다 더 높은 효용수준을 유발하지만 주어진 소득으로는 이 소비수준을 달성할 수 없다. 따라서 쇠고기 300g과 돼지고기 900g을 소비하는 점 A가 소비자의 선택점이 된다. 소비 꾸러미 A가 바로 예산제약 하에서 만족도를 극대화하는 선택이 되는데, 점 A가 다른 소비 꾸러미에 비해 가지는 특징은 이 소비 선택에서는 예산선과 무차별곡선이 서로 접하고, 따라서 직선과 곡선의 기울기가 서로 일치한다는 점이다.

　　이러한 소비자의 선택점들의 특성을 좀 더 구체적으로 살펴보자. 이미 앞에서 우리는 예산선의 기울기는 두 상품의 가격비(의 음의 값)와 같고, 무차별곡선의 기울기는 두 상품 소비의 한계효용의 비(의 음의 값)과 같다는 것을 보았다. 두 기울기가 같다는 것은 따라서 다음을 의미한다.

$$\frac{쇠고기\ 가격\,(PRICE_B)}{돼지고기\ 가격\,(PRICE_P)} = \frac{한계효용_{쇠고기}\,(MU_B)}{한계효용_{돼지고기}\,(MU_P)}$$

위 식의 좌변은 시장에서 결정되어 있는 쇠고기와 돼지고기의 교환 비율을 의미한다. 소비자 입장에서는 이는 돼지고기 가격을 기준으로 표시된 쇠고기의 가격으로서, 쇠고기 소비를 하나 더 늘리기 위해 추가로 지불해야 하는 비용을 나타낸다. 우변은 돼지고기의 한계효용을 기준으로 나타낸 쇠고기의 한계효용으로서, 소비자가 쇠고기 소비를 한 단위 더 늘림으로 인해 얻는 추가적인 편익을 의미한다. 따라서 소비자 입장에서는 쇠고기 소비를 늘리는 추가비용과 쇠고기 소비가 가져다주는 추가적인 편익이 일치할 때까지 소비하게 되는 것이다. 아울러 소비자 균형을 위한 조건은 다시 다음과 같이 나타낼 수도 있다.

$$\frac{한계효용_{쇠고기}\,(MU_B)}{쇠고기\ 가격\,(PRICE_B)} = \frac{한계효용_{돼지고기}\,(MU_P)}{돼지고기\ 가격\,(PRICE_P)}$$

따라서 소비자는 한 단위 비용을 지출해서 추가로 얻는 만족도가 쇠고기와 돼지고기 사이에 일치할 때 가장 큰 만족도를 얻을 수 있다. 그렇지 않고 예를 들어 위 식의 좌변의 값이 더 크다면 현재보다 돼지고기 소비량은 줄이고 대신 그 지출액 감소분만큼 쇠고기 소비 지출을 늘릴 때 전체 만족도가 높아지게 된다.

소비자 선택의 수학적 접근

본문의 〈그림 3-3〉에서 살펴본 것처럼 합리적인 소비자의 최적 선택은 주어진 예산제약 하에서 자신의 효용을 극대화하는 수준에서 결정된다. 이는 소비자의 효용 극대화(utility maximization) 문제로 다음과 같이 수식으로 표현할 수 있다.

극대화(maximization) $\quad U = U(x, y)$

제약식(subject to) $\quad I = xP_x + yP_y$

즉, 이는 예산제약식을 조건으로 하는 효용을 극대화하는 것으로, 소득이 I만큼 있는데, x와 y를 얼마나 소비하면 소득 I를 다 쓰면서 효용을 극대화할 수 있는지를 알고자 하는 문제이다. 이는 아래와 같은 라그랑지 함수(Lagrangian function) 형태로 정리하여 x, y, λ에 대해 각각 미분을 해서 풀 수 있다.

$$\mathcal{L}(x, y, I) = U(x, y) + \lambda(I - xP_x - yP_y)$$

본문에서 제시한 사례를 이용하여 효용극대화 문제를 라그랑지 함수로 풀어보자.

$$\text{Max} \quad U = B^{0.5}P^{0.5}$$
$$\text{s.t.} \quad 72,000 = 12,000B + 4,000P$$

이 효용극대화 문제를 라그랑지 함수로 표현하고, 미분을 해 주면 다음과 같다.

$$\mathcal{L}(x, y, I) = B^{0.5}P^{0.5} + \lambda(72,000 - 12,000B - 4,000P)$$
$$\frac{\Delta\mathcal{L}}{\Delta B} = 0.5B^{-0.5}P^{0.5} - 12,000\lambda = 0 \ \cdots \ ①$$
$$\frac{\Delta\mathcal{L}}{\Delta P} = 0.5B^{0.5}P^{-0.5} - 4,000\lambda = 0 \ \cdots \ ②$$
$$\frac{\Delta\mathcal{L}}{\Delta \lambda} = 72,000 - 12,000B - 4,000P = 0 \ \cdots \ ③$$

위의 식 ①과 ②의 비율(①/②)을 구하면 아래와 같이 정리되고, 이는 두 재화인 쇠고기와 돼지고기의 한계효용의 비율이 두 재화의 가격의 비율과 같게 되어 앞에서 설명한 것과 동일하다.

$$\frac{P}{B} = \frac{12,000}{4,000} \ \cdots \ ④$$

식 ④는 $P = 3B$로 정리되고 이를 식 ③에 대입하면 효용극대화를 달성하는 값이 $B^* = 3$, $P^* = 9$로 도출된다.

앞 절에서 살펴봤듯이 소비자 선택에서 개별 재화의 소비는 소비자의 소득과 모든 재화의 가격에 의해 영향을 받는다. 다시 말해, 소비자의 쇠고기 소비는 쇠고기 가격은 물론이고, 돼지고기 가격과 사용 가능한 소득 수준에 의해서도 달라진다. 쇠고기 가격이나 돼지고기 가격의 변화는 예산선을 회전이동시킬 것이고, 소득의 변화는 예산선을 평행이동 시킬 것이기 때문에 결국 어떤 요인이 변해도 소비자의 선택은 달라진다. 그렇다면 소비행위에 영향을 미치는 이들 변수들이 바뀔 경우 소비행위가 어떻게 달라지는지를 좀 더 구체적으로 살펴보도록 하자.

돼지고기 가격과 소비자의 소득은 변함없이 고정되어 있는 상태에서 쇠고기의 가격이 변하는 경우를 고려해 보자. 〈그림 3-4〉의 점 A에서는 쇠고기의 가격은 100g당 12,000원, 돼지고기의 가격은 100g당 4,000원이며, 소비자의 주간 소득은 72,000원일 경우에 소비자는 300g의 쇠고기와 900g의 돼지고기를 소비하고자 한다. 이때 달성되는 만족도는 U_2이다. 만일 쇠고기의 100g당 가격이 8,000원으로 하락할 경우, 소비자의 새로운 균형점은 점 B가 되며 이때 소비자는 쇠고기 450g과 돼지고기 900g을 소비하게 된다. 따라서 다른 조건이 고정되어 있을 때, 쇠고기 가격이 하락하면 쇠고기 소비량은 늘어나게 된다. 이때 만족도는 U_3로 증가한다. 반대로 쇠고기의 가격이 증가하게 되면 점 C와 같은 새로운 균형이 발생하게 되며, 만족도는 U_1으로 감소한다.

소비자 선택점이 A에서 B로 이동하면서 쇠고기의 소비량이 증가한 것을 쇠고기의 **가격효과(price effect)**라고 한다. 이러한 가격효과는 사실 소비자들이 행하는 두 가지 반응을 모두 포함하고 있는데, 하나는 가격변화의 **대체효과(substitution effect)**이고 다른 하나는 **소득효과(income effect)**이다.

대체효과란 돼지고기 가격 대비 쇠고기의 가격이 하락했기 때문에 돼지고기보다는 쇠고기를 더 많이 소비하는 것이 동일한 만족도를 얻기 위해 지출해야 하는 비용을 절감할 수 있기 때문에 나타나는 반응이다. 이때의 동일한 만족도란 가격이 변하기 이전에 얻던 만족도를 의미한다. 즉 가격변화의 대체효과란 가격이 변하기 이전에 얻던 만족도를 가격이 변한 후에도 얻게 하되, 그러한 만족도를 최소의 비용으로 달성하기 위해서는 어느 정도 소비량 변화가 필요한지를 나타낸다. 이 효과를 확인하기 위해 〈그림 3-4〉에서 낮아진 쇠고기 가격을 반영하여 기울기가 바뀐 예산선을 평행 이동시켜 원래의 무차

그림 3-4 가격변화에 따른 소비자선택의 변화와 수요곡선 도출

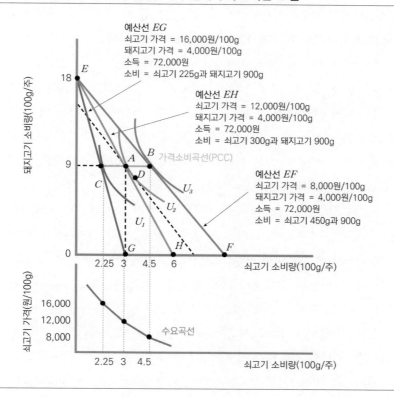

별곡선 U_2와 접하게 하면, 이때의 접점은 점 D이다. 이 점 D는 쇠고기 가격이 하락하되 가격하락 이전에 얻던 만족도 U_2를 얻는 데 필요한 소득만 주어진다면 소비자들이 선택할 점이다. 따라서 소비점 A에서 소비점 D로의 변화는 동일한 만족도 U_2를 얻되 쇠고기가 상대적으로 더 싸졌기 때문에 발생하는 소비의 변화이며, 이를 가격변화의 대체효과라 부른다.

원래의 소득이 모두 주어진다면 쇠고기 가격의 하락 시 소비자는 물론 점 D가 아니라 점 B를 선택한다. 점 D와 점 B는 두 상품의 가격비는 서로 같은 두 예산선 위에 각각 있지만 두 예산선의 원점으로부터의 거리, 즉 소득은 서로 다르다. 따라서 소비점이 D에서 B로 이동한다면 이는 소득이 변해 발생하는 효과이고, 이 효과를 쇠고기 가격변화의 소득효과라 부른다. 쇠고기의 가격이 하락하면 실제로는 소득은 변하지 않았다 하더라도 소비자의 실질적인 구매력이 증가하게 되고, 그 때문에 만족도가 U_2에서 U_3로 늘어나게 되며, 그렇게 효용을 늘리는 과정에서 나타나는 소비의 변화를 가격변화의 소득효과라 부른다.

〈그림 3-4〉에서 점 C, A, B를 연결한 선을 **가격소비곡선(price consumption curve)**라고 한다. 가격소비곡선은 쇠고기의 가격이 변할 때 소비자가 최대의 효용을 얻기 위해 선택하는 쇠고기와 돼지고기의 양을 나타낸다.2) 이제 〈그림 3-4〉의 아래쪽 그래프처럼 가격소비곡선의 쇠고기 수량을 가로축에, 그리고 각 수량에서의 쇠고기 가격을 세로축에 표시하여 세 점 A, B, C를 연결하면, 각 쇠고기 가격에서 소비자가 선택하는 쇠고기의 소비량이 나오게 되고, 이렇게 도출된 그래프를 우리는 쇠고기의 **수요곡선(demand curve)**이라 부른다. 이 수요곡선은 돼지고기 가격이나 소득 등의 다른 요인이 고정된 상태에서 각 수준의 쇠고기 가격에서 소비자가 소비하려고 하는 쇠고기의 양을 나타내며, 소비자의 선택문제를 드러내는 대단히 중요한 수단이다.

〈그림 3-4〉의 상단의 그림에서 점 A에서는 쇠고기 100g의 가격이 12,000원일 경우 소비자는 300g 만큼 소비한다. 그러나 점 C에서처럼 쇠고기 가격이 16,000원으로 증가한다면 소비자는 쇠고기를 150g으로 소비량을 줄이게 된다. 반대로 쇠고기 가격이 8,000원으로 하락할 때는 점 B에서와 같이 쇠고기 소비량을 450g로 늘리게 된다. 수요곡선은 소비자의 최적선택에서의 재화의 가격과 수량의 조합을 나타내며, 최적상태는 무차별곡선과 예산선이 접하는 점들에서 발생하게 된다. 이처럼 재화의 가격이 변하여 소비자들이 자신들의 지출을 변화시킬 때 소비되는 재화의 수량이 변하는 수요곡선을 따라서 수요량이 달라지는 것을 **수요량의 변화(change in quantity demanded)**라고 한다.

한편, 앞에서 재화의 수요는 그 재화의 가격, 다른 재화의 가격, 그리고 소득 수준의 함수라고 하였다. 수요곡선은 다른 조건들이 고정일 때, 소비자의 가처분 소득이 변하거나 다른 재화나 서비스의 가격이 변할 때는 그 위치를 바꾸어 이동하게 된다. 이처럼 수요곡선 자체의 이동에 의해 달라지는 수요량의 변화를 **수요의 변화(change in demand)**하고 한다.

먼저 재화의 가격은 고정되어 있고 소득이 변할 경우를 살펴보자. 소득이 바뀌면 소비자들의 특정 재화에 대한 수요가 바뀌게 된다. 소득이 특정 상품의 수요에 미치는 영향의 방향에 따라 상품을 **정상재(normal goods)**와 **열등재(inferior good)**로 구분한다. 정상재는 소득이 증가(감소)할 경우 소비 또한 증가(감소)하는 상품을 의미한다. 반면 열등재는 소득이 증가(감소)할 때 소비는 감소(증가)하는 재화이다. 식품의 경우 육류나 어패류,

---

2) 〈그림 3-4〉에서 볼 수 있듯이 가격소비곡선은 수평으로 표현된다. 그러나 모든 가격소비곡선이 수평으로 표현되는 것은 아니다. 연습문제 7번에서 왜 수평의 가격소비곡선이 나타났는지 생각해 보기 바란다.

그림 3-5 소득변화에 따른 소비자선택의 변화

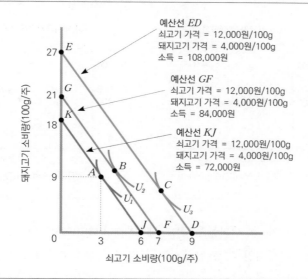

낙농제품 등이 흔히 정상재로 인식되고, 라면이나 일부 곡물은 열등재로 인식된다. 가정용 에너지라면 도시가스는 정상재이겠지만 석탄(연탄)은 아마도 열등재일 것이다.

〈그림 3-5〉은 쇠고기와 돼지고기를 소비하는 소비자의 소득이 변할 때 발생하는 소비자선택의 변화를 보여준다. 소비자의 주당 소득이 72,000원에서 84,000원으로 증가할 경우 쇠고기에 대한 소비자의 균형소비는 300g(점 A)에서 380g(점 B)로 증가하게 된다. 이때 돼지고기의 소비량은 900g에서 960g으로 증가한다. 그러나 소득이 108,000원으로 증가하는 경우에는 돼지고기의 소비량은 오히려 630g으로 감소하고 쇠고기 소비량은 690g으로 증가한다. 〈그림 3-5〉는 따라서 소득이 조금 증가할 때에는 쇠고기와 돼지고기 모두 정상재였지만 소득이 더 많이 증가하면 돼지고기는 열등재로 바뀌는 경우를 보여준다.

〈그림 3-5〉에서 소비자 균형점인 A, B, C점을 연결하면 소득과 소비량과의 관계를 파악할 수 있는데, 이를 엥겔곡선(Engel curve)이라고 한다. 위의 예에서 쇠고기와 돼지고기의 엥겔곡선은 아래의 〈그림 3-6〉과 같이 나타낼 수 있다. 돼지고기의 경우 쇠고기와 달리 엥겔곡선이 전체 영역에서 우상향하지 않고 높은 소득수준에서는 뒤로 꺾이는 형태를 보여주어, 소득증가 시 정상재에서 열등재로 바뀌는 모습을 보여준다.

재화 자체의 가격이나 소득 수준이 변할 때 수요가 변하는 것처럼 다른 재화의 가격이 변할 경우에도 수요가 변할 수 있다. 한 재화의 가격이 상승할 때 다른 재화의 소

그림 3-6　엥겔곡선

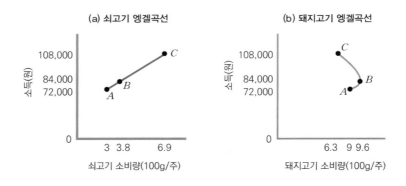

비량이 늘어날 경우 이 두 재화들은 서로 **대체재(substitutes)**이다. 예를 들어 돼지고기와 쇠고기가 서로 대체재일 경우에는 쇠고기 가격이 상승하면 쇠고기의 소비는 감소하고 돼지고기의 소비가 증가하게 된다. 즉, 쇠고기의 가격이 상승할 경우 돼지고기에 대한 수요곡선은 오른쪽으로 이동하게 된다. 반대로 쇠고기의 가격이 하락하면 돼지고기의 수요곡선은 왼쪽으로 이동하게 된다.

　　반면에 한 재화의 가격이 상승할 때 다른 재화의 소비량이 감소하는 경우도 있다. 이런 경우의 두 재화들은 서로 **보완재(complements)**이다. 돼지고기의 가격이 상승한 경우, 보완재인 상추의 소비량이 감소한다면 돼지고기와 상추는 서로 보완재의 성격을 갖는다. 돼지고기의 가격이 상승하는 경우 상추의 수요곡선은 왼쪽으로 이동하게 된다.

section 06　시장수요

　　지금까지 우리는 개별 소비자의 수요에 대해서 알아보았다. 그러나 경제 내에는 무수히 많은 소비자들이 있다. 이러한 소비자들의 소비를 합하면 시장의 수요가 된다. 따라서 개별 소비자의 수요곡선과 소비자들로 이루어진 시장의 수요곡선을 구분할 필요가 있다.

　　시장에는 오직 두 명의 소비자만 있는 경우를 가정해 보자. 〈그림 3-7〉의 왼쪽 두 그림은 각각 소비자 A와 B의 수요곡선을 나타낸다. 시장 수요곡선은 두 개의 개별 소비자의 수요곡선을 수평으로 합해서 나타낼 수 있다. 쇠고기 가격이 2만원일 경우, 소비자

그림 3-7 시장수요의 도출

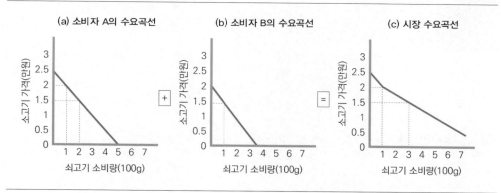

A의 쇠고기 수요량은 100g이며 소비자 B는 쇠고기를 소비하지 않는다. 따라서 쇠고기 가격이 2만원일 때 시장 전체의 쇠고기 수요량은 100g이 된다. 만약 쇠고기 가격이 1.5만원일 경우에는 소비자 A는 200g의 쇠고기를 소비하며 소비자 B는 100g의 쇠고기를 소비하여, 시장의 쇠고기 수요량은 300g이 된다. 이처럼 다양한 가격대에서 두 소비자의 쇠고기 수요량을 합하여 시장의 수요곡선을 나타낼 수 있다.

　개별 소비자의 수요곡선에서와 마찬가지로 시장 수요곡선도 재화들의 가격이나 소득 수준이 변할 때 영향을 받는다. 소비자 두 명이 모두 돼지고기와 쇠고기를 대체재로 인식할 경우, 돼지고기의 가격이 오르면 쇠고기에 대한 두 소비자들의 개별 수요곡선 모두 오른쪽으로 이동하게 되고 쇠고기에 대한 시장 수요곡선 역시 오른쪽으로 이동하게 된다. 또한 재화가 정상재일 경우, 개별 소비자들의 소득이 증가하면 개별 수요곡선이 오른쪽으로 이동하게 되고 시장 수요곡선 역시 마찬가지로 오른쪽으로 이동하게 된다. 왼쪽에서 오른쪽으로 갈수록 하향하는 수요곡선은 가격이 낮아질수록 더 많은 재화를 소비함을 의미한다. 이러한 성질을 **수요의 법칙(law of demand)**이라고도 한다. 다시 말해, 수요곡선은 통상적으로 음(−)의 기울기를 갖는다.

　실물경제에서 특정한 재화나 서비스에 대한 시장수요를 파악하는 것은 매우 중요하다. 생산자에게는 이러한 수요가 생산과정의 의사결정에 중요한 자료가 된다. 소비자들에게도 이러한 시장 수요는 재화나 서비스의 시장 가격을 결정하는 요인으로 매우 중요한 역할을 한다.

01 효용이란 무엇인가? 효용을 객관적으로 측정할 수 있을까?

02 무차별곡선이란 무엇인가?

03 일반적으로 수요곡선은 음(-)의 기울기를 갖는다. 양(+)의 기울기를 갖는 수요 곡선은 가능할까? 농식품 가운데 양(+)의 기울기를 갖는 수요곡선으로 표현되 는 재화가 있을까?

04 수요의 변화와 수요량의 변화의 차이점을 설명하라.

05 수요곡선을 이동시키는 요인들을 설명하라.

06 대한이는 사과(A)와 우유(M)를 소비하여 효용을 얻고 있으며 이때의 효용함수 는 $U(A, M) = A^2 M$와 같이 표현된다. 대한이의 소득은 24만 원이며, 사과와 우유의 가격은 각각 8천 원과 2천 원이다.
   (1) 주어진 소득과 가격수준에서 대한이의 효용을 극대화하는 사과와 우유 소비 량은 각각 얼마인가?
   (2) 우유의 가격이 8천 원으로 증가하고 대한이의 소득이 변하지 않는 경우, 우 유 가격이 오르기 전과 동일한 효용수준을 유지하기 위해서는 사과의 가격 은 얼마가 되어야 하는가?

07 본문 <그림 3-4>의 가격소비곡선은 수평으로 표현된다. 수평의 가격소비곡선의 의미는 무엇이며, 왜 이런 특징을 가지는지 설명하라.

CHAPTER
04

생산

소비자들이 주어진 예산제약 하에서 최적의 소비행위를 하듯이 생산자 역시 주어진 여건에서 최적의 선택을 한다. 생산자들은 원재료, 노동, 자본 등의 생산요소 혹은 투입재를 최종 생산물이나 서비스로 바꾸는 생산행위를 한다.* 일반적으로 생산자는 생산과정에서 '무엇을', '얼마나', '어떻게' 생산할 것인가라는 의사결정의 선택 문제에 직면한다. 이 장에서는 이러한 생산자의 의사결정에 대해 살펴본다. 생산요소의 투입량이 달라질 때 생산량은 어떻게 변하는지, 생산량에 따라 생산비용은 어떻게 달라지는지, 생산자들이 자신의 이윤을 극대화하기 위한 생산량을 어떻게 결정하는지를 살펴본다.

---

* 본서에서는 노동과 자본, 비료처럼 생산에 사용되는 생산요소를 투입재 혹은 투입요소라 부르기도 하며, 쌀과 같이 생산된 상품을 생산물 혹은 산출물이라 부르기도 한다.

　　생산자의 행위분석은 생산기술의 특성을 파악하는 것에서 출발하여야 한다. 작물 재배농가는 종자, 비료, 농기계 등을 이용하여 농산물을 재배한다. 축산 농가는 쇠고기나 돼지고기 등을 생산하기 위하여 축사와 사료를 사육하는 가축에게 제공한다. 농산물이나 축산물과 같은 생산물을 생산하기 위해서는 종자, 비료, 사료와 같은 생산요소가 필요하며, 이러한 생산요소들의 사용량이나 조합을 변화시키면 생산물의 양도 변하게된다. 이처럼 생산요소의 사용량과 생산량 사이에 형성되는 기술적인 관계는 흔히 다음과 같은 생산함수(production function)를 통해 수학적으로 표현된다.

$$생산량 = f(생산요소_1, 생산요소_2, 생산요소_3, \cdots)$$

　　생산함수는 생산요소 사용량과 생산량 간의 물리적 관계를 표현하는데, 생산요소 사용량이 지나치게 많지 않은 한 통상적으로 특정 생산요소 사용량을 늘리면 생산량도 늘어난다. 아울러 모든 생산요소 사용량을 전부 두 배로 늘리면 생산량은 두 배 이상 늘어날 수도 있고 두 배 이하로 늘어날 수도 있으며, 정확히 두 배로만 늘어날 수도 있다. 이 세 가지 경우를 각각 규모수익증가(increasing returns to scale), 규모수익감소(decreasing returns to scale), 규모수익불변(constant returns to scale)이 발생하는 경우라고 한다. 특정 농산물을 생산하는 생산기술이 가지는 규모수익 특성 등은 물론 생산함수에 적절히 반영할 수가 있다.

　　예를 들면 두 가지 생산요소 x_1과 x_2가 있을 때 $Q = A x_1^\alpha x_2^\beta$와 같은 생산함수를 설정할 수가 있다.[1] A, α, β는 모두 그 값이 정해져 있는 계수이고 0보다 크다. 따라서 x_1이나 x_2 사용량을 늘리면 생산량은 늘어나게 된다. 또한 이 때 만약 두 생산요소 x_1과 x_2를 모두 두 배로 증가시키면 생산량은 $A(2x_1)^\alpha (2x_2)^\beta = 2^{\alpha+\beta} A x_1^\alpha x_2^\beta$가 되어야 한다. 그러므로 $\alpha + \beta$가 1보다 클 경우 생산량은 두 배 이상이 되어 규모수익증가가 나타나고, 그 값이 1일 경우 규모수익불변, 그리고 1보다 작을 경우에는 규모수익감소 현상이 나타나게 된다.

---

1) 제3장과 마찬가지로 이러한 지수함수형태의 생산함수를 콥-더글러스(Cobb-Douglas) 생산함수라 부른다.

생산자가 생산요소 투입량을 변화시키기 위해서는 시간이 필요하다. 예를 들면 유리온실에서 채소를 재배하는 농가는 노동력, 물 사용량, 난방비 등은 비교적 단기간에 심지어 매일 바꿀 수 있지만, 유리온실의 규모 자체는 단기간에는 바꿀 수가 없다. 예를 들어 1년 단위의 생산행위를 분석할 때에는 유리온실은 그 크기가 고정되어 있기 때문에 이런 생산요소를 고정생산요소(fixed input)라 부르고, 노동력, 종자, 물, 비료, 난방비 등은 모두 투입량을 바꿀 수가 있기 때문에 가변생산요소(variable input)라 부른다. 우리는 또한 우리가 검토하는 기간을 고정생산요소의 유무에 따라 단기와 장기로 구분하는데, 단기(short-run)는 하나 이상의 생산요소가 고정이 되는 기간을 의미하며, 장기(long-run)는 모든 생산요소의 사용량을 바꿀 수 있을 정도로 충분히 긴 기간을 의미한다. 따라서 장기에는 고정투입요소는 존재하지 않는다.

1 단기의 생산기술

단기에는 고정생산요소가 존재하며, 가변생산요소 사용량만을 바꿀 수가 있다. 생산량을 Q, 가변생산요소를 L, 고정생산요소를 K라 하면, 단기의 생산함수는 다음과 같이 표현된다.

$$Q = f(L, \overline{K})$$

즉, 고정생산요소 사용량이 $\overline{K}$로 고정된 상태에서 가변생산요소 L의 사용량을 바꾸어 생산량을 결정할 수 있다. 유리온실의 경우 자가노동이든 고용노동이든 노동력 사용량 L을 통해 작물에 대한 관리 작업량을 바꾸어 생산량에 영향을 미칠 수 있지만, 유리온실의 규모인 K는 적어도 단기에는 고정되어 있다.

가변생산요소의 평균생산(AP) $= \dfrac{Q}{L}$

가변생산요소의 한계생산(MP) $= \dfrac{\Delta Q}{\Delta L}$

생산기술은 또한 총생산 Q 외에도 평균생산과 한계생산의 개념을 이용해 특성을 파악할 수 있다. 가변생산요소의 평균생산(average product, AP)은 가변생산요소 한 단위가 생산할 수 있는 산출물 양을 의미하고, 한계생산(marginal product, MP)는 가변생산요소 한 단위 사용량 증가가 유발하는 추가적인 생산량을 의미한다.

〈그림 4-1〉은 단기에 있어 총생산, 평균생산, 한계생산이 가지는 전형적인 형태를 보여주고 있다. 유리온실의 총생산은 가변투입요소인 노동사용량을 늘리면 증가하지만 온실 크기가 고정된 상태에서 노동사용량이 L_3를 넘어서면 작업자 간에 서로 방해가 되는 현상이 발생하여 오히려 생산이 줄어들게 된다. L_3이전 단계에서는 노동을 더 늘림으로 생산이 늘어나는데, 처음에는 매우 가파르게 생산이 증가한다. 유리온실 규모에 비해 작업자 수가 너무 적어 거의 생산이 이루어지지 않다가 인력이 투입되면서 생산은 급격히 늘어나고, 이는 노동의 한계생산이 처음에는 노동 사용량이 늘어나면서 증가하는 것에서도 확인이 된다. 한계생산은 총생산곡선의 접선의 기울기이기 때문에 노동사용량이 L_1에 이르기까지는 계속 증가한다. 그러나 한정된 온실규모에서 노동만 늘려 생산을 증가시키는 것에는 한계가 있기 때문에 한계생산은 결국 감소하게 되는데, 그림에서 L_1 이상의 노동이 투입되면 감소하게 된다. 한편 평균생산은 Q/L이므로 총생산곡선 상의 점과 원점을 잇는 직선의 기울기이다. 그 기울기는 노동량이 L_2일 때까지 증가하다 이후 감소한다.

그림 4-1 총생산, 평균생산, 한계생산

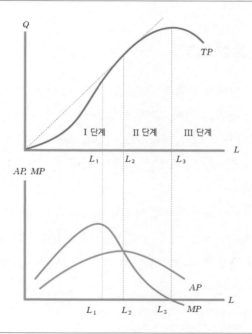

경제학에서는 〈그림 4-1〉과 같은 단기생산함수를 이용해 생산이 흔히 세 가지 단계로 이루어진다고 설명한다. 제 I 단계는 노동투입량이 L_2보다 적은 단계로서 평균생산이 계속 증가하고 한계생산은 평균생산보다도 더 큰 단계이다. 제 II 단계는 평균생산이 감소하고 한계생산이 평균생산보다 더 작지만, 한계생산은 0보다 커 가변요소 사용량 증가가 생산을 여전히 늘리는 단계이다. 제 III 단계는 한계생산이 음(−)이 되면서 가변생산요소 사용량 증가가 생산을 오히려 줄이는 단계이다.2)

〈그림 4-1〉에서 우리가 추가로 검토해야 할 것은 평균생산과 한계생산의 관계이다. 그림에서 확인되는 바와 같이 평균생산이 증가할 때에는 한계생산이 평균생산보다 크며, 평균생산이 감소할 때에는 그 관계가 역전되기 때문에 평균생산의 최대치에서 평균생산과 한계생산이 서로 일치한다. 한계생산은 새로이 추가된 노동 한 단위가 늘리는 생산량인 반면, 평균생산은 지금까지 투입된 전체 노동의 단위당 생산량이다. 따라서 새로 추가되는 노동의 단위당 생산량, 즉 한계생산이 지금까지 투입된 모든 노동의 한 단위당 생산량인 평균생산보다 더 클 경우 평균생산은 계속 증가할 수밖에 없다. 이런 이유로 한계생산은 평균생산의 최대점에서 평균생산과 일치하며, 양자가 일치하는 노동투입량이 바로 생산의 제 I 단계와 제 II 단계의 경계가 된다. 생산의 제 II 단계에서는 이제 평균생산도 감소하며, 바로 위에서 설명한 이유로 인해 평균생산이 감소할 때에는 한계생산은 평균생산보다도 더 적을 수밖에 없고, 따라서 한계생산도 감소한다.

2 장기의 생산기술

만약 생산자가 사용량을 선택할 수 있는 투입요소가 두 가지 이상이라면 투입요소 사용량과 생산량 간의 관계는 어떠할까? 이 경우에는 사실 특정 생산량을 생산할 수 있는 투입물 조합이 하나가 아니라 여러 개가 되며, 따라서 각 투입요소와 산출물 간의 관계뿐 아니라 생산에 있어 투입요소들 간에는 어떤 관계가 형성되는지도 검토하여야 한다.

채소 생산자가 이제는 노동력과 유리온실 면적을 모두 변화시키면서 채소를 생산할 수 있다고 하자. 즉 유리온실도 이제는 가변생산요소이고, 생산함수는 $Q = f(L, K)$와 같아 유리온실도 특정 수준에 고정되어 있지 않다. 그렇다면 동일한 수량의 채소를 생산

---

2) 그러나 모든 생산기술에서 생산의 3단계가 모두 나타나는 것은 아니다. 예를 들면 제 III 단계는 아무리 생산요소 투입량이 많아도 나타나지 않을 수 있다.

그림 4-2 두 개의 가변 생산요소로부터의 생산

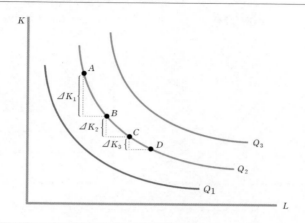

할 수 있는 방법이 이제는 여러 가지이다. 온실면적은 크지만 노동력을 적게 투입할 수도 있고, 반대로 온실면적은 좁지만 대신 관리노동력 사용량을 늘려 생산을 할 수도 있다. 이 관계는 〈그림 4-2〉처럼 표현할 수 있다.

〈그림 4-2〉의 Q_1, Q_2, Q_3의 각기 다른 채소 생산량 수준에서 두 가변생산요소인 노동과 유리온실의 투입량 조합을 나타내고 있다. 예를 들면 생산량 Q_2는 점 A, B, C, D의 네 가지 생산요소 조합에서 모두 생산될 수가 있다. 이렇게 동일한 양의 채소를 생산하기 위해서 필요한 생산요소들의 조합을 연결하여 도출한 곡선을 등량곡선(isoquant)이라고 한다.

등량곡선들은 원점에서 멀수록 많은 투입요소를 사용하므로 생산량이 많고, 제3장에서 살펴봤던 소비자들의 무차별곡선과 마찬가지로 서로 만나지 않고, 우하향하며, 원점에 대해 볼록하다. 마지막 두 가지 성질은 두 생산요소들이 서로 대체성을 가져 하나가 늘어나면 나머지 하나는 줄어도 생산량을 유지할 수 있다는 것과, 어떤 생산요소가 나머지 생산요소를 대체할 수 있는 정도는 그 생산요소 사용량이 늘어날수록 감소한다는 것을 각각 의미한다. 생산요소 간의 대체 정도를 한계기술대체율(marginal rate of technical substitution: MRTS)이라고 하며, 아래와 같이 나타낼 수 있다.

$$한계기술대체율(MRTS) = -\frac{\Delta K}{\Delta L}$$

한계기술대체율은 노동을 한 단위 더 투입하여 대체할 수 있는 자본의 양을 나타낸

그림 4-3 완전대체 생산요소와 대체불가능 생산요소

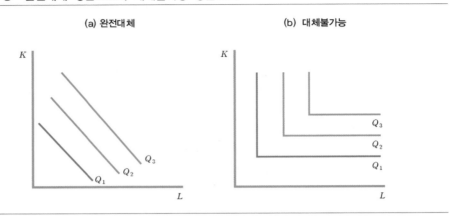

다. 〈그림 4-2〉에서 점 A, B, C, D는 각각 노동투입량이 한 단위씩만 차이가 난다. 이렇게 노동투입량이 한 단위 늘어나면서 자본을 대체할 수 있는 정도가 A에서 B로의 이동시 ΔK_1, B에서 C로의 이동시 ΔK_2, C에서 D로의 이동시 ΔK_3로 변하고, 이 값들은 점차 감소한다는 것을 확인할 수 있다. 이렇게 한계기술대체율이 감소하는 것은 통상적으로 생산은 모든 생산요소가 골고루 갖추어져야 효율적이며, 특정 생산요소만을 증가시켜 생산량을 계속 늘리기가 어렵기 때문이다.

한편 한계기술대체율은 앞 절에서 도입했던 생산요소의 한계생산과도 밀접한 관계를 맺고 있다. 노동 사용량과 유리온실 면적을 각각 ΔL과 ΔK만큼 바꾼다면 채소의 생산량은 $MP_L\Delta L + MP_K\Delta K$만큼 변할 것이다. MP_L과 MP_K는 각각 노동과 유리온실의 한계생산이다. 한계기술대체율은 생산량 자체는 바뀌지 않는 상태에서의 두 투입요소의 대체가능성을 나타내므로 채소의 생산량 변화분을 0으로 두면 결국 한계기술대체율은 다음과 같이 두 생산요소의 한계생산성의 비율로 표현된다.

$$- \frac{\Delta K}{\Delta L} = \frac{MP_L}{MP_K}$$

통상적으로 노동 투입량을 증가시킬수록 MP_L은 감소하고 대신 유리온실의 한계생산성은 높아지므로 MP_K는 증가할 것이다. 따라서 노동 사용량이 많을수록 노동이 유리온실 면적을 대체할 수 있는 정도는 줄어들게 된다.[3]

---

3) 한계기술대체율이 감소하기 위해 필요한 보다 엄밀한 수학적 조건이 존재한다.

그러나 한계기술대체율 역시 생산기술의 특성에 따라 보다 다양한 형태를 보일 수 있는데, 〈그림 4-3〉은 그 극단적인 두 가지 경우를 보여준다. 예를 들어 왼쪽 그림은 성분구조가 유사한 비료처럼 두 가지 생산요소가 매우 유사하여 하나가 나머지를 대신할 수 있고, 또한 완전대체할 수 있는 경우이다. 이 경우 등량곡선은 직선이며, 하나의 투입요소가 나머지 투입요소를 대체할 수 있는 정도는 단위 중량당 성분량 비율에 따라 고정된 값이 되며, 투입량이 변한다고 해서 대체탄력성 값이 달라지지 않는다. 반면, 오른쪽 그래프에서는 등량곡선이 직각 형태인데, 이 경우에는 운전자의 수와 트랙터의 수처럼 어느 하나의 생산요소가 고정된 상태에서 나머지 하나가 늘어난다고 해서 생산량이 더 늘어나지 않는다. 두 가지 생산요소가 특정 비율로 항상 함께 사용될 경우 이런 형태의 등량곡선이 나타나게 되며, 이 경우 두 투입요소 간 대체는 불가능하다.

section 02 생산비용

생산과정에서는 비용이 발생한다. 생산자는 무엇을, 얼마나, 그리고 어떻게 생산할지를 결정할 때 각 선택별로 발생하는 생산비가 어떠한지도 검토하여야 하고, 생산비에는 생산량, 생산요소 가격 등 여러 가지 요소가 영향을 미친다. 이때 생산비에는 생산자가 고용한 노동이나, 중간투입재, 임차한 토지나 자본 등에 대해 명시적으로 지불한 비용은 물론이고 경영주 본인의 노동이나 본인이 소유한 토지나 자본 중 생산에 사용된 것도 시장가치로 환산하여 포함하여야 한다. 본인 소유의 생산요소는 직접 생산에 사용하지 않았다면 다른 생산자에게 판매하거나 임대하여 수익을 얻을 수 있는데 이를 포기하고 경영주가 직접 생산에 사용하였기 때문에 그만큼 비용[4]으로 투입하고 있는 것과 마찬가지인 것이다. 생산비용 역시 고정생산요소가 있는 경우와 모든 생산요소가 가변인 경우로 구분하여 살펴볼 수 있다.

1 단기의 생산비

---

4) 자가 소유의 생산요소가 가지는 이러한 암묵적인 비용을 **기회비용(opportunity cost)**이라 부른다.

단기에는 생산량 변화와 관계없이 변하는 않는 투입요소가 있으므로 그 비용을 고정비용(fixed cost: FC)이라 하고, 가변생산요소 때문에 발생하는 비용을 가변비용(variable cost: VC)이라고 한다. 따라서 총비용(total cost, TC)은 이 두 가지 비용을 합한 것이 된다. 또한 고정비용을 생산량으로 나누어주면 평균고정비(average fixed cost, AFC)이 되고, 가변비용을 생산량으로 나누어주면 평균가변비용(average variable cost, AVC)이 된다. 그리고 하나 더 추가로 생산하기 위해 지불해야 하는 비용도 정의할 수 있는데, 이를 한계비용(marginal cost, MC)이라 부를 수 있을 것이다. 고정비용은 생산량과 관련이 없으므로 한계비용은 가변생산요소 때문에 발생한다. 최적의 생산량을 선택하기 위해서 우리는 생산량과 비용 간의 관계를 알 필요가 있으며, 생산량을 Q라 하면 이상의 비용개념들은 다음과 같이 정리할 수 있다.

$$\text{총비용}(TC) = \text{고정비용}(FC) + \text{가변비용}(VC)$$

$$\text{평균고정비용}(AFC) = \frac{FC}{Q}, \quad \text{평균가변비용}(AVC) = \frac{VC}{Q}$$

$$\text{한계비용}(MC) = \frac{\Delta VC}{\Delta Q} = \frac{\Delta TC}{\Delta Q}$$

앞 절에서 예를 들었던 것처럼 유리온실 면적이 고정된 상태에서 노동량만을 바꾸어 생산량을 결정하는 경우를 고려하고, 노동의 가격을 w라 하자. 따라서 가변비용은 $VC = wL$과 같다. 이 경우 생산비는 생산성과 밀접한 관계를 맺게 되는데, 한계비용과 평균가변비용은 각각 노동의 한계생산, 평균생산과 아래와 같은 반비례 관계를 가진다.

$$MC = \frac{\Delta VC}{\Delta Q} = w\frac{\Delta L}{\Delta Q} = \frac{w}{MP_L}$$

$$AVC = \frac{wL}{Q} = \frac{w}{AP_L}$$

단기 생산함수와 단기 한계비용 및 단기 평균비용 사이에 위와 같은 관계가 있기 때문에 〈그림 4-1〉의 단기 생산곡선들로부터 비용과 생산량의 공간에 단기 비용곡선들을 〈그림 4-4〉와 같이 도출할 수 있다. 고정비용 FC는 일정하며, 여기에 가변생산비 VC를 수직으로 더하여 총생산비곡선 TC가 도출된다. VC와 TC의 형태는 〈그림 4-1〉의 TP와는 반대로 생산량을 늘려갈 때 처음에는 완만하게 증가하다가 이후 급속

그림 4-4 단기 비용곡선

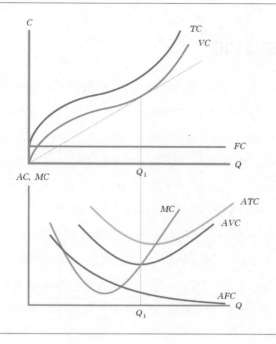

히 증가하는 형태를 보여준다. 이들로부터 도출된 평균비용을 보면, 평균고정비용 AFC는 생산이 늘어날 때 지속적으로 감소하며, 평균가변비용 AVC와 평균총비용 ATC는 감소하다가 증가하는 모습을 보여준다. 위의 수식에서 보여준 바와 같이 AVC는 평균생산 AP_L에 반비례하고, AP_L은 역 U자형이었기 때문에 AVC는 U자형을 보여야 한다. ATC는 AVC에 AFC를 수직으로 합한 것이기 때문에 역시 U자형이 되어야 하지만, AFC가 계속 하락하기 때문에 그 최하점은 AVC의 최하점보다 오른쪽에 위치한다.

〈그림 4-4〉에서 AVC의 최하점은 생산량 Q_1에서 달성된다. 아울러 한계생산비 MC는 두 평균비용 AVC와 ATC의 최하점을 지나가야만 하는데, MC는 노동의 한계 생산 MP_L에 반비례하고, AVC는 노동의 평균생산 AP_L과 반비례하며, MP_L은 AP_L의 최대치에서 AP_L과 일치하기 때문에 당연히 발생해야 하는 결과이다. MC가 AVC보다 작으면 추가 생산의 단위당 비용이 이미 이루어진 생산의 단위당 비용보다 낮아추가 생산으로 인해 AVC가 하락할 수밖에 없고, 반대로 MC가 AVC보다 크면 추가로 생산되는 것의 단위당 비용이 기존에 생산된 것의 단위당 비용보다 큰 상황이므로 추가 생산은 AVC를 높이게 된다. 이런 이유로 MC는 AVC의 최하점을 지나게 되며,

마찬가지 이유로 ATC의 최하점도 지나가게 된다.

2 장기의 생산비

노동과 유리온실을 모두 바꿀 수 있는 장기에 있어 생산량과 비용의 관계는 어떻게 도출할 수 있을까? 노동만을 바꿀 수 있는 단기에는 생산량 증가는 곧 노동투입의 증가를 의미한다. 이렇게 생산량을 바꿀 수 있는 방법이 한 가지뿐인 경우에는 산출과 비용의 관계가 단순하지만, 장기에는 생산량을 바꾸더라도 노동과 유리온실의 조합을 다양하게 선택하여 바꿀 수가 있으며, 그러한 조합 중 무엇을 선택하느냐에 따라서 생산비 자체가 달라지기 때문에 생산량과 비용 간의 관계를 파악하는 것이 보다 복잡해진다. 이때 우리는 각 생산량을 최소의 비용으로 생산할 때의 비용을 먼저 구해보아야 하고, 그렇게 **최소화된 비용과 생산량 간의 관계**가 어떠한지를 분석하여야 한다.

장기에서의 생산기술은 〈그림 4−5〉의 등량곡선을 통해 표현된다. 어떤 생산량 Q_2를 생산하고자 한다고 하자. 등량곡선 Q_2 위의 어떤 생산요소 결합도 Q_2를 생산할 수 있다. 노동의 가격을 w, 유리온실의 면적당 가격을 r이라 하고, L과 K를 투입요소 양으로 선택하면 그 비용은 $C = wL + rK$가 된다. 이를 유리온실 면적에 대해 풀면 다음과 같은 **등비용선(isocost line)**이 도출된다.

등비용선의 기울기는 두 생산요소의 가격비의 음의 값이며, 〈그림 4−5〉에서처럼 직선들로 표시되는데, 원점에서 먼 등비용선일수록 많은 생산비를 지불함을 의미한다.

그림 4-5   비용최소화

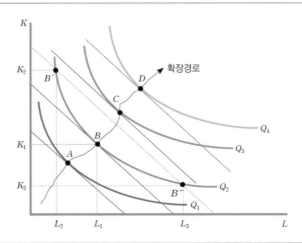

$$\text{등비용선: } K = \frac{C}{r} - \frac{w}{r}L$$

유리온실에서 재배하는 채소의 목표 생산량이 Q_2라면 이때의 생산비는 그림의 점 B처럼 등량곡선과 등비용선이 접하도록 L_1의 노동과 K_1의 유리온실을 사용할 때 최소가 된다. 그렇지 않고 점 B'처럼 너무 큰 온실면적과 너무 적은 노동을 사용하거나, 점 B''처럼 너무 작은 온실과 너무 많은 노동을 사용할 때에는 원점에서 보다 먼 등비용선이 이들 점을 지나므로 Q_2를 생산하는 비용이 과다하게 된다. 따라서 두 생산요소가 모두 선택가능할 경우 비용최소화조건은 **등량곡선과 등비용선이 서로 접할 때**이며, 그 기울기들이 각각 한계기술대체율과 투입요소 가격비이므로 결국 다음과 같은 비용최소화 조건이 도출된다.

$$\text{장기의 비용최소화 조건: } MRTS = -\frac{\Delta K}{\Delta L} = \frac{MP_L}{MP_K} = \frac{w}{r} \text{ 혹은 } \frac{MP_L}{w} = \frac{MP_K}{r}$$

한편, 목표 채소 생산량이 달라지면 이를 생산하는 최적의 노동 및 온실조합도 달라지게 된다. 〈그림 4-5〉에서 생산량이 각각 Q_1, Q_2, Q_3, Q_4일 때 최적의 조합은 A, B, C, D이고, 이들 조합은 모두 등량곡선과 등비용선이 접하는 점들이다. 이들 접점들을 연결하여 도출된 곡선을 **확장경로(expansion path)**라 부르는데, 확장경로상의 모든 점들은 해당되는 채소 생산량을 최소의 비용으로 생산하게 하는 생산요소의 결합들이다. 우리는 생산량과 비용의 관계에 관심을 가지고 있으며, 이때의 비용은 각 생산량을 최소의 비용으로 생산했을 때의 비용이라야 한다. 따라서 장기비용곡선은 〈그림 4-5〉의 확장경로상의 생산량과 그때의 생산비와의 관계를 나타내어야 하며, 이는 〈그림 4-6〉과 〈그림 4-7〉에 나타나있다.

〈그림 4-6〉에서 SAC_1, SAC_2, SAC_3는 각각 유리온실 규모 K_1, K_2, K_3에서의 단기 평균비용곡선이고, SMC_1, SMC_2, SMC_3는 그에 상응하는 단기 한계비용곡선들이다. 생산량 Q_1, Q_2, Q_3는 각각 유리온실이 K_1, K_2, K_3로 고정되어 있을 때의 평균 생산비의 최하점에 해당되는 생산량이다. 〈그림 4-6〉이 가지는 특징 중 하나는 각 단기 평균비용곡선의 최하점의 높이가 모두 동일하다는 것이다. 즉 설비규모의 크고 작은 것은 평균비용곡선을 다르게 하지만 그 최하점을 낮추거나 높이지는 않는다. 이 상황에서

그림 4-6 수평의 장기 평균비용곡선

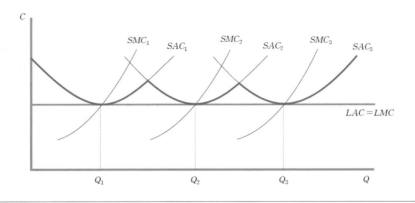

그림 4-7 U자형의 장기 평균비용곡선

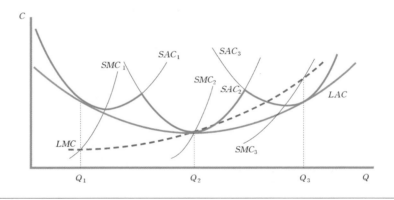

유리온실 면적까지 선택할 수 있는 장기적인 선택을 한다면 SAC_1과 SAC_2가 만나는 Q_1과 Q_2 사이의 생산량까지는 K_1의 유리온실을 사용하는 것이 가장 유리하며, 이후 SAC_2와 SAC_3가 만나는 Q_2와 Q_3 사이의 생산량까지는 K_2를 사용하는 것이 비용을 가장 적게 하며, 이 생산량보다 큰 생산량은 K_3의 설비를 이용하는 것이 가장 유리하다. 따라서 장기 평균비용곡선을 도출하고자 한다면 그림에서 굵은 선으로 표시된 곡선이 되어야 한다. 그러나 만약 설비규모단위를 매우 세분할 수 있다면 그림에서와 같은 단기 평균비용곡선이 무수히 많을 것이고, 그 최하점을 모두 연결한 직선인 LAC가 결국 장기 평균비용곡선이 된다. 즉 장기 평균비용곡선은 각 단기 평균비용곡선의 최하점을 연결하는 직선이고, 평균비용이 일정하므로 장기 한계비용곡선 역시 이 직선이 되어야 한다.

그러나 경제학에서는 〈그림 4-6〉보다는 〈그림 4-7〉과 같은 장기 비용곡선이 더 현실적이라고 본다. 여기에서는 온실규모가 K_1, K_2, K_3로 커지면서 단기 평균비용곡선의 최하점이 하락했다가 다시 상승하는 차이가 있다. 온실규모가 어느 정도까지는 커질수록 노동사용량 변화에 따른 평균생산비의 위치가 점차 하락해서 규모증대에 따른 효율성 개선효과가 있지만, 온실규모를 바꿀 수 있는 경우에 있어서도 단일 생산자가 효율적으로 생산해낼 수 있는 생산규모는 한계가 있기 때문에 결국 단기 평균비용곡선의 최하점은 다시 상승하게 된다. 이 경우에도 그림에서처럼 각 단기 평균비용곡선의 최하점을 둘러싸며 연결한 초록색으로 표시된 곡선이 장기 평균비용곡선이 되어야 하지만, 만약 설비규모를 미세하게 변화시킬 수 있는 경우라면 그림에서 빨간색으로 표시된 U자형의 곡선 LAC가 장기 평균비용곡선이 되어야 한다.[5] 장기 한계비용곡선은 실제로 선택되는 설비규모에서의 단기 한계비용과 같은 값을 가져야 하므로 그림에서 파란색으로 표시된 LMC곡선이 되어야 하고, LAC의 최하점을 지나간다.

〈그림 4-7〉처럼 장기 평균비용곡선이 U자형을 지닐 경우 Q_2보다 적은 생산영역에서는 생산량이 늘어날수록 평균생산비가 감소하고 이때 생산의 **규모의 경제성**(economies of scale)이 있다고 한다. 반면 생산량이 Q_2보다 클 경우에는 생산이 늘어날수록 평균생산비가 증가하기 때문에 생산의 **규모의 비경제성**(diseconomies of scale)이 있다고 말한다. 앞 절에서 설명되었던 규모수익성은 모든 투입요소를 비례적으로 변화시킬 때 생산량이 변하는 정도를 가지고 판단함에 반해, 규모의 경제성은 생산량을 바꿀 때 평균비용이 어떻게 변하는지를 통해 판단된다. 두 개념 모두 생산규모가 큰 것이 더 효율적인지의 여부와 관련이 있지만, 규모의 경제성 여부를 확인하기 위해 생산량을 바꾸는 최적의 방법이 모든 투입요소를 반드시 비례적으로 바꾸는 것은 아닐 것이기 때문에 구체적인 의미에 있어 두 개념 간 차이가 있다.

---

5) 그림에서 단기 평균비용곡선과 장기 평균비용곡선이 만나는 점 Q_1에서는 K_1에서의 단기평균 SAC_1이 최하가 아니며, 또 다른 접점에서의 생산량 Q_3에서도 K_3에서의 단기 평균비용곡선 SAC_3의 최하가 아니다. 왜 이런 일이 벌어지는지 생각해보기 바란다.

생산함수와 비용함수의 쌍대성(Duality)

　　제3장에서 살펴본 것처럼 소비자의 최적 선택문제는 효용극대화 문제로 표현하여 구할 수 있었다. 본장 제1절에서 설명한 최적의 생산요소 투입량 결정문제 역시 아래와 같은 극대화문제를 설정할 수 있다.

　　극대화(maximization) $Q = f(L, K)$, 제약식(subject to) $C = wL + rK$

　　즉, 이는 주어진 비용식을 조건으로 하는 생산 극대화문제로, 주어진 등비용선에 접하는 가장 높은 등량곡선을 구하는 문제와 같다. 아래와 같은 라그랑지 함수(Lagrangian function) 형태로 정리하여 L, K, λ에 대해 각각 미분을 해서 풀 수 있다.

$$\text{Max } \mathcal{L}(L, K, \lambda) = f(L, K) + \lambda(C - wL - rK)$$

$$\frac{\Delta\mathcal{L}}{\Delta L} = \frac{\Delta f}{\Delta L} - w\lambda = 0 \ \cdots \ ①$$

$$\frac{\Delta\mathcal{L}}{\Delta K} = \frac{\Delta f}{\Delta K} - r\lambda = 0 \ \cdots \ ②$$

$$\frac{\Delta\mathcal{L}}{\Delta \lambda} = C - wL - rK = 0 \ \cdots \ ③$$

　　위의 식 ①과 ②의 비율(①/②)을 구하면 $\dfrac{MP_L}{MP_K} = \dfrac{w}{r}$이고 이는 두 투입요소의 한계생산의 비율이 두 투입요소의 가격의 비율과 같음이 성립된다.

　　이 문제는 제2절에서 설명한 비용최소화 문제를 구해서도 접근할 수 있다. 이번에는 반대로 주어진 생산량 수준을 가장 적은 비용으로 생산하게 하는 생산요소 투입량 결정문제로 분석하며 아래와 같은 비용극소화 문제로 표현할 수 있다.

　　극소화(minimization) $C = wL + rK$, 제약식(subject to) $Q = f(L, K)$

　　즉, 주어진 등량곡선에 접하는 가장 낮은 등비용선을 구하는 문제로 아래와 같이 라그랑지 함수 형태로 표현하여 미분하여 정리할 수 있다.

$$\text{Min } \mathcal{L}(L, K, \mu) = wL + rK + \mu(Q - f(L, K))$$

$$\frac{\Delta\mathcal{L}}{\Delta L} = w - \mu\frac{\Delta f}{\Delta L} = 0 \ \cdots \ ⑥$$

$$\frac{\Delta\mathcal{L}}{\Delta K} = r - \mu\frac{\Delta f}{\Delta K} = 0 \ \cdots \ ⑦$$

$$\frac{\Delta \mathcal{L}}{\Delta \mu} = Q - f(L, K) = 0 \ \cdots \ \text{⑧}$$

위의 식 ⑥과 ⑦의 비율(⑥/⑦)을 구하면 $\frac{w}{r} = \frac{MP_L}{MP_K}$ 이고 이는 위에서 도출된 두 투입요소의 한계생산의 비율과 두 투입요소의 가격의 비율이 동일함과 일치한다. 이처럼 생산함수의 최적화 문제 분석을 역으로 비용함수의 최소화 문제로 동일하게 분석할 수 있는 것을 쌍대성의 원리(principle of duality)라고 한다.

section 03 생산량의 결정

생산자는 여러 가지 목적을 가지고 생산행위를 하지만, 경제학에서는 판매수입에서 비용을 빼준 이윤(profit)을 극대화하는 것을 목적으로 한다고 흔히 가정한다. 생산량 자체를 극대화한다든가 하는 다른 종류의 목적을 생산자가 가질 수도 있겠지만, 이윤을 극대화하지 않는 생산자는 장기적으로 생존하기 어렵다는 점에서 그러한 이윤극대화가설이 일반적으로 채택되고 있다.

생산자의 이윤은 판매수입(revenue)에서 생산비를 빼준 것이다. R을 판매수입, C를 생산비라 하면 둘 다 생산량 혹은 판매량 Q에 따라 달라질 것이므로 이윤을 π라 할 때 이윤도 생산량에 따라 달라진다. 즉 $\pi(Q) = R(Q) - C(Q)$와 같이 이윤함수를 정의할 수 있다. 이 이윤을 극대화 하는 생산량은 당연히 생산을 하나 더 늘려 증가하는 판매수입, 즉 한계수입(marginal revenue, MR)과 그 때문에 추가로 지불해야 하는 한계비용(marginal cost, MC)이 일치하는 수준이다. 만약 현재의 생산량에서의 한계수입이 한계비용보다 더 크다면 생산량을 더 늘릴 때 이윤이 늘어나며, 반대로 한계수입이 한계비용보다 더 작다면 생산량을 줄여야 이윤이 늘어난다.

이윤극대화 조건: $MR = MC$

한계비용의 구조에 대해서는 앞 절에서 살펴보았으므로 이제 한계수입에 대해 알아보자. 생산품의 가격이 P라 하자. 제5장에서 추가로 설명하겠지만 우리는 생산자가 시장 전체의 거래량에 비할 때에는 규모가 작아 이 생산자의 산출량이 변해도 시장가격은 그대로 P로 유지된다고 가정한다. 따라서 판매수입은 $R = PQ$와 같고, 한계수입은 시장가격 P와 일치하며, 개별생산자 입장에서는 한계수입 MR은 생산량에 따라 달라지지 않는다. 이렇게 시장가격이 고정된 상태에서는 이윤극대화 생산량은 $P = MR = MC(Q)$의 조건을 충족하는 생산량이다.

$P = MC(Q)$ 혹은 $MR = MC(Q)$의 조건은 생산이 단기이든 장기이든 충족해야 할 이윤극대화조건이지만, 생산비의 구조가 단기와 장기에 서로 다르기 때문에 이윤극대화 생산량을 찾는 과정도 두 가지 경우를 구분하여 살펴볼 필요가 있다.

1 단기

〈그림 4-8〉은 단기에 있어서 어떤 생산자의 비용구조를 보여준다. 만약 산출물의 가격이 P_1이라면 이 가격과 한계비용이 일치하는 수량은 Q_1이기 때문에 이만큼을 생산한다. 이로 인해 생산자는 판매수입으로 $P_1 Q_1$을 얻고 비용으로는 cQ_1을 지불하기 때문에 □$P_1 abc$의 면적만큼의 이윤을 얻게 된다. 또한 가격이 P_2로 하락하게 되면 생산자는 Q_2를 생산할 것이다. 이런 식으로 생산자는 생산물 가격과 한계생산비가 일치되도록 생산량을 선택하기 때문에 생산자의 한계생산비곡선 자체가 생산자의 공급곡선이 된다.

만약 생산물의 가격이 평균총비용 ATC의 최하점보다 낮으면 어떻게 될까? 이때 생산자가 가격과 MC가 일치하는 생산량을 선택하면 이제는 가격이 ATC보다 낮으므로 적자를 보게 된다. 그러나 이 경우에도 가격이 AVC의 최하점보다 낮지 않다면 생산자는 적자를 보면서도 여전히 생산을 한다. 그 이유는 가격이 AVC보다 크면 가변비용을 충당하고도 남는 수입이 있고, 이를 이용해 고정비용의 전부는 아니더라도 일부는 충당할 수 있기 때문이다. 그러나 가격이 AVC의 최하점보다도 더 낮아지면 이제는 판매수입으로 가변비용도 충당할 수 없어, 생산자는 온실을 그냥 놀리는 고정비용 손실을 당하면서도 생산은 하지 않게 된다. 따라서 단기에 있어 생산자의 공급곡선은 〈그림 4-8〉이 보여주는 바와 같이 AVC곡선의 최하점 이하에서는 세로축 자체이고 AVC의 최하점을 상회하는 가격 영역에서는 단기 한계비용곡선이 된다.

그림 4-8 단기의 생산량 결정

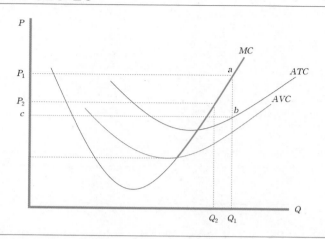

산업 내에 다수의 공급자가 있다면 산업 전체의 공급곡선은 제3장에서 설명한 것처럼 개인의 수요곡선을 수평으로 합해 시장전체의 수요곡선을 도출했듯이 이들 개별 생산자의 공급곡선을 수평으로 합해 도출할 수가 있다.

2 장기

노동과 더불어 유리온실의 규모까지 선택할 수 있는 장기가 되면 생산자의 선택은 설비규모까지도 포함하며, 시설채소 산업에 남아 있을지 아니면 떠날지도 선택을 할 수 있게 된다. 기존의 생산자가 K를 0으로 선택하면 산업을 떠나는 것이며, 기존의 채소생산자가 아니던 사람이 K를 구매하면 산업에 진입하는 것이 된다. 따라서 시장에 남아 있는 생산자의 수 자체가 가변적이며 가격 조건에 따라 달라질 수 있기 때문에 산출량 선택을 분석하는 것이 좀 더 복잡해진다.

〈그림 4-9〉에서 좌측 그림은 시설채소산업에 남아 있는 어떤 생산자의 비용곡선을 나타내고, 우측 그림은 시설채소시장 전체의 수요곡선과 공급곡선을 나타낸다. 개별 생산자의 생산량을 소문자 q로 표시하여 시장전체의 수량 Q와 구분한다. 또한 개별 생산는 동질적이라 동일한 비용구조를 가진다고 가정한다. 현재 시장전체의 수욕곡선이 D, 공급곡선이 S_1이라 하자. 수요곡선은 각 가격에서 소비자가 구매하고자 하는 양을 나타내고 공급곡선은 각 가격에서 공급자가 판매하려는 양을 나타낸다. 따라서 두 그래프가 서로 만나는 만큼의 수량이 공급되어야 생산은 되었는데 팔지 못하는 양도, 원하는

그림 4-9 장기의 생산량 결정

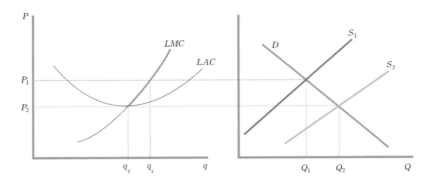

데 사지 못하는 양도 없는, 일종의 균형이 발생한다. 아울러 이때의 시장가격은 두 그래프가 일치할 때의 높이인 P_1이 되어야 한다.[6]

생산자는 〈그림 4-9〉에서 $P_1 = MC$가 되는 생산량 q_1을 선택할 것이다. 그러나 이 생산량은 계속 유지될 수가 없는데, 이 생산량에서는 가격이 평균비용보다 높아 이윤이 발생하고, 따라서 새로운 생산자가 시설채소산업에 진입을 하게 된다. 이로 인해 시장의 공급곡선은 점차 오른쪽으로 이동하고 그 결과 시장가격이 계속 하락하게 된다. 공급곡선이 마침내 S_2까지 이동하게 되면 가격은 P_2까지 하락하게 된다. 이 가격은 시장에 남아 있는 생산자의 평균비용의 최하점과 일치하면서 한계비용과도 같기 때문에 생산은 q_2에서 이루어지고, 이제는 이윤이 발생하지 않게 된다. 이윤이 발생하지 않으므로 더 이상의 새로운 진입자는 없게 되며 최종적으로 시장의 가격은 P_2, 시장전체 공급량은 Q_2, 시장에 남아 있는 생산자의 생산량은 q_2로 결정될 것이다. 즉 장기에 있어서도 개별 기업의 공급곡선은 생산자의 한계생산비곡선이지만, 시장가격은 생산자의 자유로운 시장 진입과 탈퇴로 인해 결국 평균생산비의 최하점과 일치하게 될 것이다.

장기에 있어 생산자의 이윤이 0이 된다는 것은 생산자의 비용에 스스로 보유한 생산요소의 가치를 모두 포함했기 때문에 가능하다. 예를 들면 시설채소농가의 경우 경영주와 그 가족의 노동력과 스스로 투자한 유리온실 설치비용을 모두 비용에 반영하였기 때문에 이윤이 0이라도 이 경영주는 사실은 노동력에 대한 보수와 유리온실 투자비는 회

---

6) 생산자의 시장 진입과 탈퇴가 자유로운 경쟁적 시장에서 시장 수요곡선과 공급곡선이 서로 만나는 점에서 시장의 거래량과 거래가격이 결정된다는 것은 제5장에서 자세하게 설명된다.

수하고 있는 것이다.

한편, 장기에 있어서도 〈그림 4-9〉의 S_1이나 S_2와 같은 시장전체의 공급곡선을 도출할 수 있는데, 단기와는 달리 장기에는 개별 생산자의 한계비용곡선의 수평합을 취해 시장의 공급곡선을 도출하기는 어렵다. 그 이유는 생산물의 가격이 달라지면서 시장에 남아 있는 생산자의 수도 달라지기 때문에 어느 생산자의 한계비용곡선을 수평으로 합해야 하는지의 문제가 발생하기 때문이다. 장기의 비용곡선은 오히려 산업전체가 생산량을 늘릴 때 생산비가 어떻게 달라지는지에 의해 영향을 받는다. 시설채소산업 전체가 생산량을 늘리면 종자, 시설원자재, 노동력, 그 외 각종 생산요소 사용량을 늘려야 하는데, 이러한 생산요소 수요 증가로 그 가격이 빠르게 상승하면 결국 채소시설농업의 생산비 자체가 크게 늘어나게 된다. 이 경우에는 산업전체가 생산을 늘리기 위해서는 높아지는 비용만큼 생산물의 가격도 높아져야만 하므로 시설채소산업의 공급곡선은 비교적 가파른 우상향하는 모습을 보일 것이다. 반대로 시설채소산업 규모가 커져 생산요소에 대한 수요가 늘어나도 생산요소의 공급 또한 충분히 이루어질 수 있어 생산요소 가격이 거의 변하지 않는다면, 산업의 장기 공급곡선은 거의 수평선에 가까운 모습을 보일 것이다.

section 04 다수 산출물의 생산

농가당 농지 면적이 넓은 미국이나 브라질, 아르헨티나 같은 나라에서는 많은 농가가 한 가지 품목만 생산을 하곤 한다. 그러나 우리의 경우 거의 대부분의 농업생산자는 다수 품목을 동시에 생산하고, 또한 농가가 농업외의 가공사업 등을 해서 벌어들이는 겸업소득 혹은 농외소득도 농가소득에서 큰 비중을 차지한다. 생산자들은 왜 이렇게 다품목을 생산하고 몇 가지 사업을 동시에 수행할까? 생산자가 한 품목에 특화하면 생산성이 높아지고 경제적으로 더 유리해진다는 것은 상식적으로 알려진 사실인데 그럼에도 불구하고 다수 품목생산을 선택하는 이유에 대해 생각해볼 필요가 있다.

농가는 Q_1이라는 생산물과 Q_2라는 생산물 중 하나만 생산하거나 아니면 둘 다 생산할 수 있다고 하자. 또한 이 농가가 사용할 수 있는 생산요소는 양이 X로 고정되어 있다고 하자. 그렇다면 이 생산자의 생산기술은 다음과 같은 함수형태로 표현할 수 있다. 이 함수는 **필요투입물함수(input requirement function)**라 부를 수 있을 것인데, 생

그림 4-10 생산가능곡선과 다수 산출물 생산

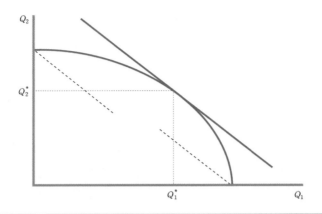

산요소 X를 이용해 생산할 수 있는 두 산출물 Q_1과 Q_2의 조합을 나타내고 있고, 그림으로 표현하면 〈그림 4−10〉과 같다.

다수 산출물 생산기술: $X = g(Q_1, Q_2)$

〈그림 4−10〉에서 우하향하면서 원점에 대해 오목한 곡선은 **생산가능곡선(production possibilities curve, PPC)**이라 불리며, X를 이용해 생산해낼 수 있는 두 산출물 Q_1과 Q_2의 결합을 보여준다. 즉 필요투입물함수를 그림으로 그린 것이다. 이 곡선은 원점에 대해 오목한 것이 특징인데, 가로축이나 세로축의 절편, 즉 두 생산물 중 하나만 생산할 때에 비해 두 생산물을 모두 생산할 때 원점에서 더 멀리 떨어져 있다는 것은 두 생산물을 모두 생산할 때가 효율성이 더 높다는 것을 의미한다. 이렇게 다수 산출물을 생산할 때 효율성이 높아지는 것에는 여러 원인이 있을 수 있다. 우선 기술적인 특성상 그럴 수가 있다. 경제학에서 많이 드는 예로서 가축으로부터 생산되는 고기와 가죽이 있는데, 두 생산물은 기술적으로 분리할 수가 없어 별도로 하나씩만 생산한다는 것 자체가 불가능하기 때문에 동시에 두 가지 모두를 생산하는 것이 효율적이다. 그러나 보다 더 적용가능성이 높은 이유로서 일부 투입요소가 두 가지 산출물 모두에 동시에 사용되고 용도별로 분리 자체가 불가능하다는 것을 들 수가 있다. 농업생산자가 가진 경영자로서의 능력은 두 생산물별로 분리하여 어디에 얼마나 사용할지를 배정하는 것 자체가 불가능하다. 이는 두 가지 생산물 생산에 모두 사용되는 트랙터 같은 농기계의 경우도 마찬가지

이다. 뿐만 아니라 경영능력이나 트랙터는 생산물 중 한 가지를 생산하기 위해서 획득하거나 구입해도 별 다른 추가 비용 없이 다른 생산물 생산을 위해서도 그대로 사용할 수 있다. 생산요소가 가진 이런 특성으로 인해 한 가지에 특화하기보다는 다수 생산물을 생산하는 것이 더 효율적이며, 이런 특성이 〈그림 4−10〉의 생산가능곡선을 원점에 대해 오목하게 만든다.[7] 다수 품목을 생산할 때 이렇게 상대적으로 효율성이 높아지는 경우 생산이 범위의 경제성(economies of scope)을 가진다고 말하기도 한다.[8]

그렇다면 생산자는 구체적으로 어떤 생산물 결합을 선택할까? $MI_1 = \dfrac{\Delta g}{\Delta Q_1}$과 $MI_2 = \dfrac{\Delta g}{\Delta Q_2}$를 각각 Q_1과 Q_2를 하나 더 생산하기 위해 추가로 필요한 생산요소의 양이라 하자. 이용가능한 생산요소의 양이 정해져 있으므로 결국 $MI_1 Q_1 + MI_2 Q_2 = 0$이 충족되어야 하고, 따라서 생산가능곡선의 기울기의 음의 값은 $-\dfrac{\Delta Q_2}{\Delta Q_1} = \dfrac{MI_1}{MI_2}$와 같다. 이제 두 생산물의 가격을 각각 P_1, P_2라 하면 생산자의 판매수입은 $R = P_1 Q_1 + P_2 Q_2$와 같다. 특정수준의 판매수입을 얻게 하는 두 생산물의 조합을 **등수입선(iso-revenue line)**이라 할 때, 이는 $Q_2 = \dfrac{R}{P_2} - \dfrac{P_1}{P_2} Q_1$와 같이 나타낼 수 있고, 〈그림 4−10〉에서 우하향하는 직선이 된다. 등수입선은 원점에서 멀수록 높은 판매수입을 나타낸다.

이용가능한 총생산요소가 X로 고정되어 있어 생산비는 불변이므로 생산자는 판매수입을 극대화하고자 하는데, 〈그림 4−10〉이 보여주는 바와 같이 생산가능곡선과 등수입선이 서로 접할 때, 즉 $-\dfrac{\Delta Q_2}{\Delta Q_1} = \dfrac{MI_1}{MI_2} = \dfrac{P_1}{P_2}$일 때 판매수입의 극대화가 달성된다. 이때의 생산량은 Q_1^*와 Q_2^*가 된다. 〈그림 4−10〉은 만약 두 생산물 중 하나만 구석에서 생산이 된다면, Q_1과 Q_2 중 어느 것에 특화하더라도 (Q_1^*, Q_2^*)가 생산될 때에 비해 등수입선이 보다 원점에 가까이 위치하여 판매수입이 더 적어진다는 것을 보여준다.

---

7) 생산자는 여러 품목이나 사업에 투자할 경우 특정 품목이나 사업에서 발생할 경영실패 위험을 분산하는 데에도 도움이 되며, 이것이 다품목 생산의 중요한 동기가 되기도 한다.

8) 좀 더 엄밀히 말하면, 범위의 경제성은 두 생산물을 각각 별도로 생산할 때의 두 비용의 합이 한 생산자가 두 생산물을 동시에 생산할 때의 비용보다 더 크면 발생한다. 그러나, 모든 생산과정에서 범위의 경제성이 발생하는 것은 아니다.

section 05 생산자이자 소비자로서의 자급농

본서의 제3장은 소비만족도를 극대화하고자 하는 소비자의 행동을 분석하였고, 본 장에서는 지금까지 이윤을 극대화하고자 하는 생산자의 행위를 분석하였다. 농업부문에 있어서 소농, 특히 개발도상국의 영세 소농(smallholders)의 경우 특이하게도 농산물 생산 자이자 소비자로서의 특성을 동시에 가지고 있어 이들의 행위에 대해서 검토해볼 가치 가 있다. 사실 한국에 있어서도 자급농이라 불리는 소규모 영세 농업생산자들은 개발도 상국의 영세소농과 같은 행위를 할 여지가 있다.

영세농이나 자급농의 특성 중 하나는 생산규모가 작기 때문에 생산된 농산물 중 (가족 이나 가까운 친지의 소비를 포함하여) 자가소비의 비중이 높다는 것이다. 즉 농산물은 판매 를 통해 수입원이 될 수가 있지만 동시에 생존을 위해 스스로 소비할 필요도 있다. 따라 서 이들은 생산된 농산물 중 어느 정도를 판매하고 어느 정도를 자가 소비할 것인지를 결정해야 한다.

쌀을 생산하는 자급농이 비용을 최소화하면서 총 $\overline{Q}$만큼의 쌀을 생산한다고 하자. 자 급농은 이 중 어느 정도를 자가 소비하고 어느 정도를 판매할 지를 결정해야 한다. 자가 소비량을 Q라 하면, 판매량은 $\overline{Q} - Q$가 되는데, 쌀의 가격은 P라 하자. 자급농의 쌀 판 매수입을 Y라 하면 식 $Y = P(\overline{Q} - Q)$가 자급농의 예산제약이 된다. 자급농은 스스로 소비하는 쌀 Q와 쌀의 판매수입 Y로부터 만족도를 얻고, 그 효용함수는 $U(Q, Y)$와 같다. 따라서 자급농은 만족도 $U(Q, Y)$를 예산제약 $Y = P(\overline{Q} - Q)$하에서 극대화하도 록 두 소비재 Q와 Y를 선택하는 소비자와 다르지 않다.

〈그림 4-11〉의 두 그래프는 원래의 쌀 가격이 P_1일 때의 예산선 $Y = P_1(\overline{Q} - Q)$ 와 이와 접하는 무차별곡선 U_1을 보여준다. 예산선의 세로축 절편 Y_1은 자가소비 없이 모두 판매될 때의 수입 $P_1\overline{Q}$와 같다. 두 그래프에서 모두 쌀의 자가소비량은 Q_1이었고, $\overline{Q} - Q_1$만큼이 판매되었으며, Y는 $P_1(\overline{Q} - Q_1)$가 선택되었다. 이제 쌀 가격이 P_2로 증 가했다고 하자. 이 경우 예산선은 $Y = P_2(\overline{Q} - Q)$로 밖으로 회전이동하게 되고, 세로축 의 절편은 $Y_2 = P_2\overline{Q}$이다. 이 상황에서 선택되는 자가소비량을 Q_2라 하면, 이는 새로 운 예산선과 또 다른 무차별곡선 U_2^1 혹은 U_2^2가 접하는 점이다. 좌측 그림에서는 $Q_2 < Q_1$이 되어 자가소비량은 줄어들고 판매량이 늘어난 반면, 우측 그림에서는 반대 로 $Q_2 > Q_1$이 되어 자가소비량이 늘어나고 판매량은 감소하였다. 두 경우 모두에 있어

그림 4-11 자급농의 선택

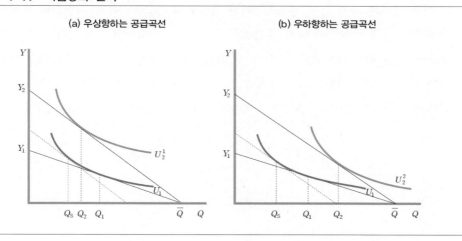

이상과 같이 〈그림 4-11〉이 보여주는 바는 생산량의 자가소비 비중이 큰 영세소농이나 자급농의 농산물 판매량은 가격이 상승할 때 늘어날 수도 있고 줄어들 수도 있어 공급곡선이 우상향할 수도 있고 반대로 우하향할 수도 있음을 보여준다. 왜 이런 일이 벌어질까?

〈그림 4-11〉의 두 그림에서 자가소비량 Q_S는 새로운 쌀 가격조건하에서 원래의 만족도 U_1만을 얻게 할 때의 자급농의 최적 소비점을 보여준다. 따라서 자가소비량이 Q_1에서 Q_S로 줄어드는 것은 쌀 가격변화의 대체효과이다. 쌀 판매대금으로 구입할 수 있는 다른 재화에 비해 가격이 더 비싸진 쌀의 소비는 줄이려 하기 때문에 발생하는 효과이다. 쌀 소비량이 Q_S에서 최종 선택인 Q_2로 변하는 것은 소득효과이다. 쌀을 판매할 수 있는 자급농은 쌀 가격 상승으로 인해 구매력의 증가를 얻었고, 이로 인해 만족도를 U_1에서 U_2^1 혹은 U_2^2로 늘리는 과정에서 발생한 쌀 소비량 변화이다. 이 효과는 좌측 그래프와 우측 그래프에서 크게 차이가 나는데, 쌀을 정상재라 가정할 경우 농가의 구매력이 높아져 쌀 소비량을 늘리려는 것은 두 그래프에서 모두 같지만, 그 효과가 좌측 그래프보다는 우측 그래프에서 훨씬 크다. 쌀이 정상재라면 쌀 가격 상승의 소득효과에 의해 자가소비량이 늘어나고 이로 인해 자가소비를 줄였던 대체효과가 상쇄되지만, 좌측 그래프에서는 소득효과가 대체효과를 완전 상쇄할 정도는 아니라서 최종적으로 쌀의 자가소비는 줄어들고 공급량이 늘어난다. 반대로 우측 그래프에서는 쌀 가격 상승의 소득효과가 대체효과를 압도하여 쌀 가격 상승은 자가소비를 늘리고 시장에의 공급은

줄이는 결과를 야기한다.

 이상 살펴본 바와 같이 영세소농이나 자급농의 공급곡선은 가격변화의 대체효과와 소득효과의 상대적 크기에 따라 우상향할 수도 있고 우하향할 수도 있다. 그리고 가격 상승폭이 적을 때는 대체효과가 더 커 쌀 공급곡선이 우상향하지만 가격 상승폭이 더욱 커지면 반대로 소득효과가 더 커질 수도 있으며, 이때에는 동일 자급농의 쌀 공급곡선이 가격대에 따라 우상향하는 부분과 우하향하는 부분을 동시에 가질 수도 있다.

01 두 생산자의 단기 공급곡선으로부터 시장전체의 단기 공급곡선을 도출하는 과정을 보여라.

02 등량곡선과 무차별곡선의 유사점과 차이점을 논의해 보라.

03 축산농가가 사료로 사용하기 위해서 옥수수와 보리를 재배하고 있을 경우, 두 사료작물의 적정 생산량은 어떻게 결정하는지 논의해보라. 또한 옥수수의 시장가격이 변할 경우에는 적정 생산량은 어떻게 달라지는지 설명해보라.

04 여러분이 아래와 같은 단기에서의 생산물과 총비용 구조를 가진 농장을 경영하고 있다고 가정하자.

생산량(박스)	총비용(만원)
0	100
100	150
200	250
300	400
400	600
500	900
600	1,300

(1) 농장의 총고정비용은 얼마인가? 총 가변비용, 평균가변비용, 평균총비용, 한계비용은 각각 얼마인가?

(2) 최종 생산물의 시장가격이 한 박스당 2.5만 원일 때, 생산량을 얼마로 해야 할까?

05 우리 농협은 은행으로서의 금융업무와 공동판매와 공동구매와 같은 협동조합으로서의 경제사업을 동시에 수행한다. 이렇게 두 가지 사업을 동시에 수행하는 것의 장단점에 대해 본장에서 배운 이론을 이용해 설명해보라.

06 대학가에 위치한 카페의 생산함수는 $q = 10KL$으로, q는 시간당 만들 수 있는 커피 개수(잔)이며, K는 커피머신 수, L는 시간당 고용한 아르바이트생 명수이다.

(1) 노동의 평균생산은?

(2) 노동의 한계생산은?

(3) 위에서 구한 노동의 평균생산과 한계생산에 근거하여, 특정한 K수준에서 노동은 한계수확이 체감하는가?

07 상추를 생산하는 스마트팜의 생산함수가 $q = 100KL$와 같다. 만일 자본(K)의 가격이 120만원, 노동(L)의 가격이 30만원일 때, 상추 1,000박스를 최소 비용으로 생산하기 위해서는 자본과 노동을 각각 얼마나 투입해야 할까? 이때 최소 비용은 얼마인가?

08 식품기업인 ㈜대한식품의 생산물 q가 생산요소 노동(L)과 자본(K)의 함수로 $q = K + L^{0.5}$와 같은 형태의 생산함수를 가진다. 노동의 가격이 1만원, 자본의 가격이 50만원이라고 하자.

(1) 대한식품이 $q = 10$톤을 생산하기 위해 필요한 비용을 최소화하는 생산요소 수준은 얼마인가? 노동과 자본을 모두 사용하는가?

(2) 생산량($q = 10$)과 노동가격을 그대로 유지한다면, 자본을 사용하기 위해서는 자본의 가격이 얼마가 되어야 하는가?

(3) 노동과 자본의 가격을 각각 1만원과 50만원으로 유지한다면, 자본을 사용하기 위해서는 생산량이 얼마가 되어야 하는가?

CHAPTER
05

완전경쟁시장

지금까지 우리는 개별 소비자와 생산자의 행위가 결정되는 원리를 살펴보았고, 이들이 농·식품에 대해 가지는 수요와 공급 의향을 도출하였다. 개별 소비자와 생산자의 행위가 모두 모여 산업 전체의 수요와 공급이 결정되는데, 결국 수요와 공급이라는 두 가지 힘은 시장에서 만나게 되고 둘의 상호작용에 의해서 최종적으로 어느 정도의 생산과 소비가 이루어지고 상품의 가격은 얼마가 될지 결정된다.

이렇게 수요와 공급이 서로 만나는 장소라 할 수 있는 시장은 꽤 다양한 형태를 지니고, 그 형태에 따라 시장이 찾아내는 거래량과 그 때의 거래가격이 달라진다. 따라서 다양한 시장구조가 어떻게 작동하는지를 파악하고 각 시장구조의 특성과 그 성과에 대한 이해를 하는 것이 중요하다. 본장은 그러한 시장구조 가운데서도 경제학이 가장 이상적인 구조라고 인정하는 완전경쟁시장(perfectly competitive market)에 대해 살펴본다.

경제행위가 이루어지는 **시장(markets)**은 서로의 상호작용을 통해 상품가격을 결정하는 모든 판매자와 구매자의 집합이라고 정의할 수 있다. 그러한 시장의 범위는 상품 거래에 참여할 구매자, 판매자, 그리고 상품의 범위를 한정하는 것이다. 특정 상품의 시장범위가 어디까지인지를 명확히 하는 것은 구매자나 판매자의 거래관련 의사결정에 있어 대단히 중요할 뿐 아니라 경제정책을 입안할 때에도 반드시 해야 할 내용이다.

시장의 범위는 **수직적(vertical)**으로 한정될 수가 있는데, 이는 유통단계별로 통합된 정도에 따라 시장범위를 정하는 것이다. 농가가 농산물을 출하하고 그것이 소비자에 의해 최종 소비되기까지는 여러 유통단계를 거치게 된다. 그 단계들의 통합정도가 강하면 농가가 출하한 농산물과 소비자의 구매품이 하나의 시장에 포함된다고 할 수 있지만, 통합정도가 느슨하고 두 가지 거래행위에 영향을 미치는 힘의 종류가 많이 다를 경우 농가 시장과 소비자 시장은 별도의 시장이 된다.

시장은 **공간적(spatial)**으로도 범위가 정해진다. 이는 시장의 지역적 범위를 의미하는데, 상품에 따라 범위의 크기가 매우 다를 수 있다. 홍콩의 금 시세는 서울의 금 시세와 밀접한 관련을 맺고 있어 금에 관한한 두 시장은 같은 시장으로 볼 수도 있지만, 농산물의 경우는 그렇지 않을 것이다.

시장은 **시간적(temporal)**으로도 범위를 가진다. 저장성이 높은 상품일수록 출하기 뿐 아니라 단경기에도 거래가 되기 때문에 긴 시간적 시장범위를 가진다.

시장은 거래되는 **상품의 형태(product form)**에 따라서도 그 범위의 크고 작음이 달라진다. 거의 모든 청량음료는 소비에 있어 강한 대체성을 가지고 있어 같은 시장에 속한다고 볼 수 있을 것이다. 자동차와 트랙터는 제작 공법상으로는 청량음료들만큼이나 서로 가깝다고 할 수 있을지 모르지만 동일 시장에 속한다고 생각할 사람은 없을 것이다.

시장은 이렇게 수직적, 공간적, 시간적, 상품형태별 범위를 가지지만 그 범위를 실제로 정확히 한정하기는 어렵다. 하나의 기능적인 정의를 적용하자면, 특정 상품의 특정 지점(혹은 시점)과 다른 지점(혹은 시점) 간의 가격 차이가 그 거래를 위해 지불해야 하는 거래비용보다 작지 않다면 두 지점(혹은 시점)은 같은 시장에 속한다고 볼 수 있다. 어떤 상품의 지점 1, 시점 t에서의 가격 P_{1t}이 있고, 다른 지점 2, 시점 s에서의 가격 P_{2s}가 있을 때 P_{1t}가 더 싸다면, 시장 참여자들은 t기에 지점 1에서 구매하여 s기에 지점 2에서 팔려고 하는 **가격차취득거래(arbitrage)**를 시도할 것인데, 이때 얻을 수 있는 가격차취득이 그 거래를 위해 지불해야 하는 운송료, 보관료 등과 같은 거래비용보다 작지 않다면 실제로 그러한 거래가 이루어질 것이므로 두 시점 t, s와 두 지점 1, 2는 모두 같은 시장에 속한다고 보아야 한다.

시장의 범위가 이렇게 정해지면, 그 시장 내에는 대단히 많은 판매자와 구매자가 속할 수도 있고, 비교적 소수의 판매자나 구매자가 속할 수도 있다. 통상적으로 특정 시장이 완전경쟁시장이라는 것은 첫째, 그 시장거래에 참여하는 생산자와 소비자의 수가 매우 많아야 하고, 따라서 개별 생산자나 소비자가 다루는 수량은 전체 시장의 수량에 비해서는 무시해도 될 정도로 적어 개별 행위자가 시장가격을 바꿀 수 없다는 것을 의미한다. 둘째, 거래되는 상품들이 모두 서로 동질적이며, 따라서 특정 생산자의 제품이 동일 산업 내의 다른 생산자의 제품에 비해 더 높은 가격을 받거나 더 높은 인지도를 갖는 일도 없어야 한다. 셋째, 새로운 생산자가 시장에 진입하거나 기존 생산자가 시장으로부터 탈퇴하는 것도 자유로워야 하고, 정부규제나 특허, 생산규모상의 불이익 등으로 인해 새로운 생산자가 시장에 진입하는 것이 제한되지 않아야 한다.[1] 본장은 시장이 이러한 특성을 가진다는 전제하에 그 성과를 분석하고, 또한 이러한 경쟁시장에서의 농·식품과 관련된 중요한 몇 가지 정책수단의 효과도 분석하기로 한다.

section 02 완전경쟁시장의 균형

〈그림 5-1〉은 전형적인 완전경쟁시장에서 발생하는 균형을 보여주고 있다.[2] 〈그림 5-1a〉에서 그래프 D와 S는 각각 개별 소비자의 구매의향을 모두 반영하는 시장전체 수요곡선과 개별 생산자의 공급의향을 모두 반영하는 시장전체 공급곡선이다. 완전

---

1) 완전경쟁시장은 뒤에서 설명되지만 상품의 효율적인 배분을 유도한다는 큰 장점을 가진다. 완전경쟁시장이 그러한 기능을 실제로 발휘하기 위해서는 이 세 가지 조건 외에도 상품의 품질 등과 관련되어 일부의 시장 참여자에게만 정보가 알려지는 정보의 비대칭성(asymmetric information)이 없어야 하고, 거래되는 상품에 대한 소유권이 완전히 설정되고 보호되며, 경제행위의 결과 발생하는 비용은 모두 그 행위자가 지불해야한다는 등의 조건도 필요로 한다.

2) 본서의 기초이론부분인 제3장에서 제7장까지의 내용이 사용하는 그림 설명들은 모두 관련 교과서들이 사용하고 있는 일반적인 것들이라 특별히 출처를 첨부할 필요성을 느끼지 않으나, 일부 그림은 핀다익과 루빈펠트의 『미시경제학』(Pindyck R. S. and D. L. Rubinfeld(2017), *Microeconomics*, 9th ed., Pearson)의 관련 내용에서 사용된 그림들을 참조한 후, 본서의 내용에 맞게 변형·작성한 것임을 밝힌다.

그림 5-1 완전경쟁시장의 균형

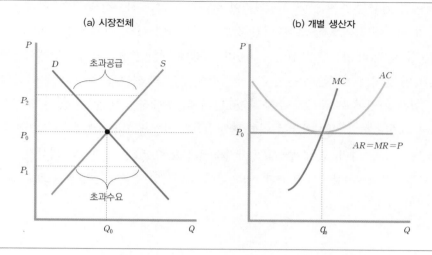

(a) 시장전체 / (b) 개별 생산자

경쟁시장이 하는 가장 중요한 역할은 이 수요곡선과 공급곡선이 서로 만나는 점에서 상품의 거래량이 결정되게 하고, 그때 소비자와 판매자가 주고받는 가격을 결정하는 것이다. 그림에서는 Q_0와 P_0가 각각 그러한 수량과 가격이 된다.

완전경쟁시장이 다른 수량이나 가격은 찾아내지 않고 $(Q_0,\ P_0)$의 조합만 찾아내게 된다는 것을 확인하기 위해 예를 들어 어떤 이유로 인해 P_0보다 낮은 가격 P_1을 시장이 거래가격으로 찾았다고 가정해 보자. 이 낮은 가격조건에서는 생산자가 공급하려는 양보다 소비자가 구매하려는 양이 더 많고 따라서 초과수요(excess demand)가 발생하게 된다. 공급된 양이 더 적기 때문에 소비자들은 원하는 수량을 다 획득할 수 없어 서로 경쟁해야 하고, 이 과정에서 가격은 다시 올라 P_0로 향하게 될 것이다. 반면 현재의 가격이 P_0보다 높은 P_2라면, 이때에는 생산자가 판매하려는 양이 소비자가 구매하려는 양보다 더 많아 팔지 못하는 상품, 즉 초과공급(excess supply)이 있게 되고, 이를 모두 판매하기 위해서는 가격이 다시 하락하여 P_0로 향할 수밖에 없다. 가격 P_0에서는 공급 희망량과 수요 희망량이 Q_0로 서로 일치하여 초과수요도 초과공급도 존재하지 않는다. 수요곡선 D와 공급곡선 S의 위치나 형태 자체가 변하지 않는 한 시장상황이 일시적으로 (Q_0, P_0)를 벗어난다고 해도 이상 살펴본 바와 같이 결국은 다시 양자가 일치하는 수량과 그때의 가격의 조합인 (Q_0, P_0)으로 시장은 회귀하게 된다. 이런 특성으로 인해 수요와 공급곡선이 만나는 점을 시장균형(market equilibrium)이라 부른다.

한편, 〈그림 5-1b〉는 완전경쟁시장에서 활동하는 어떤 개별 생산자의 행위를 보여준다. 완전경쟁시장에서 활동하는 생산자는 본인의 생산량을 늘리거나 줄여도 시장전체 공급량에는 영향을 주지 못해 시장가격이 달라지지 않는다는 것을 안다. 따라서 시장가격 P_0가 자신에게 외부적으로 주어진 것으로 받아들이고, 이 가격에서는 어떤 양이라도 판매를 할 수 있다. 즉 이 생산자는 자신의 상품에 대한 수요곡선은 시장에서 형성되어 있는 P_0의 높이를 가지는 수평선이라 생각한다. 이때의 가격 P_0는 생산자가 단위당 받을 수 있는 가격이고, 동시에 추가로 한 단위 더 판매하여 얻을 수 있는 한계수입($=MR$)이 되기도 한다. 생산자는 이러한 한계수입과 한계생산비($=MC$)가 일치하는 q_0에서 공급량을 결정하며, 만약 생산규모까지도 조정할 수 있는 장기적인 의사결정이 이루어지는 경우라면 제4장에서 확인한 바와 같이 q_0에서의 평균생산비($=AC$)도 한계생산비와 일치할 것이다.

section 03 　소비자잉여, 생산자잉여와 완전경쟁시장균형의 효율성

〈그림 5-1〉과 같이 시장균형이 형성되어 거래량과 거래가격이 결정되면 그에 맞추어 실제 거래가 이루어지게 된다. 그렇다면 이러한 거래의 결과 소비자들과 생산자들은 어떤 이득을 얻는 것일까? 이를 확인하기 위해 소비자잉여와 생산자잉여라는 개념을 〈그림 5-2〉를 이용해 검토한다.

우리는 앞에서 수요곡선을 주어진 가격이 있을 때 소비자들이 소비하기를 원하는

그림 5-2　소비자잉여와 생산자잉여

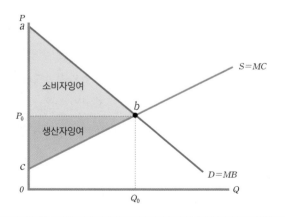

수량을 나타내는 곡선이라 정의했고, 공급곡선은 역시 주어진 가격이 있을 때 생산자가 공급하기를 원하는 수량을 나타내는 곡선이라 정의했다. 〈그림 5−2〉에서 시장가격이 P_0로 주어져 있으면 소비자와 생산자는 Q_0를 각각 소비하고 공급하려 한다. 수요곡선과 공급곡선을 이렇게 정의하는 것은 세로축의 높이, 즉 가격을 먼저 확인하고 이 가격에 맞추어 소비자와 생산자가 어떻게 행동할지를 해석하는 것이다. 반대로 가로축의 값, 즉 수량을 먼저 확인하는 방식으로 이 두 곡선을 해석할 수도 있다. 이 경우 수요곡선의 높이는 각 수량에서 하나 더 소비하기 위해 추가로 얼마나 돈을 지불할 의향이 있는지를 나타내고, 공급곡선의 높이는 각 수량에서 하나 더 공급하기 위해 추가로 얼마나 돈을 받아야 할지를 나타낸다고 해석할 수 있다.

제3장에서 보았던 것처럼 소비자들의 경우 하나씩 소비량을 늘릴 때마다 추가 소비가 가져다주는 만족도, 즉 **한계편익**(marginal benefit, MB)이 감소하는데, 그 한계편익을 화폐단위로 환산하여 그래프로 보여주는 것이 바로 수요곡선이다.[3] 〈그림 5−2〉에서 가격이 P_0일 때 소비자들이 Q_0의 수요량을 선택하는 이유는 0에서부터 출발하여 소비량을 늘릴 때 Q_0의 소비량에 도달하기 전에는 소비의 한계편익이 P_0보다 큰 반면 단위당 지출액은 P_0이면 되기 때문에 소비량을 Q_0까지는 계속 늘려나가기 때문이다. 반면 어떤 이유로 Q_0보다 더 많이 소비하고 있다면 이제는 추가 소비의 한계편익이 P_0보다 낮으므로 소비감소로 인한 편익손실보다 지출액 절감액이 더 커 소비량을 Q_0까지 줄이게 된다.

생산자의 경우 공급곡선은 사실 한계생산비곡선이라는 것을 우리는 제4장에서 확인하였고, 공급량이 늘어날 때 한계생산비는 일시적으로 감소할 수도 있지만 결국에는 공급량이 늘어날수록 커지게 된다. 공급곡선의 높이가 한계생산비를 나타내기 때문에 생산자 역시 가격이 P_0라면 Q_0의 공급을 선택한다. Q_0보다 적은 생산을 하고 있다면 추가 생산을 위한 비용, 즉 한계생산비가 P_0보다 낮아 생산량을 Q_0까지 늘릴 때 이득이 더 커지고, 반대로 현재 생산량이 Q_0보다도 많다면 생산 감소 시 절약할 수 있는 비용이 판매 감소로 인한 수입손실보다 더 커 역시 생산량을 Q_0까지 줄이고자 한다.

소비자들이 소비행위를 함으로 인해 얻게 되는 이득은 흔히 **소비자잉여**(consumer surplus)라는 개념으로 표현되는데, 소비자잉여는 소비자들이 소비행위를 하지 않을 때에 비해 소비행위를 함으로써 얼마나 후생의 증대를 얻는지를 화폐액으로 나타낸 것이

---

3) 따라서 수요곡선의 높이를 한계지불의사(marginal willingness to pay, MWTP)라 부르기도 한다.

다. 앞에서 확인한 바와 같이 수요곡선의 높이는 추가로 하나 더 소비함으로 인해 얻는 편익을 화폐액으로 나타낸 것이므로, 특정 수량을 소비하여 얻는 소비편익 자체는 그 소비량이 만들어내는 수요곡선이하의 면적이 된다. 〈그림 5-2〉에서처럼 Q_0만큼의 소비를 하였다면 그로 인한 편익은 면적 $0abQ_0$가 될 것이다. 하지만 소비자들은 이러한 편익을 얻기 위해 면적 $0P_0bQ_0$를 비용으로 지불하였다. 따라서 그림에서 삼각형 P_0ab의 면적이 소비자들이 소비행위를 아예 하지 않을 때에 비해 Q_0를 소비하여 얻은 순편익(net benefit)이 되고, 이를 소비자잉여라 부른다. 소비자잉여는 소비행위의 결과 소비자들이 획득한 후생의 지표가 된다.

마찬가지로 생산자잉여(producer surplus)는 생산자들이 생산행위를 하지 않음에 비해 함으로써 얼마나 더 이득을 얻었는지를 역시 화폐액으로 표시한 것이다. 〈그림 5-2〉에서 가격이 P_0이고 Q_0만큼 공급이 이루어졌다면 생산자들은 면적 $0P_0bQ_0$의 판매수입을 얻었다. 이러한 수입은 비용을 필요로 했는데, 그 비용은 한계비용곡선 이하의 면적인 면적 $0cbQ_0$로서 판매수입보다는 더 적은 금액이다. 판매수입과 비용지출액의 차이인 〈그림 5-2〉의 아래쪽 삼각형 cP_0b가 바로 생산자잉여가 된다.[4] 생산자잉여는 생산행위의 결과 생산자들이 얻은 후생의 지표가 된다.

수요곡선과 공급곡선을 한계편익과 한계비용으로 해석하고 소비자잉여와 생산자잉여의 개념을 이상과 같이 도입하면 완전경쟁시장균형이 가지는 큰 장점을 확인할 수 있다. 소비행위로 인해 발생하는 **사회전체의 순편익**은 소비자들이 소비로부터 얻는 편익(= 면적 $0abQ_0$)에서 생산자가 생산을 위해 지불해야 하는 비용(= 면적 $0cbQ_0$)을 빼준 것이고, 이는 소비의 한계편익과 생산의 한계비용이 일치할 때 극대화가 된다. 〈그림 5-2〉가 보여주듯이 완전경쟁시장의 수요곡선과 공급곡선은 각각 소비의 한계편익 MB와 한계비용 MC와 일치하고, 시장균형에서 두 값은 같아지기 때문에 사회전체 순편익이 극대화되는 조건이 시장균형에 의해 달성되게 된다. 다음 절은 실제로 〈그림 5-2〉에서 (Q_0, P_0)를 제외한 어떤 균형에서도 소비자잉여와 생산자잉여의 합이 이 균형 때문에 발생하는 면적 cab보다 클 수 없다는 것을 보여준다.

---

4) 여기서 우리는 모든 투입요소의 사용량을 바꿀 수 있어 고정비용은 없는 것으로 가정한다. 고정비용이 존재하는 단기에는 판매수입에서 가변비용만을 빼준 것이 생산자잉여이다. 고정비용은 생산여부와 관계없이 지불하는 비용이라 생산행위로 인해 발생하는 생산자잉여 계산에는 반영하지 않는다. 따라서 모든 투입요소가 가변투입요소인 장기에는 생산자잉여는 생산자 이윤과 동일하지만 단기에는 이윤에 고정비용을 더해준 것이 생산자잉여이다.

완전경쟁시장균형은 소비자잉여와 생산자잉여의 합, 즉 경제행위의 사회적 순편익을 극대화한다.

section 04 농산물 시장개입의 후생효과

완전경쟁시장은 위에서 살펴본 바와 같이 사회적 순편익을 극대화하는 효율성을 특성으로 가지지만 정부는 여러 가지 이유로 인해 시장에 개입할 때가 있다. 비록 현재에 있어서는 농산물도 지역단위 혹은 기업단위로 브랜드화 되어 있어 대형생산자가 등장하고 있지만, 전통적인 농산물시장은 매우 많은 수의 생산자와 소비자가 시장에 참여하기 때문에 비교적 완전경쟁시장에 가까운 것으로 인식되어 왔다. 이러한 농산물시장에 정부가 개입하는 가장 큰 두 가지 목적은 첫째, 생산자의 소득을 높여주고 싶다는 것이고, 둘째, 농산물시장 특유의 높은 가격불안정성을 줄여주겠다는 것이다.

농업부문에서는 생산성 향상으로 인해 생산량 증대가 꾸준히 이루어짐에 반해 인구 1인이 섭취할 수 있는 식품의 양은 무한정 늘어날 수가 없다. 따라서 수요는 공급만큼 빠른 속도로 증가하지 않기 때문에 다른 상품가격 대비 농산물가격이 시간이 지나면서 하락하고, 농가소득이 지속적으로 줄어들 수 있다는 점을 대부분의 국가가 인지하고 있다. 반면 안정적인 생활공간으로서 농촌이 유지되고 국가적으로 중요한 산업으로서 농업이 유지·발전되는 것은 모든 국가가 달성하고자 하는 중요한 목표이기 때문에 정부가 시장에 개입하는 방법을 통해서라도 농산물가격의 상승과 농가소득의 유지를 추진할 필요가 있을 것이다.

농업생산은 여전히 자연적 조건에 많이 의존을 하고 있어 갑작스러운 생산량의 증가와 감소가 종종 발생한다. 반면 농산물의 소비는 꾸준하기 때문에 작은 생산량 변화에도 가격의 급락과 급등이 나타나고, 생산자는 물론 소비자들도 불안정한 가격조건 때문에 힘들어하게 된다. 이 경우에도 정부는 사용가능한 수단이 있다면 시장개입을 통해서라도 가격을 안정화시키려 할 것이다.

이상 두 가지 정책은 모두 정부가 개입하기 이전에 완전경쟁시장에서 형성되던 균형을 바꾸는 것을 목표로 하기 때문에 균형 생산량, 균형 가격, 그리고 생산자와 소비자의 후생 모두에 영향을 미치게 된다. 아래 두 절은 그러한 내용들을 분석하는데, 두 절에서 분석되는 정책들은 실제 우리나라에서 사용되는 정책 형태와 정확히 일치하지는 않고, 두 가지 목적을 위해 사용될 수 있는 일반적인 정책수단들이다. 우리나라 정부에 의한 시장개입의 보다 정확한 형태는 제14장이 분석한다.

1 가격지지제도

정부가 농업인이 받는 가격을 올려주려고 시도하는 가장 오래되고 잘 알려진 방법이 정부 수매를 통해 농산물 가격을 지지(price support)하는 정책이다. 이 방법은 민간의 수요가 농산물가격을 높게 유지하는 데에는 부족하기 때문에 정부가 인위적으로 수요를 만들어 수요 자체를 증가시키는 정책이다.

〈그림 5-3〉에서 정부개입이 없을 경우 쌀의 시장가격은 P_0, 거래량은 Q_0가 된다. 정부는 이 가격이 너무 낮으므로 예를 들어 지지가격 P_S로 올려주려고 한다. 이렇게 하는 방법으로서, 정부가 가격이 P_S가 될 때까지 쌀을 무한정 수매한다고 하자. 이 정책으로 인해 시장의 수요곡선은 민간수요곡선 D에 정부 수매를 더하게 되어 점차 오른쪽으로 가게 되는데, 급기야 D_S까지 이르게 되면 시장가격은 정부가 목표한 대로 P_S에 달하게 되고, 균형수량은 Q_2에 이르게 된다. 정부수매량은 $Q_2 - Q_1$이고 민간의 소비량은 Q_1이다.

이 정책의 효과를 검토해 보자. 먼저 소비자들은 면적 $A + B$만큼의 소비자잉여 감소를 경험한다. 원래 소비하던 양 Q_0에서 Q_1으로 소비량이 줄어들고 가격은 P_0에서 P_S로 증가했는데, 면적 A는 원래 소비하던 양의 일부인 Q_1에 대해 더 높은 가격을 지

그림 5-3 전통적인 가격지지제도

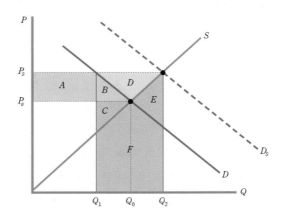

불해야 해서 발생하는 잉여의 손실이고 면적 B는 소비량을 Q_0에서 Q_1으로 줄여야 해서 발생하는 잉여의 손실이다. 생산자들은 반면 면적 $A + B + D$만큼의 생산자잉여 증가를 얻는다. 생산량이 늘어나면서 동시에 가격도 상승하여 큰 잉여 증가를 얻으며, 생산자들이 이러한 이득을 얻게 하는 것이 정책의 주목적이다.

이제는 사회적 순편익에 정부 정책비용도 포함시켜야 한다. 정부 정책비용은 결국 납세자가 부담하므로 사회적 손실의 일부가 된다. 정부는 $Q_2 - Q_1$을 P_S의 가격으로 수매해야 하므로 면적 $B + C + D + E + F$라는 큰 비용을 지불해야 한다. 물론 이 비용은 정부가 수매한 쌀을 국내나 해외 시장에서 재판매할 경우 상당한 정도 감소시킬 수 있다. 하지만 이러한 재판매는 실제로 실행되기는 어려운데, 우선 국내 시장에서 판매할 경우 쌀 공급곡선도 우측으로 이동시킴으로써 가격을 다시 하락시켜 원래의 정책 목표를 달성할 수 없게 된다. 즉 정부가 수매한 쌀은 국내 시장으로부터는 '격리'되어야지 시장으로 다시 편입되면 가격 상승효과를 거둘 수 없다. 해외 판매의 경우도 국제 가격보다 국내 가격이 높은 상황에서는 여의치가 않고 수출을 위해 수출보조금 등을 지급하는 것은 무역관련 국제협약에 어긋나기 때문에 여의치 않다. 또한 수출이 된다고 하더라도 민간의 수출을 대체하게 되어 역시 민간의 해외 시장수요를 줄이는 역할을 하게 된다. 더욱이 수매한 쌀을 보관하는 상태에서 지급해야 하는 보관비용, 쌀 자체의 부패나 품질 저하에 따른 손실 등을 감안하면 정부비용인 면적 $B + C + D + E + F$는 대부분 회수하기 어려운 비용이다. 따라서 사회 전체적으로 보면 다음과 같은 순편익의 감소가 발생한다.

> 가격지지제도의 사회적 순비용: 면적 $B + C + E + F$
> 소비자잉여 변화: $-(A + B)$
> 생산자잉여 변화: $A + B + D$
> 정부비용: $-(B + C + D + E + F)$

2 생산량 조정제도

수매라는 정부수요를 창출하여 농산물의 가격을 올려주는 가격지지정책은 가격을 올린다는 목적은 달성할 수 있지만 그 때문에 상당히 많은 사회적 비용을 지불해야 하는데, 이 비용은 가격을 올리면서도 생산량은 오히려 늘어나게 하기 때문에 주로 발생한

그림 5-4 생산량 조정제도

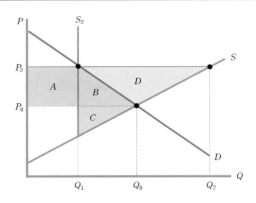

다. 수요가 불변인 상태에서는 공급량과 시장가격은 서로 반대방향으로 움직이는 것이 경제원리이기 때문에 생산자의 가격을 상승시키기 위해서는 생산량을 늘릴 것이 아니라 줄이는 것이 원칙이다.

따라서 생산량 조정제도는 생산량의 감소를 통해 생산자가 받는 가격을 상승시키려는 정책인데, 보조가 수반되지 않는 순수한 조정제도가 있고 보조를 수반하는 조정제도도 있다. 먼저 〈그림 5-4〉를 통해 보조금 없는 생산조정제도를 살펴보면, 정부는 목표로 하고 있는 P_S의 시장가격이 실현되도록 하기 위해 그 가격에 해당되는 수요량인 Q_1만 공급될 수 있도록 쌀의 경작면적을 제한한다. 이러한 제한조치가 도입되면 쌀의 공급곡선은 S_S와 같은 수직선이 되고 시장가격은 목표한대로 P_S가 된다. 이렇게 생산조정제를 강제로 도입하면 소비자들은 〈그림 5-3〉의 경우와 마찬가지로 더 높아진 가격에 더 적은 양만 소비할 수 있어 면적 $A+B$의 후생손실을 입는다. 반면 생산자들은 여전히 생산되는 Q_1에 대해서는 가격이 높아져 면적 A의 잉여증가를 얻지만, 생산량이 Q_0에서 Q_1으로 줄어들어 면적 C에 해당되는 잉여의 손실을 입는다. 따라서 생산자잉여는 면적 $A-C$만큼 늘어난다. 이 제도에서는 정부는 어떠한 비용도 지불하지 않기 때문에 결국 사회적 순손실은 면적 $B+C$가 된다.

〈그림 5-4〉가 보여주는 보조금 없는 순수한 생산량 조정제도의 사회적 후생손실 면적 $B+C$는 〈그림 5-3〉이 보여준 수매를 통한 가격지지제도의 사회적 후생손실 면적 $B+C+E+F$에 비하면 훨씬 적은 금액이다. 이러한 금액 차이는 후자와 달리 전자에서는 정부수매를 통해 더 늘어난 생산량을 시장에서 격리시키기 위한 비용을 지불하지 않아도 되기 때문에 발생한다. 그러나 추가적인 보조금 없이 이상과 같은 생산량 조

정제도를 시행하는 것은 현실적으로 대단히 어렵다. 변호사나 택시운수업처럼 면허나 허가권을 통해 정부가 생산자의 수나 생산량을 통제하는 것이 가능한 경우도 있지만, 이를 농업부문에 적용하기는 어렵다. 무엇보다도 생산자들은 가격의 상승뿐 아니라 충분한 양의 판매를 통해 얻는 소득도 정부가 보장해주기를 원할 것이다. 아울러 전통적인 가격지지정책과 생산조정정책을 상호 비교하고자 한다면 두 정책에서 생산자들이 얻는 잉여를 동일하게 조정해줄 필요도 있다.

따라서 이제 Q_1의 생산조정을 수용하는 조건으로서, 정부가 면적 $B+C+D$만큼의 보조금을 생산자에게 준다고 하자. 그렇게 되면 [생산조정제＋보조금] 시행으로 인해 생산자잉여는 〈그림 5-3〉의 경우와 마찬가지로 〈그림 5-4〉에서도 면적 $A+B+D$만큼 늘어나게 된다. 보조금 지급에도 불구하고 생산량과 소비량은 그대로 유지되므로 소비자잉여의 감소는 여전히 면적 $A+B$가 된다. 정부(혹은 납세자)는 이제 보조금으로 면적 $B+C+D$를 부담해야 하고, 따라서 사회 전체로 보면 보조금 없는 생산조정제와 마찬가지로 면적 $B+C$의 손실이 발생한다. 생산조정을 수용하는 대가로 지급하는 보조금은 생산량과 연계되지 않고 정부로부터 농업생산자로 단순 이전되는 것이기 때문에 시장균형 자체는 바꾸지 않고, 따라서 추가적인 사회적 손실을 유발하지 않는다.

보조금 없는 생산조정제의 순비용: $B+C$	보조금 있는 생산조정제의 순비용: $B+C$
소비자잉여 변화: $-(A+B)$	소비자잉여 변화: $-(A+B)$
생산자잉여 변화: $A-C$	생산자잉여 변화: $A+B+D$
정부비용: 0	정부비용: $-(B+C+D)$

3 생산자와 소비자 간 후생의 재분배[5]

앞의 두 소절은 시장이 완전경쟁적이라면 생산자 보호 등을 위해 정부가 개입하여 시장균형을 바꾸고자 할 때 사회 전체로 보면 후생의 손실이 발생한다는 것을 보여주었다. 수매를 통한 생산증가 유도처럼 시장에서 처리될 수 없는 생산량을 추가로 늘릴 경우 생산을 줄여 가격을 높이는 경우에 비해 사회적 비용이 더 커지는 등의 차이만 있을

---

5) 이 소절은 일부 독자에게는 조금 어렵게 느껴질 수 있다.

뿐, 어느 경우이든 완전경쟁시장을 교란하면 사회적 손실이 반드시 발생한다. 그렇다면 정부는 생산자 보호와 같은 정책을 전혀 사용하지 않아야 하는가?

완전경쟁시장 교란이 가지는 문제점에도 불구하고 현실에 있어 대부분의 국가가 농산물시장에 개입하여 생산자가격을 높여주려 하고, 그러한 개입 정도가 소득수준이 높은 선진국일수록 더 심한 이유로는 여러 가지가 있겠지만, 무엇보다도 고도산업사회에서는 경제적 약자일 가능성이 높은 농업 생산자가 얻는 잉여는 경제 내의 다른 계층이 얻는 잉여에 비해서는 사회적으로 더 보호될 가치가 있다는 일종의 합의가 있기 때문일 것이다. 만약 그러한 합의가 있는 것이 사실이라면 시장기능의 효율성을 평가하는 기준 자체가 달라질 필요가 있다.

시장균형에서 쌀 생산자가 얻는 생산자잉여를 PS, 소비자가 얻는 소비자잉여를 CS라 해보자. 지금까지 완전경쟁시장의 효율성에 대해 논의하며 사용했던 개념인 사회적 순편익은 이 두 잉여의 합, 즉 $PS + CS$였고, 이 합은 오로지 완전경쟁시장 균형에서만 극대화가 된다. 경제가 발전하는 과정에서 쌀의 생산성은 높아졌지만 소비는 오히려 줄어들어 쌀 가격이 하락하고, 그만큼 생산자들이 잉여를 얻는 것이 어려워졌다고 하자. 다른 한편으로 볼 때는 이들이 국가의 식량문제와 지역균형발전에 기여하는 바가 크기 때문에 그러한 상대적으로 불리한 여건에서 이들이 얻는 잉여가 가지는 사회적 가치가 소비자들이 얻는 소비자잉여보다도 더 크다고 할 수 있다. 이 경우 사회 전체의 순편익은 다음과 같은 **사회후생함수(social welfare function)**로 표현할 수 있다. 즉 사회 전체의 후생은 이제 CS와 PS의 단순 합이 아니라 PS에 상대적으로 더 높은 가중치를 부여한 것이라야 한다.[6]

사회후생함수: $W = CS + \theta PS, \quad \theta \geq 1$

쌀의 시장수요곡선을 $P_D = a_0 + a_1 Q (a_1 < 0)$, 공급곡선을 $P_S = b_0 + b_1 Q (b_1 > 0, a_0 > b_0 > 0)$라 하고, 보조금 없는 순수한 생산조정제를 도입하는 경우를 검토해보자. P_D와 P_S는 각각 수요곡선과 공급곡선 상의 가격수준을 의미한다. 생산자잉여 PS와 소비자잉여 CS는 모두 시장균형을 통해 얻어지기 때문에 둘은 서로 독립일 수 없고, 하

---

6) 농업경제정책을 이러한 시각을 가지고 최초로 분석한 학자는 가드너(B. L. Gardner)로서, 그의 저서 『농업정책경제학』(*The Economics of Agricultural Policies*, Macmillan, 1987)에 다양한 분석 사례가 제시되어 있다.

그림 5-5 생산조정제와 PS, CS

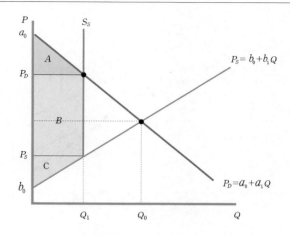

나의 값이 정해지면 다른 하나의 값도 결정되게 된다. 이를 확인하기 위해 〈그림 5-5〉를 검토하자.

〈그림 5-5〉에서 Q_1과 같은 어떤 수량 Q에서 생산조정이 이루어진다면 쌀의 공급곡선은 S_S가 된다. 이때의 소비자잉여는 삼각형 A의 면적이 되어야 하므로 $CS = \frac{1}{2}(a_0 - P_D)Q$인데, 여기에 수요곡선 $P_D = a_0 + a_1 Q$를 대입하면 $CS = -\frac{1}{2}a_1 Q^2$가 된다. 한편 생산자잉여는 역시 Q가 조정된 생산량이라 할 때 사각형 B와 삼각형 C 면적의 합과 같으며, 따라서 $PS = (P_D - P_S)Q + \frac{1}{2}(P_S - b_0)Q$와 같다. 여기에 역시 수요곡선 $P_D = a_0 + a_1 Q$와 공급곡선 $P_S = b_0 + b_1 Q$를 대입하면 생산자잉여는 $PS = (a_0 - b_0)Q + (a_1 - 0.5b_1)Q^2$와 같다. 즉 소비자잉여와 생산자잉여는 생산조정이 적용되는 생산량 Q와 $CS = -\frac{1}{2}a_1 Q^2$ 및 $PS = (a_0 - b_0)Q + (a_1 - 0.5b_1)Q^2$의 관계를 가진다. 이 두 식을 결합하여 Q를 소거하면 다음과 같은 **잉여변환곡선**(surplus transformation curve, STC)이 도출된다. 이 곡선은 각기 다른 목표수준의 생산조정제를 시행했을 때 달성될 수 있는 CS와 PS의 결합이 어떠한지를 보여준다.

$$\text{잉여변환곡선: } PS = \frac{a_0 - b_0}{\sqrt{-a_1/2}}\sqrt{CS} + \frac{2a_1 - b_1}{-a_1}CS$$

잉여변환곡선의 구체적인 형태는 수요곡선 및 공급곡선의 형태와 더불어 어떤 정책이 사용되고 있는지에 따라서도 달라질 것이다. 〈그림 5-6〉에서 STC곡선은 그러한 변

그림 5-6 생산자와 소비자 간 후생의 재분배

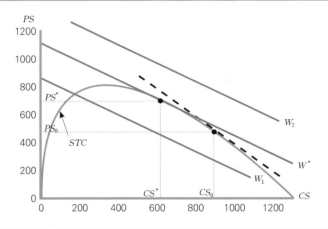

환곡선의 한 예를 보여준다. CS가 아주 작을 때에는 PS도 CS가 커질 때 함께 커지지만 CS가 어느 정도 수준에 이르면 그 다음부터는 CS와 PS는 함께 커질 수는 없고 서로 간에 교환관계(trade-off)가 형성됨을 확인할 수 있다.

그렇다면 사회적으로 보아 가장 바람직한 수준의 CS와 PS, 그리고 최적의 생산조정량은 어떻게 결정할 수 있는가? 그 답은 물론 사회후생함수 $W = CS + \theta PS$의 값을 극대화하는 CS와 PS를 찾는 것이다. 사회후생함수로부터 우리는 $PS = W/\theta - CS/\theta$의 관계를 도출할 수 있고, 이는 〈그림 5-6〉에서 W의 수준을 달리함에 따라 우하향하는 몇 개의 직선들로 나타난다. 각 직선상의 CS와 PS 조합들은 동일한 사회후생함수 값을 가지게 하기 때문에 이들 직선들을 등후생선(iso-welfare line)이라 부를 수 있을 것이다. 등후생선은 원점에서 멀수록 높은 사회적 후생수준을 나타낸다. 〈그림 5-6〉에서 W_1의 등후생선 위의 점들은 W^*선 위의 점들에 비해 더 낮은 사회후생을 얻게 하므로 선택될 수가 없고, 반면 W_2의 등후생선은 세 가지 등후생선 중 가장 높은 사회적 후생을 얻게 하지만 STC곡선과 만나지 않기 때문에 생산조정제를 이용해서는 도달할 수가 없다. 따라서 최적의 선택은 STC와 접하는 W^*의 등후생선을 찾아 그 접점에서의 CS와 PS를 얻도록 생산조정제를 시행하는 것이다.

최적의 생산자잉여와 소비자잉여 배분:

[잉여변환곡선의 기울기 = 등후생선의 기울기]가 되게 하는 생산자잉여와 소비자잉여

이상의 내용을 간단한 예를 통해 확인해보도록 하자. 수요곡선과 공급곡선이 각각 $P_D = 120 - 2Q$와 $P_S = 30 + Q$와 같다고 하자. 그렇다면 STC곡선은 $PS = 90\sqrt{CS}$ $- 2.5CS$와 같아야 함을 확인할 수 있고, 〈그림 5-6〉은 사실 이 수식에 정확히 일치하는 STC곡선을 보여주고 있다. STC곡선의 기울기는 $\dfrac{\Delta PS}{\Delta CS} = \dfrac{45}{\sqrt{CS}} - 2.5$가 되어야 한다. 이제 사회적 합의에 의해 쌀 생산자의 잉여에 대해서는 소비자잉여의 1.5배의 가치를 부여하고, 따라서 $\theta = 1.5$라 하자. 즉 등후생선이 $PS = \dfrac{W}{1.5} - \dfrac{CS}{1.5}$이고, 그 기울기는 $\dfrac{\Delta PS}{\Delta CS} = -\dfrac{1}{1.5}$이다. 최적의 조건은 따라서 $\dfrac{45}{\sqrt{CS}} - 2.5 = -\dfrac{1}{1.5}$을 만족하는 CS이며, 그 값은 반올림하면 $CS^* = 602$가 된다. 이에 해당되는 PS는 $PS^* = 703$으로 〈그림 5-6〉에 표시되어 있다. 그렇다면 이러한 잉여의 최적 배분을 달성하기 위한 생산조정은 어디에서 이루어져야 하나? 〈그림 5-5〉의 면적 A로부터 도출한 $CS = -\dfrac{1}{2}a_1 Q^2$의 관계식에 $CS^* = 602$와 $a_1 = -2$를 대입하면 $Q^* = 25$가 도출되며, 이것이 최적의 조정된 생산량이다. 이때 가격은 $P^* = 70$이 된다.

그렇다면 정부가 개입하지 않으면 어떤 일이 벌어지는가? 수요곡선 $P_D = 120 - 2Q$와 공급곡선 $P_S = 30 + Q$로부터 시장균형은 $Q_0 = 30$, $P_0 = 60$이 되어야 함을 알 수 있다. 따라서 생산자잉여의 가치를 소비자잉여의 가치보다 더 높게 평가할 경우에는 시장균형보다도 5의 생산량을 줄이는 생산조정제를 시행하여야 한다. 한편 완전경쟁시장균형이라는 것은 θ를 1로 둘 때의 최적의 잉여재배분 결과와 동일해야 한다. θ를 1로 두면 등후생선의 기울기가 더 가파르게 변하므로 STC곡선과 등후생선의 기울기가 일치하는 조건을 다시 찾아보면, 〈그림 5-6〉이 보여주는 바와 같이 최적 소비자잉여는 $CS_0 = 900$, 최적 생산자잉여는 $PS_0 = 450$이 되어야 한다. 이는 완전경쟁시장균형 $Q_0 = 30$, $P_0 = 60$에서 수요곡선과 공급곡선을 통해 계산되는 소비자잉여 및 생산자잉여와 실제로 정확히 일치함을 확인할 수 있다.

section 05 농산물 가격안정화의 후생효과

기상 여건, 재해, 병충해 등으로 인해 자주 그리고 큰 폭으로 예기치 않게 생산량이 변하기 때문에 농산물가격은 다른 상품가격에 비해 불안정한 모습을 보여준다. 같은 조건이라면 생산자든 소비자든 미래를 정확히 예측할 수 있는 상황을 더 선호하기 때문에

그림 5-7 가격안정화의 후생효과

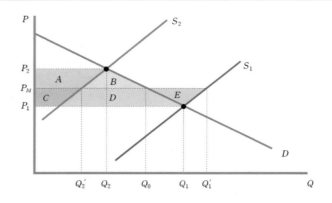

평균적으로는 같은 수량이나 가격이 유지되더라도 가변성이 높은 상태에서 유지되는 것
보다는 평균 가까이에서 안정적으로 유지되는 것을 더 원할 것이다. 불안정한 가격변동
에 대응하는 방안으로는 생산자나 소비자 스스로가 어떤 조치를 취하는 것도 가능하지
만[7] 정부가 정책을 통해 안정화를 높이는 시도를 할 수도 있다. 본 절에서는 이 두 번째
경우에 발생하는 생산자와 소비자의 후생효과를 검토한다.

　　〈그림 5-7〉에서 D는 수요곡선이고, S_1은 작황이 좋을 경우의 농산물 공급곡선,
그리고 S_2는 작황이 부진할 때의 공급곡선이다. 두 작황은 동일한 빈도를 가지고 발생
하며, 사전에 어느 경우가 발생할지 예측은 불가능하다. 작황이 좋으냐 나쁘냐에 따라서
시장균형은 (Q_1, P_1) 아니면 $(Q_2,\ P_2)$가 될 것이다. 그림에서 P_M은 두 가격 P_1과 P_2
의 평균으로서, $P_M = \dfrac{P_1 + P_2}{2}$의 관계를 충족한다.

　　정부가 재고관리정책을 사용하여 작황이 좋을 때에는 구매하여 비축한 후 작황이
나쁠 때에 다시 시장에 내어 놓는 방식으로 가격을 평균가격 P_M에 안정화시키고자 한
다고 하자. S_1이 공급곡선일 때에는 가격은 P_1으로 낮아져야 하는데, 이를 P_M으로 유
지하고자 한다면 $Q_1' - Q_0$만큼의 초과공급이 발생하므로 정부는 이를 매입하여 저장한
다. 반대로 S_2가 공급곡선으로 실현될 경우에는 가격은 P_2로 높아지게 되는데, 이를 역
시 P_M으로 유지하고자 한다면 이제는 $Q_0 - Q_2'$만큼의 초과수요가 발생하게 된다. 정
부는 이를 작황이 좋았을 때 매입했던 양을 시장에 내어놓아 해소하려 한다. 〈그림
5-7〉처럼 수요곡선과 공급곡선이 모두 직선이고 두 공급곡선이 평행할 경우 특별히 저

---

7) 이에 관해서는 본서의 제10장에서 자세히 다루어진다.

장에 따른 감모분이 많지 않다면 $Q_1' - Q_0 = Q_0 - Q_2'$가 되어 정부는 초과공급 때 구매 했던 것으로 초과수요를 해결할 수 있다.

S_1이 공급곡선일 때 가격이 P_1이 되게 허용할 때와 가격을 P_M으로 안정화할 때 의 소비자잉여를 비교하면 가격안정화로 면적 $C + D$만큼 감소한다. 똑같은 경우로 인 해 생산자잉여는 면적 $C + D + E$만큼 증가한다는 것을 알 수 있다. 따라서 작황이 좋을 경우와 비교하면 가격안정화는 면적 E만큼의 사회적 순편익 증가를 가져다준다.

S_2가 공급곡선일 때 가격이 P_2가 되게 허용할 때와 가격을 역시 P_M으로 안정화 할 때의 잉여를 비교하면 안정화로 인해 소비자잉여는 면적 $A + B$만큼 증가하지만 생 산자잉여는 면적 A만큼 하락한다. 사회적 순편익은 면적 B만큼 증가한다.

작황이 좋을 때와 나쁠 때를 모두 고려하면 평균적으로 소비자잉여는 가격안정화로 인해 면적 $\dfrac{A + B - C - D}{2}$만큼 변해 감소하고, 생산자잉여는 면적 $\dfrac{C + D + E - A}{2}$만 큼 변해 증가하며, 사회 전체의 순편익은 면적 $\dfrac{B + E}{2}$만큼 증가한다.

소비자의 수요곡선은 우하향하기 때문에 똑 같은 진폭의 가격변화가 아래위로 발생 하면 가격 하락 시에 추가로 얻게 되는 소비자잉여 증가분이 가격 상승 시 잃어버리는 소비자잉여분보다 그림에서처럼 더 큰 면적을 차지한다. 따라서 그 진폭을 아예 없앨 경 우 소비자들은 후생의 손실을 보게 된다. 반면 우상향하는 공급곡선을 가진 생산자는 낮 은 가격 P_1에서 안정화가격 P_M으로 이동할 때의 이득이 높은 가격 P_2에서 안정화가격 P_M으로 이동할 때의 손실보다 더 커 안정화로 인해 이득을 보게 된다.

요약하면, 작황이 좋을 때 저장하여 좋지 않을 때 공급하는 가격안정화정책은 안정 화가격을 인위적으로 높이지 않고 평균가격 수준이 되도록 유지만 해도, 소비자와 생산 자의 후생에 영향을 미치게 된다. 〈그림 5-7〉의 예에서는 가격안정화로 인해 소비자는 손실을 입고 생산자는 이득을 얻지만, 후자가 더 커 사회 전체의 순편익도 더 커지는 효 과가 발생한다. 하지만 이 문제는 그리 단순하지는 않는데, 수요곡선과 공급곡선의 형태 나 작황변화가 발생하는 방식이 어떤지에 따라서 가격안정화로 인해 누가 이득을 얻고 누가 손해를 보게 되는지는 사실 달라질 수 있다(연습문제 5번을 참고하라).

01 어떤 농작물의 수요곡선은 $Q = 100 - 10P$이고 공급곡선은 $Q = 10P$라고 하자. 정부개입이 없을 경우의 시장균형을 도출하고 소비자와 생산자의 잉여를 구하라. 만약 정부가 가격지지정책을 통해 6의 가격을 유지하고자 한다면 어떻게 해야 하며, 이로 인한 시장균형과 후생은 어떻게 달라지는지 보여라.

02 한 해 생산되는 쌀의 약 20%를 정부가 줄이고자 한다고 하자. 가격지지정책이나 생산조정정책을 사용하는 대신 다른 종류의 정책을 정부가 도입하고자 한다. 현재 정부는 많은 양의 쌀을 보관하고 있어 농민들 생산량의 20%를 생산을 포기하는 농민에게 주고자 한다. 즉 생산을 줄이는 농민은 그 줄이는 만큼 정부 보유 쌀을 받아 자신이 생산한 것처럼 시장에 내어다 팔 수 있다. 편의상 농민이 재배한 쌀과 정부 보유 쌀의 품질차이는 없다고 하자. 이 제도가 도입됨으로 인해 발생하는 시장균형의 변화와 후생효과를 분석하라.

03 <그림 5-3>에서 정부가 P_S의 가격을 유지하려 하되, 수매를 하지 않고 시장가격 P_0가 목표가격 P_S보다 낮으면 그 차액 $P_S - P_0$을 생산자에게 지불한다면, 시장균형과 후생효과는 어떻게 될지를 설명해보라.

04 <그림 5-6>을 수매를 통한 가격지지정책에도 적용할 수 있는지를 검토해보라.

05 다음 그림처럼 수요곡선이 직선이 아니라 원점에 대해 볼록한 경우와 공급곡선이 작황에 따라 수평 이동하는 것이 아니라 회전 이동하는 경우에 있어 각각 재고관리를 통해 가격안정화를 실시할 때의 후생효과가 어떤지를 확인해보라.

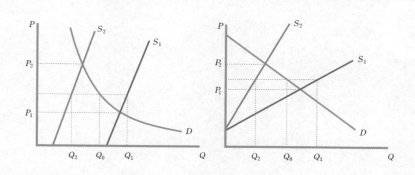

06 농식품은 특히 그 품질이나 안전성에 대한 우려가 높다. 정부가 쇠고기의 식품안전관리인증기준(HACCP)을 강화하여 육류 공급자로 하여금 쇠고기 안전도를 높이기 위한 사전조치를 강화하였고, 이로 인해 생산자의 비용이 증가했다고 하자. 반면 쇠고기 소비자들은 정부의 이런 조치로 인해 쇠고기의 소비량을 늘리고자 하는 동기를 갖게 된다. 이러한 정부 규제가 쇠고기의 시장균형에 어떤 영향을 주며, 소비자와 생산자의 잉여는 어떤 변화를 겪는지를 설명해보라.

07 농산물 공급자에게 단위 생산량당 특정 금액을 정부가 생산비보조를 한다면, 이로 인해 발생하는 시장균형의 변화, 생산자와 소비자의 후생변화, 그리고 사회 전체의 후생변화효과를 그래프를 그려 설명하라.

CHAPTER
06

불완전경쟁시장

농·식품의 생산과 소비가 서로 연결되는 시장 현실에 있어서는 여러 가지 이유로 인해 제5장에서와 같은 완벽한 수준의 완전경쟁시장이 형성되기는 어렵다. 예를 들면 소비자가 주로 이용하는 가까운 대형마트의 수는 하나 혹은 두 개로 한정되어 있어 개별 소비자는 자신에게 식료품을 판매하는 공급자가 무수히 많다고는 생각하지 않는다. 전국 점포망을 가진 대형마트는 또한 농민들로부터 농산물을 구매할 때에는 매우 큰 구매자가 되기 때문에 농업생산자들도 자신이 상대하는 구매자가 완전경쟁시장에서 활동하는 구매자라고 생각지는 않는다. 대형마트 점포망은 전국에 많은 수의 점포를 가진 대기업으로서 새로운 대형마트 회사가 시장에 진입하는 것도 여러 가지 이유로 인해 쉽지 않은 상황이며, 우리는 대형마트 회사의 수가 인수·합병을 통해 오히려 줄어드는 것을 목격하였다. 아울러 대단히 많은 수의 농민들이 쌀을 생산하지만, 지역단위 미곡종합처리장(RPC)을 거친 쌀들은 상표를 부착한 채 판매되는데, 이중 몇 몇 상표의 쌀은 전국적인 지명도를 가져 다른 상표를 부착한 쌀에 비해 상대적으로 고가에 팔리는 것도 사실이고, 따라서 거래되는 쌀의 품질이나 지명도가 동일하다고 할 수는 없다. 농민들은 농기계와 비료 등을 판매하는 농협이나 민간 기업들도 결코 시장가격에 수동적으로 반응하는 완전경쟁시장의 공급자라 생각하지는 않을 것이다.

이상 우리가 관측할 수 있는 모든 현상들은 전국에 많은 농업생산자가 있지만 그렇다고 해서 농·식품이 거래되는 시장이 완전경쟁시장이라 단정 짓기는 어렵다는 점을 의미한다. 본장은 어떤 이유로 인해 농·식품시장이 불완전경쟁의 모습을 가지게 된다면 그로 인한 시장균형은 어떻게 형성되게 되며, 그 균형은 어떤 평가를 받을 수 있는지를 분석한다.

1 독점시장의 균형

제5장에서 배운 바와 같이 완전경쟁시장에서 활동하는 생산자는 시장가격은 외부적으로 주어진 것으로 받아들이고 자신의 공급량이 달라져도 시장가격은 바뀌지 않는다고 생각한다. 완전경쟁시장은 시장전체의 수요와 공급이 일치하도록 균형 생산량과 균형 가격을 발견한다. 개별 생산자는 자신의 상품에 대한 수요곡선은 시장에서 형성된 가격과 같은 높이를 가지는 수평선이라 생각하며, 이때의 시장가격은 생산자가 단위당 받을 수 있는 가격인 동시에 추가로 한 단위 더 판매하여 얻을 수 있는 한계수입이 되기도 한다. 생산자는 이러한 한계수입과 한계생산비가 일치하도록 공급량을 결정한다.

이제 산출물 시장에서 활동하는 생산자가 한 명뿐이어서 이 독점 생산자가 시장 전체의 공급량을 모두 책임지는 **독점시장(monopoly)**이 형성되었다고 하자. 독점시장의 균형을 보여주는 〈그림 6-1〉에서 시장전체의 수요곡선은 D인데, 이는 시장전체의 수요곡선이자 독점 생산자 자신의 제품에 대한 수요곡선이기도 하다. 따라서 독점 생산자는 완전경쟁 생산자와는 달리 수평이 아니라 우하향하는 수요곡선을 가지게 된다.

〈그림 6-1〉처럼 시장이 독점화될 경우 이 생산품의 수요곡선이 우하향하게 되고, 이제는 더 이상 생산자의 가격과 한계수입이 일치하지 않는다는 중요한 변화가 발생한다. 수요곡선의 높이는 여전히 소비자가 지불하고자 하는 시장가격이 되고 아울러 생산

그림 6-1 독점시장의 생산자 행위

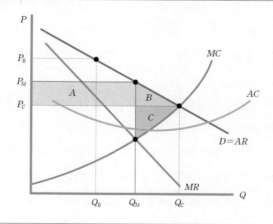

자입장에서는 총 판매액에서 산출량을 나누어준 평균수입(average revenue, AR)이 된다. 하지만 생산자가 한 단위 추가로 판매하여 얻는 한계수입(marginal revenue, MR)은 가격이나 평균수입보다는 이제는 더 낮은 금액이 되어야 한다.

예를 들어 어떤 생산량 Q_0에서 이 보다 한 단위 생산을 더 늘린다면 추가로 P_0의 판매수입이 들어오게 된다. 그러나 완전경쟁시장의 경우와 달리 독점 생산자의 수요곡선은 우하향하기 때문에 이러한 판매량 증가는 0에서부터 Q_0에 이르는 판매량 전체의 가격을 하락시켜야만 가능하다. 이러한 가격하락 효과로 인해 한 단위 판매량 증가로 인한 수입의 실제 증가분, 즉 한계수입은 가격 혹은 평균수입보다도 더 적은 금액이 된다. 즉 Q_0에서 한 단위 판매량 증가로 인해 $\frac{\Delta P}{\Delta Q}(< 0)$만큼 가격이 하락했다면 생산자는 그로 인해 $\frac{\Delta P}{\Delta Q}Q_0$만큼 수입의 손실을 입게 되고, 이것이 바로 가격, 즉 수요곡선의 높이와 한계수입곡선 높이의 격차가 된다.

$$\text{한계수입}(MR) = \text{가격(=평균수입)} + \text{판매량 증가로 인한 가격하락에 따른 손실}$$

$$= P + \frac{\Delta P}{\Delta Q}Q = AR + \frac{\Delta P}{\Delta Q}Q$$

독점 생산자는 완전경쟁 생산자와 마찬가지로 판매이윤을 극대화하고자 하며, 따라서 〈그림 6-1〉의 생산량 Q_M처럼 한 단위 추가판매로 인한 한계수입 MR과 이를 위해 지불해야 하는 한계비용 MC가 일치하는 수준에서 생산량을 결정한다. 그렇지 않고 생산량 Q_0처럼 MR이 MC보다 높은 수준에서 생산을 하고 있다면 여기서 추가 생산을 할 때 얻는 이득이 그 때문에 지불해야 하는 비용보다 더 크기 때문에 생산량을 늘릴 경우 이윤이 더 증가하게 되고, 따라서 Q_0는 최적 생산량이 될 수 없다. 마찬가지로 Q_c처럼 MR보다 MC가 더 큰 상태에서 생산을 하면 이보다 생산량을 줄일 때 절약되는 생산비가 감소하는 판매수입보다 크기 때문에 생산을 더 줄여야 이윤이 늘어나게 된다.

한계수입과 한계비용이 일치하는 Q_M에서 생산을 하면 이 수량에 해당되는 수요곡선의 높이는 P_M이므로 이것이 독점시장의 가격이 된다. 즉, 독점시장의 균형수량과 가격은 (Q_M, P_M)의 조합이 된다. 만약 이 생산자가 시장에서의 유일한 공급자임에도 불구하고 여전히 완전경쟁시장에서의 생산자처럼 행동한다면 자신의 공급량 변화에 따른 가격반응, 즉 $\frac{\Delta P}{\Delta Q}Q$는 염두에 두지 않고 의사결정을 하며, 가격 P와 한계생산비 MC

가 일치하는 수준에서 공급량을 결정한다. 다시 말해 완전경쟁시장에서처럼 생산자가 행동할 경우 시장균형은 (Q_C, P_C)가 되어야 한다. 그렇기 때문에 독점 생산자는 완전 경쟁 생산자와 비교할 때 더 적은 생산을 하고, 대신 더 높은 가격을 수취하고자 한다. Q_C만큼 생산을 하지 않고 더 줄여나갈 경우 공급 감소에 따른 가격상승효과가 있어서 수입 감소분($=MR$)이 생산비 절감분($=MC$)에 비해 더 작으므로 생산을 Q_M까지 줄이는 것이 더 유리한 선택이 되는 것이다.

이상 살펴본 바와 같이 독점시장의 균형이 완전경쟁시장의 균형과는 달라지기 때문에 생산자와 소비자의 후생 역시 후자의 경우와는 다르게 된다. 시장균형 (Q_C, P_C)에 비할 때 시장균형 (Q_M, P_M)에서는 높아진 가격과 줄어든 소비량으로 인해 소비자 잉여는 면적 $A + B$만큼 감소하게 된다. 생산자의 경우도 Q_C에서 Q_M으로의 공급량 감소로 인해 손실을 보지만 대신 판매되는 상품량 Q_M에 대한 가격상승효과가 있다. 전자의 손실은 면적 C이고 후자의 이득은 면적 A이기 때문에 생산자잉여는 면적 $A - C$만큼 증가한다. 결국 사회 전체로 보면 면적 $B + C$만큼의 손실이 독점으로 인해 나타나게 된다.[1] 즉 시장이 독점화가 되면 완전경쟁시장에 비해 생산자들은 이득을 얻지만, 소비자들의 후생감소분이 그보다 더 크게 되고, 사회전체로 보면 총후생의 손실이 발생하게 된다.

독점이 이렇게 사회적 손실을 유발하기 때문에 경우에 따라서는 정부가 시장에 개입하여 독점을 규제하기도 한다. 독점을 방지하는 입법을 통해 독점화 자체가 진행되지 못하게 하거나, 기업 간의 담합을 금지하기도 한다. 정부가 경영에 직접 영향을 미칠 수 있는 독점 공기업의 경우에는 기업이 받을 수 있는 가격이나 생산규모 자체를 정부가 통제하기도 하는 등, 다양한 정책수단을 사용할 수 있다.

---

1) 한편 〈그림 6-1〉의 시장균형에서 생산자가 얻는 이윤은 얼마나 되는지를 확인해보기 바란다.

독점의 사회적 비용

〈그림 6−1〉에서 독점의 사회적 비용은 면적 $B+C$와 같다. 하지만 이 면적은 독점화가 초래할 수 있는 여러 사회적 비용(혹은 편익)을 모두 반영하지 못한다는 비판이 학자들에 의해 제기되었다. 이러한 추가 요인들을 감안하면 독점화의 실제 사회적 비용은 면적 $B+C$보다 클 수도 있고 반대로 작을 수도 있다.

독점의 실제 폐해가 면적 $B+C$보다 클 수 있다는 주장은 주로 지대추구 (rent−seeking)행위에서 그 근거를 찾는다. 생산자가 독점력을 유지하기 위해서는 허가권이나 특허권, 규모 경제성 등의 수단을 사용할 수 있어야 한다. 독점력을 가진 생산자는 그렇지 못한 생산자에 비해 추가 이윤을 얻을 수 있으므로 독점공급 기회를 얻기 위해 여러 행동, 즉 지대추구행위를 하며, 이 과정에서 추가적인 비용이 발생할 수 있다. 예를 들어 독점력이 정부가 부여하는 독점적인 공급허가권 때문에 발생한다면 이를 얻기 위해 많은 경우 부정한 행위를 수반하는 로비행위를 하게 되고, 사회적 비용이 추가로 발생한다. 또한 독점력을 이미 가진 공급자는 이를 계속 유지하고 잠재적 경쟁자가 시장에 진입하는 것을 막기 위해 시장 규모에 비해 과도한 공급시설을 유지하는 역시 비효율적인 행위를 할 수 있으며, 기술력이 독점화의 원인인 경우 지나치게 많은 R&D 비용을 지출할 수 있다. 아울러 소비자 그룹에서도 독점기업이 과도한 이윤을 얻는 것을 막기 위해 모니터링과 단체 행동을 위해 역시 비용을 지불해야 할 것이다. 이 모든 요인들이 독점화의 실제 사회적 비용을 〈그림 6−1〉의 면적 $B+C$보다 더 크게 만들 것이다.

반대로 독점의 실제 사회적 비용은 면적 $B+C$보다 작을 것이라는 주장도 있다. 독점력을 유지하기 위해 R&D 투자를 늘리면 장기적인 생산성 증대와 비용 절감, 품질개선과 같은 사회적 순편익이 발생할 수 있다. 또한 독점기업은 시장 거래량 대부분을 공급하고, 따라서 생산 규모가 크기 때문에 규모의 경제성을 실현하여 사회적 비용을 낮추는 순기능을 할 수 있다. 실례로 Azzam(1997)은[2] 미국 육류 유

---

2) Azzam, A. M. (1997), "Measuring Market Power and Cost−efficiency Effects of Industrial Concentration," *The Journal of Industrial Economics* 45: 377−386.

통산업의 경우 규모화의 이득이 면적 $B+C$로 계측되는 독점력 형성의 사회적 비용보다 더 클 수 있다는 실증분석 결과를 보여주기도 하였다.

　따라서 결론적으로, 독점화의 실제 사회적 비용은 〈그림 6-1〉의 면적 $B+C$와는 다를 수 있으며, 그 정확한 크기를 알기 위해서는 단순히 시장균형에 대한 분석을 넘어서는 보다 포괄적인 실증분석이 필요하다.

2 독점력의 크기와 결정요인

　〈그림 6-1〉이 보여주는 바와 같이 독점생산자는 공급량을 완전경쟁시장의 균형에 비해 줄이는 대신, 가격을 상승시켜 독점 생산자의 이득을 얻고자 한다. 그 결과 완전경쟁시장에서와는 달리 생산자가 수취하는 가격 P가 한계생산비 MC보다 더 커지게 된다. 그렇기 때문에 생산자가 한계생산비보다 얼마나 더 높은 가격을 받을 수 있는지가 생산자가 가진 독점력을 나타내는 하나의 지표가 될 수 있다.

　아울러 생산자가 그러한 행동을 할 수 있는 근거는 완전경쟁시장의 생산자와는 달리 '자신의 생산품'에 대한 수요곡선이 수평이 아니라 우하향한다는 데에 있으므로 **생산자의 독점력** 역시 자신의 생산품에 대한 수요곡선의 기울기에 달려 있다고 할 수 있다. 수요곡선의 기울기가 의미하는 바를 좀 더 살펴보기 위해 경제학에서 사용하는 **수요의 가격탄력성(price elasticity of demand)**이라는 개념을 검토해보자. 수요의 가격탄력성은 특정 상품의 수요량 변화율과 가격 변화율의 비율로서, 가격이 1% 변했을 때 그 상품의 수요량은 몇 %나 변하는지를 나타낸다.

수요의 가격탄력성(E_D) = 가격 1% 변화가 유발하는 수요량의 변화율(%)

$$= \frac{\Delta Q/Q}{\Delta P/P} = \frac{\Delta Q}{\Delta P}\frac{P}{Q}$$

　가격이 상승할 때 수요량이 줄어들기 때문에 가격탄력성은 음(-)의 값을 가지는데, 그 절대 값이 1보다 클 경우에는 가격 상승률 이상의 수요량 감소율이 나타나므로 가격에 대해 매우 민감하게 반응하는 상품이 된다. 반대로 그 절대 값이 1보다 작을 경우에는 가격에 대해 비교적 덜 민감한 상품으로 해석할 수 있다. 예를 들어 수요곡선이 $P = 1 - 0.5Q$와 같고, 현재의 수량과 가격이 각각 1과 0.5라면 이 소비점에서 평가된 수요의 가격탄력성은 $E_D = \dfrac{\Delta Q}{\Delta P}\dfrac{P}{Q} = -2 \times \dfrac{0.5}{1} = -1$이 된다.[3]

수요의 가격탄력성을 구성하는 요소 중 $\dfrac{\Delta Q}{\Delta P}$는 수요곡선의 기울기 $\dfrac{\Delta P}{\Delta Q}$의 역수이기 때문에 특정 상품 수요곡선의 기울기가 완만할수록 탄력적인 수요가 되고, 반대로 수요곡선의 기울기가 가파를수록 비탄력적인 수요가 된다. 완전경쟁시장에서 활동하는 생산자 자신만의 상품에 대한 수요곡선은 수평선이고 기울기를 가지지 않아 $\dfrac{\Delta P}{\Delta Q}$가 0이므로, 수요의 가격탄력성은 음(−)의 무한대가 된다. 이 생산자는 시장가격보다 조금만 가격을 높여도 하나도 판매를 할 수 없어 자기 제품에 대한 수요 전부를 잃게 되는 것이다. 반면 독점시장의 경우는 독점생산자의 수요곡선이 곧 우하향하는 시장 전체의 수요곡선이므로 자신의 상품에 대한 수요의 가격탄력성이 음의 무한대가 되지는 않는다.

이러한 수요의 가격탄력성 개념을 이용하면, 독점 생산자가 가지는 독점력을 그 상품에 대한 수요의 가격탄력성을 통해 표현할 수 있다. 독점력은 기본적으로 한계생산비 이상의 가격을 수취할 수 있는 능력을 의미하기 때문에 $\dfrac{P - MC}{P}$와 같이 나타낼 수 있는데, 이 비율은 가격이 한계생산비를 상회하는 정도가 가격에서 차지하는 비중이 어느 정도인지를 나타낸다. 이 비율은 마크업(mark-up)이라 하기도 하며, 경제학자의 이름을 붙여 러너지수(Lerner index)라 부르기도 한다.

한편 한계수입은 $MR = P + \dfrac{\Delta P}{\Delta Q}Q = P + P\left(\dfrac{Q}{P}\right)\dfrac{\Delta P}{\Delta Q} = P + P\dfrac{1}{E_D}$의 관계가 성립하고, 아울러 독점 생산자는 $MR = MC$의 선택을 하기 때문에 독점력지수는 결국 아래와 같이 표현할 수 있다. 즉 독점 생산자가 가지는 독점력은 수요곡선의 기울기가 급할수록, 혹은 수요가 비탄력적일수록 커지게 된다.

---

[3] 수요의 탄력성은 수요에 영향을 미치는 요인 중 무엇이 변하느냐에 따라 보다 다양하게 정의될 수 있다. 예를 들어 쇠고기의 수요함수가 $Q_b = a + bP_b + cP_p + dI$와 같아서, 쇠고기 가격 P_b는 물론이고 돼지고기 가격 P_p와 소득 I에 의해서도 영향을 받는다고 하자. 특정 상품의 수요가 스스로의 가격이 아닌 다른 상품의 가격변화에 반응하는 정도를 **수요의 교차가격 탄력성**이라 부르는데, 쇠고기 수요의 돼지고기 교차가격 탄력성은 $\dfrac{\Delta Q_b}{\Delta P_p}\dfrac{P_p}{Q_b} = c\dfrac{P_p}{Q_b}$처럼 정의된다. 이 교차가격 탄력성이 0보다 크면 돼지고기 가격 상승 시 쇠고기의 수요는 늘어나므로 두 상품은 서로 대체재라 이해되고, 반대로 0보다 작으면 보완재라 이해된다. 아울러 수요의 소득에 대한 반응은 **수요의 소득탄력성**, 즉 $\dfrac{\Delta Q_b}{\Delta I}\dfrac{I}{Q_b} = d\dfrac{I}{Q_b}$처럼 계산된다.

$$\frac{P-MC}{P} = -\frac{1}{E_D}$$

사실 우리가 관측하는 대부분의 시장에 있어서는 상품 공급자가 단 하나뿐인 그야말로 순수한 의미에서의 독점은 많지가 않고, 대부분의 시장은 독점화가 되더라도 비교적 소수의 공급자가 동시에 생산행위를 한다. 앞에서 예를 들었던 대형마트나 비료, 농약과 같은 농자재 시장 역시 소수의 대형 공급자가 시장을 장악하고 있다. 이렇게 하나의 공급자가 아니라 소수의 공급자가 생산행위를 할 때에도 각 개별생산자는 독점력을 가질 수가 있는데, 이때의 독점력은 위에서 논의한 바와 마찬가지로 '각 개별 공급자'가 직면하는 자기 제품에 대한 수요곡선이 얼마나 가파른 기울기를 가지는지에 달려있고, 자기 제품에 대한 수요가 가격에 대해 비탄력적일수록 높은 독점력을 가진다.

이렇게 소수의 생산자가 활동할 경우에는 이들 생산자의 독점력은 여러 가지 요인에 의해 영향을 받을 수가 있는데, 첫 번째로는 시장 전체 수요의 가격탄력성이다. 몇 명의 공급자가 있을 경우 각 생산자가 공급하는 제품들은 서로 경쟁관계를 형성하기 때문에 개별 공급자의 수요는 시장 전체 수요보다는 가격에 더 민감하게 반응한다. 따라서 시장수요 자체가 가격에 민감하면 개별 생산자 제품에 대한 수요도 가격에 민감할 수밖에 없다.

두 번째 요인은 동일 시장에서 활동하는 생산자의 수이다. 생산자가 많을수록 개별 생산자의 시장점유율은 낮아지게 되고 아울러 각 생산자가 공급하는 제품 간 경쟁도 심해져 결국 개별 생산자의 독점력은 약해진다.

마지막으로 생산자들의 전략적 행위가 중요한 요인이 된다. 생산자들이 일종의 암묵적 담합을 해 서로 경쟁을 자제하고 마치 하나의 생산자처럼 유기적으로 본인들의 이해관계를 조절한다면 높은 독점력을 발휘할 수 있다. 반대로 서로 격심한 경쟁관계를 형성하고 높은 시장 점유율을 얻기 위해 가격인하나 불필요할 정도의 생산규모 유지 등과 같은 행동을 할 경우 시장 전체는 물론 개별 생산자의 독점력도 약해지게 된다.

농산물 생산자들은 인터넷 거래 등을 통해 직접 최종 소비자들에 생산품을 판매하기도 하지만 가공회사나 대량 구매상인, 기업에 생산물을 판매하기도 한다. 후자의 경우에는 앞 절에서의 내용과 반대로 구매자가 한 명 혹은 소수가 되고 판매자는 다수가 되어 소위 **수요독점(monopsony)**이 생성될 수 있다. 판매독점자가 시장가격에 영향을 미칠 수 있는 힘을 이용해 더 높은 가격을 수취해 이득을 얻듯이, 수요독점자는 시장가격에 영향을 미치되 반대로 더 낮은 가격을 지불하여 이득을 얻고자 할 것이다.

단 한 명의 구매자만 시장에 있다면 〈그림 6−2〉에서 D는 그 수요곡선인데, 구매자가 구매품을 하나 더 구매하여 얻는 이득을 나타내기 때문에 구매의 **한계가치(marginal value, MV)**라 할 수 있다. S는 다수의 공급자들이 만들어낸 시장의 공급곡선이다. 수요독점자는 시장에 공급되는 모든 양을 혼자서 구매하기 때문에 우상향하는 시장의 공급곡선 자체를 자신이 직면하는 공급곡선으로 인식하며, 더 많은 양을 구매하기 위해서는 더 높은 가격을 지불해야 함을 알고 있다. 공급곡선의 높이는 각 공급량에서 단위당 지불해야 하는 가격을 나타내기 때문에 구매자 입장에서는 구매금액을 구매량으로 나누었을 때의 금액, 즉 **평균지출(average expenditure, AE)**이라 간주할 수 있다.

의사결정을 위해서 구매자는 평균지출은 물론이고, 하나 더 구매하기 위해 추가로 지불해야 하는 **한계지출(marginal expenditure, ME)**도 고려할 필요가 있다. 독점구매자

그림 6-2 수요독점시장

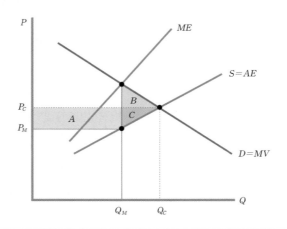

이므로 구매량에 따라 지불해야 하는 가격이 달라지기 때문에 한계지출은 평균지출 혹은 가격과는 달라지는데, 가격변화효과까지 반영할 경우 $ME = P + \frac{\Delta P}{\Delta Q}Q$와 같이 나타낼 수 있다. 첫 번째 항 P는 하나 더 구매하기 위해 지불해야 하는 가격이고, 두 번째 항 $\frac{\Delta P}{\Delta Q}Q$는 하나 더 구매함으로 인해 가격이 $\frac{\Delta P}{\Delta Q}$만큼 오르고, 이 오른 가격이 자신이 구매하는 모든 수량 Q에 대해 적용되기 때문에 지불해야 하는 추가 비용이다. 여기서 $\frac{\Delta P}{\Delta Q}$는 공급량을 늘리기 위해 생산자들이 더 높여 받고자하는 가격, 즉 우상향하는 공급곡선을 통해 결정되는 값이기 때문에 0보다 큰 값을 가진다. 따라서 〈그림 6-2〉가 보여주는 바와 같이 한계지출곡선은 평균지출곡선보다 더 높이 위치한다($ME > AE$).

독점 구매자는 하나 더 구매해서 얻는 한계적 이득 MV와 하나 더 구매하기 위해 추가로 지불해야하는 ME가 일치하는 Q_M만큼 구매할 것이고, 가격은 생산자가 원하는 수준인 P_M만을 지불하면 된다. 따라서 수요독점균형은 (Q_M, P_M)이 되는데, 완전경쟁시장이라면 달성되었을 균형 (Q_C, P_C)와 비교하면 수요독점자는 더 적은 양을 구매하고 더 낮은 가격을 지불한다.

수요독점자는 독점력을 이용해 완전경쟁시장에 비할 때 더 낮은 가격을 지불하는 행위로 인해 〈그림 6-2〉의 면적 $A - B$만큼의 소비자잉여를 추가로 얻는다. 면적 A는 Q_M을 구매할 때 지불해야 하는 단위당 가격이 $P_C - P_M$만큼 감소하여 얻는 이득이고, 면적 B는 독점력의 실현을 위해 구매량을 $Q_C - Q_M$만큼 줄였기 때문에 잃어버리는 손실이다. 반면 공급자는 면적 $A + C$만큼의 생산자잉여 손실을 본다. 면적 A는 판매량에 대해 적용되는 가격이 내려가 보는 손실이고, 면적 C는 판매량이 줄어들어 발생하는 손실이다. 따라서 사회 전체로 보면 면적 $B + C$만큼의 순편익의 감소가 수요독점으로 인해 발생한다.

균형거래량 Q_M에서 보면 수요독점자는 자신이 지불하는 가격 P보다도 더 큰 한계가치 MV를 얻고 있다는 것을 알 수 있다. 완전경쟁시장이라면 P는 MV와 같아야 하지만, 수요 독점자는 구매량 조절을 통해 시장가격에 영향을 미쳐 지불가격보다 더 높은 한계가치를 실현하고 있다. 따라서 수요 독점자의 독점력은 $\frac{MV - P}{P}$와 같이 정의할 수 있고, 그 크기는 시장공급의 가격탄력성을 통해 파악할 수 있다. $E_S = \frac{\Delta Q}{\Delta P}\frac{P}{Q}$를 이제는 가격이 1% 변할 때 공급량이 얼마나 변하는지를 나타내는 공급의 가격탄력성이라 하자. 그 수치는 〈그림 6-2〉의 공급곡선의 기울기가 완만할수록 큰 값이 된다. 구매자의 한계지출은 $ME = P + \dfrac{\Delta P}{\Delta Q}Q = P + P\left(\dfrac{Q}{P}\right)\dfrac{\Delta P}{\Delta Q} = P + P\dfrac{1}{E_S}$ 와 같고, 균형에서는 한계지출은 한계가치와 같아야 하기 때문에 결국 다음의 관계가 성립한다. 즉 수요독점력은 수요독점자가 접하는 공급이 탄력적일수록 약해지며, 비탄력적일수록 강해진다.

$$\frac{MV - P}{P} = \frac{1}{E_S}$$

section 03 독점생산자의 가격설정전략

〈그림 6−1〉이 보여준 바와 같이 독점력 특히 판매 독점력이 존재할 경우 판매자는 완전경쟁시장에 비할 때 공급량을 줄이는 대신 더 높은 가격을 부과하여 독점 이윤을 얻으려고 한다. 그러나 사실 독점력을 가진 생산자는 이 보다는 훨씬 더 정교한 판매방식과 가격설정방식을 선택하여 〈그림 6−1〉에서 얻던 이득보다 더 큰 이득을 얻으려 하며, 실제로 그러한 판매방식을 우리는 현실에서 많이 경험하고 있다. 본 절에서는 그러한 시도로서 가격차별화와 2부가격제, 그리고 묶어팔기 등을 살펴본다.

1 가격차별화

〈그림 6−3〉은 판매 독점시장의 균형을 다시 보여준다. 〈그림 6−1〉에서 확인한 바와 같이 판매자가 모든 구매자에게, 그리고 판매되는 모든 상품에 대해 동일한 하나의 가격만 부여하고자 한다면 그 가격은 $MR = MC$가 되는 수량 Q_M에서의 수요곡선의 높이에 해당되는 P_M이 되어야 한다. 이 가격 외의 모든 가격은 독점이윤을 극대화하지 못하기 때문에 선택이 되지 않는다. 이러한 선택을 하면, 독점 공급자는 한계수입곡선 이하의 면적인 판매수입과 한계비용곡선 이하의 면적인 생산비의 차이, 즉 면적 A에 해당되는 만큼의 이윤을 얻는다.

〈그림 6−3〉의 $(Q_M,\ P_M)$의 균형에서도 소비자들은 완전경쟁균형에 비하면 줄어들기는 하였으나 여전히 어느 정도의 소비자잉여를 얻고 있다. 이제 생산자는 이러한 소

비자잉여까지도 본인의 이득으로 만들고 싶어 한다고 하자. 그렇게 하기 위해서는 이제는 모든 소비자에게 동일한 가격으로 판매한다는 원칙을 버려야만 한다. 시장수요곡선은 시장에 있는 모든 소비자들의 지불의사를 높은 것부터 낮은 것까지 순서대로 나열한 것인데, 판매자가 각 소비자가 지불하고자 하는 금액을 알고 있고, 그 소비자가 시장수요곡선의 어디에 위치하고 있는지 정확히 안다고 하자. 그렇다면 판매자는 P_M의 가격을 모든 소비자에게 일률적으로 부과할 것이 아니라 각 소비자에게 정확히 그 지불의사에 해당되는 가격을 받으면 된다. 이 경우 판매자는 매 판매단위에 대해 그 양에서의 D의 높이를 가격으로 받을 수 있으므로 그것이 MC보다 더 크다면 판매를 하려고 한다. 즉 이 경우 판매량은 Q_M이 아니라 오히려 완전경쟁시장의 공급량인 Q_C가 될 것이다. 이렇게 각 구매자의 지불의사를 정확히 판매가격으로 매기는 것은 구매자의 지불의향에 따라 완벽하게 **가격차별화(price discrimination)**를 시행하는 경우가 된다. 이러한 완전가격차별화를 통해 독점 판매자는 면적 B까지도 면적 A에 더하여 추가 이윤으로 만들 수 있으며, 사실 소비자들이 얻을 수 있는 잉여의 전부를 이윤에 포함시키게 된다.

〈그림 6-3〉과 같은 완전가격차별화는 생산자들이 가장 원하는 형태의 판매방식이 되겠지만, 우선 각 구매자의 한계지불의사를 정확히 알기가 어렵고, 설령 알 수 있다고 해도 정당한 이유 없이 차별적인 판매가격을 적용할 수는 어렵기 때문에 실제로 실행하기 어렵다. 따라서 실제로 적용되는 가격차별화는 소비자들의 지불의사 전부를 가격으로 받아가는 것보다는 좀 더 불완전한 형태가 된다. 현실의 가격차별화를 위해서는 독점 판매자는 소비자를 몇 개의 유형으로 구분을 하되, 어떤 객관적인 근거를 기준으로 구분을 한다. 예를 들면 학생인지 일반인인지를 연령이나 학생증의 유무를 통해 구분할 수

그림 6-3 완전가격차별화

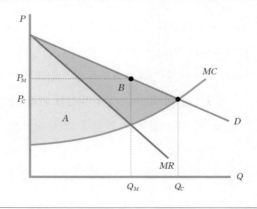

있고, 식당의 경우 거의 같은 메뉴가 점심 손님인지 저녁 손님인지에 따라 구분되게 가격이 부과되는 경우 등을 볼 수가 있다.

개별 수요곡선이 서로 다르고, 학생증 등을 통해 어느 그룹에 속할지가 확인가능한 두 그룹의 소비자에게 실제로 시행될 수 있는 가격차별화를 좀 더 살펴보자. Q_1과 Q_2를 각각 두 그룹에 판매하는 양이라 하면 최적의 판매량은 $MR_1(Q_1) = MR_2(Q_2) = MC(Q_1 + Q_2)$의 조건을 충족해야 한다. 즉 최적 판매량에서는 두 그룹으로부터 판매자가 얻는 한계수입이 서로 일치해야하고, 그 한계수입은 전체 판매량을 생산하기 위한 한계생산비와 일치해야 한다. 먼저 $MR_1(Q_1) = MR_2(Q_2)$의 조건은 판매가능한 총생산량 Q가 주어져 있을 때 이를 Q_1과 Q_2로 나누는 원칙이다. 이 원칙이 적용되지 않고 예를 들어 $MR_1 > MR_2$이면 그룹 1에 대한 판매량은 늘리고 그만큼 그룹 2에 대한 판매량은 줄여야 한다. 그리고 전체 생산량의 한계생산비 $MC(Q_1 + Q_2)$가 이미 서로 같아진 두 한계수입 $MR_1(Q_1) = MR_2(Q_2)$과 다시 일치해야 한다는 조건은 이윤극대화를 위한 총생산규모를 결정하기 위해 필요한 원칙이다. 그렇지 않고 만약 $MR_1(Q_1) = MR_2(Q_2) < MC(Q_1 + Q_2)$와 같은 상황이 벌어지면 현재의 총생산량 $Q_1 + Q_2$가 너무 많으므로 이윤극대화를 위해서는 생산량을 줄여야 하고, 반대로 $MR_1(Q_1) = MR_2(Q_2) > MC(Q_1 + Q_2)$일 경우에는 총생산량을 늘려야 한다.

한편, 우리는 앞에서 한계수입과 가격은 $MR = P\left(1 + \dfrac{1}{E_D}\right)$의 관계를 가짐을 보았다. 두 그룹의 수요의 가격탄력성을 각각 E_1과 E_2, 두 그룹에 대해 적용되는 가격을 각각 P_1, P_2라 하면, $MR_1 = MR_2$의 최적 판매조건은 $P_1\left(1 + \dfrac{1}{E_1}\right) = P_2\left(1 + \dfrac{1}{E_2}\right)$을 의미하고, 이는 다시 $\dfrac{P_1}{P_2} = \dfrac{1 + 1/E_2}{1 + 1/E_1}$를 의미한다. 따라서 만약 그룹 1의 수요가 가격에 민감하여 $E_1 = -3$이고 그룹 2는 가격에 덜 민감하여 $E_2 = -2$라면, P_1은 P_2의 75%가 되어야 한다. 이런 식으로 가격차별화는 학생들처럼 수요가 가격에 탄력적인 소비자 그룹에게 더 낮은 가격을 부과하는 방식으로 이루어진다.

농·식품의 판매행위와 관련되어 가격차별화를 논의하자면 위에서 분석되었던 학생할인 등의 경우보다도 아래에서 설명하고자 하는 **비선형 가격설정법(nonlinear pricing)**이 더 자주 관측이 된다고 할 것이다. 쌀이나 과일과 같은 식료품은 물론이고 휴지 등과 같이 일상적으로 우리가 구매하는 많은 상품들이 대용량 포장일수록 kg당 혹은 개당 가격, 즉 단가가 낮아짐을 볼 수 있다. 이러한 판매방식을 비선형 가격설정법이라 하는데,

그림 6-4 비선형 가격설정법

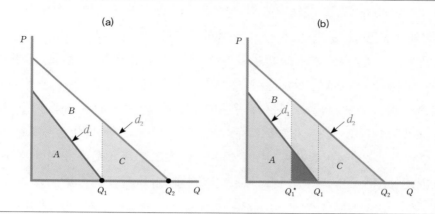

이를 대량 구매하는 소비자에 대한 판매자의 배려라고 생각할 수도 있지만 사실은 더 높은 독점이윤을 실현하고자 고안된 판매방식이다. 이 판매방식에서는 구매량에 따라 적용되는 가격이 차등화되고, 또한 구매량은 소비자의 특성에 따라 달라지기 때문에 결국 소비자별로 다른 가격을 적용하는 경우가 되므로 일종의 가격차별화이다.[4]

〈그림 6-4a〉는 두 소비자의 수요곡선 d_1과 d_2를 보여준다. 판매자는 소비자들이 이렇게 선호도 측면에서 두 유형으로 나뉜다는 것은 알지만 구체적으로 누가 어느 유형에 속하는지는 알 수 없다고 하자. 이 상황에서 판매자는 두 가지 포장단위와 그 가격들을 정하여 시장에 내어 놓고자 한다. 편의상 제품의 한계생산비는 0이라 하자. 판매자는 두 유형의 소비자와의 거래로부터 최대의 이익을 얻고자 하므로 예를 들면 Q_1포장을 면적 A만큼의 가격에 판매하고, 또 다른 Q_2포장을 가격 $A+B+C$에 판매하여 두 유형의 소비자들이 구매하여 얻는 소비자잉여를 모두 가격으로 회수하고 싶을 것이다. Q_1과 Q_2는 각각 두 수요자의 수요곡선과 한계생산비, 즉 0의 수평선이 만나는 점의 수량이다. 그러나 어느 포장단위를 구입할지는 소비자가 결정하는 것인데 이 경우 더 높은 수요를 가지는 유형 2의 소비자도 Q_2가 아닌 Q_1포장을 구입하고, 그리하여 면적 B에 해당되는 소비자잉여를 얻고자 할 것이다. 따라서 이런 판매방식으로는 대형포장 Q_2는 판매되지 않고 시장에서 사라지게 될 것이다.

---

4) 경제학문헌에서는 〈그림 6-3〉에서 설명한 완전가격차별화를 제1급가격차별(1st degree PD), 아래에서 설명할 비선형 가격설정법을 제2급가격차별(2nd degree PD), 그리고 바로 위에서 설명한 학생할인과 같은 형태의 가격차별을 제3급가격차별(3rd degree PD)이라 부르기도 한다.

각 소비자가 어느 유형인지 사전에 알 수 없는 판매자는 따라서 높은 수요를 가진 유형 2의 소비자에게는 어느 정도의 잉여를 허용할 수밖에 없다. 이를 위해 〈그림 6-4a〉에서 포장 Q_2는 가격 $A + C$에 판매하여 유형 2의 소비자는 면적 B만큼의 소비자잉여를 포장 Q_2구매로부터도 얻을 수 있도록 할 필요가 있다. 그렇다면 유형 2의 소비자는 굳이 Q_1을 구매할 필요 없이 Q_2를 구매해 B의 잉여를 얻는다. 또한 상대적으로 수요가 적은 유형 1의 소비자는 Q_2를 선택할 경우에는 본인의 수요곡선 이하의 면적보다 더 큰 면적 $A + C$를 가격으로 지불해야 하므로 Q_2가 아닌 Q_1을 선택할 것이다. 따라서 이런 가격방식을 통해 두 가지 포장단위가 모두 판매되고, 누가 어떤 포장단위를 구입할 것인지는 소비자들이 자발적으로 선택하게 된다. 독점 판매자는 Q_1거래로부터 면적 A, Q_2거래로부터 면적 $A + C$를 이윤으로 얻게 된다. 즉 독점기업의 이윤은 $2A + C$가 된다.

그러나 〈그림 6-4b〉를 자세히 들여다보면 작은 포장단위를 굳이 낮은 수요곡선과 한계생산비곡선이 만나는 Q_1으로 정할 필요는 없고, 예를 들면 Q_1^*처럼 그보다 더 작은 양으로 정하는 것이 판매자에게는 더 유리하다는 것이 확인된다. 작은 포장단위를 더 줄이면 d_1의 수요를 가진 소비자로부터 받을 수 있는 금액인 면적 A가 그림에 표시된 작은 삼각형만큼 줄어든다. 하지만 대신 d_2의 수요를 가진 소비자들에게 판매하는 대형포장의 가격을 더 높일 수가 있다. 즉 면적 C가 늘어나게 되고, 판매자가 어쩔 수 없이 이들에게 허용했던 잉여인 면적 B는 줄어들게 된다. 이윤 $2A + C$를 최대로 만드는 최적의 소형포장단위 Q_1^*가 정확히 어디인지를 알려면 두 수요곡선과 한계비용곡선에 대한 정보를 필요로 하지만, Q_1^*가 Q_1보다 작은 값이어야 한다는 것은 그림에서 확인이 된다. 즉 두 그룹 모두로부터 거래하여 얻은 이익을 극대화하기 위해 독점 판매자는 낮은 수요그룹의 수요곡선과 한계생산비가 만나는 수준보다는 소포장 단위를 좀 더 작게 만들려는 동기를 가지게 된다.

비선형 가격설정법은 서로 다른 단가가 적용되는 몇 가지 포장단위를 위와 같이 제시하여 소비자로 하여금 본인들이 어떤 유형의 소비자인지를 스스로 드러내게 하고, 현실적으로 실행 불가능한 〈그림 6-3〉과 같은 완전가격차별화 대신 사용된다. 이 과정에서 판매자가 독점이윤을 얻는다.

2 2부가격제와 묶어팔기

우리가 현실 생활에서 종종 접하는 가격설정법 중 하나로 상품을 구매하기 이전에 이미 어느 정도의 금액을 정액으로 지불하여야 하고, 실제로 상품을 구매할 때에는 정해진 가격에 따라 구매량에 비례하는 대금을 추가로 지불해야 하는 경우가 있다. 인터넷을 통해 농산물을 직접 구매하기 위해서는 회원가입을 하여야 하고, 회원이 되기 위해서는 가입비를 먼저 납부해야 농산물 구매 자격을 얻을 수 있는 경우가 이에 해당된다. 창고형 할인매장 중에는 연회비를 요구하는 경우가 있고, 이 매장에서 구매하기 위해서는 연회비를 먼저 납부해야만 한다. 이런 식으로 구매 행위 이전에 특정 금액을 회원권이나 회비 형식으로 먼저 지불하고, 이어서 구매행위 시 다시 구매량에 비례하는 금액을 대금으로 지불하게 하는 가격설정방식을 2부가격제(two-part tariff)라 부른다. 이러한 가격설정방식 역시 독점 판매자의 이윤실현을 위해 고안된 것이다.

〈그림 6-5〉는 두 유형의 소비자의 연간 수요곡선 d_1과 d_2를 보여준다. 판매자는 소비자의 수요곡선이 이러한 두 유형으로 나뉜다는 것은 알지만 각 개별 소비자의 유형이 구체적으로 무엇인지는 모르는 상황이다. 이때 2부가격제를 시행한다면 단위당 판매가격은 한계생산비 MC와 일치토록 할 수가 있을 것이다. 이 경우 소비자 유형 1과 유형 2는 각각 Q_1^0와 Q_2^0를 소비할 것이다. 그렇다면 최대한 연회비로 받을 수 있는 금액은 낮은 수요자의 소비자잉여인 면적 abc일 것이다. 이보다 더 높은 연회비는 유형 1의 소비자로 하여금 시장을 떠나게 하기 때문에 징수할 수 없다. 이 연회비는 두 유형의 소비자 모두로부터 징수하므로 2×면적 abc가 독점기업의 이윤이 된다.

그림 6-5 2부가격제

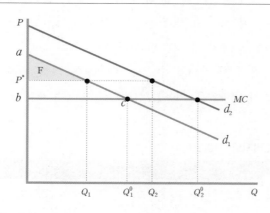

그러나 비선형 가격제의 경우와 마찬가지로 이 경우에도 최적의 판매전략은 좀 더 신중하게 고려하여야 한다. 예를 들어 독점 판매자가 단위당 판매가격을 MC보다 높은 P^*로 올린다고 가정해보자. 이 경우 두 유형의 소비자의 소비량은 각각 Q_1과 Q_2로 줄어들게 되지만, 판매자는 각각 $(P^* - MC) \times Q_1$과 $(P^* - MC) \times Q_2$만큼을 판매 이윤으로 얻게 된다. 물론 이렇게 되면 유형 1의 소비자잉여가 그림에서 면적 F에 불과해 이 금액만큼만 연회비로 두 유형의 소비자들로부터 징수할 수 있기 때문에 연회비 수입은 줄어들게 된다. 하지만 그림에서 보듯이 줄어드는 연회비수입보다는 판매이윤 증가분이 더 크기 때문에 최적의 판매가격은 MC보다는 높아야 한다. 최적 판매가격은 $2 \times F + (P - MC)(Q_1 + Q_2)$를 최대로 하는 P를 찾아서 선택해야 하고, F는 이 때 형성되는 낮은 수요자의 소비자잉여와 일치해야 한다.

독점기업의 또 다른 판매전략을 검토해보자. 명절용 선물상품들을 보면 한 가지 상품만 포장되어 있는 경우도 있지만 여러 가지 상품이 세트로 포장된 경우를 자주 본다. 이 또한 독점이윤을 늘리고자 하는 판매자 전략의 결과물이다. 이렇게 여러 상품을 묶어 판매하는 전략, 즉 **묶어팔기(bundling)**는 각 상품에 대해 가지는 선호도가 소비자별로 서로 다를 때 유용한 수단이 된다.

참치 캔만 들어있는 선물세트가 있고 햄 캔만 들어있는 선물세트가 있다고 하자. 두 유형의 소비자가 있는데, 이 소비자들이 각각의 선물세트에 대해 가지는 지불의사는 〈표 6-1〉과 같다. 이 상황에서 판매자가 참치 캔 세트와 햄 캔 세트를 모두 판매하고자 한다면 두 소비자의 지불의사 중 낮은 금액인 15,000원과 20,000원을 각각 가격으로 설정해야 하고, 따라서 둘 다 판매를 할 경우 소비자당 35,000원의 판매 수입을 올릴 수 있다.

이제 참치 캔 세트와 햄 캔 세트를 묶어서 하나의 단위로 판매한다고 하자. 두 세트를 합할 경우에는 소비자 1은 50,000원을, 소비자 2는 45,000원을 지불할 의향이 있기 때문에 두 가지를 합한 세트의 가격은 45,000원까지 올릴 수가 있다. 이렇게 묶어서 팔기를 시도하여 개별 판매 시 기대할 수 있는 이윤보다 더 큰 이윤을 얻을 수 있다.

이러한 묶어팔기가 판매자의 이윤을 늘리기 위해서는 소비자들은 이질적이면서 선

표 6-1 묶어팔기: 소비자의 지불의사 1

	참치 캔	햄 캔
소비자 1	30,000원	20,000원
소비자 2	15,000원	30,000원

표 6-2 묶어팔기: 소비자의 지불의사 2

	참치 캔	햄 캔
소비자 1	30,000원	30,000원
소비자 2	15,000원	20,000원

호하는 방향이 서로 달라야 한다. 〈표 6-1〉에서 소비자 1은 참치에 대해서, 그리고 소비자 2는 햄에 대해서 상대방 보다 더 높은 지불의사를 가졌었다. 그렇지 않고 〈표 6-2〉처럼 소비자 1이 두 가지 상품 모두에 대해 더 높은 지불의사를 가진다면 분리해서 판매하나 묶어서 판매하나 두 상품을 모두 팔아 받을 수 있는 금액은 소비자당 35,000원으로 동일하게 된다.

section 04 독점적 경쟁

농·식품의 시장형태로서 대단히 현실 설명력이 높은 것이 **독점적 경쟁(monopolistic competition)**시장이다. 이 유형의 시장은 말 그대로 경쟁과 독점의 요소를 모두 가지고 있다. 이 시장의 경쟁적 요소는 많은 수의 생산자가 시장에 참여하고 있고, 시장으로의 진입이나 시장 밖으로의 탈퇴에 있어서 어떠한 종류의 제약도 없다는 점이다. 그렇지만 이 시장은 완전경쟁시장은 아닌데, 그 이유는 각 생산자가 공급하는 제품 간에는 품질이나 인지도, 외양 등에 있어 어느 정도 차별성이 있기 때문이다. 따라서 각 생산자가 공급하는 제품들은 서로 높은 대체가능성을 가지지만 그렇다고 완전히 동일한 상품들은 아니다. 실제로 우리는 라면, 과자, 쌀 등 많은 농·식품 시장에 있어 많은 수의 생산자가 있고, 이들 제품을 생산하는 데 특별히 많은 자본이나 기술이 필요한 것이 아니라 누구든 마음만 먹으면 시장에 진입할 수 있지만, 브랜드 간 차별화가 되어 있어 어떤 브랜드는 다른 브랜드에 비해 인지도도 높고 가격도 더 높은 경우를 자주 접한다.

〈그림 6-6a〉는 비교적 단기에 있어 독점적 경쟁시장에서 활동하는 어떤 생산자의 의사결정을 보여준다. 대단히 많은 수의 생산자가 많은 수의 제품을 공급하지만 제품 간의 특성 차이로 인해 각 개별 제품의 수요곡선은 비록 완만하나 수평이 아니라 음의 기울기를 가진다. 즉 개별 생산자는 어느 정도의 독점력을 가지고 있다. 〈그림 6-6a〉에서 이 생산자는 한계수입과 한계생산비가 일치하는 수준인 Q_S만큼 생산을 하고, 가격으로

그림 6-6 독점적 경쟁시장 균형

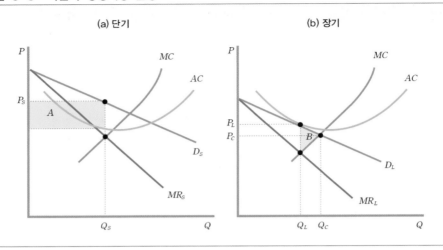

(a) 단기

(b) 장기

는 P_S를 받으며, 그 결과 면적 A에 해당되는 이윤을 얻고 있다.

그러나 이러한 이윤은 순수한 독점시장과는 달리 독점적 경쟁시장에서는 지속되기 어렵다. 이윤이 발생한다는 것이 알려지면 새로운 생산자가 시장에 진입을 하게 되고, 그 결과 기존 생산자 제품과 대체관계를 이루는 제품의 수가 많아지기 때문에 경쟁격화로 인해 이 생산자의 제품에 대한 수요곡선은 점차 좌측으로 이동하게 된다. 이 때문에 이 생산자가 공급할 수 있는 수량과 받을 수 있는 가격은 둘 다 줄어들게 되는데, 급기야 〈그림 6-6b〉에서처럼 수요곡선 D_L이 평균생산비용 곡선 AC와 접하는 단계에 이르게 되면, 수요곡선의 높이인 가격과 평균생산비가 일치되어 이 생산자의 이윤이 0이 된다. 아울러 AC와 D_L이 접하는 수준의 생산량 Q_L에서는 한계생산비 MC와 한계수입 MR이 서로 일치하기 때문에 생산은 실제로 여기에서 이루어진다.[5] 따라서 제품 간 차별성으로 인해 개별 기업의 수요곡선이 우하향하긴 하지만 제품 간 높은 대체성과 자유로운 진입과 탈퇴로 인해 각 개별생산자는 장기적으로는 0의 이윤만을 얻게 된다.

독점적 경쟁의 성격을 지니는 상품이라도 완전경쟁 시의 의사결정을 한다면 〈그림 6-6b〉에서 Q_c의 생산이 이루어져야 하고, 가격은 P_c가 되어야 할 것이다. 따라서 독점

5) 한계수입과 한계비용은 각각 $MR = P + \dfrac{\Delta P}{\Delta Q}Q$와 $MC = AC + \dfrac{\Delta AC}{\Delta Q}Q$와 같아야 한다. Q_L에서는 $P(Q)$ 즉 수요곡선과 $AC(Q)$곡선이 서로 접하기 때문에 두 곡선의 기울기가 같아 $\dfrac{\Delta P}{\Delta Q} = \dfrac{\Delta AC}{\Delta Q}$이므로, $MR = MC$가 되어야 한다.

적 경쟁은 완전경쟁에 비할 때 〈그림 6-6b〉의 면적 B에 해당되는 사회적 손실을 유발한다. 그러나 이 손실은 제품 간 높은 대체성으로 인해 제품의 수요곡선 자체가 매우 완만하기 때문에 그 값이 크지 않다. 오히려 독점적 경쟁시장에서는 서로 특성이 다른 다양한 제품이 공급되기 때문에 소비자들은 소비의 다양성으로부터 편익을 얻기도 한다. 따라서 독점적 경쟁시장은 비록 완전경쟁시장의 균형과는 다른 균형을 도출하기는 하지만 그 폐해가 크지 않고, 독점을 막기 위한 정부 규제 등이 적용될 필요성까지는 통상적으로 제기되지 않는다.

section 05 과점시장

앞에서 우리는 시장에 단 한 명이 아니라 소수의 공급자가 있어도 각 공급자는 자신의 상품에 대한 수요곡선이 수평이 아니라면 독점력을 얻는다는 것을 보았다. 이렇게 소수의 공급자가 있을 경우에 간과할 수 없는 것이 공급자 간의 관계는 어떠한가 하는 점이다. 소수의 공급자가 있고, 어떤 이유로 인해 새로운 진입자가 별로 없어 소수의 공급자 체제가 유지되는 시장을 흔히 과점시장(oligopoly)이라 부른다. 과점시장에서는 특히 생산자들 간의 전략적 행위가 시장균형에 큰 영향을 미친다.

어떤 소비지에 두 대형마트가 입점해 있어 대형마트 쇼핑시장을 양분하고 있다고 하자. 대형마트에는 수없이 많은 상품이 진열되어 있지만 고객들을 모으는 데 유난히 큰 역할을 하는 상품이 있다. 여름이라면 수박이 그러한 상품 중 하나일 것이다. 마트 A가 산지의 수박가격 상승으로 인해 판매가격을 올릴 것을 고려하고 있다면, 이때 반드시 생각해봐야 할 것이 경쟁자인 마트 B가 어떤 행동을 할 것인지이다. 상대방도 가격을 올려주면 좋지만 그렇지 않거나 오히려 가격을 내리게 되면 고객을 대단히 많이 잃어버리는 일이 발생할 것이기 때문에 상대방의 반응을 의식하지 않을 수 없다. 반대로 산지가격 하락으로 가격을 낮추려 해도 이쪽에서 가격경쟁을 시작한 것으로 상대방이 오인하여 가격을 더 내려버릴까 우려되어 쉽게 가격을 내리지 못하는 경우도 있다. 과점시장의 공급자들은 이러한 가격설정문제뿐 아니라 어떤 제품을 언제 얼마나 시장에 내어놓을지 등과 관련해서도 상대방을 의식하는 전략적 선택을 하기도 한다.

소수의 공급자가 있을 경우 대부분의 국가에서는 이들 간의 명시적인 담합은 금지한다. 즉 공급자들이 판매량이나 가격 등을 의논하여 마치 하나의 독점자가 존재하는 것

표 6-3 과점 판매자의 가격 설정

	B의 가격 15,000원	B의 가격 20,000원
A의 가격 15,000원	**70만원, 70만원**	**130만원**, 50만원
A의 가격 20,000원	50만원, **130만원**	100만원, 100만원

처럼 행동하여 시장 전체 독점이윤을 극대화한 후, 이를 서로 나누어 갖는 것은 허용되지 않는다. 따라서 각 공급자는 할 수 없이 자신이 통제할 수 없는 상태에서 경쟁자들이 어떤 선택을 한다고 보고, 경쟁자들의 행위가 주어진 상태에서 자신은 무엇을 선택해야 할지를 고민하게 된다. 〈표 6-3〉은 수박을 판매하는 두 마트 A와 B의 선택행위를 보여준다.

수박가격으로 개당 15,000원과 20,000원을 설정할 수 있다. 둘 모두 20,000원을 설정하면 각각 하루 100개를 팔 수 있고, 수박의 조달가격이 10,000원이라 각자 하루 100만원의 수박판매 이윤을 얻을 수 있다. 반면 둘 다 15,000원을 부과하면 개당 이윤이 5,000원으로 줄지만 판매량이 조금 더 늘어나는 효과가 있어 각자 70만 원의 이윤을 하루에 얻는다. 만약 A가 20,000원을 받는 상황에서 B가 15,000원을 받으면 A의 수박 고객 상당수가 B로 넘어가 A는 하루 50만 원, B는 하루 130만 원의 이윤을 얻고, 반대로 A가 더 싼 가격을 매길 경우 A의 이윤이 130만 원, B의 이윤이 50만 원이 된다.

두 마트는 상대방의 선택에 본인이 영향을 미칠 수가 없기 때문에 상대방이 특정 선택을 했을 때 자신은 무엇을 선택해야 하는지를 검토하게 된다. A입장에서는 B가 15,000원을 선택할 때 자신도 그렇게 하면 70만 원, 20,000원을 선택하면 50만 원의 이윤을 얻으므로 15,000원을 선택해야 한다는 것을 알게 된다. 아울러 B가 20,000원을 선택할 경우에도 A는 15,000원을 선택하면 130만 원, 20,000원을 선택하면 100만 원의 이윤을 얻을 것이므로 역시 15,000원을 선택하는 것이 낫다는 것을 안다. B 역시 정확히 동일한 상황 하에 있으므로 A가 어떤 선택을 하든 15,000원을 선택하고자 한다.

〈표 6-3〉의 예는 과점시장균형의 일반적인 특성을 나타내고 있는데, 두 판매자 이윤의 합을 극대화하기 위해서는 둘 다 높은 가격인 (20,000원, 20,000원)의 조합을 선택해야 하지만, 실제 균형에서는 상대방을 의식한 전략적인 선택의 결과 그 보다 낮은 가격인 (15,000원, 15,000원)이 선택될 확률이 높다는 것이다. 판매자 간의 명시적인 담합이나 합의를 통해 20,000원 가격을 유지하는 것이 금지된 상태에서는 비록 (20,000원, 20,000원)의 선택이 둘 모두에게 가장 좋은 선택인 것은 맞지만, 막상 20,000원을 선택했을 때 상대방이 가격을 낮추어 시장을 크게 잃어버리게 되는 위험을 생각하지 않을

수 없고, 그 때문에 실제로는 독점력이 제한되는 (15,000원, 15,000원)이 선택된다.

과점시장에서는 이처럼 판매자 간의 전략적 관계가 형성되기 때문에 판매자의 독점력은 이들 간의 이해관계가 완전히 조정되었을 때 발휘될 수 있는 최대한의 독점력에 비해서는 낮은 수준이 된다. 그러나 과점 판매자들은 그러한 여건 속에서도 경쟁자에 비해 더 높은 독점력을 얻기 위해 가격설정 외에도 여러 정교하게 고안된 추가적인 전략적 행위들을 다양하게 실행한다.

01 특허에 의해 어떤 제품을 독점 생산하는 기업이 있다. 이 제품의 생산단가는 25인데 판매가는 200이라 하자. 이 제품 수요의 가격탄력성은 어느 정도인가? 어느 한 해에 100개의 제품이 단위당 200에 판매되었고, 역수요함수 형태가 $P = a + bQ$와 같은 선형함수라면, a와 b의 값을 구하라. 이 제품이 특허권을 통해 생산이 독점화됨으로써 발생한 한 해 동안의 사회적 손실을 계산하고 수치로 제시하라.

02 딸기의 당도를 얼마나 높이느냐에 따라 생산비가 달라진다고 하자. 이 딸기 주산지의 브랜드는 전국적으로 잘 알려져 있다. 딸기 당도에 대한 수요가 높은 소비자와 상대적으로 낮은 소비자 두 그룹이 있다고 하자. 만약 당도가 서로 다른 두 가지 딸기를 생산하고 각자 다른 가격을 부과한다면 어떤 기준을 가지고 당도수준과 가격을 결정할 수 있을까?

03 청량음료 회사가 똑같은 상품을 자사의 상표를 붙여 판매하기도 하고 대형마트에 그 마트의 상표를 붙여 판매하기도 한다. 어디에 판매하든 제품의 한계생산비는 10으로 동일하다. 이 회사는 두 가지 판매방식에 있어서의 제품에 대한 수요가 각각 다음과 같다고 분석하였다: 자사 상표, $P_B = 70 - 0.0005Q_B$, 마트 상표, $P_P = 20 - 0.0002Q_P$. 자사 상표와 마트 상표에 대해 각각 얼마의 가격을 부과하여야 하며, 각각 판매량은 어느 정도라야 하나?

04 식료품 중 묶어팔기가 이루어지는 것으로 어떤 것이 있으며, 개별판매 시와 묶어팔기 시의 가격차이가 어떠한지를 조사해보라.

05 어떤 회원제 마트의 고객은 두 그룹이 있고, 이들의 매년의 수요곡선은 각각 $Q_1 = 10 - P$와 $Q_2 = 6 - P$와 같다. Q는 연간 식료품 구매량이고 P는 가격이다. 이 도시에는 두 유형의 소비자가 각각 10,000명씩 있지만 외양으로는 어느 그룹에 속하는지 알 수 없다. 마트가 판매하는 제품의 한계비용은 2라고 하자. 마트의 이윤을 극대화하고자 한다면 연간 회비는 얼마이고 판매 식료품의 가격 P는 얼마가 되어야 하나?

06 <표 6-3>과 같은 가격설정문제에 있어 다음 두 가지 변화가 각각 따로 발생하면 두 판매자의 판매가격은 어떻게 결정될지를 설명해보라.
  (1) 어떤 이유로 인해 판매자 A가 먼저 판매가격을 정하고, 이를 지켜본 후 판매자 B가 가격을 정한다.
  (2) 두 판매자가 동시에 판매가격을 정하되, 이러한 상황이 매년 무한히 반복된다. 내년도의 가격 P가 금년도 가치로는 δP와 같다고 가정하자(단, $0 < \delta < 1$).

07 독점기업이 광고비를 지출할 수 있고, 광고비를 A만큼 지출하면 소비량이 가격이 P일 때 $Q(P, A)$와 같이 결정된다. A의 증가는 Q를 당연히 늘린다. 이렇게 기업이 광고비를 지출하면 독점시장에서의 판매량, 가격, 광고비 지출액은 어떻게 결정될 것인지를 설명해보라. 그리고 전체 매출액에서 광고비가 차지하는 비중은 어떤 요인들에 의해 결정될지도 설명해보라.

CHAPTER
07

요소시장

제5장과 제6장에서는 생산자와 소비자가 시장에서 만나 어떻게 거래를 하고 시장의 경쟁구조에 따라 그 행위가 어떻게 달라지는지를 학습하였다. 이때 시장에서 최종적으로 거래되는 대상은 재화나 서비스와 같은 상품이었는데, 시장이 오직 상품만을 위해 존재하는 것은 아니다. 상품을 생산하는 과정에서 생산자들은 토지, 노동, 자본, 중간투입재와 같은 생산요소들을 투입해야 하며, 이 요소들을 거래하는 시장이 존재하기 마련이다. 이처럼 투입요소가 거래되는 시장을 요소시장이라고 하며, 상품시장에서와 마찬가지로 수요와 공급이 균형을 이루는 과정이 관심의 대상이 된다. 아울러 농·식품 생산은 자본과 함께 노동과 농지의 역할이 중요하다는 특성이 있고, 농산물이 다른 상품의 원료로 쓰이는 경우도 많아 농·식품 생산과 관련된 요소시장의 특징들을 주의 깊게 살펴볼 필요가 있다. 이에 본 장에서는 농·식품 요소시장을 구성하는 요소별 특성을 파악하고 요소시장의 균형 원리를 이해하는 한편 관련 정책의 효과 등도 학습한다.

1 파생수요로서의 요소수요

동질의 상품에 대해 무수히 많은 생산자와 소비자가 거래를 이루는 완전경쟁시장을 생각해보자. 아마도 세로축이 상품가격, 가로축이 상품의 수량으로 표시되고 우하향하는 수요곡선과 우상향하는 공급곡선이 서로 교차하면서 지나가는 〈그림 5 – 1a〉와 같은 형태의 그래프를 떠올릴 수 있을 것이다. 이 그래프는 우리가 시장구조를 배우기 전에 배웠던 생산 및 소비이론의 내용을 모두 함축하고 있다. 즉 소비자는 자신이 가진 예산제약하에서 자신의 효용을 극대화하는 방향으로 상품을 소비하고 생산자는 자신의 이윤을 극대화하거나 비용을 극소화하는 방향으로 상품을 생산한다. 이러한 상호작용 과정을 거치면서 초과수요나 초과공급이 없는, 수요와 공급이 서로 일치하는 균형수량과 균형가격의 상태에 도달한다.

시장에서 거래되는 상품은 생산자의 손길을 거쳐야 한다. 자연에서 얻는 원형에 가깝다고 할 수 있는 농·식품조차도 생산자의 노력과 비용 없이 시장에서 거래되기는 불가능하다. 우리는 이러한 일련의 생산과정을 제4장의 상품 생산량과 비용 도출 과정에서 학습한 바 있다. 최종 상품을 생산하는 데에는 생산요소가 필수적이라 요소수요가 발생하기 마련이다. 따라서 최종 상품시장에서 발생하는 일은 생산요소 수요에 영향을 미치게 된다는 특성을 가진다. 예를 들어 쌀 생산을 위해서는 노동, 자본, 농약과 비료 등 생산요소들을 투입해야 한다. 만일 쌀시장에서 수요가 증가하여 가격이 상승하면 농가들은 생산량을 늘리고자 하며, 이를 위해서 농약과 비료 등의 생산요소들을 더 구매하여 투입하려 한다. 이렇게 요소시장에서의 생산요소들에 대한 수요는 생산품인 상품시장의 수요로 인해 파생되는 특성이 있어 **파생수요(derived demand)**라고 불린다. 따라서 파생수요로서의 요소수요는 요소시장에서의 요소가격들뿐만 아니라 상품시장에서의 상품가격 및 상품생산량에 의해서도 영향을 받는다.

농·식품 생산을 위한 요소수요는 농·식품 시장수요로부터 파생되는 파생수요이다.
파생수요로서의 요소수요는 요소가격은 물론 농·식품 가격 및 생산량에 영향을 받는다.

2 농·식품 요소시장의 특징

요소수요가 파생수요의 성격을 가지는 것은 비단 농·식품뿐만 아니라 다른 공산품들도 마찬가지이다. 그러나 농·식품은 일반적인 공산품과는 구별되는 특성도 가진다. 이는 농·식품산업이 공업이나 제조업과 달리 생명자원을 직접적으로 다루는 한편, 자연조건에 민감하게 반응하며, 상품 특성상 수급이 불안정하고 가격 변동성이 심한 시장 환경에 처해 있다는 점에서 기인한다. 파생수요는 상품생산과정에서 발생하는 수요이므로 일반 공산품과 다른 성질을 보이는 농·식품 생산과정의 특수한 상황들을 염두에 두고 요소시장을 살펴볼 필요가 있다.

공산품과 차별되는 농·식품의 특성은 곧 생산과정에서 투입되는 생산요소들의 성격과 무관하지 않다. 즉 전통적으로 생산의 3요소로 지칭되어 온 노동, 토지, 자본의 활용방식이 다른 산업 분야와 어떻게 다른지에 주목하는 것이 농·식품 요소시장을 이해하는데 첫걸음이 될 것이다. 이중 본 절에서는 농·식품 생산에서 특히 중요한 노동과 토지를 중심으로 해당 요소시장의 특성을 살펴본다.

첫째, 농·식품, 특히 농산물 생산과정에서 투입되는 노동량은 소규모이며 투입량을 변화시키기가 상대적으로 용이하지 않다. 일반 공산품을 생산하는 데에는 전통적으로 노동과 자본의 역할이 강조되어 왔다. 제4장에서 다루었던 등량곡선과 한계기술대체율의 개념이 이를 잘 설명해 주는데, 가령 옷의 생산을 늘리기 위해 공장 근로자들을 더 모집하거나 그 반대로 자동화 설비를 설치함으로써 공장 근로자들을 퇴사시키는 등이 그러한 예일 수 있다. 반면 농산물의 경우 대부분 소규모 가족농 혹은 자급농 형태로 생산이 이루어지고 있어 가용 노동의 한계가 있고, 필요에 의해 노동 투입량을 신축적으로 바꾸기가 쉽지 않다. 아울러 농업노동의 공급은 농촌 노동력의 도시 이주 문제와도 연관되어 있다.

둘째, 생산의 3요소 중 토지, 즉 농지가 차지하는 비중이 절대적이다. 지금도 경제학의 주류로 인정받는 신고전학파 경제학[1]에서는 생산의 두 필수요소로 노동과 자본을 강조해 왔으며, 토지는 자본에 포함시켜 사실상 자본의 하부 개념으로 설명해 왔다. 이는 주로 생산물이 대량생산에 기반한 공산품을 의미하기 때문이다. 그러나 생명자원을 다루는 농·식품 생산에서 농지는 동·식물 및 유기생명체들에게 생육조건을 제공하는

---

1) 생산요소들의 중요성이 경제학설사에서 어떻게 고려되었는지는 제14장에서 상세히 기술된다.

중요한 역할을 하며, 오히려 노동과 자본보다도 더 중요한 요소로 자리매김한다. 아울러 농지는 농가가 보유한 가장 중요한 자산으로서, 이와 관련된 여러 문제들이 이해 당사자들 간 갈등의 소지를 제공하기도 한다.2)

셋째, 생산된 농·식품은 그 자체로서 최종 생산물에 해당되기도 하지만 다른 산업의 원료, 즉 어떤 다른 최종 상품을 생산하기 위한 중간투입물로 사용되는 경우가 많으며, 또한 농·식품 산업 자체도 점점 더 새로운 생산요소를 사용하기도 한다. 이는 농·식품산업이 독립적으로 존재하지 않고 갈수록 그 전방(upstream) 및 후방(downstream)에 위치한 전·후방산업3)의 여러 분야와 연결되는 융·복합적 성격을 갖는 데에서 기인한다. 먼저 농·식품 생산에 새로운 활로를 제공하는 요소시장은 단연 혁신적인 발전을 이루고 있는 정보통신기술(Information Communication Technology, ICT) 분야라고 할 수 있다. 사물인터넷(Internet of Things, IoT), 드론, 빅데이터(Big Data) 등을 활용한 정밀농업(precision agriculture)4)은 기존 농·식품 생산에 적용되던 요소시장의 패러다임 자체를 전환시키고 있다. 특히 기후변화로 인한 농·식품산업의 위기가 확대되고 있는 상황에서 리스크를 줄이는 대안적 요소시장을 창출하는 데 일조하고 있다. 아울러 기존 농·식품을 원료로 활용하여 새로운 부가가치를 창출해낼 것으로 기대되는 산업으로는 바이오테크놀로지(Biotechnology, BT) 분야가 주목을 받고 있다. 옥수수(전분질계), 사탕수수(당질계) 등의 곡물류를 비롯하여 목질계, 미세조류 등 바이오매스(biomass)를 활용한 신재생에너지 시장의 활성화가 예상되고 있다.

---

2) 예를 들면 적정규모의 농지확보를 위한 농업진흥지역이나 농업환경보호를 위한 농업보호구역 지정 등을 둘러싸고 정책당국과 농지 소유주 간 갈등이 발생하기도 한다.
3) 전·후방산업에 대한 보다 자세한 개념은 제9장을 참조하기 바란다.
4) 농경지 내 작물이 어디에 위치하느냐에 따라 토양 특성(수분, 양분, 토성 등) 및 작물 생육 특성(병해충 피해, 건강 등) 차이로 인해 작물 수확량 및 품질이 상이하기 때문에 위치에 따라 맞춤형으로 토양 및 생육조건을 관리하는 농법을 의미한다. 그 개념은 1980년대 처음 등장하였으며, 공식적인 명칭은 1996년 제3차 세계 정밀농업 학술대회를 통해 정립되었다. 최근 ICT 발달과 함께 위성, 드론, IoT, 빅데이터 등 최신기술이 농업생산 분야에 망라되고 있으며, 한국의 경우 스마트 팜(Smart Farm) 개념이 이런 추세와 유사하다(농림식품기술기획평가원,『정밀농업의 연구개발 동향 및 활용방안』, 2012).

지금까지 공산품과 구분하여 농·식품 요소시장이 보이는 차별적인 특징들을 알아보았다. 그러나 요소시장에서도 수요와 공급의 상호작용에 의해서 사용량과 가격이 결정된다는 원리에는 변함이 없다. 따라서 본 절에서는 생산요소의 수요와 공급을 통해 요소시장 균형이 어떻게 도출되는지를 살펴본다. 논의를 간단히 하기 위해 우리가 제5장에서 배웠던 시장 형태 중 가장 이상적인 완전경쟁시장을 가정한다. 단, 제5장에서 다루었던 완전경쟁 가정은 상품시장에 적용되는 것이었으나, 사실 이 가정은 상품시장이건 요소시장이건 모두에 적용될 수 있다. 즉, 요소시장에서 생산요소를 팔거나 사려는 경제주체들은 어느 한 주체가 가격에 영향을 미칠 수 없도록 많은 수가 존재하고, 이를 통해 생산된 상품도 완전경쟁적인 상품시장에서 거래되는 것을 가정한다.

1 요소수요

쌀 농가가 1ha 면적의 논에 종자, 비료, 농약, 농업용수 등을 생산요소로 투입하여 쌀을 생산하고 있다고 하자. 생산자의 선택 문제를 단순화하기 위해 다른 투입요소의 사용량은 일정하고 비료 투입량만 늘려가며 쌀 생산량을 바꾸는 것을 고려한다. 즉 쌀 농가는 생산요소로서 비료 한 가지만을 고려한다고 가정하고 비료의 요소수요가 어떻게 도출되는지 살펴보도록 한다. 우리는 앞 절에서 요소수요가 상품시장의 수량에 영향을 받는 파생수요라 하였는데, 이를 감안한다면 단순히 비료의 요소가격만을 고려하는 것이 아니라 최종 상품인 쌀을 얼마만큼 생산할 것인가도 비료 투입량을 결정하는 데 있어 고려 대상에 들어간다고 볼 수 있다.

비료 한 단위를 증가시킬 때 추가적으로 생산되는 쌀 생산량을 비료의 한계생산이라 부르고 MP_X로 표기한다. 단, X는 생산요소를 지칭하고 이 경우 비료를 의미한다. 이제 생산량에서 더 나아가 쌀을 판매하여 얻을 수 있는 금액을 생각해보자. 즉, 비료 한 단위를 추가로 투입함에 따라 추가된 쌀 생산량의 가치는 어떻게 계산할까? 간단하다. 추가로 늘어난 쌀 생산량, 즉 MP_X에 쌀의 시장가격을 곱하면 된다. 이 값을 비료의 **한계생산가치(value of marginal product, VMP)**라고 부르고 VMP_X로 표기한다. 즉, 생산요소 X의 한계생산가치는 생산요소 X의 한계생산에 상품 가격을 곱한 값이고, 생산요소 X를 한 단위 늘렸을 때 발생하는 생산량의 가치 증가를 의미한다.

$$VMP_X = P \times MP_X = P \times \frac{\triangle TP}{\triangle X}$$

생산요소 X의 한계생산가치 = (상품가격)×(생산요소 X의 한계생산)

그러면 쌀 생산자는 어느 정도의 비료를 사용할 것인가? 비료의 한계생산가치 VMP_X는 비료를 하나 더 투입하여 추가로 생산한 산출물의 가치이기 때문에 비료 한 단위 증가로 얻는 한계수입(MR)이라 할 수 있다. 비료를 한 단위 더 투입하면 이제는 추가 비용이 발생하는데, 비료 가격 w_X가 그 비용이고, 이는 비료 한 단위 추가 사용의 한계비용(MC)이 된다. 즉 한계수입과 한계비용이 이제는 생산량이 아니라 생산요소인 비료를 통해 표현되는데, 생산자의 이윤극대화 조건은 양자가 일치되게 하는 것이다. 즉 가변생산요소의 한계생산가치와 생산요소 가격이 일치하도록 생산요소 사용량을 선택하는 것이 최적의 선택이다.

생산요소의 수요량 선택: $VMP_X = w_X$

이제 앞서 배운 비료의 한계생산가치를 〈그림 7－1〉과 같이 나타내보자. 한계생산 가치의 곡선 VMP_X는 비료의 한계생산에 쌀 가격 P를 곱해준 것으로서, 〈그림 4－1〉이 보여준 바와 같이 하나의 가변생산요소가 있을 경우 그 한계생산이 생산요소 투입 초기에 증가할 수도 있지만 결국 감소하게 되므로 VMP_X 역시 그러한 형태를 지녀야 한다. 이때 비료의 한계생산가치 곡선 VMP_X는 곧 비료의 요소수요곡선 D_X에 해당한다. 왜 그럴까? 만약 비료의 요소가격이 w_X^*로 주어졌다면 쌀 농가가 이윤을 극대화할 수 있는 최적의 비료 투입량은 $w_X^* = VMP_X$가 만족될 때 결정된다. 이를 그래프상에서 찾아보면 우하향하는 VMP_X 곡선과 w_X^*가 만나는 교점에서 수평축의 X^*가 정해지는 것을 확인할 수 있다. 이제 가격이 w_X^*가 아니라 수직축 상의 임의의 다른 한 점이라면 역시 $VMP_X = w_X$ 조건을 이용, 우하향하는 그래프 VMP_X과의 교점에서 수평축상에 X를 찾아나가면 된다. 이 점들을 이은 것이 바로 비료의 요소수요곡선 D_X이며 비료의 한계 생산가치 VMP_X과 일치한다.

한편, 앞에서 보여주었던 특정 생산요소의 한계생산가치와 그 가격이 일치하도록 생산요소 사용량을 선택해야 한다는 결론은 가변생산요소가 하나가 아니라 여러 개일 경우에도 성립한다. 즉 사용량을 선택할 수 있는 **모든 생산요소는 그 한계생산가치와 가격**

그림 7-1   가변투입요소의 수요

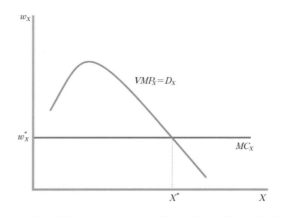

이 동일하도록 사용량을 선택하는 것이 최선의 선택이다.

2   요소공급과 요소시장균형

비료 요소시장이 여전히 완전경쟁일 경우 비료를 구매하려는 무수히 많은 쌀 농가들이 있고 비료를 판매하는 업자들도 무수히 많이 있다. 그럴 경우 쌀 생산을 위해 비료를 투입하는 쌀 농가 입장에서는 비료 요소가격을 시장에서 주어진 대로 받아들이는 가격수용자(price taker)가 되어 가격이 고정된 상태에서 자신이 원하는 만큼 비료를 구매할 수 있다.

〈그림 7−2〉는 특정 생산요소의 시장균형과 개별 생산자의 사용량 선택을 동시에 보여준다. 생산요소 역시 시장전체의 공급과 시장전체의 수요가 만나는 점에서 시장균형을 만들어낸다. 그렇다면 시장전체의 생산요소 수요곡선은 어떻게 도출할 수 있을까? 물론 제3장에서 소비재에 대한 시장수요가 개별 소비자 수요의 수평합으로 도출되었듯이 개별 생산자의 생산요소에 대한 수요곡선을 수평으로 합하여 생산요소의 시장수요를 도출할 수 있지만, 소비재수요와 달리 파생수요라는 특성을 가지는 생산요소의 경우 한 가지 복잡한 문제가 등장한다. 그것은 생산요소의 수요는 $VMP_X = P \times MP_X$와 같아서 생산품의 가격 P가 한 요소로 포함된다는 것이다. 개별 생산자라면 생산요소 사용량을 늘려도 생산품의 가격 P가 영향을 받지 않겠지만 특정 산업 전체, 예를 들면 전국의

그림 7-2 개별 생산자 및 시장전체의 요소시장균형

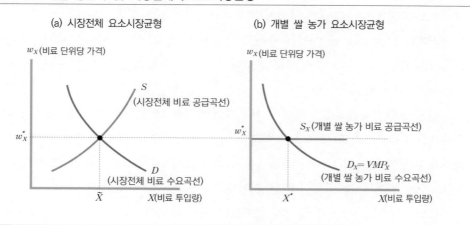

(a) 시장전체 요소시장균형

w_X(비료 단위당 가격)

S
(시장전체 비료 공급곡선)

w_X^*

D
(시장전체 비료 수요곡선)

$\tilde{X}$ X(비료 투입량)

(b) 개별 쌀 농가 요소시장균형

w_X(비료 단위당 가격)

w_X^*

S_X(개별 쌀 농가 비료 공급곡선)

$D_X = VMP_X$
(개별 쌀 농가 비료 수요곡선)

X^* X(비료 투입량)

모든 쌀 생산자가 비료 사용량을 늘리면 시장 전체의 쌀 공급량이 많아지기 때문에 쌀 가격 P가 변하게 되는 문제가 발생한다. 따라서 생산요소의 시장수요를 도출할 때에는 개별 생산자의 생산요소 수요곡선들을 물론 반영해야겠지만, 동시에 전체 생산자가 생산요소 가격변화에 반응하여 생산요소 사용량을 바꿀 때 발생하는 생산품 가격변화의 효과가 생산요소 시장수요에 미치는 영향도 고려하여야 한다.5)

〈그림 7-2〉에서 개별 쌀 생산자가 접하게 되는 비료의 요소공급곡선 S_X는 어떤 형태를 지닐까? 앞서 시장전체에서 결정된 균형가격 w_X^*에서 각 쌀 농가는 자신들이 원하는 만큼의 비료를 구매할 수 있다고 하였다. 이는 곧 비료의 요소공급곡선이 수직축 상에서 w_X^*를 절편으로 하고 수평축에 평행한 수평선으로 그려진다고 볼 수 있다. 이제 개별 쌀 농가 측면에서의 균형은 수요와 공급곡선의 교점, 즉 〈그림 7-2a〉 그래프상 D_X와 수평선 S_X가 만날 때 형성되고 이에 상응하는 균형수량은 〈그림 7-2b〉 그래프 상에서 X^* 수준으로 도출된다.

section 03 경제지대

우리는 제5장에서 생산품을 소비하고 공급하는 소비자와 생산자가 경제행위를 함

---

5) 이 추가 요인 때문에 생산요소의 시장수요곡선은 더 완만해질까 아니면 더 가파르게 될까?

으로 인해 얻는 이득을 생산자잉여와 소비자잉여의 개념으로 측정하였었다. 마찬가지로 생산요소를 공급하는 공급자가 얻게 되는 이득도 정의할 수가 있는데 경제학에서는 이를 **경제지대(economic rent)**라는 용어로 표현한다. 경제지대는 반드시 토지라는 생산요소에 대해서만 적용되는 것은 아니고 토지, 노동, 자본 등과 같은 모든 생산요소에 대해 적용되는 개념이다.6)

경제지대는 생산요소가 생산에 사용되어 실제로 받은 보수에서 생산요소 소유주가 생산요소를 공급하기 위해 최소한 받고자 하는 금액 간의 차이로 정의된다. 생산요소 공급자가 자신이 반드시 받아야 하겠다는 금액 이상을 실제로 받는다면 그 차이가 바로 생산요소가 벌어다 준 이득이 되는 것이다.

〈그림 7-3〉은 노동과 토지의 경제지대 개념을 보여주고 있다. 좌측의 노동시장에서의 균형 노동 고용량은 L^*이고 균형 임금은 w^*이다. 노동력 공급자는 공급곡선 S_L의 높이에 해당되는 금액을 노동대가로 받으려 하는데, 노동공급곡선이 우상향하므로 그 금액은 점차 높아진다. 그러나 노동시장에서는 모든 노동자에게 동일한 금액 w^*가 지불되며, 이 금액은 임금으로 받고자 하는 금액이 낮은 순서대로 노동자를 줄지었을 때 고용되는 마지막 노동자가 받고자 하는 금액일 뿐 그 이전의 노동자가 받고자 하는 금액, 즉 S_L상의 금액보다는 더 크다. 따라서 노동시장 전체로 보면 노동에 대해 지불되는 금액은 $w^* \times L^*$에 해당하는 면적 $A + B$임에 반해 노동자들이 반드시 받아야겠다고 생각하는 금액은 L^*까지 S_L상의 높이들을 촘촘히 더한 면적 B이기 때문에 결국 $A + B$에서 B를 뺀 면적 A가 노동의 경제지대가 된다.

한편, 토지와 같은 물리적으로 양이 고정된 생산요소는 흔히 그 공급곡선이 수직선의 형태를 지닌다고 가정된다. 즉 토지의 이용가능한 양 A^*만큼이 가격과 상관없이 공급되며, 따라서 토지의 가격 R은 전적으로 그 수요 D_A에 의해 결정된다. 〈그림 7-3b〉에서 토지의 균형가격 혹은 임대료는 R^*인데, 이때 토지가격으로 지불되는 금액은 $R^* \times A^*$인 면적 C이다. 이렇게 양 자체가 고정된 생산요소의 경제지대는 곧 면적 C이며, 생산요소에 지급되는 금액 전체가 경제지대가 된다. 이는 토지의 공급자는 고정된 양 A^*를 가격과 상관없이 공급할 수밖에 없어 반드시 받아야겠다고 생각하는 금액 자체가 존재하지 않기 때문이다.

---

6) 생산요소로서의 토지나 자본(건물, 기계, 도구 등)의 가치는 시간의 흐름을 고려한 동태적 개념을 도입해야 온전한 설명이 가능한 경우가 많다. 본 장에서는 그러한 동태적 논의를 생략하지만, 대신 제16장에서는 경제적 자원의 동태적 측면(현재가치, 할인율 등)을 중점적으로 다룬다.

그림 7-3 경제지대

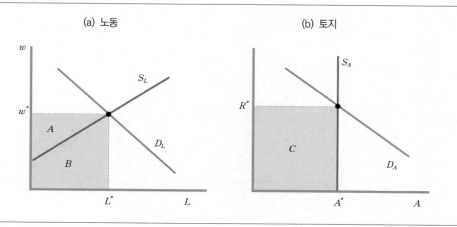

이상의 내용을 정리하면 생산요소 공급자가 얻는 경제적 이득인 경제지대는 이들이 실제로 수취하는 금액과 반드시 받고자 하는 최소한의 금액의 차이로서, 생산요소 공급자가 생산요소의 '생산자'로서 받는 생산자잉여와 같은 개념이다.

section 04 농업노동력 시장의 균형

앞에서는 노동과 토지를 포함하는 투입요소의 수요를 도출하고, 그 시장균형을 도출하는 과정을 살펴보았다. 본 절은 이 중 노동이 농업생산에 투입요소로 사용되는 경우를 살펴본다.[7] 농업노동은 제조업 등 다른 산업에서 쓰이는 노동과 비교할 때 고유한 특성을 가지는데, 첫째는 시간이 지날수록 특히 전문화된 농가일수록 고용노동의 비중이 커지는 것도 사실이지만 대부분의 농가가 여전히 가족농 위주로 농업경영을 하다 보니 다른 산업에 비해서 고용노동보다는 가족노동의 비중이 높다는 점을 들 수 있다. 둘째는 경제성장 초기에는 대부분의 고용이 농업 부문에서 이루어지고 있다가 경제가 성장하면서 노동력이 점차 비농업 부문으로 이동하는, 즉 이농현상이 거의 모든 경제에서 발생한 역사적 사실이라는 점이다. 따라서 우리나라에서는 최근 활발한 귀농 움직임이

---

7) 농업생산은 다른 산업과는 달리 투입요소 중 토지의 중요성이 높다는 특성을 가진다. 농업 부문의 토지이용과 관련된 내용은 좀 더 자세히 살펴볼 필요가 있으므로 이후 이어지는 5절과 6절에서 보다 상세히 다루고자 한다.

그림 7-4 해리스-토다로 모형과 농업 및 비농업 부문 노동시장 균형

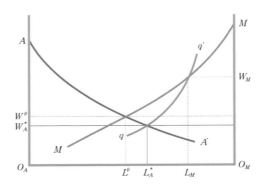

있긴 하지만, 농업 노동력 공급은 비농업 부문으로 유출되는 이농현상과 맞물려 있고, 아주 단기가 아닌 한 농업 부문의 노동공급과 농업노동력 시장의 균형은 이농 관련 의사결정을 동시에 고려하여 분석해야 한다.[8]

경제 내의 노동력 중 어느 정도가 농업 부문에서 고용되고 어느 정도가 농업 외에서 고용되는지를 설명하는 방식은 여러 가지가 있겠지만 현재까지도 가장 자주 인용되고 있는 것이 해리스-토다로(Harris-Todaro) 모형이다. 이 모형은 기본적으로 농가인구가 농촌에 남아서 노동력을 공급할지 아니면 도시로 이주하여 제조업이나 여타 산업에 노동력을 제공할지를 선택하는데, 의사결정은 현재의 농업노임과 이주 후 도시에서 얻을 것으로 예상되는 '기대임금' 중 무엇이 더 큰지에 따라 이루어진다고 가정한다. 아울러 소득이 높든 낮든 최소한의 생산행위를 할 수 있어 실업률은 높지 않은 농촌과 달리 도시에서는 만족할 만한 수준의 임금을 제공하는 직장을 반드시 얻을 수는 없고, 따라서 실업에 처할 수 있다는 가능성도 포함하고 있다.

〈그림 7-4〉에서 O_A는 농업에 고용되는 노동력의 원점이고 O_M은 비농업 혹은 제조업에 고용된 노동력을 계측하는 원점이다. 경제 내에는 총 $O_A O_M$만큼의 노동력이 있다. 곡선 AA'는 농업노동의 한계생산성 곡선이고, 곡선 MM'는 제조업노동의 한계생산성 곡선이다. 두 곡선은 각각 노동 사용량에 대해 감소한다. 경제 내에서는 노동만이

---

8) 노동은 또한 공급측면에서의 특성을 가지기도 한다. 노동자는 자신의 노동력을 시장에 판매할 수도 있지만 여가를 통해 직접 소비할 수도 있다. 즉 노동자는 노동의 소비자이자 공급자이다. 따라서 노동의 공급은 노동가격 상승 시 노동가격변화의 대체효과와 소득효과의 상대적 크기에 따라 늘어날 수도 있고 줄어들 수도 있다. 이는 제4장에서 다루었던 자급농이 본인 생산물을 자가소비와 시장판매에 배분하는 행위의 경우와 유사하다.

두 부문 사이에 이동할 수 있고, 자본이나 토지는 이동할 수 없다고 가정한다. 또한 농산물과 제조업 산출물의 가격은 모두 1로 고정되어 있다고 가정한다. 만약 경제 내의 노동력 이동에 어떤 장애요인도 없다면 두 산업의 노동의 한계생산가치가 동일하도록 노동력이 배분될 것이다. 따라서 $O_A L^0$만큼의 노동이 농업에 사용되고, 나머지 $O_M L^0$만큼이 제조업에서 고용되며, 임금은 두 산업 모두에 있어 W^0로 동일해야 할 것이다. 즉 노동시장에서는 완전고용이 이루어진다.

해리스-토다로 모형은 현실에 있어서는 도시의 제조업 부문에서는 상당한 정도의 실업이 있음에도 불구하고 여전히 농업노동력이 도시로 이주하는 현상에 주목하여, 위의 완전고용모형과는 다른 설명을 하고 있다. 이들에 의하면 도시에서 비교적 높은 수준의 임금인 W_M을 제공할 수 있는 일자리는 $O_M L_M$으로 한정되어 있다. 이 임금수준 W_M은 쉽게 바뀌지 않고 고정된 것으로 가정한다. 이렇게 도시의 임금수준만큼을 받을 수 있는 일자리가 한정될 경우 기존의 농촌노동이 도시로 이주할 때 반드시 제조업 일자리를 구할 수 있다는 보장이 없어진다. 도시에 들어와 있는 현재의 총 노동력이 $O_M L_A$라 하자. 이 경우 어떤 농업노동자가 도시로 이주하여 제조업에 취업할 확률은 $\dfrac{O_M L_M}{O_M L_A}$과 같고, 도시로 이주함에 따라 얻을 것으로 예상하는 기대임금은 $W_A = \left(1 - \dfrac{O_M L_M}{O_M L_A}\right) \times 0 + \dfrac{O_M L_M}{O_M L_A} W_M = \dfrac{O_M L_M}{O_M L_A} W_M$과 같다. 이 관계식에서 $O_M L_M$과 W_M은 고정된 값이기 때문에 그 곱 $O_M L_M \times W_M$도 고정된 값이다. 따라서 이 관계식을 충족하는 기대임금 W_A와 도시 노동량 L_A는 〈그림 7-4〉에서의 qq'와 같은 직각 쌍곡선의 위에 놓여 있어야 한다.[9]

현재 농촌에 거주하고 있는 노동력은 농촌에 여전히 남아 농업노동력을 공급할 것인지, 아니면 도시로 이주하여 확률 $\dfrac{O_M L_M}{O_M L_A}$로 제조업에 취업하거나 확률 $1 - \dfrac{O_M L_M}{O_M L_A}$로 도시의 실업자가 될 것인지를 결정해야 하는데, 그 결정은 농업임금과 도시의 기대임금 중 어느 쪽이 더 큰지에 달려있으므로 균형 L_A는 도시의 기대임금곡선인 qq'와 농촌

---

9) 〈그림 7-4〉는 코든과 핀들레이(Corden, W. M. and R. Findlay, "Urban Unemployment, Intersectoral Capital Mobility and Development Policy," *Economica* 42: 59-78, 1975)를 참조한 것인데, 이들은 해리스-토다로(Harris, J. R. and M. P. Todaro, "Migration, Unemployment and Development: a Two-sector Analysis," *American Economic Review* 60: 126-142, 1970)의 수학모형을 그래프로 설명하는 방법을 고안하였다. 코든과 핀들레이는 qq'를 해리스-토다로 곡선이라 불렀다.

의 임금수준을 나타내는 곡선 AA'가 만나는 수준인 L_A^*가 되어야 한다. 따라서 균형에서는 $O_A L_A^*$만큼의 노동력이 농업노동력으로 고용되고, 나머지 $O_M L_A^*$만큼이 도시 거주민이 되는데, 이 중 $O_M L_M$만큼은 고용이 되지만 $L_A^* L_M$만큼은 도시 실업자가 된다. 농업노동력 임금은 W_A^*가 될 것이다.[10]

〈그림 7-4〉의 모형은 비교적 단순하지만 높은 현실 설명력을 갖고 있는 것으로 평가받고 있으며, 농업노동력 공급에 영향을 미칠 수 있는 여러 가지 요인을 잘 드러내고 있다. 예를 들면 도농 간 임금격차가 커져 W_M이 높아지면 이농을 촉진하고 농업노동 공급량을 줄일 것이다. 아울러 교육수준이나 기술수준이 높은 농업노동자일수록 도시에서의 취업확률이 높아 이들이 우선적으로 이농을 하게 된다는 것도 설명이 된다. 또한 농업의 노동생산성 향상은 노동수요를 늘려 이농속도를 낮추게 될 것이다.

section 05 농업정책과 농지가격

제5장에서 살펴본 바와 같이 농업정책의 주요 목적 중 하나는 농산물가격 상승을 통해 농업 생산자의 소득을 높여주는 데에 있다. 이러한 정책의 주 적용 대상은 농산물이지만 농업생산은 다시 노동, 자본, 토지와 같은 투입요소를 필요로 하기 때문에 투입요소 가격에도 영향을 미치게 된다. 특히 농지는 노동이나 자본에 비하면 비농업 부문으로의 이동성이 상대적으로 약하고 농업 부문에 고유하게 사용되는 투입요소라 이러한 농업정책이 농지가격에 어떤 영향을 미치는지가 경제이론적 및 정책적 관심사가 되기도 한다. 실제로 농산물가격을 높이고자 하는 여러 종류의 정부 정책이 실제 농업 생산자보다는 농지를 소유한 지주에게 더 많은 혜택을 줄 뿐이라는 비판도 지속적으로 제기되어 왔다. 본 절은 농산물 가격정책이 농지가격에 미치는 영향을 분석하되, 농지의 공급이 시장 상황에 따라 비교적 탄력적으로 반응할 수 있는 경우와 그렇지 못한 경우로 구분하여 살펴본다.

---

10) L_A^*가 L^0의 오른쪽에 반드시 위치할 이유는 없고 W_A^*가 W^0보다 반드시 낮을 이유도 없다.

1 농지공급이 탄력적인 경우

흔히들 농지와 같은 토지의 주요 특성으로서 그 공급량이 고정되고, 따라서 공급곡선이 수직선의 형태를 지닌다는 점을 든다. 하지만 토지공급이 이렇게 비탄력적이라는 것은 극히 단기적인 현상이다. 농지는 개간이나 간척을 통해 새로이 늘어나기도 하고, 반대로 비농지로 전용(diversion)되는 속도도 상당하다. 본서의 제2장에서 우리나라의 경우 1970년 국토 면적의 23.3%를 차지했던 농지가 2022년에는 15.2%만 차지할 정도로 비농업용으로 용도변경이 활발히 이루어졌음을 보았다. 농지를 비농지로 전용할지의 여부는 전용을 규제하는 정부 정책에 의해서도 영향을 받지만, 기본적으로 토지를 농지로 계속 사용할 때의 수익과 비농업용지로 전용해서 얻을 수익을 비교하여 어느 쪽이 더 크냐에 의해 결정이 된다. 이런 점을 감안하면, 농지로부터의 수익이 높고 낮음은 토지가 농업용으로 사용될 수 있도록 공급하는 양에 영향을 미친다고 보아야 한다. 아울러 농지는 농업용으로 사용되더라도 용도가 고정된 것이 아니라 서로 다른 농산물 생산을 위해 배분될 수 있다. 예를 들어 밭작물에 비해 쌀 가격이 높아지면 논 임차료로 지불할 수 있는 금액이 커지기 때문에 기존의 밭을 논으로 전환하여 공급할 수가 있으며, 따라서 논 공급량은 논의 가격이라 할 수 있는 논 임차료가 높아지면 증가할 수가 있다.

〈그림 7-5〉는 토지의 공급이 어느 정도 탄력성을 지닐 경우의 농산물 시장과 농지 시장의 동시적 균형을 보여준다. 좌측 그림은 농산물, 예를 들면 쌀 시장의 균형을 보여주고, 우측 그림은 쌀 생산에 사용되는 농지, 즉 논의 시장균형을 보여준다. 쌀 가격과 수량은 각각 P와 Q, 농지 가격에 해당하는 임차료와 농지 수량은 각각 R과 A로 나타나 있다. 두 시장에 있어 현재의 균형은 각각 (Q_e, P_e)와 (A_e, R_e)이다. 쌀 공급곡선은 우상향하되, 한계생산비를 나타내므로 임차료 R에 따라 달라지며, R의 변화는 쌀 공급곡선을 상하로 이동시킨다. 현재의 쌀 공급곡선은 $S(P, R_e)$로서, 현재의 임차료 R_e를 반영하고 있다. 논의 경우 그 공급곡선 $S_A(R)$은 임차료 R에 따라 논 공급량이 얼마나 달라지는지를 보여주는데, 논 공급이 탄력성을 가져 〈그림 7-3b〉와 같은 수직선 형태와는 달리 우상향하는 모습을 보여준다. 논 수요는 그 가격 혹은 임차료 R에 대해 감소하지만, 앞 절에서 살펴본 바와 같이 파생수요이므로 논의 한계생산성과 동시에 쌀 가격에 의해서도 영향을 받기 때문에 P에 따라 달라진다. P의 변화는 논 수요곡선을 상하로 이동시킨다. $D(P_e, R)$이 최초 균형을 만들어낸 논 수요곡선이다. 편의상 쌀 생산에서 논을 다른 투입요소로 대체하는 것은 불가능하고, R이 변할 경우 쌀 공급곡선

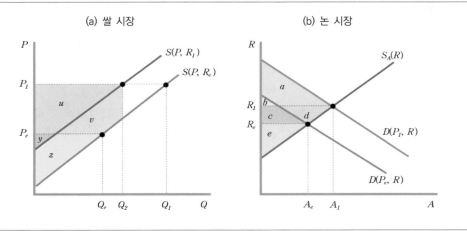

그림 7-5　농산물시장과 농지시장의 균형: 탄력적인 농지공급

(a) 쌀 시장

(b) 논 시장

$S(P,R)$은 평행 이동하며, P가 변할 경우 논의 수요곡선 $D(P,R)$도 평행 이동한다고 가정하자.

　이제 정부가 제5장에서 사용되었던 가격지지 등의 정책을 사용하여 쌀 가격을 P_e 에서 P_1으로 높인다고 하자. 그로 인한 즉각적인 효과는 공급곡선 $S(P,R_e)$를 따라 쌀 생산량이 Q_1으로 늘어나는 것이다. 하지만 쌀 공급 증가는 논에 대한 수요를 늘리기 때문에 동일 임차료에도 논을 원하는 정도가 커져 논 수요곡선을 $D(P_1,R)$로 상향 이동 시킨다. 따라서 논 임차료가 R_1으로 상승하게 된다. 이렇게 임차료가 오르게 되면 쌀 농가 입장에서는 생산비가 상승한 것이 되고, 따라서 쌀 공급곡선이 $S(P,R_1)$으로 위쪽으로 이동하게 된다. 최종적인 쌀 생산량은 Q_1보다는 적은 Q_2가 된다. 즉 정부 정책 도입 후의 균형은 쌀 시장에서는 (Q_2, P_1), 논 시장에서는 (A_1, R_1)이 된다.

　정책 도입 때문에 발생한 이러한 쌀 시장과 논 시장의 균형 변화로 인해 누가 어느 정도의 이득을 얻는가? 쌀 소비자의 후생효과는 제5장에서 논의했으므로 여기에서는 쌀 생산자와 논 소유자의 후생효과를 살펴본다. 먼저 〈그림 7-5a〉에서 쌀 생산자의 생산자잉여 변화분은 면적 $u+y-(y+z)=u-z$와 같은데, 쌀 생산자는 논 시장에서 소비자 혹은 구매자이므로 면적 $u-z$는 〈그림 7-5b〉에서의 소비자잉여 변화분인 면적 $a+b-(b+c)=a-c$와 일치해야 한다. 즉 $u-z=a-c$이다. 〈그림 7-5b〉에서 지주의 생산자잉여, 혹은 논의 경제지대의 변화분은 면적 $c+d+e-e=c+d$가 된다. 따라서 쌀 시장과 논 시장에서 발생한 총 잉여의 변화분은 $a-c+c+d=a+d$와 같다. 단, 이 잉여 변화분은 정부비용과 쌀 소비자잉여의 변화분은 포함하지 않은 것이다. 총 잉여

변화분 면적 $a+d$는 쌀 생산자에게는 면적 $a-c$가, 지주에게는 면적 $c+d$가 돌아간다.

2 농지공급이 비탄력적인 경우

통상적으로 가정하는 바와 같이 만약 농지의 공급이 고정되어 있고, 따라서 공급곡선이 수직선이라면 어떤 일이 발생할까? 〈그림 7−6〉이 그 경우를 보여준다.

〈그림 7−6b〉에서 논의 공급곡선 $S_A(R)$은 수직선으로 주어져 있고, 이용가능한 논 면적은 A_e로 고정되어 있다. 최초 쌀 시장 균형 (Q_e, P_e)에서 쌀 가격을 정부가 인상시켜 P_1이 되면, 논에 대해 지급할 수 있는 임차료가 상승하기 때문에 논 수요곡선이 $D(P_1, R)$로 상향 이동하게 되며, 논 임차료도 R_1으로 상승한다.

한편 쌀 시장 상황은 〈그림 7−6a〉에 나타나는데, 이용가능한 논 면적이 A_e로 고정되어 있고 논을 다른 투입요소로 대체하는 것도 여의치 않은 상태에서는 쌀 생산량도 논 면적처럼 Q_e에 고정될 수밖에 없다. 이는 앞서 농지공급이 탄력적인 경우인 〈그림 7−5a〉에서 $S(P, R_e)$ 공급곡선을 따라 Q_1까지 증가시키는 것이 가능했던 양상과는 다르다. 그러나 쌀의 공급곡선 자체는 논 임차료 상승에 따른 비용상승 요인에 의해 $S(P, R_1)$으로 상향 이동한다.

후생효과를 보면, 쌀 생산자의 생산자잉여 변화분은 〈그림 7−6a〉에서 볼 수 있듯이 면적 $u+y-(y+z)=u-z=0$이어서, 쌀 생산자의 잉여는 불변이다. 이를 다시

그림 7−6 농산물시장과 농지시장의 균형: 비탄력적인 농지공급

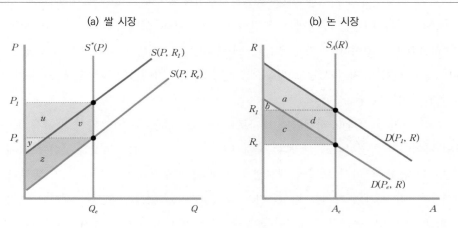

〈그림 7-6b〉에서 확인하면, 논의 수요자인 쌀 생산자의 소비자잉여 변화분은 면적 $a+b-(b+c)=a-c=0$으로, 소비자잉여는 변하지 않는다. 대신 논 공급자, 즉 지주의 생산자잉여 혹은 경제지대 변화분은 면적 $c+d$이고 이것은 곧 쌀 생산자와 지주 전체에게 발생하는 총 잉여와 같다. 즉 농지의 공급이 완전 비탄력적일 경우 쌀 가격을 지지하려는 정부 정책의 실제 성과는 쌀 생산자가 아닌 농지 소유주에게 모두 돌아가게 된다.

결론적으로 쌀 생산에 사용될 수 있는 농지의 공급이 탄력적이고, 따라서 쌀 공급 자체도 탄력적일 때는 쌀과 같은 농산물의 가격지지 정책이 실제로 쌀을 생산하는 생산자에게 잉여로 돌아가는 몫이 크지만, 농지공급 자체가 비탄력적일 경우에는 농산물 가격지지정책의 실제 수혜자는 농산물 생산자보다는 농지 소유주가 될 가능성이 크다. 물론 농업 생산자가 동시에 농지 소유주이기도 하다면 전체 잉여가 생산자 겸 지주에게로 귀착될 것이다.

section 06 농지가격의 결정요인

농지는 농업생산에 반드시 필요한 생산요소일 뿐 아니라 농가에게는 가장 중요한 자산이기도 하다. 따라서 농지가격이 어떻게 결정되는지를 살펴볼 필요가 있다. 토지의 가격은 토지에 대한 수요가 공급에 비해 얼마나 더 큰가에 달려있고, 토지 수요는 토지로부터 발생하는 수익에 의해 결정될 것이다. 토지가격이 지역, 용도 등에 따라 천차만별이듯이 농지가격도 지역에 따라 매우 큰 차이를 보인다. 토지가격이 이렇게 서로 큰 차이를 보이는 이유를 설명하는 고전적 이론이 아래 설명되는 두 가지의 **차액지대론** **(differential rent)**이다. 토지를 임대할 때 주고받는 지대는 토지의 수익을 반영하고, 지대의 높고 낮음이 지가의 높고 낮음으로 연결되므로 차액지대론은 결국 지가의 차이를 설명하는 이론이 된다.

대표적인 고전학파 경제학자 리카르도(D. Ricardo)는 토지의 가치 차이가 **토지 비옥도**의 차이에서 발생한다고 보았다. 상대적으로 비옥한 토지는 그렇지 못한 토지에 비해 생산성이 높고, 따라서 토지의 생산성 차이에 따른 생산물의 가치 차이가 바로 토지의 지대, 나아가 지가의 차이를 결정한다고 보았다. 이는 위에서 본서가 제시한 농지 수요는 파생수요이고, 농지의 한계생산성이 높을수록 수요자는 높은 농지가격을 지불하고자 한다는 주장과도 일맥상통한다.

또 다른 차액지대론은 튀넨(J. H. von Thünen)이 제안한 것으로서, 토지의 가치 차이는 비옥도가 아니라 **위치(location)**의 차이에 의해 발생한다는 것이다.11) 경제활동은 특정 중심지 위주로 이루어지는 경향이 있다. 따라서 모든 종류의 경제행위자들은 중심지로부터 멀어질수록 경제활동을 위한 수송비나 교통비 부담이 커지는데, 중심지의 관청이나 법원에 자주 드나들어야 하는 변호사들처럼 중심지로부터 멀어질수록 유난히 비용부담이 큰 업종이 보다 중심지 가까이 위치하고, 그보다 적은 횟수로 생산물을 한꺼번에 많이 중심지 시장으로 수송하면 되는 공장 등은 멀리 떨어져 위치하는 등의 선택을 한다. 중심지로의 근접성이 중요한 업종일수록 높은 임대료를 낼 의향이 있기 때문에 결국 토지 임대료나 가격은 중심지로부터 멀어질수록 낮아지게 된다.

두 가지 차액지대론은 거의 200년 전에 개발되었지만 여전히 토지가격 차이를 설명하는 유효한 이론들이다. 일반적으로 리카르도의 차액지대론은 농지의 가격 차이를, 튀넨의 차액지대론은 도시 지역 토지의 가격 차이를 잘 설명한다고 이해되고 있으나, 최근에는 농지의 경우에도 이 두 이론이 모두 작용하고 있음이 이론적, 경험적으로 입증되고 있다.

현재 농지로 이용되고 있는 어떤 토지의 가치는 사실 다음과 같이 결정된다.

농지의 경제적 가치 = 농지로 사용될 때까지의 예상 농업수익

+ 비농지로 전용된 후 얻을 것으로 예상되는 수익

- 전용 관련 각종 비용

즉 농지는 농지로 이용될 때 얻을 것으로 예상되는 농업수익에 비농지로 전용이 된 후 도시용으로 사용됨으로써 얻을 것으로 예상되는 수익을 더하고, 여기에 비농지로 전용하는 데 비용이 든다면 이를 **빼준** 것이라야 한다.12) 아울러 농지의 전용은 비가역적(irreversible)인 행위로서, 일단 비농지로 전용되면 농지로서의 기능을 상당 부분 상실하기 때문에 농지로 재전용되기는 어렵다. 그렇다면 현재 농지로 이용되고 있는 토지의 가

---

11) 튀넨의 이론은 제17장에서 보다 자세히 설명된다.
12) 이들 수익은 사실 각기 다른 시점에 발생할 것이기 때문에 이들을 단순 합해줄 수는 없고 발생 시점 차이가 가치에 미치는 영향을 감안해야 하지만, 이에 대해서는 본서의 제16장에서 설명하기로 한다.

치에 영향을 미치는 세 가지 직접적인 요인이 있다: ① 농지로서의 농업수익, ② 비농지로 전용된 후 얻는 수익과 전용비용, ③ 전용시점.

아울러 이상 세 가지 요인은 다시 보다 근본적인 요인들에 의해 결정이 되는데, 그러한 요인으로 1) 토지 자체가 가지고 있는 생산요소로서의 특성, 2) 토지가 위치한 지역의 특성, 3) 정책변수의 영향 등이 있을 수 있다. 이들 근본 요인들이 농지가격과 관련하여 앞서 언급된 세 가지 직접적인 요인들에 미치는 영향을 살펴보자.

첫째, 농지로 사용될 때의 예상 농업수익에는 토양특성, 관배수시설 여부, 기후조건 등과 같은 농업의 생산성에 영향을 미치는 토지 자체의 생산요소적인 특성이 중요한 결정요인이 된다. 리카르도가 얘기한대로 비옥도 혹은 토지 생산성이 높고 농업생산 인프라가 잘 갖추어진 농지의 가격이 높아야 한다. 그러나 최근 여러 나라에서 시행된 연구들은 사실 농업수익에도 농지 자체의 특성은 물론이고 주변 환경, 특히 위치로서의 특성이 대단히 큰 영향을 미침을 밝히고 있다. 농지가 위치한 지역의 인구 규모와 성장률, 대도시와의 거리 등 농업생산성과 직접적 관련이 없는 변수들이 사실은 '농업수익'에 큰 영향을 미친다는 것인데, 이는 이들 변수들이 농산물의 품목 선택에 영향을 미치기 때문이다. 도시에 가까운 농지일수록 낙농이나 채소, 화훼와 같은 신선한 상태로 매일 소비지로 수송해야 하는 품목을 생산하는 데 유리하며, 이들 품목은 쌀과 같은 곡물에 비해 토지 단위당 부가가치가 높기 때문에 토지 수익성이 상대적으로 높고, 따라서 오히려 도시 근교 농지의 농업수익률도 도시에서 멀리 떨어진 농지의 농업수익률보다 더 높다.

둘째, 농지가 전용된 후 얻게 되는 수익에는 농지가 가지는 위치 특성이 결정적으로 중요한 변수가 된다. 대도시에 가깝고 개발가능성이 높은 지역에 위치할수록 예상되는 개발이익이 크기 때문에 농지의 가격이 높아진다. 아울러 여기에는 정부 정책도 영향을 미친다. 정부에 의한 대규모 개발계획이 시행될 가능성이 높은 지역일수록 전용 후 얻을 것으로 예상되는 수익이 커지므로 농지의 가격이 상승하게 된다. 또한 정부는 농지의 전용 시 징수하는 부과금이나 세금 등을 높게 책정하여 개발 후 수익이 실질적으로는 줄어들게 할 수도 있다.

셋째, 농지가 비농지로 전용되는 시점의 문제인데, 사실은 이것이 정부 정책의 초점이 되고 농지 관련 정책을 시행하는 데 있어 가장 중요한 문제가 된다. 농지의 전용시점은 농지소유주가 자발적으로 결정할 수도 있고, 정부가 규제를 통해 통제할 수도 있다. 전용시점 결정에는 토지의 농업수익, 전용 후의 개발수익, 정부 정책이 모두 영향을 미칠 수 있는데, 전용이 자발적으로 이루어진다면 농업수익보다는 위치 특성이 양호하여 전용 후의 개발수익이 클수록 전용시점이 앞당겨질 것이며, 따라서 농지의 가격도 높아질 것이다. 정부가 농지전용을 제한하거나 규제하는 방식을 사용할 때에는 정부가 어떤 순서를 가지고 전용을 허가하는지가 중요하다. 정부는 일반적으로는 농지로서의 생산성이 높은 농지일수록, 도시근교가 아닌 농업주산지의 농지일수록 전용허가를 내어주지 않으려 할 것이며, 따라서 이 경우에도 이 두 변수가 중요한 요인이 된다.

이상을 종합적으로 감안하면 농지의 가격은 농지의 생산성에 영향을 미치는 요인, 농지의 위치 특성, 정부 정책에 의해 영향을 받는데, 정부 정책도 사실은 앞의 두 요인을 반영하여 결정되는 경향이 있다. 따라서 우리가 현실에서 관측하는 바와 같이 농지로서의 기반이 잘 갖추어진 토지보다는 위치 특성상 도시형 농업이 가능하고, 전용 후 예상 개발이익이 크며, 머지않아 전용이 될 가능성도 높은 도시 근교의 농지가 훨씬 높은 가격을 가지게 된다.

한국에서의 농지전용은 허가, 협의, 신고 중 하나를 거쳐 이루어지는데, 전용하려는 농지가 어떤 지역에 위치하는 어떤 유형의 농지인지, 전용희망 규모가 어떤지, 어떤 용도로 전용하려는지 등에 따라 세 가지 절차 중 어떤 절차를 거쳐야 하는지가 정해져 있고, 전용 후의 개발이득의 일부를 부담금의 형태로 정부가 징수한다.[13] 외국에서는 전용 여부를 정부가 허가하는 경우도 있지만, 정부와 계약을 맺어 농민이 전용 없이 농지로 계속 사용하기로 결정할 경우 토지세 감면의 혜택을 주거나, 그러한 농민들에게 개발권(development rights)을 부여한 후 도시의 개발업자가 토지개발을 원할 경우 농민들로부터 개발권을 반드시 구입하게 하여 농지보전의 이득을 농민들이 얻게 하는 등의 인센티브 제도도 사용하고 있다.

section 07   농산물이 투입요소로 사용되는 경우: 바이오에너지

농산물은 최종적인 소비재이기도 하지만 많은 경우 식품이나 다른 용도로 가공이 되기도 한다. 최근에 들어와서는 농산물이 식품 외의 용도로 가공되는 경우도 많아지는데, 에너지나 건강 및 의료용품과 같은 신소재산업의 원료로 사용되는 경우가 주목받고 있다. 특히 화석연료의 고갈과 기후변화에 대한 대응책으로서 지속가능하면서도 새로운

---

13) 박석두, 『농지전용허가제도』, 국가기록원, 2014.

친환경적인 에너지, 즉 신재생에너지(renewable energy)의 중요도가 높아지면서 그러한 신재생에너지 가운데 하나인 바이오에너지(bioenergy)의 생산과 소비가 늘어나고 있으며, 농산물은 그 주요 원료 중 하나이기 때문에 바이오에너지용 농산물에 대한 수요가 크게 늘어나고 있다.

식물의 조직 즉 바이오매스로부터 에너지를 추출하는 여러 가지 방법이 있다. 바이오매스를 고체 상태로 연소하는 방법도 있고, 가스에너지를 생산해내는 방법도 있지만, 활용도 면에서 가장 높고 사용하기 편리한 것은 역시 가솔린이나 디젤과 같은 액체에너지를 만드는 것이다. 바이오가솔린, 즉 에탄올(ethanol)은 발효공법을 통해 식물로부터 추출된 에너지인데 사탕수수와 같은 당 성분을 많이 가지거나 옥수수나 감자처럼 전분을 많이 가진 원료가 주로 사용된다. 바이오디젤은 유채나 평지씨, 팜, 해바라기와 같은 식물이 가진 기름 성분으로부터 추출된다. 에탄올이나 바이오디젤은 주로 기존의 가솔린이나 디젤과 혼합되어 사용되지만, 최근에는 100% 에탄올이 연료로 사용되기도 한다.

바이오에너지는 목질계 원료나 잡초, 해조류, 식물성 폐기물 등을 원료로 이용하는 기술도 개발되고 있지만 여전히 옥수수나 사탕수수와 같은 사람이나 가축이 섭취해야 할 농산물로부터 주로 생산이 된다. 식량은 아니지만 유채나 해바라기, 원료 목재 등도 생산을 위해서는 기존의 농경지를 이들 원료작물 생산으로 전환해야 하기 때문에 식량 문제를 악화시킬 수 있는 여지가 있어 이에 대한 우려도 불러일으키고 있다. 따라서 바이오에너지 관련 정책의 효과분석은 식량 부문에 미치는 영향을 반드시 함께 고려하여야 한다.

브라질에서 사탕수수를 이용해 생산되는 에탄올 정도를 제외하면 아직은 바이오에너지의 생산비가 일반 가솔린이나 디젤에 비해 상당한 정도로 더 높아 각국 정부는 그 생산 및 소비량을 늘리기 위한 여러 지원정책을 사용하고 있다. 에탄올이나 바이오디젤을 기존 가솔린이나 디젤과 의무적으로 몇 % 이상 섞어서 판매하게 하기도 하고, 바이오에너지를 구매하는 소비자에게 보조금을 주기도 하며, 대신 원료 농산물인 옥수수를 생산하는 농민에게 보조를 하기도 한다. 본 절은 이러한 정책 중 바이오에너지에 대해 보조금을 주는 경우를 분석한다.

바이오에너지 생산을 왕성하게 하는 국가는 사탕수수를 주로 이용하는 브라질, 옥수수를 주로 원료로 사용하는 미국, 유지식물을 주로 이용하는 유럽 국가들이다. 미국과 브라질은 에탄올을, 유럽 국가들은 주로 바이오디젤을 생산한다. 특히 미국은 전 세계에 사료용 옥수수를 수출하는 국가인데 에탄올 생산용도로 옥수수를 사용하는 비중이 커지

그림 7-7 에탄올 보조금의 경제적 효과

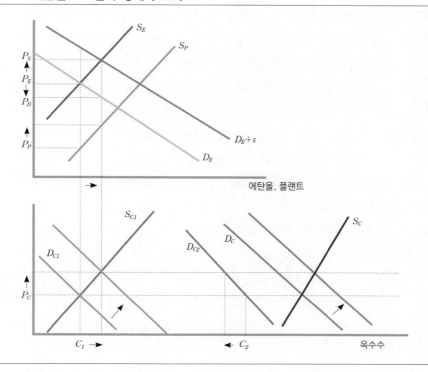

면서 우리나라와 같이 사료를 수입하는 국가들에게 큰 부담을 주고 있다.

〈그림 7-7〉에서 위쪽 그래프는 에탄올 시장의 균형을 보여주고, 아래쪽 그래프는 원료인 옥수수 시장의 균형을 보여준다. 에탄올은 원료인 옥수수에 가공시설, 즉 플랜트를 더하여 생산된다.[14] 에탄올, 옥수수, 플랜트는 각기 계측되는 단위가 다른데 〈그림 7-7〉에서는 모두 옥수수를 단위로 계측이 된다. 따라서 에탄올과 플랜트의 가격도 옥수수 가격을 기준으로 평가된다. 즉 만약 1톤의 옥수수로 300리터의 에탄올이 생산된다면 원래의 리터당 에탄올 가격에 300을 곱한 것이 위쪽 그래프에서의 에탄올 가격이 된다. 달리 얘기하면 에탄올 수량은 300리터를 한 단위로 계측이 된다. 플랜트에 대해서도 마찬가지의 환산 절차를 밟는다. 이렇게 할 수 있기 위해서는 한 단위 에탄올 생산에 필요한 옥수수의 양과 플랜트의 양은 고정되어 있다고 가정하여야 한다.

---

14) 원래 에탄올을 생산해내고 남은 부산물도 사료 등으로 사용할 수가 있지만 편의상 이는 고려하지 않기로 한다. 아래 그림을 이용한 분석은 가드너(Gardner, B., "Fuel Ethanol Subsidies and Farm Price Support," *Journal of Agricultural & Food Industrial Organization* 5(4): 1−20, 2007)를 참조한 것이다.

〈그림 7-7〉의 위쪽 그래프에서 S_E와 D_E는 각각 에탄올의 공급곡선과 수요곡선이다. 정부가 개입하기 이전 에탄올 가격은 P_E이다. S_P는 플랜트의 공급곡선, 즉 한계생산비 곡선이고, 따라서 균형에서 플랜트의 가격은 역시 옥수수로 평가했을 때 P_P가 된다. 아래쪽 그래프에서 S_{C1}과 D_{C1}은 각각 에탄올 생산용 옥수수의 공급곡선과 수요곡선이고, D_{C2}는 사료 및 기타 소비용 옥수수의 수요곡선이다. 아직은 에탄올 생산용보다는 사료 및 기타용의 수요가 더 많다. D_C는 D_{C1}과 D_{C2}를 수평으로 합해 도출한 옥수수의 총 수요곡선이고, S_C는 옥수수의 총 공급곡선이다. 에탄올의 (옥수수로 평가된) 균형수량에서 수직선을 내리면 에탄올 생산을 위한 옥수수의 수량 C_1이 나오고, 이는 D_{C1}과 S_{C1}이 만나는 균형수량이다. 에탄올 생산용 옥수수 가격은 P_C인데, 같은 옥수수가 에탄올 생산에 사용되기도 하고 사료 및 기타용도로 사용되기도 하므로 이는 옥수수 전체의 가격이며, 따라서 사료 및 기타용도 옥수수의 소비량은 C_2이다. C_1과 C_2를 합한 양이 전체 옥수수의 균형소비량이다.

이제 정부가 에탄올을 구입하는 소비자에게 단위당 s의 보조금을 주어 에탄올 수요곡선을 $D_E + s$만큼 상향 이동시켰다고 하자. 이제는 에탄올 생산자 가격 P_S와 에탄올 소비자 가격 P_D 사이에 s만큼의 격차가 발생하고 그 격차는 정부가 보조금으로 부담한다. 위쪽 그래프 가로축 아래에 표기된 작은 화살표처럼 에탄올의 소비량은 정부가 목표한 대로 증가한다. 그리고 플랜트 사용량도 늘어나며, 플랜트업자가 받는 가격 P_P도 상승하게 된다.

옥수수 시장에서는 어떤 일이 벌어지는가? 에탄올 생산 증가와 에탄올 가격 상승으로 투입요소인 옥수수의 수요곡선이 오른쪽으로 이동하고, 에탄올 옥수수 소비량 C_1이 증가한다. 동시에 옥수수 가격 P_C도 상승한다. 그러나 옥수수 가격의 상승은 사료 및 기타 용도의 옥수수 소비량 C_2를 줄이게 된다. 옥수수 시장 전체로 보면, 에탄올용 옥수수 수요곡선이 이동한 만큼 옥수수 전체의 수요곡선도 오른쪽으로 이동하여 옥수수의 생산량이 늘어난다.

이상 살펴본 바와 같이 정부는 바이오에너지가 연료에서 차지하는 비중을 높이기 위해 에탄올에 대해 보조금을 주지만, 그로 인해 원료 농산물과 플랜트 산업에도 중요한 변화가 발생한다. 에탄올, 플랜트, 옥수수의 가격이 (정부의 비용부담하에) 모두 상승하여 이들 산업 생산자들이 이득을 얻고, 에탄올 옥수수 소비량이 늘어나지만, 반대로 사료나 기타 용도의 옥수수 소비량은 줄어들어 에너지 생산 증대에 따른 식량문제의 우려를 유발한다. 이들 개별효과가 어느 정도의 크기인지는 물론 〈그림 7-7〉을 구성하고 있는 수요곡선과 공급곡선들의 형태에 달려있다.

이중차분법

  '정부가 시행한 정책이 어떤 효과가 있었는가'는 정책 관계자는 물론이거니와 일반 국민들의 주된 관심사가 되기 마련이다. 정책을 수혜받는 집단을 처치집단 (treatment group), 이와 대조적으로 수혜받지 못하는 집단을 통제집단(control group) 이라 하면 정책 시행에 따른 인과적 영향(causal effect)은 시행 전후 두 집단 간 결과 의 변화를 비교하여 파악할 수 있다. 단, 두 집단 간 차이가 없도록 해야 그 효과를 정확히 평가할 수 있는데, 신약의 임상 실험과 같은 이공계 실험에서는 집단 구분을 무작위로 하는 무작위통제실험(randomized controlled trial, RCT)을 통해 이를 해결한 다. 반면 정책 평가는 윤리, 비용 등의 문제로 이러한 방식이 사실상 불가능하므로 가급적 유사한 집단을 선택하는 준실험적(quasi-experimental) 방법을 활용한다. 이 중차분법(difference-in-differences, DiD)은 대표적인 준실험 방법으로 정책 시행 전 후 처치집단과 통제집단 간 결과 변화를 비교하여 정책 효과를 평가한다.

	정책 시행 전	정책 시행 후
처치집단(정책 수혜 집단): 지역 1	A	B
통제집단(정책 비수혜 집단): 지역 2	C	D

  본문에 제시된 에탄올 보조금 정책 시행을 예로 이중차분법을 살펴보자. 경제 규모와 특성이 유사한 두 지역 1과 2 가운데 지역 1에만 보조금을 주고 지역 2는 보 조금을 주지 않는다고 하자. 정책 시행 전, 후로 정책을 수혜받은 처치집단과 수혜 받지 못한 통제집단을 구분하고, 각 경우에 대해 에탄올 소비량을 A, B, C, D로 표시하자.

  정책 효과를 평가하는 데에는 여러 방식이 있을 수 있다. 먼저 정책이 시행된 지역 1을 대상으로 시행 전, 후의 차이인 $(B-A)$를 생각해 볼 수 있다. 그런데 이 차이가 오롯이 정책으로 인한 효과라고 하기에는 무리가 있다. 꼭 보조금을 주어서 가 아니라 친환경 에너지 선호 등 소비 트렌드 자체의 변화나 원유가격 상승에 따라 상대적으로 저렴한 에탄올 소비가 늘어나는 등 정책 외 다른 요인들이 작용했을 가 능성도 있기 때문이다. 이를 혼동요인(confounding factor)이라고 하는데, 정책 시행 전후로 시간이 경과하는 동안 혼동요인이 결과에 영향을 미칠 수 있으므로 단순히 시행 전후 차이가 정책만의 순효과라고 볼 수는 없다.

다음으로 정책 시행 후 수혜받은 처치집단(지역 1)과 받지 못한 통제집단(지역 2) 간 차이인 $(B - D)$를 생각해 볼 수 있다. 정책 수혜 여부에 따른 차이이므로 정책 효과로서 그럴듯해 보이지만 이 역시 마찬가지로 문제가 있다. 처치집단과 통제집단을 아무리 유사하게 선정하더라도 무작위통제실험에서와 같은 수준을 기대하기는 불가능하다. 따라서 두 집단 간에는 필연적으로 차이점이 존재하기 마련이며, 그러한 차이점이 혼동요인으로 작용할 수 있다. 일례로 아무리 경제 규모와 특성이 유사한 두 지역을 선정하였더라도 정책 수혜 여부와 상관없이 지역 1의 주민들이 지역 2 주민들보다 에탄올 소비에 더 우호적일 가능성도 있는 것이다.

그렇다면 정책 시행 전후 차이를 각 집단별로 구한 후 다시 이 둘을 빼보면 어떨까? 먼저 처치집단을 대상으로 한 정책 시행 전후 차이 $(B - A)$와 통제집단을 대상으로 한 전후 차이 $(D - C)$를 염두에 두자. 그리고 이 차이를 다시 빼면 다음과 같다.

$$(B - A) - (D - C) = (B - D) - (A - C)$$

이렇듯 차이(difference)의 차이(difference), 이중으로 뺐다는 의미가 이중차분법의 핵심이다. 즉 두 번 빼줌으로써 정책 시행 전후 시간 경과에 따른 영향(temporal effects)과 집단 간 차이에 따른 영향을 배제하여 순수한 정책 효과만을 평가할 수 있게 된다. 이때 우변은 정책 시행 후 처치집단과 통제집단의 차이 $(B - D)$에서 시행 전 두 집단 간 차이 $(A - C)$를 뺀 것으로, 순서를 달리해도 결국 결과는 같다는 것을 확인할 수 있다. 참고로 우변의 $(A - C)$는 정책이 시행되기 이전에 이미 존재하는 처치집단과 통제집단 간 차이를 나타낸다. 좌변의 $(D - C)$는 통제집단의 정책 시행 전후 차이로 시간이 경과함에 따라 처치집단과 통제집단 모두에 똑같이 영향을 미치는 공동의 변화를 의미한다.

만약 정책이 아예 시행되지 않았다면 어땠을까? 일단 통제집단인 지역 2를 먼저 생각하자. 지역 2의 경우 정책이 시행되었더라도 수혜를 받지 못하였고, 시행 전 C에서 시간 경과에 따라 D가 되었다. 다시 말하면 수혜받지 못한 입장에서 애초에 정책 자체가 없었다고 해도 같은 추세로 C에서 D가 되었다고 할 수 있다. 반면 처치집단인 지역 1의 경우 정책이 아예 없었다면 A에서 B가 되었다고 할 수 있을까?

애초에 B는 혼동요인이 작용하기는 할 테지만 정책 시행에 따른 영향으로 도출된 결과에 해당하기 때문에 정책이 없었다면 B만큼은 아닐 가능성이 크다. 이중차분법은 평행추세가정(parallel trends assumption)을 통해 이러한 이슈를 다룬다. 즉, 정책이 시행되지 않는다면 처치집단과 동일집단 모두 시간 경과에 따라 동일한 추세를 따를 것이라고 가정한다. 이를 다음 그림을 통해 살펴보자.

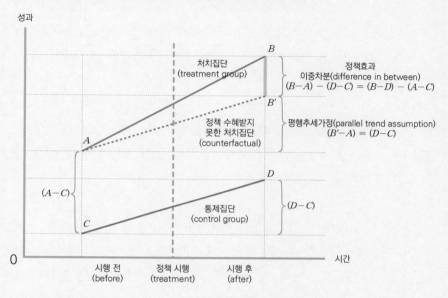

시간을 수평축으로 했을 때 정책 시행 이전 및 이후를 구분한다. 성과는 수직축에 표시되는데 위쪽 실선 AB는 처치집단의 추세를, 아래쪽 실선 CD는 통제집단의 추세를 각각 의미한다. 실제는 시행되었지만 반대로 시행되지 않았다고 가정하는 상황을 논리학에서는 '반사실적(counterfactual)'이라고 하는데, 점선으로 표시된 선분 AB'의 B'가 바로 처치집단의 반사실적 성과에 해당한다. 즉, 정책 시행 후 B는 우리가 처치집단으로부터 관측할 수 있는 성과라면 아래 표시한 B'는 정책이 없었을 경우의 반사실적 성과이다. 평행추세가정에 따르면 시간 경과에 따른 통제집단의 $(D-C)$는 처치집단의 $(B'-A)$와 동일해야 한다. 한편 이중차분 결과인 $(B-A)$ $-(D-C)=(B-D)-(A-C)$는 위 그래프에서 붉은색으로 표시되며 이 값이 집단 간 차이와 추세 변화 등 혼동요인들을 모두 제거한 순수한 정책 효과라고 할 수 있다. 그림이 다소 복잡하게 표현되어 있지만 수직축상에서 원점으로부터 해당 지점의 높이들을 표시해 가며 차이들을 유도해 보기 바란다.

EXERCISE

01 2016 다보스포럼에서 주창된 '제4차 산업혁명'이 화두이다. 4차 산업혁명이 농·식품산업 전반에 걸쳐 어떠한 영향을 미칠 것인지를 논해 보라.

02 신재생에너지 중 바이오매스(biomass)는 1세대(곡물류), 2세대(목질계), 3세대(미세조류)로 구분된다. 각 세대별 특징과 기술에 대해 아는 대로 논하라. 아울러 농·식품산업과 연관되어 어떠한 영향을 미칠 것인가 논해 보라(hint: 식량문제와 관련해서 설명해 보라).

03 쌀 생산함수가 하나의 가변투입요소로 이루어져 있다고 하자: $Q = 3\sqrt{X}$. 이때 Q는 쌀 생산량, X는 농약 투입량을 의미한다. 쌀 판매가격은 a원, 한계비용은 b로 파악되었다. 농약 한 단위 투입에 따른 한계생산과 한계생산가치를 각각 도출하라. 또한 최적의 농약 투입량 X^*는 어떻게 도출되겠는가?

04 농업생산성이나 농가소득의 상승 없이 도시의 일자리창출 사업을 실시해 도시 실업률을 낮추면 오히려 도시의 실업률이 높아질 수 있다는 주장을 해리스-토다로 모형을 이용해 설명해보라.

05 은퇴농민이나 이농자들이 보유한 농지를 농지은행에 위탁하도록 해서 농업생산에 활용되도록 하는 등, 농지의 소유와 이용에 있어 유동성을 높이는 정책이 시행되고 있다. 이러한 정책이 농산물 가격지지의 후생효과가 농업 생산자와 지주에게 배분되는 정도에 어떤 영향을 미칠 것인지를 설명해보라.

06 원료 농산물 자체에 보조금을 줄 경우 바이오에너지에 보조를 주는 <그림 7-7>의 경우와 비교하여 어떤 면에서 효과가 비슷하고 어떤 면에서 다를 것인지를 설명하고, 농산물 생산자들은 에너지에 대한 보조와 농산물에 대한 보조 중 무엇을 더 선호할지를 설명해보라.

07 정부가 농업의 공익적 가치를 제고하기 위해 친환경 영농을 하는 마을을 대상으로 직불금을 지급하는 '친환경농업직불제'를 운영하고자 한다. 마을 A는 수혜 대상이 아니어서 직불금을 받지 않는 반면, 마을 B는 정책 수혜 대상으로 직불금을 받는다고 하자. 직불제 시행 전후 마을 A, B의 미세먼지 농도(단위: $\mu g/m^3$)가 다음과 같이 파악되었다.

	직불제 시행 전	직불제 시행 후
마을 A	10	20
마을 B	20	27

(1) 이중차분법(difference-in-differences, DiD)을 적용하여 친환경농업직불제의 정책 효과를 평가하려면 마을 A와 B를 어떻게 선정했어야 하겠는가? 아울러 마을 A와 B 둘 중 어느 것이 처치집단이고 어느 것이 통제집단이겠는가?

(2) 평행추세가정에 따르면 정책이 아예 시행되지 않았을 경우 마을 B의 시간 경과에 따른 미세먼지 농도는 얼마일까?

(3) 친환경농업직불제의 효과는 어떻게 설명할 수 있을까? 이중차분법을 적용하여 논하라.

제III부는 현대 경제에서 전통적인 농·식품 생산 및 소비행위 외의 다양한 경제행위가 발전하여 생산품의 가치를 높이고 소비자와 생산자의 후생을 증대시키는 경우들을 분석한다. 제8장은 농산물이 생산자로부터 소비자로 전달되는 과정인 유통이 하는 역할과 유통경로, 가격이 발견되는 과정, 유통전략의 수립 등과 관련된 내용을 다룬다. 제9장은 갈수록 중요도가 커지는 식품의 가공산업과 외식산업의 현황과 구조, 이들 산업이 농·식품의 가치를 창출하는 과정 등을 분석한다. 제10장은 농·식품산업 고유한 특성인 가격위험의 발생원인과 성격을 분석하며, 그러한 위험의 감소를 위해 생산자들이 할 수 있는 행위와, 보험상품과 선물처럼 추가적으로 생성되는 상품을 활용하는 방안을 구체적으로 분석한다. 제11장은 농·식품분야의 주요 특성 중 하나인 협동조합을 통한 경제행위를 분석한다. 협동조합의 원리와 의사결정원칙을 이론적으로 규명하고, 한국에 있어서의 다양한 조합현황을 설명한다. 제12장은 농·식품 부문 기술혁신이 이루어지는 원리와 그 가치를 평가하는 방법에 관한 이론적·실증적 설명을 한다.

농·식품경제의 확대와 고도화

CHAPTER
08

농·식품 유통

김장철만 되면 언론에서는 연일 산지 배추가격은 얼마 되지 않지만 소비시장에서는 배추가격이 비싸져서 서민들이 힘겨워한다는 기사를 내보낸다. 또한 농산물 직거래를 통해 유통단계를 줄여야 된다는 주장도 심심치 않게 들린다. 언뜻 들어보면 쉽게 이해되는 얘기들이지만, 막상 거기서 한 단계 더 깊이 들어가 보면 생소하고도 복잡한 전문 지식을 접하게 된다. 농산물이 생산자로부터 소비자에게 가는 동안 발생하는 모든 것을 다루는 농·식품 유통은 어떻게 보면 정형화되지 않으면서도 매우 광범위한 내용을 다루는 학문인데, 현실에서 거래되는 상품과 돈을 가장 직접적으로 다루고 있기도 하다. 이 장에서는 농·식품 유통의 기본 이론들과 상품 판매에 필요한 마케팅의 기본 전략 등을 살펴보기로 한다.

1 유통의 개념과 역할

농·식품 유통은 "생산자로부터 소비자 또는 최종사용자에게로 상품 및 용역이 제대로 도달할 수 있도록 유도하는 모든 관련 경영활동을 망라한 것[1]"으로 정의되는데, 농·식품의 생산과 소비를 연결해 주는 일종의 다리로 볼 수 있다. 이러한 농·식품 유통은 저장, 가공, 운송 등과 같은 물리적인 행위와 상품에 대한 거래 및 가격결정과 같은 경제적인 행위가 동시에 이루어지는데, 전자를 물적 유통(物的 流通: 물류, physical distribution), 후자를 상적 유통(商的 流通: 상류, economic role)이라고 한다.

농·식품 유통은 형태효용, 장소효용, 시간효용, 소유효용 등을 창출하여 농산물의 가치를 증대시키는 역할을 하고 있다. 형태 효용은 농산물을 소비자에게 보다 유용한 형태로 전환함으로써 발생하는 효용, 즉 소비가치가 증대되는 것으로 논에서 수확한 벼를 쌀로 도정하는 것이 한 예이다. 한편, 장소의 효용은 농산물을 더 필요로 하는 곳으로 이동시킴으로써 발생하는 효용으로 소비지로부터 원거리에서 생산되는 과일과 채소 등이 운송과정을 통해 가공업자, 도매 및 소매상인에 오는 경우가 해당된다. 또한, 시간의 효용은 농산물을 더 필요로 하는 시간까지 보관할 때 발생하는 효용으로 특정 계절에 생산된 농산물을 저장 등을 통해 소비자가 원하는 시기에 공급하는 것이 해당된다. 마지막으로 소유의 효용은 농산물이 거래를 통해 소유권이 바뀌는 과정에서 발생하는 효용으로 소비자가 원하는 농산물을 보다 쉽게 구매할 수 있도록 하는 과정에서 발생한다.

그림 8-1 유통의 상류와 물류

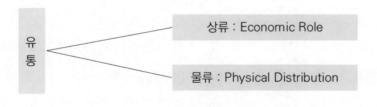

유통 — 상류 : Economic Role

유통 — 물류 : Physical Distribution

---

1) 김성훈·김완배·김정주, 『농산물 유통 진단과 처방』, 농민신문사 1998.

농산물 수요와 공급의 비탄력성과 풍년기근(豊年飢饉) 현상

　　농산물은 수요의 가격 탄력성뿐만 아니라 공급의 가격 탄력성도 비탄력적이다. 즉, 농산물 가격이 오르거나 내린다고 해서 수요량이 그만큼 줄거나 늘지 않고, 농산물 공급량 또한 가격이 변화하는 것보다 작게 반응한다. 이러한 농산물 공급의 비탄력성은 풍년일 때 농가 수입이 더 줄어드는 "풍년기근" 현상이 발생하는 원인으로 작용한다.

　　풍년기근 현상은 농사가 풍년이 되어 농산물 생산량이 늘어나는 것보다 농산물 가격이 하락하는 것이 더 커서 농가가 결국 손해를 보는 현상인데, 이를 수학적으로 살펴보면 다음과 같다.

　　풍년과 흉년 중 언제 농가의 수입(판매총액: $TR = P \times Q$)이 증가하는지를 분석하기 위해, 농산물 가격(P)이 변할 때 농가 수입이 어떻게 변화하는지를 살펴보자. 즉, 아래 수식에서 $\dfrac{\Delta(TR)}{\Delta P}$ 의 값이 0보다 크면 농산물 가격이 상승할 때 농가수입도 증가하는 것이고, 값이 0보다 작으면 반대의 경우이다. 이를 탄력성으로 변환하여 정리하면 다음과 같다.

$$\frac{\Delta(TR)}{\Delta P} = \frac{\Delta(P \cdot Q)}{\Delta P} = Q \cdot \frac{\Delta P}{\Delta P} + P \cdot \frac{\Delta Q}{\Delta P}$$

$$= Q + P \cdot \frac{\Delta Q}{\Delta P}$$

$$= Q \left(1 + \frac{P}{Q} \cdot \frac{\Delta Q}{\Delta P} \right)$$

$$= Q \left(1 + \epsilon_p \right)$$

　　최종적으로 $\dfrac{\Delta(TR)}{\Delta P} = Q(1 + \epsilon_p)$으로 도출되는데, 농산물 수요의 가격 탄력성은 일반적으로 음(−)의 값을 가진다. 따라서, 농산물 수요의 가격 탄력성이 탄력적인지 비탄력적인지에 따라 $\dfrac{\Delta(TR)}{\Delta P}$ 의 값이 0보다 작거나 크게 되는 것인데, 일반적으로 농산물의 가격 탄력성은 비탄력적이므로 탄력성의 값은 −1보다 크다(절대

값이 1보다 작다). 결과적으로 $\dfrac{\Delta(TR)}{\Delta P}$ 의 값이 0보다 큰 것으로 나타나는데, 이는 풍년이 되어 가격이 하락하게 되면 농가의 조수입도 같이 하락함을 증명하게 된다.

2 농산물 가격의 특성과 발견

상품의 대가로 구매자가 판매자에게 지불하는 화폐의 양인 가격은 농산물 유통에서 핵심적인 역할을 하는데, 농산물 유통의 모든 활동과 의사결정들이 가격에 따라 움직이기 때문이다. 농산물 가격은 불안정성과 계절성(seasonality)이라는 특성을 가진다. 먼저, 가격의 불안정성은 농산물의 가격이 급격하게 오르거나 내리는 일이 잦음을 일컫는 것으로, 농산물의 공급이 증가하거나 감소하여도 소비자 수요는 비탄력적으로 잘 변화하지 않기 때문에 발생하는 특성이다. 예를 들어, 농산물의 공급이 병충해나 자연재해로 인해 급격하게 줄어도 소비자 수요는 크게 감소하지 않기에 가격이 크게 오르게 된다. 반면에 농가의 재배면적이 크게 늘거나 풍년이 들어 농산물 공급이 늘어도 소비자 수요가 크게 늘지 않아 가격이 폭락하는 현상이 발생하게 된다.

다음으로 가격의 계절성은 아래 그림과 같이 농산물의 공급 물량이 수요량보다 많거나 적음에 의해 가격이 계절에 따라 오르고 내리기를 반복하는 것을 의미한다. 농산물의 시장 공급이 가장 많이 몰리는 성출하기에는 수요량에 비해 가장 많은 초과 공급이 발생하여 가격의 폭락 현상이 일어난다. 이후 시장에 공급되는 농산물의 물량이 줄어들어 가장 적을 때에 가격 폭등이 발생하는데, 이렇게 농산물 가격은 계절에 따라 오르고 내리는 것을 지속하게 되는 것이다.

가격과 관련하여 농산물 유통에서 논의하는 내용은 크게 가격 결정(price determi-nation)과 **가격 발견(price discovery)**으로 구분할 수 있는데, 유통 현장에서 혼동이 자주 일어나는 부분이기도 하다. 가격 결정은 수요와 공급에 따라 균형가격이 결정됨을 의미하는 것으로 본서의 제5장과 제6장에서 설명된 것과 같이 수요와 공급곡선이 서로 만나는 점에서 가격이 결정되는 것을 지칭한다. 반면, 가격 발견은 유통현장에서 구매자와 판매자가 최종적으로 합의하여 거래가 성사될 때 현장에서 발견되는 가격을 의미한다.

일반적으로 농산물의 가격 발견은 몇 가지 유형을 가지는데, 개인 간 흥정(individual negotiations), 공식에 의한 가격발견(formula pricing), 집단거래에 의한 가격발견(collective

그림 8-2 농산물 가격의 계절성

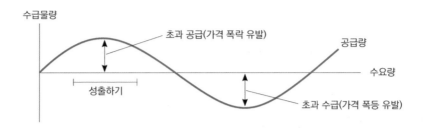

수급물량

초과 공급(가격 폭락 유발)

공급량

수요량

성출하기

초과 수급(가격 폭등 유발)

자료: 김완배·김성훈.『농·식품 유통론』, 박영사, 2016.

bargaining), 정부에 의한 가격발견(administered pricing), 위원회에 의한 가격발견(committee pricing) 등으로 구분된다.

　　개인 간 흥정에 의한 가격 발견은 판매자와 구매자 간의 흥정에 의해 가격을 정하는 방식으로 가장 기본적이고 역사가 오래된 가격 발견 유형이다. 여기서 정해지는 가격의 공정성 여부는 시장정보, 거래기술, 상대적 거래교섭력(bargaining power),[2] 신용사회 정도 등에 달려 있는데, 다른 가격발견 방식에 비해 상대적으로 시간이 많이 소요되며 가격발견에 소요되는 비용이 높은 편이다. 개인 간 흥정에 의한 가격 발견은 전통 또는 재래시장에서 흔히 이루어지는 가격발견 방식이다.

　　공식에 의한 가격발견은 기준 가격에 특정 공식을 대입하여 가격을 발견하는 방식이다. 일반적으로 대형마트가 산지 농산물 구매 가격을 결정할 때 자주 사용하는 가격발견 유형으로 도매시장의 대표 가격을 기준으로 하여 수송비, 관리비 등 거래 쌍방이 인정할 수 있는 비용 요소들을 공식으로 적용해 거래가격을 발견하게 된다. 이 방법은 거래에 소요되는 시간을 절약하게 되어 가격발견 방식 중 거래비용이 최소화되는 장점이 있으나, 기준으로 하는 도매시장 가격이 왜곡되어 있을 경우에는 사용하기 힘든 단점이 있다.

　　집단거래에 의한 가격발견은 쉽게 말해서 상품을 구매하거나 판매하고자하는 사람들끼리 뭉쳐서 거래 상대 업체와 가격 교섭을 하는 것으로, 공동판매나 공동구매 등이 해당된다. 이러한 방식은 가격발견 시 거래 교섭력을 높여 보다 유리한 입장에 설 수 있게

---

2) 거래 교섭력이란 시장에서 거래를 위한 협상을 할 때 자신이 원하는 쪽으로 상대방을 이끌 수 있는 힘을 뜻하는 것인데, 일반적으로 소수의 대형유통업체들이 다수의 영세한 생산자들을 대상으로 막강한 거래 교섭력을 행사할 가능성이 크다. 이는 소수의 대형유통업체의 경우 한 번에 대량의 농산물을 구매하는 입장에서 생산자가 자신의 거래 조건에 응하지 않으면 언제든지 다른 생산자와 거래를 다시 할 수 있기에 협상에서 우위를 점하게 되는 것이다.

되는 장점이 있어 최근 자주 활용이 되고 있다. 다만 이 방식을 사용할 경우 집단을 형성하는 생산자 또는 소비자 중 이른바 "굿이나 보고 떡만 먹겠다"는 무임승차자(free rider)3) 문제가 발생할 수 있어 집단 내의 결속과 단합이 중요한 전제 조건이 된다.

시장의 기능이 미흡하여 적절한 가격발견이 어렵다고 판단되는 경우 정부가 개입하여 가격을 정하기도 하는데, 이를 **정부에 의한 가격발견**이라고 한다. 정부의 가격 발견은 '협정가격', '가격지지' 등의 제도를 통해 진행되었는데, 정부의 쌀 수매가격 결정 등이 대표적이다. 정부의 가격 직접 개입은 정책적인 목적에 따른 것이지만, 시장을 교란시키는 주요 원인으로 지적되어 최근에는 이러한 가격발견 방식이 사라지고 있다. 특히, 세계무역기구(WTO) 출범 등으로 인해 시장 개방이 가속화되고 있는 상황에서 정부가 주도하는 시장 가격 발견은 상당한 제약을 받고 있는 실정이다.

위원회에 의한 가격발견은 이해당사자인 생산농민 및 소비자 대표는 물론 객관적인 입장에 있는 정부 및 학계 대표가 참여하는 위원회에서 생산비, 수요량 등을 종합적으로 고려해 가격을 정하는 방식이다. 이러한 가격 발견 방식은 이해당사자 간의 충돌 가능성을 객관적인 입장에 있는 주체가 개입해 절충점을 찾을 수 있게 해준다는 장점으로 인해 유럽에서 많이 적용되는 방식이다.

---

section 02   유통 경로 및 기능

1 유통경로

농산물이 산지에서 소비지로 유통되어가는 길인 **유통경로(marketing channel)**는 농산물이 매매되는 과정에 관계하는 유통기구들 사이에 존재하는 관계 시스템으로 정의될 수 있다. 예를 들어, 산지에서 농가가 생산한 쌀은 도매상인과 소매상인 등을 거쳐 소비자의 손에 들어가게 되는데, 그러한 과정들이 바로 유통경로인 것이다. 유통경로는 각각의 유통단계(marketing level)를 가진다. 여기서 유통단계는 상품(또는 서비스)의 거래에 관여하는 중간유통업자의 각 단계를 의미하는데, 우리가 흔히 알고 있는 도매단계,

---

3) 즉, 집단이 교섭력을 높이기 위해서는 참여하는 개인이 스스로 시간이나 비용을 지불해야 하는데 각 개인은 그러지 않고 집단이 얻은 성과물을 그냥 이용만 하려는 동기를 가지게 된다.

그림 8-3 유통경로의 유형

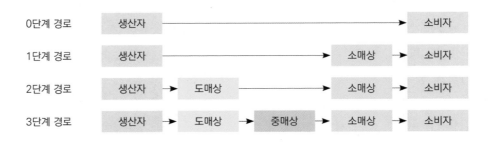

자료: 김완배·김성훈(2016, 전게서).

소매단계 등이 여기에 해당된다.

　농·식품의 유통단계가 많을수록 유통경로의 길이는 길어지는데, 유통경로의 길이는 거래되는 상품 자체의 특성과 상품의 수요 및 공급의 특성에 따라 좌우된다. 먼저, 상품 특성의 경우 거래 상품이 동질적일수록, 크기 혹은 무게가 작을수록, 부패 가능성이 낮을수록, 기술이 단순할수록 유통경로가 길어지는 모습을 보이는데, 그만큼 중간단계에서 유통인들의 손을 거치기 쉽기 때문이다. 다음으로 수요측면에서는 한 번에 구매하는 양이 작을수록, 구매 빈도가 높고 규칙적일수록, 구매자가 많을수록, 구매자가 많은 지역에 흩어져 있을수록 여러 단계의 유통인들의 역할이 필요해지므로 유통경로가 길어지게 된다. 공급측면에서는 상품의 생산자가 많을수록, 생산자가 지역적으로 분산되

표 8-1 유통경로 길이의 결정요인

기준	경로 길이 확대	경로 길이 축소
상품	동질적 특성 가벼운 무게 작은 크기 낮은 부패 가능성 단순한 기술 적용	이질적 특성 무거운 무게 큰 크기 높은 부패 가능성 복잡한 기술 적용
수요	작은 단위 구매량 높고 규칙적인 구매빈도 많은 구매자 지역적으로 분산된 구매자	큰 단위 구매량 낮고 불규칙적인 구매빈도 적은 구매자 지역적으로 집중된 구매자
공급	많은 생산자 지역적으로 분산된 생산자	적은 생산자 지역적으로 집중된 생산자

출처: 김완배·김성훈(2016, 전게서).

그림 8-4 일반적인 청과물의 유통경로

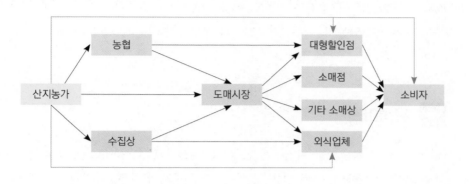

자료: 김완배·김성훈(2016, 전게서).

어 있을수록 상품 수집의 필요성이 많아지므로 유통경로가 길어지게 된다.

이와 같은 여러 특성에 따라 다양한 유통경로가 나타나게 된다. 가장 기본적인 유통단계는 중간유통단계가 하나도 없는 0단계로 직거래가 해당된다. 0단계는 가장 짧은 유통경로로 과거 농산물을 생산하는 농민과 소비자가 직접 만나 농산물을 매매하였던 시기의 유통경로이나 최근에 다시 부각이 되고 있기도 하다. 1단계 유통경로는 생산자와 소비자 사이에 소매상이 끼어드는 유통경로로 하나의 유통단계가 발생하는데, 가장 기본적인 시장이 형성되었을 때의 모습이다. 이후, 상인들이 보다 전문화되면서 세분화된 역할에 따라 종류가 다양해지게 된다. 즉, 기존 중간상인이 생산자가 생산한 상품에 대한 수집을 전담하는 도매상과 소비자에게 상품을 분산시키는 소매상으로 나눠지게 되어, 도매상과 소매상이 활동하는 2단계 유통경로가 생겨나게 되는 것이다. 나아가 필요에 의해 추가적인 중간상인이 개입하게 될 경우 도매상, 중매상, 소매상이 각각의 유통역할을 하게 되는 3단계 경로가 생겨나게 된다.

우리나라 농산물의 유통경로는 다양한 모습을 보이고 있으나, 대체로 산지 수집, 도매, 소매단계에서의 유통주체들이 활동을 하고 있다. 〈그림 8-4〉는 청과물 유통 경로를 나타내고 있는데, 산지 농가가 생산한 농산물을 농협이나 수집상을 통해 수집한 다음 도매시장을 거쳐서 다양한 소매업체나 외식업체에게 유통하고 있음을 알 수 있다. 그 외에도, 도매시장 상인이 직접 산지 농가에게서 농산물을 수집하는 경우도 있고, 대형할인점이나 외식업체가 산지 농가와 직거래를 하는 등 다양한 유통경로가 생겨나서 상호 간 경쟁을 벌이고 있다.

최근에는 도매시장을 통하지 않고 소매업체나 외식업체가 산지에서 농산물을 직접 거래하는 분산유통체계가 확대되고 있어 도매시장의 거래 물량이 줄어드는 얇은 시장 (thin market)[4]현상이 두드러지고 있기도 하다. 또한, 소비자들이 산지 농가와 직거래하는 경우도 생겨나고 있는데, 이는 인터넷 등의 정보통신 기술(IT) 발달의 혜택을 입고 있는 결과이다.

2 유통마진

농산물이 각 유통단계를 거치면서 발생하는 유통마진(marketing margin)은 농산물의 유통과정에서 발생하는 모든 비용 및 이윤, 다시 말해서 최종소비자가 지불한 금액에서 생산자수취가격을 뺀 모든 것을 의미한다. 달리 표현하면 유통마진은 유통업자가 수행한 기능 및 효용 증대 활동에 대한 보상이고, 유통과정에서 발생한 물류비용, 점포임대료, 감모 등의 유통비용(marketing cost)과 유통업자의 이윤의 합인 것이다.

> 유통마진 = 소비자 지불가격(구매가격) - 생산자 수취가격(판매가격)
> = 유통비용(직접비용 + 간접비용) + 유통이윤

일반적인 유통마진을 보다 세분하여 유통단계별 유통마진을 계산하기도 한다. 즉, 각 유통단계별 유통마진을 그 단계에서 다음 단계로 판매할 때의 가격을 이전단계에서 구매해 올 때의 가격으로 뺀 가격인데, 예를 들어 도매단계 유통마진은 소매단계에 판매할 때의 가격을 산지에서 가져올 때의 구매가격으로 뺀 값이다.

> 단계별 유통마진 = 다음 단계에 판매하는 가격 = 이전 단계에서 구매해오는 가격

한편, 유통마진율(marketing margin ratio)은 유통마진을 소비자 지불가격으로 나눈 것으로, 유통마진과 달리 비율(%)로 값이 도출되기에 서로 다른 상품간의 유통마진 비교가 용이하다. 유통마진율에 영향을 주는 요인에는 농·식품의 가공 정도 및 저장 여부, 상품의 부패성 정도, 계절적 요인, 수송비용, 상품 가치 대비 부피 등이 있다. 즉, 가공의 정도가 높거나 저장을 오래하는 품목은 그렇지 않은 품목에 비해 유통마진율이 높

---

4) 얇은 시장은 말 그대로 시장의 거래 물량이 줄어들어 거래 흐름의 두께가 얇아지는 시장이라는 의미이다.

고, 수송거리가 멀거나 상품가치 대비 부피가 큰 상품도 유통마진율이 상대적으로 높아진다. 물론 중간 상인들의 이윤이 과다한 경우도 유통마진율이 높아지게 된다. 그러나 유통마진은 유통과정 중에 발생한 모든 비용을 포함하는 것이기 때문에 상인들의 이윤만이 유통마진을 설명하는 것은 아니다.

$$\text{유통마진율(\%)} = \frac{\text{소비자 지불가격(구매자격)} - \text{생산자수취가격(판매가격}}{\text{소비자지불가격}} \times 100$$

3 유통단계별 기관과 기능

(1) 산지

농산물 산지에 있는 유통 기관은 산지 유통인(수집상)과 농업협동조합 등을 포함하고 있다. 이들은 수집이라는 공통된 유통기능을 담당하고 있지만, 각자의 특성을 살려서 상호 경쟁을 한다.

산지 유통인은 생산지역을 다니면서 농가 단위의 농산물을 수집하여 다음 단계의 유통 조직에 출하하는 기능을 담당하고 있는 상인들로, 농가와 **포전매매(圃田賣買)** 혹은 **정전매매(庭前賣買)** 등을 통해 산지 거래를 한다. 밭떼기로도 불리는 포전매매는 농산물을 수확하기 전에 해당 밭을 단위로 사전 계약을 하고 선도금 등을 지불하는 거래 방식으로 선도거래(先渡去來, forward trading)의 하나이다. 포전매매는 농가에게 사전에 필요한 자금 일부를 지급하는 농업 금융의 기능과 수확 후 시장 가격 변화와 관계없이 계약된 가격으로 농산물을 구매하여 시장 위험(risk)을 대신하여 주는 순기능을 가지고 있으나, 일부 산지 유통인들의 계약 파기 등으로 인한 문제들이 사회적 이슈로 부각되기도 한다. 반면, 정전매매는 농가가 수확하여 거두어들인 농산물을 농가 집에서 직접 거래하는 방식으로 일반적인 현물거래에 해당된다.

생산자들의 조직인 지역 농업협동조합은 조합원인 농민이 생산한 농산물을 수집한 다음, 이를 공판장이나 도매시장에 출하하거나 대형 소비업체에 판매하는 역할을 담당하고 있다. 최근에는 산지 협동조합의 수집 및 판매 활동의 중요성이 부각되어 정부의 다양한 지원을 받아 관련 기능이 강화되고 있는데, 산지에 농산물 유통센터(RPC, APC) 등을 건립하여 보다 다양한 기능을 하는 경우가 많다.

포전매매(밭떼기 거래)와 선물거래

산지 유통인과 농민 사이에 진행되는 포전매매는 미래의 농산물을 대상으로 미리 거래가 진행되는 선도거래로, 선물거래와 유사한 면이 있다. 다만, 포전매매와 선물거래는 차이가 있는데, 아래 표와 같이 거래장소, 거래 조건, 거래 방식, 대금 정산에서 서로 다른 모습을 가진다.

기준	포전매매(선도거래)	선물거래
거래장소	개별 협의장소	공식 거래소
거래 조건	협의에 따른 다양한 조건	표준화된 조건
거래 방식	당사자 간 직접 거래	거래소 경유 간접 거래
대금 정산	개별 신용도에 의존	정산소 보증

배추 등 주요 채소류에서 사용되고 있는 포전매매는 아직도 산지 유통인과 농민 사이에서 별도의 계약 문서 없이 구두로 진행되는 경우가 적지 않다. 이는 종종 계약 파기로 이어지는 경우가 많아, 정부는 서면계약을 통한 포전매매를 확산시키기 위해 노력하고 있다.

(2) 도매

도매기관들은 중계 및 일부 분산 기능을 담당하는데, 크게 도매시장에서 유통 기능을 하고 있는 도매시장 법인, 중도매인, 매매참가인, 시장도매인과 도매시장 밖에서 별도의 유통 기능을 담당하고 있는 농산물 종합유통센터로 구분될 수 있다.

도매시장 법인은 경매를 통한 농산물 중계기능을 담당하고 있고, 산지 출하자들이 보낸 농산물을 위탁받아서 중도매인 또는 매매참가인을 대상으로 경매를 진행하고 낙찰받은 농산물의 대금을 산지 출하자 대신 받아서 수수료를 제한 금액을 출하자에게 정산하는 기능을 한다. 도매시장 법인은 경매사를 고용하여 경매를 진행하고 있는데, 경매사의 자격과 임명은 법으로 규정되어 있으며 자격시험을 통해 경매사를 선발하고 있다. 최근에는 전자(기계식) 경매제도가 도입되어 수지식(手指式) 경매에 비해 경매사의 역할이 상대적으로 줄어든 것이 사실이나, 여전히 낙찰 가격의 수준을 일부 끌어올리는 등의 중요한 역할을 하고 있다.

중도매인은 도매법인이 진행하는 경매에 참여하여 농산물을 구입하고, 여기에 유통마진을 더하여 다음 단계에 있는 유통인에게 판매하는 역할을 담당한다. 중도매인들은 경매에 참여하여 필요한 농산물을 확보하는데, 일부는 상장예외품목을 중심으로 산지에서 직접 농산물을 수집하기도 한다.

매매참가인은 농산물 대량수요자(대형소매업체, 백화점, 가공업체, 외식업체 등)들로 중도매인에게서 농산물을 다시 구매하는 대신 직접 경매에 참여하여 중도매인의 유통마진을 줄이는 유통인들로 유통단계를 한 단계 줄여서 구매비용을 절감하려는 목적을 가지고 있다.

시장도매인은 경매를 통하지 않고 산지에서 수집한 농산물을 다음 유통단계로 중계하는 도매 유통기관이다. 시장도매인과 중도매인은 서로 비슷한 유통단계에 있으나, 경매에 참여하여 낙찰받은 물건을 소매상인 등에게 판매하는 중도매인과 달리 시장도매인은 산지 수집과 가격 발견, 분산 기능을 모두 담당하기에 도매법인과 중도매인 역할을 한꺼번에 하고 있는 것으로 볼 수 있다.

시장도매인제의 가장 큰 장점은 경매제도에 비해 거래비용을 줄이고, 유통 효율성을 높일 수 있다는 것이다. 또한, 경매 절차를 거칠 필요가 없어 농산물 유통에 소요되는 시간을 단축시키고, 산지 출하자와의 지속적인 거래를 통해 경매보다 가격의 변동성이 적어 상대적 가격 안정성을 도모할 수 있는 장점도 가진다. 반면, 시장도매인들은 산지 출하자와 개인적인 거래를 하는 구조로 인해 거래의 투명성이 경매제도에 비해 낮은 단점과 기준(대표)가격을 형성하는 것에도 한계성을 가진다. 최근에는 자체적인 정산조직을 설립하여 거래 투명성을 높이고 산지 출하자를 위한 대금 정산의 신뢰성을 높이기 위한 노력을 하고 있어 기대를 받고 있기도 하다.

농산물 종합유통센터는 물류비용을 절감시키고 유통 효율성을 향상시키며, 농산물의 부가가치를 높이는 등의 목적을 가진다. 물류센터는 생산자(조직)나 다른 산지 유통시설로부터 농산물을 수집하여 대량 소비처 등으로 직접 보내고 있는데, 소포장 또는 가공 기능까지 겸하여 농산물의 부가가치 증대에 기여하고 있다. 농산물 종합유통센터는 농협 등 생산자단체가 소유 및 운영을 하는 경우, 지방자치단체가 설립하여 생산자단체 등이 위탁 운영하도록 하는 경우, 지방자치단체와 생산자단체가 공동으로 설립하는 경우가 있다. 농산물 종합유통센터의 소매 직판장은 대부분 대형마트 수준의 대규모 매장을 확보하고 있는데, 상대적으로 다양한 구색의 농산물을 판매하고 있다.

[3] 소매

농산물을 최종 분산시키는 소매 유통기관으로는 전통적인 소매시장의 상인과 대형 소매업체 등으로 구분할 수 있다. 이들은 상호 경쟁 관계이지만, 막강한 자본력과 효율적인 시스템을 보유하고 있는 대형 소매업체의 비중이 계속해서 커지고 있다. 이에 따라 정부는 대형 소매업체들의 판매시간을 제한하는 등의 제약을 도입하여 전통시장 회생을 위한 노력을 하고 있다.

농산물 소매시장 상인들은 소비자들을 대상으로 농산물의 분산 기능을 담당하는 유통기관으로 전통시장 혹은 재래시장 상인들로 불리고 있다. 이들은 자신들의 전문 품목을 대상으로 꾸준한 거래를 하여 해당 농산물에 대한 전문성이 높은 편이다. 다만, 최근에는 대형소매업체에 상권을 침식당하고 있어 어려움을 겪고 있으나, 주차장 등의 편의시설을 확충하고 다양한 판매 행사 등을 개최하여 난관을 극복하고 있다.

유통시장의 발달은 또 다른 형태의 소매유통기관인 대형 소매업체의 등장을 가져왔는데, 백화점, 전문점, 편의점, 할인점 등으로 구분된다. 백화점은 고급 상품을 비싼 가격에 판매하는 소매업체이고, 전문점은 특정 농산물만 전문적으로 판매하는 점포로 유기농산물 전문 매장 등이 해당된다. 편의점은 24시간 동안 매일 영업하면서 다양한 생필품과 식품을 판매하는 곳으로 가격이 상대적으로 비싸지만 상품 구매의 편의성을 극대화하여 소비자를 끌어들이고 있다. 할인점은 낮은 가격을 통해 경쟁을 주도하는 소매업체인데, 식품과 비식품을 한 점포에서 취급하는 슈퍼센터(super center)5)와 그보다 큰 규모를 자랑하는 하이퍼마켓(hypermarket),6) 회원을 가입시켜 상품을 저렴하게 판매하는 회원제 창고형 매장(membership market),7) 특정 품목에 특화된 할인점인 카테고리 킬러(category killer),8) 제조업체나 유통업체가 기존 상품 또는 재고상품을 싼 가격으로 판매하는 아울렛(outlet)9) 등으로 구분할 수 있다. 대부분의 할인점들은 농산물보다는 비식품을 중점적으로 유통시키고 있지만, 우리나라 소비자들의 니즈(needs)를 반영하여 농산물

---

5) 슈퍼센터는 미국에서 주로 발전하였는데, 월마트(Walmart)가 대표적이다.

6) 하이퍼마켓은 주로 유럽에서 발달한 할인점으로 프랑스의 까르푸(Carrefour)를 예로 들 수 있다.

7) 대표적인 창고형 매장으로는 우리나라에 들어와서 사업을 하고 있는 코스트코(Costco)가 있다.

8) 카테고리 킬러는 전자제품만을 모아서 할인 판매를 하고 있는 하이마트가 대표적이다.

9) 아울렛은 주로 의류 상품을 초저가로 판매를 하고 있는데, 우리나라는 도시 외곽에 아울렛 몰이 여러 곳 들어서고 있다.

소매 유통에도 상당한 노력을 하고 있다. 최근에는 점포가 없이 농산물을 소매로 판매하는 유통기관들이 등장하고 있는데, 주로 TV 홈쇼핑이나 인터넷 쇼핑몰처럼 온라인 거래를 하고 있다.

---

section 03 마케팅 및 시장 분석

1 마케팅의 개념과 전략

(1) 마케팅의 정의와 필요성

마케팅(marketing)을 "상품 또는 서비스를 더 많이 팔기 위한 기술이나 전략" 정도로 이해하는 사람이 많은데, 이것은 마케팅의 개념 중 일부만을 설명하는 말이다. 미국의 마케팅학회(American Marketing Association, AMA)에서는 마케팅을 "고객들과 파트너들, 나아가 사회 전반에게 가치 있는 것을 만들고, 알리며, 전달하고, 교환하기 위한 활동과 일련의 제도 및 과정"으로 정의하고 있다. 이를 상품 판매자의 입장에서 해석하면, "기업이 상품을 더 많이 팔아서 이익을 높이기 위한 일련의 행위"로 규정할 수 있다.

농·식품 유통 현장에서 마케팅이 필요한 이유는 농·식품을 생산하고 판매하는 사람이 접하는 시장의 환경이 크게 변하고 있기 때문이다. 과거 우리나라는 농·식품의 공급이 항상 부족하여 대다수의 국민들이 배고픔을 경험하였기에 생산된 농·식품을 시장에 내놓기만 하면 금방 팔리는 판매자 중심의 시장(seller's market)으로 농·식품에 대한 마케팅이 크게 필요하지 않았다. 그러나 1970년대 후반부터는 농·식품의 공급이 수요를 초과하기 시작하여 소비자가 여러 상품 중에서 하나를 선택하는 구매자 중심 시장(buyer's market)으로 전환되었다. 이른바 소비자 지향(consumer orientation)으로의 환경 변화가 마케팅을 필요로 하게 만든 것이다.

(2) SWOT

마케팅 전략 수립을 위한 대표적인 방법론 중의 하나인 SWOT 분석은 분석 대상의 강점(strengths)과 약점(weakness), 분석 대상에 영향을 미치는 외부 요인들인 기회 요인들(opportunities)과 위협 요인들(threats)을 각각 정리하여 전략을 제시하는 방법론으로

표 8-2 유기농 포도 잼 생산자의 SWOT 분석 및 전략

외부 환경 \ 내부 요인	강점(S) • 유기농 포도 원료 사용 • 뛰어난 맛	약점(W) • 높은 판매 가격 • 제한적인 판매 매장 수
기회 요인 (O) • 잔류 농약에 대한 불안감 심화 • 피로 회복 등의 건강 관심 증가	S-O 전략 • 유기농 재료로 농약 잔류 걱정이 없음을 강조 • 피로 회복 등 건강에 좋음을 강조	W-O 전략 • 식품 안전에의 관심이 높고 가격에 둔감한 고소득층 공략 • 전문 판매점 등에서의 직접 판매 시도
위협 요인 (T) • 저가 포도 잼 수입 확대 • 대기업의 과일 잼 시	S-T 전략 • 저가 잼보다 뛰어난 품질을 활용한 상품 차별화 시도 • 틈새시장 공략 등으로 시장 트렌드 선도	W-T 전략 • 생산 및 유통 비용 절감을 통한 가격 인하 추구 • 특허나 상표 등록 등을 통한 대기업의 유사 상품 출시 방지

이들 네 가지 요소의 첫 글자를 따서 "SWOT" 분석이라고 불리고 있다.

SWOT 분석법은 복잡한 이론이 없으면서도 상품 마케팅 전략을 위한 세부적인 방향을 명확하게 제시해주는 이점이 있어 마케팅 현장에서 자주 사용된다. 구체적으로 보면 먼저 분석 대상의 내부적인 강점과 약점을 각각 정리하고, 외부적인 환경에 해당되는 기회 요인들과 위협 요인들을 파악하여 확인한다. 다음으로 분석한 요인들을 결합하여 다양한 전략들을 세울 수 있는데, 분석 대상의 강점을 최대한 살려서 기회를 효과적으로 활용하거나(S-O 전략), 위협을 최소화하여 회피하거나(S-T전략), 약점을 극복하여 기회를 적절하게 사용하거나(W-O 전략), 약점을 최소화하고 위협을 가능한 회피하는(W-T 전략) 것들이 해당된다.

SWOT 분석의 실제 적용 사례를 보기 위해, 유기농 포도 잼을 판매하는 영농법인에 대한 분석 결과를 다음 표와 같이 예시하였다. 해당 상품의 강점으로는 유기농 포도라는 우수한 원료를 사용하여 맛과 안전성의 우수함이 제시되었고, 약점으로는 높은 생산 가격과 판매 매장이 제한적임이 지적되었다. 또한, 외부적인 기회 요인으로는 잦은 잔류농약 검출 뉴스 등으로 인해 소비자들이 식품 안전성에 대한 불안감이 커진 것과 포도가 피로 회복 등에 좋다는 연구 결과가 발표되어 식품에 대한 관심이 늘어난 것이 제시되었다. 한편, 위협 요인으로는 값싼 수입산 포도잼이 국내 시장에 많이 들어왔고 대기업들이 과일 잼 시장에 진입하고 있어 시장 경쟁이 더 심화되고 있는 점이 지적되었다.

이상의 SWOT 분석 결과를 통해 마케팅 전략을 도출하면, 크게 4가지의 방안들이

제시될 수 있다. 먼저 강점과 기회 요인을 결합한 S-O 전략으로는 유기농 재료로 가공되어 농약 걱정이 전혀 없고, 포도를 많이 섭취하면 건강에 좋음을 상품 광고에 적극 활용할 것이 제안되었다. 다음으로 강점과 위협 요인을 결합한 S-T 전략으로는 저가 과일 잼보다 뛰어난 품질 경쟁력과 대기업이 대량으로 생산하는 상품과 차별화된 특성을 적극 활용하여 별도의 틈새시장을 구축해 나갈 것이 제안되었다. 한편, 약점과 기회 요인이 결합된 W-O 전략으로는 식품 안전에의 관심이 높으면서도 비싼 가격에 민감하지 않은 고소득층을 주요 판매 대상으로 삼고 전문 판매점 등에서 소비자들에게 직접 판매하는 방안을 모색할 것이 제안되었다. 마지막으로 약점과 위협 요인이 결합된 W-T 전략으로는 생산 및 유통 비용을 절감시켜 취약한 가격 경쟁력을 개선하고 대기업의 유사 상품 출시를 막기 위한 다양한 법적 방안들을 모색할 것이 제시되었다. 이와 같이 농·식품 생산자가 마케팅 전략을 수립하기 위한 사전 작업으로 SWOT 분석을 실시하면 해당 상품의 마케팅 전략과 방향을 구체적으로 얻을 수 있다.

(3) STP

STP 분석이란 **시장 세분화(segmentation)**, **목표 시장 선정(targeting)**, **포지셔닝(positioning)**의 첫 자를 딴 것으로 서로 다른 성향을 지니고 있는 소비자(그룹)를 공략하기 위한 맞춤형 방법론이다. 이 중 시장 세분화(market segmentation)는 전체 시장에서 유사한 소비자 집단을 따로 묶어서 별도의 하위 세부시장으로 분리해내는 것을 말하고, 시장 세분화의 과정을 통해 분리된 시장을 세분시장(segments)이라고 한다. 이와 같이 전체 시장을 나눠서 여러 개의 시장으로 세분화하기 위한 기준들은 다양하지만 일반적으로 지리적 특성과 인구학적 특성 등을 적용한다.10) 먼저 지리적 특성을 이용한 지리적 세분화(geographic segmentation)는 시장을 국가, 지역, 도 혹은 시 등의 행정구역을 기준으로 구분하는 것이고, 인구학적 특성을 이용한 인구 통계적 세분화(demographic segmentation)는 시장을 성별, 나이, 소득, 직업, 교육 수준, 종교, 세대, 가족 크기, 국적 등을 기준으로 구분한다. 이렇게 시장 세분화를 시도하는 목적은 상품을 팔기 위해 직접 공략할 소비자층을 명시적으로 확정하여 마케팅 전략의 초점을 맞추기 위함이다.

---

10) 시장 세분화 기준으로는 언급한 지리적 특성과 인구학적 특성 이외에도 소비자의 라이프스타일, 성격 등을 감안하는 심리묘사적 세분화(psychographic segmentation), 소비자의 구매 관련 지식, 태도, 사용 여건, 상품에 대한 반응 등을 감안하는 행동적 세분화(behavioral segmentation) 등이 있다.

시장 세분화를 통해 규정된 세부시장 중에서 마케팅 대상으로 선정된 세부 시장을 표적시장(target market)이라고 하는데, "판매자가 상품을 제공하여 만족시키려고 하는 욕구와 특징을 공통적으로 가지고 있는 소비자의 집단"으로 규정할 수 있다. 농·식품 판매자는 표적시장의 범위를 넓게 혹은 좁게 설정할 수 있다. 판매자가 접하는 표적시장의 범위가 매우 넓은 경우에는 대량 마케팅(mass marketing) 혹은 비차별적 마케팅(undifferentiated marketing) 전략이 적용되는데, 판매자가 세부시장의 차이를 무시하고 이들을 묶어서 하나의 상품으로 보고 전체 시장(whole market)을 대상으로 마케팅 전략을 시도하는 것이다. 차별적 마케팅(differentiated marketing) 전략은 여러 개의 표적시장을 선정하고 세부시장별로 차별화된 상품을 준비하여 시장들을 각각 공략하는 전략인데, 이 경우 각각의 세부시장에 속한 소비자들을 보다 효과적으로 공략할 수 있지만 비용이 대량 마케팅이나 비차별적 마케팅에 비해 훨씬 많이 소요되는 문제가 있다.11) 틈새시장(niche market)에만 집중하여 집중적 마케팅(concentrated marketing)이나 틈새 마케팅(niche marketing) 전략을 시도할 수도 있는데, 이는 앞서 설명한 차별적 마케팅 전략보다 표적 시장을 더 좁게 설정하는 전략으로 기업의 자원이 한정되어 있을 경우에 적용된다. 여기서 더 나아가 극단적으로 개별 소비자들을 각각의 마케팅 대상으로 설정하는 미시 마케팅(micro marketing) 전략도 있다.12)

농·식품 판매자가 표적시장을 구체적으로 결정한 후에는 표적 시장에 속한 소비자들에게 자기 상품을 인식시키고 관련 마케팅 활동을 진행하는데, 이를 위한 마케팅 작업이 바로 포지셔닝(positioning)이다. 포지셔닝이란 "상품의 포지션을 소비자에게 각인시키는 것"인데, 여기서의 포지션(position)은 "소비자가 자사의 상품을 경쟁상품과 비교하여 인식하고 있는 상대적인 위치"를 의미한다. 예를 들면, 소비자가 "○○ 포도 잼"을 보거나 생각할 때 머릿속에 떠오르는 모습들(예를 들어, △△ 포도 잼보다 더 달콤하다 또는 가격이 더 저렴하다는 인식 등)이 바로 그 상품에 대해 소비자가 가지는 포지션이고, 이러한 포지션을 업체가 의도적으로 설정하여 소비자들에게 각인시키는 것이 포지셔닝이다.

---

11) 예를 들어 100개의 상품을 동일하게 생산하여 공통된 마케팅 전략을 통해 판매를 시도하는 것보다 10종류의 상품을 10개씩 만들어 10개의 세부시장별로 다른 마케팅 전략을 통해 판매하는 것이 보다 많은 비용을 유발시키는 것을 의미한다.

12) 미시 마케팅에는 개인별로 마케팅 전략을 시도하는 개인 마케팅(individual marketing)이외에도 표적 시장 고객들을 지역별로 다시 분류하여 전략을 차별화하는 지역 마케팅(local marketing) 등도 있다.

[4] 마케팅 믹스[4P]

시장 세분화와 상품의 포지셔닝을 거친 후 농·식품 판매자는 본격적인 상품 마케팅을 진행하게 되는데, 마케팅 믹스(marketing mix)를 적용하는 경우가 많다. 마케팅 믹스는 "상품을 보다 많이 팔기 위해 판매자가 사용하는 수단들의 조합 혹은 집합"을 뜻하며, 상품(product), 가격(price), 장소 혹은 유통(place),13) 촉진(promotion)의 4가지 요소로 구성되고, 이 요소들의 첫 자를 따서 "4P"로도 불린다.

마케팅 믹스의 4가지 요소들은 각각 마케팅 전략 수립의 기준이 된다. 상품 전략은 소비자의 욕구에 부합하는 상품을 개발하여 출시하기 위한 것이고, 가격 전략은 상품의 가격을 얼마로 결정할지를 결정하는 것이다. 다음으로 장소 전략은 상품을 어떻게 유통시킬 것인지를 결정하는 것으로 유통 경로에 대한 전략을 수립한다. 마지막인 촉진 전략은 상품을 소비자가 구매하도록 광고 등을 실시하기 위한 전략이다.

그림 8-5 마케팅 믹스의 4P

자료: 김완배·김성훈(2016, 전게서).

[5] 브랜드

브랜드(brand)는 "상품의 제조자나 판매자가 자신의 상품을 확인하거나 경쟁하고 있는 상품과 차별화하기 위해 사용하는 이름, 용어, 표시, 상징, 디자인 혹은 이들의 결합"으로 규정된다.14) 브랜드와 함께 자주 사용되는 용어로는 브랜드명(brand name), 브

---

13) 여기서의 유통은 상품을 어떻게 소비자에게 전달할 것인가를 다루는 것으로 본 교재에서 전체적으로 다루고 있는 유통(marketing)과 다르기에 두 가지를 서로 혼동하지 않도록 유의해야 한다.
14) 브랜드는 원래 앵글로색슨족이 자기 가축의 소유물을 확인하기 위해 불에 달군 인두로 가축에 낙

랜드 마크(brand mark), 등록상표(registered trade mark) 또는 트레이드 마크(trade mark)가 있다. 여기서 브랜드명이란 문자로 표기된 브랜드 이름을 뜻하고, 브랜드 마크는 상징이나 디자인 등으로 표시된 것을 의미한다. 또한, 등록상표는 법적으로 보호되어 다른 판매자가 사용할 수 없는 상표 혹은 상표의 일부를 뜻한다.[15]

브랜드는 판매자나 구매자 모두에 필요한데, 판매자의 경우 브랜드가 자기 상품을 차별화시켜 주기에 다른 상품과의 경쟁에서의 우위를 점하는 기반이 되고, 상품의 고유 특성을 보호할 법적인 수단이 될 수 있으며, 브랜드 충성도(brand loyalty)를 형성하여 지속적인 단골 소비자 획득을 위한 도구적 기능을 하게 된다. 반면, 소비자에게는 브랜드가 해당 상품을 쉽게 발견할 수 있도록 하여 탐색비용을 절감시켜주고, 브랜드를 통한 해당 상품의 경험을 쉽게 축적할 수 있게 하여 다음번의 제품선택 시 도움을 주며, 브랜드라는 상징을 통해 생산자에 대한 신뢰도를 높일 수 있게 한다.

2 시장 분석의 개념과 주요 이론

[1] 마케팅과 시장 분석

우리가 주로 알고 있는 유통이론은 상품을 얼마나 효과적으로 파는 것에 대한 답을 찾는 방법론으로 일반적으로 기업 마케팅(business marketing)으로 지칭된다. 그런데 유통론은 전술한 기업 마케팅 외에 유통의 대상인 시장을 분석하는 시장 분석(market analysis)도 포함한다. 이는 기업 마케팅의 대상인 시장이나 산업 자체를 분석하여 좀 더 종합적이고 효과적인 대응을 위함이다. 시장 분석에는 여러 방법론이 개발되어 적용되고 있지만, 여기서는 산업조직론(industrial organization) 분야에서 개발된 S−C−P 분석법에 대해서만 간단히 보기로 한다.

[2] S-C-P 분석

산업조직론에서 기본적으로 다루고 있는 S−C−P 분석법은 산업구조(structure), 기

인을 찍은 것을 가리키던 말인데, 여기서 유래하여 특정 제품이나 서비스를 식별하는 데 사용되는 명칭이나 기호를 나타내는 말을 의미하게 되었다. 브랜드를 "상표"로 번역하여 사용하기도 하지만, 그대로 "브랜드"로 사용하는 경우가 대부분이다.

15) 등록상표는 해당 상표가 등록되었다는 것을 나타내기 위하여 그 상품의 한쪽에 작게 R의 기호 또는 reg나 TM의 약호를 붙이는 경우도 있다.

그림 8-6 유통론의 구분

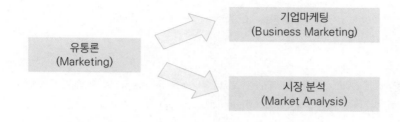

자료: 김완배·김성훈(2016, 전게서)

업행위(conduct or behavior), 산업성과(performance)를 중심으로 특정 산업을 분석하고 시사점을 도출하는 방법론이다. 이 중 산업구조는 분석 대상 산업이 어떠한 구조를 가지고 있는지를 분석하는 것이고, 기업행위는 해당 산업 내에 있는 기업들의 경쟁 행위를 분석하는 것이며, 산업성과는 대상 산업이 제대로 작동되어 사회적으로 기여를 하고 있는지를 평가하는 것이다. 이러한 S-C-P 분석을 통해 우리나라 농·식품 시장과 산업을 체계적으로 분석할 수 있다.

산업구조분석의 기준으로 시장 점유율(market share)과 시장 집중도(market concen-tration)가 있다. 시장 점유율이란 특정 기업이 시장에서 차지하는 비중을 의미하는데, 주로 특정 기업의 매출액이 해당 시장 전체 규모(또는 해당 산업 내 기업들의 매출액 총합)에서 차지하는 비중으로 계산된다. 예를 들어, 밀가루 시장에서 A 기업의 점유율이 70%이고, B 기업의 점유율이 5%라면 밀가루 시장은 A 기업의 영향을 지대하게 받고 있는 구조임을 알 수 있다. 이와 같은 기업의 시장 점유율 자료를 가지고 시장 집중도를 계측하게 된다. 시장 집중도란 특정 산업이 소수의 기업들에게 집중되어 있는 정도를 뜻하는데, 대표적으로 집중률(CRk: Concentration Ratio)을 계측하여 사용한다. 여기서 CRk는 매출액이 가장 큰 기준으로 1등부터 k등까지의 기업들의 매출액 합을 해당 시장에 참여하는 업체들의 총매출액 합으로 나눈 값인데, 수식으로 표현하면 다음과 같다. 아래의 CRk의 값은 0과 1(또는 값에 100을 곱하여 0%와 100%로 표현) 사이에 있는데, 계측한 값이 0(또는 0%)에 가까우면 시장 구조가 완전 경쟁 구조에 가깝게 되고 값이 1(또는 100%)에 가까우면 독점 구조에 가까움을 의미한다.

$$집중률: \quad CR_k = \frac{\sum_{i=1}^{k} s_i}{\sum_{i=1}^{n} s_i} = \sum_{i=1}^{k} MS_i$$

(단, s_i는 시장에 진입한 기업을 매출액 기준으로 1등부터 n등까지 배열하였을 때 i번째 순위에 위치한 기업의 매출액이고, MS_i는 i 번째 순위에 위치한 기업의 시장점유율임.)

기업 행위 분석은 해당 산업의 기업들이 보다 높은 시장 점유를 위해 어떠한 경쟁 행위를 하고 있는지를 분석하는 방법으로, 이때 경쟁행위는 가격 경쟁행위와 비가격 경쟁행위로 구분할 수 있다. 가격 경쟁행위는 상품의 가격을 통해 다른 기업과 경쟁을 하는 행위이고, 비가격 경쟁행위는 상품의 가격 이외의 수단을 가지고 다른 기업과의 경쟁을 하는 행위이다.[16] 과거에는 가격을 통한 경쟁이 주로 이루어져 왔지만, 최근 다양한 방법들이 개발됨에 따라 비가격 경쟁 행위가 격해지고 있다.

산업성과 분석은 분석 대상 산업이 전체 경제적 시각에서 얼마나 적절하게 운영되고 있는지를 판별하는 것으로 다양한 지표들이 적용되고 있으나, 여기서는 제6장에서도 도입되었던 러너지수(Lerner index)에 대해서 알아보기로 한다. 러너지수는 판매자의 독점력을 간편하게 측정하기 위한 방법으로 도입되었다. 러너지수의 계측은 완전경쟁시장과 불완전경쟁시장의 구분 기준인 시장가격과 한계비용의 일치($P = MC$) 여부에서 시작한다. 즉, 업체가 시장 가격을 한계비용보다 얼마나 높게 받는지를 평가하는 것인데, 개별 기업의 러너지수(L)는 제6장에서 $L = \dfrac{P - MC}{P}$와 같이 도출된 바가 있다. 이들 대상 시장 전체의 러너지수(LI)로 바꾸면 다음과 같다.

$$시장전체의 \ 러너지수: \quad LI = \frac{P - \sum_{i=1}^{n} s_i MC_i}{P}$$

(단, P는 시장 가격, s_i와 MC_i는 각각 i번째 기업의 시장 점유율과 한계비용임.)

---

16) 대표적인 비가격 경쟁행위로는 상품 차별화, 광고 등의 판매촉진이 해당된다.

러너지수는 0과 1 사이의 값을 가지게 되는데, 0에 가까울수록 완전경쟁시장의 조건인 "시장가격 = 한계비용($P = MC$)"의 조건을 충족하므로 대상 산업의 시장이 완전경쟁시장에 근접함을 보여주고, 1에 가까울수록 시장가격과 한계비용의 격차가 커져서 독점시장에 가까워짐을 나타낸다. 만약 현실적으로 기업의 한계비용 자료 도출이 어려운 경우에는 평균비용(AC: Average Cost)의 값을 대신하여 사용하기도 한다. 경제학에서는 러너지수의 측정 결과 도출되는 값이 0에서 멀어지면 무조건 해당 시장의 성과가 나쁜 것으로 평가한다. 그러나 현실적으로는 기업이 시장 개척이나 상품 개발 등에서 어느 정도 위험을 감수하고 있기에 적정한 수준의 독과점은 용인해주어야 한다는 의견도 많다.

01 특정 농산물을 하나 선정하고 그 농산물이 유통됨으로써 발생하게 되는 4가지 효용의 사례를 구체적으로 설명하라.

02 농산물 가격의 특성인 불안정성과 계절성에 대해 각각 설명하고, 왜 그러한 특성을 가지는지를 기술하라.

03 농산물 유통경로의 길이를 결정하는 요인을 상품, 수요, 공급 기준별로 설명하라.

04 배추를 재배하는 농가가 포전매매를 하면 시장가격의 위험에서 벗어날 수 있는 가 아닌가? 그 이유를 설명하라.

05 유통마진의 정의와 유통마진의 구성 요소를 각각 설명하라.

06 도매시장 거래제도 중 경매제도 대신 시장도매인제를 이용하게 될 경우, 가격의 변동성이 커질 것인가 아니면 줄어들 것인가? 그 이유를 설명하라.

07 마케팅 전략 수립을 위한 방법론 중의 하나인 SWOT 분석법을 이용하여, 우리나라 한우 소비 확대를 위한 전략을 제시하여 보라.

08 러너지수(Lerner index)의 값이 0에 가까울 경우 분석 대상 산업의 시장이 완전경쟁시장에 가까워지는가 아니면 독점시장에 가까워지는가? 그 이유를 설명하라.

식품산업

농산물을 가공하여 판매하는 2차 산업과 식품관련 서비스를 제공하는 3차 산업이 합쳐진 식품산업은 소비자들의 식품소비 트렌드 변화에 따라 지속적으로 성장하고 있는 산업으로, 최근에는 우리나라 국가 경제에서 농림축수산업보다 더 높은 비중을 차지하고 있다. 이러한 식품산업을 큰 시각에서 이해하기 위해서는 푸드시스템과 가치사슬이라는 개념을 이해하여야 하는데, 이는 식품산업이 자체적으로도 복잡할 뿐만 아니라 국가경제의 다른 부문들과도 다양한 관계를 맺고 있기 때문이다. 이 장에서는 식품산업의 개념을 이해하고, 식품산업의 주요 구성원인 식품가공산업과 외식산업에 대해서 살펴보도록 한다. 또한, 푸드시스템과 가치사슬의 개념과 실제 적용 사례들도 보도록 한다.

1　개념과 여건

　식품산업은 "식품을 생산·가공·제조·조리·포장·보관·수송 또는 판매하는 산업"
으로 규정된다.[1] 식품산업은 우리가 먹거나 마시는 상품을 다루는 산업으로 넓은 범위
를 가지고 있지만, 일반적으로 2차 제조업(식품가공산업)과 3차 서비스업(외식산업과 식품
유통업 등)을 포함한다.

　식품가공산업 또는 외식산업은 1차 산업인 농림축수산업에서 생산되는 상품을 원
료로 투입하여 새로운 상품을 생산하는 산업이다. 이 산업들은 농림축수산업 종사자의
생산물을 구매해주고, 농림축수산물의 부가가치를 창출하여 새로운 상품을 소비자에게
공급하는 역할을 한다.

　식품산업에 대한 학문적 논의는 2000년대부터 활발하게 진행되고 있다. 이는 우리나
라 경제구조가 1차 산업 중심에서 2차 및 3차 산업 중심으로 바뀌면서 산업 간 연계 수준
이 높아지고, 소비자들의 식품 소비트랜드가 신선 농산물 소비 중심에서 가공식품 및 외
식 소비 중심으로 변화함에 따른 결과이다. 그 결과 정부는 2008년 농림부를 농림수산식
품부(현재의 농림축산식품부)로 확대 개편하고 관련법과 제도를 개선하는 등의 정책적 대응
을 해왔다. 이러한 변화는 식품산업이 우리나라 전체 국민경제에서 차지하는 비중이 적지
않기 때문인데, 2022년 기준으로 식품가공산업과 외식업의 총 매출액이 약 307조 원에 달
하고, 종사자수도 약 229만 명에 달할 정도로 성장하는 산업이다. 구체적으로 살펴보면,

그림 9-1　식품가공·외식산업의 역할

자료: 김완배·김성훈. 『농·식품 유통론』, 박영사, 2016.

---

1) 농업·농촌 및 식품산업 기본법의 정의이다.

표 9-1　식품산업의 매출액 및 종사자 변화 추이(단위: 십억 원, 천 명)

		2000	2005	2010	2015	2020	2021	2022
매출액	전체	69,544	97,369	131,291	191,950	242,136	263,896	306,888
	식품가공산업	34,072	43,668	63,725	83,937	102,247	113,133	129,766
	외식산업	35,472	53,701	67,566	108,013	139,890	150,763	177,123
종사자수	전체	1,589	1,603	1,780	2,150	2,156	2,183	2,293
	식품가공산업	158	185	171	205	237	245	252
	외식산업	1,430	1,445	1,609	1,945	1,920	1,938	2,041

주: 음식료품제조업은 종사자 10인 이상 사업체 대상
자료: 통계청(kosis.kr).

식품가공산업의 매출액은 2000년 34조 원에서 2022년 130조 원으로 3.8배 가까이 성장하였고, 외식산업도 매출액이 2000년 35조 원에서 2022년 177조 원으로 5.1배나 증가하였다. 종사자수 또한 크게 증가하였는데, 식품가공산업과 외식산업의 종사자수가 2000년 16만 명과 143만 명에서 2022년 25만 명과 204만 명으로 각각 증가하였다.

　식품산업의 발전은 관련 업계와 정부 등이 노력한 결과이겠지만, 국내 여건도 우호적으로 작용하였다. 먼저 소비자들의 식품 소비 행태가 변화되었는데, 과거에 비해 식품 소비 패턴의 다양화·간편화·고급화가 강화되어 외식 및 가공식품의 소비가 확대되었다. 통계청에서 발표되는 우리나라 가구당 식품 소비지출 추이를 보면, 가구별로 식료품 구입에 매월 지출되는 금액은 1990년 20만 원에서 2020년 79만 원으로 4배 가까이 증가하였는데, 가정에서 요리하기 위해 구매하는 신선식품, 간편하게 조리하거나 바로 섭취가 가능한 가공식품, 음식을 사먹는 외식에 소요되는 비용이 모두 증가하였음을 알 수 있다. 그러나 이들 비용이 전체 식품 소비 지출액에서 차지하는 비중의 변화는 차이를 보이는데, 신선식품의 소비 지출 비중은 1990년 47.9%에서 2022년 23.0%로 크게 감소한 반면, 가공식품의 소비 지출 비중은 소폭 증가를 보였고, 외식 지출 비중은 1990년 22.7%에서 2022년 48.9%로 2배 이상의 큰 증가세를 나타냈다.

　이러한 차이는 도시화 및 산업화로 인한 여성의 사회진출 증가와 핵가족화의 진행 등에 따른 결과로, 과거와 달리 집에서 음식을 만들어 먹지 않고 간편한 가공식품을 소

그림 9-2 소비자 가구당 식품 소비지출 추이(단위: %)

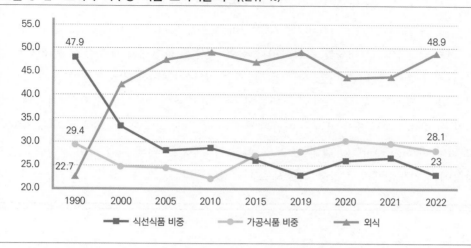

자료: 한국농촌경제연구원, 2023년 식품산업 정보분석 전문기관 사업 보고서

비하거나 아예 외식을 하는 비중이 상대적으로 늘어났음을 반영한다. 그 결과 가공식품 혹은 외식상품을 공급하는 식품산업의 국내 시장이 확대되었고, 이는 해당 산업의 성장으로 이어지게 되었다.

가정대체식(HMR)

자료: 이마트24

우리는 일반적으로 시장이나 마트에서 신선 농축수산물을 구매하여 집에서 조리하거나 가공식품 또는 외식 상품을 구매하여 섭취하고 있는데, 신선 농축수산물과 가공식품의 중간에 위치하는 가정대체식(HMR: Home Meal Replacement)이 새롭게 소비되고 있다.

가정대체식은 신선농축수산물을 일부 가공하여 반조리상태로 만든 것으로 집에서 조리하기 간편하게 만든 식품이다. 채소나 과일의 경우 세척과 절단 등의 신선편의 가공을 하여 추가적인 다듬기 없이 바로 요리를 할 수 있도록 하였고, 고기류 또한 요리에 사용될 양만큼 절단하여 같이 포장하여 포장에서 꺼내어 조리를 바로 할 수 있도록 하였다.

가정대체식은 밀키트(meal kit)로 발전하였는데, 밀키트는 요리를 쉽게 하기 위한 키트 형식으로 식재료를 가공하여 포장한 것으로 포장에서 내용물을 꺼내어 바로 굽거나 삶는 등의 요리를 하여 섭취할 수 있도록 준비한 가공식품이다.

최근 핵가족 또는 1인가구의 비중이 증가하고, 맞벌이 부부 등으로 가정에서 시간을 들여서 요리하기 어려운 여건이 확산되고 있다. 가정대체식의 수요가 증가하고 있다. 특히, COVID19 팬데믹으로 사회적 거리두기로 인해 외식 소비가 어려워진 상황에서 가정대체식 시장이 폭발적으로 성장하였다.

2 식품가공산업

(1) 개념과 동향

식품가공산업은 "1차 산업인 농림축수산업에서 생산된 농림축수산물을 가공하여 상품을 공급하는 산업"으로 정의할 수 있는데, 2차 제조업으로 농림축수산물의 부가가치를 증대시키는 역할을 한다. 우리나라의 식품가공산업은 지속적인 발전을 유지하고 있는데, 매출액이 2000년 34조 원에서 2022년 130조 원으로 3배 이상 증가한 것이 이를 보여주고 있다. 한편, 식품가공산업의 사업체수는 같은 기간 동안 3천여 개에서 6천여 개로 1.9배가 늘었고, 종사자수도 16만 명에서 25만 명으로 1.5배 이상 증가하였다.

표 9-2 식품가공산업의 발전 추이(단위: 억 원, 개소, 명)

연도	매출(출하)액	사업체수	종사자수
2000	340,716	3,431	158,325
2005	436,682	3,932	157,686
2010	637,250	4,261	171,119
2015	839,372	5,124	205,018
2020	1,022,468	5,976	236,769
2021	1,131,327	6,462	244,799
2022	1,297,657	6,634	252,398

주: 종사자 10인 이상 사업체 대상
자료: 통계청(kosis.kr)

식품가공산업의 매출액과 사업체수의 증가율을 서로 비교해보면, 사업체수 증가율보다 매출액 증가율이 더 높음을 알 수 있어 개별 업체당 매출액 규모가 증가하고 있음을 알 수 있다. 또한, 사업체수 증가율에 비해 종사자수 증가율이 상대적으로 낮은데, 보다 구체적으로 식품가공산업의 업체당 종사자 수를 계산하면 2000년 46.1명에서 2022년 38.1명으로 17.6% 감소하였음을 알 수 있다. 이를 통해 우리나라 식품가공산업이 노동집약적 산업에서 자본집약적 산업으로 변화되고 있음을 보여준다.

(2) 산업 구조

식품가공산업(음식료제조업)의 부문별 산업을 보면 크게 식료품산업과 음료품산업으로 구분될 수 있는데, 식료품산업은 다시 육가공산업(도축 포함), 수산가공산업, 과채가공산업 등으로 세분되고 음료품산업은 알코올음료산업과 비알코올음료산업으로 구분된다.

식료품산업의 세부 산업별 매출액 비중을 2022년 기준으로 비교하여 보면 기타식료품을 제외하고 육가공(도축 포함) 매출액이 24조 원으로 전체 식료품산업의 20.9%로 가장 높았고, 동물용사료 및 조제산업(16조 원), 유가공산업(9조 원)과 수산물가공(8조 원)이 높은 매출액을 보여주었다. 한편, 식료품산업의 전체 매출액 변화를 보면 2012년 64조 원에서 2022년 116조 원으로 1.8배 증가하여 우리나라 식품산업의 성장을 보여준다.

음료품산업의 세부 산업별 매출액 비중은 2022년을 기준으로 알코올음료산업과 비알코올음료산업이 각각 42.2%와 57.8%로 비알코올음료산업이 상대적으로 큰 비중을 차지하였다. 음료품산업의 전체 매출액 변화를 보면 2012년 9.6조 원에서 2022년 14조 원으로 1.5배의 증가세를 보였다. 한편, 알코올음료와 비알코올음료의 매출액 증가율은 서로 차이를 보였는데, 알코올음료의 매출액이 2012년 4.7조 원에서 2022년 6.0조 원으로 26.7% 증가한 반면, 비알코올음료의 매출액은 같은 기간 동안 4.8조 원에서 8.2조 원으로 69.6% 증가하여 상대적으로 높은 성장세를 보였다. 이러한 변화는 우리나라 음료 소비가 건강에 좋은 비알코올 음료상품에 보다 집중됨에 따라 다양한 비알코올 음료상품들이 시장에 출시되어 성공을 거둔 결과이다.

우리나라의 식품가공산업은 다른 제조업에 비해 규모가 작은 편에 속한다. 종사자 규모별 사업체수와 매출액을 보면, 2022년을 기준으로 10~19인의 종사자를 고용한 업체의 비중이 전체 업체수의 49.7%를 차지하고 있지만, 매출액은 11%에 불과함을 알 수 있다. 반면에 100~199인의 종사자를 고용한 업체들이 전체 업체 수에서 차지하는 비중은 4.1%에 불과하지만, 매출액 비중은 18.5%로 가장 높게 나타났다. 이를 통해, 우리나

표 9-3　식품가공산업의 부문별 업체 매출액 추이(단위: 십억 원, 개소, 명)

산업별	2012			2022		
	매출액	사업체수	종사자수	매출액	사업체수	종사자수
제조업	1,507,834	63,907	2,753,684	2,040,332	73,260	2,981,764
식료품산업	65,588	4,173	165,694	115,578	6,352	236,169
육가공(도축 포함)	10,820	702	31,662	24,174	1,257	46,808
수산가공	4,651	815	25,827	8,276	1,020	29,131
과채가공	2,412	436	14,222	4,516	683	19,635
식용유지	2,343	57	1,763	4,750	90	2,838
유가공	7,403	107	9,777	8,807	127	10,343
곡물가공, 전분, 사료	5,999	261	7,806	7,512	366	10,413
기타식료품	21,221	1,555	66,396	41,875	2,512	106,964
동물용 사료 및 조제	10,739	240	8,241	15,667	297	10,037
음료품산업	9,562	250	13,145	14,188	282	16,229
알코올음료	4,728	95	6,196	5,990	106	6,595
비알코올음료	4,834	155	6,949	8,198	176	9,634

주: 종사자 10인 이상 사업체 대상

자료: 통계청(kosis.kr) 일부 수정

표 9-4　식품가공산업 종사자 규모별 사업체수 및 매출액(단위: 개소, 십억 원)

종사자 규모		10~19	20~49	50~99	100~199	200~299	300~499	500명 이상	계
2000	사업체수	1,544	1,184	406	180	61	33	23	3,431
	매출액	2,222	4,610	6,349	7,081	5,758	3,442	4,324	34,072
2005	사업체수	1,940	1,285	417	185	61	28	16	3,932
	매출액	4,020	7,035	8,946	9,817	5,758	4,120	3,570	43,668
2010	사업체수	2,017	1,442	470	229	63	28	12	4,261
	매출액	6,306	11,775	13,507	14,911	7,060	6,989	2,813	63,725
2015	사업체수	2,395	1,884	604	260	75	36	20	5,274
	매출액	8,096	16,728	18,381	18,649	9,785	9,119	5,223	86,611
2020	사업체수	36,657	24,068	6,196	2,648	735	407	325	71,036
	매출액	120,678	212,742	157,559	173,145	94,740	95,208	661,419	1,515,989
2021	사업체수	38,666	23,845	6,208	2,585	724	436	325	72,789
	매출액	139,627	237,257	176,431	189,483	112,413	119,430	802,576	1,777,824
2022	사업체수	3,298	2,250	660	271	81	51	23	6,634
	매출액	14,148	29,285	23,719	23,970	17,177	12,578	8,231	129,766

자료: 통계청(www.kosis.kr)

라 식품가공산업은 소규모 업체가 다수를 차지하고 있으나, 이들의 매출 규모가 작아 산업을 주도하지 못하고 있음을 볼 수 있다.

추가적으로 시간별 변화 추이를 보면 종사자 수가 큰 업체들이 차지하는 비중이 늘어나고 있어 식품가공산업이 규모화의 과정을 거치고 있음을 알 수 있다.

3 외식산업

(1) 개념과 동향

외식산업은 "1차 산업인 농림축수산업에서 생산된 농림축수산물을 조리하여 상품을 공급하는 산업"으로 정의할 수 있는데, 관련 법령인 외식산업진흥법에서는 "외식상품의 기획·개발·생산·유통·소비·수출·수입·가맹사업 및 이에 관련된 서비스를 행하는 산업"으로 규정하고 있다. 외식산업은 3차 서비스업으로 농림축수산물의 부가가치를 증대시키는 역할을 하고 있다.

가공산업처럼 외식산업도 지속적인 발전을 하고 있는데, 매출액이 2000년 35조 원에서 2022년 177조 원으로 5배 성장을 보였다. 사업체 수와 종사자수 또한 증가하여, 같은 기간 동안 각각 1.4배의 증가를 보였다.

외식산업의 매출액과 사업체수의 증가율을 서로 비교해보면, 사업체수 증가율보다 매출액 증가율이 높아 개별 외식업체의 매출액 규모가 늘어나고 있음을 알 수 있다. 또한, 사업체수 증가율에 비해 종사자수 증가율이 상대적으로 높은데, 보다 구체적으로 외식산업의 업체당 종사자수를 계산하면 2000년 2.5명에서 2022년 2.6명으로 2.3% 증가하였음을 알 수 있다. 이는 우리나라 외식산업이 노동집약적 산업에서 자본집약적 산업으로 이행하는 식품가공산업과는 다른 모습을 보이고 있음을 나타낸다.

표 9-5 외식산업의 발전 추이(단위: 억 원, 개소, 명)

연도	매출액	사업체수	종사자수
2000	354,722	570,576	1,430,476
2005	462,525	531,929	1,444,827
2010	675,658	586,297	1,609,103
2016	118,853	675,065	1,988,472
2020	1,398,896	804,173	1,919,667
2021	1,507,632	800,648	1,937,768
2022	1,771,226	795,488	2,040,770

자료: 통계청(kosis.kr)

표 9-6 **종사자 규모별 사업체수 및 매출액**(단위: 십 개소, 십억 원)

종사자 규모		1~4	5~9	10~19	20~49	50명 이상	계
2000	사업체수	54,396	2,206	341	115	–	57,058
	매출액	27,463	4,846	1,504	1,659	–	35,472
2006	사업체수	52,097	4,547	791	34	33	57,697
	매출액	33,549	10,470	4,748	1,485	1,499	53,701
2011	사업체수	54,943	4,415	1,048	266	47	60,718
	매출액	42,032	15,316	8,708	5,202	2,249	73,507
2016	사업체수	58,339	7,375	1,396	311	86	67,506
	매출액	59,160	31,682	14,872	8,456	4,683	118,853
2020	사업체수	72,149	6,631	1,334	264	40	80,417
	매출액	80,782	32,684	14,749	7,897	3,777	139,890
2021	사업체수	71,627	6,799	1,348	257	34	80,065
	매출액	87,191	35,331	16,460	8,983	2,797	150,763
2022	사업체수	69,734	7,894	1,594	290	37	79,549
	매출액	99,414	43,547	20,402	10,291	3,468	177,123

주: 1) 2000년 50명 이상의 사업체수, 매출액 데이터를 확인할 수 없음.
자료: 통계청 (www.kosis.kr)

[2] 산업 구조

외식산업을 세부 산업별로 보면, 음식점업과 주점업 및 비알코올음료점업으로 구분됨을 알 수 있다. 음식점업은 다시 일반 음식점업, 기관 구내식당업, 출장 및 이동 음식업, 기타 음식점업으로 분류되고, 주점업 및 비알코올음료점업은 주점업과 비알코올 음료점업으로 구분된다.

세부 산업별로 살펴보면, 2022년을 기준으로 음식점업의 경우 일반 음식점업, 그 중에서도 한식 음식점업의 비중이 가장 큰 것을 알 수 있는데, 사업체수, 종사자수, 매출액이 음식점업에서 차지하는 비중이 50% 이상의 수준을 차지하고 있다. 이는 우리나라 소비자 대부분이 외식 메뉴로 한식을 주로 선택하는 것과 외식산업에 뛰어드는 개인 창업자 대부분이 익숙하고 자금이 상대적으로 적게 드는 한식당을 개업하는 추세를 반영한 결과로 보인다. 반면, 주점업 및 비알코올 음료업의 경우, 비알코올 음료점업의 사업체수, 종사자수, 매출액 비중이 대부분을 차지하고 있어 최근 주점보다 프렌차이즈 디저트, 커피숍 등의 증가와 소비트랜드의 변화로 보인다.

다음으로 세부 산업별 변화의 추이를 보면, 2012년에서 2022년에 걸친 기간 동안 한식 음식점업의 사업체수 비중은 2012년 88.2%에서 2022년 57.8%로 감소하였으나, 업체당 매출액은 같은 기간 동안 1억 2천만 원에서 2억 4천만 원으로 늘어나 긍정적인 발전의 신호로 볼 수 있다.

또한, 주점업과 비알코올 음료점업을 비교해보면 주점업의 사업체수 비중이 2012년 75.5%에서 2022년 47.7%로 줄어든 반면, 비알코올 음료점업은 같은 기간 동안 24.5%에서 52.3%로 2.1배 증가하여 산업구조가 달라지고 있음을 알 수 있다.

우리나라 외식산업은 영세 구조를 가진 대표산업 중의 하나로 2022년 기준으로 1~4인 종사자를 고용하고 있는 업체수가 전체의 87.7%를 차지하고 있는 반면, 50인 이

표 9-7 외식산업의 부문별 업체 추이(단위: 십억 원, 개소, 명)

산업별	2012			2022		
	매출액	사업체수	종사자수	매출액	사업체수	종사자수
음식점 및 주점업	63,120	451,338	1,347,209	177,123	795,488	2,040,770
음식점업	44,164	334,917	992,697	148,339	569,760	1,555,574
한식음식점업	35,178	295,348	813,743	77,780	329,419	833,453
중식음식점업	3,011	21,680	75,417	9,279	30,875	98,959
일식음식점업	2,170	7,211	32,952	6,432	19,233	63,814
서양식음식점업	3,447	9,175	63,067	5,918	18,303	69,097
기타 외국식 음식점업	358	1,503	7,518	1,506	6,391	19,466
기관구내식당업	4,700	6,955	42,342	11,458	11,438	66,826
기관구내식당업	4,700	496	2,388	11,458	11,438	66,826
출장 및 이동음식업	127	496	2,388	226,191	1,019	2,659
출장음식 서비스업	127	496	2,388	207,099	646	2,174
이동 음식점업	–	–	–	19,092	373	485
기타 음식점업	14,129	108,970	309,782	35,740	153,082	401,300
제과점업	3,970	14,799	60,352	7,570	28,070	89,064
피자 햄버거 유사 음식점업	3,424	13,711	73,708	9,086	27,015	108,109
치킨 전문점	2,659	31,139	67,868	9,041	41,436	84,838
분식 및 김밥 전문점	3,007	45,070	96,113	7,684	46,639	98,870
그외 기타 음식점업	1,069	4,251	11,741	2,359	9,922	20,419
주점 및 비알코올음료점업	14,166	173,493	405,598	28,784	225,728	485,196
주점업	10,888	131,035	291,133	11,767	107,651	179,886
일반유흥 주점업	3,249	29,703	88,387	2,241	25,828	39,258
무도유흥 주점업	428	1,606	9,355	166	1,125	2,399
기타주점업	7,212	99,726	193,391	7,821	80,698	138,229
비알코올 음료점업	3,278	42,458	114,465	17,017	118,077	305,310

자료: 통계청(kosis.kr) 일부 수정

상을 고용하는 대규모 외식업체는 전체의 0.05%에 불과하다. 그러나 1~4인 종사자를 고용하는 업체들의 매출액 비중은 전체의 56.1%에 그치고 있어 사업체수 대비 외식산업을 크게 주도하지 못하고 있는 것으로 보인다.

한편, 시간별 변화 추이를 보면 대규모 외식업체의 비중이 늘어나고 있어 규모화 추세를 반영하고 있다. 2000년에서 2022의 기간 동안 1~4인 종사자를 고용하고 있는 외식업체수는 28.2% 증가하였지만 20인 이상을 고용하는 외식업체수는 151.9%나 증가하였다. 매출액 증가 추세도 비슷한 모습을 보이는데, 같은 기간 동안 1~4인 종사자를 고용하고 있는 외식업체의 매출액은 262.0% 증가에 그친 반면, 20인 이상을 고용하는 외식업체의 매출액은 520.3%나 증가하여 약 2배의 성장세를 나타내고 있다.

배달시장의 성장

자료: 셔터스톡

우리나라 외식산업에는 일부 메뉴에 한해서 배달 서비스에 대한 개념이 있었다. 중국집이나 상가 근처 한식집 등이 대표적인데, 주로 사업장에서 자리를 비우기 어려운 상인들이나 바쁜 직장인 또는 학생이 전화로 음식을 주문하여 이용하였다. 이후 치킨업체와 피자업체 등에서 전화 주문을 통한 배달 서비스를 추가로 제공하게 되었으나, 여전히 일부 외식업체로 한정되어 있었고 별도의 배달 요금을 받는 경우도 많지 않았다.

정보통신기술(ICT)의 발달은 온라인 플랫폼을 이용한 전문 배달산업을 성장시켰는데, 기존과 같이 외식업체에서 고용한 배달원이 아닌 독립적인 배달원이 온라인 플랫폼을 통해 요청된 음식 배달의뢰를 처리하고 배달 수수료를 별도로 받는 시장이 형성된 것이다.

2020년 초에 본격적으로 확산된 COVID19 팬데믹은 비대면 사회적 거리두기를 의무화하게 되었고, 식당에서 대면으로 음식을 주문하는 문화를 상당 부분 제약하였다. 그 결과 배달을 통한 외식 상품 소비가 급속도로 증가하였고, 20만 명이 넘는 배달원이 2조 원 규모의 배달시장에서 영업을 하고 있다.

1 푸드 시스템

푸드 시스템(food system)은 "식품의 생산, 수확, 저장, 가공, 포장, 운송, 유통, 소비, 폐기 등 식품 소비와 관련된 일련의 과정" 또는 "농림축수산업인－가공업자－소매업자－소비자로 이어지는 일련의 흐름" 등으로 정의되고 있다.[2] 다시 말해, 푸드 시스템은 농·식품산업의 각 주체들이 서로 주고받는 관계 전체로 이해될 수 있다.

보다 직관적인 이해를 위해 푸드 시스템의 구조를 〈그림 9－4〉와 같이 제시할 수 있다. 푸드 시스템의 개념도에 나타난 것처럼 농·식품 푸드 시스템은 국산 및 수입 농림축수산물과 수입 가공식품을 원료로 사용한다. 각 원료들은 선별이나 포장 등의 단순가공 혹은 식품 가공, 급식 조달 등 중간단계를 거쳐서 상품화가 된 이후 최종 소비자에게 공급되는데, 최종 소비자들은 각자 필요에 따라 농림축수산물을 원물, 가공식품, 외식, 급식의 형태로 소비활동을 한다.

우리나라 푸드 시스템의 구조를 최지현 외(2009)의 연구를 통해서 살펴볼 수 있는데, 해당 연구에서는 푸드 시스템의 구조를 2000년과 2005년 산업연관표를 이용하여 분

그림 9-3 푸드 시스템의 개념도

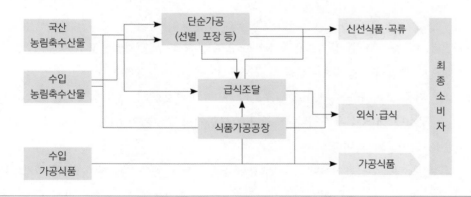

자료: 최지현 외(2009, 전게서). 일부 수정

---

[2] 최지현·이계임·김경필·국승용·조소현·김병무·이명헌·김성용, 『농어업 부가가치의 새로운 창출을 위한 식품산업의 중장기 발전 전략(1/5차연도)』, 한국농촌경제연구원, 2009.

그림 9-4 우리나라의 2005년 푸드 시스템 구조도(단위: 십억 원)

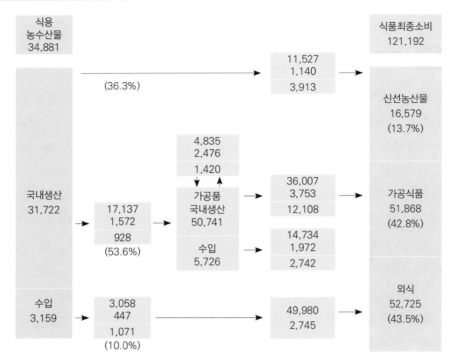

1) 반올림 때문에 끝자리가 일치하지 않는 경우가 있음.

2) [3,058 / 447 / 1,071] 는 상단부터 국산품, 수입품, 유통경비를 나타냄.

자료: 최지현 외(2009, 전게서). 일부 수정

석하였다. 이 중 2005년 산업연관표를 바탕으로 분석한 푸드 시스템구조도를 보면, 푸드 시스템으로 유입되는 농림축수산물의 규모는 35조 원으로 2000년 대비 10% 증가하였으나, 식품 최종 소비 규모는 121조 원으로 2000년 대비 24%가 증가한 모습을 보인다. 이는 푸드 시스템 내에서 추가 투입된 중간재 구입액이나 부가가치 창출액이 빠르게 증가하였음을 의미하는 것이다.

한편, 농림축수산물이 푸드 시스템으로 유입되는 단계에서는 신선, 가공, 외식의 비중이 각각 36%, 54%, 10%이지만, 식품 최종 소비단계에서는 그 비중이 각각 14%, 43%, 43%로 나타나, 2000년에 비해 신선 및 가공 부문의 농산물 유입이나 최종 소비 비중이 감소하고 외식의 비중이 증가한 모습도 보이고 있다.

2 가치사슬

마이클 포터(M. Porter)가 1980년대에 처음 주장한 **가치 사슬(value chain)**은 "기업 활동에서 부가가치가 생성되는 일련의 연쇄과정으로 부가가치 창출에 직간접적으로 관련되는 모든 활동, 기능, 프로세스의 연관성"을 의미한다. 즉, 기업에게 가치 사슬이란 원료의 공급에서부터 소비자에게 최종 공급되는 상품 혹은 서비스에 이르기까지 서로 연계된 일련의 부가가치 창출 활동인 것이다. 가치사슬은 기업이 제공하는 제품이나 서비스가 사업 활동의 어느 부분에서 부가가치가 더해지고 있는가를 분석하는 방법으로, 이를 통하여 우위성의 원천을 찾아 기본 전략을 고려하거나 폭 넓은 가치 시스템 중에서 기업의 경쟁 분야를 결정할 수 있다.

가치사슬은 본원적 활동(primary activities)과 보조 활동(support activities)으로 구분되는데, 본원적 활동은 부가가치를 직접적으로 창출하는 활동으로 상품의 생산, 운송, 마케팅, 판매, 물류, 서비스 등의 현장 업무 활동 등이 포함된다. 보조 활동은 부가가치가 창출될 수 있도록 간접적으로 도와주는 활동으로 생산 기반 시설 지원, R&D, 교육, 조직화, 전문화 등의 활동이다.

농업에서의 가치사슬은 농업 경영과정에서 부가가치 생성과 관련된 모든 직접 혹은 간접 활동을 포함한다. 특히, 농산물은 공산품과 달리 생산에서 가공 및 판매까지 품목별

그림 9-5 농산물의 가치사슬 구조

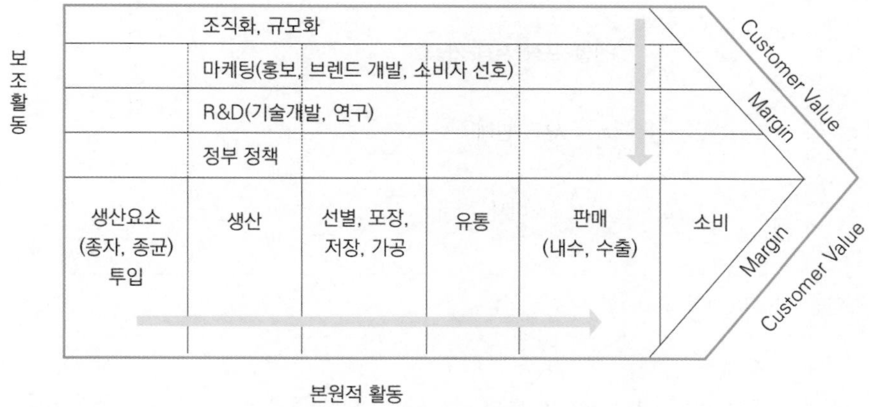

자료: 김연중·박기환·서대석·한혜성, 『주요 농산물의 가치사슬 분석과 성과제고 방안』, 한국농촌경제연구원, 2010. 일부 수정

로 고려하여야 할 부분들이 매우 많기에, 농산물의 가치사슬이 효율적으로 관리되기 위해서는 각 단계별 활동들이 시장 확대를 목표로 종합적으로 연계되어야 한다. 농산물의 가치사슬 구조를 도식화한 〈그림 9-5〉를 보면, 본원적 활동에는 생산 요소 투입, 생산, 선별·포장·저장·가공, 유통, 판매 등이 포함되고, 지원 활동에 조직화 및 규모화, 마케팅, R&D, 정부 정책 등이 포함되는데, 이들 활동들이 유기적으로 서로 조정(coordination)되고 협력(cooperation)되어야 함을 보여준다.

　　농산물의 가치사슬은 효율성을 높이기 위해 생산 요소투입부터 소비자 판매에 이르기까지의 각 단계가 수직적으로 통합된다. 다음 그림과 같이 가치사슬의 각 단계를 생산부터 소비까지 수직적으로 나열하면 생산 부분이 상류(upstream)가 되고 소비 부분이 하류(downstream)가 된다. 또한, 수직단계에서 특정 단계의 하류에 해당되는 부분이 **전방산업(forward industry)**, 상류에 해당하는 부분이 **후방산업(backward industry)**으로 정의된다. 예를 들어, 생산단계에서의 전방 산업은 선별·포장·저장·가공 산업, 유통 산업 등이고, 후방 산업은 생산 요소 투입 산업이 된다.3)

　　가치사슬은 수직 통합(vertical integration) 수준이 높을수록 전방 산업과 후방 산업의

그림 9-6　농산물 가치사슬의 수직적 통합

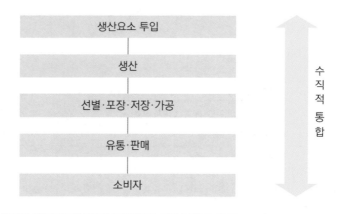

자료: 김연중 외(2010, 전게서). 일부 수정

3) 전방산업과 후방산업을 보다 쉽게 이해하기 위해서는 대상 주체가 생산 부분(upstream)에서 소비 부문(downstream)을 바라보고 있는 상황을 떠올리도록 하자. 여기서 대상 주체가 앞으로 바라보고 있는 소비 부문이 바로 전방에 놓여 있는 산업인 전방산업이 되고, 대상 주체의 뒤통수인 뒤에 있는 생산 부문이 바로 후방산업이 되는 것이다.

표 9-8 쌀에 대한 가치사슬 총 효과

		내용	가치증대
본원적 활동	종자	종묘비 절감	14.8%
	생산	비료비 절감	20.3%
		농약비 절감	18.8%
		기타 재료비 절감	20.1%
		노동비 절감	38.8%
		농기계 관련비	40.3%
보조 활동	정부 정책	벼 품종 개발(최고품질 품종 수 증대)	4개 → 15개로 증대 기대
		생산이력 관리제도	쌀 상품성 증대 기대
	R&D	농기계 개발	6,899억 원 가치창출
		신품종 개발	1조 3,787억 원 가치 창출.
		재배기술보급을 통한 노력시간 절감	29.1% 감소
		품종 혼입률 감소	19.5% 감소
	브랜드	소비자 인지도 1위 브랜드 판매	연간 218억 6,000만 원 부가가치 창출

출처: 김연중 외(2010 전게서). 일부 수정

조정이 쉬워진다. 이는 곧 시장 변화에 보다 적극적으로 대응하여 가치 증대를 효과적으로 달성할 수 있음을 뜻하므로, 농산물의 가치사슬을 운영하는 주체들은 수직 통합을 위해 노력을 하고 있다.

　김연중 외(2010, 전게서)의 연구를 통해서 우리나라 농업의 가치사슬을 분석해 볼 수 있는데, 그 중 대표적인 쌀의 경우 본원적 활동(종자, 생산)과 보조활동(정부정책, R&D, 브랜드)을 구분하여 가치사슬을 분석하였다. 구체적인 분석 결과, 쌀의 경우 본원적 활동과 보조 활동에서 다양한 가치 증대 효과가 계측되었다. 먼저 본원적 활동에서는 생산 단계에서의 재배기술과 품종개발을 통한 단수 증가와 기계화 및 규모화 등을 통한 생산 비용 절감 등을 통해 가치 증대가 실현되었고, 보조 활동에서는 R&D와 브랜드화 등을 통한 가치 증대도 나타났다.

01 1차 산업인 쌀 산업과 연계되는 2차 및 3차 산업으로 어떠한 것이 있는지를 조사하여 구체적인 연계 사례를 제시하라.

02 우리나라 소비자 가구당 식품 소비지출 추이를 나타낸 자료를 통해 알 수 있는 시사점을 최대한 기술하고, 이러한 소비 변화가 우리나라 식품산업에 어떠한 영향을 주게 되었는지를 설명하라.

03 우리나라 식품가공산업의 매출액 증가율이 종사자수 증가율보다 상대적으로 높게 나타난 것을 보아 식품가공산업이 노동집약적 산업으로 변화되고 있는가 아니면 자본집약적 산업으로 변화되고 있는가? 그 이유를 설명하라.

04 우리나라 외식산업의 세부 업종 변화가 어떻게 진행되고 있는지를 구체적인 업종을 제시하면서 설명하라.

05 특정 농산물을 하나 선정하여 그 농산물의 푸드 시스템의 개념도를 작성하여 제시하라.

06 우리나라 쌀 가치사슬 중 R&D는 본원적 활동에 해당하는가 아니면 보조활동에 해당하는가? 그 이유를 설명하라.

07 식품 가치사슬에서 진행되는 수직통합이 전방산업과 후방산업으로 진행되는 사례를 각각 구체적으로 설명하라.

CHAPTER 10

농·식품 관련 보험과 파생상품

농산물을 생산하고 유통하는 과정에는 수많은 위험(risk)이 따른다. 위험의 개념을 느슨하게 정의하면, 한 마디로 '예상치 못한 손실(손해)을 볼 가능성(확률)'이라고 할 수 있다. 이러한 위험은 앞으로 일어날지도 모를 일로 인한 불확실성에 의해 생겨난다.

농산물 생산 및 유통과 관련된 위험은 매우 다양하지만, 대표적인 위험의 유형은 다음과 같다. 첫째는, 생산위험(production risk) 또는 단수위험(yield risk)을 들 수 있다. 농업 생산은 무엇보다도 기후, 병충해 등 인위적으로 통제할 수 없는 요인들에 의해 영향을 많이 받기 때문에 연간 생산량의 변동이 매우 큰 편이다. 홍수, 가뭄, 태풍, 우박, 폭염, 냉해 등과 같은 기상재해로 인해 농산물 생산량이 평년보다 줄어들면 농가의 총수입이 감소하여 손실이 발생하게 되는데, 이러한 위험을 생산위험 또는 단수위험이라고 한다.

둘째는, 가격위험(price risk) 또는 시장위험(market risk)을 들 수 있다. 농작물을 재배하거나 가축을 사육하고 있는 상황에서 수확기 또는 출하기에 가격이 크게 하락하는 경우, 농산물을 재고로 보유하고 있는 상황에서 시장가격이 크게 하락하는 경우 등과 같이 시장가격이 불리하게 변동할 경우 농가에 큰 손실이 발생할 수 있는데, 이러한 위험을 가격위험 또는 시장위험이라고 한다.

셋째는, 제도적 위험(institutional risk)을 들 수 있다. 농업 생산에 영향을 미치는 정책, 제도, 규제 등이 갑작스럽게 변경될 때도 위험이 발생하곤 하는데, 이를 흔히 제도적 위험이라고 부른다. 예컨대, 환경 및 식품안전 정책의 변화로 이제까지 사용해 오던 농약의 사용이 금지되거나, 축사의 악취 및 분뇨 처리에 대한 규제가 한층 더 강화되거나, 농업용 면세유 공급 혜택이 사라지거나, 농지 이용에 대한 규제가 강화되거나 하는 일들은 모두 새로운 투입비용을 유발하거나 생산비용을 증가시킴으로써 농가에 부담으로 작용할 수 있다.

넷째는, 인적위험(human risk; personal risk)을 들 수 있다. 농장주가 갑작스럽게 병이 나거나 다치는 경우, 심지어 사망하는 경우는 농작업이 제대로 이루어질 수가 없어 농가에 손실이 발생하게 되는데, 이러한 위험을 인적위험이라고 한다. 특히, 가족농의 경우 가족 구성원들이 제공하는 노동에 거의 전적으로 의존하는 상황에서 가족 중 누구에게라도 불상사가 생기면 노동력 공급에 차질이 빚어지는 위험 상황에 놓이게 된다.

이 외에도 농산물 생산 및 유통 과정에는 일일이 열거하기 어려울 만큼 무수히 많은 위험 요소가 존재한다. 본 장에서는 여러 위험 요소 가운데 생산위험 또는 단수위험을 관리할 수 있는 수단으로 도입된 농업재해보험과 가격위험 또는 시장위험의 관리 수단으로 널리 이용되고 있는 농산물 파생상품(선물, 옵션)을 중심으로 살펴보고자 한다. 농업재해보험과 농산물 파생상품은 시장을 통하여 위험을 관리할 수 있는 수단을 제공한다는 점에서 큰 의미를 찾을 수 있다.

농업은 기후의 영향을 직접적으로 받는 대표적인 산업이다. 최근 기후변화로 인한 기상이변과 자연재해가 빈번해지고 피해의 정도도 심화하고 있어 농업경영 위험이 날로 증가하고 있다. 기상재해는 사전 예측이 불가능하고, 광범위한 지역에 동시다발적으로 발생하기 때문에 피해 규모가 매우 크고 예방에도 한계가 있어 불가항력적인 측면이 있다. 기상재해는 농가의 경영 불안을 초래할 뿐만 아니라 농축산물의 공급량에 영향을 미쳐 가격 변동성을 확대함으로써 소비자 후생에도 나쁜 영향을 미치게 된다. 이러한 이유로 농가의 경영 불안을 해소하고 소비자의 후생을 증가시키는 한편, 식량안보에 기여할 수 있는 경영안정제도의 도입이 필요하게 되었으며, 그 일환으로 도입된 것이 바로 농업재해보험(농작물재해보험, 가축재해보험, 농업수입보장보험)이다.[1]

1 농작물재해보험

농작물재해보험은 자연재해 등으로 인한 농작물 및 농업용 시설물 피해를 보험으로 실손 보상함으로써 농가의 소득 및 경영 안정을 도모하고, 안정적인 농업 재생산 활동을 뒷받침하기 위해 시행하는 제도이다. 농작물재해보험은 국가가 주도하고, NH농협손해보험이 보험사업자로 참여하고 있다.

표 10-1 농작물재해보험의 개요

구분		내용
	근거법령	농어업재해보험법
	도입연도	2001년
	대상품목 (2023년 기준)	사과, 배, 벼, 인삼 등 70개 품목
보상재해 및 보장방식	종합위험보장방식	자연재해·조수해(鳥獸害)·화재 등
	특정위험보장방식	태풍(강풍)·우박·화재·폭염·냉해 등
	보장수준	보험가입금액의 60~90% 보장

---

1) 농업재해보험과 관련한 보다 자세한 사항은 농림축산식품부(2023), 『2023 농업재해보험연감』 또는 농업정책보험금융원(2023), 『농업재해보험·손해평가의 이론과 실무』를 참고하기를 바란다.

구분	내용
국고지원	순보험료 40~60%, 부가보험료(운영비) 100%
예산액 (2023년 기준)	5,527억원(농업수입보장보험 예산 포함) - 순보험료 4,686억원, 운영비 841억원
보험사업자	NH농협손해보험

(1) 대상 품목(보험의 목적물)

농작물재해보험은 「농어업재해보험법」에 의거하여 2001년 처음 도입되었다. 보험 대상 품목을 선정하는 기준으로 재해 피해가 크고, 보험 수요가 클 것으로 예상되는 품목을 우선적으로 고려한 결과 사과와 배가 최초 선정되었다. 그 후로 벼, 인삼, 시설채소 등의 품목이 지속적으로 추가되면서 2023년 기준 70개 품목으로 확대되었고, 향후에도 다양한 품목의 확대가 기대된다.

표 10-2 농작물재해보험의 대상 품목(보험의 목적물)

구분	품목수	품목
과수작물	12	사과, 배, 단감, 감귤, 포도, 복숭아, 자두, 살구, 매실, 참다래, 유자, 무화과
식량작물	10	벼, 밀, 보리, 감자, 고구마, 옥수수, 콩, 팥, 메밀, 귀리
채소작물	12	양파, 마늘, 고추, 양배추, 배추, 무, 파, 당근, 브로콜리, 단호박, 시금치(노지), 양상추
특용작물	3	인삼, 오디, 차(茶)
임산물	7	떫은 감, 대추, 밤, 호두, 복분자, 오미자, 표고버섯
버섯작물	3	느타리버섯, 새송이버섯, 양송이버섯
시설작물	23	- 화훼류 : 국화, 장미, 백합, 카네이션 - 비화훼류 : 딸기, 오이, 토마토, 참외, 풋고추, 호박, 수박, 멜론, 파프리카, 상추, 부추, 시금치, 가지, 배추, 파(대파·쪽파), 무, 미나리, 쑥갓, 봄감자

(2) 보상 재해 및 보장 방식

농작물재해보험은 보험 대상 범위, 즉 보상 재해를 어떻게 정하느냐에 따라 특정위험방식과 종합위험방식으로 구분한다. 특정위험방식은 해당 품목에 재해를 일으키는 몇 개의 주요 재해만을 보험 대상으로 하는 방식이다. 2023년 기준 특정위험방식이 적용되는 농작물은 인삼이 유일하다. 인삼의 경우는 태풍(강풍), 폭설, 집중호우, 침수, 화재, 우박, 냉해, 폭염 등의 특정 재해로 인한 수확량 감소를 보장한다(단, 인삼의 해가림시설에 대해서는 자연재해, 조수해, 화재 등의 종합위험을 보장한다).

한편, 종합위험방식은 피해를 초래하는 모든 자연재해, 조수해(鳥獸害; 새나 짐승에 의한 피해) 및 화재 등을 보험 대상으로 하는 방식이다. 과수작물을 사례로 종합위험방식에 대해 간략히 살펴보도록 하자. 2023년 기준 과수작물을 대상으로 운영되는 보험상품의 종류에는 ① 적과전 종합위험 보장방식, ② 수확전 종합위험 보장방식, 그리고 ③종합위험 보장방식의 3가지가 있다.

적과전 종합위험 보장방식이란 보험의 목적물(과수 4종: 사과, 배, 단감, 떫은감)에 대해 보험기간 개시일부터 통상적인 적과(摘果; 솎아내기)가 끝나는 시점까지 자연재해, 조수해, 화재에 해당하는 위험을 종합적으로 보장하고, 적과 후부터 보험기간 종료일까지는 태풍(강풍)·우박·집중호우·화재·지진, 가을 동상해(凍霜害; 얼거나 서리로 인한 피해), 일소(日燒; 햇볕 데임) 피해에 해당하는 특정한 위험에 대해서만 보장하는 방식을 말한다.

표 10-3 과수작물의 적과 전 종합위험 보장 방식

보장 구분	품목	보상하는 재해	
과실손해 보장	사과, 배, 단감, 떫은감(과수 4종)	적과 전	자연재해, 조수해, 화재
		적과 후	태풍(강풍)·우박·집중호우·화재·지진, 가을 동상해, 일소 피해

수확 전 종합위험 보장방식에서는 수확 전에 발생하는 자연재해, 조수해, 화재로 인한 과실 손해를 종합위험방식으로 보장하고, 수확 후에는 태풍(강풍), 우박으로 인한 손해를 특정위험방식으로 보장하는데, 여기에 포함되는 농작물은 복분자, 무화과의 2가지 품목이다.

표 10-4 과수작물의 수확 전 종합위험 보장 방식

보장 구분	품목	보상하는 재해	
과실손해 보장	복분자, 무화과 (과수 2종)	수확 전	자연재해, 조수해, 화재
		수확 후	태풍(강풍), 우박

종합위험 보장방식의 보험상품은 세부적으로 다시 ① 종합위험 수확감소 보장방식(복숭아, 자두, 매실, 살구, 오미자, 밤, 호두, 유자의 8개 품목), ② 종합위험 과실손해 보장방식(오디, 감귤의 2개 품목), 그리고 ③ 종합위험 비가림과수손해 보장방식(포도, 대추, 참다래의 3개 품목)의 3가지로 구분된다.

표 10-5 과수작물의 종합위험 보장 방식

보장 구분	품목	보상하는 재해
수확감소 보장	복숭아, 자두, 매실, 살구, 오미자, 밤, 호두	자연재해, 조수해, 화재 (복숭아는 병충해 보장)
과실손해 보장	오디, 감귤	자연재해, 조수해, 화재
비가림과수손해 보장	포도, 대추, 참다래	자연재해, 조수해, 화재
	비가림시설	자연재해, 조수해, 화재(특약)

(3) 보험가입금액 및 보장 수준

보험가입금액은 기본적으로 가입수확량에 가입(표준)가격을 곱하여 산출한다. 가입수확량은 농지별 최근 5년 평년수확량을 사용하며, 평년수확량은 농지별 조사 수확량과 표준수확량(조사 수확량이 없는 경우)을 가중평균하여 산출한다. 농작물재해보험은 자연재해로 인한 수확량 감소를 보장하는 만큼 기준수확량(평년수확량) 대비 당해연도 실제 수확량 간의 차이를 정확히 반영할 수 있는 수확량 조사가 필요하다. 한편, 농작물재해보험의 피해 보상 및 보험금 지급이 금액 단위로 이루어지는 만큼 수확량과 더불어 정확한 기준가격의 산정도 필요하다. 기준가격(표준가격)은 품목에 따라 도매시장 경락가격, 지역농협 수매가격 등을 이용하는데, 채소류의 경우 최근 5년 가락동농수산물도매시장의 평균가격을 주로 이용한다. 농작물재해보험의 보장 수준은 품목, 자기부담비율 등에 따라 다르지만, 품목별로 보험가입금액의 60~90%를 보장한다. 작물별 보상 재해 및 구체적인 보장 수준은 보험사업자의 농작물재해보험 약관에 명시된 사항을 참조하여야 한다.

(4) 보험료 및 정부 지원

보험료는 일반적으로 순보험료와 부가보험료로 구성된다. 순보험료는 장래 보험금 지급의 재원이 되는 보험료이고, 부가보험료는 보험회사의 운영비(사업비)로 사용되는 비용이다. 순보험료와 부가보험료를 합한 것을 영업보험료라고 한다.

보험료는 일반적으로 '수지상등(收支相等)의 원칙', 즉 보험상품의 보험료 수입 총액과 보험금 지급 총액이 일치하도록 하는 원칙에 근거하여 산출한다. 농작물재해보험의 보험료는 농가별 위험 수준에 따라 적정하게 부과되도록 하는 것이 중요하다. 그 이유는 무엇보다도 특정 지역의 높은 손해율[2]로 인해 전체 농가의 보험료가 상승하지 않도록

---

2) 손해율: 보험료에 대한 보험금의 비율, 즉 수입 보험료 대비 지급 보험금의 비율을 말한다.

하는 것이 중요하기 때문이다. 적정 보험료 부과를 위해서는 보험료율 산정 단위를 세분화하여 보험 가입자 간 보험료 부담 전가를 최소화하는 것이 필요하다.

농작물재해보험의 보험료는 주계약별, 특약별로 각각 시·군별 보험료율을 적용하여 산정한다. 그리고 품목별 시·군별 보험료율에 가입자별 특성에 따라 할인·할증을 적용한다. 농작물재해보험은 국가의 정책보험으로 운영되는 만큼 정부가 순보험료의 40~60%, 부가보험료(운영비)의 100%를 지원한다. 그와 더불어 지방자치단체에서도 농가 지원 차원에서 순보험료의 30~50%를 지원함에 따라 농가가 실제로 부담하는 보험료는 0~20%(2023년 기준 평균 12.5%) 수준이다. 2023년 기준 농작물재해보험 예산은 5,527억원이다.

2 가축재해보험

가축재해보험은 자연재해(풍수해, 설해 등), 화재, 각종 사고 및 질병 등으로 가축 및 축산시설물 피해가 발생한 경우 보험으로 손실을 보전함으로써 축산농가의 소득 및 경영 안정을 도모하기 위하여 시행하는 제도이다. 가축재해보험은 국가가 주도하고, NH농협손해보험, KB손해보험, DB손해보험, 한화손해보험, 현대해상화재보험, 삼성화재 등 6개 보험사가 사업자로 참여하고 있다.

표 10-6 가축재해보험의 개요

구분	내용
근거법령	농어업재해보험법
도입연도	1997년
대상품목 (2023년 기준)	소, 돼지, 닭, 오리 등 16개 축종
보상재해 및 보장방식	• 소·말: 질병 또는 사고로 인한 폐사(종합위험보장방식) • 돼지, 가금 및 기타 축종: 자연재해(풍재·수재·설해·지진), 화재로 인한 폐사(특정위험보장방식)
보장수준	보험가입금액의 60~95%(축사의 경우 100%) 보장
국고지원	영업보험료(순보험료+운영비)의 50%(순보험료, 운영비 각 50%) 가입자별 보험료 최대 5,000만원 한도
예산액 (2023년 기준)	1,191억원
보험사업자 (6개 보험사)	NH농협손해보험, KB손해보험, DB손해보험, 한화손해보험, 현대해상화재보험, 삼성화재

(1) 대상 축종(보험 목적물)

가축재해보험은 「농어업재해보험법」에 의거하여 1997년 처음 도입되었다. 1997년 소를 시작으로 대상 축종이 빠르게 증가하여 2023년 기준 16개 축종으로 확대되었으며, 사실상 가축의 대다수 축종이 보험 대상에 포함되었다고 할 수 있다.

대상 축종 (16종)	소, 돼지, 가금류(8개 축종: 닭·오리·꿩·메추리·칠면조·거위·타조·관상조), 말, 기타(5개 축종: 사슴·양·벌·토끼·오소리)

(2) 보상 재해 및 보장 수준

소와 말은 종합위험보장방식을 적용하여 질병 또는 사고로 인한 폐사를 종합적으로 보상한다. 반면, 돼지, 가금류 및 기타 가축은 특정위험보장방식을 적용하여 자연재해(풍재·수재·설해·지진), 화재로 인한 폐사에 국한하여 피해를 보상한다. 가축재해보험도 대부분의 손해보험과 마찬가지로 보험가입금액의 일정 부분을 보장하고 있으며, 축종별로 보험가입금액의 60~95%(축사의 경우는 100%)를 보장한다. 축종별 보상 재해 및 구체적인 보장 수준은 보험사업자의 가축재해보험 약관에 명시된 사항을 참조하여야 한다.

(3) 보험료 및 정부 지원

가축재해보험의 보험료는 축종별, 주계약별, 특약별로 각각 다른 보험료율을 적용하여 산정한다. 그리고 보험료의 할인·할증은 축종별로 다르며, 재해보험요율서에 따라 적용한다. 가축재해보험도 농작물재해보험과 마찬가지로 정부의 정책보험으로 운영되는 만큼 국가가 순보험료의 50%, 부가보험료(운영비)의 50%를 지원한다. 단, 납입보험료에 대한 정부 지원은 가입자별로 최대 5천만 원 한도로 제한된다. 그리고 지방자치단체에서도 축산농가에 대한 지원 차원에서 순보험료의 0~45%를 지원함에 따라 농가가 실제 부담하는 보험료는 5~50%(2023년 기준 평균 38.9%) 수준이다. 2023년 기준 가축재해보험 예산은 1,191억 원이다.

3 농업수입보장보험

농업수입보장보험은 자연재해 등으로 농작물 수확량이 감소하거나 시장가격 하락으로 농가의 품목별 수입이 일정 수준 이하로 하락하지 않도록 보장하여 농가의 소득 및 경영 안정을 도모하고, 안정적인 농업 재생산 활동을 뒷받침하기 위해 시행하는 제도이다. 한마디로, 농업수입보장보험은 기존의 농작물재해보험에 더하여 농작물 가격하락을 반영한 농업수입 감소를 보장하는 보험이다.

표 10-7 농업수입보장보험의 개요

구분	내용
근거법령	농어업재해보험법
도입연도	2015년
대상품목 (2023년 기준)	콩, 포도, 양파, 마늘, 고구마, 가을감자, 양배추(7개 품목)
보상재해	• 포도: 자연재해, 조수해, 화재, 가격하락 　　　(비가림시설 화재의 경우 특약 가입 시 보상) • 마늘, 양파, 고구마, 양배추, 콩: 자연재해, 조수해, 화재, 가격하락 • 가을감자: 자연재해, 조수해, 화재, 병충해, 가격하락
보장수준	보험가입금액의 60~80% 보장
국고지원	순보험료 50%, 부가보험료(운영비) 100%
예산액 (2023년 기준)	25억원
보험사업자	NH농협손해보험

[1] 대상 품목(보험 목적물)

농업수입보장보험은 「농어업재해보험법」에 의거하여 2015년에 처음 도입되었으며, 2023년 현재까지 시범사업으로 운영되고 있다. 처음에는 콩·포도·양파의 3개 품목(14개 시·군지역)으로 시작하였으나, 마늘(2016년), 고구마·가을감자(2017년), 그리고 양배추(2018년)가 추가되면서 7개 품목(35개 시·군지역)으로 확대되었다.

[2] 보상 재해 및 보장 수준

농업수입보장보험은 종합위험보장방식을 적용하여 자연재해, 조수해, 화재로 인한 농작물 손해를 종합적으로 보상할 뿐만 아니라 시장가격 하락에 따른 수입 감소분도 보상한다. 가을감자의 경우는 병충해 피해도 보장한다. 농업수입보장보험은 보험가입금액의 60~80%를 보장한다.

농업수입보장보험의 사업 목적대로 농업수입 감소를 보장하기 위해서는 기준수입 대비 실제수입이 감소하였음을 객관적으로 증빙할 수 있어야 한다. 총수입(조수입; $TR = P \times Q$)은 가격에 수량을 곱하여 구해지는 만큼 총수입(TR)을 산출하기 위해서는 시장가격(P)과 수량(Q), 즉 수확량에 대한 정보가 필요하다. 보다 구체적으로, 기준수입 대비 실제수입을 비교하기 위해서는 기준시점의 가격과 수확량, 그리고 수확시점의 가격과 수확량에 대한 자료가 각각 필요하다.

양배추를 사례로 들어 살펴보자. 양배추의 기준수입을 산정할 때 기준가격은 가락동농수산물도매시장의 경락가격을 이용한다. 보다 구체적으로, 양배추의 기준가격은 보험 가입 직전 5년 가락동농수산물도매시장 중품과 상품 평균가격의 올림픽 평균값[3]에 농가수취비율[4]의 올림픽 평균을 곱하여 산출한다. 여기서, 연도별 평균가격은 기초통계기간(2월 1일~3월 31일)의 일별 경락가격을 산술평균하여 산출한다. 그리고 기준수확량은 농지별 최근 5년 평균수확량 자료를 이용한다. 한편, 양배추의 수확기 실제 수입을 산정함에 있어서 수확기가격은 당해연도 기초통계 기간(2월 1일~3월 31일) 동안 가락동농수산물도매시장의 중품과 상품 평균가격에 농가수취비율의 최근 5년 올림픽 평균을 곱하여 산출한다. 그리고 실제수확량은 수확기에 실제 조사한 수확량 자료를 이용한다.

[3] 보험료 및 정부 지원

농업수입보장보험의 보험료는 주계약별, 특약별로 각각 시·군별 보험료율을 적용하여 산정한다. 그리고 보험료 할인·할증의 종류는 품목별로 다르며, 품목별 보험요율서에 따라 적용한다. 정부는 농가의 보험 가입을 촉진하기 위해 보험료 및 운영비를 지원하고 있는데, 순보험료의 50%, 부가보험료(운영비)의 100%를 지원한다. 농업수입보장보험은 아직까지 시범사업으로 운영되고 있는 만큼 정부 예산액은 2023년 기준 25억원에 그치고 있다.

---

3) 올림픽 평균(Olympic average): 최대값과 최소값을 제외하여 평균값을 산출하는 방식
4) 농가수취비율: 도매시장 경락가격에서 유통비용(선별·포장비, 운송비, 상·하차비, 상장수수료 등)을 차감한 농가수취가격이 차지하는 비율로, 한국농수산식품유통공사(aT)의 유통실태 조사자료를 활용하여 산출한다.

농산물 파생상품(派生商品; derivatives)은 농산물의 생산 및 유통 과정에서 발생하는 가격위험을 관리하는 수단으로 전 세계적으로 널리 이용되고 있으며, 가장 대표적인 것이 선물(futures)과 옵션(options)이다. 파생상품이라는 용어는 다른 자산의 가치로부터 그 가치가 파생(유래)된다는 의미에서 붙여진 명칭이다. 즉, 파생상품은 다른 자산(이를 '기초자산'이라고 부른다)의 가치나 가격변동을 기초로 가격이 결정되는 상품을 의미한다. 선물의 가격은 이론적으로 현물가격에 보유비용을 합산한 것으로 이루어지는 만큼 선물가격의 변동은 기본적으로 현물가격이나 보유비용의 변동으로부터 유발된다고 할 수 있다.

1 선물(Futures)

선물거래란 한 마디로 선물계약을 사고파는 거래를 말한다. 그리고 선물계약은 일정한 품질과 수량의 특정 상품을 현재시점에서 결정한 가격으로 미래의 일정 시기 및 장소에서 인수도하기로 하는 약정을 의미한다. 즉, 선물거래는 미래에 주고받을 상품의 가격을 현재시점에서 미리 결정한다. 농산물 가격이 예상치 못하게 하락하거나 상승하여 손실이 우려될 경우 선물계약을 매도하거나 매입함으로써 가격변동 위험을 관리할 수 있다.

(1) 선도거래(先渡去來)와 선물거래(先物去來)의 차이

선물거래하면 흔히 '밭떼기'로 불리는 포전거래(圃田去來)를 떠올리는 사람들이 많다. 그러나 밭떼기는 선도거래의 일종으로 분류되며, 선물거래의 특성을 온전히 다 갖추고 있지 못하다. 선도거래는 거래당사자들끼리 특정 상품을 미리 합의한 가격으로 미래의 일정시점에 인수도하기로 약정하는 거래로 정의된다. 산지에서 성행하고 있는 배추 포전거래를 사례로 선도거래와 선물거래 간에 어떤 차이점이 있는지 구체적으로 살펴보도록 하자.

배추 포전거래는 말 그대로 밭에서 재배되는 배추를 통째로 다 넘기는 것을 말하는데, 가격은 일반적으로 3.3㎡(1평)당 얼마로 거래된다. 포전거래, 즉 선도거래를 이용하면 생산자(판매자)는 계약가격에 판매가격을 미리 고정시킬 수 있는 한편, 상인(구매자)은 계약가격에 구매가격을 미리 고정시킬 수 있다. 따라서, 선도거래는 거래당사자 모두 사전에 거래가격을 고정시킬 수 있다는 점에서 선물거래와 동일한 경제적 기능을 수행한다. 예컨대, 어떤 농가가 1ha(3,000평)의 배추를 재배하는데, 3.3㎡(1평)당 10,000원에 포전거래 계약을 체결하였다고 가정하자. 포전거래가 계약대로 충실히 이행된다면, 농가는 수확기에 배추가격이 얼마가 되든 상관없이 3.3㎡(1평)당 10,000원에 배추를 판매하여 3,000만원(＝3,000평×10,000원)의 수입을 올릴 수 있다.

선도거래와 선물거래의 차이점은 첫째, 선도거래의 경우 거래당사자 간 개별 교섭으로 모든 거래조건이 결정되지만, 선물거래는 모든 계약조건이 표준화되어 있다는 점이다. 배추 포전거래의 경우 계약가격, 대금 정산방법(계약금, 중도금 및 잔금의 비율, 지급시기 등), 출하 기한 등 개별 거래조건에 대해 거래당사자가 일일이 합의하여야 한다. 반면, 선물거래의 경우는 표준화된 계약조건에 따라 수량, 품질, 실물 인수도 장소 및 기간, 거래시간 등 모든 거래조건이 미리 결정되어 있고, 가격만이 거래 과정에서 결정되는 유일한 변수로 남는다.

둘째는, 선도거래의 경우 장외(場外)에서 거래당사자가 직접 만나 계약을 체결하는 것이 일반적이지만, 선물거래는 조직화된 거래소를 통해 모든 거래가 이루어진다는 점이다. 따라서, 배추 포전거래에서 거래상대방이 누구인지 명확히 알 수 있지만, 선물거래에서는 거래상대방이 누구인지 알 수도 없고 알 필요조차 없다.

셋째는, 선도거래의 경우 반대매매를 통한 선도계약의 청산이 불가능하지만, 선물거래는 반대매매를 통해 만기 이전에 얼마든지 선물계약을 청산할 수 있다. 배추 포전거래에서는 계약에 정한 기한에 반드시 배추를 수확하여 인도하고 대금을 정산함으로써 계약이 이행된다. 반면, 선물거래에서는 선물계약을 먼저 매입했다가 나중에 다시 매도(전매; 轉賣)하거나 또는 선물계약을 먼저 매도했다가 나중에 다시 매입(환매; 還買)하여 청산함으로써 언제든지 선물계약을 이행해야 하는 의무에서 벗어날 수 있다.[5]

마지막으로, 선도거래의 경우 계약이행을 보증하는 기관이 별도로 존재하지 않기 때문에 거래상대방 위험, 즉 거래상대방이 계약을 이행하지 않을 위험이 상존하지만, 선물거래는 청산소가 선물계약의 이행을 보증한다. 배추 포전거래에서 수확기 배추가격이 계약가격보다 상승하면, 농가는 계약가격에 배추를 인도하기보다 시장가격에 판매하는

---

5) 우리가 무엇을 먼저 샀다가 나중에 되파는 거래는 매우 익숙하게 들리지만, 반대로 무엇을 먼저 팔아놓았다가 나중에 되사는 거래는 생소하게 들릴 수 있다. 선물거래에서는 선물계약을 먼저 매입하였다가 나중에 되팔(전매할) 수도 있고, 반대로 선물계약을 먼저 매도하였다가 나중에 되살(환매할) 수도 있다. 이른바 '양방향 거래'가 가능한 것이다. 선물계약을 사고파는 순서에 상관없이 낮은 가격에 사고, 높은 가격에 팔면 선물거래에서 이익이 발생하게 되는 것이다.

것이 훨씬 더 유리하기 때문에 위약(違約)의 유혹에 빠지게 된다. 반대로, 수확기 배추가격이 계약가격 이하로 크게 하락하면, 상인은 손실을 보게 되기 때문에 배추의 수확 및 출하를 거부한 채 연락 두절되는 경우가 많다. 반면, 선물거래에서는 청산소가 거래상대방이 되어 선물계약의 매도자에 대해서는 매입자의 역할을 하는 한편 매입자에 대해서는 매도자의 역할을 수행하며, 증거금(margin) 및 일일정산제도를 통하여 선물계약의 이행을 보증한다.

(2) 선물을 이용한 가격위험의 관리

선물거래는 농산물 거래에 수반되는 가격 변동 위험을 관리하는 대표적인 수단이다. 그런데, 농산물을 거래할 때 직면하는 가격위험은 경제주체가 어떤 처지에 놓여 있느냐에 따라 그 유형이 달라진다. 예컨대, 농산물의 수확을 앞두고 있거나 농산물을 재고로 보유하고 있는 농가 또는 유통업자는 향후 가격이 하락할 경우 큰 손실을 보게 되는 이른바 '가격하락 위험'에 직면하게 된다. 이 경우 선물을 미리 매도하였다가 나중에 농산물을 출하하는 시점에 다시 선물을 매입(환매)함으로써 농산물의 가격하락 위험을 제거할 수 있다.

한편, 농산물을 원료로 사용하는 가공업자는 원료 농산물의 가격이 상승할 경우 큰 손실을 보게 되는 이른바 '가격상승 위험'에 직면하게 된다. 이 경우 선물을 미리 매입하였다가 나중에 농산물을 구매하는 시점에 다시 선물을 매도(전매)함으로써 농산물의 가격상승 위험을 제거할 수 있다.

이처럼 현물거래 시 가격하락 위험에 대처하여 선물을 매도하였다가 환매하거나, 반대로 가격상승 위험에 대처하여 선물을 매입하였다가 전매하는 거래를 통해 가격위험을 제거하는 기법을 헤징(hedging)이라고 한다. 헤징의 기본 원리는 현물가격과 선물가격이 같은 방향으로 오르거나 내리는 경향에 기초한 것이다. 현물과 선물은 동일한 상품을 거래 대상으로 하기 때문에 가격 움직임의 방향이 서로 같다. 현물과 선물의 가격이 서로 같은 방향으로 움직일 때 현물시장과 선물시장에서 상반된 포지션을 취하면, 필연적으로 어느 한 시장에서는 손실이 발생하지만, 다른 시장에서는 이익이 발생하게 된다. 예컨대, 어떤 RPC(미곡종합처리장)가 쌀을 재고로 보유 중일 때 가격하락이 우려되어 선물을 매도하는 상황을 가정해 보자. 실제로 쌀 가격이 하락할 경우 보유 중인 현물에서는 가격 하락분만큼 손실이 발생하겠지만, 선물에서는 앞서 매도해 놓은 가격보다 더 낮은 가격으로 선물을 되살(환매할) 수 있기 때문에 그 차액만큼 이익이 발생하게 된다. 여기서, 현물에서 발생하는 손실을 선물에서 발생하는 이익으로 완전히 상쇄하게 되면, RPC는 애초에 원했던 가격에 판매가격을 고정시킬 수 있게 된다.

이번에는 어떤 식품업체가 원료로 사용할 쌀을 구매해야 할 때 가격상승이 우려되어 선물을 매입하는 상황을 가정해 보자. 실제로 쌀 가격이 상승할 경우 현물에서는 구매가격의 상승분만큼 손실이 발생하겠지만, 선물에서는 앞서 매입해 놓은 가격보다 더 높은 가격에 선물을 되팔(전매할) 수 있기 때문에 그 차액만큼 이익이 발생하게 된다. 여기서, 현물에서 발생하는 손실을 선물에서 발생하는 이익으로 완전히 상쇄하게 되면, 식품업체는 애초에 원했던 가격에 구매가격을 고정시킬 수 있게 된다.

헤징은 가격하락 위험에 대비하여 선물을 매도하는 매도헤지(short hedge)와 가격상승 위험에 대비하여 선물을 매입하는 매입헤지(long hedge)의 두 가지 유형으로 나뉜다. 매도헤지 또는 매입헤지는 현물이 아닌 선물을 기준으로 한 것으로 선물계약을 매도하는 거래인가 또는 매입하는 거래인가에 따라 부쳐진 명칭이다.

1) 매도헤지(Short Hedge)

매도헤지는 농산물을 재고로 보유하고 있거나 장차 보유하게 될 상황에서 해당 농산물의 가격하락 위험에 대비하고자 할 때 이용한다. 헤저(hedger; 헤징을 하는 사람)는 헤징을 시작하는 현재시점에 선물을 미리 매도해 두었다가 농산물을 판매(출하)하는 미래시점에 선물을 환매함으로써 농산물 판매가격을 현재 수준의 가격으로 고정시킬 수 있다. 즉, 헤저는 미래에 농산물 판매(출하) 시점이 도래하면 그동안 보유해 온 현물을 매도함과 동시에 앞서 매도해 놓았던 선물을 환매하여 청산하는데, 이러한 거래를 통해 현물시장에서의 손실(이익)을 선물시장에서의 이익(손실)으로 상쇄하게 된다.

매도헤지에서 헤징을 통하여 헤저가 궁극적으로 실현하고자 하는 목표가격은 바로 헤징을 시작하는 현재시점의 현물가격이다. 그리고 헤저가 그 목표가격을 온전히 실현(달성)할 수 있느냐 없느냐의 여부는 헤징을 시작하는 현재시점과 헤징을 청산하는 미래시점 사이에 현물가격과 선물가격의 상대적인 변동 폭에 의해서 결정된다.

아래의 예제를 통하여 매도헤지가 구체적으로 어떻게 이루어지는지 살펴보도록 하자.

1월 15일 현재 청주RPC는 20kg 정곡 기준 500포대 분량(=10,000kg)의 쌀을 재고로 보유하고 있고, 오는 5월 중순까지는 쌀을 전량 판매할 것으로 예상한다. 쌀 가격은 단경기가 가까워질수록 상승하는 것이 일반적인 추세지만, 예상치 못하게 역계절진폭이 발생하여 쌀 가격이 하락할 우려를 떨쳐버리기 어렵다. 1월 15일 현재 쌀 1포대(20kg 기준)의 현물가격은 45,000원/20kg이고, 선물시장에서 거래되고 있는 6월물(6월 인도분) 쌀 선물가격은 50,000원/20kg이라고 가정하자. 한편, 선물시장에서 거래되는 쌀 선물은 1계약 = 1,000kg(20kg 정곡 기준 50포대 분량) 단위로 거래된다고 가정하자.

청주RPC는 쌀 가격의 하락 위험에 대비하기 위해 보유 중인 쌀 전량에 대해 매도헤지를 실시하기로 한다. 이러한 의사결정을 바탕으로 1월 15일에 6월물 쌀 선물 10계약(=10,000kg)을 50,000원/20kg에 매도하였다. 본 매도헤지를 통하여 청주RPC가 궁극적으로 달성하고자 하는 목표가격은 바로 헤징을 시작하는 1월 15일 현재시점의 현물가격인 45,000원/20kg이다.

마침내 5월 15일에 이르러 청주RPC는 쌀 500포대/20kg(=10,000kg)를 대형할인점에 납품하였는데, 우려했던 대로 쌀 가격이 하락하여 판매가격은 40,000원/20kg이었다. 이제 보유해 온 쌀을 판매함으로써 더 이상 가격하락 위험에 노출되지 않게 되었으므로 쌀을 판매함과 동시에 1월 15일에 매도해 놓았던 6월물 쌀 선물 10계약을 45,000원/20kg에 환매하였다. 쌀 현물가격이 하락함에 따라 선물가격도 동반 하락하여 45,000원/20kg이 되었던 것이다.

청주RPC는 보유한 쌀을 40,000원/20kg에 판매함으로써 현물에서는 5,000원/20kg(=45,000원−40,000원)의 손실을 보았지만, 선물에서는 5,000원/20kg(=50,000원−45,000원)의 이익이 발생하였다. 즉, 현물에서의 손실을 선물에서의 이익으로 고스란히 상쇄하게 되었다. 그 결과 현물과 선물의 손익을 모두 고려한 순매도가격(NSP; net selling price)은 현물 판매가격 40,000원/20kg에다 선물거래 이익 5,000원/20kg을 합산한 45,000원/20kg이 되었다. 만약 청주RPC가 선물을 이용하여 헤징하지 않았더라면, 현물 판매가격은 40,000원/20kg으로 낮아졌을 것이지만, 매도헤지를 시행함으로써 실현된 순매도가격은 45,000원/20kg이 되었다.

위의 거래 내용을 요약하여 정리해 보면 〈표 10-8〉과 같다.

표 10-8 가격하락 시 매도헤지의 결과

날 짜	현물	선물
1월 15일	45,000원(현물 보유)	50,000원(선물 매도)
5월 15일	40,000원(현물 매도)	45,000원(선물 환매)
손익	-5,000원	+5,000원
순매도가격 (NSP)	45,000원/20kg (=쌀 현물 매도 40,000원/20kg + 선물거래 이익 5,000원/20kg)	

이제 동일한 매도헤지 상황에서 쌀 가격이 반대로 상승하는 시나리오를 가정해 보자. 즉, 5월 15일에 쌀 현물가격이 50,000원/20kg으로 상승하였고, 선물가격은 55,000원/20kg으로 상승하였다고 가정해 보자. 이렇게 되면 현물에서는 5,000원/20kg(=50,000원-45,000원)의 이익이 발생하지만, 선물에서는 5,000원/20kg(=50,000원-55,000원)의 손실이 발생하게 된다. 즉, 현물에서의 이익을 선물에서의 손실로 고스란히 상쇄하게 된다. 그 결과 현물과 선물의 손익을 모두 고려한 순매도가격(NSP)은 현물 판매가격 50,000원/20kg에서 선물거래 손실 5,000원/20kg을 차감한 45,000원/20kg이 된다.

위의 거래 내용을 요약하여 정리해 보면 〈표 10-9〉와 같다.

표 10-9 가격상승 시 매도헤지의 결과

날 짜	현물	선물
1월 15일	45,000원(현물 보유)	50,000원(선물 매도)
5월 15일	50,000원(현물 매도)	55,000원(선물 환매)
손익	+5,000원	-5,000원
순매도가격 (NSP)	45,000원/20kg (=쌀 현물 매도 50,000원/20kg - 선물거래 손실 5,000원/20kg)	

이상에서 살펴본 매도헤지의 사례에서는 현물가격의 변동 폭과 선물가격의 변동 폭이 서로 동일하였다. 즉, 현물가격이 5,000원 하락했을 때 선물가격도 5,000원 하락하였고, 반대로 현물가격이 5,000원 상승하였을 때 선물가격도 5,000원 상승하였다. 그로 인해 가격하락 시 현물의 손실을 선물의 이익으로 고스란히 상쇄하였고, 반대로 가격상승

시 현물의 이익을 선물의 손실로 고스란히 상쇄하였다. 그 결과 가격이 하락하거나 상승하는 것에 상관없이 순매도가격(NSP)을 헤징을 시작하는 1월 15일 현재시점의 현물가격 45,000원/20kg(즉, 매도헤지의 목표가격)으로 고정시킬 수 있게 되었다. 이처럼 매도헤지에서 현물가격과 선물가격의 변동 폭이 동일하여 손익이 완전히 상쇄됨으로써 매도헤지의 목표가격과 순매도가격(NSP)이 동일해지는 경우를 완전헤지(perfect hedge)라고 부른다. 완전헤지가 이루어질 경우 헤저는 매도헤지를 통하여 가격 등락과 관계없이 자신이 달성하고자 하는 목표가격을 온전히 실현할 수 있다.

　　앞서 살펴본 사례에서는 매도헤지에 대한 기초적인 이해를 돕기 위해 현실을 지나치게 단순화한 측면이 있다. 즉, 현물가격과 선물가격의 변동 폭이 동일하다고 가정한 점이다. 현물과 선물은 동일한 상품을 거래대상(기초자산)으로 할 뿐만 아니라 동일한 수급 요인에 의해 영향을 받기 때문에 현물가격과 선물가격은 동일한 방향으로 오르거나 내리는 경향이 있다. 즉, 현물가격이 상승할 때 선물가격도 상승하고, 반대로 현물가격이 하락할 때 선물가격도 하락한다. 그러나 현물과 선물 간에는 엄연히 시차가 존재하기 때문에 현실적으로는 현물가격과 선물가격이 움직임의 방향은 동일하더라도 움직임의 폭은 동일하지 않다. 즉, 현물가격과 선물가격의 변동 방향은 동일하더라도 변동 폭의 크기는 서로 다르다. 현물가격과 선물가격의 상대적인 변동 폭이 다를 경우 완전헤지와는 사뭇 다른 헤지 결과가 생겨난다.

　　매도헤지에서 순매도가격(NSP)은 현물가격과 선물가격의 상대적인 변동 폭에 의해 결정된다. 아래 두 사례를 비교해 보자. 첫 번째 사례는 가격하락 시 현물가격의 하락 폭(▽5,000원)이 선물가격의 하락 폭(▽6,000원)보다 더 작은 경우이다. 그 결과 현물의 손실을 선물의 이익으로 상쇄하고도 남게 됨에 따라 순매도가격이 46,000

표 10-10　가격하락 시 매도헤지의 결과(Ⅰ)

날 짜	현물	선물
1월 15일	45,000원(현물 보유)	50,000원(선물 매도)
5월 15일	40,000원(현물 매도)	44,000원(선물 환매)
손익	-5,000원	+6,000원
순매도가격 (NSP)	46,000원/20kg (=쌀 현물 매도 40,000원/20kg + 선물거래 이익 6,000원/20kg)	

원/20kg이 되었다.

　두 번째 사례는 가격상승 시 현물가격의 상승 폭(△5,000원)이 선물가격의 상승 폭(△4,000원)보다 더 큰 경우이다. 그 결과 현물의 이익이 선물의 손실을 상쇄하고도 남게 됨에 따라 순매도가격이 46,000원/20kg이 되었다.

표 10-11 가격상승 시 매도헤지의 결과(Ⅱ)

날 짜	현물	선물
1월 15일	45,000원(현물 보유)	50,000원(선물 매도)
5월 15일	50,000원(현물 매도)	54,000원(선물 환매)
손익	+5,000원	−4,000원
순매도가격 (NSP)	46,000원/20kg (=쌀 현물 매도 50,000원/20kg − 선물거래 손실 4,000원/20kg)	

　위의 두 사례에서 살펴보았듯이, 매도헤지에서는 현물가격이 선물가격에 비해 상대적으로 강세를 나타낼 때[6] − 즉, 가격하락 시 현물의 가격하락 폭이 선물의 가격하락 폭보다 더 작을 때, 반대로 가격상승 시에는 현물의 가격상승 폭이 선물의 가격상승 폭보다 더 클 때 − 순매도가격(46,000원/20kg)이 매도헤지의 목표가격(45,000원/20kg)보다 더 높아져 보다 유리하게 된다. 즉, 매도헤지를 통하여 실제로 실현된 가격이 애초에 목표했던 매도헤지의 목표가격보다 더 높아져 보다 유리해지게 된다.

　반대로, 매도헤지에서는 현물가격이 선물가격에 비해 상대적으로 약세를 나타낼 때 − 즉, 가격하락 시 현물의 가격하락 폭이 선물의 가격하락 폭보다 더 클 때, 반대로 가격상승 시에는 현물의 가격상승 폭이 선물의 가격상승 폭보다 더 작을 때 − 순매도가격(NSP)이 매도헤지의 목표가격보다 더 낮아져 보다 불리하게 된다.

---

6) 선물시장에서는 가격이 오르거나 내릴 때 현물가격과 선물가격 간의 상대적인 변동 정도를 베이시스(basis)의 변동으로 바꾸어 표현한다. 베이시스는 특정 지역의 현물가격에서 특정 결제월의 선물가격을 뺀 개념이다. 즉, 베이시스(b) = 현물가격(s) − 선물가격(f). 현물가격이 선물가격에 비해 상대적으로 강세를 나타낼 때 '베이시스가 강화'된다고 표현하고, 반대로 현물가격이 선물가격에 비해 상대적으로 약세를 나타낼 때 '베이시스가 약화'된다고 표현한다. 이에 관한 보다 자세한 내용은 윤병삼(2019), 『농산물 선물·옵션』, 박영사를 참고하기 바란다.

2) 매입헤지(Long Hedge)

매입헤지는 미래의 일정 시점에 농산물을 구매하여야 하는 상황에서 해당 농산물의 가격상승에 대비하고자 할 때 이용한다. 헤저(hedger; 헤징을 하는 사람)는 헤징을 시작하는 현재시점에 선물을 미리 매입해 두었다가 농산물을 구매하는 미래시점에 선물을 전매함으로써 농산물 구매가격을 현재 수준의 가격으로 고정시킬 수 있다. 즉, 헤저는 미래에 농산물 구매 시점이 도래하면 필요한 현물을 구매(매입)함과 동시에 앞서 매입해 놓았던 선물을 전매하여 청산하는데, 이러한 거래를 통해 현물시장에서의 손실(이익)을 선물시장에서의 이익(손실)으로 상쇄하게 된다.

매입헤지에서도 헤저가 헤징을 통하여 궁극적으로 실현하고자 하는 목표가격은 바로 헤징을 시작하는 현재시점의 현물가격이다. 그리고 헤저가 자신의 목표가격을 온전히 달성할 수 있느냐 없느냐의 여부는 헤징을 시작하는 현재시점과 헤징을 청산하는 미래시점 사이에 현물가격과 선물가격의 상대적인 변동 폭에 의해 결정된다.

아래의 예제를 통하여 매입헤지가 구체적으로 어떻게 이루어지는지 살펴보도록 하자.

상황

2월 15일 현재 쌀 즉석식품을 제조하는 청주식품은 3개월 후에 사용할 쌀 200포대(20kg 정곡 기준; 4,000kg)의 구매계획을 수립 중이다. 작년에 작황 부진으로 쌀 생산량이 줄어든 것을 고려하면, 앞으로 쌀 가격이 더 오를 것으로 우려된다. 2월 15일 현재 쌀 1포대(20kg 기준)의 현물가격은 40,000원/20kg이고, 선물시장에서 거래되고 있는 6월물(6월 인도분) 쌀 선물가격은 45,000원/20kg이라고 가정하자. 한편, 선물시장에서 거래되는 쌀 선물은 1계약 = 1,000kg(20kg 정곡 기준 50포대 분량) 단위로 거래된다고 가정하자.

헤징전략

청주식품은 쌀 가격의 상승 위험에 대비하기 위해 구매할 쌀 전량에 대해 매입헤지를 실시하기로 한다. 이러한 의사결정을 바탕으로 2월 15일에 6월물 쌀 선물 4계약(=4,000kg)을 45,000원/20kg에 매입하였다. 본 매입헤지를 통하여 청주식품이 궁극적으로 달성하고자 하는 목표가격은 바로 헤징을 시작하는 2월 15일 현재시점의 현물가격인

40,000원/20kg이다.

마침내 5월 15일에 이르러 청주식품은 인근의 RPC로부터 쌀 200포대/20kg (=4,000kg)를 구매하였는데, 우려했던 대로 쌀 가격이 상승하여 구매가격은 45,000원 /20kg이었다. 이제 필요한 쌀을 구매함으로써 더 이상 가격상승 위험에 노출되지 않게 되었으므로 쌀을 구매함과 동시에 2월 15일에 매입해 놓았던 6월물 쌀 선물 4계약을 50,000원/20kg에 전매하였다. 쌀 현물가격이 상승함에 따라 선물가격도 동반 상승하여 50,000원/20kg이 되었던 것이다.

청주식품은 쌀을 45,000원/20kg에 구매함으로써 현물에서는 5,000원/20kg(=40,000 원-45,000원)의 손실을 보았지만, 선물에서는 5,000원/20kg(=50,000원-45,000원)의 이익 이 발생하였다. 즉, 현물에서의 손실을 선물에서의 이익으로 고스란히 상쇄하게 되었다. 그 결과 현물과 선물의 손익을 모두 고려한 순매입가격(NBP; net buying price)은 현물 구 매가격 45,000원/20kg에서 선물거래 이익 5,000원/20kg을 차감한 40,000원/20kg이 되 었다. 만약 청주식품이 선물을 이용하여 헤징하지 않았더라면, 현물 구매가격은 45,000 원/20kg으로 높아졌을 것이지만, 매입헤지를 시행함으로써 실현된 순매입가격은 40,000 원/20kg이 되었다.

위의 거래 내용을 요약하여 정리해 보면 〈표 10-12〉와 같다.

표 10-12 가격상승 시 매입헤지의 결과

날 짜	현물	선물
2월 15일	40,000원(현물 가격)	45,000원(선물 매입)
5월 15일	45,000원(현물 구매)	50,000원(선물 전매)
손익	-5,000원	+5,000원
순매입가격 (NBP)	40,000원/20kg (=쌀 현물 구매 45,000원/20kg - 선물거래 이익 5,000원/20kg)	

이제 동일한 매입헤지 상황에서 쌀 가격이 반대로 하락하는 시나리오를 가정해 보 자. 즉, 5월 15일에 쌀 현물가격이 35,000원/20kg으로 하락하였고, 선물가격은 40,000원 /20kg으로 하락하였다고 가정해 보자. 이렇게 되면 현물에서는 5,000원/20kg(=40,000원 -35,000원)의 이익이 발생하지만, 선물에서는 5,000원/20kg(=40,000원-45,000원)의 손실 이 발생하게 된다. 즉, 현물에서의 이익을 선물에서의 손실로 고스란히 상쇄하게 된다.

그 결과 현물과 선물의 손익을 모두 고려한 순매입가격(NBP)은 현물 구매가격 35,000원/20kg에다 선물거래 손실 5,000원/20kg을 합산한 40,000원/20kg이 된다.

위의 거래 내용을 요약하여 정리해 보면 〈표 10－13〉과 같다.

표 10–13 가격하락 시 매입헤지의 결과

날 짜	현물	선물
2월 15일	40,000원(현물 가격)	45,000원(선물 매입)
5월 15일	35,000원(현물 구매)	40,000원(선물 전매)
손익	+5,000원	−5,000원
순매입가격 (NBP)	40,000원/20kg (=쌀 현물 구매 35,000원/20kg + 선물거래 손실 5,000원/20kg)	

이상에서 살펴본 매입헤지의 사례에서도 현물가격의 변동 폭과 선물가격의 변동 폭이 동일하였다. 즉, 현물가격이 5,000원 상승하였을 때 선물가격도 5,000원 상승하였고, 반대로 현물가격이 5,000원 하락하였을 때 선물가격도 5,000원 하락하였다. 그로 인해 가격상승 시 현물의 손실을 선물의 이익으로 고스란히 상쇄하였고, 반대로 가격하락 시 현물의 이익을 선물의 손실로 고스란히 상쇄하였다. 그 결과 가격이 상승하거나 하락하는 것에 상관없이 순매입가격(NBP)을 헤징을 시작하는 2월 15일 현재시점의 현물가격 40,000원/20kg(즉, 매입헤지의 목표가격)으로 고정시킬 수 있게 되었다. 이처럼 매입헤지에서 현물가격과 선물가격의 변동 폭이 동일하여 손익이 완전히 상쇄됨으로써 매입헤지의 목표가격과 순매입가격(NBP)이 동일해지는 경우를 완전헤지(perfect hedge)라고 부른다. 완전헤지가 이루어질 경우 헤저는 매입헤지를 통하여 가격 등락과 관계없이 자신이 달성하고자 하는 목표가격을 온전히 실현할 수 있다.

앞서 살펴본 사례에서도 매입헤지에 대한 기초적인 이해를 돕기 위해 현실을 지나치게 단순화한 측면이 있다. 즉, 현물가격과 선물가격의 변동 폭이 동일하다고 가정한 점이다. 그러나 현물과 선물 간에는 엄연히 시차가 존재하기 때문에 현실에서는 현물가격과 선물가격의 변동 방향은 동일하더라도 변동 폭의 크기는 서로 다르다. 현물가격과 선물가격의 상대적인 변동 폭이 다를 경우 완전헤지와는 사뭇 다른 헤지 결과가 생겨난다.

매입헤지에서도 순매입가격(NBP)은 현물가격과 선물가격의 상대적인 변동 폭에 의해 결정된다. 아래 두 사례를 비교해 보자. 첫 번째 사례는 가격상승 시 현물가격의 상승 폭(△5,000원)이 선물가격의 상승 폭(△6,000원)보다 작은 경우이다. 그 결과 현물의 손실을 선물의 이익으로 상쇄하고도 남게 됨에 따라 순매입가격이 39,000원/20kg이 되었다.

표 10-14 가격상승 시 매입헤지의 결과(Ⅰ)

날 짜	현물	선물
2월 15일	40,000원(현물 가격)	45,000원(선물 매입)
5월 15일	45,000원(현물 구매)	51,000원(선물 전매)
손익	−5,000원	+6,000원
순매입가격 (NBP)	39,000원/20kg (=쌀 현물 구매 45,000원/20kg − 선물거래 이익 6,000원/20kg)	

두 번째 사례는 가격하락 시 현물가격의 하락 폭(▽5,000원)이 선물가격의 하락 폭(▽4,000원)보다 더 큰 경우이다. 그 결과 현물의 이익이 선물의 손실을 상쇄하고도 남게 됨에 따라 순매입가격이 39,000원/20kg이 되었다.

표 10-15 가격하락 시 매입헤지의 결과(Ⅱ)

날 짜	현물	선물
2월 15일	40,000원(현물 가격)	45,000원(선물 매입)
5월 15일	35,000원(현물 구매)	41,000원(선물 전매)
손익	+5,000원	−4,000원
순매입가격 (NBP)	39,000원/20kg (=쌀 현물 구매 35,000원/20kg + 선물거래 손실 4,000원/20kg)	

위의 두 사례에서 살펴보았듯이, 매입헤지에서는 현물가격이 선물가격에 비해 상대적으로 약세를 나타낼 때 − 즉, 가격상승 시 현물의 가격상승 폭이 선물의 가격상승 폭보다 더 작을 때, 반대로 가격하락 시에는 현물의 가격하락 폭이 선물의 가격하락 폭보다 더 클 때 − 순매입가격(NBP)이 매입헤지의 목표가격보다 더 낮아져 보다 유리하게 된다. 즉, 매입헤지를 통하여 실제로 실현된 가격이 애초에 목표했던 매입헤지의 목표가격보다 더 낮아져 보다 유리해지게 된다.

반대로, 매입헤지에서는 현물가격이 선물가격에 비해 상대적으로 강세를 나타낼 때 — 즉, 가격상승 시 현물의 가격상승 폭이 선물의 가격상승 폭보다 더 클 때, 반대로 가격하락 시에는 현물의 가격하락 폭이 선물의 가격하락 폭보다 더 작을 때 — 순매입가격(NBP)이 매입헤지의 목표가격보다 더 높아져 보다 불리하게 된다.

2 옵션(Options)

옵션은 특정 상품을 미리 정해진 가격에 사거나 팔 수 있는 권리를 말하며, 그러한 권리가 부여된 계약을 옵션계약이라고 한다. 옵션거래, 즉 옵션계약을 사고파는 거래는 선물거래와 더불어 농산물 가격위험의 관리 수단으로 널리 이용되고 있다.

(1) 옵션의 유형 및 특성

옵션은 여러 기준에 따라 다양한 유형으로 분류된다. 첫째는, 콜옵션(call option)과 풋옵션(put option)으로 나뉜다. 콜옵션은 매입자에게 기초자산을 정해진 행사가격에 매입할 수 있는 권리를 부여한다. 콜옵션 매입자는 매입할 권리를 취득하는 데 대한 대가로 콜옵션 매도자에게 프리미엄을 지불한다. 콜옵션은 기초자산의 가격이 행사가격보다 높아질수록 가치가 더 커지기 때문에 옵션 프리미엄이 상승하는 반면, 기초자산의 가격이 행사가격보다 낮아질수록 옵션 프리미엄이 하락한다.[7]

한편, 풋옵션은 매입자에게 기초자산을 정해진 행사가격에 매도할 수 있는 권리를 부여한다. 풋옵션 매입자는 매도할 권리를 취득하는 데 대한 대가로 풋옵션 매도자에게

---

[7] 아파트 분양권과 연계하여 콜옵션의 개념을 이해해 보자. 아파트 분양시장에서 일명 '딱지'로 불리는 분양권이 프리미엄(p)에 거래되는 경우가 종종 있다. 분양권을 행사하면 당첨자로부터 분양가격에 아파트를 넘겨받을 수 있는데, 실제로 그런 경우도 있지만, 분양권 가격이 상승했을 때 분양권 자체를 되팔아(분양권 전매) 시세차익(즉, 프리미엄 차액)을 남기고 끝내는 경우도 많다. 여기서, 분양권이 콜옵션의 성격을 지니고, 분양권을 매입한 사람은 콜옵션 매입자, 그리고 프리미엄을 받고 분양권을 매도한 사람은 콜옵션 매도자에 해당한다. 그리고 분양권 가격은 콜옵션 가격, 즉 프리미엄에 해당하고, 아파트 분양가격은 콜옵션 행사가격에 해당한다. 한편, 주변 아파트 시세(즉, 기초자산의 가격)가 분양가격(즉, 행사가격)보다 올라갈수록 분양권 가격(즉, 콜옵션 프리미엄)이 상승하고, 반대로 주변 아파트 시세(즉, 기초자산의 가격)가 분양가격(즉, 행사가격)보다 내려갈수록 분양권 가격(즉, 콜옵션 프리미엄)은 하락하는데, 이것이 콜옵션의 작동 원리와 동일하다고 할 수 있다.

프리미엄을 지불한다. 풋옵션은 기초자산의 가격이 행사가격보다 낮아질수록 가치가 더 커지기 때문에 옵션 프리미엄이 상승하는 반면, 기초자산의 가격이 행사가격보다 높아질수록 옵션 프리미엄이 하락한다.

둘째는, 현물옵션과 선물옵션으로 나뉜다. 현물옵션은 거래 대상인 기초자산이 현물인 옵션이고, 선물옵션은 기초자산이 선물계약인 옵션을 말한다.

셋째는, 유럽식 옵션과 미국식 옵션으로 나뉜다. 유럽식 옵션은 만기일에만 행사 가능한 옵션이다. 반면, 미국식 옵션은 만기일 및 그 이전에 언제라도 행사 가능한 옵션이다.

옵션은 사전적 의미 그대로 '선택할 수 있는 권리(선택권)'이다. 따라서, 옵션의 매입자는 자신의 이익에 철저히 부합하는 방향으로 선택할 수 있다. 즉, 옵션을 매입한 사람은 옵션을 반대매매하여 청산할 수 있을 뿐만 아니라 옵션을 행사하여 기초자산을 매입 또는 매도할 수도 있다. 실제 옵션거래에서는 옵션을 매입할 경우 옵션을 행사하기보다는 반대매매를 통해 프리미엄 차액을 수취하는 방법을 이용한다. 한편, 시장가격이 예상과 반대로 움직여서 매입한 옵션의 가치가 사라지게 되면 해당 옵션이 그대로 소멸 (expire)하도록 내버려 둘 수도 있다.

(2) 옵션을 이용한 가격위험의 관리

앞서 선물거래에서 살펴본 헤징의 기본 원리는 현물과 선물에서 정반대의 손익구조를 결합함으로써 어느 한 시장(현물시장)에서 발생한 손실을 다른 시장(선물시장)에서 발생한 이익으로 상쇄시키는 것이었다. 마찬가지 논리를 옵션거래에 적용해 보자. 현물을 보유한 상황에서 가격이 하락할 경우 손실을 보게 되는데, 이것을 상쇄하려면 가격하락 시 이익이 발생하는 옵션상품을 결합해야만 한다. 풋옵션은 기초자산의 가격이 행사가격보다 낮아질수록 가치가 커지고, 따라서 옵션 프리미엄도 상승한다. 즉, 풋옵션은 기초자산의 가격이 하락할수록 이익이 발생하는 것이다. 따라서, 옵션을 이용하여 매도헤지를 하는 전형적인 방법은 현물을 보유한 상태에서 풋옵션을 매입하는 것이다. 한편, 장차 현물을 구매해야 하는 상황에서 가격이 상승할 경우 손실을 보게 되는데, 이것을 상쇄하려면 가격상승 시 이익이 발생하는 옵션상품을 결합해야만 한다. 콜옵션은 기초자산의 가격이 행사가격보다 높아질수록 가치가 커지고, 따라서 옵션 프리미엄도 상승한다. 즉, 콜옵션은 기초자산의 가격이 상승할수록 이익이 발생하는 것이다. 따라서, 옵션을 이용하여 매입헤지를 하는 전형적인 방법은 콜옵션을 매입하여 현물가격 상승에 대처하는 것이다.

1) 풋옵션을 이용한 매도헤지(Short Hedge)

옵션을 이용한 가장 손쉬운 매도헤지의 방법은 바로 풋옵션을 매입하는 것이다. 풋옵션 매입자는 풋옵션을 매입함으로써 최저매도가격, 즉 하한가격(floor price)을 설정할 수 있다. 풋옵션 매입자는 기초자산의 가격이 행사가격 이하로 내려갈 경우 풋옵션이 이익을 발생시켜 주기 때문에 현물가격의 하락에 따른 손실로부터 보호받을 수 있다. 즉, 현물가격의 하락에 따른 손실을 풋옵션의 이익으로 상쇄시킴으로써 가격이 하락하더라도 순매도가격(NSP)이 일정 수준에서 제한되어 최저매도가격(하한가격)을 확보할 수 있게 된다. 반면, 기초자산의 가격이 행사가격 이상으로 올라갈 경우는 풋옵션이 가치를 상실하게 되므로 풋옵션을 그냥 소멸시켜버리고, 높아진 시장가격(현물가격)에 현물을 매도하면 된다. 이처럼 풋옵션 매입자는 가격이 하락할 경우 가격하락으로부터 보호받을 수 있을 뿐만 아니라 가격이 상승할 경우에는 높은 가격에 매도할 기회를 가지게 된다.

앞서 선물을 이용하여 매도헤지를 시행했던 사례를 다시 떠올려 보자. 동일한 상황에서 선물을 매도하는 대신 풋옵션을 매입하여 매도헤지를 시행하는 경우로 바꾸어 살펴보자.

상황

1월 15일 현재 청주RPC는 20kg 정곡 기준 500포대 분량(=10,000kg)의 쌀을 재고로 보유하고 있고, 오는 5월 중순까지는 쌀을 전량 판매할 것으로 예상한다. 쌀 가격은 단경기가 가까워질수록 상승하는 것이 일반적인 추세지만, 예상치 못하게 역계절진폭이 발생하여 쌀 가격이 하락할 우려를 떨쳐버리기 어렵다. 1월 15일 현재 쌀 1포대(20kg 기준)의 현물가격은 45,000원/20kg이고, 옵션시장에서 거래되고 있는 행사가격 45,000원의 풋옵션은 1,500원/20kg에 거래되고 있다고 가정하자.[8] 한편, 옵션시장에서 거래되는 쌀 옵션은 1계약 = 1,000kg(20kg 정곡 기준 50포대 분량) 단위로 거래된다고 가정하자.

---

8) 본 사례에서는 옵션의 기초자산이 현물인 현물옵션의 예를 다룬다. 한편, 기초자산의 가격(현물가격)과 옵션의 행사가격이 동일한 경우 등가격(ATM; at-the-money) 옵션이라고 부른다.

청주RPC는 쌀 가격의 하락 위험에 대비하기 위해 보유 중인 쌀 전량에 대해 매도 헤지를 시행하기로 한다. 이번에는 선물을 매도하여 헤징하기보다는 풋옵션을 매입하여 헤징하기로 한다. 이러한 의사결정을 바탕으로 1월 15일에 행사가격 45,000원의 풋옵션 10계약(=10,000kg)을 1,500원/20kg에 매입하였다.

결과

마침내 5월 15일에 이르러 청주RPC는 쌀 500포대/20kg(=10,000kg)를 대형할인점에 납품하였는데, 우려했던 대로 쌀 가격이 하락하여 판매가격은 40,000원/20kg이었다. 이제 보유해 온 쌀을 판매함으로써 더 이상 가격하락 위험에 노출되지 않게 되었으므로 쌀을 판매함과 동시에 1월 15일에 매입해 놓았던 행사가격 45,000원의 풋옵션 10계약을 6,350원/20kg에 매도하여 청산하였다. 쌀 가격이 하락함에 따라 풋옵션 가치가 상승하여 풋옵션 가격(프리미엄)이 6,350원/20kg으로 상승했던 것이다.

청주RPC는 보유한 쌀을 40,000원/20kg에 판매함으로써 현물에서는 5,000원/20kg(=45,000원−40,000원)의 손실을 보았지만, 옵션에서는 프리미엄 차액인 4,850원/20kg(=6,350원−1,500원)의 이익이 발생하였다. 즉, 현물에서의 손실을 옵션에서의 이익으로 대부분 상쇄하게 되었다. 그 결과 현물과 옵션의 손익을 모두 고려한 순매도가격(NSP)은 현물 판매가격 40,000원/20kg에다 옵션거래 이익 4,850원/20kg을 합산한 44,850원/20kg이 되었다. 만약 청주RPC가 풋옵션을 매입하여 헤징하지 않았더라면, 현물 판매가격은 40,000원/20kg으로 낮아졌을 것이지만, 옵션 매도헤지를 시행함으로써 실현된 순매도가격은 44,850원/20kg이다.

위의 거래 내용을 요약하여 정리해 보면 〈표 10−16〉과 같다.

표 10-16 풋옵션을 이용한 매도헤지의 결과

날짜	현물	옵션
1월 15일	쌀 500포대 보유 : 45,000원/20kg	행사가격 45,000원의 풋옵션 매입 : 1,500원/20kg
5월 15일	쌀 500포대 매도 : 40,000원/20kg	- 행사가격 45,000원의 풋옵션 매도 : 6,350원/20kg - 옵션거래이익 : 4,850원/20kg(=6,350원-1,500원)
순매도가격(NSP) : 44,850원/20kg = 40,000원/20kg(현물 매도가격) + 4,850원/20kg(옵션거래이익)		

2) 콜옵션을 이용한 매입헤지(Long Hedge)

옵션을 이용한 가장 손쉬운 매입헤지의 방법은 바로 콜옵션을 매입하는 것이다. 콜옵션 매입자는 콜옵션을 매입함으로써 최고매입가격, 즉 상한가격(ceiling price)을 설정할 수 있다. 콜옵션 매입자는 기초자산의 가격이 행사가격 이상으로 올라갈 경우 콜옵션이 이익을 발생시켜 주기 때문에 현물가격의 상승에 따른 손실로부터 보호받을 수 있다. 즉, 현물가격의 상승에 따른 손실을 콜옵션의 이익으로 상쇄시킴으로써 가격이 상승하더라도 순매입가격(NBP)이 일정 수준에서 제한되어 최고매입가격(상한가격)을 확보할 수 있게 된다. 반면, 기초자산의 가격(선물가격)이 행사가격 이하로 내려갈 경우는 콜옵션이 가치를 상실하게 되므로 콜옵션을 그냥 소멸시켜버리고, 낮아진 시장가격(현물가격)에 현물을 매입하면 된다. 이처럼 콜옵션 매입자는 가격이 상승할 경우 가격상승으로부터 보호받을 수 있을 뿐만 아니라 가격이 하락할 경우에는 낮은 가격에 매입할 기회를 가지게 된다.

앞서 선물을 이용하여 매입헤지를 시행했던 사례를 다시 떠올려 보자. 동일한 상황에서 선물을 매입하는 대신 콜옵션을 매입하여 매입헤지를 시행하는 경우로 바꾸어 살펴보자.

상황

2월 15일 현재 쌀 즉석식품을 제조하는 청주식품은 3개월 후에 사용할 쌀 200포대(20kg 정곡 기준; 4,000kg)의 구매계획을 수립 중이다. 작년에 작황 부진으로 쌀 생산량이 줄어든 것을 고려하면, 앞으로 쌀 가격이 더 오를 것으로 우려된다. 2월 15일 현재 쌀 1포대(20kg 기준)의 현물가격은 40,000원/20kg이고, 옵션시장에서 거래되고 있는 행사가격 40,000원의 콜옵션은 1,250원/20kg에 거래되고 있다고 가정하자. 한편, 옵션시장에서 거래되는 쌀 옵션은 1계약 = 1,000kg(20kg 정곡 기준 50포대 분량) 단위로 거래된다고 가정하자.

헤징전략

청주식품은 쌀 가격의 상승 위험에 대비하기 위해 구매할 쌀 전량에 대해 매입헤지를 실시하기로 한다. 이번에는 선물을 매입하여 헤징하기보다는 콜옵션을 매입하여 헤징하기로 한다. 이러한 의사결정을 바탕으로 2월 15일에 행사가격 40,000원의 콜옵션 4계약(=4,000kg)을 1,250원/20kg에 매입하였다.

결과

마침내 5월 15일에 이르러 청주식품은 인근의 RPC로부터 쌀 200포대/20kg(=4,000kg)를 구매하였는데, 우려했던 대로 쌀 가격이 상승하여 구매가격은 45,000원/20kg이었다. 이제 필요한 쌀을 구매함으로써 더 이상 가격상승 위험에 노출되지 않게 되었으므로 쌀을 구매함과 동시에 2월 15일에 매입해 놓았던 행사가격 40,000원의 콜옵션 4계약을 6,000원/20kg에 매도하였다. 쌀 가격이 상승함에 따라 콜옵션 가치가 상승하여 콜옵션 가격(프리미엄)이 6,000원/20kg으로 상승했던 것이다.

청주식품은 쌀을 45,000원/20kg에 구매함으로써 현물에서는 5,000원/20kg(=40,000원-45,000원)의 손실을 보았지만, 옵션에서는 프리미엄 차액인 4,750원/20kg(=6,000원-1,250원)의 이익이 발생하였다. 즉, 현물에서의 손실을 옵션에서의 이익으로 대부분 상쇄하게 되었다. 그 결과 현물과 옵션의 손익을 모두 고려한 순매입가격(NBP)은 현물 구매가격 45,000원/20kg에서 옵션거래 이익 4,750원/20kg을 차감한 40,250원/20kg이 된다. 만약 청주식품이 콜옵션을 매입하여 헤징하지 않았더라면, 현물 구매가격은 45,000원/20kg으로 높아졌을 것이지만, 옵션 매입헤지를 시행함으로써 실현된 순매입가격은 40,250원/20kg이다.

위의 거래 내용을 요약하여 정리해 보면 〈표 10-17〉과 같다.

표 10-17 콜옵션을 이용한 매입헤지의 결과

날짜	현물	옵션
2월 15일	쌀 현물가격 : 40,000원/20kg	행사가격 40,000원의 콜옵션 매입 : 1,250원/20kg
5월 15일	쌀 200포대 구매 : 45,000원/20kg	- 행사가격 40,000원의 콜옵션 매도 : 6,000원/20kg - 옵션거래이익 : 4,750원/20kg(=6,000원-1,250원)
순매입가격(NBP) : 40,250원/20kg = 45,000원/20kg(현물 구매가격) - 4,750원/20kg(옵션거래이익)		

01 농산물의 생산 및 유통 과정에 수반되는 위험(risk)에는 어떤 것이 있는지 설명하고, 아울러 생산위험과 가격위험을 관리할 수 있는 대표적인 위험관리 수단은 무엇인지에 대해서도 설명해 보라.

02 농작물재해보험에서 특정위험보장방식과 종합위험보장방식을 비교하여 설명하고, 아울러 각 보장방식의 적용을 받는 대표적인 농작물은 무엇인지 열거해 보라.

03 농작물재해보험과 농업수입보장보험의 공통점 및 차이점에 관해 설명해 보라.

04 배추 포전거래(圃田去來)를 사례로 선도거래(先渡去來; forward trading)와 선물거래(先物去來; futures trading)의 차이점에 관해 설명해 보라.

05 선물을 이용한 매도헤지(short hedge)는 어떤 상황에서 가격위험의 관리 수단으로 유용하게 이용될 수 있는지 설명하고, 아울러 매도헤지가 이루어지는 과정에 관해서도 개괄적으로 설명해 보라. 한편, 현물가격과 선물가격의 상대적인 변동 폭에 따라 매도헤지의 목표가격 대비 순매도가격(NSP; net selling price)이 어떻게 달라지는지에 관해서도 설명해 보라.

06 선물을 이용한 매입헤지(long hedge)는 어떤 상황에서 가격위험의 관리 수단으로 유용하게 이용될 수 있는지 설명하고, 아울러 매입헤지가 이루어지는 과정에 관해서도 개괄적으로 설명해 보라. 한편, 현물가격과 선물가격의 상대적인 변동 폭에 따라 매입헤지의 목표가격 대비 순매입가격(NBP; net buying price)이 어떻게 달라지는지에 관해서도 설명해 보라.

07 선물을 이용한 헤징(hedging)에서 완전헤지(perfect hedge)의 개념에 관해 설명하고, 아울러 완전헤지가 이루어질 수 있는 조건은 무엇인지에 관해서도 설명해 보라.

08 콜옵션(call option)과 풋옵션(put option)의 개념에 관해 설명하고, 아울러 옵션의 행사가격 대비 기초자산의 가격이 상승하거나 하락할 때 콜옵션과 풋옵션의 가격, 즉 프리미엄이 각각 어떻게 변화하는지 설명해 보라.

09 현물을 보유한 상태에서 풋옵션을 매입하여 매도헤지(short hedge)를 시행할 경우 최저매도가격, 즉 하한가격(floor price)을 설정할 수 있는데, 그 논리적 근거에 관해 설명해 보라.

10 현물을 구매해야 하는 상황에서 콜옵션을 매입하여 매입헤지(long hedge)를 시행할 경우 최고매입가격, 즉 상한가격(ceiling price)을 설정할 수 있는데, 그 논리적 근거에 관해 설명해 보라.

CHAPTER
11

협동조합

농협이나 생협 등으로 우리에게 친숙한 협동조합은 상품이나 서비스의 구매자 혹은 판매자들끼리 모여서 자신들의 이익을 극대화하기 위한 조직이다. 경제학적으로 보면 일종의 담합조직으로 완전경쟁의 원칙에 반하는 것으로 볼 수도 있겠으나, 경제적 약자들의 연합체라는 이해를 얻어 정책적으로 육성되고 있다. 이 장에서는 협동조합에 대한 이론적 개념들을 살펴보고, 우리나라에서 활동하고 있는 농업협동조합과 소비자협동조합의 현황들에 대해 공부하기로 한다. 특히, 이윤극대화를 추구하는 일반적인 민간업체와 다른 목적을 가진 협동조합이 어떠한 의사결정을 하는지에 대해서 알아보도록 한다.

1 기본 개념

"공동의 전체 이익을 가지고 있는 사람들이 설립하여 운영하고 있는 조직"으로 정의되는 협동조합은 시장경제에서는 생산자나 소비자가 자기들끼리 모여 담합이라는 불공정행위를 하는 것으로 해석될 수 있다. 예를 들어, 소비자들이 뭉쳐서 필요한 물건을 같이 구매하거나 생산자들이 상품을 공동 판매하는 것은 거래 상대의 입장에서는 독과점 행위를 하는 것이라고 볼 수 있기 때문이다. 그럼에도 대부분의 국가들은 협동조합의 정당성을 인정하고 육성을 위해 정책적 지원을 아끼지 않는데, 이는 협동조합 조합원들이 접하는 시장이 불완전경쟁시장으로 조합원들이 거래 상대자보다 수가 많고 개별 규모가 작아 불평등한 거래에서 불이익을 볼 가능성이 높기 때문이다.

협동조합은 시장경제에서 자주 보게 되는 주식회사와 여러 가지 차이점을 가지고 있다. 먼저 설립 목적을 보면 협동조합의 경우 조합원들이 공동으로 사업을 운영하여 이익을 극대화하기 위해 설립된 반면, 주식회사는 투자자들의 이익을 극대화하는 목적을 가지고 있다. 소유제도 측면에서도 양자는 차이점을 가지고 있는데, 협동조합은 조합원이 조합을 소유하여 소유자와 이용자가 동일하지만, 주식회사는 주주가 주식 지분만큼 회사를 소유하고 소유자와 이용자가 다르다.

지배구조의 경우 협동조합은 1인이 1표만 행사하도록 규제하고 있어 다수가 공평하게 조합을 지배하지만, 주식회사는 1주가 1표가 되기에 다수의 주식을 소유하고 있는 대주주가 주식회사 전체를 지배할 수 있다. 투자한도를 보면 협동조합은 출자한도에 제

표 11-1 협동조합과 주식회사 비교

구분	협동조합	주식회사
설립 목적	• 조합원의 이익 극대화	• 투자자의 이익 극대화
소유제도	• 조합원이 조합 소유 • 소유자와 이용자 동일	• 주주가 지분만큼 소유 • 소유자와 이용자 다름
지배구조	• 1인 1표 행사 • 다수가 공평하게 지배	• 1주 1표 행사 • 소수의 대주주 지배
투자한도	• 출자한도 제한	• 출자 제한 없음
이익배당	• 최소배당 원칙 • 사업 이용량에 비례하여 배당	• 투자(출자금)에 비례하여 배당 • 배당 제한 없음

한을 두고 있지만 주식회사는 출자 제한이 없는 것도 협동조합과 주식회사의 차이점을 보여준다.

이익배당에서도 협동조합과 주식회사는 서로 차이를 보이는데, 협동조합은 최소배당 원칙을 적용하고 사업 이용량에 비례하여 이익을 배당하지만 주식회사는 출자금에 비례하여 제한이 없는 배당을 실시하고 있다.

협동조합은 19세기 초기자본주의의 문제점에 대한 해결책을 모색하는 과정에서 발전해왔는데, 1844년 영국에서 설립된 로치데일 협동조합(Rochdale Equitable Pioneers' Society)이 대표적이다. 로치데일 협동조합은 개방형 조합원 제도 운영,[1] 1인 1표 주의, 이용 실적에 따른 이윤 배당, 출자금 지분 수의 제한, 출자금에 대한 배당 제한, 정치적·종교적 중립, 시장가격에 의한 현금 거래, 조합원에의 교육 촉진 등의 원칙을 세우고 조합원들이 필요로 하는 각종 상품을 구매하는 소비조합이었다. 이러한 원칙은 추후에 국제협동조합연맹(ICA: International Cooperative Alliance)의 원칙으로 발전되어 오늘날까지 이르렀다.

2 이론적 검토[2]

시장경제하에서의 여러 경제 주체들처럼 협동조합도 자신의 고유 목적을 달성하기 위해 거래량과 가격의 수준을 결정하는 의사결정을 하게 된다. 다만, 협동조합은 의사결정을 위한 목적이 다양한데, 이는 이윤 극대화를 목표로 하는 민간기업과 달리 조합원이 다양한 공동의 목적을 가지고 협동조합을 설립하고 운영에 참여하기 때문이다.

협동조합의 의사결정 목적은 크게 네 가지로 구분할 수 있다. 첫째, 조합의 순수입(net earning) 극대화로 협동조합의 자체 순수입을 최대한으로 늘리는 것을 목적으로 하는 경우로 협동조합의 이득을 우선시하는 경우이다.

둘째, 조합원에게 공급하는 상품의 공급 순가격(net price) 극소화 혹은 조합원 상품의 판매 순가격 극대화이다. 여기서 순가격이란 조합원이 실제 상품을 구매하거나 판매할 때 접하게 되는 가격에 조합원이 협동조합으로부터 받게 되는 상품 단위당 배당금을 합한 개념으로 조합원이 협동조합을 통해 거래 행위를 할 때 접하게 되는 실질가격을 의

---

1) 개방형 조합원제도란 누구나 일정한 자격을 갖추면 조합원으로 가입할 수 있는 제도이다.
2) 본 소절은 로이어(Jeffrey S. Royer, *The Theory of Agricultural Cooperatives: A Neoclassical Primer*, University of Nebraska, 2014)의 내용 일부를 정리한 것이다.

미한다. 먼저 상품의 공급 순가격(net price) 극소화는 협동조합이 조합원들에게 필요한 상품을 공급하는 경우, 순가격을 최대한 싸게 공급하여 조합원의 구매 부담을 줄여주는 것을 의미한다. 반면, 상품의 판매 순가격(net price) 극대화는 협동조합이 조합원의 상품을 팔아줄 때 가장 높은 순가격에 판매될 수 있도록 하여 조합원의 이득을 높이는 것을 뜻한다.

셋째, **조합원 수익(member return) 극대화**는 협동조합이 아닌 조합원의 수익을 최대로 높이기 위해 거래물량을 결정하는 것인데, 여기서의 조합원 수익은 협동조합의 순수입이 배당금으로 환원되는 것과 조합원이 거래를 통해 얻게 되는 이득이 합쳐진 것이다.

넷째, **조합의 거래량 극대화**는 협동조합이 조합원에게 공급하거나 시장에 판매하는 조합원의 상품의 거래량을 최대한으로 늘리는 것을 의미하는 것으로 거래 규모를 최우선하는 경우이다.

이러한 목적들에 따라 협동조합의 의사결정들이 어떻게 이루어지는 지를 농자재 공급조합과 농산물 판매조합의 사례를 들어 살펴보기로 한다.

(1) 농자재 공급조합

농업협동조합 중에는 조합원인 농가가 필요로 하는 농자재를 공급해주는 기능을 담당하는 조합이 있다. 이 경우 농업협동조합은 민간업체와 달리 조합의 순수입 극대화, 농자재의 공급 순가격 극소화, 조합원 수익 극대화, 농자재 판매량 극대화 중 하나의 목적을 달성하기 위한 의사결정을 하게 된다. 〈그림 11−1〉은 농자재 공급조합이 각각의 목적에 따라 거래량과 가격에 대한 의사결정을 어떻게 하는지를 보여준다.

먼저, 그림에서 개별 경제주체인 농자재 공급조합이 접하는 조합원의 수요곡선은 우하향하는 모습을 볼 수 있는데, 이는 농자재 공급조합이 불완전경쟁시장에 처해있음을 의미한다.[3] 농자재 공급조합이 의사결정을 하기 위한 목적이 조합 스스로의 순수입을 극대화하는 것인 경우, 조합은 일반적인 독과점기업들과 같이 한계수입(MR)곡선과 한계비용(MC)곡선이 만나는 지점인 Q_1까지 농자재를 공급하게 된다. 이때의 결정되는 공급가격은 P1이 되고 평균총비용(ATC)은 C_1이 되므로, 농자재 공급조합이 얻게 되는 조합 순수입은 공급가격에 비용은 뺀 것에 공급량을 곱한 값인 $(P_1 - C_1) \times Q_1$이 된

---

3) 만약 농자재 공급시장에서 여러 공급자들의 하나인 농자재 공급조합이 완전경쟁시장에 처해 있을 경우에는 수평선의 수요곡선을 접하게 될 것이다.

그림 11-1 농자재 공급조합의 가격 및 공급량 결정

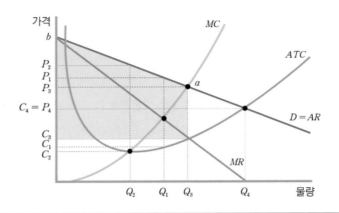

자료: 로이어(2014, 전게서).

다.[4] 이때 조합이 모든 순수입을 이용실적배당(patronage refunds)으로 조합원에게 지급할 경우, 단위당 배당금(per-unit patronage refund)은 $P_1 - C_1$이 되므로 조합원들이 조합에 실제로 지불되는 순가격은 C_1이 된다.

농자재 구매를 위해 조합원들이 실제로 부담하게 되는 가격인 순가격을 극소화하는 목적을 가진 농자재 공급조합은 평균총비용-(ATC)곡선과 한계비용-(MC)곡선이 만나는 지점인 Q_2까지 농자재를 공급하게 된다. 이때 농자재 공급조합은 P_2의 시장가격(cash price)으로 농자재 상품을 조합원들에게 공급하게 되기에, 다른 경우에 비해 가장 높은 시장가격을 형성하게 된다. 그러나, 조합원이 실제 부담하는 순가격은 시장가격과 배당금을 포함한 개념이기에 이를 좀 더 살펴보아야 한다. 즉, 조합원의 순가격은 P_2의 시장가격에 단위당 배당금으로 돌려받게 되는 $P_2 - C_2$를 제한 C_2가 되고, 여기서의 C_2는 다른 경우들보다 가장 낮은 가격이다.

조합원 수익 극대화의 목적을 가진 농자재 공급조합은 평균수입(AR)곡선과 같은 수요곡선(D)과 한계비용-(MC)곡선이 만나는 지점인 Q_3로 농자재 공급량을 결정짓게 된다. 이때 조합의 순수입은 $(P_3 - C_3) \times Q_3$이 되어 순수입 극대화의 경우보다 줄어들게 된다. 다만, 조합원 수익은 배당금으로 환원되는 조합 순수입과 조합원이 수요자로서 농자재를 구매함으로 인해 발생하는 소비자잉여로 구성됨에 유의하여야 한다. 그림에서의 소비자잉여는 수요곡선과 시장가격 사이에 있는 삼각형 bP_3a이다. 결과적으로 소비

---

4) 평균총비용 등 생산비용 관련 내용은 제4장의 제2절을 참고하자.

표 11-2 농자재 공급조합의 의사결정 결과 비교

구분	공급량 순위
공급량 규모	조합의 공급량 극대화(Q_4) > 조합원 수익 극대화(Q_3) > 조합의 순수입 극대화(Q_1) > 상품의 공급 순가격 극소화(Q_2)
시장 가격	상품의 공급 순가격 극소화(P_2) > 조합의 순수입 극대화(P_1) > 조합원 수익 극대화(P_3) > 조합의 공급량 극대화(P_4)
평균 총비용	조합의 공급량 극대화($C_4 = P_4$) > 조합원 수익 극대화(C_3) > 조합의 순수입 극대화(C_1) > 상품의 공급 순가격 극소화(C_2)
단위당 배당금	상품의 공급 순가격 극소화($P_2 - C_2$) > 조합의 순수입 극대화($P_1 - C_1$) > 조합원 수익 극대화($P_3 - C_3$) > 조합의 공급량 극대화($P_4 - C_4 = 0$)

자 잉여(삼각형 bP_3a)에 조합 순수입(($P_3 - C_3) \times Q_3$)이 더해진 음영부분 전체가 조합원 수익인데, 다른 경우에 비해 가장 크게 됨을 알 수 있다.

농자재 공급량 극대화 목적을 가진 농자재 공급조합은 수요곡선(즉, 평균수입(AR)곡 선)과 평균총비용(ATC)곡선이 만나는 지점인 Q_4까지 농자재를 공급하여 판매량을 극 대화하게 된다. 이 경우 시장가격은 P_4가 되어 가장 낮지만, 농가가 지불하는 순가격 (C_4)과 같아지므로 조합은 순수입과 단위당 배당금은 0이 되는 순익분기점(break even point)을 경험하게 된다. 만약 조합이 Q_4 이상으로 농자재 공급을 늘리는 경우에는 가격 이 비용보다 낮아지므로 손해가 발생하게 된다.

이상의 네 가지 목적에 따라 농자재 공급조합은 각기 다른 공급물량을 결정하게 된 다. 이를 서로 비교하여 보면, 조합의 농자재 공급 규모(Q)는 조합의 공급량 극대화 목 적에서 가장 크게 나타났고 이어 조합원 수익 극대화, 조합의 순수입 극대화, 상품의 공 급 순가격 극소화 목적의 순이었다. 조합원이 실제 접하는 시장 가격(P)은 상품의 공급 순가격 극소화 목적에서 가장 높았고, 조합의 공급량 극대화 목적에서 가장 낮은 결과를 보여주었다. 한편, 조합의 평균총비용(C)은 조합의 공급량 극대화 목적에서 가장 높았 고, 상품의 공급 순가격 극소화 목적에서 가장 낮았다. 끝으로 단위당 배당금($P - C$)은 상품의 공급 순가격 극소화 목적에서 가장 높았고, 조합의 공급량 극소화 목적에서는 0 이 되었다.

[2] 농산물 판매조합

농가가 생산한 농산물을 구매하여 가공5) 등의 과정을 거쳐서 다시 시장에 상품으 로 판매하는 농산물 판매조합의 의사결정 과정을 보기에 앞서 평균순수입생산(net average revenue product, NARP)과 한계순수입생산(net marginal revenue product, NMRP) 개념을 이해할 필요가 있다. 평균순수입생산($NARP$)은 순수입생산을 생산량으로 나눈 것이고 한계순수입생산($NMRP$)은 상품 생산이 한 단위 증가할 때 발생하는 순수입생산의 변화분인데, 여기서 순수입생산이란 조합이 농산물 가공 상품을 시장에 판매하여 발생하는 총수입에 조합이 농가로부터 구매한 농산물을 시장에 판매하기 위해 가공하는 과정에서 발생하는 총비용을 제한 것이다.

농산물 판매조합에서 이러한 곡선들의 관계는 〈그림 11 – 2〉를 통해서 더욱 쉽게 이해할 수 있다. 그림의 상단에는 조합이 접하는 시장의 수요곡선(D),6) 한계수입곡선(MR), 한계가공비용곡선(marginal processing cost curve, MPC), 평균가공비용곡선(average processing cost curve, APC)이 있다. 여기서 평균순수입생산곡선($NARP$)은 수요곡선(D)에서 평균가공비용곡선(APC)을 뺀 것이고, 한계순수입생산곡선($NMRP$)은 한계수입곡선(MR)에서 한계가공비용곡선(MPC)을 뺀 것이다.

조합의 생산량이 Q_1이나 Q_4인 곳에서 평균순수입생산곡선($NARP$)의 값이 0이 됨

그림 11-2 평균순수입곡선과 한계순수입곡선

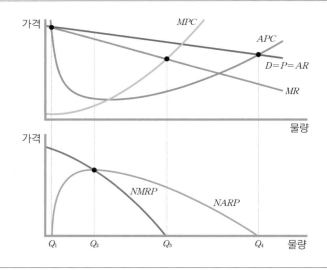

자료: 로이어(2014, 전게서).

---

5) 일반적으로 가공(processing)은 농산물을 다른 식품으로 만드는 것을 의미하나, 여기에서는 편의상 조합이 농사에서 수집한 농산물을 판매하기 위해 선별·저장·포장 등을 하는 것까지 포함하는 것으로 가정한다.

6) 여기서의 수요곡선은 시장가격(P) 및 평균수입(AR)과 같다.

그림 11-3 농산물 판매조합의 가격 및 판매량 결정

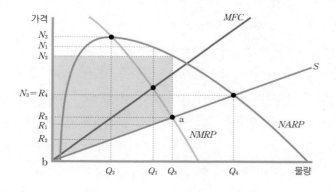

자료: 로이어(2014, 전계서).

을 볼 수 있는데, 이는 해당 생산량 수준에서 수요(즉, 평균수입)와 평균가공비용이 서로 같기 때문이다. 또한, 조합의 생산량이 Q_3인 곳에서 한계순수입생산곡선($NMRP$)의 값이 0이 되는데, 이는 해당 생산량 수준에서 한계수입과 한계가공비용이 서로 같기 때문이다. 한편, 조합의 생산량이 Q_2인 지점에서 평균순수입생산곡선($NARP$)의 값이 최대가 됨을 볼 수 있는데, 이는 거기서 수요곡선(D)과 평균가공비용곡선(APC)의 거리가 가장 커지기 때문이다.[7]

이상의 내용을 가지고 농산물 판매조합의 의사결정 과정을 보기로 한다. 농산물 판매조합은 조합의 순수입 극대화, 농산물 가공상품 판매 순가격 극대화, 조합원 수익 극대화, 농가 농산물의 구매량 극대화 중 하나의 목적을 달성하기 위해 의사결정을 하게 된다. 〈그림 11-3〉을 통해서 농산물 판매조합이 각각의 목적에 따라 거래량과 가격에 대한 의사결정을 어떻게 하는지를 볼 수 있다.

농산물 판매조합이 접하는 농가의 농산물 공급곡선(S)은 우상향하는 모습을 보이는데, 조합이 제6장에서 설명된 바와 같은 일종의 수요독점력을 가짐을 의미한다. 따라서 농산물 공급곡선 S는 제6장의 수요독점기업의 평균지출(average expenditure, AE)과 같은 개념이다. 한편, 그림에 있는 한계요소비용곡선(marginal factor cost curve, MFC)은 조합이 한 단위의 농가 농산물을 추가로 구매하기 위해 지불해야하는 비용으로서, 제6장의 수요독점자의 한계지출(marginal expenditure, ME)과 같은 개념이다. 수요독점기업의

---

7) 이 지점에서 수요곡선(D)과 평균가공비용곡선(APC)의 기울기가 서로 동일하다.

Chapter 11 협동조합 249

ME가 AE보다 더 높이 위치하듯이 조합의 MFC가 S보다 더 높이 위치한다.

농산물 판매조합의 의사결정 목적이 조합의 순수입을 극대화하는 것인 경우 조합은 한계순수입생산곡선($NMRP$)과 한계요소비용곡선(MFC)이 만나는 지점인 Q_1까지 농가 농산물을 구매하여 공급받은 후, 이를 가공하여 시장에 판매하게 된다. 이때의 농가에게 지불되는 농산물 가격은 R_1이 된다. 조합의 순수입은 $(N_1 - R_1) \times Q_1$으로 다른 목적의 경우보다 가장 크게 되는데, 여기서 N_1은 Q_1의 시점에서 계측되는 평균순수입생산($NARP$)의 가치를 의미한다. 이러한 조합의 순수입은 조합원들에게 배당금의 형태로 분배되는데, 단위당 배당금은 $N_1 - R_1$이 된다. 여기서 단위당 배당금($N_1 - R_1$)에 농가지급가격(R_1)을 더한 값인 N_1이 농가에게 실제 지급되는 순가격이 된다.

농산물 판매를 통해 조합원이 받게 되는 순가격의 극대화를 농산물 판매조합의 목적으로 하는 경우, 조합은 평균순수입생산($NARP$)이 최대값이 되는 지점이면서 평균순수입생산곡선($NARP$)과 한계순수입생산곡선($NMRP$)이 서로 교차하는 지점인 Q_2까지 농산물을 농가로부터 구매하여 가공하게 된다. 이때 농가가 조합에게서 받을 수 있는 농산물 가격은 N_2인데, 다른 목적의 경우에 비해 가장 낮은 수준이 된다. 그러나 여기에 단위당 배당금($N_2 - R_2$)을 더한 값인 농가의 실제 순가격은 N_2가 되어 가장 높은 순가격이 되어 조합의 목적이 달성된다.

농산물 판매조합의 목적이 조합원 수익 극대화인 경우, 조합은 한계순수입생산곡선($NMRP$)과 공급곡선(S)이 만나는 지점인 Q_3까지 농산물을 구매하게 되고, 농가에게 R_3만큼의 농산물 가격을 지급하게 된다. 이 경우 조합의 순수입(동시에 조합원 배당금)은 $(N_3 - R_3) \times Q_3$이 되는데, 그 값이 조합이 조합 순수입 극대화 목적을 가졌을 때보다 작아진다. 그러나, 조합원 수익은 배당금으로 환원되는 조합원 순수입에 조합원인 농가가 조합에 농산물을 공급하여 얻게 되는 농가이윤을 더해준 것임에 유의하자. 다만, 농가이윤은 그림에서 바로 확인할 수 없기에, 시장가격과 공급곡선 사이에 있는 삼각형 bR_3a로 표현되는 생산자잉여를 이용하도록 한다. 농가가 농산물을 조합에 공급함으로써 얻을 수 있는 수입은 $R_3 \times Q_3$인데, 공급곡선이 농가 농산물 생산에 대한 한계비용(MC)이라고 가정한다면 공급곡선 아래에 있는 삼각형 bQ_3a는 농가의 농산물 생산을 위한 비용이 되므로 농가의 생산자잉여는 삼각형 bR_3a가 된다. 이 생산자잉여와 조합원 배당금을 합한 조합원 수익은 그림의 음영부분 전체($(N_3 - R_3) \times Q_3 +$삼각형 bQ_3a)이고, 최대의 값을 가지게 된다.

농산물 판매조합의 목적이 농가로부터 구매하여 가공하는 농산물의 양을 극대화하

표 11-3 농산물 판매조합의 의사결정 결과 비교

구분	공급량 순위
농가 농산물 구매량	농가 농산물의 구매량 극대화(Q_4) > 조합원 수익 극대화(Q_3) > 조합의 순수입 극대화(Q_1) > 농산물 가공상품 판매 순가격 극대화(Q_2)
평균순수입생산의 가치	농산물 가공상품 판매 순가격 극대화(N_2) > 조합의 순수입 극대화(N_1) > 조합원 수익 극대화(N_3) > 농가 농산물의 구매량 극대화(N_4)
농가 지불 농산물 가격	농가 농산물의 구매량 극대화($R_4=N_4$) > 조합원 수익 극대화(R_3) > 조합의 순수입 극대화(R_1) > 농산물 가공상품 판매 순가격 극대화(R_2)
단위당 배당금	농산물 가공상품 판매 순가격 극대화(N_2-R_2) > 조합의 순수입 극대화(N_1-R_1) > 조합원 수익 극대화(N_3-R_3) > 농가 농산물의 구매량 극대화($N_4-R_4=0$)

는 경우, 조합은 평균순수입생산곡선($NARP$)과 공급곡선(S)이 교차하는 지점인 Q_4까지 농산물을 농가로부터 구매하여 가공하게 된다. 이때의 농산물 구매량이 다른 목적의 경우보다 가장 크므로 농가는 조합에 가장 많은 농산물을 공급하게 됨을 알 수 있다. 또한 이 경우 조합에 의해 가공된 농산물의 가격은 농가가 조합에 공급한 농산물 가격에 단위당 가공비용의 합이 되고, 배당금은 0이 된다.

이상의 네 가지 목적에 따라 농산물 판매조합은 각기 다른 수준의 농가 농산물의 구매량을 결정하게 된다. 이를 서로 비교하여 보면, 조합의 농가 농산물 구매량은 농가 농산물의 구매량 극대화 목적에서 가장 크게 나타났고 이어 조합원 수익 극대화, 조합의 순수입 극대화, 농산물 가공상품 판매 순가격 극대화 목적의 순이었다. 평균순수입생산($NARP$)의 가치(N)는 농산물 가공상품 판매 순가격 극대화 목적에서 가장 높았고, 농가 농산물의 구매량 극대화에서 가장 낮은 결과를 보여주었다. 한편, 농가 지불 농산물 가격(R)은 농가 농산물의 구매량 극대화 목적에서 가장 높았고, 농산물 가공상품 판매 순가격 극대화 목적에서 가장 낮았다. 끝으로 단위당 배당금($N-R$)은 농산물 가공상품 판매 순가격 극대화 목적에서 가장 높았고, 농가 농산물의 구매량 극대화 목적에서는 0이 되었다.

1 농업협동조합

(1) 개념 및 역할

농업협동조합은 농민들이 조합원이 되어 보다 좋은 농산물 생산 여건을 마련하거나 수확된 농산물의 판매 등을 용이하게 하기 위해 설립된 조합이다. 농업협동조합의 역할로는 거래교섭력(bargaining power) 강화, 규모의 경제(economies of scale) 확대, 거래비용(transaction cost) 절감, 유통 및 가공업체 견제 등이 있다. 거래교섭력 강화는 농민들이 조합을 통해 농산물 생산에 필요한 농자재를 구매하거나 생산한 농산물을 판매할 때 보다 유리한 조건으로 거래하기 위한 것으로, 기존 개별 거래에서 겪는 거래상 불이익을 완화하게 된다. 특히, 농산물 판매 시 거래 교섭력 강화는 농가의 거래 수익 제고와 직접 연결되는 부분으로 농업협동조합의 주요 기능이다.

규모의 경제 확대는 농민들이 산지단계에서의 수평 결합(horizontal integration)을 통해 서로 결합하여 이득을 얻는 것이다. 즉, 농민이 개별적으로 필요한 농자재를 구매하지 않고 단체로 많은 물량을 주문하면 개당 가격을 절감할 수 있고, 개별 구매하기에 비싼 농자재를 공동으로 구매하여 같이 사용할 수도 있다. 농산물 재배도 동일한 작물을 같이 재배하여 생산의 규모화를 통해 생산성 제고와 생산비용 절감을 도모할 수 있게 된다. 또한, 선별·저장·포장 등의 설비도 조직화를 통해 일정 규모를 갖춘 농업협동조합이 도입하여 공동으로 사용할 수 있으므로 규모화의 이점이 크다.

거래비용 절감은 농업협동조합이 수직결합(vertical integration)[8]을 통해서 얻을 수 있는데, 산지 생산단계에서 도매나 소매 유통단계로 영역을 확대하여 시너지 효과를 얻는 경우가 대표적이다. 예를 들어, 농업협동조합이 도매물류센터를 설립하거나 소매 매장을 개설하여 유통단계 간 거래를 내부화하여 거래비용 절감과 효율성 제고를 꾀하는

---

8) 농산물 유통조직은 수직결합(vertical integration), 수평결합(Horizontal integration), 문어발식 결합(conglomerate)으로 구분될 수 있다. 이 중 수직결합은 유통단계상의 결합으로 산지에서 소비지 방향으로 결합되면 전방결합, 소비지 방향에서 산지 방향으로 결합되면 후방결합, 산지 농협이 도매유통업체를 새로 만들어 수직결합을 시도하면 전방 결합에 해당된다. 수평결합은 동일한 유통단계에서의 결합이고, 문어발식 결합은 전혀 서로 다른 산업 간의 결합을 나타내는 것으로 동일 산업 내에서 발생하는 수직결합이나 수평결합과 성격이 다르다. 문어발식 결합의 예로는 생산자 단체인 농협이 자동차 산업에 뛰어드는 경우가 될 수 있다.

것이다.

마지막으로 유통 및 가공업체 견제는 농업협동조합이 농산물 유통 시장의 주요 주체 중의 하나로 자리를 잡아서 경쟁관계에 있는 농산물유통업체나 가공업체들이 초과이윤을 얻기 위한 행위를 마음대로 하지 못하게 견제하는 것이다. 예를 들어, 농업협동조합이 자체적인 농산물 가공공장을 설립하여 운영하게 되면, 가공공장업체들은 자신들의 초과이윤을 위해 원료 농산물 구입 가격을 턱없이 낮추거나 가공 상품의 판매가격을 높게 올리는 등의 행위를 하기 어렵게 되는 것이다.

[2] 역할과 주요 사업

농업협동조합은 그 기능에 따라 공동판매조합, 농자재 공동구매조합, 농업관련 서비스조합으로 분류될 수 있는데, 우리나라 농업협동조합은 대체로 세 가지 기능을 동시에 담당하는 종합농업협동조합의 형태를 유지하고 있다. 공동판매조합은 조합원이 생산한 농산물을 공동으로 판매하기 위한 조합으로 농산물을 구매하는 유통업체나 가공·외식업체에 대한 거래교섭력을 높이는 역할을 한다. 공동판매조합은 조합원들에게서 수집한 농산물을 모아서 다음 유통단계에 공급하는 일을 하는데, 수집된 농산물에 대한 선별·포장·저장 기능을 추가하여 출하 시기나 판매 대상을 조정하는 일까지 하여, 농산물에 대한 부가가치를 올려주어 조합원의 소득증대까지 기여하고 있다. 우리나라 농업협동조합의 경우 공동판매조합의 기능을 가장 중요시하고 있는데, 이는 산지 농가들이 자신의 농산물을 직접 판매하는 데 상당한 어려움을 겪고 있기 때문이다.

농자재 공동구매조합은 농자재를 공동으로 구매하여 농자재 판매업체에 대한 거래교섭력을 강화하고, 대량의 농자재를 한 번에 구매하여 상대적으로 저렴한 가격에 조합원들이 구매를 할 수 있게 한다. 기본적으로 농자재 공동구매조합은 농자재 공동구매를 진행하는데, 농자재 유통업자 등을 경유하지 않고 농자재 생산업체에게 직접 구매하여 유통마진을 줄이는 노력을 한다. 나아가 비료 등의 주요 농자재를 직접 생산하여 조합원들에게 판매하는 후방 수직결합까지 발생하고 있는 등 농자재 공동구매조합의 역할이 커지고 있다. 농업관련 서비스조합은 농업과 관련되는 여러 서비스들을 조합원에게 제공하는 역할을 하는데, 농업금융 서비스가 대표적이다. 즉, 조합원들에게 시중보다 저렴한 금리로 자금을 융통해주거나 관련 보험상품을 판매하는 등의 역할이 해당된다.

이러한 우리나라 농업협동조합의 역할에 기초하여 협동조합의 의사결정 목적을 논의해 볼 수 있다. 먼저, 공동판매조합으로서의 우리나라 농업협동조합의 의사결정 목적

표 11-4 농협의 주요 사업

구분		주요 사업
지도(교육) 사업	조합 및 조합원 역량 강화	영농 및 회원 육성 지도, 농·축협 육성 및 발전 지도
	농촌복지 지원	농업인 복지 증진
	도시민과의 소통 강화	농촌사랑운동, 1사1촌 자매결연, 식사랑·농사랑 운동
	기타 지원	농정 활동 및 교육 홍보, 사회 공헌 및 국제 교류활동
경제사업	농업 경제사업	영농자재 공급, 산지유통혁신, 도매사업, 소비지 유통 활성화, 안전 농식품 공급
	축산 경제사업	축산물 유통지원, 축산물 가공지원, 축산업 지원
신용사업		농촌지역 농업금융 서비스 및 조합원 편익 제공, 서민금융 활성화 기여

자료: 농협중앙회

을 보면 상당수의 조합들이 농가 농산물의 구매량 극대화 목적을 우선하는 경우가 많은데, 이는 농업협동조합이 조합 자체의 경영 안정화보다는 농가들의 농산물 판매 확대를 가장 중요하게 여기고 있기 때문이다. 그 결과 일부 조합들은 농가 농산물의 과다한 판매로 발생하는 손해를 지속적으로 입게 되어 조합 경영에 어려움을 겪기도 한다. 이러한 추세는 정부가 일부 유도한 측면이 없지 않는데, 일례로 정부가 우리나라 농업협동조합이 종합농업협동조합으로 운영되도록 하여, 농산물 판매사업에서 발생하는 손해를 농업 관련서비스업(농업금융업)에서 발생하는 이득으로 보완하도록 해온 것이 대표적이다.

한편, 농자재 구매조합으로서의 우리나라 농업협동조합들 중 대다수가 농자재 공급량 극대화 목적을 우선하는 경우가 많은데, 이는 조합 자체가 손해를 보거나 조합원에게 주게 되는 배당금 규모가 줄어들더라도 당장 공급되는 농자재가 가능한 많이 공급되도록 노력하고 있기 때문이다. 기본적으로 우리나라 농업협동조합은 조합원들이 스스로 모여 조합을 형성하기에 앞서 정부가 정책적으로 조합을 육성한 경우가 대부분으로 공공적인 성격이 매우 강하다. 이러한 여건으로 인해 우리나라 농업협동조합의 의사결정 목적이 조합원이 당장 요구하는 농산물 판매 극대화나 농자재 공급 극대화에 많이 치우치게 되었다.

우리나라의 농업협동조합들은 주어진 역할들을 수행하기 위해 지도(교육)사업, 경제사업, 신용사업을 하고 있다. 지도(교육)사업은 농협 조합원을 포함한 농업 관계 대상자들의 역량을 강화시키고 상호 소통을 높이기 위해 시행되고 있는 사업인데, 최근 도시민과 농민들의 교류와 협력을 강화시키기 위한 사업들에 집중하고 있다.

농협의 경제사업은 농민이 영농활동을 안정적으로 할 수 있도록 농산물의 생산·유통·가공·소비 전반의 여건을 개선하여 주는 사업으로 농협의 주력 사업이다. 경제사업은 크게 농가의 상품 판매를 촉진시켜주는 사업(산지유통혁신사업, 도매사업, 소비지 유통 활성화사업, 안전 농식품 공급사업 등)과 농가가 작물 생산에 필요한 자재를 공급해주는 사업(영농자재 공급사업)으로 구분되어 농업의 발전에 기여하고 있다.

농협의 신용사업은 농협 사업의 필요자금을 확보하고, 조합원을 포함한 이용자들에게 금융 서비스를 제공하는 사업으로, 일반 금융권에서 담당하고 있는 사업 대부분을 하고 있다. 다만, 최근에 진행된 신용사업과 경제사업의 분리(농협의 신경분리)를 통해 두 사업이 이전보다는 서로 독립적인 사업 영역을 구축하여 가고 있어 농협 사업 전반에 변화가 일어나고 있기도 하다.

농업협동조합의 역사

자료: 농협중앙회

우리나라의 농업협동조합은 1958년에 설립되었는데, 농업은행과 별개로 농자재 구매 및 농산물 판매사업을 담당하였다. 당시의 단위조합은 리동(里洞)조합으로 규모가 작아 큰 역할을 하기에는 한계가 있었다. 1961년 농업협동조합과 농업은행이 통합된 농업협동조합이 탄생하여, 신용사업을 농업협동조합이 담당하게 되었다.

리동조합의 규모 한계를 인식한 정부는 보다 큰 행정구역을 대상으로 하는 읍(邑)·면(面) 단위의 조합 통합을 유도하여 규모화를 통한 단위조합의 실질적인 사업 능력 강화를 시작하였다. 그 결과, 1962년 21,518개소인 지역조합의 수가 1972년에는 1,567개소로 대폭 줄었고, 단위조합의 사업 시행 능력이 생긴 읍면조합으로 성장하였다.

1970년대 농업협동조합은 주로 식량증산을 위한 비료와 농약 등의 농자재 공급과 쌀과 보리의 정부수매 및 보관 업무에 집중하였다. 1980년대는 농업협동조합의 개혁이 진행되었는데, 단위조합의 기능을 강화하고 농협에서 축산협동조합을 분리하여 전문성을 살리도록 하였다.

2000년에는 1997년 외환위기에 따른 산업 효율화를 위해 농업협동조합, 축산협동조합, 인삼협동조합의 통합을 통한 구조조정이 있었고, 2012년에는 농협중앙회의 신용과 경제사업의 전문성 강화를 위해 신용사업과 경제사업을 금융지주회사와 경제지주회사 형태로 완전히 분리하는 등 변화를 꾀하였다.

2 소비자협동조합

(1) 개념 및 유형

소비자협동조합은 소비자들이 조합원이 되어 자신들에게 필요한 상품을 구매하기 위해 설립된 조합인데, 소비자생활협동조합 혹은 생협으로 불리고 있다. 소비자 입장에서의 소비자생활협동조합 역할은 주로 산지 생산자와의 직접 거래를 통해 농가 수취가격 증대와 소비자 구매 가격 인하를 유도하는 것이지만, 안전하고 믿을 수 있는 농산물을 구매할 수 있음이 조합원들에게 더 큰 유인으로 작용하고 있다. 특히, 가족의 먹거리 안전에 민감한 우리나라 소비자들은 소비자 협동조합에서 판매하는 농·식품이 생각보다 저렴하지 않아도 기꺼이 그 값을 지불할 정도로 농산물의 가격 경쟁력보다 품질 경쟁력을 우선시하는 경향이 있다.

우리나라 소비자협동조합의 의사결정 목적은 농업협동조합과 달리 다양한 편인데, 정부 주도로 공공적 성격을 가지고 설립되어 운영되는 농업협동조합과 달리 소비자협동조합들은 조합원들이 자발적으로 설립하여 운영하고 있기 때문이다. 특히, 농가들과 달리 도시 소비자들이 조합원의 대부분을 차지하고 있는 소비자협동조합의 경우, 조합이 운영에 어려움을 겪으면서까지 무리하게 농산물 판매량을 극대화하고 저렴하게 판매하는 것을 조합원들이 요구하지 않는다. 실제로 소비자운영조합에서 판매하고 있는 농산물의 가격이 대형소매업체에서 판매하는 농산물보다 비싼데도, 조합원들은 이를 감수하고 기꺼이 구매하고 있는 실정이다.

〈그림 11-4〉에서 보이는 것과 같이, 우리나라 생활협동조합의 역사는 1980년대 후반부터 시작되었지만, 그 뿌리는 1970년대부터 시작된 농촌 및 농민운동에서부터 기원된다. 1980년대 후반에 농촌지역 소비자협동조합(소협)이 결성되어 생활협동조합의 기반

그림 11-4 우리나라 생활협동조합의 유형과 변천

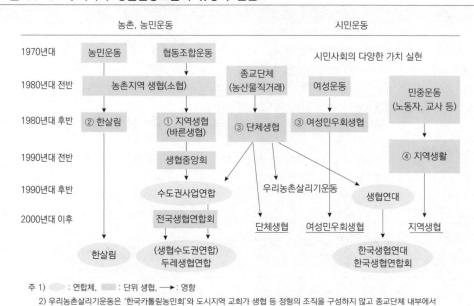

주 1) ⬭ : 연합체, ▭ : 단위 생협, ⟶ : 영향
　　2) 우리농촌살리기운동은 '한국카톨릭농민회'와 도시지역 교회가 생협 등 정형의 조직을 구성하지 않고 종교단체 내부에서
　　　 이루어지는 유기농산물 직거래 운동임.

자료: 정은미, "한국 생활협동조합의 특성," 「농촌경제」, 제29권 3호, 2006.

이 되었고, 이후 네 가지 유형의 생활협동조합이 생성되었다. 먼저 그림의 ①에 해당하는 지역생협은 농촌 신용협동조합과 도시 신용협동조합 간의 직거래를 통해 생겨난 것으로 1985년에 설립된 공동구매형 지역생협인 바른생협이 대표적이다. ②에 해당하는 한살림의 경우 생명운동을 주도하는 농민 운동가들이 도시에 직거래 매장을 개설하여 소비자 회원을 조직한 경우이고, ③의 단체생협은 종교단체와 시민단체 등의 비정부기구(NGO: non-governmental organization)들이 모태가 된 생협이다. 또한, ④의 지역 생협은 노동운동이나 학생운동 등을 해온 활동가들이 주체가 되어 설립한 것이다. 이처럼 서로 다른 목적과 주체를 가지고 생성된 생활협동조합들은 각각의 특성을 가지고 서로 영향을 주고받고 있지만, 생활협동조합의 규모와 시장이 확대됨에 따라 회원들인 소비자들의 요구에 따라 본래의 역할에 더 충실해져가고 있다.

(2) 발전 과정 및 주요 생협

우리나라 생협의 발전 과정은 〈표 11-5〉와 같이 정리될 수 있는데, 1979년부터 1989년까지의 태동기에는 농촌지역인 강원도 평창군에서 생협의 전신인 신리소비자협

표 11-5 **생활협동조합의 발전 과정**

시기	주요 내용	특징
태동기 (1979~1989)	• 1979년 농촌지역에 소협 탄생 • 1986년 한살림 설립 • 1999년 대학생협 설립 • 1989년 여성 민우회 생협 설립	• 농산물 직거래 태동 • 생협 또는 생산자가 직접 하는 소규모 직거래 방식
초창기 (1990~1996)	• 노동운동 및 진보정치운동단체 등에서의 다양한 지역 생협 등장 • 1994년 의료생협 설립 • 1994년 (사) 생협중앙회에 물류사업부 신설	• 취급 품목 증가로 직접적인 소규모 직거래 시스템의 한계 봉착 • 점포와 무점포 사업 방식 병행
과도기 (1997~1998)	• 1997년 물류사업 연합체 등장	• 직거래 사업의 규모화 강화 • 물류사업의 연합체 집중 등 시스템 개선
성장기 (1999~)	• 1999년 소비자생활협동조합법 시행 • 2011년 협동조합기본법 시행	• 물류센터의 광역화 및 네트워크화 • 식품안전, 학교급식 관련 운동 강화 • 협동조합기본법으로 소규모 생협 확산

출처: 정은미(2006, 전게서). 일부 수정.

동조합(소협)이 생겨나고, 1986년 우리나라 최초의 생협인 한살림 생협이 설립되는 등 농산물 직거래를 위한 조합이 만들어졌다. 이시기에는 초보적인 소규모 직거래를 위한 조직체가 만들어져서 생협 또는 생산농가가 직거래 업무를 직접 담당하였다. 1990년부터 1996년까지의 초창기에는 사회의 각 분야에서 생협이 만들어져 소비자협동조합의 저변이 확산되기 시작하였다. 상황에 따라 점포를 두거나 점포 없이 직거래 사업을 진행하였는데, 이는 생협의 자본과 규모에 따라 유연한 운영이 되었기 때문이다. 또한, 농산물 직거래에 대한 소비자의 관심과 생산자의 참여가 늘어감에 따라 취급 품목과 물량이 점점 늘어나게 되어 기존의 소규모 거래 시스템의 한계가 발생하였다. 1997년부터 1998년까지의 과도기에는 기존의 소규모의 개별 직거래 사업의 한계를 극복하기 위해 물류사업의 연합체가 생겨나서 직거래 사업의 규모화와 연합화가 진행되었고, 1999년 이후의 성장기에는 물류센터의 광역화 및 네트워크화가 강화되었다. 또한, 생협운동에 대한 정부의 관심이 높아져 1999년에 소비자생활협동조합법이 시행되었고, 2011년에 협동조합기본법이 시행되는 등 우리나라 생협 운동에 대한 정책적 지원이 강화되었다. 특히, 우리나라의 소비자협동조합은 2011년 제정된 협동조합기본법으로 인해 보다 쉽게 협동조합을 설립되게 되었는데, 기존 3억 원 이상이던 출자금 제한이 폐지되고 200명 이상이던 설립 동의자를 5명으로 줄여서 5인 이상 조합원만 모으면 금융·보험업을 제외한 모

표 11-6 우리나라의 주요 생활협동조합 개황

구분	설립연도	규모	특성
한살림	1986년	• 매장 수: 250여 곳 • 조합원 수: 90만 명	• 농민운동에서 출발 • 우리나라 최초 생협 • 직거래 외의 사회 참여운동 강조
행복중심 생협	1989년	• 매장 수: 13곳 • 조합원 수: 2만 명	• 여성민우회에서 출발 • 먹거리를 통한 여성문제 해결에 중점
두레 생협	1996년	• 매장 수: 100여 곳 • 조합원 수: 24만 명	• 전통 방식인 두레를 기본 철학으로 제시 • 28개 회원 생협이 서로 협력하여 운영
아이쿱 (iCOOP) 생협	1997년	• 매장 수: 250여 곳 • 조합원 수: 50만 명	• 소비자 중심의 식품안전운동에서 출발 • 물류센터 8곳 등 대규모 사업 운영 • 상품 생산 거점이자 테마파크인 자연드림파크 운영

자료: 한살림, 행복중심 생협, 두레 생협, 아이쿱 생협 홈페이지

든 분야에서 조합 설립이 가능하게 되어 생협 운동의 성장을 견인하게 되었다.

우리나라에는 다양한 소비자협동조합들이 활동을 하고 있다. 그 중에서 농식품 분야에서 농산물 직거래사업 등을 주도하는 주요 생활협동조합으로는 한살림, 아이쿱 (iCOOP) 생협, 두레 생협, 행복중심 생협 등이 있는데, 구체적인 내용이 〈표 11-6〉과 같이 정리될 수 있다.

가장 먼저 설립된 한살림은 밥상살림, 농업살림, 생명살림의 세 가지를 기본으로 하는 직거래 및 사회 참여운동을 중심으로 하고 있고, 가장 많은 매장과 조합원을 확보하고 있는 생활협동조합 중 하나이다. 행복중심 생협은 여성 농민단체인 여성민우회에서 출발하여 먹거리와 여성문제 해결을 중요시하고 있고, 두레 생협은 생협 간 상호 협력을 우선하고 있다. 아이쿱 생협은 식품안전운동에 근간을 두고 있는데, 다른 생활협동조합들이 생산자 중심의 운동적 색채를 가진 것에 반해 소비자 중심의 다양한 유통사업들을 활발하게 하고 있다.

01 협동조합과 주식회사의 차이점을 각각 구분하여 설명하라.

02 농자재 공급조합의 목적이 조합원의 수익 극대화인 경우에 조합의 순수입이 가장 높은가 아니면 그렇지 아니한가? 그 이유를 설명하라.

03 농산물 판매조합의 목적이 조합 순가격의 극대화인 경우에 결정되는 거래량이 어디에서 결정되는가? 그래프를 이용하여 설명하라.

04 우리나라 농업협동조합의 역할 세 가지를 구체적인 사례를 들어 설명하라.

05 우리나라 소비자생활협동조합의 발전 과정을 간략하게 설명하라.

MEMO

농·식품산업과 기술경제

농·식품산업이 더욱 고도화되면서 기술과 경제는 더욱 밀접하게 연관되고 있으며, 기술진보와 경제적 영향에 대한 관심도 증가하고 있다. 본 장에서는 농업 기술진보를 농업혁명 발전 단계별로 살펴보고, 농업기술 개념과 유형을 공부할 것이다. 이를 기초로 기술경제의 이론적 동향을 검토하고, 기술진보가 미시적 수준에서 농식품 산업에 미치는 영향을 계측하는 방법을 생산자 이론과 사회후생적 접근을 통해 학습할 것이다.

section 01   농업혁명

농업은 약 12,000년 전 등장해 인류의 생활방식을 크게 변화시켰다. 미래학자인 앨빈 토플러는 그의 저서 제3의 물결(The Third Wave)에서 농업혁명을 제1의 물결로 지칭할 정도로 농업의 등장을 인류 역사 발전의 시점이자 토대가 되었다고 평가한 바 있다. 세계적인 산업으로 성장한 농업은 첫 번째 물결에 그치지 않고 현대에 이르기까지 4번의 큰 변곡점을 맞이하고 있으며, 가까운 미래 5번째 물결을 맞을 것으로 전망하고 있다.

제1차 농업혁명은 신석기 혁명(Neolithic Revolution)이라고도 불리며, 인류가 전통적인 수렵채집 생활방식에서 정착형 생활방식으로 전환하는 직접적 원인이 되었다. 농업을 통해 도시와 문명이 성장할 수 있었으며, 당시 500만 명에 불과했던 전 세계 인류의 인구증가가 이뤄지도록 도왔다. 많은 육체노동이 필요한 원시 농기구를 사용했고 소, 말 등 가축의 힘을 활용했다. 밀, 보리, 완두콩 등 식물 재배가 시작했으나 농업 생산성은 매우 낮았다.

2차 농업혁명은 산업혁명의 영향을 받은 17세기에나 시작됐다. 농지 규모가 점차 커지면서 윤작과 같은 순환농법이 발달하고, 농업생산량을 늘리기 위한 농업용 기계의 발달과 동력 기술이 발달했다. 이 시기 쟁기와 가래 등 경작용 농기계뿐만 아니라 파종 및 수확용 기계, 탈곡기 등 다양한 농기구가 등장했다. 화학 비료와 살충제 등이 등장해 농업생산량이 크게 늘어 농업이 상업적 가치를 갖기 시작했으며 국가 간 농업무역이 본격화됐다.

3차 농업혁명은 1960년경에 시작되었으며 녹색혁명으로 불린다. 농업 생산성과 효율

그림 12-1   농업혁명 전개 과정

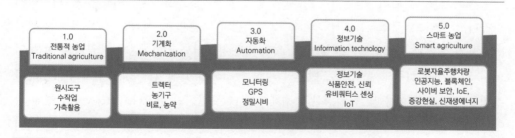

자료: Ghobadpour, Amin. Monsalve, German. Cardenas, Alben and Mousazadeh, Hossein (2022). "Off—Road Electric Vehicles and Autonomous Robots in Agricultural Sector: Trends, Challenges, and Opportunities" *Vehicles* 4(3): 843−864.

성을 향상하는 데 중점을 두었으며, 특히 생명공학을 활용해 유전자변형(GMO, Genetically Modified Organism) 농산물이 등장했다. 정보혁명과 맞물리면서 소프트웨어 및 통신기술 개발로 인해 농작물 재배에 있어 자동화가 이뤄지기 시작해 수확량 모니터링, 농지 관리 등에 활용되었다. 농작물을 재배하기 위해 신재생 에너지 사용도 본격적으로 도입되었다.

4차 농업혁명 시기에 접어든 현재, 4차 산업혁명 시대에 등장한 로봇, AI, IoT, 센서, GPS 등 다양한 첨단기술을 활용해 농업 자동화 시스템과 정보 중심의 관리 시스템 등을 구축하여 스마트팜과 디지털 농업이 가능해지고 있다. 나아가 친환경적이면서 지속 가능한 수익을 올리는 것을 목표로 하고 있다. 농업 관련 데이터 분석과 디지털화를 통해 정밀농업으로 전환해 농업 작업에 혁신을 추동하고 자동화된 작업을 지속해서 모니터링 할 수 있도록 돕고 있다.

미래에 등장할 것으로 기대되는 5차 농업혁명 시기에는 더욱 정교해진 4차 산업혁명 기술을 기반으로 작물 수확량을 지속해서 향상하는 것이 가능해질 것으로 기대된다. 로봇과 AI 및 빅데이터 기술 등이 고도화되면서 무인작업 확대와 인간과 기계 사이의 상호작용에 의사소통 장벽이 사라지고 자동화되는 자율 의사결정 시스템의 도입 및 생물정보학 기술을 기초한 자연 친화적 농업이 가능해질 것으로 예상한다. 재배, 수확, 유통 등 농업 전반의 자원 최적 활용과 제품 차별화, 소비자를 위한 커스터마이징(customizing)이 가능해질 것이다.

농업기술 진보는 농업혁명과 같은 패러다임적 변화를 불러오고 있으며, 전통적 농업의 대상영역을 다각화하고 있다. 기술진보가 산업화(자재, 가공, 유통 등), 식품 시스템 종합화, 녹색화(환경보전, 친환경 농업 등), 소비자 지향화(식품안전성, 소비자행동), 개방화(농산물무역, 자원경제, 해외농업 개발), 지방화(지역경제, 농촌에메니티) 등을 복합적으로 고려하는 농업경제를 구상하도록 추동하고 있기 때문이다.

이와 같은 농업의 변화 배경 아래에 농업 과학기술 연구개발 이슈 역시 다양하게 나타나고 있다. 연구조직을 합리화하고 생산기술과 농촌개발, 식품안전 및 유통에 관한 연구자원 배분과 농업과학기술 관리의 적정성과 평가되고 있다. 현재 자원 위주의 농업에서 과학기술 위주의 농업으로 변환의 과정을 겪으면서 지식과 기술 집약적인 생산과 투입물의 효율적 이용 및 농업생산의 체계화에 많은 관심이 나타나고 있다. 농산물의 국제 거래도 증가하면서 비교우위와 경쟁우위를 갖기 위한 연구투자의 다양성을 확보하기 위한 노력도 이뤄지고 있다.

세계은행은 2008년 농업과 농촌 발전 현상의 특징을 3가지로 제시한 바 있다. 첫째, 농업 생산성 향상과 발전은 공급 측면이 아닌 수요가 견인하는 방식으로 발전하고 있으며, 둘째, 농업 관련 기술진보는 공공부문이 아닌 민간 부문에서 이뤄지고 확산될 것으로 평가했다. 셋째, 글로벌 수준에서 확산되고 있는 4차 산업혁명 기술 적용으로 새로운 농법이 도입되고 생산성 향상이 혁신적으로 이뤄질 것으로 내다봤다.[1]

한국 역시 4차 농업혁명과 4차 산업혁명 시대에 농업기술 진보를 위한 다양한 노력을 기울이고 있다. 그러나 농가의 경영 규모가 매우 작고, 기계화 비용이 많이 드는 상황이며, 농업성장률이 국민총생산 증가율보다 낮은 상황이다. 또한, 공공영역 중심으로 이루어져 민간영역이 주도하는 세계적 흐름과도 상반된 모습을 보이고 있다. 농업기술 부문 경쟁력을 높이기 위한 노력이 더욱 중요한 시점이라고 할 수 있다.

section 02 농업기술의 정의와 발달 유형

농업기술의 유형과 구체적인 경제적 영향을 분석하기 전에 우선 농업기술이 무엇인지 그 정의를 정리하는 것이 필요하다. 이하에서는 농업기술의 정의와 유형을 검토한다.

1 농업기술의 정의

농업기술은 일반적으로 농업에 적용되는 기술로, 농업과학을 기초로 농업자원을 인간의 욕망을 충족할 수 있도록 하는 지적 수단과 행동 양식을 의미한다. 농업기술에서 우선 '농업(農業, agriculture)'은 토지를 이용해 인간에게 유용한 동식물을 길러 농식품을 얻어내는 활동이라고 정의할 수 있으며, 이러한 농업에 관한 정의에 관해서는 큰 이견이 있어 보이지 않는다.

그러나 '기술(技術, technology)'에 대한 정의는 그 범위와 분야에 따라 다르게 나타나고 있어 명확하게 구분하여 설명하기 어렵다. 복합기술, 원천기술, 응용기술, 핵심기술, 주변 기술, 첨단기술, 적정기술 등 그 유형도 광범위하며, 과학과 지식과도 밀접한 연관이 있어 역할과 기능을 정확하게 분리하기 쉽지 않기 때문이다. 경제학이나 경영학 등에서도 기술을 기술진보, 기술혁신, R&D 등 여러 용어를 구분 없이 사용하고 있어 정

---

1) The World Bank (2007) "Agriculture for Development." World Development Report: 1－390.

의가 쉽지 않다.

기술(Technology)은 어원상으로 그리스어의 techné와 logos의 합성어이다. techné는 예술과 달리 실용적 기예를 뜻하며, logos는 논리적으로 말하는 인간의 이성적 능력을 의미한다. 어원을 따져보면 technology는 기예에 대한 담론, 실용적이고 산업적인 기예의 과학적 연구, 특정한 기예의 용어를 뜻한다. 즉 기술은 과학적 연구를 기초로 나타난 지식(knowledge)과 매우 밀접한 관련이 있음을 파악할 수 있다.

기술의 정의는 매우 다양하다. 하비 브룩스(Harvey Brooks)는 "기술은 과학적 지식을 이용하여 작업 방식을 재현 가능할 정도로 구체화 시키는 것"으로 정의하고 있으며, 다른 학자들 역시 "과학적 지식을 기계와 조직 그리고 인간 등과 관련된 실용성이 필요한 부분에 체계적으로 적용한 것" 혹은 "기술은 물질적 존재를 새롭게 변경시키는 유용한 지식"이라고 정의하고 있다. 김상배(2005)는 기술과 지식을 합친 기식(技識, technoledge)이라는 새로운 용어로 정의하여 지식으로서의 기술의 역할을 강조하고 있기도 하다.

기술에 관한 정의가 쉽지 않은 것은 기술이 다음과 같은 다양한 구성 요소들로 둘러싸여 있기 때문이다. 김상배(2005)는 기술의 개념적 구조를 빙산에 비유하고 있다. 기술은 중심에 지식적 측면을 두고 물질, 제도, 문화적 측면이 둘러싸고 있으며, 이것이 눈에 보이는 부분과 보이지 않는 부분으로 구분된다. 보이는 부분은 물질적 측면으로 좁은 의미에서 기술로 정의된다. 보이지 않는 부분은 제도와 문화의 영향으로 생성되며, 기술이 역으로 발생하는 배경적 부분이라고 할 수 있다. 보이는 부분과 보이지 않는 부분을 합치면 기술을 광의로 정의할 수 있게 된다. 보이는 부분과 보이지 않는 부분은 가변적으로 결정된다.

그림 12-2 기술의 개념적 구조

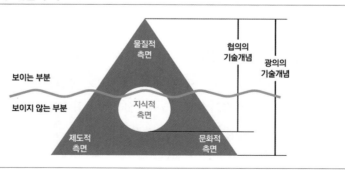

자료: 김상배(2005). "기술과 지식, 그리고 기식: 정보혁명의 국제정치학적 탐구를 위한 개념적 기초." 국제정치논총 45(1): 57-82.

경제학에서 기술의 중요성은 산업혁명과 정보혁명이 정치·사회뿐만이 아니라 경제 전반에도 큰 영향을 미치는 과정에서 주목을 받아왔다. 20세기 초 조셉 슘페터(Joseph Schumpeter)는 기술혁신과 창조적 파괴, 모방과 혁신 등을 기초로 경제학에서의 기술의 중요성을 체계적으로 연구한 것으로 평가된다. 이후 유럽의 제도학파 경제학자들을 중심으로 기술경제가 본격적으로 연구되기 시작하면서 신 슘페터학파, 기술혁신연구 등이 등장하게 된다.

기술경제는 기존의 전통적 경제학이 기술을 외생변수로만 다루던 한계를 뛰어넘으며 그 중요성이 더욱 커지고 있다. 현재 기술변화와 발전 속도가 빨라 개별 기술의 제품수명주기도 빠르게 줄어들고 있다. 우리가 익히 알고 있는 무어의 법칙(Moore's Law)에 따르면 과학기술의 발전 속도는 18개월마다 2배씩 증가한다. 그러나 최근 그러한 전망도 2019년 스탠퍼드대학교의 '인공지능 인덱스 2019' 보고서에 따르면 인공지능의 경우 3.4개월마다 2배씩 증가한다는 내용으로 대체되고 있다.

농업 분야도 새로운 농업기술이 나타나고 빠르게 확산하면서 농업경제 부문에 근본적인 변화를 일으키고 있다. 이러한 점에 주목해 농업기술경제, 농업기술혁신론, 농업과학기술, R&D 등 여러 접근이 나타나고 있다. 농업기술도 다른 기술경제 분야와 마찬가지로 경험적 및 과학적 지식의 축적을 통해 발전해 왔다. 이와 같은 지식을 기술의 원천이자 자본 스톡(capital stock)으로 간주할 수 있다면, 감가상각이 발생하고, 새로운 투자를 유인하며, 농업투자의 투입 요소의 하나로 서비스 흐름(service flow)을 형성하는 것으로 파악할 수 있다.

자본스톡으로서의 지식은 다른 자본스톡과 달리 다음과 같은 특성이 있다. 첫째, 지식은 수백만 명이 사용해도 감소되지 않으며 똑같은 지식을 사용할 수 있는 비경쟁적(non-rival)이다. 둘째, 손으로 만지거나 조종할 수 없고 형태가 없다(intangible). 셋째, 작은 통찰력으로도 거대한 산출을 낳을 수 있는 비선형적(non-linear)인 특성이 있다. 넷째, 개별적 지식의 조각들은 다른 조각들과 함께 있어야 의미가 있는 관계적(relational)인 특성이 있으며, 무차별적 혼합이 가능하고 다른 지식과 어우러질 수 있다. 다섯째, 지식은 거의 비용을 들이지 않고도 유통이 가능할 정도로 이동이 편리(portable)하다. 여섯째, 기호(symbols)나 추상화(abstraction)로 압축될 수 있고, 작은 공간에 저장할 수 있다. 마지막으로, 한곳에 머물지 않고 확산되는(spread) 특징이 있다.[2]

---

2) Ronald J. Baker (2012). "Ch 8. The Characteristics of Intellectual Capital", 『Mind Over Matter: Why Intellectual Capital is the Chief Source of Wealth』

2 농업기술 유형

농업기술은 지식의 발전과 함께 여러 방향에서 발전이 이뤄지고 있다. 농업기술 유형을 분류하는 다양한 방법이 존재한다. 농기구·농업 생명과학기술·화학 부문·재배 관련 기술·가공 기술 등으로 세분화하거나, 농업생산기술에 초점을 맞춰 기계기술·재배기술·생화학기술·기타 실질적 기술로 구분하기도 한다. 농업생산기술 외에 정보와 통신기술을 추가해 농업기술을 두 개 유형으로 구분하거나, 농업생산기술·농업관리기술·농업서비스기술 세 유형으로 더욱 세분화해서 구분하고 각각 관련된 기술들을 분류하고 있다.

그림 12-3 농업기술 유형

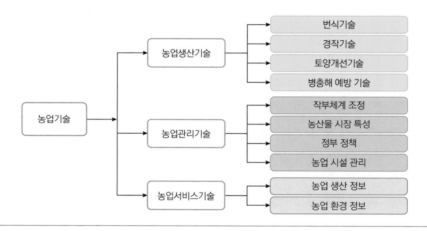

자료: Li, Shulong and Wang, Zhizhang (2023) "The Effects of Agricultural Technology Progress on Agricultural Carbon Emission and Carbon Sink in China." *Agriculture* 13(4), 793.

[1] 농업생산기술

농업생산기술은 기계적 기술, 생물학적 기술, 화학적 기술로 구분할 수 있다. 기계적 기술은 농작업을 위한 기계를 개발해 노동생산성을 높이는 기능을 한다. 농업기계 분야 기술은 경종용 농업기계와 농산가공 기계로 분류된다. 인력이나 가축의 힘을 이용한 쟁기 등에서 시작된 경종용 농업기계 부분은 발전을 거듭해 경운기·이양기 등을 거쳐, 최근 IT 기술과 접목해 인공지능을 통한 자율적 농작업이 가능한 시대가 되고 있다. 농산가공 기계는 건조기에서 시작해·정미기·농산물 판정기·채소와 화훼 자동 결속기 등으로 확대되었고, IT 기술이 접목된 스마트 기계들이 점차 도입되고 있다.

생물학적 기술은 품종개량 등을 통해 생산성을 높이는 기술로 토지 생산성을 높이는 기술로 분류된다. 작물 재배기술 향상, 생명공학(BT) 등을 활용한 생산성 향상 기술이 체계적으로 개발되고 있다. 작물 재배기술의 경우 작물의 유전자 탐색·형질전환·육종 및 육성·병해충에 저항성이 큰 작물 개발 기술 등을 활용해 생산성을 증대하고 있다. 생명공학의 경우 고부가가치 유전자원 확보, 천연물 개발, 유용한 백신 생산, 형질전환 등을 위한 기술을 개발하고 있다,

화학적 기술은 비료나 유기합성 농약 등 화학제 물질을 이용한 생산물 증가 기술과 토지 비옥도를 높이는 것으로, 이는 토지와 노동생산성을 함께 높이는 기술로 평가된다. 최근에는 화학 비료를 줄이고 작물활성제(biostimuls), 천연 생물농약이나 천적을 활용하는 방식을 통해 친환경적이고 건강을 고려한 기술개발이 이뤄지고 있다.

(2) 농업관리기술

농업관리기술은 자원을 효율적으로 관리하는 기술과 농업을 위한 환경을 관리하는 기술로 구분할 수 있다. 먼저 자원을 효율적으로 관리하는 기술은 농업생산기술과도 밀접한 관련이 있는 데 관개 시스템을 발전시키거나 장비나 기계의 효율적인 배치와 활용을 하는 기술들과 관련이 있다. 최근 사물인터넷(IoT), 로봇, 센서 기술 등을 사용해서 장치를 서로 연결하여 자동으로 물리적 공간상의 농업뿐만 아니라 사이버 공간상의 농업 관련 부문도 관리하는 기술도 발전하고 있다. 또한, 정밀농업 차원에서 작물 생산을 늘리는 한편으로 비료와 살충제의 오용을 줄이기 위한 공간 관리 기술이 적용되고 있다. 이러한 기술을 기초로 작물에 대한 실시간 데이터 관리, 토양 건강 모니터링, 스마트 관개 시스템, 가축의 경우 건강 관리와 질병 예측 등이 이뤄지고 있다.

환경을 관리하는 것은 농업으로 인한 오염 관리에 최근 초점이 맞춰지면서 친환경 농업 차원의 기술이 향상하고 있다. 농약이나 비료 등이 수로로 흘러 들어가는 것을 막기 위한 농업 비점오염 저감 기술이 활용되고 있다. 그리고 농약 이력관리제도를 도입해 농약의 판매부터 생산과 출하, 판매와 방제에 이르는 모든 과정을 온라인으로 관리하는 시스템을 구축하는 노력이 이뤄지고 있다. 또한, 농업에서도 기후변화에 대응하고 탄소 중립을 위한 친환경 에너지 사용, 천연자원 제어와 모니터링 등 기술 등이 활용되고 있다.

(3) 농업서비스기술

농업서비스 기술은 농식품 유통 관련 기술, 농식품생산이력관리, 농식품의 신선도와 안정성 관련 정보를 제공해 주는 기술 등이 개발되어 활용되고 있다. 농식품 생산이력관리는 제조부터 판매단계까지 단계별로 추적된 이력 정보를 소비자에게 제공해 소비자의 알 권리를 보장하는 것을 골자로 한다. 나아가 제품에 문제가 발생하면 유통 차단과 회수 조치가 신속하게 이뤄질 수 있게 도움을 준다. 잔류농약 기준이나 방사성 정보 등을 제공하는 것에도 빅데이터와 IT 기술이 활용되고 있다.

농업 관련 투자와 관련해서 애그리테크(Agri-Tech)가 활용되면서 빅테크 기업들이 투자를 유치하는 데 활용되고 있다. 농업 크라우딩 서비스를 활용한 '농사펀드'를 활용해 투자를 유치하는 활동도 나타나고 있다. 그리고 농업 경영체가 제품생산에 집중하고 인력과 자원을 매칭시켜주며 농업인들의 마케팅 관련 애로사항을 점검하고 맞춤형 처방을 해주는 시스템도 등장해 농업 성장에 도움을 주고 있다.

---

section 03 기술경제 이론과 원천

기술경제라는 용어가 최근 활발하게 사용되기 이전부터 경제와 기술은 밀접한 상호 연관성을 가지고 발전하고 있다. 경제에서 기술이 차지하는 중요성을 슘페터가 강조한 뒤 이를 기점으로 기술경제를 구분하는 논의가 주를 이루고 있다. 이하에서는 경제학에서 기술을 바라보는 여러 이론적 동향을 검토한다.

1 기술경제 이론적 동향

(1) 고전학파

경제학의 아버지로 불리는 아담 스미스(Adam Smith, 1723~1790)는 국가 경제성장이 분업과 특화 그리고 시장에서의 교환으로 이뤄지지만, 기계와 함께 나타나는 기술 역시 경제성장의 중요 원인으로 규정했다. 그러나 구체적으로 어떻게 경제성장에 영향을 미치는지 설명하고 있지 않다. 비교우위(comparative advantage)를 주장한 리카르도(David Ricardo, 1772~1823)는 농업부문에서 기술진보가 가능하지만, 이용 가능 토지의 제한을 받아 수확체감이 발생해 한계생산성이 감소한다는 점을 밝힌 바 있다. 리카르도는 농업이 아닌 제조업에서는 기술진보가 중요하다고 평가하며 농업과 제조업에서 기술진보의 효과를 구분한 바 있다.

고전학파의 경제이론 전통을 이어받은 신고전학파의 대표적 학자인 마셜(Alfred Marshall, 1842~1924)은 생산함수를 기초로 기술진보가 외생변수로서 주어진 생산요소하에서 더 많은 산출량을 얻을 수 있게 해준다고 설명한다. 마셜은 기술진보의 영향을 구체적인 방법으로 구현해냈고 기술진보가 중립적, 노동절약적, 자본절약적 유형으로 발생할 수 있음을 밝힌 바 있다(이에 대해서는 4절에서 자세히 검토). 기술진보가 생산함수에 미치는 영향을 솔로우(Robert Solow, 1957)는 더욱 구체적으로 밝히고 있다. 솔로우는 1인당 생산성의 변동을 기초로, 주어진 생산요소로 생산량을 확대할 수 있는 방안으로 기술진보를 꼽고 있다.

(2) 신성장학파

고전학파 중심의 외생적 성장모형에 대한 보완으로 기술진보가 내생적인 변수로 작용한다는 신성장학파가 등장한다. 램지(Ramsey, 1928), 해로드(Harrod, 1936), 애로우(Arrow, 1962), 루카스(Lucas, 1988)와 롬머(Romer, 1986)를 중심으로 이들을 따르는 학자들을 신성장학파 또는 내생적 성장론(Endogenous Growth Theory)이라고 한다. 이들은 외생적 성장론의 한계를 인정하고 기술과 지식 등 인적자본(human capital)이 내생변수로서 성장에 중요한 역할을 한다고 주장했다.

롬머는 장기성장모델을 제시해 지식이 한계생산 체증(수확체증)하는 생산함수에 투입요소로 간주하는 R&D(Research and Development) 모형을 발전시켰다. 지식은 다른 생산요소와 달리 성장률이 시간이 흐름에 따라 체증한다고 가정하는데, 우선 지식기반 산업은 개발에는 상당한 비용이 들어가지만 이후 생산비용이 거의 들어가지 않는 특성이 있기 때문이다. 다음으로 지식을 이용하는 사용자가 많아지면 네트워크 효과가 나타나 가치가 더욱 커지기 때문이다. R&D 모형에 따르면 생산함수가 수확체감의 법칙을 따르고 있다고 하더라도, R&D를 통해 최적으로 투입된 노동과 자본으로 결정되는 기술진보 속도가 일정 수준을 유지할 경우 지속적인 경제성장을 유지할 수 있다.

(3) 슘페터와 기술혁신

슘페터(Joseph Schumpeter)는 고전학파의 정태적 경제발전론과 달리 동태적 이론을 주창하며, 경제발전의 추동력이 기술혁신(innovation)임을 강조했다. 기술혁신이란 사회에 이익을 가져오는 신기술로 정의하고, 신기술을 ① 신상품 도입, ② 신규 생산방법 도입, ③ 신시장 개척, ④ 원료 공급원의 발굴, ⑤ 산업조직 변경으로 구분했다. 슘페터는 기술혁신의 주체로 기업가를 꼽았다. 기업가는 혁신성, 위험 감수성, 리더십 등으로 구성된 기업가 정신(Entrepreneurship)을 기초로 창조적 파괴를 통해 경제 전반에 영향을 미쳐 경기가 변동되고, 경제적 이윤이 발생하도록 행동하기 때문이다.

신 슘페터학파는 경제성장과 기술혁신 사이에 밀접한 상관관계가 있음을 밝혀냈다. 기술혁신은 기술격차 확대와 축소라는 두 방향으로 영향을 미쳐 기술격차를 일으킨다. Fagerberg는 기술진보가 국가 간 성장의 차이도 만들어 낸다고 강조했다. 그는 ① 경제발전과 기술진보 사이에 상관관계가 존재하고, ② 경제성장률은 기술진보 속도에 정(+)의 영향을 받으며, ③ 낮은 기술 수준을 가진 국가는 선도국가를 모방해 차이를 줄일 수 있으며, ④ 기술격차는 기술 수준과 함께 사회구조와 제도, 자원 동원 능력 등에 따라 그 활용도가 달라지므로 차이가 발생한다고 주장했다.

(4) 전환이론

전환이론(transition theory)은 기술진보가 시장을 중심으로 제품과 공정혁신을 기초로 발전한다는 관점에서 벗어나, 사회 중심의 혁신을 기초로 사회 문제를 해결하려는 배경에서 등장했다. 시장과 함께 사회와 기술이 상호보완적인 관계를 만들어가는 과정(process)을 전환(transition)으로 보기 때문에 사회기술전환이론(Socio-technical transition theory)으로도 불린다. 1990년을 전후해 유럽을 중심으로 확산하기 시작한 이 이론은 2000년대 초반을 거쳐 자리를 잡아가고 있다.

전환이론에서 기술은 전략적 틈새시장 관리, 전환관리, 다층적 관점, 기술혁신시스템 관리 등의 이론으로 발전했다. 전환이론은 기술과 시장, 소비자와 문화적 의미, 기업과 산업 등 사회와 경제의 전반적인 변화 속에서 다양한 행위자들이 복잡한 과정을 거쳐 전환을 이뤄간다고 주장한다. 전환은 거시단계인 거시환경, 중간단계인 레짐(Regime), 그리고 미시단계인 틈새(Niche)의 상호작용으로 이뤄지는데, 예를 들면 거시환경이 틈새공간을 보호하는 동안 틈새가 발전해 기존 레짐을 변형하거나 대체하는 등의 과정을 거쳐 전환이 발생한다.

농업 역시 사회적 수준에서 이뤄지고 있으므로 농업의 발전도 다층적 관점에서 전환될 수 있다는 전환이론 관점에 따른 접근이 이뤄지고 있다. 최근 유럽을 중심으로 나타나고 있는 치유농업(care farming), 녹색치유농업(green care farming), 건강을 위한 농업 (farming for health)의 사례에서 찾아볼 수 있다.

2 미시적 기술진보 원천

기술진보는 기업 이윤 증가, 소비자의 효용증대, 국내경제 산업구조고도화 등 미시적 차원에서 효과가 나타난다. 미시적 효과를 가져오는 기술진보의 원천으로 기술주도 모델, 수요견인 모델, 상호작용 모델 등이 주로 거론되고 있다.

(1) 기술주도 모델

기술주도(technology push) 모델에 따르면 기술진보의 원천은 과학과 지식의 진보에 기초한다. Gibbons & Johnson(1974) 등은 과학 분야 중에서도 기초과학 발달이 잘 이뤄진 나라에서 신제품 개발과 기술진보가 활발하고 빠르게 나타나는 것을 기초로 기술주도 모델을 주장했다. 창조적 파괴를 강조한 슘페터는 기술주도 모델의 토대를 마련한 것으로 평가된다. 힉스는 유발적 기술변화(induced innovation) 가설에서 '노동절약적 발명이 지배적인 이유는 생산요소의 상대가격 변화 그 자체가 기술진보나 발명에 자극받아, 상대적으로 비싼 요소의 사용을 절약하는' 방법으로 적용되고 있다고 주장하며 기술이 주도적인 역할을 한다고 밝혔다.

기술주도 모델은 기업은 신기술과 신제품을 상업화하기 위해 혁신적 투자를 통해 이윤을 창출하는데 이 과정에서 기초과학이 매우 중요하다고 강조한다. 기초과학은 연구 과정에서 많은 가치를 창출하며, 연구 과정에서 뛰어난 연구원들을 양산해 지속적인 연구가 이뤄질 수 있는 선순환을 일으킨다. 그리고 기초과학을 토대로 다양한 응용연구가 가능하며, 점진적 혁신과 함께 급진적 혁신을 일으켜 대안적 혹은 새로운 연구의 출발점이 된다는 점 등에서 지속 가능한 기술진보가 이뤄지게 하는 장점이 있다.

(2) 수요견인모델

수요견인(demand-pull) 모델은 기술진보가 소비자의 효용과 기업의 이윤 극대화를 위해서 발생한다고 주장한다. Schmookler(1966) 등을 중심으로 1960년대 후반~1970년대 초반에 등장해 시장수요가 기술진보를 이끌어나간다는 시장 우선적인 관점이 자리를 잡는 데 공헌했다. Schmookler(1966)가 1840년~1950년 사이의 미국 내 철도와 농기계,

발명과 특허 등의 경제활동 통계를 분석한 결과, 투자가 특허의 독립변수로서 높은 상관관계가 있는 것을 경험적으로 밝혀냈다. 이를 기초로 특허가 투자의 주요 요인이라는 기술주도의 관점과 배치되는 결론을 얻게 되면서 수요견인 모델에 기초를 제공했다.

여러 연구를 통해 그 이유에 대한 분석이 이뤄졌다. 먼저 시장에서는 제품 혁신을 위한 노력이 이뤄지는데, 이 과정에서 과학적 지식이 아니라 이전에 제품을 판매하면서 얻은 노하우와 아이디어가 중요한 역할을 한다. 이를 활용해서 기업은 공정혁신을 이루고 신기술을 획득해, 발명 및 상업화에 나서게 되는 일련의 과정을 거치게 된다. 한편 마케팅 및 판매 부서에서 획득한 소비자의 니즈(needs)를 기초로 기술개발 연구가 이뤄지는 일도 발생하게 된다.

[3] 상호작용 모델

상호작용(interactive) 모델은 기술주도 모델과 수요견인 모델이 결합한 모델로 급진적 기술진보와 점진적 진보 모델을 함께 설명하기 위해 등장했으며, Freeman(1987) 등을 중심으로 관련 연구가 이뤄졌다. Freeman은 수요로 인해 혁신이 나타나고, 혁신으로 발명된 신기술이 적용되는 과정에서 기술적 가능성과 잠재적 시장이 결합되는 것이라 주장했다.

상호작용 모델은 시장의 수요를 충족하기 위한 기술진보가 일어나는 것과 동시에 기업과 기술자 및 연구자들이 끊임없이 상호교류하고 상호학습을 통해 기술진보가 이루어진다는 것이 핵심 주장이다. 이 과정은 수직적 방식과 수평적 방식으로 이뤄진다. 먼저 수직적 측면에서 연구자, 생산 기술자, 시장 전문가, 고객이 상호교류하며 기술진보를 이루며, 수평적 측면에서 여러 분야 전문기술자들이 상호교류하며 동일한 목표를 달성하는 과정을 거친다.

[4] 공급자주도 모델과 사용자주도 모델

기술진보 주체를 기준으로 공급자주도(Supplier-active innovation) 혹은 사용자주도(User-active innovation)로 발전이 이뤄지고 있다. 공급자주도 모델은 생산자 혹은 공급자에 의해 기술진보가 발생한다고 주장하며, 사용자주도 모델은 사용자가 기술진보에 나서 제품 수요를 파악하고, 이를 기초로 나타난 아이디어를 통해 기술진보가 이뤄진다는 입장이다.

1   기술진보의 개념

기술진보는 기술혁신, R&D, 기술발전 등 다양한 용어와 구분없이 사용되는 추상적인 개념이다. 용어의 유사성과 의미의 중첩이 존재하지만, 공통적으로 지식이라는 자본스톡의 증가로 이해되고 있어, 이하에서는 기술진보로 통일해 개념을 살펴볼 것이다. 기술진보는 '체화된 기술진보(Disembodied technological progress)'와 '비체화된 기술진보(Embodied technological progress)'로 구분된다. 먼저 '비체화 기술진보'는 기술이 토지, 노동, 자본에 체화되지 않았다는 것을 의미한다. 비체화된 기술진보가 이뤄지면 생산요소의 어떤 변화와도 기술변화와 관계없으므로 기술변화는 모든 생산요소의 각 단위 투입에 동일한 영향을 미치게 된다. 즉 동일한 생산력 증가를 유도하여 생산함수 자체를 상향 이동시키는 기술진보가 이뤄진다(서종혁, 2007).

다음으로 '체화된 기술진보'는 과거에 투입된 자본과 노동은 신규로 투입된 투입요소와 다르다고 가정한다. 새로 투입된 자본이나 노동은 과거에 투입되어 현재는 퇴출단계에 이른 자본이나 노동보다 기술 체화량이 많다. 10년 전의 농기계보다 현재의 농기계가 생산성이 높은 이유는 최근 기계에 새로운 기술이 체화되었기 때문이며, 10년 전의 농업인력보다는 최근의 농업인력이 새로운 기술을 더욱 많이 습득했기 때문에 똑같은 양의 노동투입일지라도 후자의 생산성이 높게 나타나게 된다.

다음으로 기술진보가 미시적 수준에서 미치는 영향을 생산, 비용, 사회후생 변화를 통해 평가한다.

2   기술진보의 영향

[1] 기술진보와 생산 변화

농업에 있어 지식스톡(knowledge stock)의 증가는 기술진보를 추동하게 된다. 기술진보는 농산품 생산성(productivity) 증가로 이어질 것으로 기대된다. 문제는 생산성 증가량을 얼마나 정확하게 측정할 수 있는가이다. 상품의 효율적 생산량은 생산함수(production function)로 우선 파악할 수 있다. 특정한 기간 동안 생산되는 제품의 생산량

그림 12-4 비체화된 기술진보와 체화된 기술진보

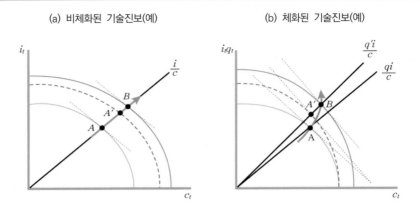

(a) 비체화된 기술진보(예) (b) 체화된 기술진보(예)

자료: 서종혁(2007). 『한국농업기술 이노베이션: 성과와 전략』, 한국농촌경제연구원.

을 Q, 기술 수준을 A, 자본투입량을 K, 노동투입량을 L로 두면 한 경제의 생산함수는 다음과 같다.

$$Q = Af(K, L)$$

생산함수는 기술진보의 관계를 구체적으로 살펴보기 위해 콥－더글라스(Cobb－Douglas) 함수를 가정한다.

$$Q = AL^a K^{1-a} (a는 \text{ 노동소득 분배율})$$

이 함수 양변을 노동(L)으로 나누면, $Q/L = A(K/L)^{1-a}$가 된다. 이때 $Q/L = q$, $K/L = k$로 두면, $q = Ak^{1-a}$가 된다. 기술변화가 없는 상황에서는 생산량 증대는 생산요소 투입량의 증가하더라도 생산곡선 상의 이동으로 인한 생산량 증가만 나타난다. 이 경우 한계생산 체감 법칙에 따라 생산량 증가율은 점점 낮아지게 된다.

기술진보가 이뤄진다면 주어진 1인당 자본 상황(k_0)에서 생산함수가 위쪽으로 이동하게 된다($q(k_0) \rightarrow q(k_1)$). 이때 기술진보로 인한 노동생산성 증가분은 $q_0 \rightarrow q_1$이 된다. 즉 기술변화가 있다면 둔화된 성장 속도를 지속적으로 향상할 수 있어 생산요소 증대에 의한 성장과 생산성 증대로 인한 성장이 동시에 나타날 수 있게 된다.

그림 12-5　기술진보와 생산함수

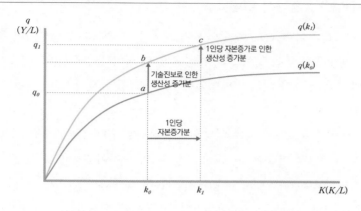

1) 기술진보율

기술진보의 크기는 성장회계(growth accounting)를 통해서도 비교할 수 있다. 위의 생산함수 양변에 자연로그를 취한 후 기간 간 미분을 하면 기간 간 변화를 백분율로 나타낼 수 있다.[3)]

$$\% \triangle Q = \% \triangle A + \alpha \% \triangle K + (1 - \alpha) \triangle L$$

위의 식에 따르면 한 나라의 경제성장률은 기술진보율, 자본증가율, 노동증가율을 합으로 파악할 수 있다. 이 성장회계를 활용할 경우 측정하기 쉽지 않은 기술진보율을 경제성장률에서 자본증가율과 노동증가율을 뺀 잔여항으로 추정이 가능해진다.

$$\% \triangle A = \% \triangle Q - \alpha \% \triangle K - (1 - \alpha) \% \triangle L$$

기술진보율을 나타내는 $\% \triangle A$는 생산에 투입되는 자본과 노동과 산업구조와 기술수준 전반 등에 영향을 미치며, 기술이 다양한 경제성장 요인에 영향을 미친다는 의미에서 총요소생산성(TFP: Total Factor Productivity)으로 불린다.

---

3) 생산함수 양변에 자연로그를 취하면 $dln(Q) = dln(A) + \alpha dln(K) + (1 - \alpha) dln(L)$이며, 시간에 대해 미분하면 $\frac{dln(Q)}{dt} = \frac{dlnA}{dt} + \alpha \frac{dln(K)}{dt} + (1 - \alpha) \frac{dln(L)}{dt}$이며, $\frac{\frac{dQ}{dt}}{Q} = \frac{\frac{dA}{dt}}{A} + \alpha \frac{\frac{dK}{dt}}{K} + (1 - \alpha) \frac{\frac{dL}{dt}}{L}$로 변형이 가능하다.

2) 기술진보와 등량곡선 이동

생산함수가 $Q = Af(K, L)$로 주어진 상황에서, 기술진보가 이뤄지면 동일한 생산량을 더 적은 생산요소 투입으로도 달성할 수 있게 되어 등량곡선(isoquant)이 원점으로 이동하게 되며, 기술진보가 이뤄지면 동일한 생산요소를 투입해서 더 많은 생산량을 얻을 수 있게 된다.

기술진보가 생산요소에 미치는 영향은 기술진보로 인해 자본과 노동에 동일 비율로 절약이 이뤄지는 중립적 기술진보(neutral progress)와 노동이 자본보다 더 많이 절약되는 노동절약적 기술진보(labor-saving progress), 자본이 노동보다 더 많이 절약되는 자본절약적 기술진보(capital-saving progress) 3가지로 구분되기도 한다.

이 중 중립적 기술진보를 구체적으로 살펴보면 기술진보로 〈그림 12-6〉에서 보듯이 등량곡선이 원점방향으로 이동($Q_0 \rightarrow Q_1$)하며, 이로 인해 재화 한 단위 생산에 필요한 노동과 자본의 투입량이 감소한다. 이때 임금-이자율 비율은 중립적 기술진보 하에서는 노동과 자본의 한계생산성이 동일한 비율로 증가하게 된다. 즉 자본과 노동의 투입이 동일한 비율로 감소하게 되며 이로 인해 요소집약도에는 변화가 없게 되는 것이다.

그림 12-6 기술진보와 등량곡선

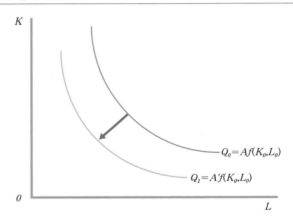

3) 기술진보와 생산가능곡선 이동

경제 내 복수의 재화를 생산한다고 한다면, 특정 재화에 대한 기술진보는 생산가능곡선을 이동시킬 수 있다. 만약 경제 내 X재와 Y재만 존재하며, 생산요소는 자본(K)과

그림 12-7 기술진보와 생산가능곡선

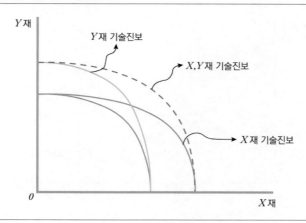

노동(L)만이 투입된다고 가정할 때, 생산가능곡선은 기술진보와 천연자원의 발견 및 노동력이 증가하는 경우 원점에서 멀어지는 형태로 이동이 가능하다. 이 중 기술진보로 인해 생산가능곡선이 이동하는 형태는 크게 3가지로 나타난다. X재 생산의 기술진보가 이뤄지는 경우, Y재 생산의 기술진보가 이뤄지는 경우, X재와 Y재 모두 기술진보가 이뤄지는 경우로 구분된다.

(2) 기술진보와 비용 변화

농식품 제조 및 생산과정에서의 기술진보의 효과는 생산비용 절감으로 나타날 수 있다. 생산비용 절감은 고정비용 절감, 가변비용 절감, 고정비용과 가변비용이 모두 절감되는 경우로 살펴볼 수 있다.

1) 기술진보와 고정비용 절감

기술진보를 통해 공간사용을 줄이거나 자본의 규모를 절감하는 경우, 고정비용을 절감할 수 있다. 식품제조 공정 자동화 및 디지털화 등을 예로 들 수 있다. 〈그림 12−8〉에서 고정비용의 절감은 평균비용(AC)을 AC_0에서 AC_1으로 하향 이동시킨다. 그 결과 평균비용의 최하점이 q_0에서 q_1으로 이동하게 되고, 규모의 경제가 발생하는 최적 규모가 줄어들지만, 한계비용은 변하지 않기 때문에 최적 생산량 자체의 변화는 없다.

그림 12-8 기술진보와 고정비용 절감

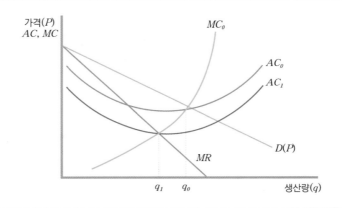

2) 기술진보와 고정비용 절감

기술진보로 농산물 생산과정이나 식품제조 과정에서 스마트팜 시스템 구축을 통해
노동력, 물이나 비료·농약 사용을 줄이거나, 식품제조의 스마트 공정 도입을 통해 원료
나 노동력 투입을 줄이 가변비용을 절감하는 경우를 살펴보자. 〈그림 12-9〉에서 생산
공정의 기술진보를 통해 가변비용이 절감되면 한계비용이 MC_0에서 MC_1으로 감소하
게 되고, 그에 따라 평균비용도 AC_0에서 AC_1으로 감소해 한계비용 곡선과 평균비용
곡선이 하향 이동하게 된다. 기술진보로 한계비용이 절감되면 한계비용의 최저점도 오
른쪽으로 이동함으로써 규모의 경제의 범위도 확대될 뿐만 아니라 최적 생산량도 증가
하고 가격도 하락하게 된다.

그림 12-9 기술진보와 가변비용

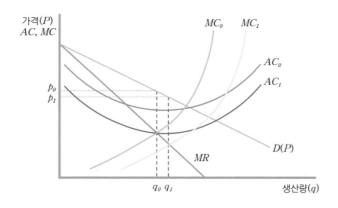

3) 기술진보와 가변 및 고정비용 변화

신기술이 내재된 고가의 자본재를 구입하게 되었을 경우 가변비용은 줄어들지만 고정비용이 상승하는 경우도 발생한다. 예를 들어, 스마트팜 시스템 혹은 스마트 식품제조 공정을 구축하게 되면, 시설 및 장비 교체나 신규 구축을 위해 고정비용은 상승하지만, 노동시간이나 재료 및 투입재 사용 절감으로 가변비용은 줄어들게 된다.

이 경우 한계비용은 가변비용의 감소로 인해서 하락하게 된다. 하지만 평균비용은 고정비용의 증가와 한계비용의 감소 정도가 어떻게 되느냐에 따라서 증가할 수도 있고 감소할 수도 있다. 문제는 어떤 형태의 기술진보이든 신기술이 내재된 자본재 구입을 통한 생산공정의 기술진보의 경우에는 총비용의 감소를 유발하지 않으면 도입할 이유가 없다는 점이다. 따라서 신기술 도입 여부는 다음의 총비용 곡선을 통해 판단할 수 있다.

〈그림 12−10〉과 같이 기술진보 이전의 총비용(TC_0)은 고정비용(FC_0)이 낮고 기울기가 커서 한계비용이 높은 형태이며, 기술진보 이후의 총비용(TC_1)은 신기술이 내재된 자본재 투입으로 고정비용(FC_1)이 높은 반면 기울기가 상대적으로 완만해져 한계비용이 낮은 형태이다. 이 경우, 만약 생산량이 q_0보다 작으면 신기술의 도입하기 보다는 구기술을 사용하는 것이 더 낫고, q_0보다 크면 신기술을 도입해서 생산하는 방법이 더 유리하다. 즉, 생산량의 규모가 신기술 도입과 생산공정의 기술진보에 더 유리함을 알 수 있다.

참고로, 총비용 곡선은 노동집약적일수록 고정비용은 낮고 기울기가 가파른 특징이

그림 12−10 기술진보와 고정비용 증가와 가변비용 절감

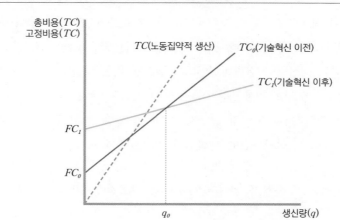

있기 때문에, 노동을 대체하는 기술변화는 한계비용의 감소를 촉진하므로 신기술이 내재된 자본재 구입을 더욱 촉진시키는 특징이 있다.

3 기술진보와 사회후생 변화

(1) 공급곡선의 이동과 사회후생 변화

기술진보 효과를 사회후생 측면에서 측정한 연구는 생산성을 대상으로 한 연구보다 오랜 역사를 가지고 있다. 신기술이 도입되면 생산비용이 줄어들고 공급이 증가해 공급곡선이 이동하게 되는데 이를 사회후생(Social welfare)의 관점에서 분석한다. 이 방법은 ① 수요와 공급함수를 활용하여 신기술 도입 효과를 쉽게 설명할 수 있다는 점, ② 결과가 구체적인 금액 또는 수익률로 표현될 수 있다는 점, ③ 여러 정책의 효과를 반영할 수 있다는 장점 때문에 많이 활용되고 있다.

기술개발의 효과를 수요와 공급함수의 틀로 처음 이해하기 시작한 것은 Schultz (1953)이다. Schultz는 기술이 개발되면 생산성을 높이는 효과가 있으므로 이는 공급함수의 이동으로 나타나는 것으로 보았다. Griliches(1958)는 Schultz의 방법에서 한 걸음 더 나아갔다. 그는 수요함수는 일반적인 형태의 우하향 선형함수를 가지는 대신, 일반적으로 공급함수를 추정하기 쉽지 않다는 점을 고려하여 공급함수는 수평인 경우와 수직인 경우를 가정하여 새로운 품종 도입의 효과를 사회 후생변화로 계측하였다. Schultz와 Griliches의 연구 이후. R&D의 효과를 사회 후생적인 측면에서 접근한 연구가 많이 진행되었다.

사회후생적 접근방식에 대해 좀 더 살펴보자. 주어진 기술 수준에서의 공급곡선을 S_0라 하고 그때의 시장수요곡선을 D라 하자. 시장가격은 P_0가 되고 균형 생산량은 Q_0가 된다. 연구개발 효과(생산성 증대 혹은 생산비 절감)는 공급곡선을 S_1으로 이동시키게 되고 새로운 가격과 생산량이 결정된다. R&D 투자에 의한 기술변화는 비용함수의 하락으로 나타나고 이는 w만큼 비용함수가 하락하는 것으로 나타난다.

기술 도입 이후 소비자 잉여와 생산자 잉여는 다음과 같이 변화한다. 우선 기술개발 이전 소비자 잉여, 생산자 잉여, 사회전체 잉여를 살펴보자.

소비자 잉여 $= A$, 생산자 잉여 $= B+E+H$, 사회전체 잉여 $= A+B+E+H$

그림 12-11 기술진보에 따른 사회후생의 변화

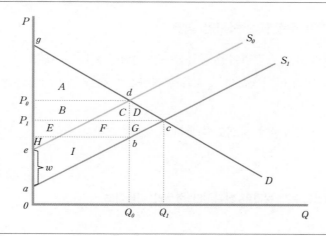

기술 도입으로 공급곡선이 S_1으로 이동하고 난 후 각각의 잉여는 다음과 같다.

소비자 잉여 $= A + B + C + D$, 생산자 잉여 $= E + F + G + H + I$,
사회전체 잉여 $= A + B + C + D + E + F + G + H + I$

기술진보 이후의 사회 전체 잉여에서 기술진보 이전의 사회 전체 잉여를 빼주면 기술진보로 증가한 사회후생 변화를 파악할 수 있다.

사회후생 증가분 $= C + D + F + G + I$ 4)

(2) 특별한 경우의 공급곡선 이동과 사회후생 변화

농업부문의 경우 기술진보 분석에 우상향하는 공급곡선을 그대로 적용하는 데 어려움이 있다. 농산물 생산 자체가 기후에 영향을 받고 파종에서 수확까지 시간 차이가 있기 때문에 공급함수를 알 수 없는 경우가 종종 발생한다. 이 경우 공급이 무한히 탄력적(infinitely elastic)인 경우와 완전 비탄력적(perfectly inelastic)인 경우를 상정해 계측이 가능하다. Griliches는 이 두 가지 경우를 비교하여 작은 값을 취해 기술개발의 효과의 최소치를 구할 수 있다고 밝힌 바 있다. 이러한 방법을 적용하여 새로운 품종 도입의 효과를

---

4) 사회후생 변화는 내부수익률(IRR), 현재가치(NPV), 비용－편익 비율(B/C ratio) 등으로 구할 수 있다.

계측할 수 있다.

1) 공급곡선이 무한히 탄력적인 경우

공급함수가 무한히 탄력적이면 공급함수는 수평이 된다. 수요함수는 일반적으로 우하향하는 형태를 띤다고 가정하면 수요와 공급함수를 〈그림 12-12〉와 같이 나타낼 수 있다.

기술진보로 공급곡선이 S_1으로 이동하고 난 후 소비자 잉여와 생산자 잉여는 다음과 같다.

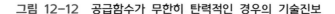

그림 12-12 공급함수가 무한히 탄력적인 경우의 기술진보

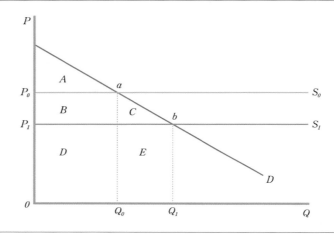

소비자 잉여 = $A + B + C$, 생산자 잉여 = 0, 사회전체 후생 = $A + B + C$

따라서 기술진보로 증가한 사회후생의 크기는 $B + C$가 된다.[5]

2) 공급곡선이 완전 비탄력적인 경우

공급함수가 완전 비탄력적인 경우, 공급함수 S_0는 수직이 되며, 기술진보가 이뤄지면 공급함수가 오른쪽으로 이동한다(S_1). 이때 사회 후생의 크기는 □ $Q_0 ab Q_1$이 된다. 이는 직사각형 □ $Q_0 bc Q_1$에 삼각형 △abc를 더한 것과 같다. 따라서 이들의 면적을 구

---

5) 사회후생의 증가분은 $= (P_0 - P_1)Q_0 + \dfrac{1}{2}(P_0 - P_1)(Q_1 - Q_0) = \dfrac{P_0 - P_1}{P_0} P_0 Q_0 (1 + \dfrac{1}{2} \dfrac{Q_1 - Q_0}{Q_0})$이다.

하면 다음과 같다.

기술진보 이전의 소비자 잉여와 생산자 잉여를 구하면 다음과 같다.

소비자 잉여 = A, 생산자 잉여 = $B+D$, 사회전체 후생 = $A+B+D$

기술진보 이후 소비자 잉여와 생산자 잉여는 다음과 같다.

소비자 잉여 = $A+B+C$, 생산자 잉여 = $D+E$, 사회전체 후생 = $A+B+C+D+E$

따라서 기술진보로 증가한 사회후생의 크기는 $D+E$가 된다.[6] 일반적으로 농산물의 경우 공급과 수요가 모두 비탄력적인 성격이 나타나지만, 공급보다는 수요가 상대적으로 더 탄력적이다. 따라서 농산물 관련 분석은 공급곡선이 완전 비탄력적이고, 수요곡선이 상대적으로 탄력적인 형태로 분석하는 것이 분석의 타당성을 높일 수 있는 방법이다. 분석에 따르면 공급곡선이 비탄력적이면 기술진보로 전체 사회후생이 더 커지는 것을 확인할 수 있다. 또한, 공급곡선이 완전 탄력적이면 생산자 잉여가 0인 반면 공급곡

그림 12-13 공급곡선이 완전 비탄력적인 상황에서 기술진보

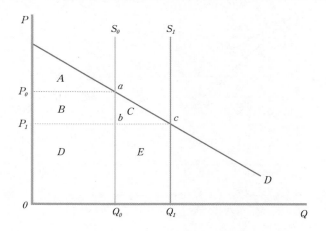

---

6) 사회후생의 증가크기 $= (Q_1 - Q_0)P_1 + \frac{1}{2}(P_0 - P_1)(Q_1 - Q_0) = \frac{Q_1 - Q_0}{Q_1}P_1Q_1(1 + \frac{1}{2}\frac{P_0 - P_1}{P_1})$로 구한다.

선이 완전 비탄력적이면 생산자 잉여가 가장 극대화되는 형태로 나타난다는 결론을 도출할 수 있다.[7]

3) 기술진보로 발생한 독점시장

농산물 중 특허를 받은 상품의 경우 독점시장을 형성하며, 독점기업이 가격설정자로서 공급량을 결정하기 때문에 공급곡선이 따로 존재하지 않고 수요곡선상에서 공급량이 결정된다.

완전경쟁 시장 상황에서 현재 A상품을 P_0가격하에서 Q_0만큼 생산하고 있던 기업이 있다고 가정하자. 이때 해당 기업은 정상이윤을 얻게 되고 사회 전체 후생은 $\triangle fcP_0$만큼 발생한다. 이때 이 기업이 A상품에 대한 종자 개량을 통해 특허를 얻었다고 가정하면 해당 기업의 비용은 MC_0에서 MC_1으로 낮아진다. 독점 지위를 가지는 기업은 가격을 이전보다 높은 P_m으로 설정할 수 있게 되며 이로 인해 기존에 생산되던 Q_0에서 Q_1으로 생산량은 줄어들게 된다.

이 경우 후생변화는 다음과 같다.

그림 12-14 기술진보로 독점시장이 구축되었을 경우

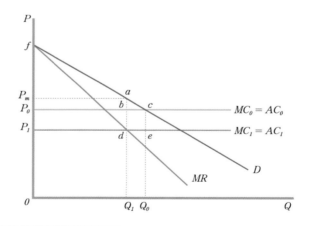

---

7) 사회후생적 접근방식은 오류가 있을 수 있다는 점에 유의해야 한다. 이는 기술 도입효과를 분석하기 위해 현재 관찰 가능한 점(P_t, Q_t)과 기술이 도입되지 않았다면 나타났을 가상점 사이(P_{At}, Q_{At})의 수량에 차이($Q_t - Q_{At}$)가 발생하기 때문이다. 일반적으로 기술 도입 효과로 예상 생산량이 많아질 것으로 기대해 과대 평가하는 오류가 나타난다.

$$소비자\ 잉여 = \triangle faP_m,\ 생산자\ 잉여 = \square\ P_madP_1$$

농산품 A에 대한 특허로 현재 기업은 완전경쟁시장에선 얻지 못한 생산자 잉여 부분을 통해 독점이윤을 얻게 된다. 다만, 완전경쟁시장과 달리 소비자의 잉여는 줄어들고 사회적손실이 $\triangle abc$만큼 발생하게 된다. 독점이윤을 슘페터는 혁신(innovation)을 위한 유인이기 때문에 사중손실은 이를 위한 어쩔 수 없는 희생으로 간주한다. 이를 기초로 한다면 특허 등을 통해 보장하는 지식재산권(intellectual property)제도는 최선책이라기보다 차선책(second best solution)이라고 평가할 수 있다.[8]

section 05 기술가치평가와 평가 방식

지식재산과 관련된 무형 자산에 관한 관심과 중요성이 커지면서, 무형자산 평가 방식에 관한 관심 역시 높아지고 있다. 기업과 제품의 가치가 기술에 따라 많은 차이를 보이기 때문에, 앞으로 기술가치평가를 잘 활용하는 것이 기업과 제품의 경쟁력을 높이는 데 필수적인 고려 사안이 될 것으로 전망되고 있다.

기술평가는 기술의 경제적 가치를 등급 또는 점수 등으로 표현하는 것으로, 기술가치평가와 기술력평가[9]로 구분된다. 이 중 기술가치평가는 사업화하려는 혹은 사업화된 기술이 그 사업을 통해 창출하는 경제적 가치를 기술시장에서 일반적으로 인정된 가치평가 원칙과 방법론에 따라 평가하는 것을 의미한다. 기술가치평가는 기술 자체를 평가하는 것이 아니라 현재 시현되고 있고 앞으로 시현될 기술의 가치를 평가하여 이를 금액으로 표시하는 것을 의미한다.

기술가치평가에서 의미하는 가치는 가격을 의미하는 것이 아니라 제품을 구매한 소비자가 얻는 효용을 의미한다. 가치는 수요자와 공급자가 거래 대상물에 대한 모든 정보를 이해하고 자발적인 거래가 이뤄지는 상황에서 양자가 거래할 수 있는 가액을 의미하는 공정시장가치, 자산의 사업화를 통해 발생할 수 있는 미래의 현금흐름을 예측하고 위

---

8) 독점기업의 기술진보 효과는 이와는 달리 가격 인하와 생산증대를 가져와 소비자에게 이익이 된다.

9) 기술력평가는 기술을 사용하는 주체의 인력과 조직 그리고 자원서비스 등을 종합적으로 평가해 주체의 기술개발, 혁신 능력을 평가하는 것을 의미한다.

험을 반영한 내재가치, 특정 투자 용도에 이용될 때 기대되는 편익인 투자가치, 영업활동 중단 시 회수가능한 금액인 청산가치 등으로 다양하다. 기술가치평가는 주로 공정시장가치에 따라 이뤄진다.

기술가치평가는 상황에 따라 다양한 목적으로 이뤄진다. 우선 공공부문의 경우 ① 연구개발 과제 선정과 평가, ② 정책자금 지원 대상 선정, ③ 연구결과 실용화 및 기술이전 등을 위해 활용한다. 다음으로 민간 부문은 ① 기술의 매매와 라이선스 가격 결정을 위한 이전·거래, ② 지식재산권의 현물출자, ③ 기술을 기초로 한 투자유치와 기술의 담보권 설정, ④ 기업의 가치 증진과 기술상품화, ⑤ 지식재산권 침해나 채무불이행 및 분쟁 관련 소송 수행, ⑥ 기업의 파산 또는 구조조정 시 자산평가, ⑦ 세무계획수립 등의 목적을 위해 실시한다.

기술가치평가 영역은 기술성, 권리성, 시장성, 사업성 평가로 구분된다. 기술성은 기술 혁신성(기술 독창성, 완성도 등)과 기술의 환경성(기술출현 가능성, 기술적 파급효과 등)과 같은 기술적 우수성을 평가한다. 권리성은 기술 특허 등과 관련해서 기술정보, 권리범위, 선행기술 정보 등에 대한 조사를 기초로 권리 안정성, 제품 적용 여부 등을 평가한다. 시장성은 산업 및 시장 특성(시장 규모, 산업 특성 등)과 경쟁 특성(시장 진입 장벽, 시장 점유 특성, 경쟁 요인 등)을 평가한다. 사업성은 생산력, 수익성 및 재무구조, 경영 및 마케팅 능력 등을 평가한다.

기술가치평가가 이뤄지기 위해서는 몇 가지 전제가 필요하다. 먼저 기술사업화가 전제되어야 한다. 기술사업화를 통해 기술이 적용된 제품의 판매량을 증대하고 생산비용을 절감하는 등의 경제적 이익이 나타나 이를 평가할 수 있게 된다. 다음으로 평가 시점 전제가 이뤄져야 한다. 기술가치평가는 기술이 실현가능성이 있는 단계에서 이뤄지는 것이 적절하기 때문이다. 사업타당성 전제도 있어야 한다. 평가 대상 기술의 단순 기술가치를 금액으로 정량화하는 것은 의미가 없으며, 평가의 신뢰도 떨어지기 때문이다. 이외에도 실시원칙과 기준, 평가조건의 설정 및 사용 원칙 적용, 목적과 용도 명시, 평가범위와 가정 및 한계 등이 전제되어야 한다.

기술가치평가 방법은 시장접근법(market approach), 수익접근법(income approach), 비용접근법(cost approach)으로 일반적으로 구분되며, 이들을 단독으로 수행하거나 로열티공제법(PFR, Relief from Royalty)[10]과 같이 평가방법들을 같이 사용할 수도 있다.

---

10) 로열티 공제법은 기술이 없는 기업이 제3자로부터 기술을 라이센싱할 것으로 가정하고, 적용기술의 경제적 수명 기간 동안 지급하는 로열티를 로열티 절감액으로 추정해 현재가치로 환산하는 방

표 12-1 기술가치평가 유형별 구분

구분	내용	적용 분야
시장 접근법	• 평가대상 기술과 동일하거나 유사한 기술이 시장에서 거래된 가격에 근거해 상대적 가치 산정 • 실제 시장 거래 사례 찾기 어려움. 기술료 조건 비공개인 경우가 어려움	라이센스, 로열티, 프렌차이즈 부동산 기계 및 설비
수익 접근법	• 발생가능한 경제적 이익을 추정한 후 할인율을 적용해서 현재가치로 환산하는 방법[11] • 평가자의 주관적 판단이 개입할 여지나 영업비밀에 속하는 재무제표 및 예상매출액 등 자료 수집의 문제가 있음	발전소, 철공소 기업 노동력, 컴퓨터 소프트웨어
비용 접근법	• 평가하려는 기술을 개발하기까지 투입된 물적 및 인적 자원의 가치를 합산해 현재가치로 계산해 추정 • 원가 추정은 역사적 원가법, 재생산원가법, 대체원가법 등을 사용 • 미래 수익 창출 능력을 고려하지 않는 문제가 있음	저작권, 상표 영업비밀, 증권

한국은 '기술의 이전 및 사업화 촉진에 관한 법률'에 기술평가를 규정하고 있으며, 정부로부터 지정받은 기관만이 기술평가를 시행할 수 있다. 산업통상자원부(기술의 이전 및 사업화 촉진, 외국인 투자 관련), 금융위원회(기술신용보증기금 관련), 중소기업청(벤처기업 육성 관련), 특허청(발명 관련) 등이 전문적으로 기술평가를 수행하고 있다. 그러나 소관부처마다 평가기관을 지정하고 있으며, 기관 간 업무중복 문제가 있어 이에 대한 체계적 정비가 필요하다.

법이다.

11) 수익접근법은 주로 현금흐름할인법(DCF)을 사용해 평가한다. 이 경우 기술가치는 현재가치의 합에 기술기여도를 곱하는 $\sum_{t=1}^{n} \dfrac{CF_1}{(1+r)^t} \times$ 기술기여도로 평가한다. 이때 t는 현금흐름 추정이 이뤄지는 시간, n은 기술 수명을 고려한 현금흐름 추정기간, CF_t는 현금흐름, r은 할인율을 각각 의미한다.

01 농업혁명의 전개 과정 5단계를 순서대로 적으시오.

02 농업기술의 세 가지 유형과 세부 기술을 설명하시오.

03 기술경제의 이론적 동향을 나열하시오.

04 미시적 기술진보의 원천 4가지 모델을 적으시오.

05 슐츠의 공급함수 이동에서 공급곡선이 완전탄력적이고 수요곡선이 완전 비탄력적인 농식품 상품 시장이 있는 상황에서, 농식품 상품에 대한 새로운 기술 도입의 효과를 설명하라.

06 기술진보를 통해 고정비용이 절감되는 경우와 가변비용이 절감되는 경우의 차이점을 설명하라.

07 A 농식품에 대한 특허를 보유하고 있는 독점기업 甲이 다음과 같은 시장수요 곡선에 직면해 있다.

수요곡선 $P = 200 - 2Q$, 총수입곡선 $TR = 200Q - 2Q^2$,

공급곡선 $MC = 20 + 4Q$

(1) 독점기업이 이윤극대화를 위한 최적 생산량과 가격을 구하라.

(2) 이때 독점기업의 이윤과 소비자 잉여를 구하라.

(3) 독점기업이 신기술을 도입해 $MC = 20 + 2Q$로 변했을 때 독점기업 甲의 이윤과 소비자잉여를 구하라.

08 다음은 기술가치평가 방법론에 대한 설명이다. 각각의 설명에 맞는 방법론을 빈칸에 채우시오.

[　A　]: 평가대상 기술과 동일하거나 유사한 기술이 시장에서 거래된 가격에 근거해 상대적 가치 산정

[　B　]: 발생가능한 경제적 이익을 추정한 후 할인율을 적용해서 현재가치로 환산하는 방법

[　C　]: 평가하려는 기술을 개발하기까지 투입된 물적 및 인적 자원의 가치를 합산해 현재가치로 계산해 추정

[　D　]: 기술이 없는 기업이 제3자로부터 기술을 라이센싱할 것으로 가정하고, 적용기술의 경제적 수명 기간 동안 지급하는 로열티를 로열티 절감액으로 추정해 현재가치로 환산하는 방법

"

농 · 식품산업은 국민경제 내에 존재하며, 국가 전체 경제의 구조와 발전모습에 의해 영향을 받고 있다. 제IV부는 농·식품산업을 국가 전체 경제의 시각에서 분석한다. 제13장은 국민경제의 구성요소들에 대해 살펴보고 정부가 국민경제에 개입하는 이유와 그 역할에 대해 설명하며, 국민경제 내에서 농·식품산업의 위치 등에 대해 설명한다. 제14장은 정부가 구체적으로 금융정책, 소득지지정책, 경영안정정책, 다원적 기능과 R&D 지원 정책 등을 실행하는 이유와 방식, 그 효과와 현황 등을 이론적, 실증적으로 분석한다.

농·식품경제와 국민경제

CHAPTER
13

농업과 거시경제

농업은 국가 전체의 다양한 산업들 중의 하나이다. 농업 또는 농·식품 경제를 미시적 관점에서 분석하는 것은 농산물 시장과 가격을 이해하는 데 도움이 된다. 반면, 국가 전체적인 거시적 관점에서 농업이 여타 산업들과 어떠한 관련을 맺고 있는지, 그리고 농업정책을 수립하는 것이 국민경제에 어떠한 영향을 미치는지 등을 분석하기 위해서는 국민경제에 대한 이해가 필요할 것이다.

본 장에서 자세히 살펴보겠지만 1차 산업으로서의 농업이 국내총생산(GDP)에서 차지하는 비중은 2014년 기준으로 2.1%에 불과하지만 2차 산업인 식품제조업까지 포함할 경우 그 비중은 3.3%로 증가한다. 또한 농업 투입재, 가공 및 유통, 관련 서비스 등 농·식품 관련 전후방 산업을 포괄할 경우 제2장에서 보여준 바와 같이 국내총생산의 10%에 달할 정도로 적지 않다. 이러한 통계자료는 농·식품산업이 국민경제에서 차지하는 중요성이 적지 않다는 점과 함께 농업이 다양한 산업들과 유기적인 관계를 통하여 상호 발전하고 있음을 의미한다. 먼저 국민경제라는 복잡한 시스템을 이해하기 위해서는 매우 단순한 모형인 경제순환모형부터 설명하는 것이 도움이 될 것이다.

해외 부문을 제외한 국내 **경제순환모형**은 두 시장 즉, 생산요소 시장과 생산물 시장, 그리고 세 경제주체인 가계, 기업, 정부로 구성된다. 하나의 생산물이 생산되기 위해서는 토지, 노동, 자본, 경영 등 네 가지 생산요소가 투입되어야 한다. 예컨대, 쌀을 생산하기 위해서는 토지(물, 햇볕 등 각종 자연요소 포함), 노동(농업인의 노동시간), 자본(종자, 비료, 트랙터 등), 그리고 수익증대를 위한 농업인의 경영능력이 요구된다.

가계와 기업은 모두 생산요소 시장과 생산물 시장에 참여하여 수요자 또는 공급자로서 역할을 수행하며 관계를 맺고 있다. 정부도 생산요소 시장과 생산물 시장에서 상품 및 서비스를 구입하고 가계와 기업에 공공 서비스를 제공해 준다. 경제순환모형이란 세 경제주체들이 상호간에 지속적으로 상품과 서비스를 공급하고 소비하는 흐름을 나타내는 거시경제 모형이다. 〈그림 13-1〉은 정부를 제외한 가계와 기업 간 경제순환모형을 보여준다.

그림 13-1   경제순환모형

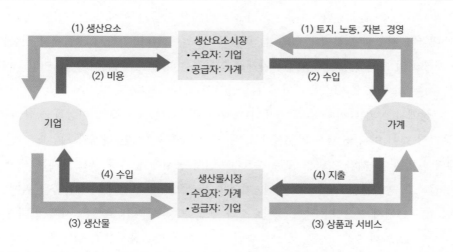

자료: 멕코넬과 브루스(McConnell, C. R. and S. L. Brue, *Economics*, 17th ed., McGraw-Hill, 2008).

1 생산요소 시장

〈그림 13-1〉의 상반구(upper half)는 생산요소 시장을 나타낸다. 생산요소 시장에서 각종 생산요소의 수요자는 기업이고 공급자는 가계가 된다. 기업은 생산물 생산을 위하여 필요한 노동자, 경영자, 자본, 토지 등을 생산요소 시장에서 구입해야 하며 가계는 이러한 생산요소들을 직접적 또는 간접적으로 공급해 주기 때문이다.

기업은 생산요소를 구입하는 대가로 임금, 이자, 지대 등의 비용을 가계에 지불해야 한다. 기업이 지불하는 비용이 가계의 입장에서는 수입이 된다. 따라서 그림에서 토지, 노동, 자본, 경영 등 생산요소의 흐름 (1)은 가계에서 기업으로 이동하는 바깥쪽의 붉은 화살표이고, 이에 대한 대가로 지급하는 화폐의 흐름 (2)는 기업에서 가계로 이어지는 안쪽의 푸른 화살표로 표시된다.

2 생산물 시장

생산물 시장은 〈그림 13-1〉의 하반구(lower half)에 표시되어 있다. 생산물 시장에서는 기업이 생산한 상품과 서비스가 매매된다. 따라서 생산물 시장에서 공급자는 기업이고 수요자는 가계가 된다. 가계는 생산물 시장에서 상품과 서비스를 구입한 대가로 기업에 대금을 지출해야 하며 기업의 입장에서는 수입이 된다. 따라서 그림에서 생산물(상품과 서비스)의 흐름 (3)은 기업에서 가계로 이동하는 바깥쪽의 붉은 화살표이고, 화폐의 흐름 (4)는 가계에서 기업으로 이어지는 안쪽의 푸른 화살표로 표시된다.

이상에서 살펴본 바와 같이 경제의 흐름은 순환이다. 생산요소 시장과 생산물 시장은 분리된 것이 아니라 상호 의존적이며, 두 시장의 경제주체인 가계와 기업도 긴밀하게 연계되어 있다. 가계와 기업은 모두 수요자이면서 동시에 공급자이다. 가계는 생산요소를 공급하고 생산물을 구입하는 반면, 기업은 생산요소를 구입하고 생산물을 판매한다. 〈그림 12-1〉에서 본 바와 같이 생산요소와 생산물 등 물리적 흐름은 시계 반대방향인 붉은 화살표로, 화폐의 흐름은 시계방향인 푸른 화살표로 움직이며 경제가 지속적으로 순환하고 있다.

3 정부의 역할

완전한 시장경제하에서는 〈그림 13-1〉과 같이 가계와 기업만으로 생산요소 시장과 생산물 시장에서 상호 거래를 통하여 시장이 균형을 이루고 경제가 원활하게 순환된다. 제5장에서 논의한 바와 같이 시장이 완전경쟁적이고 자원의 소유권이 완전히 설정되며 정보의 비대칭적 분포 등의 문제가 없다면 경제는 완전한 시장경제(perfect market economy)의 조건을 충족하고 정부가 시장에 개입하지 않아도 시장기능이 원활히 작동한다. 그러나 현실적으로는 이러한 완전한 시장경제 조건들이 모두 충족될 수 없으므로 정부의 개입이 불가피하다.

자본주의 시장에서 정부의 역할은 크게 다섯 가지로 구분될 수 있다. 첫째, 시장경제가 효과적으로 유지되도록 필요한 법과 제도를 마련하여 적용한다. 둘째, 완전한 시장정보를 제공하고 적절한 경쟁관계가 유지되도록 함으로써 시장의 효율성을 도모한다. 셋째, 경제주체 간 또는 산업 간 소득분배의 불균형을 해소한다. 시장의 효율성 도모를 통한 사회 전체적인 후생 증대도 중요하지만 경제주체 간 그리고 산업 간 불균형 해소는 사회정의 차원에서 필요하다. 정부는 소득 불균형 해소를 위하여 조세 차별화, 이전지출(transfer payments), 시장개입 등 다양한 정책들을 활용한다. 넷째, 환경오염처럼 경제행위의 결과 발생하는 사회적 비용이 발생할 경우 그 원인자가 적절한 대가를 지불하게 하고 공공성을 지니는 상품이나 서비스의 효과적인 공급을 도모한다. 다섯째, 경기침체나 과열 시 생산요소 시장이나 생산물 시장에 균형이 깨지고 이로 인해 국민경제의 순환이 원활하지 못하여 실업률 증대, 고물가 등 경제지표가 악화되는데 이를 완화하기 위하여 정책적으로 개입한다.

완전한 시장경제가 충족되기 위한 조건들을 고려할 때 농업에 대한 정부의 역할이 타 산업에 비해 상대적으로 큼을 예상할 수 있다. 농업은 자연 및 지역조건에 대한 의존도가 큰 산업이므로 시장의 수요와 공급에만 맡겨둘 경우 효과적인 균형에 도달하기가 어렵다. 더욱이 최근에는 기상이변과 시장개방 등으로 농가의 소득이 도시 근로자에 비해 불안정하고 열위에 있으므로 기피하는 산업인 반면, 식량안보, 다원적 환경유지 등 공공성 차원에서 포기할 수 없으므로 정부의 개입과 지원이 어느 산업보다 필요하기 때문이다.

4 공공부문(정부)을 포함한 경제순환모형

정부는 국정 운영을 위해 필요한 생산요소와 생산물을 각각 생산요소 시장과 생산물 시장에서 구입한다. 정부는 가계로부터 토지(공공건물 용지), 노동(공무원), 자본(공공사업을 위한 투자금 등), 경영(고위 공무원) 등을 구입해야 하며, 기업이 생산한 다양한 생산물(컴퓨터, 사무용품, 국방장비 등)도 구입해야 한다. 〈그림 13-2〉의 (5)와 (6)은 정부가 생산요소 시장에서 생산요소를 구입하고 대금을 지불하는 흐름이고, (7)과 (8)은 생산물 시장에서 재화와 서비스를 구입하고 대금을 지불하는 흐름을 나타낸다.

그렇다면 정부는 어떠한 자금으로 생산요소와 생산물을 구입할까? 정부는 개인과 기업으로부터 각종 세금을 징수한다. 개인이 부담하는 세금은 소득세, 주민세, 상속 및 증여세, 부가가치세, 특별소비세 및 각종 거래세가 있고, 기업(사업자)도 법인세, 주민세, 사업소세, 부가가치세 등을 납부해야 한다. 그림에서 (9)와 (10)은 각각 가계와 기업이 납부하는 순세금(net taxes)의 흐름을 나타낸다. 순세금은 가계와 기업이 정부에 납부하는 세금에서 정부로부터 지원받는 이전지출(transfer payments)과 보조금(subsidies) 등을 차감한 금액이다. 이전지출이란 정부가 저소득 가계나 기업에 무상으로 지원하는 실업수당, 재해보상금, 사회보장기부금 등을 포함한다. 타 산업에 비해 불리한 여건에 있는 농업부문에 지급하는 정부지원금으로는 각종 직접지불금, 보조금, 면세유 지원, 저리자

그림 13-2 공공부문을 포함한 경제순환모형

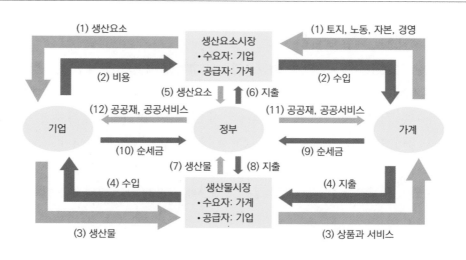

자료: 멕코넬과 브루스(2008, 전게서)

금 융자 등이 있다.

정부는 세금 수입으로 구입한 생산물과 생산요소를 투입하여 공공재와 공공서비스를 생산하여 가계와 기업에 공급한다. 이러한 공공재 또는 공공서비스에는 도로, 항만 등 사회간접자본, 공원, 국방 및 치안 서비스, 공교육 등이 있다. 그림에서 (11)과 (12)는 각각 가계와 기업에 제공하는 공공재와 공공서비스의 흐름을 나타낸다.

section 02 국민계정

국민계정이란 국민경제를 구성하고 있는 가계, 기업, 정부가 일정 기간(예컨대 1년) 동안 수행한 경제 활동의 성과와 일정 시점의 국민경제 전체의 자산, 부채를 정해진 회계기준에 따라 작성한 통계를 의미한다. 기업들이 3개월마다 기업 재무성과를 측정하여 분기 재무제표를 작성하고 보고하는 것과 마찬가지로 국가도 매년 국민경제의 재무제표라고 할 수 있는 국민계정을 측정하여 보고한다. 주요 국민계정으로는 **국내총생산(Gross Domestic Product, GDP), 국민총소득(Gross National Income, GNI), 처분가능소득(Disposable Income, DI).** 본 절에서는 가장 중요한 국민계정인 국내총생산(GDP)을 중점적으로 살펴보고, 국민총소득과 처분가능소득에 대해서는 국내총생산과 어떤 차이가 있고 국내총생산으로부터 어떻게 산출될 수 있는지를 간략하게 설명할 것이다.

1 국내총생산(GDP)과 국민총소득(GNI) 간 차이

국내총생산이란 해당 연도에 국내에서 생산된 모든 재화와 서비스의 총 가치라고 정의할 수 있다. 〈그림 13-2〉의 경제순환모형을 이용하여 국내총생산을 간단히 설명하면 하반구의 생산물 시장에 푸른 색 화살표로 유입되는 지출액의 총합이 된다. 이 지출액의 총합은 기업으로 흘러가게 된다. 물론 생산물을 생산하는 기업도 생산물 시장에서 중간 생산물[1] 또는 최종 생산물로서 소비하기 위하여 생산물을 구입한다. 기업이 중간 생산물로 이용하기 위하여 구입하는 생산물은 결국 최종 생산물 가치에 포함되어 판매

---

1) 중간 생산물은 다른 생산물을 생산하기 위하여 투입되는 생산물로서 중간 투입재라고도 볼 수 있다.

되므로 그 대금은 기업에 되돌아온다. 또한 기업이 최종 생산물로 소비하기 위하여 다른 회사로부터 생산물을 구입하기도 하나 이 지출액은 자기 기업이 본업으로 생산한 상품 또는 서비스를 시장에서 판매하고 받은 대금에 비해 크게 적으므로 결과적으로 지출액은 기업에 순유입 된다고 할 수 있다.

유사한 방식으로 경제순환모형에서 국민총소득을 설명할 수 있다. 국민총소득이란 해당 연도에 우리나라 국민들이 생산요소 즉, 토지, 노동, 자본, 경영을 제공하고 받은 수입의 합계액이다. 따라서 〈그림 13－2〉에서 상반구의 생산요소 시장에 푸른색 화살표로 유입되는 지불액의 총합이 국민총소득이며 이 금액은 가계로 흘러간다.

〈그림 13－2〉의 경제순환모형을 이용한 국내총생산과 국민총소득의 측정은 독자들에게 두 계정 간 차이를 개념적으로 설명하기 위한 매우 단순한 접근방식이며 실제 산출금액과는 차이가 있다. 무엇보다 〈그림 13－2〉는 해외부문을 제외한 모형이므로 실제로 산출되는 국내총생산과 국민총소득은 해외 생산자들과 소비자들과의 거래도 반영해야 한다. 국내 시장만 반영한다면 국내총생산과 국민총소득은 큰 차이가 없어야 한다. 그러나 해외 시장을 반영할 경우 두 계정 간 차이가 발생한다. 국내총생산은 해외 기업들이 국내에서 생산하여 국내 생산물 시장에 판매한 금액도 포함한다. 아울러 해외로 수출한 우리나라 생산물의 가치는 포함되어야 하고 우리나라가 수입한 외국 생산물의 가치는 제외된다. 반면, 국민총소득은 우리나라 국민들이 해외 생산요소 시장에서 노동, 자본, 경영 등을 제공하고 수취한 소득을 포함하고 외국인들이 우리나라에서 생산요소를 제공하고 수취한 소득을 제외한다.

2 국내총생산의 산출

국내총생산은 우리나라 국민 또는 외국인이 국내에서 제공한 생산요소를 이용하여 국내에서 생산한 생산물들의 시장가치의 총합이다. 국내 생산물은 주로 국내에서 판매되지만 해외로도 수출되므로 국내 생산물에 대한 수출액을 포함하고 해외 생산물에 대한 수입액을 제외함은 앞에서 언급한 바 있다. 그런데 국내 생산물의 시장가치의 총합을 산출할 때 어떠한 방식으로 계산해야 할까? 생산물은 최종 생산물로서 최종 소비자에게 소비되기도 하지만 중간 생산물로 투입되어 최종 생산물 생산을 위한 제조과정에 활용되기도 한다. 만약 최종 생산물의 시장가치에 추가적으로 중간 생산물의 가치까지 국내총생산에 포함할 경우 중간 생산물의 가치가 중복적으로 반영되는 오류가 발생하여 과

표 13-1 라면 생산의 다섯 단계와 부가가치(단위: 원)

생산단계	시장가치	부가가치
	0	
1단계: 밀 생산	200	200(=200-0)
2단계: 밀가루 제조	300	100(=300-200)
3단계: 라면 제조	450	150(=450-300)
4단계: 라면 포장 및 판매	600	150(=600-450)
합계	1,550	600

대 계산된다. 왜냐하면 중간 생산물의 가치는 생산요소로 투입되어 최종 생산물 가치에 포함되어 있기 때문이다.

〈표 13-1〉은 국내에서 소비자에게 라면을 판매하기까지 네 개의 생산단계를 거치며 라면의 가치가 국내총생산에 어떻게 포함되는지 보여준다. 예컨대 1단계로 밀 농업인이 밀을 수확하여 밀가루 제조업자에게 200원에 판매한다고 하자. 밀가루 제조업자는 밀을 재료로 밀가루를 제조하여 라면 제조업자에게 300원에 판매한다. 라면 제조업자는 밀가루를 가지고 라면을 제조하여 450원에 라면 판매상에 판매한다. 라면 판매상은 라면을 포장하여 판매점에서 소매자에게 600원에 판매한다. 이 경우 라면에 대한 생산가치를 국내총생산에 어떻게 반영해야 할까?

결론부터 말하면 라면이라는 최종 생산물의 가치는 600원이며 이 최종 생산물 가치만 국내총생산에 반영해야 한다. 중간 생산물인 밀 200원, 밀가루 300원, 포장 전 라면 450원은 최종 생산물인 라면 가격 600원에 포함이 되어 있기 때문이다. 밀은 밀가루 생산을 위한 재료로 쓰이므로 밀 가격 200원은 밀가루 가격 300원에 포함되어 있다. 또한, 밀가루 가격 300원은 라면 가격 450원에 포함되어 있으며, 라면 가격 450원은 포장 및 유통비용이 추가되어 최종 생산물인 라면 600원으로 판매된다. 따라서, 모든 단계에서 생산되는 생산물의 시장가치 합인 1,550원을 라면의 국내생산액으로 계산한다면 밀은 세 번, 밀가루는 두 번 중복해서 계산한 셈이 된다.

라면의 국내생산액을 산출하기 위하여 최종 생산물 가치를 이용하는 방식 외에 매 생산단계에서 발생하는 부가가치의 합으로 산출할 수도 있다. 부가가치란 매 생산단계에서 생산자가 지급한 시장가치와 수취한 시장가치의 차액이다. 예컨대 밀가루 제조업자의 경우 원료가 되는 밀의 구입을 위해 200원을 지급하고 여기에 자신의 생산요소인 토지, 노동, 자본, 경영 등을 투입하여 밀가루를 생산하여 300원에 판매한다. 이 경우 밀가루 제조의 부가가치는 200원과 300원의 차액인 100원이 된다. 따라서 밀 생산농가의 부가가치 200원, 밀가루 제조업자의 부가가치 100원, 라면 제조업자의 부가가치 150원, 라면 판매업자의 부가가치 150원을 모두 합하면 최종 생산물의 가치와 동일한 600원이 된다.

한 해 동안 국내에서 생산되는 생산물은 라면 외에도 무수히 많은 상품과 서비스들이 있으므로 각각의 최종 생산물의 물량과 단가를 곱한 생산금액을 합산한 총액이 국내총생산이다. 국내총생산은 생산적인 경제활동에 대해서만 그 시장가치를 산출하여 포함하고 비생산적인 활동에 대해서는 비록 현금이 교환되는 경제활동이라 할지라도 국내총생산에 포함하지 않는다. 예컨대 주식시장에서 매일 거래되는 주식은 소비 목적으로 생산한 생산물의 매매가 아니라 단순히 유가증권의 반복적 교환이므로 거래대금을 국내총생산에 포함시키지 않는다. 또한 부모가 자식에게 주는 용돈 등 개인 간 사적으로 주고받는 금액과 정부가 가계에 무상으로 지원하는 실업수당, 사회보장기부금 등 이전지출 및 각종 보조금도 생산과 무관한 지급액이므로 국내총생산에서 제외된다. 농업의 경우 정부의 다양한 직접지불금과 보조금을 농업인들에게 지급하고 있는데 이러한 정부지원은 국내총생산과 무관한 활동이라고 할 수 있다.

지금까지 국내총생산을 한 해 동안 국내에서 생산한 최종 생산물의 시장가치로 측정하였는데 이를 경제주체별로 얼마만큼 지출하는지 구분하여 살펴볼 수 있다. 국내총생산은 가계의 소비지출, 기업의 투자지출, 정부의 상품 및 서비스 구입, 외국인의 순지출 등 네 경제주체가 지출하는 금액으로 구분된다. 외국인의 순지출이란 외국에 수출한 금액에서 외국으로부터 수입한 금액을 차감한 금액이다. 앞에서 설명한 바와 같이 국내총생산은 국내에서 생산된 생산물의 시장가치로서, 국내 생산물이 수출되어 해외 소비자가 구입했다면 이 금액도 국내총생산에 포함되어야 한다. 반면, 해외에서 생산된 생산물이 국내에 수입되어 국내 소비자가 구입하였다면 국내에서 지출되었더라도 국내총생산에서 제외되어야 하기 때문이다.

국내총생산 = 가계 소비지출 + 기업 투자지출 + 정부 생산물 구입 + (수출액 - 수입액)

3 국민총소득과 처분가능소득

국내총생산(GDP)은 내국인이든 외국인이든 생산의 주체와 상관없이 한 나라의 '영토' 안에서 생산된 최종 생산물의 가치이다. 반면, 국민총소득(GNI)은 한 나라의 '국민'이 국내든 해외든 상관없이 생산요소를 제공하고 수취한 소득의 총합이다. 해외부문을 제외할 경우 국내총생산과 국민총소득은 약간의 조정 항목을 제외하면 거의 차이가 없다. 해외부문에 따른 국내총생산과 국민총소득 간 차액을 국외순수취요소소득(Net Foreign Factor Income)이라고 한다. 국내총생산에서 국민총소득으로 이동하려면 외국인이 국내에서 생산요소를 투입하여 수취한 소득을 제외하고 우리나라 국민이 해외에서 생산요소를 투입하여 수취한 소득을 포함해야 한다. 2014년의 경우 우리나라 국민이 해외에서 벌어들인 소득이 외국인이 국내에서 거둔 소득에 비해 11.5조원 많았다. 이 초과금액 11.5조원이 국외순수취요소소득이며 국내총생산에서 이 금액을 차감하면 국민총소득이 된다.

이 외에도 국내총생산과 국민총소득 간 차이를 발생시키는 요인으로 통계적 오류가 있다. 이 오류는 국내총생산과 국민총소득을 산출하는 방식이 다른 데서 기인한다. 국내총생산은 각 경제주체별로 최종 생산물을 구입하고 지출한 금액의 합계인 반면, 국민총소득은 경제주체들(주로 가계)이 생산요소를 제공하고 수취한 소득의 합계이다. 지출 측면에서 접근한 방식과 소득 측면에서 접근한 방식이 결국은 동일한 결과를 가져오지만 계산 과정에서 미미한 통계적 오차를 가져올 수도 있다.

국민총소득 = 국내총생산 + 국외순수취요소소득 + 통계적 오류

기타 주목할 국민계정으로 처분가능소득(DI)이 있다. 국민총소득은 국민이 실제로 모든 금액을 사용할 수 있는 소득은 아닌 반면, 처분가능소득은 실제로 사용 가능한 소득이다. 예컨대 국민총소득에는 기업이 얻은 이익(profits) 중 국민(주주)에게 배당하지 않고 사내에 유보해 놓은 이익(undistributed corporate profits), 감가상각(depreciation) 부분, 국민(가계 또는 기업)이 부담해야 하는 각종 세금(taxes) 등이 포함되어 있다. 이 금액들은 국민에게 돌아오는 소득이 아니므로 처분가능소득에 포함되지 않는다. 이에 비해 국민총소득에는 포함되지 않는 이전지출과 보조금 등 정부로부터 무상으로 지원되는 금액은 국민이 실제로 사용할 수 있는 소득이므로 가처분소득에 포함한다. 요약하면 처분가능소득은 국민이 생산요소를 제공하고 얻은 소득이든 무상으로 얻은 소득이든 상관없이 실제로 사용 가능한 소득을 의미한다.

$$처분가능소득 = 국민총소득 - (사내유보이익 + 감가상각 + 각종 세금) + (이전지출 + 보조금)$$

〈표 13-2〉는 2000년부터 2022년까지 우리나라의 국내총생산, 국민총소득, 국민처분가능소득 규모의 추이를 보여준다. 국내총생산은 2000년 651.6조원에서 2022년 2,161.8조원으로, 국민총소득은 2000년 647.3조원에서 2022년 2,193.5조원으로 각각 3.3배가량 증가하였다. 2010년 이전에는 외국인이 국내에서 거둔 소득이 우리나라 국민이 해외에서 거둔 소득보다 많은 시기였다. 예컨대 2005년의 경우 외국인의 국내 소득이 우리나라 국민의 해외 소득보다 6.8조원 많았으며 이는 국내총생산이 국민총소득보다 6,8조원 많은 것으로 나타난다. 그러나 2010년 이후 이러한 추세가 바뀌어 우리나라 국민이 해외에서 벌어들인 소득이 외국인이 국내에서 거둔 소득을 초과하고 있다.

국민처분가능소득은 2000년 535.2조원에서 2022년 1,713.7조원으로 약 3.2배 증가하였으나 국민총소득 대비 비율은 2000년 82.7%에서 2022년 78.1%로 지속적으로 감소하고 있다. 이는 국민이 부담하는 각종 세금과 기업의 사내유보이익의 증가폭이 정부가 국민에게 지급하는 이전지출과 보조금 지급액에 비해 상대적으로 큰 폭으로 증가하고 있다는 것을 의미한다.

표 13-2　우리나라의 GDP, GNI, DI 규모 추이(단위: 십억 원, 명목금액)

구분	2000년	2005년	2010년	2015년	2020년	2022년
국내총생산(GDP)	651,634	957,448	1,322,611	1,658,020	1,940,726	2,161,774
국민총소득(GNI)	647,274	950,685	1,324,587	1,663,207	1,957,670	2,193,528
국민처분가능소득(DI) (GNI 대비 비율, %)	535,218 (82.7)	784,905 (82.6)	1,080,250 (81.6)	1,349,292 (81.1)	1,554,751 (79.4)	1,713,744 (78.1)

4　명목 국내총생산과 실질 국내총생산

〈표 13-2〉에서 국내총생산이 2000년에서 2022년 사이에 약 3.3배가 증가한 것으로 나타났다. 그런데 이 국내총생산 금액은 명목가격 즉, 매년 바뀌는 가격을 생산물량에 곱하여 산출한 생산액으로서, 이 기간 동안 실제로 생산물량의 증가도 있었지만 명목가격의 증가 역시 국내총생산액을 큰 폭으로 증가시킨 원인이 되었을 것이다. 예컨대 매년 생산량에는 변화가 없더라도 명목가격이 계속 증가한다면 국내총생산은 계속 증가하여 마

치 생산 활동이 활발해지고 있는 것으로 오인될 수가 있다. 따라서 매년 바뀌는 명목가격을 적용한 명목 국내총생산 대신 특정 연도의 가격을 기준가격으로 적용하여 산출한 실질 국내총생산이 연도별 국내총생산을 보다 실제적으로 비교할 수 있을 것이다.

명목 국내총생산에서 실질 국내총생산을 산출하기 위해서는 물가지수를 먼저 구해야 한다. '물가'란 매년 국내에서 생산되는 개별 생산물의 가격을 종합해서 구한 평균적인 가격수준을 의미한다. 물가지수(price index)란 이러한 물가의 움직임을 지수로 나타낸 것으로서, 기준이 되는 시점의 물가를 100으로 잡고 다른 시점의 물가를 이에 대한 백분율로 표시한 지수이다. 예컨대 2015년의 물가지수가 100이고 2022년의 물가지수가 110이라면 2022년에 전반적인 국내 생산물의 가격수준이 2015년에 비해 10% 상승하였다고 해석할 수 있다.

우리가 거시경제에서 주로 이용하는 물가지수는 크게 **소비자물가지수(consumer price index, CPI)**, **생산자물가지수(producer price index, PPI)**, 그리고 **GDP디플레이터 (GDP deflator)**가 있다. 우리나라의 경우 소비자물가지수는 서울을 비롯한 36개 주요 도시의 가계가 소비하는 대표적인 516개 소비재의 가격을 거래량을 감안한 가중치를 적용하여 산출한다. 즉, 소비자물가지수는 516개 소비재 가격을 단순히 평균한 지수가 아니라 거래량이 많은 소비재에 더 높은 가중치를 적용한 가중평균지수라는 의미이다. 이에 비하여 생산자물가지수는 기업 간 거래되는 원자재와 자본재 949개 품목의 가격을 가중평균한 지수이다. 한편, GDP디플레이터는 국내총생산(GDP)에서 고려하는 모든 생산물의 가격을 대상으로 한다.

이제 실질 국내총생산을 직접 계산해 보자. 논의의 단순화를 위하여 국내에서 생산되는 생산물은 오직 빵과 옷밖에 없다고 가정하자. 〈표 13－3〉은 2015년에서 2019년까지 생산된 빵과 옷의 생산량과 가격에 기초하여 명목 국내총생산(GDP)와 실질 국내총생산(GDP)을 산출한 표이다. 열(5)의 특정연도의 물가지수는 특정연도 생산물들의 가중평균가격을 기준연도(2015년) 생산물의 가중평균가격으로 나눈 값에 100을 곱한 지수이다. 여기서 물가지수를 산출할 때 적용하는 거래량 가중치는 기준연도(2015년)의 거래량(생산량)인 빵 5박스, 옷 10벌에 기초한다. 우리는 편의상 생산량이 모두 거래된다고 가정한다. 이에 따라 2016년 물가지수는 다음과 같이 계산된다.

$$2016년\ 물가지수 = \frac{(5박스 \times 120원) + (10벌 \times 2,200원)}{(5박스 \times 100원) + (10벌 \times 2,000원)} \times 100 = 110.24$$

표 13-3 실질 국내총생산(기준연도: 2015년) **산출**

연도	빵		옷		(5) 물가지수 (2020년 기준)	(6) 명목 GDP {(1)×(2)}+ {(3)×(4)}	(7) 실질 GDP (6)×100 (5)
	(1) 생산량 (박스)	(2) 가격 (원/박스)	(3) 생산량 (벌)	(4) 가격 (원/벌)			
2015	5	100	10	2,000	100.00	20,500	20,500
2016	7	120	15	2,200	110.24	33,840	30,697
2017	8	130	17	2,500	125.12	43,540	34,799
2018	10	150	20	2,700	135.37	55,500	40,999
2019	12	170	22	3,000	150.49	68,040	45,212

열(6)은 명목 국내총생산 즉, 빵과 옷 각각에 대하여 생산량과 명목가격을 곱하여 합산한 금액이다. 2015년에서 2019년 기간 동안 명목 국내총생산은 20,500원에서 68,040원으로 약 3.3배 증가하였다.

열(7)의 실질 국내총생산(GDP)은 물가상승을 조정한 금액으로서 명목 국내총생산(GDP)에 100을 곱하여 물가지수로 나누면 된다. 즉 2016년 실질 국내총생산은 30,697원이며 이는 2016년 명목 국내총생산인 33,840원에 100을 곱하여 해당연도 물가지수인 110.24로 나눈 금액이다. 2015년에서 2019년 기간 동안 실질 국내총생산은 20,500원에서 45,212원으로 약 2.2배 증가하였다. 이는 동일 기간 동안 명목 국내총생산이 3.3배 증가한 것에 비해 크게 낮은 증가율이다. 그러나 실질 국내총생산은 물가상승분을 조정한 실질적인 생산규모를 보여 주므로 연도별 국내총생산 비교에 있어 명목 국내총생산보다 유용한 정보를 제공한다.

명목 국내총생산을 실질 국내총생산으로 나누어 100을 곱하면 그 해의 물가지수가 산출된다. 이 물가지수를 GDP디플레이터라고 한다. 따라서 〈표 13-3〉에서 실질 국내총생산을 산출하기 위하여 이용한 열(5)의 물가지수는 GDP디플레이터이다. 앞에서 GDP디플레이터는 국내에서 생산된 모든 생산물을 조사대상으로 삼는다고 하였으며 이는 생산자물가지수나 소비자물가지수 산출을 위하여 조사하는 품목 수에 비해 훨씬 광범위하다.

$$GDP디플레이터 = \frac{명목\,국내총생산}{실질\,국내총생산} \times 100$$

〈표 13-4〉는 통계청이 제공하는 2000년부터 2022년까지 우리나라의 명목 국내총

표 13-4 우리나라의 명목 GDP, 실질 GDP, GDP디플레이터(단위: 십억원)

구분	2000년	2005년	2010년	2015년	2020년	2022년
명목 국내총생산(GDP)	651,634	957,448	1,322,611	1,658,020	1,940,726	2,161,774
실질 국내총생산(GDP)	903,554	1,155,124	1,426,611	1,658,020	1,839,516	1,968,847
GDP디플레이터 (2015=100)	72.119	82.887	92.710	100.000	105.502	109.799

생산, 실질 국내총생산, 그리고 GDP디플레이터를 보여준다. GDP디플레이터의 기준연도는 2015년이다. 이는 실질 국내총생산 산출을 할 때 품목들의 생산량에 해당 품목의 2015년 가격을 곱하여 산출했음을 의미한다. 우리나라의 명목 국내총생산은 2000년 651.6조원에서 2022년 2,161.8조원으로 3.3배 증가한 반면, 실질 국내총생산은 2000년 903.6조원에서 2022년 1,968.8조원으로 2.2배 증가에 그쳤다. 실질 국내총생산 증가율이 명목 국내총생산 증가율에 크게 못 미친 이유는 앞에서 설명한 바와 같이 실질 국내총생산 산출 시 물가지수인 GDP디플레이터의 상승 추세(2000년 72.12에서 2022년 109.80으로 상승)를 조정한 데서 기인한다.

section 03 국내총생산과 농·식품산업

그동안 국민계정 중 가장 중요한 계정인 국내총생산(GDP)이 무엇이며, 어떻게 산출되고, 2000년 이후 우리나라 국내총생산(GDP) 추이가 어떠했는가를 자세히 살펴보았다. 앞에서 살펴본 바와 같이 국내총생산은 한 해 동안 국내의 모든 산업에서 생산된 최종 생산물(상품과 서비스) 가치의 총합 또는 부가가치의 총합이다. 따라서 국내총생산은 매년 산업별로 부가가치금액이 집계되어 보고된다.

〈표 13-5〉는 2022년 기준 명목 국내총생산과 산업별 부가가치금액을 보여준다. 모든 산업의 총부가가치 금액의 합은 1,975.9조원이고 여기에 세금(순생산물세)을 합하면 국내총생산 2,161.8조원이 산출된다. 산업별 부가가치금액을 살펴보면 1차 산업인 농림어업은 35.5조원으로 국내총생산 대비 비중이 1.6%에 불과하다. 그러나 음식료품 제조업의 부가가치금액 25.4조원을 합하면 농·식품 부문 부가가치금액은 60.9조원(국내총생산 대비 2.8%)에 달한다. 농·식품 부가가치금액은 우리나라 주요 산업인 컴퓨터, 전자 및 광학기기 제조업, 도소매 및 음식숙박업, 부동산업에는 물론 미치지 못하지만 여타 산업

표 13-5 **국내총생산과 산업별 부가가치금액**(2022년)(단위: 십억원, 명목금액)

산업구분	부가가치금액	국내총생산 대비 비중(%)
농림어업	35,488.70	1.6
재배업	24,244.50	1.1
축산업	6,558.30	0.3
어업	2,420.40	0.1
임업	2,265.50	0.1
광업	1,836.70	0.1
제조업	554,105.10	25.6
음식료품 제조업	25,418.60	1.2
화학물질 및 화학제품 제조업	85,931.10	4.0
컴퓨터, 전자 및 광학기기 제조업	141,739.50	6.6
운송장비 제조업	48,160.30	2.2
기타 제조업	252,855.60	11.7
전기, 가스 및 수도업	17,847.10	0.8
건설업	112,062.00	5.2
서비스업	1,254,564.20	58.0
도소매 및 음식숙박업	191,220.70	8.8
금융 및 보험업	136,754.80	6.3
부동산업	146,793.70	6.8
사업서비스업	205,351.50	9.5
공공행정, 국방 및 사회보장	145,242.80	6.7
교육서비스업	102,188.80	4.7
의료, 보건업 및 사회복지서비스업	105,301.40	4.9
기타 서비스업	221,710.70	10.3
총부가가치(기초가격)	1,975,903.80	
순생산물세	185,870.00	
국내총생산(시장가격, GDP)	2,161,773.90	100.0
국외순수위요소소득	31,753.70	
국민총소득(GNI)	2,193,527.50	

과 비교할 때 크게 뒤지지 않는 비중을 차지하고 있음을 알 수 있다.

2000년 이후 농업 생산규모가 어떤 추세를 보였는지 살펴보기 위하여 농업(임업과 어업 포함)의 연도별 실질생산액(부가가치금액)을 비교해 보자. 명목가치가 아닌 실질가치를 비교하는 이유는 실제로 생산규모가 확대되지 않았음에도 불구하고 물가상승으로 인

그림 13-3 농업과 농·식품업 실질생산액 추이(단위: 십억 원, 2010년 금액)

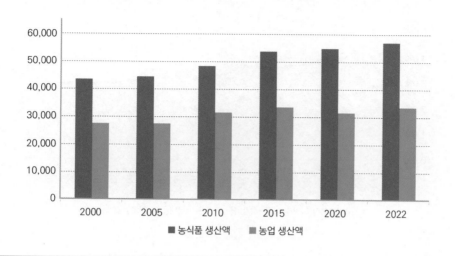

해 부가가치가 상승할 수도 있으므로 이를 조정해야하기 때문이다. 〈그림 13-3〉은 농업과 농·식품업(농업에 식품제조업까지 포함)의 실질생산액이 2000년 이후 완만하게 증가하고 있음을 보여준다. 푸른 막대로 표시되는 농·식품업의 실질생산액은 2000년 43.2조원에서 2022년에 56.8조원으로 31.6% 증가하였다. 붉은 막대로 표시되는 농업의 실질생산액도 2000년 27.1조원에서 2022년 32.7조원으로 20.9% 증가하였으나 2015년 이후에는 소폭 감소하며 다소 정체된 모습을 보이고 있다. 비록 농업 및 농·식품업의 실질생산액이 2000년에서 2022년 사이에 1.2~1.3배 증가하였지만 국내 전체 산업의 실질생산액인 실질 국내총생산(GDP)이 동일한 기간 동안 2.0배 증가한 것과 비교하면 농업 및 농·식품업의 생산규모 증가는 여타 산업들의 절반을 조금 넘는 수준에 불과한 것으로 해석할 수 있다.

농업 및 농·식품업의 실질생산액 증가폭이 국가 전체 실질생산액 증가폭의 절반을 조금 상회하는 수준에 불과하다는 것은 국내총생산에서 농업 및 농·식품업이 차지하는 비중이 해마다 점차 감소하고 있음을 의미한다. 〈그림 13-4〉는 국내총생산 대비 농업과 농·식품업 생산비율이 2000년 이후 지속적으로 감소하고 있음을 보여준다. 국내총생산에서 농업이 차지하는 비중은 2000년 3.0%에서 2022년에 1.7%로 절반 가까이 감소하였다. 농업에다 식품제조업까지 포함한 농·식품업 비중도 동일 기간 동안 4.8%에서 2.9%로 절반 가까이 감소하였다. 이는 1차 산업인 농업이 2차 산업인 식품제조업과 결합하더라도 국가 전체적으로 생산 비중의 확대를 기대하기에는 한계가 있는 것으로 해

그림 13-4   국내총생산 대비 농업과 농·식품 생산비율 추이

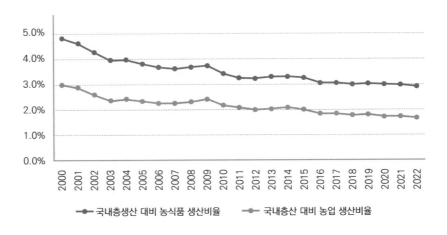

석할 수 있다.

　따라서 농산업이 향후 국내경제에서 차지하는 비중을 높이기 위해서는 부가가치가 높은 서비스업과 연계할 필요가 있다. 최근 농산업이 추구하는 방향이 6차산업화 즉, 1차 농업, 2차 제조업, 3차 서비스업을 결합한 형태로 나아가고 있는 점이 이를 반영하고 있다. 〈표 13-2〉에서 살펴본 바와 같이 서비스업이 국내 전체 부가가치금액에서 차지하는 비중은 58.0%로서 절반 이상이다. 농산업의 전후방산업에 포함되는 도소매 및 음식숙박업(국가 전체 부가가치금액의 8.8%), 사업서비스업(9.5%), 금융 및 보험업(6.3%)의 비중이 상대적으로 높다는 점이 6차 산업으로 나아가는 국내 농산업의 전망이 밝다는 것을 보여준다. 2022년 기준 농·식품업이 국내총생산에서 차지하는 비중은 2.8%로 크게 높지는 않지만, 제2장에서 설명한 바와 같이 농업 투입재, 가공 및 유통, 관련 서비스, 외식산업 등을 모두 포괄할 경우 전체 농·식품산업의 규모가 국내총생산의 10% 수준에 달할 정도로 중요한 산업임을 잊지 말아야 할 것이다.

01 경제순환모형에서 생산물 시장과 생산요소 시장의 차이를 설명하라. 그리고 이 모형에서 가계와 기업이 수요자이자 공급자의 역할을 어떻게 담당하는지 설명하라.

02 경제순환모형에서 정부의 역할을 설명하고, 정부도 이 모형에서 수요자이자 공급자의 역할을 어떻게 담당하는지 설명하라.

03 국내총생산(GDP), 국민총소득(GNI), 처분가능소득(DI) 간 차이를 설명하라.

04 국내에서 양피코트를 소비자에게 판매하기까지 다섯 개의 생산단계를 거친다고 가정하자.

- 1단계로 양 사육농가는 양피를 양피 가공업자에게 100억 원에 판매한다.
- 2단계로 양피 가공업자는 양피 가공품을 코트 제조업자에게 150억 원에 판매한다.
- 3단계로 코트 제조업자는 양피 코트를 도매상에 220억 원에 판매한다.
- 4단계로 도매상은 양피 코트를 소매상에 260억 원에 판매한다.
- 5단계로 소매상은 양피코트를 소비자에게 310억 원에 판매한다.

이 양피코트와 관련하여 얼마의 생산가치가 국내총생산에 반영되어야 하는지 계산하라.

05 다음 표는 1964~2004년까지 미국의 명목 국내총생산(GDP)과 물가지수를 보여준다. 이 자료를 이용하여 실질 국내총생산(GDP)을 계산하라.

연도	명목 GDP (십억 달러)	물가지수 (2000년=100)	실질 GDP (십억 달러)
1964	663.6	22.13	
1974	1,500.0	34.73	
1984	3,933.2	67.66	
1994	7,072.2	90.26	
2004	11,734.3	109.10	

CHAPTER 14

거시정책과 농·식품산업

자본주의 시장체제는 시장에서 참여자들이 자신의 이익을 극대화하기 위하여 경쟁적으로 노력함으로써 시장의 균형 및 효율화와 이를 통한 사회적 후생의 극대화 추구를 목표로 한다. 시장 참여자들의 공정한 노력을 통하여 시장이 효율적으로 움직인다면 정부가 시장에 개입할 여지가 없을 것이다. 그러나 사회가 점점 복잡해지고 경제행위가 다양화됨에 따라 시장의 불균형과 비효율성이 빈번하게 발생하고 정부와 중앙은행의 개입 필요성이 불가피한 상황이다.

예컨대, 경기불황으로 국내총생산(GDP)이 큰 폭으로 하락하고 있다고 가정해 보자. 소비자들은 미래의 불확실성으로 인해 소비를 줄일 것이고 이로 인해 기업은 물건을 적게 생산할 수밖에 없으므로 공장의 가동률이 줄어 직원을 감원할 것이다. 해고된 노동자들은 소득이 없으므로 시장에서 소비는 더욱 감소하고 이는 기업의 생산 및 이윤감소로 이어져 경기가 더욱 침체되는 악순환이 지속된다. 이 경우 정부는 세금을 감면하거나 정부지출을 확대하고, 중앙은행은 금리를 인하하여 가계의 소비나 기업의 투자가 위축되지 않도록 도움으로써 경기불황을 조기에 탈출하도록 개입한다. 이 외에도 정부와 중앙은행은 경제성장을 도모하거나 물가 안정, 국제수지 개선 등을 위하여 다양한 재정 및 통화정책을 수행한다. 이러한 정부의 거시정책은 농산업은 물론 모든 산업에 동일하게 중요한 영향을 미친다.

또한, 정부는 국가 내 자원배분이 비효율적으로 이루어지고 시장이 효율적으로 자원을 배분하지 못하는 시장의 실패를 범하거나 부의 분배가 공평하게 이루어지지 못할 경우에도 시장에 개입한다. 그러한 시장실패가 상시적으로 발생하는 산업이 농업이다. 농업에 종사하는 노동자들은 우리 사회에 환경정화와 경관보전의 혜택을 제공하면서도 그 대가를 제공받지 못하는 측면이 있다. 이와 함께 농업은 식량안보, 농업·농촌의 전통문화 계승이라는 공공재를 제공한다. 농업이 우리 사회에 이러한 다원적 기능을 제공하면서도 효율적 시장 하에서 제대로 이익을 누리지 못함에 따라 사회의 부(富)가 불공평하게 분배된다. 이는 도시와 농촌 간 소득격차가 갈수록 벌어지는 현상으로 나타난다.

이와 같이 농산업에 필연적으로 나타날 수밖에 없는 시장실패와 분배의 불공평 현상은 비단 우리나라만의 문제는 아니고 선진국을 포함한 대부분의 나라에 공통적으로 발생한다. 따라서 각국의 정부는 이러한 문제를 최소화하기 위하여 농산업이라는 특정 산업에 개입하여 정책을 수행하고 있다. 본 장에서는 우리나라 정부가 농산업의 유지·발전을 위하여 어떠한 금융정책과 재정정책을 수행하는지 살펴볼 것이다. 지면 관계상 모든 나라의 농업정책을 살펴볼 수는 없지만 독자들은 미국, EU, 일본 등 선진국들도 우리나라와 유사한 농업정책을 수행하고 있다고 이해하기 바란다.

section 01 농업 금융정책

어느 산업을 막론하고 산업체가 사업을 안정적으로 운영하고 발전시키기 위해서는 필요한 자금을 적시에 제공해 주는 금융(finance)의 역할이 필수적이다. 농·식품산업도 예외는 아니다. 농·식품산업에 대한 금융서비스 제공은 농업과 식품제조업을 구분하여 살펴볼 필요가 있다. 식품제조를 전문으로 하는 업종의 경우는 여타 제조업과 마찬가지로 시장이 어느 정도 효율적으로 기능하므로 시장실패나 분배의 불공평이 필연적으로 발생한다고 보기는 어렵다. 따라서 식품제조업체들은 민간 금융기관과 자본시장(주식 및 채권 시장)에서 자금조달이 용이하므로 직접적인 농업정책금융의 대상에서는 제외된다. 이에 비해 농업의 경우는 생산을 위주로 하는 1차 산업 중심으로서 비록 생산 후 가공도 일부 포함하고는 있지만 제조업이 주요 영역은 아닌 경영체에만 해당된다. 이러한 농산업체들은 농업의 구조적인 한계로 인하여 민간 금융시장에서 정상적인 자금조달이 쉽지 않으므로 정부의 정책금융이 제공되어야 한다.

정부가 제공하는 농업정책금융은 크게 융자, 보증, 투자의 세 가지 형태로 이루어진다. 먼저 이 세 가지 금융방식에 대한 차이를 구분할 필요가 있다. **융자** 또는 **대출**이란 금융기관 등 다양한 자금보유자가 개인, 기업체, 기관 등에게 향후 이자수입을 기대하고 자금을 빌려주는 행위이다. **보증**은 개인이나 기업 등이 금융기관으로부터 대출을 받을 때 요구되는 담보나 신용이 충분치 않을 경우 다양한 보증기관들에게 소정의 보증료를 지불하고 대출에 대한 지급보증을 제공받도록 함으로써 부족한 신용을 보강해 주는 행위이다. 반면, **투자**는 담보나 신용을 요구하는 일반적인 융자와 달리 기술력과 사업성이 있는 개인 또는 기업에게 향후 사업 성공 시 투자원금과 기대 수익률이 발생할 것을 기대하고 자본을 투여하는 행위라고 정의할 수 있다. 농업정책금융에서 제공하는 융자, 보증, 투자는 정책적 지원이 필요한 농가나 농산업체에 제공해 주는 금융서비스인 만큼 일반적인 융자, 보증, 투자와는 차이가 있고 담당하는 기관도 별도로 지정되어 있다.

1 융자

농업정책금융의 융자는 민간 금융기관에서 대출을 받는데 상대적으로 불리한 농가와 영세 농산업체에게 정부가 다음 세 가지 방식을 통하여 대출 우대를 제공하는 방식으로 지원된다. 정부가 예산이나 기금을 이용하여 직접 대출하는 방식, 금융기관에 자금을 공급하여 간접적으로 지원하는 전대방식(on-lending), 그리고 금융기관이 자기자금을 시장이자로 대출하되 정부는 금융기관의 대출금리와 저리의 정책금리 간 차이만을 보전해 주는 이차보조방식이 그 세 가지이다. 각 방식 간에는 장단점이 있다.

직접대출방식은 정부가 직접 자금을 조성하고 대상자 선정, 대출금액 결정 등 대출업무까지 담당하므로 대출사업이 효과적으로 진행될 수 있으며 정부도 사업운영에 따른 수입을 기대할 수 있다는 장점이 있다. 단점으로는 대출업무를 담당할 별도 조직이 필요하고, 직접 자금을 조성해야 하는 예산 부담이 있으며, 사업결과에 대한 책임을 져야 한다는 점 등을 들 수 있다.

전대방식은 정부가 자금을 지원한다는 면에서는 직접대출방식과 동일하지만 농가나 농산업체가 아닌 농협 등 금융기관에게 자금을 공급하고 금융기관이 정부의 가이드라인(대상자 자격, 대출금리 등 대출조건)에 따라 대출을 제공한다는 점에서 차이가 있다. 이 방식의 장점은 정부가 별도 조직을 통해 대출업무를 담당할 필요 없이 금융기관의 인프라를 활용하여 소기의 목적을 달성할 수 있으므로 효율적이라는 점이다. 반면, 정부가 금융기관에 전대한 정책자금은 차입자의 상환 여부에 상관없이 금융기관이 정부에 상환해야 하며 금융기관의 수입은 정부로부터 받는 수수료에 불과하다. 따라서 금융기관은 상환위험을 떠안으려 하지 않으므로 대출에 소극적일 수밖에 없어 사업의 효과성이 떨어질 우려가 있다. 직접대출방식과 마찬가지로 정부가 자금조성을 위한 거액의 예산을 조달해야 한다는 점도 단점이 될 수 있다.

이차보전은 금융기관의 대출금리와 정책금리 사이의 이자차액만을 정부가 보조해 주는 방식이다. 예컨대, 금융기관이 신용등급이 낮은 어떤 농산업체에 대출을 지원할 때 시장기준금리(예컨대 4%)에 신용도를 감안한 마진(3%)을 추가한 대출금리(7%)를 적용한다고 가정하자. 이 경우 정부는 금융기관으로 하여금 정책금리(예컨대 3%)를 적용하여 대출해 주도록 하고 정상적 대출금리와 정책금리 간 이자차이인 4%를 금융기관에 보전해 준다는 것이다. 이 방식의 가장 큰 장점은 민간 금융기관이 자금지원을 하고 정부는 이자차액만을 보전해 줌으로써 정부예산을 절감할 수 있다는 것이다. 이러한 장점으로 인하여 정부는 농업부문 외에도 다양한 취약계층과 중소기업에 대한 지원방안으로 이차보전을 활용하고 있다. 그러나 일각에서는 이차보전이 실질부채를 줄여 재정수지 적자를 작게 보임으로써 향후 국가재정을 어렵게 할 수 있다는 우려를 낳고 있다.

2 보증

금융기관에서 대출을 받고자 하는 농가나 농산업체가 담보가 부족할 경우 정부는 농림수산업자신용보증기금(이하 "농신보")을 통하여 신용을 보증해 줌으로써 자금공급을 지원한다. 정부의 금융감독위원회 산하에 농신보 외에도 차입자의 부족한 신용을 보증해 주는 국가 기관으로 신용보증기금, 기술신용보증기금 등이 있다. 농신보가 농림수산업자만을 대상으로 신용보증을 지원하는 반면, 신용보증기금은 산업 전반에 걸쳐 다양한 업체의 신용보증을 지원한다. 기술신용보증기금은 농신보나 신용보증기금과는 차별화된 보증업무를 수행한다. 농신보나 신용보증기금의 경우 담보가 부족한 업체에 대해 신용평가를 기초로 대출금에 대한 지급보증을 제공하는 반면, 기술신용보증기금은 담보는 부족하나 기술력이 있는 업체에 대해 기술 및 사업성 평가를 기초로 지급보증을 제공해 준다. 신용보증기관들은 설립 초창기에는 정부출연금을 위주로 운영되었으나 사업이 성숙됨에 따라 지급보증의 대가로 수취한 일정 수준의 보증료 등 자체수입으로 운영되고 있다. 기술신용보증기금의 역할에 대해서는 아래의 기술금융 부분에서 추가적으로 설명될 것이며 여기서는 농신보에 중점을 두고 살펴볼 것이다.

농신보는 1972년 「농림수산업자신용보증법」에 근거하여 설치되었다. 농신보는 정부 출연금, 금융기관 출연금, 보증료 수입, 여유자금 운용 등을 통하여 조성된 기본재산의 20배까지 보증을 제공할 수 있다. 2007년에는 농신보가 20배까지 보증을 지원하였으나 당시 대내외적인 경제위기 등의 이유로 농신보가 농림수산업자의 채무불이행을 대신 변제해주는 대위변제비율이 6.9%까지 상승하였다. 급증한 부실율을 낮추기 위한 정부의 각종 규제 도입으로 대위변제비율이 지속적으로 낮아지며 2013년에는 0.05%까지 하락하였다. 그러나 동일 기간 동안 운용배수 즉, 보증잔액을 기본재산으로 나눈 비율도 20배에서 3.6배로 대폭 축소되었는데 이는 농신보가 부실에 대한 우려로 대단히 보수적인 보증심사를 수행하였음을 시사한다. 이러한 농신보 운영은 안정적인 기금유지에는 도움이 되지만 농림수산업자의 제도금융 이용률 향상이라는 본연의 목적 달성에는 미흡할 수 있다는 지적도 제기되었다.

〈표 14-1〉은 2016년 이후 농신보의 운용 현황을 보여준다. 정부출연금이 환수되거나 대폭 감소하여 기본재산이 하락하였음에도 불구하고 보증잔액은 상승하며 운용배수는 상승세를 유지하고 있다. 운용배수가 15%대의 높은 수준을 유지하고 있음에도 대위변제율이 2% 이하로 관리되고 있음은 최근 농신보의 기금운용이 비교적 안정적으로 이

표 14-1 농림수산업자신용보증기금 운용현황(단위: 억 원, 배, %)

구분	2016	2017	2018	2019	2020	2021	2022
정부출연금	-3,000	-3,000	-2,000	-2,000	1,000	1,300	1,300
기본재산(A)	22,974	19,357	15,306	10,449	9,847	10,792	11,821
보증잔액(B)	121,804	133,968	148,906	161,117	164,399	163,585	171,852
운용배수(B/A)	5.30	6.92	9.73	15.4	16.7	15.16	14.54
대위변제율	6.9%	4.9%	3.5%	3.5%	2.1%	1.4%	0.05%

자료: 농림수산업자신용보증기금

루어지고 있음을 의미한다. 참고적으로, 2017~2021년 기간의 신용보증기금과 기술신용보증기금의 운용배수가 각각 8.2~9.9%와 8.9~13.4%였고, 대위변제율은 각각 1.4~3.8%와 1.9~3.6%를 기록한 것을 볼 때, 농신보가 비교적 적절하게 운용되고 있음을 알 수 있다.

3 투자

우리가 잘 알고 있는 투자의 개념은 이미 조성되어 있는 금융시장 또는 부동산시장에서 미래의 수익을 기대하고 주식, 채권 등 유가증권과 부동산 등을 매입하는 행위일 것이다. 그러나 이 외에도 투자는 매우 다양한 방식으로 이루어진다. 아직 주식이 시장에 상장되지 않은 사업화 초기단계의 회사에 투자할 경우 투자자와 회사 간 법적인 계약을 통하여 자금이 투여된다. 사업성이 검증되지 않은 신규 회사나 벤처 회사에 대한 투자는 위험성이 높으므로 한 개 회사보다는 여러 개 회사들을 하나의 투자펀드로 만들어 투자자를 모집하기도 한다. 최근에는 크라우드펀딩과 같이 오프라인의 투자자나 제도권 금융에서 투자를 받기 어려운 소규모 기업이 온라인상에서 다수의 투자자들로부터 소액투자를 받는 온라인 플랫폼이 등장하기도 하였다.

우리나라에서 농·식품 분야의 투자는 정부가 농·식품 산업으로 민간자본 유입을 확대하기 위하여 2010년에 조성한 **모태펀드**를 중심으로 이루어지고 있다. 정부가 조성한 모태펀드는 직접 농·식품 산업체에 투자하는 것은 아니고 농·식품 산업체에 대한 투자를 목적으로 설립된 투자조합이나 사모투자펀드(일종의 자펀드)에 출자하는 일종의 "펀드의 펀드"라고 할 수 있다. 정부가 조성한 모태펀드가 투자조합이나 사모펀드에 출자하면 이를 믿고 민간자금도 함께 출자하여 농·식품 산업체에 투자할 충분한 자금이 조성되는 것이다. 〈그림 14-1〉는 농·식품모태펀드를 통해 농·식품 산업체에 자금이 어떻게 투

그림 14-1 농식품 모태펀드를 통한 투자구조

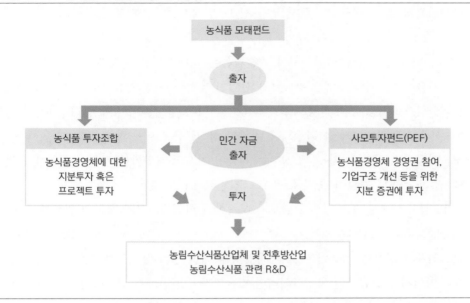

자되는지를 보여준다. 현재 펀드 관리기관은 농업정책보험금융원이 지정되어 있다. 투자
형태로는 지분출자(주식투자), 주식연계 채권투자(전환사채, 신주인수권부사채 등), 특성 사
업 분야에만 투자하는 프로젝트 투자 등 다양하게 구성되어 있다.

4 기술금융

기술금융이란 용어가 우리나라에서 쓰이기 시작한 것은 2000년 이후라 할 수 있다.
기술금융은 기술사업화의 중요성이 대두되면서 사업화 과정에서 필요한 자금 공급 방안
으로서 활용되고 있다. 2000년 이전에는 우리나라는 물론 대다수 선진국들의 경우에도
기술개발(R&D)에 대한 노력과 투자는 활성화 되었지만 개발된 기술을 사업화하여 경제
성을 창출하는 데까지 이어지는 노력은 상대적으로 부족하였다. 기술사업화의 중요성은
20세기 말부터 전 세계적으로 불어 닥친 '닷컴열풍'으로 급격히 대두되었다. 이를 계기
로 우리나라는 2000년 「기술이전촉진법」 제정 이후 「기술의 이전 및 사업화 촉진에 관
한 법률」로 개정하며 기술사업화를 위한 법적 기반을 구축하였다. 전자, IT 등 첨단 산
업에서의 기술금융은 초기에는 정책금융 중심이었으나 점차 핀테크로 불리는 민간금융
으로 빠르게 발전하고 있다. 핀테크란 금융(finance)과 기술(technology)을 결합한 신기술

을 의미하며 스마트폰 산업의 발전과 함께 온라인뱅킹, 크라우드펀딩 등 다양한 분야에서 활용되고 있다. 핀테크 기술로 창업을 한 IT 벤처기업인 스타트업도 빠르게 증가하고 있다.

이에 비해 농·식품 산업에서의 기술금융은 상대적으로 뒤쳐져 있다. 농산업체가 아무리 기술력이 우수하다 할지라도 1차 산업인 농업의 구조적 한계로 인하여 민간금융기관들에게는 고비용·저수익성으로 인식되어 매력이 떨어질 수밖에 없다. 따라서 정부는 농·식품 산업의 기술금융 활성화를 위하여 정책금융을 이용하여 융자, 보증, 투자 서비스를 제공하고 있다. 이와 함께 정부는 개발된 기술의 사업화를 지원하기 위하여 관련 정부기관 또는 연구기관에 출연금 형태로 지원하기도 한다.

기술금융은 기술력은 있으나 담보가 부족한 농산업체의 사업화를 지원하기 위한 자금지원 방식이다. 자금지원기관은 물적 담보 대신 보유 기술을 담보로 자금을 지원해야 하므로 업체가 보유한 기술력은 물론 사업성에 대한 평가가 가능해야만 지원이 가능할 것이다. 따라서 기술금융이 활성화되려면 기술평가의 선진화가 선결조건이다. 그동안 전자, IT, 문화컨텐츠 등 여타 산업에서의 기술금융이 발전해온 배경에는 전문적 기술평가 및 보증기관인 기술신용보증기금의 역할이 절대적이었다. 정부 금융감독위원회 산하의 보증기관인 기술신용보증기금은 국내 최대 규모로서 전 산업에 걸쳐 다양한 기업들에 대한 기술평가 및 보증금액의 대부분을 지원하고 있다. 기술신용보증기금은 경영주 역량, 기술성, 시장성, 사업성 등 크게 네 항목에 걸쳐 34개 세부 평가항목을 종합적으로 평가하여 보증서비스를 지원한다.

농산업체의 경우에는 농산업의 특수성을 보다 잘 이해하면서 기술평가와 지원이 가능한 기관의 필요성이 제기되어 2009년에 농업기술실용화재단이 설립되었으며 2022년 한국농업기술진흥원으로 명칭이 변경되었다. 한국농업기술진흥원이 농산업체에 대한 기술 및 사업성을 평가한 후 발급한 기술평가서는 업체가 농협 등 금융기관에서 융자를 받거나 농신보로부터 보증을 받을 시, 그리고 모태펀드가 출자한 투자조합에서 투자를 받을 경우 가산점이나 참고자료로 유용하게 활용되고 있다. 향후 농·식품 분야의 기술금융이 발전하기 위해서는 한국농업기술진흥원의 기술평가가 더욱 선진화되는 것과 함께 평가된 기술력이 기술금융 지원 시 담보로서 제 역할을 다할 수 있는 기반을 조성하는 것이다.

5 농업금융정책 효과

지금까지 우리나라의 다양한 농업정책금융에 대해 살펴보았다. 융자, 보증, 투자 등을 통해 농산업체에 대한 정책적 지원이 필요한 이유는 본 장의 앞부분에서 설명한 바와 같이 농산업이 우리 사회 전체에 가져다주는 시장에서 평가되지 않는 추가적인 기여도가 있기 때문이다. 농산업체가 우리 사회에 환경정화, 경관보전, 식량안보 등 다양한 편익을 제공해 주면서도 정작 자신들은 그 수준에 못 미치는 편익을 누리고 있기 때문에 그에 대한 보상이 필요하다는 것이다.

제5장에서 소개한 사회적 잉여에 대한 이론을 이용하여 정책금융을 통하여 자금의 수요자인 농산업체는 물론 사회 전체에 얼마나 잉여가 증가하는지 살펴보자. 〈그림 13-2〉는 금융시장에서 거래되는 자금(M)에 대한 공급곡선(S)과 수요곡선(D)을 보여준다. 자금의 공급자인 금융기관은 금리(i)가 상승함에 따라 공급을 증가시키므로 우상향하는 공급곡선(S)을 보인다. 반면, 자금의 수요자인 농산업체의 경우 금리(i)가 높아질수록 자금수요가 감소하므로 우하향하는 수요곡선(D)이 도출된다.

먼저 금융시장에 아무런 정책금융의 지원이 없다고 가정하자. 이 경우 시장의 공급곡선(S)와 수요곡선(D_0)이 만나는 점 E_0가 균형점이고 농산업체에 지원되는 균형 자금규모와 금리는 각각 M_0와 i_0가 된다. 여기서 수요곡선(D_0)은 농산업체의 사적인 한계소비편익이 된다. 그런데 농산업의 긍정적 외부효과를 감안하면 사회적 한계소비편익은 이보다 높은 D_1이 되어야 한다. 따라서 사회적으로 바람직한 균형점은 E1이 되고 이때 결정되는 자금규모와 금리는 각각 M_1과 i_1이 된다. 농산업체 입장에서는 사회적으로 바람직한 수준인 M_1의 자금이 공급될 때 i_1의 대출금리를 부담할 형편이 못되며 자신의 사적인 한계소비편익을 나타내는 수요곡선(D_0)을 따라 i_2의 금리를 부담하고자 한다. 이 경우 정부는 이차보전 또는 농신보 보증 등을 통하여 i_1과 i_2 사이의 금리차를 보전해 줄 것이다. 결국 정부가 부담하는 정책금융 규모는 □$i_1 i_2 E_2 E_1$에 해당하는 면적이 된다.

이제 자금의 수요자인 농산업체와 공급자인 금융기관의 잉여가 정부의 정책금융으로 인해 어떻게 변화하는지 살펴보자. 정책금융의 지원이 없을 경우 시장의 균형 자금규모와 금리는 각각 M_0와 i_0이다. 이때 수요자잉여와 공급자잉여는 각각 $\triangle B i_0 E_0$와 $\triangle i_0 A E_0$이고, 사회적 잉여는 수요자잉여와 공급자잉여의 합이므로 $\triangle BAE_0$가 된다. 여기에다 농산업체의 긍정적 외부효과를 고려할 때 사회적으로 바람직한 수요곡선은 D_1

그림 14-2 정책금융이 농산업과 사회전체에 미치는 효과

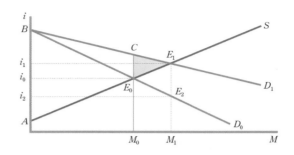

이 되고 이로 인한 사회적 잉여의 증가분은 $\triangle BE_0C$의 면적이 될 것이다. 따라서 정부의 지원이 없을 경우 농업금융시장을 통한 사회적 잉여는 □ BAE_0C가 된다.

다음으로 정부가 농업금융시장에 개입하여 정책금융을 지원해 주는 경우를 생각해 보자. 정부는 사회적으로 바람직한 수준인 M_1만큼의 자금을 농산업체가 저금리인 i_2로 빌릴 수 있도록 지원하고, 돈을 빌려주는 금융기관도 손해가 없도록 시장의 대출금리인 i_1에 빌려 주도록 개입하여야 한다. 이로 인하여 수요자(농산업체) 잉여는 $\triangle Bi_2E_2$가 되어 정책금융 지원 전의 $\triangle Bi_0E_0$에 비해 □ $i_0i_2E_2E_0$ 만큼 늘어난다. 공급자(금융기관) 잉여는 $\triangle i_1AE_1$이 되어 정책금융 지원 전의 $\triangle i_0AE_0$에 비해 □ $i_1i_0E_0E_1$ 만큼 늘어난다. 또한, 농산업체의 긍정적 외부효과로 인한 사회적 잉여는 $\triangle BE_2E_1$이 되어 정책금융 지원 전의 $\triangle BE_0C$에 비해 □ $CE_0E_2E_1$ 만큼 늘어나게 된다. 정리하면 정부의 정책금융으로 인한 사회적 잉여의 증가는 (□ $i_0i_2E_2E_0$ + □ $i_1i_0E_0E_1$ + □ $CE_0E_2E_1$)이 된다. 그러나 이러한 사회적 잉여의 증가는 국민의 세금인 정책금융이 투입된 결과이므로 정책금융 규모인 □ $i_1i_2E_2E_1$만큼을 차감하면 정책금융으로 인한 사회적 잉여의 순증가분은 빗금 친 $\triangle CE_0E_1$이 된다. 결국 정부의 농산업체에 대한 정책금융 지원으로 농산업체는 물론 사회 전체적으로도 후생이 증가함을 알 수 있다.

section 02 농업재정정책

정부는 시장의 실패와 분배의 불공평을 최소화하기 위하여 농업금융정책과 함께 재정정책을 이용한다. 금융정책이 금융시장에서 농산업체가 보다 유리한 조건으로 융자,

보증, 투자를 받을 수 있도록 지원하는 정책인 반면, 재정정책은 정부가 직접 예산을 투입하여 농가와 농산업체를 지원하는 정책이다. 대표적인 정부의 재정정책은 시장실패로 인하여 상대적으로 열위에 놓인 농가를 위한 소득지지와 경영안정 정책이다. 농가에 대한 소득지지정책으로는 면적당 일정금액을 지불하는 쌀·밭 고정직접지불제와 기본직불제가 있다. 농가경영안정을 위한 재정정책으로는 쌀의 일정 목표가격을 보장하는 쌀변동직접지불제, FTA협정 이행에 따른 수입증가로 가격이 하락한 품목에 대해 일정 가격수준을 보장해 주는 FTA피해보전직접지불제, 농업보험에 대한 보험료 보조 등을 들 수 있다. 이 외에도 정부는 농업의 다원적 기능을 유지하기 위하여 친환경농업과 경관보전에 대한 선택지불금을 지급하며, 기술개발(R&D)을 지원하기 위하여 상당한 재정을 투입하고 있다. 본 절에서는 정부의 재정정책을 소득지지, 소득안정, 다원적 기능 지원, 기술개발(R&D) 지원의 순으로 살펴본다.

1 소득지지

직접지불제(direct payment)는 우리나라뿐만 아니라 미국, EU, 일본 등 대부분의 선진국의 주요 농업정책 중 하나이다. 1993년에 우루과이라운드 협상 이후 출범한 WTO 체제는 당시 대부분 국가의 농산물 수매를 통한 가격지지 정책이 농산물시장의 왜곡을 가져오므로 축소할 것에 합의하였다. 정부가 초과 공급된 농산물을 일정 가격에 수매해 줌으로써 가격을 지지해 줄 경우 만성적인 생산과잉 현상이 발생하여 사회적 후생을 감소시키며 이 수매물량이 덤핑수출로 이어질 수 있기 때문이다. 이에 대한 대안으로 각국은 농산물 생산 및 소비에 최소한의 영향을 미치는 직접지불제(이하 "직불제")를 도입하기 시작하였다. 우리나라의 경우 1997년에 경영이양직불제가 처음 도입된 이후 단계적으로 확대되어 2020년 공익직불제가 도입되기 전까지 9개 직불제가 시행되었다.

2020년 도입된 공익직불제는 기본직불제와 선택직불제로 구분된다. 기본직불제는 일정 규모 이하 농가에게 연 120만원을 지급하는 소농직불과 면적에 따라 역진적 단가를 적용하는 면적직불로 나누어진다. 선택직불제는 친환경농업직불, 친환경축산직불, 경관보전직불, 그리고 논활용직불로 구성되며 과거 운용되던 각 직불제의 내용과 유사하다. 2020년 공익직불제 도입으로 우리나라의 직불제는 기본직불제, 선택직불제, 경영이양직불제, FTA피해보전직불, FTA폐업지원 등 5개 직불제가 시행되고 있다. 〈그림 14-3〉은 우리나라 직불제의 연도별 도입 및 변천 과정을 보여준다.

그림 14-3 우리나라 직접지불제 도입 및 변천 과정

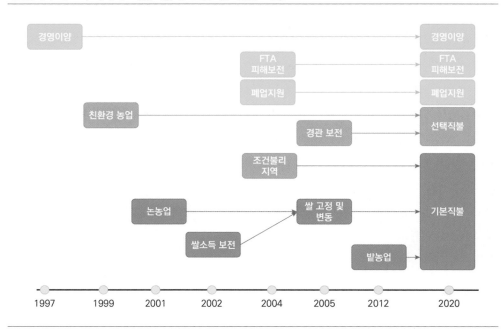

쌀고정직불제는 국내 쌀산업 보호라는 공익적 목적 하에 쌀농가의 소득을 지지해 주는 가장 규모가 큰 직불제였다. 쌀고정직불금은 2005년 도입 당시 논 보유농가에 대해 면적 1ha당 60만원을 지급하였다. 그 후 한·미FTA 등 정부의 시장개방 확대로 농가의 추가적인 소득지지의 필요성이 제기되어 단계적으로 상승하며 운영 마지막 해인 2019년에는 ha당 100만원을 지급하였다.

밭농업직불제는 한·미FTA 보완대책의 일환으로 2012년에 콩, 옥수수 등 주요 19개 밭작물을 재배하는 면적에 대해 ha당 40만원을 지급하는 것으로 시작되었다. 그러나 밭농업직불제 대상작물 확대에 대한 요구가 지속되고 한·중FTA 체결로 큰 피해가 우려되는 밭농가에 대한 직불금액 인상의 필요성이 제기됨에 따라 여러 차례 개편되었다. 운영 마지막 해인 2019년에는 모든 밭작물을 대상으로 ha당 55만원을 밭고정직불금으로 지급하였으며, 밭이 아닌 논에 식량이나 사료작물을 재배할 경우 ha당 50만원을 논이모작직불금으로 지급하였다.

2020년 도입된 기본직불제는 기존의 쌀고정 및 변동직불제, 밭농업직불제, 조건불리직불제를 통합한 소득지지형 직불제로서, 소농직불금과 면적직불금으로 구분된다. 소농직불금은 경지면적이 0.1ha 이상 0.5ha 미만인 소농에 대해 면적과 상관없이 120만원

그림 14-4 　고정직불금을 통한 소득지지

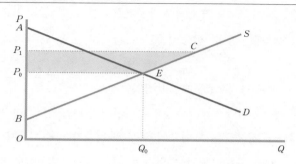

을 지급한다. 면적직불금은 2ha 이하, 2ha 초과 6ha 미만, 6ha 이상 등 3개 구간으로 구분하여 면적이 클수록 단가가 낮아지는 역진적 단가를 설정하였다. 예컨대, 논·밭 진흥지역의 경우, 2ha 이하는 ha당 205만원/ha, 2ha 초과 6ha 미만은 197만원, 6ha 이상은 189만원을 지급한다.

　쌀·밭고정직불제와 기본직불제는 생산과 연동되지 않고 농가가 형상 유지하고 있는 논과 밭에 대해 일정 면적당 보조금을 지급하여 소득을 지지해 주는 제도이므로 WTO 농업협정에서 허용되는 보조이다. 〈그림 14−4〉는 정부가 쌀고정직불금을 이용하여 시장에 영향을 주지 않고 소득을 지지해 주는 효과를 보여준다. 그림에서 S와 D는 각각 쌀에 대한 공급곡선과 수요곡선이며 시장균형은 두 곡선이 만나는 D에서 이루어진다. 이 때 균형가격과 균형거래량은 각각 P_0와 Q_0가 된다. 정부가 소득지지를 위하여 쌀 생산자에게 지급하는 고정직불금은 쌀 생산여부와 무관하므로 직불금 지급 후에도 시장균형은 이론적으로 E에서 유지된다. 따라서 정부의 고정직불금 지급에도 불구하고 소비자잉여는 $\triangle AP_0E$로 변함이 없고 생산자잉여만 $\triangle P_0BE$에서 $\triangle P_1BC$로 $\square P_1P_0EA$ 만큼 증가하게 된다. 물론 생산자잉여를 증대시키는 고정직불금은 국민의 세금으로 지급되므로 사실상 일반 납세자에게서 농가로 부(富)를 이전시키는 효과만 있을 뿐 사회 전체적인 잉여의 차이는 없다.

2 경영안정

　농가의 경영안정을 위한 직불제로 쌀변동직불제와 FTA피해보전직불제가 있으며, 이 중 쌀변동직불제는 2020년 공익직불제 도입으로 인해 시행이 중단되었다. 두 직불제 모두 시장가격이 정부가 정한 기준가격에 미치지 못할 경우 그 차이의 일정부분을 보전해 줌으로써 가격하락에 따른 손실을 완화시켜주는 역할을 한다. 두 직불제 사이의 차이점이라면 보전대상품목이 쌀과 FTA 수입대상품목으로 다르다는 것과, 쌀변동직불제와 달리 FTA피해보전직불제는 일정 발동기준과 지급기준 하에서 가격하락에 대한 손실을 보전해준다는 점이다.

직불제 방식 외에 추가적으로 농가의 경영안정을 지원해 주는 제도로 농업보험제도가 있다. 직불제가 정부예산에 의해 무상으로 지원되는 제도인 반면 농업보험제도는 농가가 보험에 가입할 때 지불하는 보험료의 일부를 정부가 보조해 주는 방식으로 지원한다. 농업보험제도는 크게 재해보험과 수입(소득)보험으로 구분할 수 있으며 재해보험은 다시 농작물재해보험과 가축재해보험으로 나누어진다.

[1] 쌀변동직불제

쌀고정직불제는 쌀 가격 변동으로 인한 소득변동과는 무관하게 농가가 보유한 논의 단위면적당 일정금액을 정부가 지급해 줌으로써 농가소득을 지지해 주는 제도였다. 그러나 기상이변과 FTA 등 시장개방이 점차 확대되면서 가격변동 등 경영 불안정에 노출된 농가에게 소득지지 외에 추가적으로 소득안정 필요성이 제기되었다. 〈그림 14-5〉는 쌀고정직불제 외에 추가적으로 소득안정이 필요함을 보여준다. 쌀고정직불금은 소득변동과 무관하게 쌀농가의 소득을 수직으로 올려주는 소득지지의 역할을 하나 파란색 부분과 같이 일정 기준소득에 도달하기 위해서는 여전히 추가적인 소득안정 방안이 필요하다. 이를 위하여 정부는 적절한 기준이 되는 목표가격을 정하고 수확기 산지쌀값이 목표가격 아래로 떨어졌을 때 그 차이의 85%에서 고정직불금을 차감한 금액을 변동직불금으로 지급하였다.

변동직불금 = (목표가격−산지쌀값) × 0.85 − 고정직불금

쌀변동직불제는 생산자인 농가의 수확기 쌀가격이 목표가격 이하로 하락할 때 정부가 그 차이의 일부를 보전해 줌으로써 생산자 잉여를 증대시켜주는 효과가 있는 반면 조세부담이 상대적으로 크므로 사회 전체의 잉여는 감소하게 된다. 〈그림 14-6〉은 정부의 쌀변동직불제가 사회적 잉여에 어떠한 효과를 가져 오는지를 보여준다. 쌀변동직불제를 통한 정부의 개입이 없을 경우 시장균형은 공급곡선(S)과 수요곡선(D)이 만나는 E점에서 이루어지고, 균형가격과 균형거래량은 각각 P_0와 Q_0가 된다. 이때 정부가 쌀변동직불제를 통하여 농가에게 목표가격 P_1을 보장해 준다면 쌀농가는 Q_1만큼의

그림 14-5 쌀고정직불제 외 추가적인 소득안정 필요성

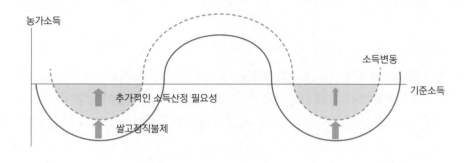

쌀을 생산하려 할 것이다. 반면 소비자는 Q_1의 쌀에 대해 수요곡선에 따라 P_2의 가격을 지불하고자 한다. 이 경우 생산자는 늘어난 물량 Q_1을 시장에서 P_2 가격에 팔 수밖에 없으며 정부는 목표가격 P_1과 시장가격 P_2의 차이를 쌀변동직불금으로 보전해 주게 된다.

이제 쌀변동직불제 도입으로 소비자잉여와 생산자잉여에 어떠한 변화가 있나 살펴보자. 쌀변동직불제 도입 전 소비자잉여와 생산자잉여는 각각 $\triangle AP_0E$와 $\triangle P_0BE$였다. 쌀변동직불제 도입으로 생산자인 농가는 P_1의 가격을 받게 되고 소비자는 P_2의 가격을 지불함에 따라 소비자잉여와 생산자잉여는 각각 $\triangle AP_2D$와 $\triangle P_1BC$로 증가한다. 따라서 소비자잉여의 증가분은 $\square P_0P_2DE$가 되고 생산자잉여의 증가분은 $\square P_1P_0EC$가 되어 사회적 잉여의 증가분은 이 두 면적을 합한 부분이 된다. 그런데 이 사회적 잉여의 증가는 국민의 세금인 $\square P_1P_2DC$(쌀변동직불제가 보전하는 가격차이인 P_1과 P_2의 차이에다 생산물량 Q_1을 곱한 금액)을 부담함으로써 얻어지므로 사회적 잉여의 증가분에서 국민의 세금 부담분을 차감하면 결국 $\triangle EDC$만큼의 사회적 잉여의 손실이 발생하게 된다.

(2) FTA피해보전직불제

FTA피해보전직불제는 한·칠레FTA로 인한 수입량 증가로 피해가 우려되는 시설포도와 키위의 재배농가에 대한 소득안정을 도모하기 위해 2004년 도입되었다. FTA피해보전직불제는 쌀변동직불제와 유사하게 지원 대상 품목의 국내 가격이 정부가 정한 기준가격 아래로 하락할 경우 하락분의 일정부분을 보전해 주는 제도이나 도입취지가 다르므로 운영상 차이가 있다. 주요한 차이로는 FTA피해보전직불금의 경우 일정 발동기준

이 충족되어야만 지급된다는 점과, 직불금 지급액 산정 시 국내 요인으로 인한 가격 하락분은 제외하고 FTA 이행에 따른 수입량 증가로 인한 가격 하락분만을 반영한다는 점이다.

2004년 FTA피해보전직불제 도입 이후 우리나라는 미국, EU, 중국 등 다수의 국가들과 FTA협정을 체결하여 피해보전직불제 대상 품목이 대폭 확대되었으며, 발동기준이 완화되고 보전비율이 강화되었다. 2023년 기준으로 정부는 발동의 기준이 되는 기준가격을 해당 품목의 직전 5개년 평균가격 중 최고치와 최저치를 제외한 3개년 평균가격(이를 직전 5개년 "올림픽평균가격"이라고 한다)의 90%로 정하여 당해 평균가격이 이 기준가격 아래로 내려가면 발동되도록 하였다. 이 외에도 해당 품목의 당해 총수입량이 직전 5개년 올림픽평균 총수입량을 초과해야 하며, 당해 FTA체결국으로부터의 수입량이 기준수입량(직전 5개년 올림픽평균 수입량에 수입피해발동계수를 곱한 양)을 초과해야 한다는 발동기준을 충족시켜야 한다.

FTA피해보전직불금은 기준가격 이하로 하락한 국내 가격 손실분을 모두 보전해 주는 것은 아니며 가격 하락분의 95%에 수입량 증가가 국내 가격하락에 미친 영향인 수입기여도를 감안한 조정계수를 곱하여 지급한다. 예컨대, 키위의 직전 5개년 올림픽평균가격이 kg당 5,000원이었다면 FTA피해보전직불제가 발동되는 기준가격은 5,000원의 90%인 4,500원이 된다. 만약 올해 키위의 수입급증으로 국내 평균시장가격이 kg당 3,000원으로 하락하였으며 수입기여도를 감안한 조정계수가 0.3이라고 가정하자. 이 경우 키위 농가는 기준가격(4,500원)과 시장가격(3,000원) 간 차이인 1,500원의 95%인 1,425원에다 조정계수 0.3을 곱한 kg당 428원을 FTA피해보전직불금으로 받게 된다.

FTA피해보전직불금 = (기준가격-당해 국내 평균시장가격) × 0.95 × 조정계수,
(여기서 기준가격은 해당 품목의 직전 5개년 올림픽평균가격에 0.9를 곱한 가격)

FTA피해보전직불제도 쌀변동직불제와 마찬가지로 지급 대상 품목의 시장가격이 기준가격 이하로 하락할 때 정부가 그 차이를 보전해 줌으로써 생산자 잉여를 증대시켜주는 효과가 있다. 반면 직불제 지급을 위한 국민의 조세 증가분이 생산자 및 소비자 잉여 증가분의 합보다 크므로 사회 전체의 잉여는 감소하게 된다. FTA피해보전직불제의 사회적 잉여 효과는 〈그림 14-6〉의 쌀변동직불제의 사회적 잉여 효과를 참고하기 바란다. 또한, FTA피해보전직불제도 쌀변동직불제와 마찬가지로 직불액이 기준가격과 연계되고

그림 14-6 쌀변동직불제의 사회적 잉여 효과

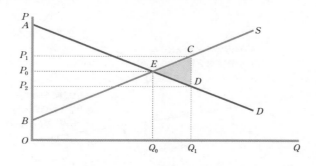

자료: 농림축산식품부, 『2023 농림축산식품 주요통계』를 이용해 작성

생산을 전제로 하므로 WTO 농업협정의 감축대상 보조에 해당된다.

[3] 농업재해보험

농업재해보험은 농업생산 과정에 발생할 수 있는 각종 자연재해, 재난, 질병 등으로 인한 생산량 감소에 따른 경제적 손실을 보상해 줌으로써 농가의 경영불안을 완화하는 제도이다. 농업재해보험은 자연재해로 인한 농작물의 생산량 감소를 보상하는 농작물재해보험과 각종 재난 및 질병으로 인한 가축손실을 보상하는 가축재해보험의 두 가지가 있다. 추가적으로 태풍 등 자연재해로 인한 어가의 양식수산물 생산량 감소를 보상하는 양식수산물재해보험제도도 운영되고 있다.

농어업재해보험은 농어가가 지불하는 보험료로 운영이 되나 자연재해의 속성상 한 번 발생하면 거대 피해가 불가피하므로 보험료가 비싸다는 문제점이 있다. 따라서 경제적으로 넉넉지 못한 농어가가 보험료를 부담할 형편이 못되어 가입률이 저조할 수밖에 없고 재해발생 시 손해평가가 쉽지 않아 일반 민영보험회사가 판매를 기피하는 보험상품이다. 이러한 이유로 정부는 농가가 부담해야 하는 보험료의 일부(예컨대 50% 정도)와 보험회사의 관리운영비를 지원해 줌으로써 정책보험으로 운영하고 있다. 또한, 정부는 민영보험사에게 국가재보험을 제공함으로써 일정 수준의 피해를 초과하는 거대 재해 발생 시 정부가 위험을 인수함으로써 민영보험사의 부담을 덜어주고 있다.

〈그림 14-7〉은 정부의 개입으로 인하여 농어업재해보험시장의 균형이 달성됨을 보여준다. 정부가 보험시장에 개입하기 전에는 민영보험회사의 보험 공급곡선(S)과 농어가의 보험 수요곡선(D)이 서로 괴리가 커서 균형에 도달하기 어렵다. 그러나 정부가

그림 14-7 정부의 개입에 의한 농어업보험시장의 균형

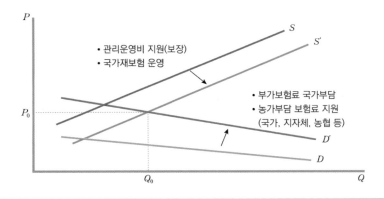

민영보험사에 관리운영비를 지원하고 국가재보험을 제공해 줌으로써 공급곡선을 S에서 S'로 이동시켜주고, 농가에는 보험료 보조를 통하여 수요곡선을 D에서 D'로 이동시켜 줌으로써 농어업보험시장의 균형공급량과 균형가격(보험료)이 각각 Q_0와 P_0가 되도록 유도한다.

다음으로 농어업재해보험계약이 어떻게 체결되고 보험금이 지급되는지 살펴보자. 1,000평의 노지에서 포도농사를 지으며 평년 단위수확량(직전 5년 간 올림픽평균 단위수확량)이 평당 5kg인 농가를 가정하자. 이 농가는 올해 태풍과 동상해 등 자연재해 발생으로 수확량이 하락할 것을 우려하여 농작물재해보험에 가입하기로 결심하였다. 이 농가가 재해보험에 가입하려고 보험회사에 갔더니 평년 수확량을 100% 보장해 주지는 않고 70%와 80%의 두 가지 보장수준에서 선택할 수 있다고 들었다. 만약 100%를 전부 보장해 줄 경우 재해보험 가입농가가 농사에 태만하고 재해 발생 시에도 피해복구노력을 게을리 하는 도덕적 해이를 유발할 수 있으므로 일정 수준의 위험에 대해서는 농가도 책임을 지도록 하는 것이다. 이 포도농가는 80% 보장형을 선택함으로써 1,000평의 보유농지에 대해 평당 4kg의 수확량을 보장받게 되었다.

만약 올해 거대 태풍이 발생하여 이 포도농가의 평당 수확량이 평년 5kg의 절반에 불과한 2.5kg에 그쳤다고 하자. 재해보험에 가입하지 않았다면 이 농가는 보유 농지 1,000평에서 총 2.5톤의 수확량만 거둘 수 있을 것이다. 그러나 재해보험에 가입한 덕택으로 보장수확량인 4톤과 실제수확량인 2.5톤의 차이인 1.5톤의 수확량을 보상받되 정부가 보험가입 시에 정해놓은 포도의 표준단가(예컨대 kg당 2,000원)를 곱한 3백만원을 수령하게 된다. 물론 올해 풍년이 들어 수확기의 평당 수확량이 평년의 5kg을 초과한 7kg

을 거두었다면 보험금의 지급은 없게 된다.

재해보험금 = Max(평년 단위수확량−실제 단위수확량, 0) × 표준단가 × 가입면적

[4] 농업수입보장보험

농작물재해보험은 자연재해로 인해 줄어든 수확량을 정부가 정한 표준단가로 보상해 주는 보험이다. 반면 수확량과 함께 농가의 조수입에 영향을 미치는 또 다른 요인인 가격변동은 재해보험에 의해 보장되지 못한다. 그러나 농가는 점차 증가하고 있는 시장 개방의 물결 속에서 수확량 하락보다 가격 하락을 더 큰 위험으로 인식하고 있는 것이 현실이다. 위에서 살펴본 포도농가의 예로 돌아가 보자. 재해보험에 가입한 포도농가의 평년 수확량이 평당 5kg이었는데 올해 풍년으로 7kg을 거두었다고 가정하자. 이 경우 수확량만 보장해 주는 재해보험은 농가에게 보험금을 지급하지 않는다. 그러나 일반적으로 풍년이 발생하여 수확량이 증가하면 가격이 하락하게 마련이다. 이 예에서는 올해 풍년으로 포도가격이 평년의 kg당 2,000원에서 1,000원으로 크게 하락하였다고 가정하자. 비록 수확량 하락은 없었지만 가격 폭락으로 인하여 이 농가의 조수입은 1,000평에 평당 7kg과 kg당 1,000원을 곱한 7백만원이 된다. 특별히 기상조건이 좋거나 나쁘지 않았던 평년의 경우 이 농가가 기대할 수 있는 조수입 1,000만원(1,000평에 평당 5kg과 kg당 2,000원을 곱한 금액)에 비해 300만원이나 줄어들었다. 이러한 조수입 감소는 온전히 가격 하락에 기인한다. 더욱이 각종 FTA협정 이행으로 값싼 해외 농산물이 밀려올 경우 국내 농산물의 가격 하락은 가속화되어 농가의 조수입 감소폭은 더욱 커질 것이다.

이러한 상황 하에서 정부가 2015년에 새롭게 도입한 제도가 **농업수입보장보험**(이하 "수입보험")이다. 수입보험은 대상 품목에 대하여 수확량 하락이든 가격 하락이든 상관없이 기준수입의 일정 수준을 보장하는 보험이다. 기준수입은 평년 수확량에 평년 산지가격을 곱한 평년 조수입 금액으로서 수입보험의 보장 기준이 된다. 재해보험과 마찬가지로 기준수입을 모두 보장해 주는 것은 아니며 농가는 보험 가입 시 일정 보장수준(예컨대 70% 또는 80%)을 선택하도록 되어 있다. 수입보험 가입농가는 이와 같이 보장수입(즉, 기준금액에 농가가 선택한 보장수준을 곱한 금액)을 확정하고, 수확기에 실제 수입(즉, 수확기 실제 수확량에 실제 산지가격을 곱한 금액)이 보장수입에 미달할 경우 그 차액을 보험금으로 지급받음으로써 어떠한 경우에도 보장수입을 보장받을 수 있는 것이다.

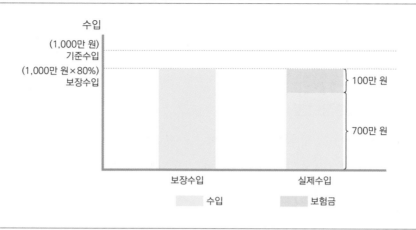

그림 14-8 보험금 지급을 통한 수입보험 보장금액 보장

위의 포도농가의 예에서 풍년이 발생했을 경우로 다시 돌아가 보자. 이 농가가 재해보험에 가입하였다면 보험금을 받지 못한다고 했는데 만약 수입보험에 가입하였다면 어떻게 될까? 이 농가가 수입보험에 가입할 경우 기준금액은 1,000만원(가입면적 1,000평에 평년 단위수확량인 평당 5kg과 평년 단가인 kg당 2,000원을 곱한 금액)이고 보장수준 80%를 선택 시 보장수입은 800만원이 된다. 올해 풍년으로 이 농가의 수확기 실제수입이 7백만원(1,000평에 평당 7kg과 kg당 1,000원을 곱한 금액)으로 줄었다면 이 농가는 보장수입 800만원과 실제수입 7백만원의 차이인 100만원을 보험금으로 받을 수 있다. 〈그림 14-8〉에서 보는 바와 같이 포도농가는 파란색 부분의 보험금을 수령함으로써 어떠한 경우에도 보장금액인 800만원을 보장받을 수 있다.

본 예시에서는 설명의 단순화를 위하여 보험료 부분은 생략했는데 농가는 재해보험이나 수입보험에 가입할 때 보험료를 지불해야 한다. 그러나 앞에서 설명한 바와 같이 농업보험은 정책보험으로 운영되어 중앙정부와 지방자치단체가 보험료의 상당부분을 지원하므로 농가의 부담은 크지 않다. 또한, 직불제와 달리 농업보험은 농가가 보험료를 부담하여 자발적으로 위험을 관리하는 제도이므로 WTO협정에서도 정부의 보험료 보조를 허용보조로 인정하고 있다.

3 다원적 기능 지원

농업은 우리 사회에 환경정화, 경관보전, 식량안보 등 다양한 편익을 제공해 주는 반면, 정작 자신들은 그에 대한 충분한 보상을 받지 못하는 문제를 가지고 있다. 따라서 농업이 가져다주는 사회적 편익을 지속시키기 위해 정부는 적정 수준의 보상을 해줄 필요가 있다. 〈그림 14-3〉에서 녹색으로 표시한 친환경농업직불제, 경관보전직불제, 조건불리직불제와 쌀 고정 및 밭농업직불제가 공익형 직불제이며, 농업의 긍정적 외부효과를 보상해 주는 제도라고 할 수 있다.

공익형 직불제 중 쌀고정직불제와 밭농업직불제는 식량안보를 위한 논과 밭 형질보전이라는 공익적 기능 외에 정부가 분배의 형평성 차원에서 농가 소득지지를 목적으로 운영하고 있는 직불제이다. 그 외의 공익적 직불제로 친환경직불제, 조건불리지역직불제, 경관보전직불제가 있는데 이들은 농업의 다원적 기능을 지원하기 위한 직불제이다. 2020년 공익직불제 도입으로 친환경직불제와 경관보전직불제는 선택직불제로, 조건불리지역직불제는 쌀·밭 직불제와 함께 기본직불제로 각각 개편되었다.

친환경직불제는 친환경농업의 조기정착을 도모하고, 고품질 안전농산물 생산 장려와 환경보전 등 농업의 공익적 기능 제고를 위하여 1999년에 도입되었다. 유기, 무농약, 저농약 농산물을 생산하는 친환경 농가에 대해 논과 밭의 ha당 일정 단가를 적용하여 직불금을 지급한다. 경관보전직불제는 농촌경관을 아름답게 가꾸고 공익적 기능을 증진함으로써 도농교류 및 지역사회의 활성화를 도모하고자 2005년에 도입되었다. 지방자치단체와 마을 사이에 협약을 체결하고 농지에 일반작물 대신 경관작물을 재배하는 경우 ha당 일정금액을 지급한다. 조건불리직불제는 농업생산 및 정주여건이 불리한 지역에 대해 ha당 일정 금액을 지원함으로써 소득을 보전하고, 균형 있는 발전과 지역사회 유지를 목적으로 2004년에 개시되었다. 이 직불제들은 쌀과 밭고정직불제와 마찬가지로 생산여부에 상관없이 특정 목적에 부합할 경우 일정 면적 당 보조금을 지급해 주는 제도이므로 WTO 농업협정에서 허용되는 보조이다.

4 농업 기술개발(R&D) 지원

여타 산업과 마찬가지로 농산업도 기술개발(R&D)을 통하여 생산성 향상을 도모하고 생산비를 절감한다. 농가와 농산업체의 생산성 향상은 생산자의 소득증대를 가져오고, 생산비 절감은 농산물 가격 하락으로 이어져 소비자 잉여를 증대시키므로 사회 전체적으로 긍정적인 효과를 가져 온다고 할 수 있다. 〈그림 14-9〉은 R&D 투자를 통한 기술진보가 사회적 잉여를 증대시키는 효과가 있는 것을 보여준다. 기술진보 전의 시장 공

그림 14-9 기술진보의 경제적 효과

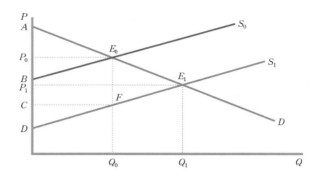

자료: 농림축산식품부, 『2023 농림축산식품 주요통계』를 이용해 작성

급곡선과 수요곡선이 각각 S_0와 D라고 한다면 시장균형은 두 곡선이 만나는 E_0에서 이루어진다. 이때 소비자잉여와 생산자잉여는 각각 $\triangle AP_0E_0$와 $\triangle P_0BE_0$로 나타난다. 이제 기술진보로 농업생산성이 향상된다면 공급곡선은 S_0에서 S_1으로 오른쪽으로 이동할 것이다. 기술진보 후 시장균형은 새로운 공급곡선(S_1)과 수요곡선(D)이 만나는 E_1에서 이루어지고 새로운 소비자잉여와 생산자잉여는 각각 $\triangle AP_1E_1$과 $\triangle P_1DE_1$이 된다. 따라서 기술진보로 인한 소비자잉여의 증가분은 ▢$P_0P_1E_1E_0$가되고 생산자잉여의 증가분은 $\triangle P_1DE_1$에서 $\triangle P_0BE_0$을 차감한 부분이 된다. 그림에서 보는 바와 같이 기술진보가 있을 경우 소비자잉여는 확실히 증가하나 생산자잉여는 $\triangle P_1DE_1$과 $\triangle P_0BE_0$의 크기에 달려 있으므로 반드시 증가한다고는 볼 수는 없다. 만약 기술진보로 인한 공급곡선의 이동이 크지 않을 경우는 생산자잉여가 오히려 감소할 수도 있다. 그럼에도 불구하고 생산자잉여와 소비자잉여를 합한 사회적 잉여는 ▢BDE_1E_0만큼 증가하므로 R&D 투자로 인한 기술진보는 사회 전체적으로 경제적 유익을 가져다줌을 확인할 수 있다. 이 그림에서는 설명의 단순화를 위하여 R&D 투자에 소요된 지출금액을 고려하지 않았으므로 정확히 측정한 사회적 잉여의 증가분은 ▢BDE_1E_0에서 R&D 투자금액을 차감한 부분이 되어야 한다.

한편, 농업의 공공적 특성상 농업기술은 일반 산업기술과 달리 국가 주도 R&D로 대부분 이루어지고 있다. 우리나라의 경우 농림업 부문 국가 R&D는 농·식품부 내에 있는 농촌진흥청과 산림청을 통하여 대부분 지원되고 있다. 〈표 14-2〉는 2017년에서 2023년의 6개년 동안 국가 예산 대비 R&D 지원 추이를 보여준다. 국가 전체 R&D 예산의 연 평균 증가율은 국가 전체 예산의 연평균 증가율과 동일한 8.1%를 기록하였다. 반

표 14-2 국가 예산 대비 R&D 지원 추이(단위: 천억원)

구분	2017	2018	2019	2020	2021	2022	2023	연평균 증가율(%)
농·식품부주) R&D 예산 (A)	8.5	8.7	8.7	9.5	10.8	11.4	11.8	5.6
국가 전체 R&D 예산 (B)	194.6	196.7	205.3	242.2	274.0	297.8	310.8	8.1
농·식품부 전체 예산 (C)	117.0	115.9	132.5	133.5	134.0	147.1	159.9	5.3
국가 전체 예산 (D)	4,005.5	4,288.3	4,695.8	5,122.5	5,579.9	6,076.6	6,387.3	8.1
A/C (%)	7.3	7.5	6.6	7.1	8.1	7.7	7.4	
B/D (%)	4.9	4.6	4.4	4.7	4.9	4.9	4.9	

주: 농·식품부 예산은 수산 부문은 제외한 금액이다.

면, 농·식품부(농촌진흥청과 산림청 포함)의 R&D 예산 연평균 증가율은 5.6%로서 농식품부 전체 예산의 연 평균 증가율 5.3% 보다 다소 높게 나타나며 R&D 예산 비중 차원에서는 긍정적으로 볼 수 있다. 이는 농·식품부 전체 예산 대비 R&D 비중이 6.6~8.1% 수준으로 국가 전체 예산 대비 R&D 비중인 4.4~4.9%보다 높은 수준으로 나타난다. 그러나, 향후 농·식품 분야의 전반적인 발전을 위해서는 농·식품부 전체 예산과 R&D 예산의 연 평균 증가율이 모두 국가 전체 예산 증가율 수준인 8% 이상을 유지하여야 할 것이다.

01 우리나라의 농업금융정책에는 어떠한 것이 있는지 설명하라. 그리고 농업금융정책이 사회적 후생에 기여하는 효과를 그래프를 이용하여 설명하라.

02 농업재정정책은 농업금융정책과 어떠한 차이가 있는지 설명하라. 그리고 우리나라의 농업재정정책에는 어떠한 것이 있는지 설명하라.

03 쌀 고정직불제와 변동직불제는 어떻게 다른지 설명해보라. 그리고 두 직불제가 각각 소비자잉여, 생산자잉여, 사회 전체적인 잉여에 어떠한 영향을 미치는지 그래프를 이용하여 설명하라.

04 우리나라의 대표적인 농업보험인 재해보험과 수입보험에 대해 각각 설명하고 농가가 지급받는 보험금이 각각 어떻게 결정되는지 비교하여 설명하라.

05 정부가 여타 산업과 달리 농업에 대해서 기술개발(R&D)을 지원하는 이유를 설명하고, 그리고 R&D를 통한 기술진보의 경제적 효과를 그래프를 이용하여 설명하라.

"

제V부는 천연자원, 자연환경, 농촌발전에 관한 내용을 다룬다. 농·식품산업이 크게 의존하는 자원과 환경의 이용에 있어 시장실패가 발생하는 원인에 대해 알아보며, 시장실패를 제거하는 방안과 자원을 합리적으로 이용하는 방안, 그리고 공간으로서의 농촌을 발전시키는 원리 등에 대해 설명한다. 제15장은 자원의 소유권 부재, 공공재적 성격, 외부효과의 존재 등으로 인해 발생하는 시장실패 문제를 알아보고, 그러한 문제를 해결할 수 있는 방안에 대해 구체적으로 분석한다. 제16장은 농·식품산업이 의존하고 있는 천연자원의 종류와 특성에 대해 분석하며, 그러한 천연자원을 이용하는 기준으로서 동태적 효율성과 지속가능성을 설명하고 이를 달성하는 방안에 대해 설명한다. 제17장은 공간이 경제행위에 활용되는 방식이 결정되는 원리와 지역단위의 경제활동을 분석하는 방법론을 분석하며, 한국에서의 농촌개발의 현황과 관련 정책들을 설명한다.

자원 · 환경 및 농촌발전

CHAPTER
15

자원 · 환경과 농 · 식품산업

제15장에서는 인간의 경제행위와 자연환경이 서로 어떠한 영향을 어느 정도나 강하게 주고받는지를 살펴보고, 자연환경이 경제행위를 제약하는 정도와 역으로 경제행위가 자연환경에 미치는 영향에 대해 이해하도록 한다. 아울러 자원과 환경의 적절한 이용을 시장메커니즘을 통해 달성하는 것이 가능한지의 여부와, 시장이 그러한 기능을 원활히 하지 못한다면 그 이유는 무엇인지, 그리고 시장기능을 보완하기 위한 해결책으로는 어떠한 것이 있는지를 배우도록 한다.

인간의 경제활동에 있어서 자원·환경은 필수불가결한 요소이다. 자연자원을 투입요소로 활용하여 생산된 재화는 시장에서 거래되고, 소모된 재화는 폐기물의 형태로 자연환경으로 환원되는 순환구조를 띠고 있다. 아울러 경제활동과 자원 및 환경 간의 관계는 서로가 영향을 미친다는 점에서 상호의존적이라고 할 수 있다. 이러한 자원, 경제, 환경 간의 순환관계는 여타 산업들보다 농·식품산업에서 상대적으로 더욱 두드러지게 나타난다. 왜냐하면 농·식품산업은 일반 공산품이나 무형의 서비스 상품과는 달리 동·식물, 미생물 등 생명자원과 직접적으로 연관이 있기 때문이다. 자원·환경과 경제와의 관계를 올바르게 이해하기 위해서는 기존 경제이론과 함께 생물학, 생태학, 환경학 등 다른 분야 전반에 걸쳐 초학제적(transdisciplinary)인 배경지식도 갖출 필요가 있다.

1 자원·환경의 경제학설사(史)적 고찰

환경오염의 심각성과 자원 고갈 문제가 심화되면서 최근 경제학 이론에서 환경경제학, 자원경제학, 생태경제학 등이 크게 주목받고 있다.[1] 그러나 자원·환경과 경제계와의 관계가 비단 최근에 들어서 주목을 받은 것은 아니며, 근대 경제이론의 기틀이 마련된 18세기부터 분석의 대상이 되어 왔다. 따라서 자원·환경 문제가 경제학설사(史)적으로 어떻게 조망 받아 왔는지 살펴볼 필요가 있다.

(1) 고전학파 경제학에서의 자원·환경

근대 경제학의 시초는 아담 스미스(A. Smith)의 국부론(The Wealth of Nations)이 출간된 1776년으로 거슬러 올라간다. '보이지 않는 손(invisible hand)', 즉 개인의 자율성이 곧 사회적 선(善)을 추구하는 것이라는 현대 자본주의의 이론적 기틀을 제시한 이 경제사조는 '고전학파 경제학'이라 지칭된다. 고전학파는 18세기 후반에서 19세기 중반인 1860년대까지 영국을 중심으로 아담 스미스, 리카르도(D. Ricardo), 맬서스(T. Malthus) 등에 의해 주를 이루었다.

---

1) 환경경제학은 경제계에서 자연환경으로 환원되는 폐기물을, 자원경제학은 자연환경에서 경제계로 투입되는 자원을, 생태경제학은 경제계가 자연환경의 하부구조라는 인식하에 지속가능성을 각각 학문의 주 분석 대상으로 삼는 차이점을 가지고 있다.

고전학파에서의 생산기술은 우리가 흔히 아는 생산의 3요소인 토지, 노동, 자본으로 구성된다. 즉, 생산량을 Q, 생산함수를 f라고 표시하면 생산기술은 다음과 같다.

$$Q = f(A, K, L)$$

단, A는 토지, K는 자본, L은 노동을 각각 지칭한다. 3대 생산요소 중 토지가 바로 자연환경에서 얻는 자원에 해당된다. 이들은 당시의 기술조건으로서는 토지가 농업생산에서 차지하는 비중이 매우 컸고, 따라서 천연자원을 대표하는 토지는 노동, 자본 못지않게 중요한 생산요소로 간주되어, 제한된 토지면적을 가지고 어떻게 성장이 가능할 것인지에 큰 관심을 가졌다.[2]

(2) 신고전학파 경제학에서의 자원·환경

19세기 후반에 들어와 '신고전학파'가 경제사조의 주류를 이루었다. 이름에서 알 수 있듯이 신고전학파는 고전학파를 계승하여 더욱 발전시켰으며 사실상 오늘날 우리가 배우는 현대 경제이론의 대부분이 신고전학파에 근간을 두고 있다. 시장균형을 통해 상품의 생산량과 가격, 소득배분 등이 결정되는 원리를 제시하였고, 주요 인물로는 창시자인 마샬(A. Marshall), 피구(A. C. Pigou) 등이 있다.

신고전학파는 산업혁명 과정에서 인간이 축적하는 자본이 노동과 천연자원을 대체하는 것을 경험했다. 또한 유럽인들에게는 식민지 개척을 통해 토지와 천연자원의 제약을 완화하는 것이 가능했기 때문에 생산의 3요소 중 토지, 즉 자연환경에 대한 논의를 제외하기 시작했다. 이 경우 생산기술은 다음과 같이 자본 K와 노동 L의 두 요소만을 고려하는 식으로 표현되며, 현대 경제학에서도 대부분의 경제학 교재가 이 식을 따른다.

$$Q = f(K, L)$$

---

2) 잘 알려진 맬서스의 주장처럼 고전학파는 제한된 토지면적으로 인해 지속적인 경제와 인구의 성장은 불가능하다고 보았기 때문에 '암울한 경제학(the dismal science)'이라고도 불렸다. 이들은 기술발전에 의한 생산성 증대를 감안하지 않았기 때문에 이러한 빗나간 예측을 하였다.

(3) 20세기 후반 경제학에서의 자원·환경

경제의 지속적 성장에 관해 현대 경제학은 여러 가지 다양한 방향의 논의를 전개하였는데, 특히 인적자본(human capital)이 경제성장에 미치는 영향을 강조하였다. 즉 노동이 제공하는 서비스도 노동자의 수가 아니라 교육과 훈련을 통해 얼마나 많은 인적자본을 가졌느냐에 의해 결정된다는 것이다. 이런 주장을 제기한 대표적 학자가 노벨경제학상을 수상한 농업경제학자 슐츠(T. W. Schultz)이다. 인적자본론을 강조할 경우 생산기술은 다음과 같이 표현한다.

$$Q = f(K, H)$$
단, K = 물적자본, H = 인적자본

경제학이 발전하면서 이처럼 천연자원이 경제이론에서 차지하는 중요성이 약해져 왔지만, 다른 한편으로는 1970년대 후반에 들어와 다시 고전학파처럼 천연자원 및 환경의 중요성을 강조하는 사조가 대두되어 큰 주목을 받았다. 이는 급격한 산업화로 인한 환경오염의 폐해, 70년대 오일쇼크 등 자원과 환경의 중요성이 부각되면서 경제계와 자연환경의 조화로운 발전이 그 어느 때보다 중요하게 인식되는 상황에서 비롯되었다. 대표적 학자로는 니스(A. V. Kneese), 아이레스(R. U. Ayres) 등이 있다.[3]

아울러 천연자원과 환경문제의 중요성이 커지면서 지난 반세기에 걸쳐 자원경제학과 환경경제학이 크게 발전하였고, 이 분야의 연구자들은 신고전학파적인 분석틀을 사용하면서도 천연자원 및 환경문제와 경제행위를 통합하여 분석하는 방법을 개발해내었다.

2 자원·환경과 경제와의 관계

우리가 경제사조를 통해 볼 수 있었듯이 20세기 전반기까지의 경제학에서는 자원·환경의 중요성이 간과되어 왔다. 그러나 과도한 성장 위주의 정책, 그로 인한 환경오염 피해의 심화, 산업화에 따른 지구온난화 가속 및 기후변화 영향 등 21세기 현재 인류 경

---

3) 이들을 '현대 Malthus주의자(contemporary Malthusians)'라 부르기도 한다.

그림 15-1　경제체제와 자원·환경

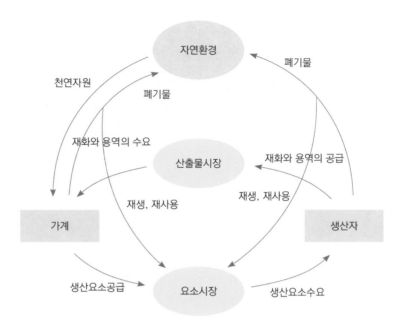

자료: 권오상, 『환경경제학』, 박영사, 2020.

제를 둘러싼 환경 위협은 경제와 자원·환경과의 조화를 추구하는 방향으로 초학제적 고찰이 필요함을 누누이 강조하고 있다. 자원·환경과 경제의 통합적 관계를 도식하면 〈그림 15-1〉과 같이 나타낼 수 있다.

　이에 따르면 자연환경으로부터 유입된 천연자원은 인류의 경제활동에서 생산요소나 최종 산출물의 형태로 생산 및 소비되고 마지막에는 폐기물의 형태로 자연으로 환원된다. 이는 앞서 언급했던 니스 등의 학자들이 고안한 물질균형접근법(material balance approach)에 바탕을 둔 것으로, 경제와 자연환경이 서로 연계되어 있고 물질과 에너지는 경제와 자연 중 어느 영역에 있든 그 총량이 일정하여 균형을 이루고 있다는 개념에 기초한다.[4] 즉, 처음 경제체제로 들어온 천연자원의 총량은 추후 폐기물의 형태로 자연으로 환원되는 총량과 같아서 양 물질은 서로 균형을 이룬다는 것이다.

　물질균형접근법을 적용하여 자원·환경과 경제의 관계를 이해하는 데에는 자연과학

---

4) 니스 외(Kneese, A. V., R. U. Ayres, and R. C. D'Agre, *Economics and Environment: A Material Balance Approach*, Washington D. C., Resources for the Future, 1970).

도구인 **열역학(thermodynamics)**에서 다루는 두 가지 법칙인 열역학 제1법칙(에너지 보존의 법칙)과 열역학 제2법칙(엔트로피(entropy) 증가의 법칙)이 활용된다. 먼저, 열역학 제1법칙에 따르면 물질 및 에너지는 사용 과정에서 그 형태만 변화할 뿐 전체적인 총량은 일정하게 보존된다. 열역학 제2법칙은 에너지가 전환될수록 무질서(disorder)의 정도를 의미하는 '엔트로피(entropy)'가 증가하는 방향으로 진행되며, 전환 과정은 에너지의 투입을 수반하므로 물질 및 에너지의 손실을 야기한다는 것이다. 요컨대, 제1법칙이 물질 및 에너지의 양에 관한 법칙이라면 제2법칙은 질에 관한 법칙이라고 할 수 있다. 경제학적 측면에서 볼 때 물질의 양은 한정되어 있고(제1법칙), 인간의 경제활동은 엔트로피 증가를 더욱 가속화시킨다(제2법칙)고 할 수 있다. 이에 경제, 자원, 환경 간의 관계에서 자원을 효율적으로 이용하는 것이 중요한 화두로 자리 잡고 있다는 것을 유추해 볼 수 있다.

에너지가 자연환경에 유입된 이후 자연환경은 경제체제 내 생산과정에 활용되는 자원, 경제주체가 생존할 수 있는 생명유지 서비스 및 쾌적한 생활편의시설(어메니티) 등을 제공함은 물론, 경제활동에서 발생하는 폐기물의 저장고 역할을 한다. 만약 경제주체가 자원을 비효율적으로 과다하게 사용한다면 제1법칙에 의거, 폐기물이 과다하게 발생, 폐기물 저장고의 한계를 넘어서게 되고, 이는 곧 자연의 자정작용 범위를 넘어 환경오염을 초래하는 결과를 맞는다. 동시에, 자연환경으로부터 쾌적성, 생명유지 기능이 축소되고 자원 고갈의 한계에 직면하여 경제활동이 위축될 것은 자명하다. 이에 자원의 재활용(recycling)은 폐기물이 환경으로 유입되기 전에 경제재로 환원시키는 효과가 있다. 그러나 제2법칙에 따르면 재활용을 거치는 자원은 그 과정에서 에너지 손실과 함께 이용도가 저하되기 때문에 이용에 한계가 있기 마련이다. 결국 이용가능한 전체 자원의 양은 제한될 수밖에 없으며, 경제와 자연·환경 간의 균형을 도모하기 위해서는 자원의 효율적 이용이 중요하다는 데에 이의가 없을 것이다.

section 02 시장실패와 자원·환경 문제

시장균형이 이루어졌다 함은 곧 어떠한 상품의 수요와 공급이 일치하는 지점에서 그 상품의 거래량과 가격이 결정되어 자원의 낭비 없이 효율적으로 배분되는 상황을 의미한다. 핸드폰, 자동차, 식료품 등 우리가 주변에서 흔히 접하는 소유권이 확실한 상품들의 경우 이러한 논리가 잘 적용된다. 그러나 깨끗한 물이나 쾌적한 공기와 같이 자원

·환경과 관련된 재화들의 경우에는 소유권이 명확하지 않아 시장균형이 사회적으로 최적인 지점에서 이루어지지 못해 자원이 비효율적으로 배분되는 경우가 발생한다. 이를 **시장실패(market failure)**라고 칭한다. 본 절에서는 시장실패와 관련된 자원·환경 문제들을 알아본다. 먼저 시장실패와 대비되는 시장메커니즘의 효율성부터 간략히 살펴본다.

1 자원의 효율적 분배: 소유권과 시장메커니즘

제5장에서 완전경쟁시장균형은 소비자잉여와 생산자잉여의 합으로 표현되는 사회적 순편익을 극대화한다고 학습한 바 있다. 이는 곧 시장에서 효율성이 달성되었다는 것과 일맥상통한다. 수요와 공급이 일치할 경우 상품 또는 그 상품의 원료로 쓰이는 자원들에 대해 초과수요나 초과공급으로 인한 낭비 없이 최적의 배분이 이루어질 수 있기 때문이다.[5]

완전경쟁시장에서는 시장가격에 따라 수요와 공급 간에 자유거래가 이루어져 균형점에 도달하여 시장이 청산되는데 이러한 경향을 **시장메커니즘(market mechanism)**이라 한다. 시장메커니즘에 의해 자원이 효율적으로 배분되면 개인의 이해와 사회의 이해가 일치된다. 즉 개인이 누릴 수 있는 사적 편익이 곧 사회적 편익이며, 사적 비용도 사회적 비용과 동일시된다. 단, 이러한 시장메커니즘을 통해 효율성이 달성되기 위해서는 몇 가지 전제조건이 필요하다. 우선 시장이 완전경쟁적이어야 하고 시장 내 모든 정보가 개인들에게 열려 있어야 한다. 무엇보다도 시장에서 통용되는 자원에 대한 소유권이 완벽하게 설정되어 있어야 한다.

> 완전경쟁시장균형에서 시장메커니즘은 시장 효율성을 달성케 한다.
> 이는 소유권이 완전하게 설정될 때 가능하다.

---

5) 효율성에 대한 논의가 특정 기간에 한정되어 있다면 이를 정태효율성(static efficiency)이라고 하며, 시간의 개념이 추가될 경우 동태효율성(dynamic efficiency)이라고 한다. 본 장에서 다루어지는 효율성은 정태효율성에 해당되며 동태효율성과 관련된 논의는 제16장에서 상세하게 다루어진다.

2 자원의 비효율적 분배: 시장실패

이전 절에서 완전경쟁시장에서 시장메커니즘이 효율성을 달성하도록 작동하려면 무엇보다도 소유권이 완전해야 함을 강조하였다. 시장에서 화폐로 지불되어 거래되는 상품들은 대개 소유권이 분명한 편이다. 그러나 자연경관이나 맑은 공기와 같은 환경재 또는 공공재는 소유권이 불분명하여 이를 대상으로 한 한계편익이나 한계비용에 대한 정보를 왜곡시키는 경우가 빈번하게 일어난다. 이 경우 시장메커니즘은 정보 왜곡으로 인해 자원을 비효율적으로 배분하여 시장 효율성 달성에 실패하게 된다. 이렇게 시장의 왜곡이 발생하는 현상을 시장실패라고 한다.[6]

소유권이 효율성을 제공하기 위해서는 배타성, 이전성, 실행가능성이라는 세 가지 성질을 모두 만족해야 한다고 알려져 있다.[7] **배타성(exclusivity)**은 자원의 소유, 이용에 따른 모든 비용과 편익이 오직 소유주에게만 귀속되어 그 소유주만이 편익을 누리거나 비용을 부담하는 성질을 말한다. **이전성(transferability)**은 모든 소유권이 자발적 거래를 통해 다른 사람에게 이전이 가능해야 함을 의미한다. 마지막으로 **실행가능성(enforceability)**은 소유주가 원하지 않을 경우 타인에 의해 그 권리가 다른 사람에 의해 침해되지 않아야 한다는 것을 뜻한다. 이 세 가지 특성 중 하나라도 위배되면 소유권은 불철저하게 설정되며, 시장메커니즘이 제대로 기능하지 않아 자원이 효율적으로 배분되는 데 실패하게 된다.

> 시장실패는 소유권이 완벽하게 보장되지 못할 경우 시장메커니즘이 자원의 효율적 배분을 달성하지 못하게 되는 현상이다. 효율성을 제공하는 소유권은 배타성, 이전성, 실행가능성이 모두 충족되어야 한다.

앞서 환경재의 예에서 언급하였듯이 시장실패는 자원·환경 문제와 관련하여 가장 흔히 발생한다. 왜냐하면 자원·환경과 관련된 재화나 서비스의 경우 대개 소유권이 불

---

6) '실패'라는 어감상 시장기능이 마비된다고 이해하기 쉬우나, 그 본질은 시장이 붕괴된다는 것이 아니라 수요와 공급의 균형점이 사회적으로 최적인 지점이 아닌 다른 지점에서 경제주체들의 의사결정이 이루어짐을 뜻한다. 즉, 시장실패란 자원이 비효율적으로 배분된다는 의미로 이해하면 쉬울 것이다.

7) 티이텐버그와 루이스(Tietenberg, T. and L. Lewis, *Environmental & Natural Resource Economics*, 9th ed., Pearson, 2012).

분명하기 때문이다. 따라서 다른 산업과 비교하여 자원·환경과 상대적으로 더 밀접한 관련을 맺고 있는 농·식품산업의 경우 시장실패 관련 문제에 대한 이해가 크게 요구된다. 소유권이 명확하지 않은 자원·환경 문제의 구체적인 발생형태로 개방자원문제, 공유자원문제, 공공재의 문제, 외부효과 등을 들 수 있다.

(1) 개방자원

소유권 자체가 아예 설정되어 있지 않고 모든 사람에게 그 소유권이 개방된 자원을 개방자원(open-access resources)이라고 한다. 우리가 흔히 구매하는 식품 중 참치 통조림을 생각해 보자. 통조림 자체는 식품기업에서 가공한 제품을 구매하게 되지만 그 원료인 참치는 대개 태평양, 대서양 등 특정 국가 소유가 아닌 공해(公海)상에서 원양어선에 의해 포획되는 경우가 많다. 비슷한 예시로 바다낚시를 생각해 보자. 인근에 양식장이 있거나 군사지역으로 지정되어 있어 출입이 제한되는 등 기업 혹은 정부가 사유지 혹은 국유지로 제한을 두지 않는 한 낚시를 즐기는 이는 누구나 바닷가에서 어로행위를 할 수 있다.

이렇듯 수산물의 소유권이 없는 경우, 이를 포획하려는 이는 누구나 선착순으로 해당 자원을 취할 수 있기 때문에 어로행위가 과다해 자원 남용 문제가 발생하며, 개인의 자유로운 행위가 지나친 자원의 이용으로 연결되므로 일종의 시장실패가 발생한다. 산란기에 대게잡이를 금지하는 것, 낚시행위를 제한하는 것, 또는 국제협약을 통해 공해상 원양어선의 포획량에 제한을 두는 것 등이 시장실패를 최소화하기 위한 노력이라 할 수 있다.

(2) 공유자원

소유권이 있긴 하지만 개인이 아니라 소수로 구성된 마을 혹은 공동체에 소유권이 부여되는 자원을 공유자원(common-property resources)이라고 한다. 농촌 공동체에서 마을 단위로 공동 관리하는 우물, 마을 주민들이 모여서 휴식을 취하는 정자, 지역에서 공동 관리하는 농업용 저수지나 보, 국가 혹은 지역 소유의 산에서 자생적으로 자라는 도토리, 밤, 버섯 등의 임산물 등이 이에 해당한다. 공유자원은 소유권의 귀속 여부를 제외하고는 개방자원과 매우 유사하므로 자원 남용 문제가 발생, 시장실패로 이어지기 쉽다.

2009년 최초의 여성 노벨경제학상 수장자인 오스트롬(E. Ostrom)은 공유자원의 이용에 관한 사례들을 소개하였는데, 주로 저개발국가에 많이 나타나는 특징을 가지고 있으므로 개방자원을 적절히 관리하는 것이 저개발국가의 경제발전에 중요한 기여를 한다는 것을 역설한 바 있다.[8]

(3) 공공재

소유권이 명확한 일반 상품, 즉 사유재(private goods)의 경우 어떤 한 소비자가 소비량을 늘리면 다른 소비자는 그 상품을 취할 가능성이 줄어들게 되는데 이를 경합성(rivalry)이라고 한다. 또한 소비할 때 반드시 대가를 지불하여 상품의 소유권을 취함으로써 대가를 지불하지 않은 다른 소비자들을 소유권으로부터 배제시킬 수 있는데 이를 배제성(excludability)이라고 한다. 이러한 사유재와 달리 **공공재(public goods)**는 이 두 성질과 반대되는 개념, 즉 **비경합성(non-rivarly)**과 **배제불가능성(non-excludability)**의 특성을 가진 재화나 서비스를 뜻한다.

즉, 공공재는 한 소비자가 소비해도 다른 소비자가 소비할 가능성이 줄지 않으며(비경합성), 일단 누군가가 소비하기만 한다면 다른 소비자들도 대가를 지불하지 않고 소비할 수 있다(배제불가능성). 농·식품산업은 자연환경 내 천연자원을 직접 생산요소로 활용하기 때문에 공공재와 깊은 연관이 있다. 예를 들어, 오염되지 않은 농업용수, 농산물 재배에 유해하지 않을 깨끗한 공기, 어떠한 생물종(種)의 멸종으로 인해 생태계가 교란되지 않을 생물다양성(bio-diversity) 등이 모두 공공재의 개념에 해당한다. 만일 공공재의 최적량 산출을 시장메커니즘에 맡겨 결정한다면 공공재의 특성인 비경합성과 배제불가능성으로 인해 자원이 비효율적으로 배분되는 시장실패가 발생할 가능성이 높다.

앞서 언급한 공공재의 사례들 중 생물다양성 준수의 일환으로 환경·생태 및 산업적 측면에서 보존될 필요가 있는 작물유전자원(plant genetic resources for food and agriculture, PGRFA)의 예를 들어 이를 살펴보도록 하자. 작물유전자원은 자연에서 쉽게 전파되고 복제되기 때문에 국제법 등에 의해 보호받지 못할 경우 생물학적 지적 소유권이 보존되지 못하는 전 지구적 공공재라고 할 수 있다. 수확량 증대를 목표로 공공재인 작물유전자원을 활용하려는 두 농가 1, 2가 있다고 하자. 편의상 농가 2의 유전자원에 대한 선호가 상대적으로 농가 1보다 크다고 가정하자. 두 농가의 유전자원에 대한 수요는 아래와 같다.

---

8) 오스트롬(Ostrom, E., *Governing the Commons: The Evolution of Institutions for Collective Action*, Cambridge University Press, 1990).

그림 15-2 농업 분야 공공재 시장의 비효율성

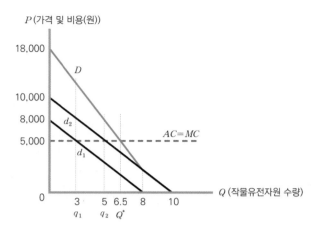

$$d_1 : P_1 = -1000Q + 8000$$

$$d_2 : P_2 = -1000Q + 10000$$

단, P_1과 P_2는 각각 농가 1, 2가 지불하는 가격 혹은 비용을, Q는 작물유전자원 수량을 의미한다. 아울러 논의를 쉽게 하기 위해 유전자원 한 단위를 공급하는 데 필요한 평균비용(AC)과 한계비용(MC)이 각각 일정하다고 한다. 즉 $AC = MC = c = 5,000$원이라 가정하자. 이를 토대로 그래프를 그리면 〈그림 15-2〉와 같이 나타난다.

〈그림 15-2〉에서 공공재의 시장전체 수요곡선은 소비자 개별 수요곡선들의 수평합으로 이루어지는 사유재의 경우와 달리 수직합으로 도출된다는 중요한 차이점이 있는데, 이는 앞서 언급한 공공재의 특징인 비경합성과 배제불가능성 때문이다. 특정량의 자원이 공급되면 두 농가가 그 양을 동시에 함께 소비하기 시작하며, 따라서 그만큼의 자원이 공급되었을 때 두 농가가 얻는 한계편익을 모두 합해준 것, 즉 수요곡선의 높이를 수직으로 합해준 것이 시장전체의 수요곡선이 되어야 한다. 시장전체수요곡선은 〈그림 15-2〉의 굴절된 수요곡선 D로 도식된다. 제5장에서 설명된 바와 같이 수요곡선은 곧 한계지불의사이고, 공급곡선은 한계비용 MC와 일치함을 상기하자. 따라서 시장 전체를 기준으로 하면 가장 효율적인 자원의 보존과 이용량은 시장전체 수요곡선 D와 MC가 만나는 6.5단위의 Q^*에 해당한다.

문제는 이러한 효율적인 자원배분이 시장을 통해서 이루어질 수 있는지의 여부이다. 어떤 민간기업이 유전자원을 관리하여 공급하고자 하지만 이 자원은 비경합성과 배제불가능성을 가지고 있다고 하자. 가령, 농가 1이 먼저 유전자원을 구입하여 소비한다고 하면 d_1과 MC가 만나는 q_1, 즉 3단위가 소비되는데, 공공재의 특성상 일단 작물유전자원이 유입되면 복제나 이동이 용이하기 때문에 농가 2는 q_1 = 3단위만큼의 유전자원을 별도의 노력 없이 동시에 소비할 수 있다. 바로 배제불가능성 때문이다. 농가 2의 경우 그 수요곡선을 감안하면 d_2와 MC가 만나는 q_2 = 5단위 유전자원을 구입하고자 하겠지만, 앞서 농가 1이 이미 3단위만큼의 유전자원을 구입하여 공급되도록 하였으므로 실제로 농가 2는 $q_2 - q_1$ = 5 − 3 = 2단위만큼의 유전자원만 구입하면 된다. 농가 1이 이미 구입한 것에 대해서는 일종의 **무임승차자(free rider)**가 되는 것이다. 따라서 시장에서 소비되는 공공재의 총량은 농가 1이 소비하는 q_1과 농가 2가 소비하는 $(q_2 - q_1)$의 합으로 $q_1 + (q_2 - q_1)$ = q_2 = 5단위로 계산된다. 즉 사회 전체의 기준으로 보면 자원이 가장 효율적으로 배분되는 작물유전자원은 Q^* = 6.5단위이지만 공공재의 특성상 그보다 더 적은 q_2 = 5단위에서 결정되는 것을 볼 수 있고, 따라서 자원이 비효율적으로 분배되는 시장실패가 일어난다고 할 수 있다. 뿐만 아니라 농가 1 역시 농가 2가 먼저 자원을 구매할 때까지 기다린 후, 자신은 그 자원에 대해 무임승차자가 되려 할 것이므로 경우에 따라서는 누구도 자원을 구입하려 하지 않고, 따라서 시장 자체가 붕괴될 수도 있다.

[4] 외부효과

어떤 경제주체의 경제활동으로 인해 다른 경제주체가 의도하지 않게 이득을 보거나 손해를 보더라도 그에 상응하는 대가를 받거나 지불하지 않는 경우 **외부효과(externality)** 가 발생했다고 한다. 전자, 즉 이득을 보더라도 대가를 지불하지 않는 경우를 **양의 외부효과(positive externality)**라 하고 후자, 즉 손해를 보더라도 대가를 받지 않는 경우를 **음의 외부효과(negative externality)**라 한다.[9] 이때 발생한 이득 혹은 손해에 대한 소유권은 명확하지 않아 자원이 효율적으로 배분되지 못해 시장실패에 이르게 된다. 급격한 산업화를 거쳐 농산업과 공업, 제조업 등이 한 지역에 혼재되어 있는 우리나라 농·식품산업은 외부효과의 사례를 많이 접할 수 있다. 인근 공장 폐수 유출로 인한 강 하류 지

---

9) 이때의 이득이나 손실은 아래에서 설명하는 바와 같이 물리적으로 직접 상대방에게 영향을 미침을 의미하며, 시장을 통한 간접적인 영향을 의미하지는 않는다. 내가 구입하고자 하는 물건을 누가 많이 구입해버려 가격이 올라버렸기 때문에 내가 당하는 피해를 외부효과라 하지는 않는다.

역 농작물의 오염 피해, 미세먼지 농도가 높은 지역의 채소작물 피해, 고층건물이 들어서서 그림자가 생겨 일조량이 부족한 농업지대의 농작물 피해 등은 음의 외부효과에 해당된다. 반대로 과수원 인근 양봉농가가 사과 꽃으로 인해 벌꿀 생산량이 늘어나거나, 본서가 여러 차례 강조하는 농업의 경관보호기능과 같은 다원적 기능 등은 양의 외부효과에 해당한다.

먼저 사과 과수농가와 양봉농가 사이에서 발생하는 양의 외부효과에 대해 살펴보자. 양봉농가 소유의 꿀벌은 꿀을 생산하는 데 활용되지만 벌들이 사과나무의 꽃가루를 옮기는 과정에서 수분(受粉; pollination)을 도와 사과 생산량이 늘어나게 된다. 과수농가가 별도로 양봉농가에게 대가를 치르지 않아도 이득을 보게 되는 것이다. 사과에 대한 시장에서의 수요를 아래의 D_P로 표기하자. 이 수요는 사과농가가 느끼는 자기 생산물에 대한 수요이다. 그러나 사회전체로 보면 양봉농가가 사과꽃에 대해 가지는 수요가 있기 때문에 이를 시장에서의 사과 수요, 즉 사적 수요에 합하여야 하고, 이것이 사과에 대한 사회적 수요 D_S가 된다. 과수농가의 공급곡선, 즉 한계비용은 MC로 표기하고 이에 대한 식이 다음과 같이 주어진다고 하자.

$$D_P : P = -700Q + 16000$$

$$D_S : P = -1300Q + 32500$$

$$MC : P = 800Q + 1000$$

〈그림 15-3a〉에는 이상의 논의가 도식되어 있다. 시장전체 수요 D_S가 사적 수요 D_P보다 더 크므로 그래프상 위에 위치하는 것은 쉽게 이해할 수 있다. 이때 시장메커니즘에 의해 도출되는 사과의 균형량은 D_P와 MC가 교차하는 $q_p = 10$에 해당된다. 한편, 양봉농가의 수요까지 고려하여 사회 전체적으로 최적인 사과의 균형량은 D_S와 MC의 교차점인 $q^* = 15$에서 결정된다. 요컨대 $q_p < q^*$에 따르면 양의 외부효과가 있을 때에는 과수농가가 사회 전체적으로 보아 최적인 사과 수량보다 더 적게 생산함으로써 시장실패가 발생한다.

다음으로 음의 외부효과에 대해 살충제 공장과 인근에서 배추를 재배하는 농가의 사례를 역시 수식을 통해 살펴보자. 살충제 공장에서 원료로 쓰이는 화학물질이 폐수 형태로 하천에 배출되고 오염된 하수가 인근 배추 농가가 재배하는 배추밭에 유입되어 배추 일부가 고사했다고 가정해 보자. 배추 농가는 살충제 공장의 생산행위로 인해 피해를

그림 15-3 양의 외부효과와 음의 외부효과

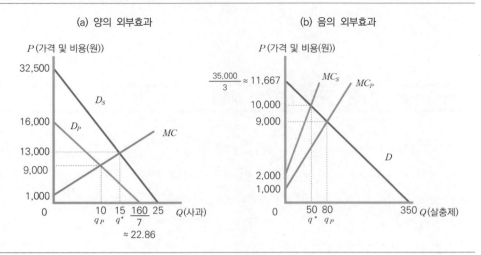

(a) 양의 외부효과   (b) 음의 외부효과

입음으로써 음의 외부효과가 발생했다고 할 수 있다. 살충제 시장을 가정하고 살충제를 구매하는 소비자들의 수요곡선을 D라고 표기한다. 살충제 공장의 공급곡선, 즉 한계비용 곡선은 MC_P로 표현되는데 여기서 하첨자 P는 사적 한계비용으로, 오직 살충제 생산만 고려한 비용에 해당한다. 그러나 사회적으로 보면, 살충제 생산으로 인해 배추 농가가 입는 피해가 있으므로 이를 사적인 한계비용에 더하여야 사회적 한계비용 MC_S가 도출된다. 다음과 같은 구체적 식을 생각하자.

$$MC_P : P = 100Q + 1000$$

$$MC_S : P = 160Q + 2000$$

$$D : P = -(100/3)Q + (35000/3)$$

음의 외부효과에 대한 논의는 〈그림 15-3b〉에 도식되어 있다. 사회적 한계비용은 생산과정 이외에 비용이 추가로 들어가기 때문에 사적 한계비용보다 위쪽에 위치한다. 즉, $MC_S > MC_P$임을 그래프를 통해 확인할 수 있다. 먼저 시장메커니즘에 의해 단순히 살충제 시장의 수요와 공급이 일치하는 균형량은 MC_P와 D가 일치하는 $q_P = 80$이다. 반면 사회 전체의 입장에서 바람직한 최적량은 MC_S와 D가 일치하는 $q^* = 50$이다. 즉, $q^* < q_P$ 관계가 도출되는데, 이는 오염과 같은 음의 외부효과가 있을 때, 살충제 공장은 특별한 법적 제제가 없는 한 사회 전체적으로 최적인 수량보다 더 많은 양의 살충제

를 생산하고 과다한 폐수를 배출할 여지가 있음을 의미한다. 즉, 시장실패가 발생하는 것이다.

농·식품산업에서 다루어지는 자원·환경 문제들은 농·식품이 시장에서 거래된다는 점에서 사유재와 관련이 되기도 하고 전통 식문화 보존, 농촌 어메니티 제공, 환경 보전 등의 역할을 한다는 점에서 공공재와도 연관이 있다. 또한 농업생산 요소들 중 생육조건 충족을 위한 기상(강수, 온도), 대기, 유기질 등의 환경적 요소들은 그 특성상 개방자원, 공유자원의 성격도 함께 가지고 있고, 농·식품산업 내·외적으로 외부효과가 복합적으로 빈번하게 발생한다. 따라서 농·식품산업 분야에서는 시장실패가 필연적으로 발생할 수밖에 없으며, 이에 대한 해결책을 보다 적극적으로 모색해 나가야 한다.

소유권의 불철저한 설정으로 인해 발생하는 시장실패는 여러 가지 방법으로 보정할 수 있다. 개방자원에 대해서는 국제협약이나 어획량에 대한 규제 등을 이용해 문제를 완화할 수 있고, 공유자원 역시 집단 내에서 여러 가지 공식적, 비공식적 조치(예를 들면 자원의 이용권을 각 개인에게 합의하에 배분하는 등)를 취할 수가 있다. 공공재는 비경합성과 배제불가능성 때문에 국가가 공기업 등을 설립하여 민간 기업을 대신해 공급하기도 하며, 보다 정교하게 마련된 장치를 이용해 본인들이 드러내려 하지 않는 공공재 수요를 드러내도록 유도하여 시장이 작동하도록 할 수도 있다. 시장실패를 해결하는 가장 많은 방법이 개발되고 실제로 정책화하는 것은 마지막으로 살펴보았던 외부효과 문제를 해결하기 위한 것이다. 따라서 본 절에서는 외부효과가 존재하는 상황에서 어떻게 하여야 사회적으로 가장 바람직한 자원의 배분을 유도할 수 있는지를 살펴본다.

1 오염물질의 적정 관리

(1) 한계피해와 한계저감비용

생산과 소비의 경제활동이 지속되는 한 환경오염이 불가피하게 발생한다면 오염물질을 어느 수준까지 배출해야 사회 전체의 후생을 극대화시킬 수 있는지가 경제이론의 관

그림 15-4 한계피해와 한계저감비용

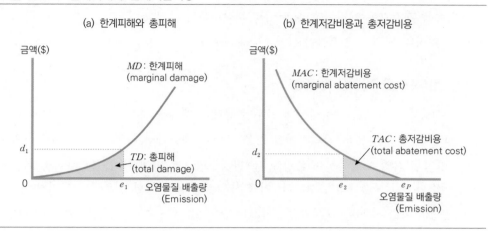

(a) 한계피해와 총피해

금액($)

MD : 한계피해
(marginal damage)

d_1

TD : 총피해
(total damage)

0   e_1 오염물질 배출량
(Emission)

(b) 한계저감비용과 총저감비용

금액($)

MAC : 한계저감비용
(marginal abatement cost)

TAC : 총저감비용
(total abatement cost)

d_2

0   e_2 e_P 오염물질 배출량
(Emission)

건이 된다. 오염물질은 음의 외부효과로 인한 시장실패를 유발하고, 따라서 시장을 통해서는 과도한 오염을 방지하기 어렵다는 문제가 발생한다.

한 단위의 오염물질이 추가로 배출됨으로 인해 늘어나는 피해를 금액으로 환산한 것을 오염의 **한계피해(marginal damage, MD)**라 한다. 오염의 피해에는 생태계 파괴, 인류의 건강 악화, 경제활동 저해 등 환경오염으로 인한 모든 종류의 영향이 포함된다. 예를 들어 축산농가에서 흘러나온 분뇨가 인근 벼 재배 농가로 유입되는 경우를 생각해보자. 분뇨가 소량 유입될 때는 농작물만 피해를 입는 수준에 그치지만, 추가로 다량 유입될 때는 농작물뿐만 아니라 토지와 지하수가 오염되고 악취가 진동하여 재배 농가가 일상적인 생활을 영위하기 힘든 수준에 처할 수 있다. 즉, 〈그림 15-4a〉의 그래프에서 보듯이 한계피해는 통상적으로 오염물질이 늘어날수록 증가하여 우상향하는 형태를 갖는다. 만약 오염물질 배출량이 e_1이라면 그 높이인 d_1이 한계피해에 해당하며, 원점부터 e_1까지 MD곡선 아래의 면적은 총피해(total damage, TD)에 해당한다.

아울러 오염물질 배출량을 줄이는 데에는 비용이 소요된다. 배출량 저감을 위해 사육두수를 줄이는 것과 같은 행위를 할 수도 있고, 성능이 좋은 폐수 처리 장치를 설치·가동하거나, 전문 처리시설로 옮겨서 처리하는 방법 등을 사용하여야 한다. 그러한 비용들을 오염물질 저감비용이라 하면, 오염물질 배출량을 한 단위 더 줄이기 위해서 오염원이 지불해야 하는 비용을 **한계저감비용(marginal abatement cost, MAC)**이라 부를 수 있다. 오염원이 오염물질 배출량을 줄일 때에는 비용이 적게 드는 방법부터 사용할 것이고, 많이 줄일수록 생산설비를 완전히 바꾸거나 품목을 전환하는 것과 같은 행위를 해야 하므로 한계저감비용이 증가한다. 〈그림 15-4b〉에서는 가로축의 오른쪽에서 왼쪽으로 이동할수록 저감량이 커지는데, 이때 한계저감비용이 증가함을 알 수 있다. 한계저감비용곡선 이하의 면적은 총저감비용(total abatement cost, TAC)이 된다.

(2) 최적의 오염물질 배출량

축산농가가 분뇨를 배출하는데 아무런 규제나 제재를 받지 않는다면 분뇨 처리 비용을 고려할 필요가 없으므로 가능한 많은 분뇨를 배출하려 하며, 그 양은 e_p가 될 것이다. 반면 최적의 오염물질 배출량 e^*는 환경오염으로 인해 야기되는 사회적 비용 전체를 최소화시키는 점에서 결정된다. 이때 사회적 비용이라 함은 오염이 야기하는 모든 피해에 해당하는 총피해 TD와 오염물질 배출량을 줄이는 데 투입되는 총저감비용 TAC의 합으로 정의된다. 이를 살펴보기 위해 위 〈그림 15-4a〉와 〈그림 15-4b〉를 하나로 합쳐서 그려보도록 하자. 합쳐진 그림은 〈그림 15-5〉에 도식되어 있다. 여기서 사회적 비용은 어떻게 계산될까? 바로 총피해 TD와 총저감비용 TAC의 합, 즉 〈그림 15-5〉에서 색칠해진 부분이 사회적 비용에 해당된다. e^*는 바로 이 면적을 최소화하는 배출량이며, 이때 한계피해 MD와 한계저감비용 MAC가 서로 만나고 있음을 확인할 수 있다. 이상에서 최적의 오염물질 배출량 e^*는 다음 조건을 만족할 때 도출된다고 할 수 있다.

최적 배출량: $MD = MAC$

그림 15-5 최적의 오염물질 배출량

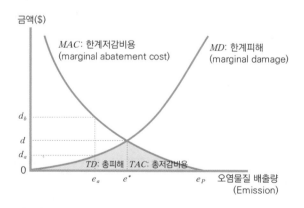

만약 오염물질 배출량이 e^*의 오른쪽 혹은 왼쪽에서 결정된다면 사회 전체의 사회적 비용은 극소화되지 못한다. 가령 축산분뇨가 e^*보다 작은 e_a에서 결정된다고 하자. 이 경우 한계저감비용에 해당하는 $0d_b$는 한계피해에 해당하는 $0d_a$보다 높게 되어 배출량을 더 늘릴 경우 늘어나는 피해보다 줄어드는 저감비용이 더 크기 때문에 e_a는 사회적 최적이 될 수 없다. 그 반대의 경우, 즉 e^*의 오른쪽에 위치할 때는 반대로 배출저감의 한계비용이 그로 인한 피해감소보다 더 작으므로 배출량을 줄일 때 사회적 비용이 줄어들기 때문에 역시 최적이 아니다. 따라서 최적의 배출량은 $MD = MAC$에서 결정되어야 한다. 아무런 규제조치가 없을 경우 축산농가는 e_p의 배출을 선택할 것이고, 이는 사회적 최적 e^*보다 더 많은 양이기 때문에 시장실패가 발생한다.

저감량과 한계편익

오염 피해 변화의 척도로 배출량을 사용할 때 한계피해 MD와 한계저감비용 MAC는 〈그림 15-4a〉 및 〈그림 15-4b〉에 나타난 바와 같이 각각 우상향 및 우하향하는 형태인 것을 확인하자. 만약 오염 피해를 얼마나 줄였는가에 초점을 맞추면 어떻게 표현될까? 이 경우 배출량과 한계피해에 대응하여 저감량과 한계편익의 개념을 소개할 수 있다.

저감량(abatement)은 오염원이 줄인 폐기물 배출량으로 '환경정책이 없을 때 오염원이 배출하던 배출량'에서 '환경정책의 도입으로 인해 실제로 배출한 배출량'을 뺀 값으로 정의된다. 저감량이 한 단위 증가한다는 것은 배출량이 한 단위 감소한다는 것을 의미하며, 이에 따라 증가하는 편익을 한계편익(marginal benefit, MB)이라 한다. 한계편익 MB 역시 한계피해 MD와 마찬가지로 금액 단위로 표시된다.

저감량이 증가할수록 한계편익 MB는 커질까 아니면 작아질까? 예를 들어 폐수를 배출하는 공장 인근 하천에서 악취가 심하게 난다고 하자. 이 공장이 오염물질을 한 단위 저감하면 그 순간 느끼는 편익은 상대적으로 클 것이다. 악취가 너무 심한 가운데 그나마 폐수 배출이 줄었기 때문에 조금이나마 숨이 트인 것이다. 반면 공장이 오염물질을 지속적으로 줄여나가 어느 정도 악취가 가셨다고 하자. 이때 공장이 추가로 오염물질을 추가로 한 단위 더 줄일 경우 느끼는 편익은 상대적으로 작을 것이다. 이미 악취가 가신 상황이기 때문에 추가로 배출량을 줄여도 악취가 심했던 상황에 비하면 큰 티가 나지 않기 때문이다. 정리하면 높은 수준의 배출량에서 저감량을 한 단위 늘리면 한계편익이 크고 배출량을 감소할수록(저감량을 늘려갈수록) 한계편익은 감소하게 된다. 즉 저감량과 한계편익은 우하향하는 관계에 있다. 그러면 저감량과 한계저감비용 MAC의 관계는 어떨까? 저감량이 증가한다는 소리는 그만큼 오염물질 배출량을 줄이기 위해 비용을 들인다는 의미이므로 저감량과 한계저감비용 MAC는 우상향하는 관계를 가질 것이다. 이상의 관계를 도식하면 다음과 같이 나타난다.

그림 15-6   최적의 오염물질 저감량

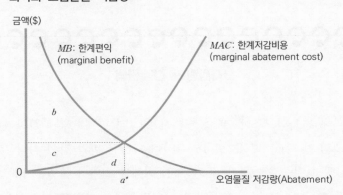

이 그림은 수평축이 배출량이었던 본문 〈그림 15-5〉와 대응되는데, 이번에는 수평축이 저감량으로 표시된다는 차이가 있다. 한계저감비용 MAC 아래 면적은 총저감비용(total abatement cost, TAC), 우하향하는 한계편익 MB 아래 면적은 총편익(total benefit, TB)에 각각 해당된다. 최적 오염물질 배출량에 대응되는 개념은 최적 오염물질 저감량으로 위 그림에서 a^*로 표기된 지점이다. 이는 곧 한계편익 MB와 한계저감비용 MAC가 같을 때 도출되는데, 그 원리는 a^*에서 사회적 순편익이 최대가 되기 때문이다. 구체적으로 원점으로부터 a^*까지 총저감비용 TAC는 면적 d, 총편익 TB는 면적 $b+c+d$, 총편익에서 총저감비용을 뺀 순편익은 면적 $b+c$에 각각 해당되는데, 순편익 $b+c$가 a^*에서 최대가 되는 것을 알 수 있다. 즉, 사회적으로 보아 최적인 저감량을 도출하기 위한 조건은 $MB = MAC$라고 할 수 있다.

2 시장실패의 해결방안

외부효과로 인한 시장실패를 해결하기 위해서는 문제의 당사자 간 사적 교섭(private negotiation)을 통하거나, 아니면 환경정책을 실행하는 방법 등을 사용할 수 있다.10)

(1) 사적 교섭

먼저 사적 교섭은 환경피해 가해자와 피해자의 수가 적고 책임소재가 분명할 때에 정부의 개입 없이 자발적으로 행해질 수 있다. 가령 축산농가의 분뇨가 인근 쌀 재배 농가로 유입되어 농작물 피해가 발생한 경우 일대일 관계로 누가 가해자이고 피해자인지 명확한 경우라고 할 수 있다. 이 경우 별도의 정부 개입 없이 가해자와 피해자가 자율적으로 교섭함으로써 효율적인 분뇨 배출량을 정하는 결정에 도달할 가능성이 있다.

사적 교섭과 관련하여 중요한 개념으로 **코우즈 정리(Coase theorem)**가 있다. 코우즈(R. H. Coase)는 환경오염의 피해가 발생했을 때 가해자와 피해자 중 어느 쪽의 권리를 인정해 주어도 정부 개입 없이 양자 간의 자율적인 협상을 통해 자원의 효율적 분배가 달성될 수 있음을 주장하였다. 단, 이 정리가 성립하기 위해서는 가해자와 피해자가 명확하고, 그 수가 적어야 하며, 협상 과정에 드는 거래비용이 아주 적어야 한다는 다소 현실에서 성립되기 어려운 전제가 깔려 있다.

코우즈 정리를 이해하기 위해 간단한 예를 들어 보도록 하자. 하천에 폐수를 배출하는 공장이 있고 인근에 배출된 폐수로부터 피해를 입는 양어장이 있다고 하자. 폐수 배출량은 e로 표시되는데, 이는 생산행위를 위해 필요한 과정으로 공장은 폐수에 대해 일종의 수요를 가진다고 볼 수 있다. 폐수를 한 단위 더 배출함으로써 벌어들일 수 있는 수익, 곧 한계가치의 역할을 하는 것이다. 이 공장의 폐수 배출에 대한 수요는 D로 표시된다. 한편 양어장은 폐수로 인해 피해를 입게 되는데, 그 한계피해는 MD로 표기된다. 이상의 논의에 대해 수평축을 배출량, 수직축을 금액으로 표시하여 그림으로 나타내면 〈그림 15-7〉과 같다.

이때 e_P는 공장이 자유로이 작업할 수 있는 권리가 완전히 허용되고 양식장이 아무런 조치를 취하지 않을 때 배출되는 폐수 배출량에 해당된다. 즉 오염에 대한 규제가 전혀 없고 가해자(공장)와 피해자(양어장) 사이의 교섭도 전혀 없다면 공장은 폐수의 한

---

10) 그 외 사법제도를 적극적으로 활용하여, 법원이 피해자의 환경피해에 대해 원인자가 보상할 것을 명령하는 판결을 하면 과도한 환경오염을 사전에 방지할 수 있다.

그림 15-7 코우즈 정리: 사적 교섭과 사법적 해결

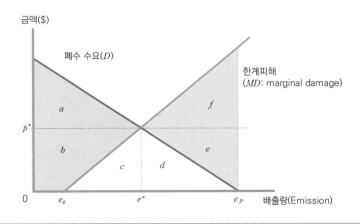

계가치가 0으로 되는 e_P까지 배출한다. 그러나 가해자와 피해자의 후생을 모두 고려하는 경우에는 앞서 배운 대로 폐수의 한계가치와 한계피해액이 일치하는 e^*가 사회적으로 최적인 배출량에 해당한다. 이때 사회적으로 최적인 수준의 배출량 e^*가 균형점인 e_P와 일치하지 않고 오히려 더 적은($e^* < e_P$) 외부효과가 발생한다. 이를 제거하기 위해 양어장이 공장에게 폐수 배출량을 한 단위 줄일 때마다 e^*에서 폐수의 한계가치와 동일한 p^*를 공장에 지불하겠다고 제의하고 이 교섭이 이루어졌다고 하자. 사적 교섭이 없을 때 공장은 $(a+b+c+d)$의 이득을 얻고 있었는데 사적 교섭이 이루어진 후 e^*로 배출량을 줄임으로써 이득은 종전보다 $(a+b+c)$로 d만큼 줄지만 양어장으로부터 $(d+e)$만큼의 대가를 받기 때문에 최종적으로는 $(a+b+c)+(d+e)$의 이득을 얻어 오히려 e만큼의 이득을 보게 된다. 양어장은 어떨까? 만약 교섭이 없었다면 $(c+d+e+f)$의 피해를 받고 있었을 것이다. 그런데 교섭이 성립되면 피해는 $(d+e+f)$가 줄어들어 c수준에 그치고, 공장에 줄 $(d+e)$가 대신 자신의 주머니에서 나가게 된다. 그래도 전체적으로는 $c+(d+e)$만큼의 손실을 입으므로 교섭 전보다는 오히려 f만큼 손실을 줄일 수 있었기 때문에 결과적으로 이득이다. 즉, 교섭 전에 비해 가해자, 피해자 모두 교섭으로 인해 이득을 얻게 된다.

　　여기서 의문이 들 수 있다. 왜 피해자가 먼저 가해자에게 보상을 해야 하는가? 관련 법에 의해 혹은 사회적 관습에 의해 오염 피해를 당하지 않을 피해자의 권리가 우선할 수도 있다. 이 경우에는 오염원은 피해자의 동의 없이는 오염물질을 하나도 배출할 수가 없다. 이럴 경우에는 오염원인 공장이 폐수 배출량에 대한 허가를 얻고 단위당 p^*를 지

불하는 교섭을 양어장에 제안하게 된다. 만일 교섭이 이루어졌다면 공장은 $(a+b+c)$만큼의 이득을 얻는 대신 양어장에 $(b+c)$만큼을 지불해야 한다. 결론적으로 $(a+b+c)$ $-(b+c)=a$만큼의 이득을 얻는데, 이는 아예 가동을 정지해서 0이었던 것에 비하면 분명 이득이다. 다음으로 양어장은 교섭 전에는 아무런 피해가 없었지만 교섭 후에는 c만큼의 피해를 입는다. 그러나 공장으로부터 $(b+c)$만큼의 보상을 받기 때문에 전체적으로는 $(b+c)-c=b$만큼의 이득을 얻게 된다. 즉, 교섭으로부터 가해자와 피해자 모두교섭 전보다 이득을 얻는다.

이상에서 코우즈 정리의 결론이 도출된다. 앞의 예가 보여준 바와 같이 교섭을 누가 먼저 하든지 간에 교섭을 통해 가해자와 피해자 모두 이득을 얻는 결과가 나오며, 효율적인 수준의 환경 이용이 달성된다. 다만 가해자와 피해자 중 누구의 권리가 우선하느냐가 결정되어야 하는데, 권리가 인정되는 쪽의 총 편익이 더 커지는 차이만이 발생한다.11)

- 코우즈 정리에 따르면 사적 교섭이 가능할 경우 정부개입 없이도 외부효과 문제가 해결되고 자원 배분에 있어 효율성이 달성될 수 있다.
- 효율적인 자원배분은 가해자와 피해자의 권리 가운데 어느 쪽을 인정해주어도 동일하나, 권리가 인정되는 쪽에게 더 많은 편익이 돌아간다.

(2) 환경정책

사적 교섭은 관련 당사자의 수가 적고 합의를 도출하는 데 필요한 정보나 비용이 많지 않을 때에만 사용될 수 있다. 따라서 대부분의 경우 외부효과는 정부의 개입을 필요로 한다. 정부가 주도적으로 개입하여 환경오염에 대한 관리를 하는 경우 다양한 환경 정책들로 구현된다. 이러한 환경정책은 경제적 유인(economic incentive)이 있고 없고의 차이로 양분할 수가 있다. 경제적 유인이 없는 제도로는 환경기준을 사용하여 규제하는 **직접규제(command and control)**가 있다. 예를 들면 사회적으로 허용될 수 있는 배출량을 정해 오염원들이 이를 강제로 지키게 하거나, 아니면 오염물질을 처리하는 절차를 정해 이를 준수하도록 할 수가 있다. 단, 각 오염원별로 다양한 기술조건이나 저감비용 구조를 가지기 때문에 이러한 배출기준을 획일적으로 적용하면 오염원별 특성을 반영할

---

11) 〈그림 15-7〉을 포함하여 코우즈 정리에 관한 이상의 논의는 권오상(2020, 전게서)을 참고하고 있다. 이 정리에 대한 체계적인 비판 역시 이 문헌을 참고하기 바란다.

수 없어 저감비용이 매우 커지는 문제가 있을 수 있다.

경제적 유인을 사용할 경우 배출량은 오염원이 자율적으로 결정하되 특정 금액을 배출량 단위당 **부과금(emission charge)**으로 납부하게 하여 배출저감을 유도할 수 있다. 특히 축산농가의 경우 배출저감시설이나 폐수처리시설 설치 시 보조금을 주어 배출저감을 유도하는 방식이 사용된다. 아울러 우리나라에서 실시되고 있는 온실가스 **배출권거래제(emission trading scheme)**의 경우처럼, 오염원이 배출권시장에서 배출권을 사고 팔 수 있게 하고, 자신이 보유한 배출권 한도 내에서만 오염물질을 배출하게 할 수도 있다. 예를 들면 지역단위에서 사육할 수 있는 가축의 수를 권한(permit)의 형식으로 서로 사고 팔도록 하여 전체 사육두수는 발행되는 권한 내에 묶어 두되, 가축 사육을 가장 원하는 생산자가 사육할 수 있도록 하면서 축산오염물질 총량을 관리할 수도 있다. 배출부과금이나 배출권거래제는 각 오염원이 자신의 저감비용구조에 맞게 배출량을 선택하게 하기 때문에 직접규제에 비해 적은 비용으로 배출량을 줄일 수 있다.[12]

농·식품산업 분야에서의 환경정책은 앞서 제시한 전통적인 시장실패 해결에 관한 이론을 토대로 하되 농업생산과 관련된 제반사항을 환경재로 인식, 농업의 지속가능성 및 공익적 기능을 강화하는 한편, 농가 소득을 보전하는 방향으로 추진되고 있다. EU를 비롯한 선진국에서는 다양한 농업환경정책이 활발히 시행되고 있으며, 우리나라에서도 관련된 정부 부처들의 주도로 수질개선 시설 확충 및 지원사업, 폐기물 에너지화 등을 통한 자원순환체계 구축사업, 자연환경 및 생물자원 보전 사업 등을 시행하고 있다.[13]

---

12) 이들 정책에 관한 보다 자세한 사항은 권오상(2020, 전게서) 7~8장을 참조하기 바란다.

13) 관련 내용은 김태연 외(김태연·김배성·박재홍·이명헌, 『농업환경프로그램 도입방안 연구』, 연구보고서, 단국대학교, 2013)에 잘 정리되어 있다.

등한계원칙

　직접규제, 부과금, 배출권거래제 등 환경정책을 시행할 때에는 오염물질 배출량을 현재 수준 대비 얼마만큼 저감하겠다는 목표를 수립한다. 정책 대상 지역이나 산업에는 오염물질을 배출하는 오염원들이 다수 있기 마련인데, 목표로 하는 저감량을 각 오염원별로 얼마만큼 배분하는가가 관심 사항이 된다. 등한계원칙(equi−marginal principle)은 각 오염원의 한계저감비용 MAC가 동일하도록 저감량을 배분할 때 전체 저감비용이 최소가 되어 효율성이 달성된다는 것을 의미한다.

15-8　등한계원칙: 두 개 오염원

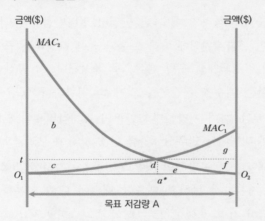

목표 저감량 A

　등한계원칙을 간단히 살펴보기 위해 어떤 하천 지역에 폐수를 배출하는 두 공장이 있다고 하자. 공장 1은 최신 시설을 보유하여 폐수를 저감하는데 상대적으로 적은 비용이 들고, 공장 2는 낡은 시설을 가지고 있어 상대적으로 많은 저감 비용이 든다. 이 하천 지역에서 환경 당국이 목표로 하는 폐수 저감량을 A라고 하면 이를 각 공장에 얼마만큼 배분해야 할까? 〈그림 15−8〉에서 수직축은 금액, 수평축은 목표 저감량 A이고 공장 1의 경우 왼쪽 원점 O_1부터 오른쪽으로 저감량을 늘려간다. 반면 공장 2는 오른쪽 원점 O_2부터 왼쪽으로 저감량을 늘려간다. 〈그림 15−6〉에서 보았듯이 한계저감비용은 저감량에 대해 우상향한다는 것을 상기하자. 최신 시설을 가진 공장 1의 한계저감비용 MAC_1은 상대적으로 낮게, 낡은 시설을 가진 공장 2

의 한계저감비용 MAC_2는 상대적으로 높게 그려진다.

등한계원칙에 따르면 이 하천 지역에서 최적인 오염물질 저감량은 MAC_1과 MAC_2가 만나는 교점, 즉 $MAC_1 = MAC_2$인 a^*에서 결정된다. 공장 1의 경우 O_1a^*, 공장 2의 경우 O_2a^*가 할당되는 배분량이다. 이때 $O_1a^* > O_2a^*$로 나타나는데, $O_1a^* + O_2a^* = A$이 성립함을 고려하면 상대적으로 낮은 한계저감비용을 가진 공장 1이 공장 2보다 더 많이 저감해야 한다는 것을 확인할 수 있다. 폐수 배출을 A만큼 줄이기 위한 총저감비용은 각 한계저감비용 아래 면적을 통해 알 수 있다. 최적 오염물질 저감량 a^*를 기준으로 공장 1의 총저감비용 TAC_1은 면적 d, 공장 2의 총저감비용 TAC_2는 면적 e이므로 총저감비용은 두 면적의 합인 $d+e$이고 a^*에서 최소가 되어 효율성을 달성한다.

이제 환경정책으로 본문에서 언급된 부과금을 적용한다고 하자. 이 지역에서 최적 저감량인 a^*를 유도하려면 폐수 한 단위당 얼마만큼의 부과금을 부과해야 할까? 정답부터 말하면 등한계원칙에 따라 도출된 a^*에 해당하는 금액인 t만큼을 부과하면 된다. 이는 위 그래프에서 수평 점선으로 표시된다. 각 공장은 한계저감비용이 부과금보다 낮은 한은 폐수를 저감하는 것이 더 저렴하다. 공장 1의 경우 O_1에서 시작하여 오른쪽으로 a^*까지 저감하면 d만큼의 총저감비용이 든다. 저감하지 못하고 배출하는 폐수에 대해서는 단위당 t만큼 환경 당국에 부과금으로 납부하는데, 이는 면적 $e+f$에 해당한다. 공장 2의 경우 O_2에서 시작하여 왼쪽으로 a^*까지 총저감비용은 면적 e, 저감하지 못하고 배출한 폐수에 대해 납부하는 부과금은 면적 $c+d$이다. 즉 이 하천 지역 공장 1, 2로부터의 총저감비용은 $d+e$로 앞서 등한계원칙에서 언급된 최저 저감비용 $d+e$를 달성한다. 한편 환경 당국의 부과금 납부로 인한 수입은 면적 $c+d+e+f$이다.

01 폐수 배출량을 e 라고 할 때 한계저감비용함수는 $P = 12 - 2e$, 한계피해함수는 $P = 4e$ 로 각각 파악되었다. 이때 P 는 금액을 의미한다. 사회 전체적으로 최적인 폐수 배출량은 얼마이겠는가?

02 위 1번 문제에서 총저감비용과 총피해는 각각 얼마이고 사회 전체적으로 초래되는 비용이 얼마인지를 도출해보라.

03 반도체를 생산하는 공장이 오염물질인 솔벤트를 하천에 배출하고 인근에 위치한 올갱이 양식장이 피해를 보고 있다. 반도체 공장에서 나오는 솔벤트 양은 e 로 표시되고, 이 공장의 솔벤트에 대한 수요가 $P = -2e + 32$ 로 파악되었다. 또한 솔벤트 배출량에 따른 양식장의 한계피해는 $11 + e$ 로 파악되었다고 하자.

(1) 반도체 공장이 자유로이 작업할 수 있는 권리가 완전히 허용되고 올갱이 양식장이 아무런 조치를 취하지 않는다면 솔벤트 배출량은 얼마인가?

(2) 반도체 공장과 올갱이 양식장의 후생을 모두 고려할 경우 사회적으로 최적인 솔벤트 배출량은 얼마인가?

(3) 올갱이 양식장 주인이 반도체 공장의 배출량 감소를 전제로 교섭을 시작한다고 하자. 양식장 주인 입장에서 반도체 공장이 솔벤트 배출량을 (2)에서 구한 수준까지 줄이도록 하기 위해서는 단위당 얼마를 지불하겠다고 제의하겠는가?

(4) 위 (3)에서 반도체 공장이 제의를 받아들여 교섭이 성립될 때, 반도체 공장이 얻게 되는 최종이득과 올갱이 양식장이 입는 최종 손실은 각각 얼마인가?

04 한 농가가 양봉업을 하고 있다고 하자. 이 양봉업자가 생산하는 벌꿀의 양을 Q (kg)라고 하면, 이 꿀에 대한 수요 함수는 $P = 50 - 2Q$로 파악되어 있다. 한편 이 양봉업자의 한계비용은 $10 + 2Q^2$으로 알려져 있다. 양봉업자가 양봉을 하는 동안 벌들은 근처 사과 과수원의 과수 수정을 도와준다고 한다. 과수 수정은 벌꿀 Q당 20의 가치가 있는 것으로 추정되었다.

(1) 양봉업자가 직면하는 벌꿀의 시장 균형가격과 시장 균형수량을 계산하라.

(2) 사회적으로 최적인 벌꿀 생산량을 계산하라.

(3) 이 결과들을 토대로 시장실패에 대해 논하라.

05 한 사회가 단 두 명의 수요자 1, 2로 이루어져 있다고 가정하자. 깨끗한 공기가 공급될 때 그 양을 Q라 하고 공기에 대한 한계지불의사를 P라 하면, 수요자 1, 2의 공기에 대한 수요가 $Q_1 = 4 - P$, $Q_2 = 2 - 0.5P$로 각각 표시된다. 한편, 공기를 한 단위 공급하는 데 필요한 한계비용은 $P = 2Q$와 같다고 하자.

(1) 공기에 대한 두 개인의 수요함수로부터 사회전체의 수요함수를 도출하라.

(2) 사회적으로 가장 바람직한 수준의 공기량과 이에 해당하는 가격수준을 계산하라.

(3) 공공재의 특성을 고려했을 때 시장에 공급되는 총량은 얼마인지 계산하라.

06 어떤 하천 지역에 2개 공장이 폐수를 배출한다. 공장 1, 2의 폐수 저감량을 a_1, a_2라 하고 각 공장의 한계저감비용이 $MAC_1 = 20a_1$, $MAC_2 = 10a_2 + 5$로 파악되었다. 아무런 오염 규제가 없을 경우 각 공장이 4단위씩 폐수를 배출한다. 이 지역 환경 당국이 전체 배출량을 현재 수준의 반으로 줄이고자 한다.

(1) 각 공장 1, 2에 얼마만큼의 저감량이 배분되어야 하는가? 등한계원칙을 적용하여 풀어라.

(2) 이 지역에서 최소화되는 저감비용은 얼마인가?

07 위 6번 문제에 이어서 생각하자. 환경 당국이 오염 규제로 부과금 정책을 시행하고자 한다.

(1) 환경 당국이 폐수 한 단위당 부과금을 부과한다면 얼마를 부과해야겠는가?

(2) 부과금을 시행했을 때 환경 당국이 얻는 수입은 얼마인가?

천연자원의 합리적 이용

제15장에서 보았듯이 자연환경으로부터 얻어지는 천연자원은 재화의 생산 과정에서 투입 요소로 활용되기도 하며, 직접 소비되기도 한다. 그러나 자연환경 내 모든 물질이 다 자원으로 활용되는 것은 아니며, 경제적으로 의미가 있는 경우에 한하여 자원으로서 효용가치가 있다. 또한 생산 과정에서 쓰이는 자원은 그 쓰임새 및 특성에 따라 다양하게 분류된다. 본 장에서는 경제이론에 기초하여 자원의 개념을 정립하고 그 종류에 대하여 살펴본 후 농·식품산업 분야와 관련된 자원 문제들을 중점적으로 살펴본다.

1 　자원의 경제학적 의미

천연자원(natural resource)은 자연환경에 존재하는 물질 중 인간의 경제활동에 유용하고 가치 있는 물질을 의미한다. 앞 장 〈그림 15−1〉을 자원과 경제의 관계에 초점을 맞추어 다시 도식하면 〈그림 16−1〉과 같이 나타낼 수 있는데, 이에 따르면 자연환경에서 추출된 자원은 인간의 경제활동에서 크게 생산과 소비의 두 범주로 구분하여 활용될 수 있다. 먼저 생산 측면에서 보면 자원은 인간에게 유용한 재화나 서비스를 생산하는 과정에서 필요한 투입요소들 중 하나로 활용된다. 이 경우 자연환경에 적재된 물질을 활용한다는 점에서 자원을 천연자본(natural capital)이라고 부르기도 한다. 다음으로 소비 측면에서 보면 자원 그 자체가 직접적인 소비의 대상이 되는 재화나 서비스일 수 있다. 자연에서 직접 채취하여 소비자에게 원형 그대로 전달되는 식량자원 및 산, 호수, 바다와 같이 소비자가 직접 자연경관을 감상하거나 레크리에이션 활동을 위해 찾아가는 관광자원 등이 이에 해당한다.

농·식품산업 분야에서 우리가 흔히 떠올릴 수 있는 가장 원초적인 형태의 자원이라 함은 곧 농작물을 재배하고 가축을 기르는 데 기반이 되는 토지, 농업용수 및 가축의 식용수로 쓰이는 물, 동·식물의 생장에 필수인 산소나 질소와 같은 공기 등일 것이다. 그러나 자연계에 존재하는 모든 물질을 자원이라고 칭하기에는 그 범위가 지나치게 광

그림 16-1 　자원과 경제

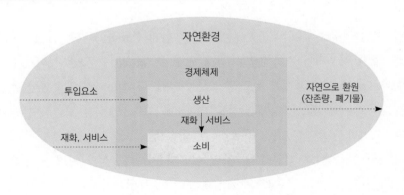

범위하기 때문에 이를 인간의 경제활동과 관련지어 자원의 의미를 재정립할 필요가 있다. 예를 들어 벼가 재배되는 곳의 토양은 쌀을 생산하기 위해 투입요소로 쓰인다는 점에서 토지 자원으로서의 가치를 가지지만, 농사용으로도 쓰이지 않고 다른 산업의 건물부지나 관광지로도 쓰이지 않는 곳에 위치한 흙은 경제적 가치를 논하는 것과는 거리가 있기에 자원이라고 말하기 힘들 것이다.

2 자원의 희소성과 경제문제

[1] 자원의 희소성

자연계에 존재하는 물질과 경제적 의미의 자원을 구분하는 대표적인 방법은 해당 물질이 희소성(scarcity)을 가지고 있는지의 여부를 판단하는 것이다. 수요와 공급의 개념을 적용하여 자원의 희소성을 정의하면, 자연환경 상의 어떠한 물질이 경제활동에서 필요로 하는 양에 비해 공급되는 양이 제한되는 성질이라고 할 수 있으며, 이 희소성을 가진 물질만이 경제적 의미에서 자원이라고 일컬을 수 있다.

[2] 자원 관련 경제문제의 특징

희소성을 가지는 자원과 관련된 경제 문제들로서 다음과 같은 사안들이 고려된다.

첫째, 생산과 소비의 경제활동에 쓰이는 자원의 적정 수준을 결정하는 자원 적정성(adequacy)에 관한 문제이다. 희소한 자원의 양은 제한되어 있기 때문에 부족한 자원이 인류의 생계유지에 위협이 되어 궁극적으로 미래에 삶의 붕괴로까지 이어지지 않을지에 대한 고민들이 자원경제학 분야의 주요 이슈로 끊임없이 대두되어 왔다. 이는 곧 사회적으로 최적인 자원 이용량을 어떻게 결정할 것인가에 대한 답을 구하는 과정이라고 할 수 있다.

둘째, 자원 적정성 문제의 근간에는 우리가 현재 사용하고 있는 자원이 미래세대에도 부족함 없이 사용되어 지속적으로 경제 발전이 가능할 수 있을 것인가라는 질문이 자리 잡고 있다. 즉, 미래세대가 누릴 수 있는 가치를 감소시키지 않으면서 현재 세대의 가치를 증대시키는 방향으로 경제 발전을 꾀하도록 지속가능성을 고려하여 자원을 이용하는 것이 고려될 필요가 있다.

셋째, 희소한 자원의 적정성 및 자원 이용의 지속가능성과 관련된 경제 문제들을 다루기 위해서는 필연적으로 시간의 흐름을 고려한 동태분석이 적용되어야 한다. 특히 사회적으로 최적인 자원 이용량을 세대 간에 걸쳐 결정하는 경우 우리가 앞서 배워 온 정태효율성(static efficiency)의 개념을 적용하기에는 한계가 있으며, 시간의 흐름을 반영하여 동태효율성(dynamic efficiency)의 개념을 도입할 필요가 있다.

3 자원의 부존량

시간의 흐름을 고려하여 자원의 이용량을 결정하는 경우, 현재 시점에서 이용가능한 자원이 얼마나 남아있는가를 파악하는 것이 중요하며, 우리가 수행해야 할 것은 현재 가지고 있는 자원을 합리적인 계획을 세워 지금부터 미래까지 이용하는 방안을 찾는 것이다.

어떤 시점에 이용가능한 자원의 총량을 자원의 **부존량(reserve)**이라 칭한다. 부존량은 시간이 지나면서 변하며, 그 변화 형태에는 다양한 요인이 영향을 미친다. 예를 들어 석탄이나 석유와 같은 화석연료는 채굴량이 증가할수록 부존량이 감소한다. 그러나 탐사 활동의 증가나 채굴 기술의 발전으로 인해 부존량이 늘어나는 경우도 있다. 최근 수압파쇄(fracking) 공법[1]의 개발로 채굴이 용이해진 셰일 가스(shale gas)가 대표적인 예이다. 또한 바다의 물고기나 산의 나무와 같은 유기 생물체의 경우 일정 기간 동안 생물학적 번식을 통해 그 부존량이 증가하기도 한다.

section 02 자원의 분류

앞 절에서 각 세대에 걸친 자원의 적정량을 도출하기 위해서는 동태효율성의 개념을 적용한 동태분석이 필요함을 강조하였다. 그런데 현세대와 미래세대의 자원 이용을 연결하는 동태분석은 다양한 종류의 자원이 가진 고유 특성, 예를 들어 각 자원의 생물학적 및 물리적 특성이나 관련 경제변수들을 모두 고려하는 것이라야 한다. 본 절에서는 동태효율성의 개념을 본격적으로 이해하기에 앞서 다양하게 분류되는 자원의 종류에 대해 살펴본다.

---

1) 물과 화학약품을 혼합하여 고압을 이용, 퇴적암 셰일층에 있는 가스나 기름을 추출하는 공법이다.

1 자원의 분류 방식

(1) 고갈성 기준: 고갈성자원과 비고갈성(재생)자원

자원의 종류는 자원의 성격과 경제활동에 이용하는 방식에 따라 다양하게 분류될 수 있다. 기존에는 전통적으로 부존량의 소진 여부에 따라 고갈성(depletable 혹은 exhaustible) 자원과 비고갈성(inexhaustible) 혹은 재생(renewable)자원으로 구분하는 방식이 많이 활용되어 왔다. 이에 따르면 고갈성자원은 석유, 석탄과 같은 화석연료 혹은 광물과 같이 자원의 총량이 한정되거나 이용률에 비해 재생률이 현저히 낮은 자원을 의미하며, 비고갈성 혹은 재생자원은 산림, 수산물, 기타 동식물 등 살아있는 유기 생물체와 같이 재생률이 높은 자원을 의미한다.

(2) 저장성 기준: 저량자원과 유량자원

인류가 경제행위를 함에 있어 자원을 이용하는 경우 자원을 저장할 수 있는지 여부가 관심의 대상이 될 수 있다. 이를 설명하기 위해 '유량자원'과 '저량자원'의 개념이 도입된다.

먼저 유량자원이란 어떤 시점에 공급된 자원의 부존량이 해당 기간동안 사용되지 않으면 소멸되어 축적되지 않는 자원을 의미한다. 대표적으로 강우, 태양광, 풍력 등과 같은 소모성 자원이 이에 해당된다. 우리 조상들이 곡식을 빻기 위해 개울 근처에 설치했던 물레방아를 생각해 보자. 곡식을 빻는 동안 물레방아를 돌리기 위해 공급된 물의 양은 개울에 물이 마르지 않는 한 다음 날에도 재차 공급될 것이다. 그러나 다음 날에 곡식을 빻지 않는다면 흘러간 물은 사용되지 않고 그대로 소멸한다.

다음으로 저량자원은 자원의 저장이 가능하여 일정량을 축적시킬 수 있는 자원이다. 앞서 제시된 석탄, 석유, 천연가스와 같은 고갈성자원은 지하에 저장되어 있으므로 저량자원에 해당된다고 볼 수 있다. 한편 유량자원은 경우에 따라 저량자원의 성격을 가질 수도 있다. 태양광 패널을 이용, 태양복사 에너지를 전기에너지 형태로 변환하여 에너지저장장치(energy storage systems, ESS)에 저장한다거나 앞의 물레방아의 예에서 흐르는 개울 물 하류에 제방을 쌓아 저수지를 만들어 물을 가둬 놓고 이용하는 경우 등이 이에 해당한다.

(3) 재생가능성 기준: 비재생자원과 재생자원

자원을 분류하는 데에는 앞서 제시한 고갈성자원과 비고갈성(재생)자원으로 구분하는 경우가 많다. 그러나 실제 인류 역사에서 경제활동을 돌이켜 보면 어떤 자원을 고갈될 때까지 소진하는 경우는 거의 없다.

일례로 2천여 년 전에 유럽에서 연료로 쓰였던 토탄(peat)[2]의 예를 보자. 중세, 근세를 거치면서 토탄보다는 상대적으로 열효율이 뛰어난 목재나 석탄이 연료로 사용되기 시작되었고 현재 시대에 토탄은 거의 사용되지 않는다. 또한 19세기 말 학자들이 1세기 안에 고갈될 것이라고 예측했던 석탄과 석유는 원자력이나 태양, 수력 등 신재생에너지에 의해 대체되고 있어 장래에 역시 고갈되지 않을 가능성이 크다. 즉, 경제성을 고려하여 다른 자원으로 대체되어 더 이상 쓰이지 않을 뿐이지 엄밀히 말하면 고갈된 것은 아니다.

역으로 비고갈성자원의 경우는 오히려 재생률이 극단적으로 낮아져 고갈되는 사례가 존재한다. 한때 북미 대륙에서 번성했던 '여행비둘기(passenger pigeon)'가 그 예이다. 주로 식량 자원이나 사냥감으로 이용되었던 여행비둘기는 사람들의 지나친 남획으로 인해 20세기 초에 멸종되었다.

즉, 고갈성자원이라고 실제로 고갈되지 않을 수 있으며, 반대로 비고갈성자원은 때때로 고갈되기도 한다. 따라서 고갈성이나 저장성보다는 더 큰 범주로 재생가능성(renewability)을 기준으로 삼아 비재생(non-renewable)자원과 재생(renewable)자원으로 분류하여 자원의 적정 이용량 문제를 다루는 것이 더 효과적일 수 있다.

2 비재생자원, 재활용자원, 재생자원

시간에 따른 자원의 흐름에 대한 논의를 간단히 하기 위해, 현세대의 경제주체들이 자원을 이용하는 기간을 t, 미래세대의 경제주체들이 자원을 이용하는 기간을 $t+1$로 단순하게 표현하자. 시작되는 시점을 $t=0$이라고 하면, 시간의 흐름은 $t=0, 1, 2, \dots$ 형식으로 표현할 수 있다. t기와 $t+1$기에 각각 이용가능한 자원의 부존량들을 S_t, S_{t+1}로 표시하고, t기에 경제주체들의 자원 이용량을 Q_t라 표시한다. 한편 t기에서 $t+1$기

---

2) 늪지대의 이끼, 식물 유기체 등이 수천 년간 퇴적된 것으로 탄화 정도가 극히 낮은 석탄의 일종이다.

까지 발생하는 부존량의 변화는 $\triangle S$로 표시한다. 이상에서 t기부터 $t+1$기에 걸쳐 자원 부존량을 하나의 식으로 표현하면 다음과 같이 나타낼 수 있다.

$$S_{t+1} = S_t - Q_t + \triangle S$$

본 장에서는 자원의 고갈성 여부보다는 특정 기간 내에 자원이 자체적으로 재생되는지의 여부를 기준으로 분류하는 방식을 취한다. 부존량의 변화 $\triangle S$의 특성에 따라 비재생자원과 재생자원의 두 가지 형태로 분류할 수 있다.

(1) 비재생자원

이용할 수 있는 전체 자원의 양이 고정되어 있고 추가적으로 보충되거나 재생되지 않아 자원의 증가가 이루어지지 않는 자원을 비재생자원이라고 한다. 석유나 석탄과 같은 화석연료, 흑연이나 니켈과 같은 광물이 대표적인 예이다. 이 자원의 경우 $\triangle S$의 값이 0이며, 자원량 변화식이 다음과 같이 표현된다.

$$S_{t+1} = S_t - Q_t$$

즉, 비재생자원의 경우 t기에 Q_t만큼 자원을 사용하면 다음 기인 $t+1$기의 부존량은 사용한 양만큼을 제하고 남은 양에 해당된다. 물론 지질학적인 측면에서 볼 때 화석연료나 광물도 지구의 긴 시간을 고려하면 재생 및 보충이 이루어진다고 생각할 수도 있다. 그러나 우리는 자원과 경제의 관계에 초점을 맞추기 때문에 인류가 경제활동을 영위하는 기간만을 고려한다면 그 기간이 극히 짧아 실질적으로 자원의 재생률이 0이 되므로 자원의 총량이 고정되었다고 봐도 무방할 것이다.

그러나 엄격한 의미에서의 비재생자원은 사실 많지가 않다. 화석연료나 광물과 같은 자원의 경우 매장량이 제한되어 있어 재생률이 0, 즉 $\triangle S = 0$이라고 생각되기 쉽지만, 앞서 셰일 가스의 예에서와 같이 탐사활동이나 채굴기술의 진보로 인해 부존량이 증가, 즉 $\triangle S > 0$이 되어 재생자원의 성격을 갖게 되는 경우가 있다. 탐사 및 기술 진보로 인해 추가로 발견되는 자원의 양을 D_t라 표시하면 앞 식은 다음과 같이 수정될 수 있다.

$$S_{t+1} = S_t - Q_t + D_t$$

비재생자원이 재생자원의 성격을 갖는 데 있어 탐사, 기술 진보, 재활용 등으로 인한 부존량의 증가는 주로 물리적인 측면에 기인하지만, 그 바탕에는 자원의 가격이나 채굴 비용과 같은 경제적 요인들이 자리 잡고 있다. 예를 들어 자원의 가격이 상승한다면 경제주체는 추가 물량을 확보하기 위해 탐사 활동을 늘려 부존량을 확보하고자 할 것이다. 또한 자원의 단위당 채굴 비용이 자원의 시장가격보다 높으면 새로운 기술개발을 통해 비용을 낮추려 한다. 셰일 가스의 경우처럼 과거에는 자원으로 활용되지 않던 것이 석유 가격의 상승에 자극받아 이루어진 기술개발 때문에 이용가능하게 되어 자원으로 편입되기도 한다.

[2] 재활용자원

많은 종류의 자원이 재활용될 수 있는데, 이러한 자원을 특별히 '재활용(recyclable) 자원'이라고 칭한다. 자원 사용량 Q_t 중 재활용 비율이 α_t라고 하면 재활용자원은 다음과 같이 표현된다.

$$S_{t+1} = S_t - Q_t + \alpha_t Q_t$$

경우에 따라 새로이 발견되는 자원량과 재활용량은 동시에 일어날 수도 있다. 이때 자원의 증가량은 $\triangle S = D_t + \alpha_t Q_t$에 해당되고 자원량 변화는 다음과 같이 하나의 식으로 표현될 수도 있다.

$$S_{t+1} = S_t - Q_t + D_t + \alpha_t Q_t$$

[3] 재생자원

재생자원은 자원의 재생률이 양(+)인 경우, 즉 $S_{t+1} = S_t - Q_t + \triangle S$에서 $\triangle S > 0$인 경우가 해당된다. 따라서 $t+1$기에 이용가능한 부존량 S_{t+1}은 부존량의 변화분인 $\triangle S$가 증가하는 방식에 영향을 받으며, 이는 크게 축적성과 비축적성 과정으로 구분된다.

먼저 증가 방식이 축적성을 띠는 대표적인 재생자원으로는 어류, 산림과 같이 번식을 통해 그 양이 자체적으로 증가할 수 있는 생물자원을 들 수 있다. 생물자원의 경우 증가분 $\triangle S$는 t기 생물자원의 개체 수, 즉 부존량 S_t와 해당 자원이 서식하는 주변 생태계 환경의 특성에 영향을 받는다. $t+1$기의 부존량 S_{t+1}은 이전 t기의 부존량 S_t에서 해당 생물자원을 포획한 양(harvest) Q_t만큼을 제하고, 생장 및 번식으로 새롭게 늘어난 양을 더한(축적한) 양이다. 이를 처음에 제시된 식을 활용하여 다시 표기하면 다음과 같은 식으로 표현할 수 있다.

$$S_{t+1} = S_t - Q_t + g(S_t, N_t)$$

이때, $g(S_t, N_t)$는 생물자원의 번식 및 소멸을 반영하는 순재생 함수(net growth function)라 부른다. N_t는 t기의 기후, 토양, 물, 천적 개체 수 등을 모두 포함하는 생태계 환경의 특성을 표시한다.

다음으로 비축적성 방식을 띠는 재생자원으로는 태양광, 빗물, 하천, 풍력 등 앞서 소개된 유량자원을 예로 들 수 있다. 간단한 예로 일정량의 물이 꾸준히 흐르고 있는 강물을 생각해 보자. 어떤 t기에 S_t만큼의 강물이 흘러들었다면 이 강물은 바로 흘러가고 사라져 버린다. 설령 S_t로부터 강물을 Q_t만큼 길어다가 식수나 농사에 사용했다 하더라도 다음 $t+1$기에는 같은 양의 물이 다시 흘러들어온다. 다음 $t+1$기의 부존량 S_{t+1}은 전기의 부존량 S_t나 사용량 Q_t에 영향을 받지 않고 온전히 새로이 채워지는 증감분 $\triangle S$만큼만 보충된다. 즉, $t+1$기의 부존량 S_{t+1}은 이전 t기의 부존량 S_t에 축적되는 과정 없이 순전히 $\triangle S$로만 대체되어 다음과 같이 나타난다.

$$S_{t+1} = \triangle S$$

앞 절에서 유량자원과 저량자원의 관계를 살펴보았듯이 재생자원에서도 유사한 관계가 나타날 수 있다. 즉, 흐르는 강물에 저수지를 만들어 흐르는 강물을 저장한다거나 태양광을 태양광 패널을 통해 전기에너지 형태로 ESS에 저장한다면 비축적성자원은 축적성자원의 성격을 띠게 되며, 저장량은 $\triangle S$로 표시되어 최초의 식 $S_{t+1} = S_t - Q_t$와 동일하게 표현된다.

재생자원이 비재생자원과 구분되는 다른 특징으로 자원의 가역성을 들 수 있다. 이때 가역성이라 함은 미래의 부존량이 현재의 부존량보다 더 늘어나는 경우, 즉 $S_{t+1} > S_t$인 상황을 의미한다.3) 일반적으로 비재생자원은 탐사활동이나 재활용 등을

---

3) 경우에 따라 자원의 양뿐만 아니라 자원의 질이 개선되는 상황을 의미하기도 한다.

통해 새로운 매장층을 확보하지 않는 이상, 일단 제한된 매장량에 한해서는 한 번 사용하면 다음 기의 부존량은 이전 기의 부존량보다 많아질 수 없어 비가역적이다. 반면 대부분의 재생자원은 자연적인 증가로 인해 가역적이라고 할 수 있다.

그러나 재생자원 중 생물자원은 인류가 자연적으로 유지될 수 있는 임계량(thresholds)을 넘어 지나치게 자원을 남획할 경우 해당 생물종이 멸종에 이르게 되어 더 이상 가역적이지 못하는 경우가 있다. 생물다양성(bio-diversity)에 대한 논의도 가역성과 연관이 있다. 가령 인류가 어떤 생태계에서 특정 생물종들만을 경제활동에 활용하여 해당 종들이 멸종하거나, 반대로 인위적으로 특정 생물종만을 번식하게 하여 다른 종들이 자연적으로 도태되는 등, 생물종 간에 다양성이 유지되지 못한다면 해당 생태계가 교란되어 시간이 갈수록 부존량이 감소하는 비가역성이 진행될 수 있다.

section 03 동태효율성과 지속가능성

희소한 자원을 사용함에 있어 현세대의 후생뿐만 아니라 미래세대의 후생까지 고려하여 최적 이용량을 도출하기 위해서는 자원 이용의 동태적 측면을 분석하는 것이 필요함을 강조한 바 있다. 본 절에서는 앞 장들에서 다루었던 정태효율성의 개념을 확장하여 동태효율성을 이해하고 미래세대의 후생과 관련된 또 다른 개념인 지속가능성에 대하여 학습한다.

1 동태효율성

(1) 현재가치와 할인율

정태효율성이라 함은 정지된 시간 내에서 시장을 구성하는 소비자와 생산자 모두의 순편익, 즉 총편익과 총비용의 차가 극대화될 때 달성된다고 이해할 수 있다. 이제 시간이 정지되어 있지 않고 흘러간다면 단순히 한 시점의 순편익을 극대화하는 것으로는 효율성을 달성할 수 없다. 왜냐하면 현시점에서의 결정이 미래 시점의 순편익에 영향을 미칠 수 있기 때문이다. 즉 동태적 의사결정의 필요성은 현재의 선택이 미래의 후생에도 영향을 미칠 때 발생한다.

예를 들어 어떤 농가가 유기농으로 전환한 후, 화학비료를 사용하지 않고도 양질의 농산물을 생산할 수 있도록 토양을 관리하려 한다고 하자. 이 경우 현재 토양관리를 위해 노력할수록 현재 투입해야 하는 비용은 커지지만, 대신 향후 유기농 수익성은 커지게 된다. 따라서 현재의 토양관리 행위는 현재 비용이 얼마나 드는지와 동시에, 그로 인해 미래의 수익이 얼마나 달라질지도 고려하여 의사결정을 하여야 한다. 사실 토양은 농업 부문에서는 가장 중요한 천연자원이기도 하다.

어느 시점 t기에 부존량이 S_t인 자원을 Q_t만큼 이용하여 편익 B_t를 얻는다고 하자. 해당 자원을 채취하거나 이용하는 데 지불하는 비용을 C_t로 표시하면 순편익 NB_t는 다음 식과 같이 해당 기의 편익에서 비용을 뺀 식으로 표현된다.

$$NB_t(Q_t) = B_t(Q_t) - C_t(Q_t)$$

올해를 $t=0$, 내년을 $t=1$로 표기하고, 두 기간에 걸쳐 순편익이 어떻게 되는지 이해해 보도록 하자. 사실 동일한 순편익이 발생해도 금년에 발생하느냐 내년에 발생하느냐에 따라 경제주체에게 주는 후생의 정도는 달라진다. 만약 그렇다면 두 연도에 있어 발생하는 순편익을 동일한 단위로 평가하여 더해주는 절차가 필요한데, 통상적으로 경제학은 현재의 가치를 기준으로 미래에 발생하는 가치를 평가하며, 이를 할인 (discounting)이라 한다. 내년의 순편익 NB_1을 올해 $t=0$기의 현재가치로 할인하면 다음과 같이 표현된다. 이때 PV는 현재가치(present value)를 의미하며, r은 할인율이라 불린다.

$$PV(NB_1) = \frac{NB_1}{(1+r)}$$

할인 과정에서 $(1+r)$로 나누는 것을 선뜻 이해하기가 어렵다면 그 반대의 경우가 더 이해하기 쉬울 수 있다. 은행에 예금한 돈의 이자를 받는 경우를 생각해 보자. 올해 a원을 저축하고 내년에 원금이 얼마나 늘었는지를 계산하고자 한다. 이때 복리 이자율은 r이다. 내년에 원금 a는 이자율 r이 적용되어 $(1+r)a$로 늘어난다.4) 이제 거꾸로

---

4) $t=0$기: 원금 a. $t=1$기: $a+ra=(1+r)a$. $t=2$기: $(1+r)a+r((1+r)a)=(1+r)^2a$. 이런 식으로 반복되면 특정 t기에는 $(1+r)^ta$가 된다.

내년의 $(1+r)a$는 올해 얼마에 해당하겠는가? $(1+r)$을 원금 a에 곱해서 내년의 가치를 구했듯이, 올해 가치는 거꾸로 $(1+r)a$를 $(1+r)$로 나누어 주면 간단히 원금 a가 도출된다. 참고로 r은 올해 가치를 내년 가치로 바꿀 때는 이자율로, 그 반대의 경우에는 할인율로 적용된다.

이자율과 할인율에 대해 더 살펴보자. 사람들이 가지고 있는 돈으로 무언가를 소비하여 당장 편익을 얻을 수도 있고, 그 돈을 저축하여 시간이 지난 후 나중에 써서 편익을 얻을 수도 있다고 하자. 사람들은 동일한 소비 편익이라도 미래보다는 현재 얻게 될 때 더 큰 값으로 인식하는 경향이 있다. 그럼에도 불구하고 자신의 소득을 은행에 예금하는 것은 본인이 소비를 자제하고 참고 기다리는 것만큼의 이자를 금융기관이 돌려주기 때문이다. 따라서 금융시장이 제대로 작동한다면 이자율은 사람들이 미래가치와 현재가치 사이에 부여하는 교환 비율을 반영하여 시장에서 결정될 것이기 때문에 통상적으로 경제를 대표하는 이자율을 할인율로 사용한다.

자원과 관련된 의사결정 문제는 매 시기 발생하는 순편익들을 모두 고려해야 한다. 자원의 이용은 시간의 흐름에 따라 지속적으로 이루어지기 마련이고 순편익도 계속 발생하기 때문이다. 올해와 내년 두 기간을 고려할 때, 순편익들의 현재가치의 합 $PVNB$는 다음과 같다.[5]

$$PVNB = NB_0(Q_0) + \frac{NB_1(Q_1)}{(1+r)}$$
$$= B_0(Q_0) - C_0(Q_0) + \frac{B_1(Q_1) - C_1(Q_1)}{(1+r)}$$

(2) 동태최적화문제: 2기간 모형

앞 장에서 자원의 낭비 없이 최적량을 사용함으로써 순편익이 극대화되고 효율성이 달성될 수 있었음을 학습한 바 있다. 지금까지는 시간이 정지된 상태, 즉 정태효율성만을 다루어 온 것에 지나지 않았다. 이제 시간의 흐름을 고려한다면 정태효율성은 곧 동태효율성의 개념으로 확장된다. 시간이 흐를 때 각 시기별로 자원의 최적량을 사용함으

---

5) 만약 3기간 이상의 좀 더 긴 기간($T \geq 2$)을 고려한다면, 현재가치의 합은 $PVNB = \sum_{t=0}^{T} \frac{NB_t(Q_t)}{(1+r)^t}$로 표현된다, 아래에서 2기간 모형을 이용해 분석되는 모든 결과는 다기간 모형으로 확장될 수 있다.

로써 동태효율성이 달성되는데, 이는 각 시기 발생하는 순편익들의 현재가치의 합을 극대화함으로써 도출된다. 이러한 방식으로 자원의 시점 간 최적량을 구하는 문제를 동태최적화문제라 한다.

시간이 $t = 0, 1$ 두 기에 걸쳐 흐른다고 하자. 동태적인 의사결정은 반드시 자원량 자체가 가진 제약, 즉 자원량의 변동 형태를 고려해야 한다. 그러한 자원량 변화를 $S_1 = S_0 - Q_0 + G(S_0)$와 같은 수식으로 나타내어 보자. $G(S_0)$는 자원의 증가분을 의미하며, 그 구체적인 크기나 형태는 자원 유형에 따라 달라진다. 이러한 자원량 변화는 자원 자체의 특성으로부터 오는 것이므로 의사결정자는 이를 받아들인 상태에서 이제 두 기간의 순편익의 할인합 $NB_0(Q_0) + \dfrac{NB_1(Q_1)}{1+r}$ 을 극대화하고자 한다.

[3] 비재생자원의 2기간 모형

위에서 설정한 2기간 모형을 이용해 비재생자원의 최적 이용 형태를 도출해보자. 이 자원의 경우 $G(S_0) = 0$의 특성을 가지기 때문에 $S_1 = S_0 - Q_0$이고, 두 번째 기에는 자원을 남길 이유가 없으므로 $S_1 = Q_1$이어서 $Q_1 = S_0 - Q_0$의 관계가 있다고 하자. 그렇다면 우리는 다음 식을 극대화하는 자원 사용량 Q_0를 구하여야 한다.

$$NB(Q_0) + \frac{NB(S_0 - Q_0)}{1+r}$$

자원을 하나 더 사용함으로 인해 추가로 얻게 되는 순편익을 **한계순편익**(marginal net benefit, MNB)이라 하고 $MNB(Q) = \dfrac{\Delta NB(Q)}{\Delta Q}$와 같이 나타내자. 그렇다면 위의 식의 값을 최대로 만드는 현재의 자원 이용량 Q_0는 다음의 조건을 충족해야 함을 알 수 있다.

$$MNB(Q_0) = \frac{MNB(Q_1)}{1+r}$$

즉 현재에 자원을 하나 더 사용함으로 인해 발생하는 한계순편익 $MNB(Q_0)$와 다음 기에 하나 더 소비를 하여 얻게 되는 한계순편익 $MNB(Q_1)$을 할인한 것이 일치되도록 하는 것이 최적의 자원 이용 형태가 된다. 우리는 미래의 가치를 현재의 가치와 비교할 때에는 할인을 하는데, 어떤 Q_0를 선택했을 때 만약 $MNB(Q_0)$가 $\dfrac{MNB(Q_1)}{1+r}$ 보다 더 크면 현재의 자원 이용량을 이보다 더 늘리고 그만큼 미래의 사용량을 줄이는 것이 순편익의 할인합을 더 늘리게 되는 것이다. 반대로 $MNB(Q_0)$가 $\dfrac{MNB(Q_1)}{1+r}$ 보다 더 작으면 물론 현재의 자원 이용량을 줄여야 한다. 이 결과는 자원 이용 기간이 길 경우에도 다음과 같이 일반화할 수 있고, 매 기에 있어 발생하는 자원 이용의 한계순편익의 할인 값이 모두 동일해야 최적 이용 조건이 달성된다.6)

$$\text{비재생자원의 최적 이용: } MNB(Q_0) = \frac{MNB(Q_1)}{1+r} = \frac{MNB(Q_2)}{(1+r)^2} = \cdots = \frac{MNB(Q_T)}{(1+r)^T}$$

(4) 동태효율성 조건의 의미와 한계사용자비용

비재생자원은 생산요소로 사용될 수도 있고 그 자체가 최종 생산재로 공급될 수도 있다. 예를 들면 지하 대수층(aquifer)에 저장된 지하수의 경우 지상과 연결된 통로를 통해 지표수가 스며들어 지하수를 일부 사용해도 다시 충전이 될 수도 있고, 지표수와는 아예 단절될 수도 있다. 후자의 경우 비재생자원이 되는데, 이를 농업용수로 사용하면 생산요소가 되는 것이고, 먹는 샘물을 개발하여 판매하면 최종 생산재가 되는 것이다. 어느 경우이든 위에서 도출한 한계순편익의 할인된 값이 매 기에 있어 동일해야 한다는 조건은 충족되어야 한다. 자원이 구체적으로 어떻게 경제적 가치를 만들어내느냐에 따라 순편익함수의 형태가 달라질 뿐이다.

그러한 동태효율성 조건의 의미를 좀 더 구체적으로 파악하기 위해 지표수와 연결되지 않은 지하수로 먹는 샘물을 개발하여 판매하는 업자를 생각해보자. 두 기에 있어 먹는 샘물의 가격은 각각 P_0와 P_1이고 한계생산비는 c로 동일하다고 하자. 그렇다면 두 기에 있어 생산자의 순편익, 즉 이윤은 $NB(Q_0) = P_0 Q_0 - cQ_0$ 및 $NB(Q_1) = P_1 Q_1 - cQ_1$과 각각 같고, $Q_0 + Q_1 = S_0$가 되어야 한다. 이로부터 생산자의 최적화 조건을 다음과 같이 도출할 수 있다.

---

6) 경우에 따라서는 자원이용 종료시점에 충족해야 할 제약이 별도로 있을 수가 있다. 예를 들면 규제나 자원개발권을 획득할 때의 계약조건에 의해 특정 양의 자원은 반드시 남겨야 한다는 것 등이 있을 수 있는데, 이 경우 이들 추가 제약까지 반영하여 동태최적화 조건을 도출하여야 한다.

$$MNB(Q_0) = P_0 - c = \frac{P_1 - c}{1 + r} = \frac{MNB(Q_1)}{1 + r}$$

$$\text{혹은, } P_1 - c = (P_0 - c)(1 + r)$$

이상의 최적화 조건으로부터 우리는 크게 두 가지 의미를 도출할 수 있다. 첫째, 천연자원을 이용해 동태적인 의사결정을 할 때에는 이제는 더 이상 제5장에서 살펴본 바와 같이 생산자의 한계수입(MR)이 한계생산비와 일치하는 의사결정을 하지는 않는다. 먹는 샘물시장이 완전경쟁적이라면 생산자의 한계수입은 가격 P와 같아야 하고, 한계비용은 c인데, 위에 제시된 최적화 조건은 $P_0 - c$나 $P_1 - c$가 모두 0이 될 수는 없음을 보여준다. 사실 최적 이용 시 자원 판매의 한계수입 P는 한계생산비 c보다 더 커야 하고, 그 차이를 경제학에서는 자원의 **한계사용자비용(marginal user cost)** 혹은 희소성지대 **(scarcity rent)**라 부른다.

> 비재생자원 생산자의 최적 생산량 결정: MR(한계수입) = MC(한계생산비) + 한계사용자비용

자원 이용 시 한계사용자비용을 고려해야 하는 이유는 이번 기에 자원을 하나 더 채취하여 판매하면 이로 인해 미래에 이윤으로 전환할 수 있는 자원이 그만큼 줄어들고, 따라서 미래에 실현시킬 수 있는 이윤을 얻을 기회가 줄어들기 때문이다. 따라서 한계사용자비용은 현시점에서 자원을 하나 더 이용함이 가지는 일종의 기회비용이라 할 수 있으며, 모든 의사결정의 효과가 한 해로 끝나버리는 정태분석에서는 존재하지 않는 비용이다.

둘째, $P - c$, 다시 말하면 자원의 한계사용자비용 혹은 희소성지대는 이자율의 속도로 증가하여야 한다. 자원의 한계사용자비용은 아직 채굴하지 않고 그대로 보존하고 있는 자원의 단위당 가치라 할 수 있다. 자원을 일단 채굴하게 되면 한계사용자비용만큼 보존된 자원의 가치가 줄어들기 때문에 자원 이용의 기회비용으로 최적 선택에 반영해 주어야 하는 것이다. 그런데 우리의 두 번째 조건에 따르면 이용하지 않고 보존하는 자원의 가치가 경제를 대표하는 이자율의 속도로 상승해야 함을 의미한다. 만약 한계사용자비용의 값이 이자율의 속도로 증가하지 않으면 자원을 가진 생산자는 자원 자체를 모두 팔아버리고 현금을 얻은 후 이를 은행에 맡겨 이자소득을 얻으려 할 것이다. 반대로 한계사용자비용이 너무 빨리 증가하면 모든 사람들이 은행에서 돈을 빌려 자원을 구입

하려 할 것이고, 이로 인해 이자율이 오르게 되어 다시 한계사용자비용의 증가 속도는 이자율과 동일하게 될 것이다.

이러한 내용을 수치 예를 이용해 확인해보자. 지하수의 저장량이 12라 하고, 이를 이용해 먹는 샘물을 판매한다고 하자. 먹는 샘물의 수요곡선은 두 기 모두 $P = 12 - 0.25Q$로 동일하다. 그리고 이자율은 $r = 0.1$이라 하자. 편의상 먹는 샘물의 한계생산비는 0이어서 $c = 0$이라 가정하자. 그렇다면 우리의 최적화 조건은 다음과 같다.

$$12 - 0.25Q_0 = \frac{12 - 0.25 \times (12 - Q_0)}{1.1}$$

따라서 최적의 자원 이용량은 $Q_0^* = 8$, $Q_1^* = 4$가 되어야 하며, 두 자원의 가격은 각각 $P_0 = 12 - 0.25 \times 8 = 10$과 $P_1 = 12 - 0.25 \times 4 = 11$이 되어 $P_1 - c = 1.1 \times (P_0 - c)$의 관계가 성립한다. 한계생산비 c가 0이라 가정했으므로 두 기의 가격은 한계사용자비용 자체가 되며, 이자율의 속도로 상승한다.

아울러 이러한 자원 이용행태는 〈그림 16-2〉와 같이 나타낼 수 있다. 그림에서 가로축의 우측으로 갈수록 Q_0의 양이 많아지고 좌측으로 갈수록 Q_1의 양이 많아지며, 가로축의 길이는 S_0와 같다. P_0와 P_1이 각각 두 기의 수요곡선이라면, $\frac{P_1}{1+r}$은 점선으로 표시된 두 번째 기의 한계수입 P_1을 할인한 것이고, 따라서 오른쪽으로 갈수록 할인되지 않은 가격 P_1과의 격차가 벌어진다. 한계비용 c가 0일 경우 최적 선택은 P_0와 $\frac{P_1}{1+r}$이 일치하는 Q^*(즉, $Q_0^* = Q^*$, $Q_1^* = S_0 - Q^*$)이며, 두 번째 기의 가격 P_1이 첫 번째

그림 16-2 비재생자원의 이용

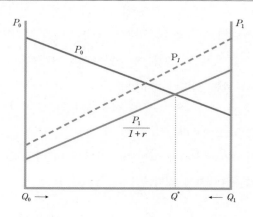

기의 가격 P_0보다 더 높다는 것을 알 수 있다.

[5] 백스톱 자원과 자원가격 변화

천연자원은 생산요소로서 혹은 생산물로서 유사한 기능이나 특성을 가진 대체재를 대개 가지고 있다. 에너지 자원의 경우 인류는 오랫동안 목재 등을 연소하여 사용하다가 석탄이 발견된 후 석탄이 주 에너지원으로 수 세기 동안 이용되었다. 이후 석탄은 석유에게 주 에너지원의 자리를 넘겨주었으며, 그다음에는 석유를 대체할 정도는 아니지만 갈수록 천연가스가 차지하는 중요성이 커지고 있다. 천연가스가 석유를 제치고 최대 에너지원이 될지는 아직 불확실하지만 장래에는 아직 본격적으로 이용되고 있지 않은 또다른 에너지원의 중요성이 커지는 일이 발생할 것이다.

이렇게 새로운 자원이 기존의 자원을 대체하는 일이 발생하면, 〈그림 16-2〉처럼 특정 자원의 가격이나 한계사용자비용이 지속적으로 이자율의 속도로 증가하지는 않을 것이다. 이와 관련된 중요 개념이 **백스톱(backstop) 자원**이다. 백스톱 자원은 아직은 경제성이 높지 않아 크게 이용되지 않고 있지만 일단 이용이 되면 기존에 사용되고 있는 자원에 비해 훨씬 더 부존량이 많아 기존 자원을 완전 대체할 수도 있는 자원을 의미한다. 예를 들면 현재 주로 화석연료를 이용해 전력을 생산하고 있는데, 태양광발전은 아직까지는 생산비가 화석연료를 이용한 발전에 비해 높아 정부 보조금 등에 의존하여 소량 공급되는 데 그치고 있다. 그러나 화석연료의 가격이 계속 상승하고, 또한 태양광발전의 효율성이 기술 발전으로 계속 높아지면 결국 어느 시점에서는 잠재력 부존량이 거의 무한대인 태양광발전이 기존 발전을 대체하는 일이 벌어질 수 있다.

〈그림 16-3〉은 백스톱 자원이 있을 경우 비재생자원의 가격이 어떻게 변할지를 보여준다. 자원가격이 P^*가 되면 백스톱 자원의 공급 비용과 같아져 이때부터 백스톱 자원은 거의 무한대로 공급될 수가 있고, 따라서 현재 이용되고 있는 자원은 이 시점에서 백스톱 자원에 의해 완전 대체되기 때문에 자원가격은 P^*보다 더 높아질 수는 없다. 그러나 가격이 P^*에 도달하는 시점 t^* 이전에는 〈그림 16-2〉가 보여준 바와 같이 기존 자원의 한계사용자비용이 이자율의 속도로 상승해야 하고, 따라서 자원가격 자체가 계속해서 상승하는 모습을 보여준다.

이렇게 백스톱 자원이 존재하게 되면 백스톱 자원이 없을 경우에 비해 기존 자원의 최적 이용 형태도 물론 달라지게 된다.

그림 16-3 백스톱 자원 대체에 따른 자원 가격 변화

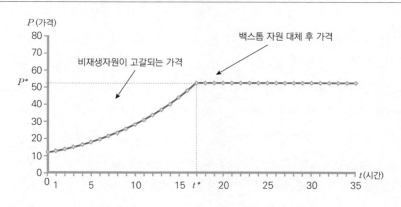

2 지속가능성

동태효율성은 자원을 동태적으로 이용함에 있어 가장 우선적으로 고려해야 할 의사결정 기준일 것이다. 동태효율성을 충족하지 않는 자원 이용은 이로부터 얻을 수 있는 현재부터 미래까지의 순편익의 합을 극대화하지 못하는 비효율성을 초래하게 된다. 그러나 자원의 동태적 이용은 **지속가능성(sustainability)**이라는 또 다른 조건을 충족해야 한다고 흔히 얘기한다. 동태효율성이 효율성에 초점을 맞춘 자원 이용 기준이라면 지속가능성은 세대 간의 형평성에 초점을 맞춘 자원 이용 기준으로서, 동태효율성이 충족된다고 해서 지속가능성이 항상 충족되는 것이 아니기 때문에 후자는 별도의 기준으로서 검토될 필요가 있다.

(1) 지속가능성의 개념

지속가능성은 현세대의 이해를 충족하도록 자원을 이용하되, 미래세대가 자신들의 이익을 실현할 수 있는 기반을 훼손하지 않아야 한다는 조건이다. 즉 미래세대가 누릴 수 있는 가치가 현세대가 누리는 수준보다도 더 나쁘지 않아야 한다는 것으로서, 아직 태어나지 않았기 때문에 현재의 자원 이용 의사결정에 참여할 수 없다는 불리함을 가진 미래세대가 불이익을 당하지 않아야 한다는, 일종의 세대 간 이익 배분에 있어서의 공정성 조건이라 할 수 있다.

지속가능성이 충족되기 위한 구체적인 조건이 무엇인지에 대해서는 여러 의견이 있

을 수 있는데, 특정 천연자원과 다른 천연자원, 혹은 천연자원과 사람이 축적하는 자본 간의 대체 가능성을 어느 정도 인정하느냐에 따라 몇 가지 지표가 사용될 수 있다. 첫 번째 지표는 자원의 부존량 자체가 시간이 지나면서 감소하지 않아야 한다는 조건이다. 즉 모든 t기에 있어 부등식 $S_t \leq S_{t+1}$이 항상 성립해야 하는 것으로 이해될 수 있다. 이 조건은 자원 간이나 자원과 자본 간의 대체 관계를 인정하지 않는 것으로 자원의 물리적 부존량 자체를 평가 기준으로 사용하는 조건이다. 비재생자원의 경우 새로운 부존량의 발견이 순조롭지 않을 경우 이 조건을 충족하기는 어려워진다.

두 번째는 자원의 가치가 시간이 지나면서 감소하지 않아야 하다는 것이다. 자원의 가치가 시장에서 적절히 평가되고, 그 가치로 측정했을 때 가치의 하락이 발생하지 않으면 지속가능성이 충족된다는 것이다. 이 경우에는 비재생자원도 지속가능성을 충족할 수 있으며, 이 지표 자체가 자원 간의 대체 가능성을 어느 정도 인정하는 것이다.

세 번째는 각 세대가 얻는 순편익이 줄어들지 않아야 한다는 것이다. 즉 모든 기에 있어 $NB_t \leq NB_{t+1}$이 항상 성립해야 한다는 것인데, 이 지표는 자원 간의, 자원과 자본 간의 대체 가능성을 가장 폭넓게 인정하는 것이며, 각 세대의 후생을 비교의 지표로 사용한다. 따라서 천연자원의 양은 줄어들더라도 대신 자본축적 등을 통해 생산되는 일반 재화의 양이 충분히 늘어나면 지속가능성은 충족될 수가 있다.

어떤 기준을 사용하더라도 동태효율성이 지속가능성을 보장하지는 않는다. 예를 들면 가장 폭넓은 대체 가능성을 인정하는 세 번째 기준을 적용하더라도 동태효율성은 자원 이용의 순편익 NB_t의 할인합을 극대화하는 것을 필요로 할 뿐, 모든 기에 있어 $NB_t \leq NB_{t+1}$의 조건이 성립되도록 하지는 않는다. 따라서 순편익의 할인합을 극대화하되, 이러한 지속가능성을 추가적인 제약으로 가하여야 동태효율성과 지속가능성을 동시에 충족하는 자원 이용 형태를 도출할 수 있다.

실제 경제에서 그러한 지속가능성이 달성되도록 유도하기 위해서는 여러 가지 정책수단을 사용할 수 있을 것이다. 할인율이나 이자율의 변화를 통해 자원 이용 형태를 바꿀 수 있다. 자원채굴량이나 부존 자원량 자체에 세금을 부과할 수도 있다. 천연자원 판매 수입의 일부를 강제로 자본으로 축적하게 하여 줄어드는 비재생자원의 역할을 늘어나는 자본이 대체하도록 할 수도 있으며, R&D에 대한 투자를 통해 생산성을 높이고, 품질이 낮아 자원으로 사용될 수 없던 물질까지 자원에 포함시켜 부존량을 실질적으로 늘리는 조치 등을 취할 수 있다.

〔2〕 재생자원의 지속가능성: 최대지속가능수확량

　　지속가능성의 개념은 주로 비재생자원과 연관되어 설명되는데 이는 비재생자원의 특성상 이용가능한 자원의 총량이 제한되어 세대 간 형평성이 저해받기 쉽기 때문이다. 그러나 지속가능성이 반드시 비재생자원에 국한되는 것은 아니며 재생자원의 경우에도 중요한 개념으로 다루어진다. 본 절에서는 재생자원의 일종인 생물자원을 중심으로 지속가능성이 어떻게 적용되는지 살펴본다.

　　생물자원에는 광범위한 자원이 포함된다. 인류의 식량 자원으로 쓰이는 농수축산물, 산림, 수산자원, 생물다양성 보전을 위한 야생 동·식물, 신재생에너지로 각광받는 바이오매스 등이 모두 생물자원에 포함된다. 생물자원은 동·식물 및 미생물 등 유기 생명체의 탄생, 생장, 사망에 이르는 과정에서 끊임없이 번식과 재생산이 이루어지는 전형적인 재생자원의 특성을 보이며, 이를 경제적으로 분석하는 데에는 자연환경이 감당하는 생존이 가능한 개체 수(부존량)와 개체 수의 증가가 주요 고려사항이 된다. 대표적인 생물경제모형(biological economic model)으로서 수산자원을 기반으로 한 **쉐퍼(Schaefer) 모형**이 널리 활용된다.

　　쉐퍼 모형은 수산물 개체 수, 즉 부존량과 개체 수 증가 간의 관계를 나타낸다. 따라서 앞 절에서 사용하던 시간에 대한 표현 t를 표기하지 않는 대신 생물 개체가 번식하기 위한 생태환경, 개체 수, 자원의 재생량 등과 같은 변수 간의 관계에 주목한다. 생물체의 개체 수, 즉 부존량을 S라 표현하고 해당 부존량에 대한 생물체의 개체 수 증가를 부존량 S에 영향을 받는 $G(S)$라는 함수 형태로 표현한다. $G(S)$는 곧 재생량에 해당된다. 부존량 S를 수평축으로, 재생량 $G(S)$를 수직축으로 설정하면 쉐퍼 모형은 〈그림 16-4〉와 같이 도식된다.

　　자원 부존량이 증가할 때 재생량의 변화는 구간에 따라 다른 양상을 보이는데 $\underline{S}$~S^* 사이인 구간에서는 부존량이 증가할수록 재생량이 증가하고 S^*~$\overline{S}$ 사이인 구간에서는 반대로 재생량이 감소한다. 이때 구간의 경계를 이루는 $\underline{S}$와 $\overline{S}$는 재생량이 0으로서, 개체 수의 변화가 없는 자연 균형(natural equilibrium) 상태에 해당한다.

　　먼저 부존량이 $\overline{S}$일 때 재생량이 0인 것은 생물 개체가 죽거나 서식 공간을 벗어나 이주해 나가는 경우가 새로이 태어나거나 다른 곳으로부터 이주해 들어오는 경우에 의해 상쇄되어 전체적인 개체 수 변화가 없는 상태로, 생물 개체가 서식하는 자연환경이 감당할 수 있는 수용 능력을 나타낸다. 일례로 광어 양식장을 생각해 보자. 일정한 규모

그림 16-4　생물경제모형: 쉐퍼(Schaefer) 모형

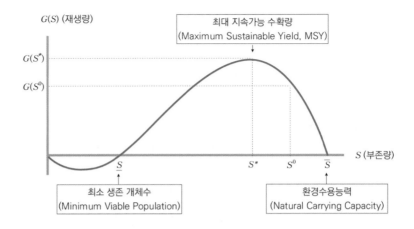

자료: 티이텐버그와 루이스(Tietenberg, T. and L. Lewis, *Environmental & Natural Resource Economics*, 9th ed., Pearson, 2012).

의 사육지 내에서 생존할 수 있는 광어 개체 수는 제한이 있기 마련이다. 가령 사육지 규모에 비해서 개체 수가 지나치게 많으면, 즉 $\overline{S}$보다 많으면 재생량이 음(−)이어서 물 속에 포화된 산소량이 적거나 먹이를 충분히 섭취하지 못하는 등 환경적 스트레스로 인해 일부는 폐사하여 개체 수가 $\overline{S}$ 수준으로 감소할 수 있다. 반대로 $\overline{S}$보다 적으면 사육 지 내에 광어가 더 번식할 수 있는 여건이 되어 개체 수가 $\overline{S}$ 수준으로 증가할 수 있다. 따라서 $\overline{S}$는 자연환경이 감당할 수 있는 자원량을 나타내며 **환경수용능력(natural carry-ing capacity)**이라고 정의된다. 환경수용능력 $\overline{S}$에서 오른쪽으로 벗어나든 왼쪽으로 벗 어나든 결국 $\overline{S}$로 다시 회귀하기 때문에 $\overline{S}$는 안정적(stable) 균형이라 할 수 있다.

　　다음으로 $\underline{S}$는 생물자원이 멸종되지 않고 생존하기 위해 요구되는 최소한의 개체 수로서 **최소생존개체수(minimum viable population)**[7]로 정의된다. 앞서 환경수용능력 $\overline{S}$의 균형은 안정적인 반면 최소생존개체수 $\underline{S}$는 불안정 균형에 해당한다. 자원의 부존 량이 $\underline{S}$의 좌, 우 어디에 위치하느냐에 따라 각각 장기적으로 도달하는 상태가 다르기 때문이다. 부존량이 $\underline{S}$ 오른쪽에 있는 경우에는 재생량이 0보다 커서 개체가 번식하거나 다른 곳으로부터 이주해 들어올 여지가 있고, 장기적으로는 환경수용능력 $\overline{S}$에 도달하게 된다. 그와 반대로 부존량이 $\underline{S}$ 왼쪽에 있는 경우에는 재생량이 음수(−)로 표시되는데,

---

7) 또는 멸종임계 자원량(extinction threshold)라고도 불린다.

이는 개체가 사망하거나 다른 곳으로 이주해 나가는 수가 새로 탄생하거나 이주해 들어오는 수보다 많음을 의미하고, 이 상황이 계속되면 결국 원점에 도달하여 해당 개체는 멸종에 이르게 된다. 어떤 생물자원이 멸종되지 않기 위해서는 최소한의 유전적 다양성과 개체 수가 필요하기 때문에 S의 존재가 인정된다.

재생자원의 생물학적 한계를 고려할 때, 지속가능성이 유지되기 위해서는 어떠한 방식으로 자원을 수확해야 할까? 결론부터 말하자면 수확량과 재생량이 같은 수준으로 이루어지도록 수확하면 **지속가능한 수확**(sustainable yield)이 가능하다. 왜냐하면 주어진 부존량에서 자원이 증가한 양만큼만 수확한다면 전체적으로는 기존 부존량이 유지될 수 있기 때문이다. 이를 앞서 제시된 쉐퍼 모형을 통해 구체적으로 살펴보자. 〈그림 16-4〉에서 자원의 부존량이 S^0일 때 재생량은 S^0로부터 수직선을 그어 함수 $G(S)$와 만나는 교점 $G(S^0)$로 파악된다. 생물자원을 수확하는 경제주체가 재생량 $G(S^0)$와 일치하는 수준으로 수확량을 결정한다면 자원 부존량은 시간이 지나더라도 S^0 수준으로 유지될 수 있다.

이렇게 지속가능성을 유지하되, 최대한으로 얻을 수 있는 수확량을 **최대지속가능수확량**(maximum sustainable yield, MSY)이라고 한다. 그래프에서 최대지속가능수확량은 지속가능한 수확량들 중 최대값인 $G(S^*)$이고, 이에 상응하는 부존량 S^*는 최대지속가능수확량에 해당되는 자원 부존량을 의미한다. 최대지속가능수확량에 해당되는 부존량 S^*는 지속가능성을 충족하는 수확량 중 최대의 수확량을 지속적으로 얻게 한다는 점에서 자원 이용 시 달성해야 할 가장 바람직한 상태로 주로 생태학자들에 의해 추천된다. 그러나 이는 동태효율성을 충족하는 지속가능 자원량은 아니며, 자원 이용의 순편익 함수 NB_t가 어떤 형태를 지니느냐에 따라서 동태효율성을 충족하는 지속가능 자원량은 S^*보다 클 수도 있고 작을 수도 있다.[8]

---

8) 엄밀한 동태분석을 시행하면 동태효율성을 충족할 때에도 장기적으로는 특정 지속가능 자원량을 선택해야 하고, 따라서 자원 이용을 시작한 후 어느 정도 시간이 흐른 후에는 자원의 자연적인 증가량인 $G(S)$만큼의 소비만 매 기에 이루어져야 한다는 것을 보여줄 수 있다. 그러나 이때 유지해야 할 지속가능 자원량 S가 반드시 S^*와 같을 이유는 없다.

로지스틱 성장

　　본문에 제시된 쉐퍼 모형과 같이 환경수용능력이 생태계 내 개체 수 증가에 한계로 작용할 때 생물자원의 개체 수 증가를 설명하는 수리 모형으로 로지스틱 성장(logistic growth)을 들 수 있다. 생물자원이 속한 생태계 내 가용한 자원, 예를 들어 식량, 산소, 서식 공간 등이 무한정 공급되지는 않는다. 아울러 생물자원이 생존하면서 필수적으로 발생시키는 폐기물, 쓰레기 등의 부산물들이 생태계 내에 축적되어 자연환경의 자정능력이 가동하지 못할 수준을 넘어서면 생물자원의 생존에 위협이 될 수 있다. 로지스틱 성장은 생물자원 밀도(density)에 의해 개체 수가 증가함에 따라 증가율이 감소하면서 증가하는 밀도 의존적 성장 형태를 설명한다. 이는 벨기에 수학자 베르헐스트(Pierre François Verhulst)가 1830년대에 인구 성장을 모형화하면서 고안한 로지스틱 함수(logistic function)에 기반한다. 앞서 쉐퍼 모형에서 시간 t를 고려하면 t기 부존량은 S_t로 표시되며 베르헐스트가 제시한 로지스틱 방정식은 다음과 같이 표현된다.

$$\frac{\triangle S_t}{\triangle t} = rS_t\left(1 - \frac{S_t}{K}\right)$$

　　이때 r은 개체 수 성장률, K는 환경수용능력을 각각 의미한다. 한편 초기 ($t=0$) 부존량을 S_0라 표시하면 로지스틱 성장과 관련된 t기 부존량 S_t는 다음과 같이 표현된다.

$$S_t = \frac{S_0 K}{S_0 + (K - S_0)e^{-rt}}$$

　　단, S_0, K, r은 모두 주어졌다고 가정한다. 일례로 $r = 0.3$, $S_0 = 2$, $K = 2,000$일 때 시간 t를 수평축으로, 부존량 S_t를 수직축으로 로지스틱 성장을 도식하면 〈그림 16-5〉와 같이 나타나 시간의 흐름에 따른 성장 형태를 쉽게 확인할 수 있다.

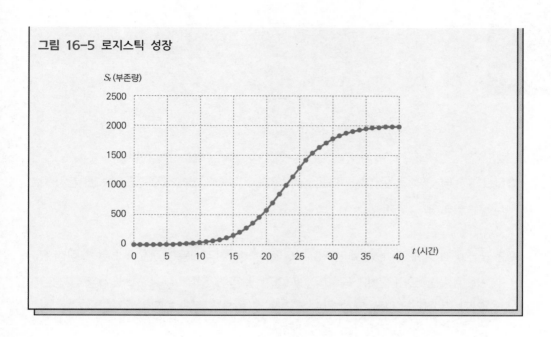

그림 16-5 로지스틱 성장

01 10년 뒤 3억 원은 현재가치로 얼마겠는가? 이자율 r=0.05라 할 때 현재가치를 구하라.

02 $t = 0$, 1기에 걸쳐 한계편익이 $P = a - bQ$, 한계비용이 $MC = c$로 일정한 2기간 모형이 있다. 한편 두 기간에 걸친 자원의 양은 $Q_0 + Q_1 = \overline{Q}$로 고정되어 있다. 동태효율성을 달성하는 조건을 기술하고 동태최적량 Q_0^*와 Q_1^*를 각각 도출하라. 단, 이자율은 r로 표기하라.

03 양식장에서의 광어 생산량을 X라고 하자. 이는 일종의 생물자원에 해당하며, 이때 재생량 R은 $R(X) = -0.1X^2 + 6X$로 표현된다.
   (1) 최대환경수용능력을 구하라.
   (2) 최대지속가능수확량을 구하라.

04 최근 미국에서 활발하게 채굴 중인 셰일가스(shale gas) 시장을 고려하자. t 시점의 셰일가스의 부존량을 X_t, 채굴량(이용량)을 C_t라고 표시한다. 아울러, $t = 0$기에 셰일가스가 총 4만 톤(t)이 매장되어 있는 것으로 조사되었다.
   (1) 채굴량을 조사한 결과 $t = 0$기에는 채굴하지 않았으며, $t = 1$기에 2천 톤, $t = 2$기에 3천 8백 톤을 채굴한 것으로 파악되었다. t=3시점의 부존량은 얼마인가?
   (2) 탐사기술의 발전으로 $t = 3$기에 1만 5천 톤, $t = 4$기에 8천 톤의 셰일가스를 추가로 발견하였다. 발견량은 D_t로 표시된다. 채굴량은 $t = 3, 4$기 모두 5천 톤으로 일정하다. $t = 5$시점의 부존량은 얼마인가?

05 <그림 16-2>와 같은 상황에서 다음과 같은 변화가 발생하면 초기의 자원 이용량 Q_0가 늘어나는지 줄어드는지를 확인하라.

(1) 이자율의 상승

(2) 소득상승으로 P_1곡선이 상향 이동

(3) 한계생산비 c의 도입

06 어떤 생물자원의 t기 개체 수 N_t가 다음과 같은 성장 모형으로 제시되어 있다.

$$N_t = \frac{1500}{5 + 295e^{-0.9t}}$$

(1) 초기($t = 0$) 개체 수 N_0를 구하라.

(2) 환경수용능력을 구하라.

(3) 이를 토대로 그래프를 그려보아라. (1)과 (2)의 결과를 그래프에 반드시 표시하고 왜 이러한 형태를 갖게 되는지 간략히 설명하라.

07 자원의 양이 k로 한정된 비재생자원을 생각하자. 어떠한 기업이 $t = 0, 1$ 두 기간에 걸쳐 이 자원을 모두 채굴하려고 한다. t기의 채굴량을 q_t로 표기할 때, 이 기업의 총수입은 $aq_t - \frac{b}{2}q_t^2$, 총비용은 cq_t로 파악되었다(단, a, b, c 등은 모두 상수이다). 한편 경제적 이자율은 r로 표현된다. 이 기업이 이윤을 극대화하고자 할 때 관련된 동태최적화문제를 설정하라.

CHAPTER
17

농촌발전

특정 국가나 지역의 경제발전은 정량적 지표의 변화와 정성적 지표의 개선으로 나타난다. 정량적 지표
는 소득이나 생산량 등 경제의 양적 수준을 의미하며, 대표적 지표인 GDP의 증가를 흔히 경제성장이
라고 표현한다. 정성적 지표는 기술의 축적, 산업구조의 변화, 삶의 질 등 사회의 비경제적 요인을 포
괄하는데, 이러한 질적 수준이 양적인 경제성장과 동반되어 개선되는 것을 경제발전이라고 말한다. 이
러한 개념을 농촌에 적용하면 농가소득의 증가를 통한 농촌의 경제성장과 농촌 삶의 질과 관련된 정
성적 지표의 개선을 농촌발전이라고 정의할 수 있다. 이러한 지표들을 통해 농촌의 형성과 성장, 발전
둔화 및 쇠퇴 과정을 관찰할 수 있고, 이를 바탕으로 문제점과 개선 방안을 논의할 수 있다. 먼저 제1
절에서는 전통적인 입지론과 지역성장이론, 그리고 이에 대한 경제분석 방법에 대하여 살펴보고, 제2
절에서는 우리나라 농촌의 현황과 발전방향에 대해 논의해 보자.

1 입지이론

먼저 농업과 관련된 토지이용의 결정을 살펴보기 위해 19세기 초에 개발된 고전적 이론인 튀넨(von Thünen)의 고립국 이론을 살펴보자. 이 이론은 ① 다른 지역과 교역이 없는 고립 지역에서 ② 한 점으로 표시되는 중심지에 배후지역으로부터 농산물을 공급받는 유일한 시장이 존재하고, ③ 모든 토지는 지형과 비옥도에 차이가 없으며, ④ 농산물의 수송비용은 거리와 비례하고, ⑤ 생산자는 이윤극대화를 위하여 농산물을 생산한다고 가정한다. 각 농산물(i)의 이윤(π)은 생산물의 총수입(TR)에서 생산에 소요된 생산비(PC)와 생산물을 시장까지 운송하는데 들어가는 수송비(TC)를 차감하여 다음의 수식으로 나타낸다.

$$\pi_i = TR_i - PC_i - TC_i$$

수송요율은 생산물의 단위 무게와 거리를 기준으로 정해지고 따라서 수송비는 수송요율에 생산물의 무게와 거리를 곱하여 계산된다. 이때 생산물의 무게와 수송요율은 품목별로 다를 것이다.

튀넨이 당시 유럽의 토지이용형태를 관측한 바에 의하면 중심지에서 가까운 순서대로 ① 자유식 농업(원예 및 낙농) ② 임업(땔감 및 목재), ③ 집약적 농업(윤재식·곡초식·삼포식 곡물 생산) ④ 조방적 목축(방목) 등 4가지로 농업용 토지가 이용되었다. 빈번하게 농산물을 중심지로 빈번하게 보내야 하는 채소와 유제품의 수송요율이 가장 높고, 부피가 크고 무거운 땔감과 건축용 목재, 보존이 오래되고 상대적으로 가벼운 곡물, 중심지까지 걸어서 이동시킬 수 있는 가축 순으로 수송요율이 낮아진다. 따라서 자유식 농업은 중심지로부터의 거리가 멀어질수록 급격히 이윤이 감소하고, 임업은 그 다음 속도로 거리가 멀어질수록 이윤이 감소하는 식의 형태를 보인다. 농산물 품목별 이윤을 농산물 생산지에서 원점인 시장까지의 거리에 따라 나타내면 〈그림 17-1〉의 왼쪽 상단의 그림과 같이 나타난다. 그림에서는 4개의 서로 다른 경작을 선택할 때 이러한 경작이 시장에서 먼 곳에서 행해질 경우 수송비의 증가로 이윤이 작아지고 있음을 보여준다. 또한 이윤이 가장 높은 경작을 선택하는 것이 이윤을 높이는 것이므로 왼쪽 그림의 하단과 같이 거리

그림 17-1 튀넨의 고립국 이론

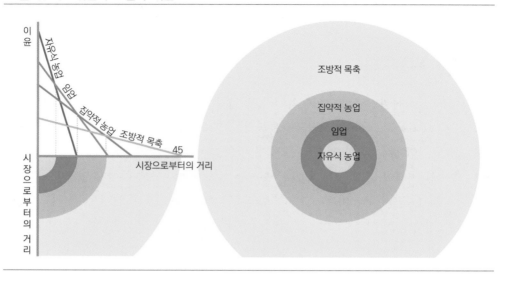

에 따라 경작할 생산물이 정해지고 오른쪽 그림과 같이 시장을 중심으로 동심원적인 농업용 토지이용이 나타난다.

이상의 논의는 매우 단순하지만 토지에 대한 사용 대가 즉, 지대에 대한 최대 지불용의금액을 이윤이라고 볼 수 있기 때문에 〈그림 17-1〉의 세로축을 이윤이 아니라 지대로 나타내면 이윤은 지대로 지출할 수 있는 최대의 지불용의금액이 되고 이들의 포락선을 입찰지대곡선(bid-rent curve)이라고 일컫는다. 지불용의지대는 다시 말해 이윤을 0으로 만드는 최대의 지대 지불용의금액인 것이다. 이러한 논리는 적절한 이윤함수나 효용함수를 사용하여 농업뿐만 아니라 공간상에 서로 다른 산업이나 주거용 토지 이용을 위한 경쟁이 일어날 경우의 입지에 있어서도 적용이 가능하다.

알론조(W. Alonso), 밀즈(E. Mills), 무스(R. Muth), 에반스(A. W. Evans) 등은 튀넨의 분석틀을 경제학의 이론과 접목하여 보다 일반적인 형태의 지불용의지대모형으로 발전시켰다. 현대적 지불용의지대모형과 고립국이론사이의 가장 큰 차이는 전자는 토지와 토지 외의 생산요소의 관계가 산출물의 유형과 관계없이 상호 대체가 가능하도록 인정한다는 점이다. 제4장에서 설명된 바와 같이 기업의 생산활동에서 비용을 최소화하기 위해서는 등비용곡선과 등량곡선의 기울기가 같아지도록 생산요소를 결합하여 사용하는데, 하나의 생산요소의 가격이 상대적으로 비싸지면 상대적으로 저렴한 다른 생산요소로 대체하게 된다. 고립국이론에서는 이러한 생산요소 결합관계의 특성이 무시되었기

그림 17-2　지불용의지대모형을 통한 토지의 산업부문 간 배분

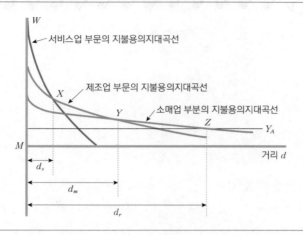

자료: McCann, 2013

때문에 음(-)의 기울기를 가진 지대의 경사도가 거리에 따라 변하지 않는다. 지불용의지대모형에서는 중심지에서 멀어질수록 지대가 하락하는 것은 동일하나, 중심지 가까이에서는 비싼 토지 사용량을 줄이고 다른 투입요소 사용량을 늘리면서 비용이 절감되기 때문에 토지에 지불할 수 있는 금액이 생산요소 간 대체가 불가능할 경우에 비해 더 커진다. 따라서 대체가 가능할 경우에는 입찰지대곡선은 여전히 우하향하는 음(-)의 기울기를 가지지만 그 감소율은 체감하게 되어 원점에 대하여 볼록한 모양을 띠게 된다. 〈그림 17-2〉는 서비스업, 제조업, 소매업에 대한 입찰지대곡선을 도출하여 도시용 토지의 토지이용을 보여주는 예이다.[1]

　　20세기 초에 개발된 베버(A. Webber)의 공업입지론은 널리 알려진 산업입지 분석방법으로서, 독일 수학자 라운하르트(C. W. F. Laundhart)의 제안을 구체화한 것이다. 기업은 공간상의 특정 지점에 위치한 하나의 시설로 간주되며 기업은 입지 선정을 통해 이윤을 극대화하고자 한다. 생산비용을 최소화할 수 있는 곳에 입지가 결정되는 최소비용이론으로서 흔히 베버의 입지 삼각형(Weber's location triangle)이라고 일컬어진다. 입지 삼각형은 2개의 원료 산지와 1개의 시장을 고려할 때 구성되는 공간으로, 생산지는 원료와 생산물의 이동에 소요되는 총수송비용이 최소화되는 삼각형 내에 위치하게 된다. 만약 삼각형 외부에서 입지가 정해진다면 이는 지역 간 노동비

---

1) 그림에 대한 자세한 논의는 맥캔(McCann, P. *Modern and Urban Regional Economics*, Oxford University Press, London, 2013), p.118을 참조하라.

집적경제

　　경제주체들이 특정 공간에 밀집하여 얻게 되는 긍정적 외부효과를 집적경제라 일컫는다. 기업들이 서로 가까운 위치에 있게 되면 상품이나 인력, 기술 및 아이디어의 교환 비용이 줄어들기 때문에 발생하게 된다. 집적경제가 있는 산업에 속한 기업들은 인접한 기업과의 상호작용을 통해 긍정적 효과를 얻기 위하여 공간적으로 집중하게 되고 이에 따라 산업클러스터가 형성된다. 집적경제는 특정 업종이 집중되는 국지화경제(localization economies)와 산업 다양성이나 인구, 경제활동의 증가를 의미하는 도시화경제(urbanization economies)로 나눌 수 있다. 전자는 개별기업이 속한 산업의 규모가 커짐에 따라 개별기업의 생산성이 높아지는 산업 내의 외부효과를 말하며, 후자는 개별기업이 소재하는 지역의 모든 산업을 합한 총생산규모가 커짐에 따라 개별 기업의 생산성이 증가하는 현상을 뜻한다. 국지화경제의 예로, 실리콘 밸리에서의 IT 기업의 집중, 홍콩의 금융 중심지화를 들 수 있다. 노벨 경제학상 수상자인 로머(P. M. Romer)는 한국과 중국 등 아시아의 급속 성장의 배경으로 도시화를 꼽기도 했다. 집적경제의 실증효과를 분석하기 위해서 이들의 수치화가 필요한데 연구 대상 지역의 특정산업에 속한 노동자수와 도시 전체 인구를 국지화경제와 도시화경제의 대리변수(proxy variable)로 사용하기도 한다.

격차에 따른 이득이나 집적경제에 의해 이익이 발생한 것으로 본다. 여기서 **집적경제(economies of agglomeration)**는 경제행위가 특정 공간에 집중하여 각 기업들이 얻는 이익을 말한다. 이는 유관산업의 입지로 인하여 노동력과 원료를 싸게 공급받거나, 사람들이 모여 있기 때문에 시장판매에 유리하거나, 기술혁신으로 인한 생산비용절감이 나타나기 때문에 발생한다.

　　3차 산업 입지에 대한 대표적인 이론은 역시 20세기 초에 개발된 **크리스탈러(W. Christaller)의 중심지이론**으로서 소매상을 중심으로 소비자가 상품을 구매하기 위해 소요되는 거리에 따라 소비자가 지불해야 하는 배달가격과 수요량의 관계를 통해 입지를 설명한다. 같은 종류의 재화와 서비스의 경우 같은 크기의 상권을 가지는 반면 다른 종류의 재화와 서비스는 다른 크기의 상권을 가지게 되는데, 이러한 서로 다른 종류의 상권이 한 곳에서 겹치게 되면 그곳에 중심지가 출현한다고 본다. 이와 같은 전통적인 입지론들은 이윤극대화를 위해 수송비용이 최소화되는 지점을 입지로 선정한다는 점에서 공통점이 있다.

2 지역성장이론

지역성장은 일반적으로 지역생산과 소득, 생산성 및 산업구조의 효율성 증대 등으로 측정된다. 지역 간 환경의 이질성은 본래 서로 다른 지역 특성에 사회·경제·정치 등 지역 대내외 환경 변화가 결합되어 결정된다. 지역의 공간적 이질성은 인구·산업·자본·정보 등의 균질적이지 않은 공간적 분포를 가져오고, 지역 간 상호작용은 새로운 공간상의 재배치를 위한 흐름을 만들어 낸다. 따라서 지역성장은 지역이라는 하나의 경제단위가 변화하는 환경 조건에서 이윤극대화를 위해 내린 의사결정의 산물이라고 이해할 수 있으며, 지역성장이론은 지역 간의 격차를 경제적 요인을 통해 설명하기 위한 지역경제학의 방법론 중 하나이다.

지역성장이론은 경제학의 경제성장이론에 공간개념을 포함하는 성장이론으로서 크게 균형성장론과 불균형성장론으로 구별할 수 있다. 균형성장론은 지역경제의 성장을 다른 지역과의 격차를 해소하는 균형과정으로 보는 반면에, 불균형성장론은 지역격차가 심화되는 과정으로 본다. 여기에서 말하는 균형은 ① 각 지역 간의 성장률이 동일하거나, ② 생산요소의 지역 간 이동이 없거나, ③ 장기에 있어 개인 간 소득격차가 존재하지 않는 경우를 뜻한다. 균형성장이론은 경제성장 이전의 입지여건 등에 따라 존재하던 불가피한 지역격차를 감안하더라도 지역성장을 통해 필연적으로 지역 간 균형이 달성되므로 정부의 개입은 본질적으로 필요하지 않은 것으로 간주된다. 이는 신고전학파의 관점으로서 지역 간 불균형이 장기적으로 재화와 용역의 지역 간 이동을 통해 자연스럽게 해소되므로 자유시장경쟁의 원리에 의해 성장이 균형적으로 수렴된다고 본다. 그러나 생산성 증가에 따라 상대적으로 성장이 빠른 지역이 느린 지역에 비해 누적적 이익을 얻게 된다는 누적성장이론이나 기반산업의 비교우위에 의해 지역성장을 설명하는 경제기반이론과 같은 불균형성장론은 반대로 지역성장에 있어 정부의 역할을 강조한다.

(1) 균형성장이론

1970년대에 체계적으로 정리된 신고전학파의 지역성장이론은 신고전학파의 경제성장론을 근간으로 지역의 개방성을 포함하여 지역 간 장기균형을 제시한다.2) 공급측면의 성장모형으로서, 지역 간 생산요소 이동을 가장 중요한 성장요인으로 보기 때문에 완전고용, 완전경쟁, 상품의 동질성, 규모에 대한 수익불변, 동일한 생산기술 수준에 대한 가정 외에도 수송비가 지역 간에 발생하지 않는다고 가정한다. 총생산량(Y)이 기술수준(A), 노동(L), 자본(K)에 의해 결정되는 콥-더글라스(Cobb-Douglas) 생산함수 $Y = AL^{\alpha}K^{1-\alpha}$ $(0 < a < 1)$를 가정할 때, 노동의 한계생산성(MP_L)과 자본의 한계생산성(MP_K)은 각각 다음과 같이 정리된다.

$$MP_L = aAL^{\alpha-1}K^{1-\alpha} = aA(K/L)^{1-\alpha},$$
$$MP_K = (1-a)AL^{\alpha}K^{-\alpha} = (1-a)A(K/L)^{-\alpha}$$

노동의 한계생산성은 양의 값을 가지므로 노동을 투입함에 따라 총생산이 증가한다. 그러나 제7장에서 설명된 바와 같이 요소투입에 따른 총생산의 증가율, 즉 노동의 한계생산성은 노동 사용량이 많을수록 줄어든다. 따라서 완전고용을 가정한 상황에서 노동이 상대적으로 풍부한 지역은 노동의 한계생산성이 낮은 상태를 의미한다. 그런데 각 지역의 완전경쟁을 가정한 요소시장에서 요소의 가격은 요소의 한계생산성과 같은 점에서 정해지기 때문에 노동력이 풍부한 지역은 임금 수준이 낮게 된다. 따라서 수송비가 존재하지 않는다는 가정하에 노동력은 노동이 풍부한 저임금 지역에서 노동 공급이 적은 고임금 지역으로 이동한다. 자본의 경우에도 마찬가지로 자본이 풍부하여 자본수익률이 낮은 지역의 자본은 자본이 부족하여 상대적으로 자본수익률이 높은 지역으로 이동한다.

위 식에서 $k = K/L$은 노동자 1인당 투입되는 자본, 즉 자본장비율을 의미하는데 자본장비율이 높아짐에 따라 노동의 한계생산성이 증가하는 반면 자본의 한계생산성은 낮아진다. 따라서 요소의 이동에 대한 논의를 자본장비율과의 관계에 적용하면 노동은

---

2) 본 절의 요소 이동에 의한 지역 간 균형성장이론 보츠와 스타인의 연구(Borts G. H. and Stein J. L. *Economic Growth in a Free Market*. Columbia University Press, New York, 1964)를 중심으로 기술되었다.

그림 17-3 자본장비율과 1인당 총생산

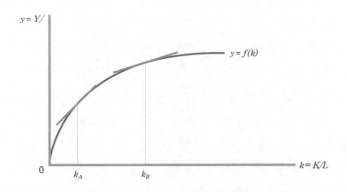

그림 17-4 자본장비율과 요소생산성

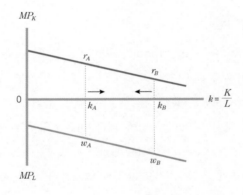

자본장비율이 높은 지역으로 이동하고, 자본은 자본장비율이 낮은 지역으로 이동하게
된다. 1인당 총생산(y)을 자본장비율(k)의 함수로 나타내면, $y = \dfrac{Y}{L} = A\left(\dfrac{K}{L}\right)^{1-\alpha} = Ak^{1-\alpha} = f(k)$로서 자본장비율 증가에 따라 1인당 총생산은 증가하나 그 증가율이 둔화되어 〈그림 17-3〉과 같이 그려진다.

A지역은 낙후지역으로서 B지역에 비해 낮은 자본장비율(k_A)을 가지고 있고, B지역은 성장 초기에 유리한 입지조건으로 인하여 자본축적이 용이하여 높은 자본장비율(k_B)을 가지고 있는 성장지역이라고 가정하자. 이때 각 요소생산성과 자본장비율의 관계는 〈그림 17-4〉와 같이 나타낼 수 있다.

위쪽의 자본의 한계생산 r_A, r_B는 자본장비율과 역의 관계를 가지지만 아래쪽의 노동의 한계생산(w_A, w_B)은 자본장비율과 정의 관계를 가진다. 각 지역의 노동과 자본의 한계생산성은 각 지역의 임금(w)과 자본수익률(r) 크기로 나타내게 된다. 따라서 임금이 낮은 낙후지역 A의 노동력은 B로 이동하게 되고, 자본수익률이 낮은 성장지역 B의 자본은 A로 이동하게 된다. 이러한 생산요소의 이동은 각 요소의 한계생산성이 같아질 때까지 계속되어 A지역의 자본장비율은 높아지고 B지역의 자본장비율은 낮아져 지역 격차가 해소된다. 또한 각 지역은 높아진 요소소득을 바탕으로 지역 내 소비와 생산을 유발하게 되어 이전보다 성장한 상태에서 균형에 이르게 된다.

다만 신고전학파의 지역성장모형은 강한 가정들에 기초하여 도출되므로 그 가정들의 현실 적합성에 대한 주의가 필요하다. 예를 들어, 지역들에 대한 생산함수가 동일하고 규모에 대한 수익불변도 가정하고 있다. 그러나 성장지역에서는 집적경제로 인한 규모에 대한 수익체증이 일어나고 낙후지역에서는 규모에 대한 수익체감이 일어날 경우 지역 간 장기균형이 아닌 불균형 심화가 일어날 수 있다.

(2) 불균형성장이론

경제기반이론(economic base model)이라고도 불리는 수출기반이론(export base model)은 불균형성장이론에 해당한다. 지역성장이 앞서 살펴본 균형성장이론과 같이 다른 지역으로부터의 요소 유입을 통해 이루어지는 것이 아니라 지역 내 부존자원을 투입하여 생산하는 산업이 다른 지역의 산업에 비해 비교우위를 가질 때 그 지역이 성장한다는 수요 측면을 강조한 이론이다. 이는 케인즈(J. M. Keynes)의 국민소득 결정모형에 기초한 승수효과를 지역에 적용한 것으로서, 지역소득은 외부수요에 의한 수출에 의해 결정된다고 보기 때문이다. 즉, 지역의 일부 생산물을 소비하지 않고 다른 지역에 수출할 경우 유효수요 창출을 통해 해당 지역의 소득을 증가시킬 수 있으므로 이를 통해 지역의 경제가 성장하게 된다.

이러한 관점에서 지역 내 산업은 기반산업과 비기반산업으로 분류된다. **기반산업**은 수출산업으로서 지역 외부에 생산물을 수출하여 지역성장을 주도하는 반면, **비기반산업**은 내수산업으로서 지역 내의 소비를 위한 생산활동을 통칭하며 지역성장에는 큰 기여를 하지 못하는 것으로 간주한다. 지역총소득(Y_i)이 지역 내 소비($E_i = C_i + I_i + G_i$, C_i는 소비지출, I_i는 투자지출, G_i는 공공지출)와 그 지역의 수출량(X_i)에 의해 증가하고 다른 지역으로부터의 수입(M_i)에 의해 감소하는 다음의 식으로 정리된다.

$$Y_i = E_i + X_i - M_i$$

만약 투자지출(I_i)과 공공지출(G_i)이 일정하여 소비지출(C_i)과 순수출($X_i - M_i$)만이 지역소득에 영향을 주며, 지역 내 소비지출과 수입은 각각 한계소비성향($c = dC/dY$)과 한계수입성향($m = dM/dY$)에 결정된다고 할 때 지역총소득은 다음의 식으로 정리된다.

$$Y_i = c_i Y_i + X_i - m_i Y_i$$

이때, 균형지역소득(Y_i^*)은 다음의 식과 같이 정리된다.

$$Y_i^* = \frac{1}{1 - c_i + m_i} X_i$$

따라서 수출이 증가할 때 균형지역소득의 증가(dY_i^*/dX_i)는 지역승수 즉, $1/(1 - c_i + m_i)$에 의해 결정되며, 기반산업의 생산활동은 승수효과에 의해 지역소득을 증가시킨다.

이상의 설명은 신고전학파 모형이 고려하지 않은 수요측면을 반영하여 기반산업의 증대가 비기반산업의 증대를 유도하고, 지역경제의 성장이 기반활동에 좌우된다는 논리를 보여준다. 그러나 수출을 지역성장의 유일한 요소로 한정함으로써 지역 내부의 성장요인은 간과되는 측면이 있다. 다시 말해, 비기반산업도 기반산업과 마찬가지로 지역성장에 중요할 뿐만 아니라 비기반산업의 성장이 기반산업의 성장확대에 영향을 주고 이를 통해 수출이 늘어날 수 있음을 배제한 단순한 모형이라는 한계에 대한 지적이다.

누적성장모형(cumulative growth model)은 수출기반이론과 마찬가지로 수요측면을 중심으로 한 불균형성장모형이다. 이에 따르면, 집적경제와 규모의 경제가 발생한 지역은 기술진보와 생산요소의 수익률이 높아져 성장을 거듭하게 된다. 소득이 높은 부유한 지역은 인구가 많고 구매력이 높아 수요창출능력도 높다. 따라서 지역 내 생산을 증가시키고 집적의 이익을 유발하여 지역총생산의 증가를 통해 지역이 성장한다. 따라서 부유한 지역은 확산효과(spread effect)를 통해 누적적으로 지역성장을 일으키게 된다. 지역성장 과정에서 선도기업은 전후방 연계 관계를 통해 공간적 통합을 일으킨다. 또한 교통망 형성과 계층화를 통해 산업이 효율적으로 배치되고, 혁신이 발생하며, 전문기술인력 집합이 나타나는 등, 선도기업이 지역 성장의 원동력으로 작용하게 된다.

이러한 누적성장과정은 집적경제가 존재하기 때문에 가능하며, 집적경제는 누적성장을 유발하는 근본 요인으로서 지역의 공간적 집중을 높이는 힘으로 작용한다. 집적경제로 인하여 ① 생산성과 기술 진보가 발생하고, ② 생산비 절감과 이윤 상승은 새로운 산업과 자본의 지역 유입을 가져오며, ③ 사회편익시설의 확충과 고용증대로 인해 지역 인구 유입의 원동력으로 작용하여 외형성장을 가져오고, ④ 지역 내 공간경제적 구조의 효율성을 증가시키는 방법으로 지역 성장을 이끈다.

확산효과로 인하여 중심지와 함께 성장을 함께한 배후지역은 그러나 시간이 지남에 따라 사회 경제적 여건의 악화로 자본과 노동력 및 수요 요건이 상대적으로 악화되어 모든 생산요소가 중심지로 다시 집중하는 역류효과(backwash effect)가 나타나는데, 이러한 과정을 통해 중심지는 누적적으로 성장하지만 배후지는 성장이 둔화된 지역으로 남아 지역 격차가 발생하게 된다. 이상이 노벨경제학상 수상자인 미르달(G. Myrdal)의 누적성장모형이 제시한 확산효과와 역류효과를 이용한 지역의 성장과 쇠퇴과정에 대한 설명이다.

그렇다면 침체지역의 성장 둔화를 일으키는 역류효과의 원인은 무엇일까? 허쉬만 (A. Hirschman)은 지역성장에 있어 산업 간의 상호 복합성 혹은 산업 연계를 강조한다. 산업 간 복합성은 전방연쇄효과와 후방연쇄효과로 나타날 수 있는데, 전방연쇄효과는 특정 산업의 유치가 그 산업의 산출물을 중간투입물로 사용하는 산업의 성장을 유발함을 의미한다. 만약 그러한 산출물이 최종재라면 시장이 형성되게 된다. 후방연쇄효과는 반대로 한 산업의 발전이 그 산업에 투입될 중간투입재를 생산하는 산업의 발전을 유발하는 것이다. 그런데 배후지역은 중심지에 비해서 지역 내 상호 복합성이 약하여 산업 간 연쇄효과가 크지 않기 때문에 지역성장 속도가 둔화되게 된다. 지역격차가 심화되고 있는 우리나라의 경우 각 지역의 집적경제의 수준과 중심지와 배후지역 간의 확산효과 및 역류효과의 계측을 통해 성장효과를 측정할 수 있고 이를 통해 지역 성장을 위한 정책 수립에 도움이 되는 기초 자료를 제공할 수 있다. 그러나 현실에서는 이러한 분석을 위한 가용 자료가 많지 않고 측정 방법이 어렵다는 한계가 있다.

3 지역성장의 경제분석

지역의 경제 수준은 몇 가지 지역경제 분석모형을 적용하여 측정이 가능하다. 대표적으로 일정 기간의 총량적 지역생산 활동을 나타내는 **지역계정(regional social ac-count)**이 있다. 국민계정의 국민총소득과 국내총생산과의 관계처럼 지역계정 또한 지역내총생산과 지역총생산으로 나뉜다. **지역내총생산(gross regional domestic product: GRDP)**은 일정 기간 동안 한 지역 내에서 생산된 재화와 용역의 합계로서 그 부가가치가 지역 주민의 소득이 되는지 다른 지역민에게 귀속되는 것인지 구분하지 않고 해당 지역 내에서 이루어진 것이면 합산이 된다. 반면, **지역총생산(gross regional product: GRP)**은 해당 지역의 지역민에 의해 생산된 재화와 용역의 합계로서 그것이 지역민의 소득이 된다면 해당 지역의 경계 밖에서 이루어진 생산 활동도 포함하게 된다. 국민계정과 마찬가지로 기타 지역계정에 지역순생산(net regional product), 지역소득(regional income), 지역개인소득(regional personal income), 지역개인가처분소득(regional personal disposable income) 등이 포함된다.

산업의 입지와 성장은 그 지역의 총량적 생산활동의 변화를 초래할 뿐만 아니라 경제 전체에도 영향을 미친다. 이는 산업의 변화에 따라 그 지역에서 공급되는 생산요소의 수요에 영향을 미치고 기업 간 연관 관계를 통해 타 산업 및 다른 지역에도 영향을 미치기 때문이다. 이러한 파급 효과를 측정하는 방법이 소위 지역승수분석인데, 산업적 변화가 그 산업이 입지한 지역에 미치는 충격을 분석하는 방법이다. 지역승수분석의 대표적인 기법으로서 앞서 다룬 불균형성장모형의 승수효과와 유사한 경제기반모형과 투입—산출분석이 있다.

[1] 경제기반모형

경제기반모형에서는 통상적으로 고용량을 산출량의 대리변수로 사용한다. 지역의 총고용(T)은 기반부문(basic sector)의 고용(B)과 비기반부문(non—basic sector)의 고용(N)의 합으로 정의된다. 이때 기반부문의 성과는 지역 외의 요인에 의해 결정되는 반면, 비기반부문의 산출량은 지역경제의 성과에 의존하여 $N = nT\,(0 < n < 1)$와 같이 결정된다고 가정한다. 여기서 계수 n은 특정 지역의 비기반부문에서 창출된 고용이 총고용 창출에 미치는 영향의 정도를 나타낸다. 즉 총고용은 다음의 식으로 정리된다.

$$T = B + nT, \ (0 < n < 1)$$

기반부문 고용에 대한 총고용의 비율을 계산하면 $T/B = 1/(1-n)$로 정리되는데 이를 경제기반승수(economic base multiplier)라고 한다. 즉 기반부문의 고용과 지역 경제 전체의 고용 간의 관계를 보여준다. 한편, 경제기반승수가 커질수록 기반부문의 고용 변화가 지역 경제 고용을 늘리는 정도가 커지는데, 이는 다음에서 확인된다.

$$\triangle T = \frac{1}{1-n}\triangle B$$

따라서 n의 값이 커질수록 경제기반승수가 커지게 되고 기반부문의 성장이 지역의 성장을 보다 크게 만들어 낸다. 일반적으로 지역 내 기업 간 연계가 강한 경우 n이 커진다. 농업이 지배적 산업인 지역은 일반적으로 이러한 연계가 작은 것으로 알려져 있다.

만약 비기반부문이 기반부문과 독립적인 고용활동(N_0)을 포함할 경우 총고용은 다음의 식으로 정리된다.

$$T = B + N_0 + n_1 T, \ (단, \ 0 < n_1 < 1)$$

이때 기반부문 성장에 따른 지역 경제성장의 크기는 다음의 식과 같이 계산된다.

$$\triangle T = \frac{1}{1-n_1}\triangle B$$

즉, 비기반부문의 성장이 기반부문에 대하여 일정 부분 독립적이라고 하여도 경제기반승수의 크기는 바뀌지 않게 된다. 이와 달리 만약 한 지역의 기반부문과 비기반부문 간의 연관 관계의 강도인 계수 n이 기반부문의 규모에 대한 함수여서 $n = n_0 + n_1 B$로 표현된다면 어떻게 될까? 이 경우 경제기반승수($\triangle T/\triangle B$)의 값은 총고용수준의 규모에 따라 증가한다는 것을 확인할 수 있다. 즉 지역의 규모가 커질수록 지역성장은 기반부문의 성장에 더욱 많이 의존하게 된다. 이때의 경제기반승수의 계산은 스스로 풀어보자.

이론적으로 기반활동과 비기반활동의 분리식별이 지역 경제구조와 성장의 건전성을 밝히는데 중요하지만 실제적으로는 어려운 작업이므로 ① 생산자를 실제 조사하여 판매 지역을 확인하거나, ② 고전적인 산업분류 방식을 활용해 1, 2차 산업은 기반활동으로, 3차산업은 비기반활동으로 분류하거나, ③ 입지계수를 활용하는 방법이 있다.

입지계수(location quotient)는 고용인구를 바탕으로 산정할 수 있는데 고용인구를 기준으로 특정 지역에서 특정 산업이 차지하는 비중과 전국에서 그 산업이 차지하는 비중의 비율을 통해 다음과 같이 구할 수 있다.

$$LQ_{ij} = \frac{E_{ij}/E_j}{E_{iN}/E_N} = \frac{j\,지역에서\,i\,산업의\,고용인구/j지역\,총고용인구}{전국에서\,i\,산업의\,고용인구/전국\,총고용인구}$$

여기에서, LQ는 입지계수, E는 고용인구, 하첨자 i, j, N은 각각 특정 산업, 특정 지역, 및 전국을 의미한다. 만약 LQ가 1보다 크면 i지역의 i산업이 전국 평균에 비해 특화 혹은 전문화되었으므로 기반활동으로, 1보다 작으면 비기반활동으로 분류하게 된다.

또한 입지계수를 변형한 **최소요구(minimum requirement) 입지계수**도 활용이 가능하다. 이는 특정 지역의 산업부문별 고용구조를 국가경제 전체의 산업부문별 고용구조와 비교하는 것이 아니라 그 지역과 비슷한 규모를 가진 다른 지역들과 비교하여, 산업별로 지역의 고용 비중이 가장 낮은 지역을 찾아 비교하는 것이다. 따라서 어떤 지역의 특정 산업부문의 고용비중이 최소요구량에 비해 높은 경우 그 산업이 해당 지역의 수출산업이 되며, 이러한 기반산업의 고용량을 합하면 지역 수출부문의 총고용량이 된다. 최소요구 입지계수($MRLQ$)는 다음의 식으로 계산된다. 이때 m이 특정 산업에 있어 최소고용 비중을 차지하는 지역을 의미한다.

$$MRLQ_{ij} = \frac{E_{ij}/E_j}{E_{im}/E_m}$$

(2) 지역 투입-산출분석

지역투입-산출분석은 레온티에프(W. Leontief)가 개발하여 한 나라의 투입-산출모형 혹은 산업연관분석에 사용하던 것을 지역에 적용한 것이다. 지역 투입-산출분석을 위해서는 특정 지역의 투입-산출표를 작성하여야 하며, 이를 통해 지역 내외의 산업 간의 투입산출관계를 파악하고 한 산업의 변화에 의한 다른 산업의 영향을 예측할 수 있다. 수요부문을 중간과정과 최종수요부문으로 구분함으로써 최종수요부문에서의 수요증가가 중간과정부문의 수요증가에 미치는 효과를 측정할 수 있고, 시계열분석으로는 계측이 어려운 지역 간, 지역 내의 재화와 서비스 이동의 분석이 가능하며, 최종수요 증

표 17-1　지역 거래 흐름(단위: 10,000달러)

구 분	구매액				
	산업 X	산업 Y	산업 Z	최종 소비자	총산출
산업 X	-	-	70	30	100
산업 Y	20	-	80	100	200
산업 Z	20	80	-	200	300
지역 생산요소	40	110	140	-	290
지역 수입	20	10	10	30	70
총투입	100	200	300	360	960

가에 따른 생산, 고용, 소득 등 각종 유발효과를 산업 부문별로 측정할 수 있다.

〈표 17-1〉에 정리된 쓰론(Throne)[3]의 수치적 예를 차용하여 X, Y, Z 세 개 산업부문이 존재하는 지역의 산업 간 지출의 흐름을 살펴보자. 지역산업 X는 총 100만 달러의 투입물을 구입하는데 지역산업 Y와 지역산업 Z로부터 각 20만 달러어치를 구매하며, 자본과 노동 등 지역 내의 생산요소를 구입하는데 40만 달러, 타지역으로부터 수입한 재화를 구매하기 위하여 지역 수입 20만 달러를 사용한다. 지역산업 Y와 Z도 마찬가지로 각각 총 200만 달러와 총 300만 달러를 투입요소의 구매를 위해 지출하고 있다. 지역 내 최종 소비자는 산업 X, Y, Z로부터 각각 30만 달러, 100만 달러, 200만 달러의 재화와 서비스를 구매하고 있고, 타지역에서 생산된 재화와 서비스 구매에 30만 달러를 지출하고 있다.

판매액을 기준으로 살펴보면, 산업 X는 산업 Z에 중간재로서 70만 달러를 판매하고 최종 소비자에게 30만 달러를 판매하여 총 100만 달러를 판매한다. 마찬가지 방식으로 산업 Y와 산업 Z는 각각 총 200만 달러와 300만 달러를 판매함을 알 수 있다. 지역 생산요소 투입량은 노동, 토지, 자본을 산업 X, Y, Z에 각각 40만 달러, 110만 달러, 140만 달러를 공급하여 받은 임금, 지대, 이자 등을 의미한다.

〈표 17-1〉의 각 셀의 금액을 그 셀이 속한 열의 마지막 셀의 값으로 나누게 되면 〈표 17-2〉와 같이 지역의 지출계수를 계산할 수 있다. 예를 들어, 지역산업 X는 총투입액 100만 달러 중에서 지역산업 Y로부터 20만 달러의 중간재를 조달하는 데 사용하고 있고, 이는 총투입액의 20%에 해당하는 것이다. 즉, 지역산업 Y의 산출물에 대한 지역산업 X의 지역지출계수는 0.2로 계산된다.

---

3) Thorne, E. M. F., "Regional Input-Output Analysis," in S. C. Orr and J. B. Cullingworth, eds., *Regional and Urban Studies*, Allen & Unwin, 1969.

표 17-2 지역의 지출계수

구 분	구매액			
	산업 X	산업 Y	산업 Z	최종 소비자
산업 X	-	-	0.23	0.08
산업 Y	0.2	-	0.27	0.28
산업 Z	0.2	0.4	-	0.56
지역 생산요소	0.4	0.55	0.47	-
지역 수입	0.2	0.05	0.03	0.08
총투입	1.0	1.0	1.0	1.0

표 17-3 산업 Z의 최종 소비 증가에 따른 지역 거래 흐름(단위: 10,000달러)

구 분	구매액				
	산업 X	산업 Y	산업 Z	최종 소비자	총산출물
산업 X	-	-	28.2	-	28.2
산업 Y	5.6	-	32.2	-	37.8
산업 Z	5.6	15.2	-	100	120.8
지역 생산요소	11.3	20.7	56.4	-	88.4
지역 수입	5.7	1.9	4.0	-	11.6
총투입	28.2	37.8	120.8	100	286.8

　　이와 같은 방법으로 지역의 모든 지출계수가 완성되면 한 산업부문의 산출량 수요 증가가 지역경제에 미치는 충격을 파악할 수 있다. 예를 들어, 지역산업 Z의 소비자 최종수요가 100만 달러 증가했다고 가정해 보자. 지역산업 Z가 추가적인 100만 달러의 재화와 서비스를 공급하기 위해서는 지역산업 X와 Y로부터 각각 23만 달러와 27만 달러, 지역 생산요소 조달을 위해 47만 달러, 지역 수입에서 3만 달러의 재화와 서비스를 중간재로 구매해야 한다. 그러면 지역산업 X는 지역산업 Z에 추가적인 23만 달러의 재화와 서비스를 제공하기 위하여 생산을 늘려야 하는데, 이를 위해 지역산업 Y와 Z로부터 각각 4만 6천 달러(0.2×23만 달러), 지역 생산요소 조달을 위해 9만 2천 달러(0.4×23만 달러), 지역 수입에서 4만 6천 달러(0.2×23만 달러)의 재화와 서비스를 중간재로 구매하게 된다. 마찬가지 논리로 지역산업 Y의 생산활동도 추가된다. 이러한 지출의 흐름은 여기에서 그치지 않고 각 산업간 지출의 연속적인 반복과정을 통해 최종적으로 각 산업과 지역의 총산출물이 〈표 17-3〉과 같이 계산된다.[4] 따라서, 지역산업 Z에 대한 최종소비

---

[4] 지역의 지출계수를 이용해 특정 산업에 대한 수요 증가가 초래하는 전 산업의 산출량 변화를 구해 내는 일반적인 방법에 대해서는 경제수학 교재들을 참조하라.

자의 수요 100만 달러는 결과적으로 지역의 총산출을 286만 8천 달러 증가시키게 되고 따라서 이 경우 지역승수는 2.87(286만 8천 달러/100만 달러)이 된다.

section 02 농촌 현황과 발전 방향

1 농촌의 현황

일반적으로 농촌은 농산물 생산에 사용되는 농지가 많고 농업을 주업으로 하는 농가들이 모여 사는 지역을 말한다. 『농촌융합산업법』에 따르면 농촌은 농어촌에서 어촌을 제외한 지역을 일컫는데 농어촌은 읍·면의 지역과 그 외의 지역 중 농어업, 농어업 관련 산업, 농어업인구 및 생활여건 등을 고려하여 농림축산식품부장관이 해양수산부장관과 협의하여 고시하는 지역으로 정의된다.5) 농림축산식품부고시에서는 농촌지역을 주거·산업·공업지역 이외의 용도지역과 생산·보전녹지지역, 농림·자연환경보전지역 등으로 지정하고 있다.6) 사람들이 생각하는 농촌의 이미지가 비교적 뚜렷함에도 불구하고 이렇게 농촌에 대한 법률적 정의가 간단하지 않은 것은 누구나 법령해석을 같게 하기 위함이기도 하지만 농촌을 몇 가지 특성만으로 정의하기 어렵다는 점을 반영한다고도 볼 수 있다. 현실적으로는 인구밀도나 행정구역을 기준으로 도시와 구별되는 상대적 개념으로서 구분하게 된다. 이에 따라 통계청은 인구주택총조사를 행정구역 단위로 공표하고 있는데 도시는 '동부'로 농촌을 '읍면부'로 나타낸다.

농촌의 정의가 간단하지 않은 것처럼 농촌발전의 의미 또한 쉽게 정의하기 어렵지만, 『농업·농촌 및 식품산업 기본법』(약칭: 『농업식품기본법』)을 통해 그 개념을 유추해 볼 수 있다. 제 1조에서는 농업·농촌의 지속가능한 발전과 농식품의 안정적 공급, 농업인의 소득과 삶의 질 향상을 동 법의 목적으로 명시하고 있다. 또한 제 2조에서는 3농의 나아갈 바를 통해 세 가지 기본 이념을 다음과 같이 밝히고 있다. ① "농업은 국민에게 안전한 농산물과 품질 좋은 식품을 안정적으로 공급하고 국토환경의 보전에 이바지하는

---

5) 농촌융합산업법은 『농촌융복합산업 육성 및 지원에 관한 법률』의 약칭이며, 농어촌은 『농어업·농어촌 및 식품산업 기본법』(약칭: 농어업식품기본법)에 정의되어 있다.
6) 농업·농촌 및 식품산업 기본법 제3조 제5호 나목에 따른 농촌지역 등 정확한 법률적 정의는 국가법령정보센터에서 확인할 수 있다(http://www.law.go.kr/).

표 17-4 농가소득 및 농업소득(명목가격, 2013~2022)(단위: 천원, %)

연도	2013	2014	2015	2016	2017
농가소득	34,524	34,950	37,215	37,197	38,239
농가소득 증가율	11.26%	1.23%	6.48%	-0.05%	2.80%
농업소득	10,035	10,303	11,257	10,068	10,047
농업소득 증가율	9.95%	2.67%	9.26%	-10.56%	-0.21%
연도	2018	2019	2020	2021	2022
농가소득	42,066	41,182	45,029	47,759	46,153
농가소득 증가율	9.10%	-2.10%	9.34%	6.06%	-3.36%
농업소득	12,920	10,261	11,820	12,961	9,485
농업소득 증가율	28.60%	-20.58%	15.19%	9.65%	-26.82%

출처: 통계청 "농가경제통계"

등 경제적·공익적 기능을 수행하는 기간산업으로서 국민의 경제·사회·문화발전의 기반이 되도록 한다.", ② "농업인은 자율과 창의를 바탕으로 다른 산업종사자와 균형된 소득을 실현하는 경제주체로 성장하여 나가도록 한다.", ③ "농촌은 고유한 전통과 문화를 보존하고 국민에게 쾌적한 환경을 제공하는 산업 및 생활공간으로 발전시켜 이를 미래세대에 물려주도록 한다."

특히, 동 법 제3장은 정책의 수립과 시행에 대해 총 8절로 나누어 구성되어 있는데 제1절에서는 농업의 지속가능한 발전과 농촌의 균형 있는 개발·보전 및 식품산업을 포함한 농업 관련 산업의 육성을 위해 5년마다 '농업·농촌 및 식품산업 발전계획'을 세우도록 하고 있다. 나머지 절에서는 안전한 농산물의 안정적 공급, 농업인력 육성, 농지 이용 및 보전, 농업생산구조 고도화, 공익기능 증진, 농촌 발전 및 삶의 질 향상, 통일 대비와 국제협력을 골자로 관련 정책 수립에 대해 다루고 있다. 그중에서도 제 7절은 '농촌지역의 발전 및 삶의 질 향상'으로서 발전시책의 수립, 지역 간의 소득 균형, 조건불리지역의 지원, 농촌지역산업의 진흥 및 개발, 도농 교류 활성화, 정보화 촉진, 교육여건 개선, 복지 증진, 양성 평등과 관련한 농촌지역 발전시책의 내용을 명시하고 있다. 따라서 농촌발전은 농업생산물의 생산과 가공 등과 관련된 농업소득과 농외소득의 지원이 필수적이며, 농업인의 생활 여건과 관련된 복지 증진이 수반되어야 하고, 국토환경 보전을 통해 도시민을 위한 공익적 기능을 유지해야 하는 등 매우 포괄적 의미를 포함하고 있음을 알 수 있다.

이와 관련하여 우리나라 농촌발전의 현황을 보여주는 대표적인 정량 지표인 농가소

그림 17-5   4대 전략부문별 도·농 만족도 점수 추이

6(11점 척도)

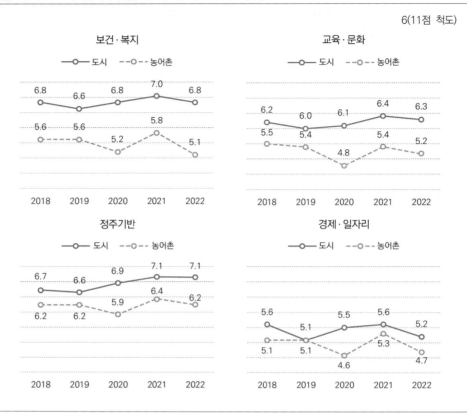

주: 2020년 이전은 제3차 삶의 질 기본계획의 7대 부분(보건·복지, 교육, 정주생활기반, 경제활동·일자리, 문화·여가, 환경·경관, 안전)을 현재 4대 부문에 맞추어 산출한 수치임.
자료: 농림축산식품부 "농어촌 주민의 정주 만족도 조사"(각 연도)

득과 농업소득을 〈표 17-4〉를 통해 살펴보자. 최근 10년간 명목가격으로 나타난 농가소득과 농업소득은 높은 등락폭을 보여준다. 농가소득의 경우 연평균 약 4%의 증가율을 보이지만 농업소득은 약 1.7%로 물가상승률을 고려한 실질농업소득은 거의 증가하지 않고 있음을 알 수 있다. 최근 COVID19로 인한 불황으로 도시근로자 가구 소득과 농가소득의 격차가 다소 줄어들기도 했지만 도시근로자 가구소득 대비 농가소득은 2007년 72.5%이었고 현재는 60%대를 유지하고 있어 도농간 높은 소득 불균형을 보이고 있다.

　　삶의 질은 수치화하기 어렵고 주관적인 요소가 강하다. 2013년 농어업인 복지실태 조사의 도시와 농어촌의 항목별 만족도를 비교해 보면 복지, 교육, 문화 및 여가, 보건의료, 기초생활여건, 경제활동 여건 등 대부분의 항목에서 불만족스럽다는 농어촌 응답자의 비율이 도시 응답자에 비해 약 10%p 높게 나타난다. 다만, 환경·경관과 이웃과의 관

표 17-5 농촌지역 생활 인프라 현황(%, 개)

연도	2012	2013	2014	2015	2016	2017	2018	2019	2020	2021
상수도보급률	62.2	66.4	69.1	71	72.7	75.6	77	78.6	80.6	81.6
의료기관수	5,145	4,511	4,767	7,387	7,470	7,687	7,853	7,962	8,030	8,090
보육시설수	8,477	8,269	8,265	8,216	8,048	7,964	7,769	7,458	7,111	6,738

주: 농어촌지역은 '읍·면'지역을 의미하나, 의료기관수의 경우는 '군'지역을, 상수도 보급률은 '면'지역
    을 농어촌지역으로 구분하여 통계를 생산함.
출처: 환경부 "상수도통계", 보건복지부 "보건복지통계연보", "보육통계"

계에 있어서의 만족도는 도시에 비하여 다소 높은 것으로 보고되었다. 도시에 비하여 인구밀도가 낮고 마을 내에서의 상호교류가 빈번하며 임야 등 자연환경에 대한 접근성이 좋기 때문인 것으로 보인다. 〈그림 17-5〉를 통해 최근 5년간 4대 전략부문별 만족도 변화를 살펴보면, 모든 항목에서 도·농 간 격차가 줄어들지 않고 유지되거나 심화되고 있는 실정이다.

만족도 조사가 주관적이고 상대적인 측면이 강하기 때문에 〈표 17-5〉의 농촌 생활 인프라 현황자료를 통해 좀 더 객관적인 농촌의 삶의 질을 유추해 보자. 면지역의 상수도 보급률은 꾸준히 늘어나 2021년 현재 약 82%에 달하여 2005년의 약 38%에 비하여 빠르게 개선되었다. 그러나 도시의 상수도 보급률은 2005년에 이미 98%를 넘어 이에는 크게 미치지 못한다. 농촌의 의료기관은 2015년에 크게 늘어난 이후 근소하게 증가하는 추세에 있다. 2005년 기준 농촌의 의료기관은 4,462개소였으나 2021년 기준 8,090개소로 매우 큰 폭으로 증가한 것으로 나타나지만, 전국 대비 농촌의 의료기관수 비율은 9%에서 11.3%로 소폭 증가에 그치고 있어 전체 인구 중 읍면부의 인구가 약 19%인 것을 감안하면 농촌 소재 의료기관의 수가 충분하지 못함을 보여준다. 특히 고령 인구가 많이 분포한 농촌의 높은 의료 수요를 충족시키지 못할 것으로 보인다. 농촌의 보육시설은 꾸준히 감소하고 있지만 전국 대비 농촌의 보육시설은 동기간 16~20%를 유지하고 있어 도시에 비해 부족하지 않은 것으로 나타난다. 보육시설 감소는 낮은 출생률에 따른 수요 부족에 기인하고 있는 것으로 농촌의 인구 감소와 고령화를 방증한다.

인구 피라미드를 통해 농촌 인구의 세대별 분포를 살펴보면 농촌의 고령화가 더욱 뚜렷이 나타난다. 우리나라는 65세 이상 인구가 전체 인구의 20%에 근접하여 고령사회

에서 초고령사회로의 이행을 목전에 두고 있다. 농촌의 경우 고령화율이 2020년 23.0%, 2022년 25.0%(면 지역 32.4%)로 이미 초고령사회로 진입했다. 이러한 노령화는 농업 노동력 부족 및 노동생산성 하락을 낳을 수 있다. 또한 농촌의 성비도 인구와 관련된 심각한 문제 중 하나이다. 2020년 기준 전국 2030세대 성비는 110.9로 여성보다 10명가량 높은데 비해 농촌은 138에 달하는 것으로 나타났다. 특히 면지역의 2030세대 성비는 158.1로, 여성 100명 당 남성이 58명이 더 많다. 젊은 세대의 남초 현상은 결혼 문제로 이어져 농촌 인구가 더 줄어들게 되고 그 대안으로 늘어나고 있는 국제결혼은 다문화가정 인구를 증가시키는 등 농촌의 새로운 사회적 문제도 야기하고 있다.

2 낙후지역으로서의 농촌 발전방향

지역(region)의 의미는 지리학적, 사회학적, 경제학적 개념이 복합되어 있다. 지리학에서는 지표상의 공간적 넓이를 가진 고유한 장소적 경계 및 구역으로서, 복수의 특성에 대한 동질성이나 균질성이 존재하는 범위로 지역을 정의한다. 사회학에서는 소위 커뮤니티로 불리는 공동체, 지역사회, 지역공동체 등 일정한 지리적 경계 안에서 살면서 개인과 집단의 상호 교류와 공동의식의 공유를 통해 만들어지는 지역적·문화적 정체성에 초점을 둔다.

반면 경제학에서의 지역은 자원의 효율적 배분을 위한 입지라는 관점으로 접근하여 경제적인 제 기능의 요소를 공간에 효율적으로 배치하는 방법에 관심을 둔다. 또한 지역의 경제 문제를 파악하고 해결 방안을 모색하기 위하여 지역 내 경제주체의 생산, 분배, 지출 등의 소득이나 이의 순환을 파악하고 지역경제의 실태를 포괄적으로 나타내기 위한 측정 단위로서 지역의 개념을 사용한다. 앞서 살펴본 GRDP는 시·도 등을 기준으로 지역의 부가가치를 나타낸 것이다.

경제학의 시각으로 지역 문제를 유형화하면 지역 간 소득·생활환경·시설 등의 격차, 지역 내 높은 실업률, 부유한 지역으로의 과도한 인구 이동에 따른 인구 감소, 인구의 과밀과 과소 등이 있다. 이들 중에서 과밀, 침체, 낙후지역 등 세 가지 유형을 전형적인 문제 지역으로 정의한다. 과밀지역은 개발 및 성장이 빠르고 이에 따라 거대 규모의 인구 유입이 이루어지는 곳이다. 이로 인하여 집적불경제(diseconomies of agglomeration)가 발생하여 지가 상승, 환경오염 증대, 교통 혼잡 등 환경 파괴 및 삶의 질 저하 등의 문제가 나타난다. 또한 특정 지역의 과열성장 및 과잉집중은 상대적으로 다른 지역의 인구 유출과 성장 저하를 동반하게 되어 국토의 균형 발전에 악영향을 준다. 침체지역은 이미 산업화를 거쳤으나 이후 침체를 겪고 있는 지역으로서 만성적으로 높은 실업률과 낮은 성장률로 인구 유출을 겪는다. 이러한 문제는 쇠퇴산업에 대한 과도한 의존에 의해 발생하기 때문에 산업 구조 개편이나 기반시설 확충이 필요하다. 끝으로 낙후지역은 산업화 수준은 미약하지만 인구가 산업수준에 비해 상대적으로 과잉상태인 문제 지역이다. 노동력 과잉으로 인한 실업과 저소득 문제로 인구가 유출되고 생산성이 낮은 낙후된 기술로 인하여 자생적 발전을 꾀하기 어렵다. 『국가균형발전특별법』에서는 이러한 낙후지역을 '성장촉진지역'으로 명명하고 '생활환경이 열악하고 개발수준이 현저하게 저조하여 해당 지역의 경제적·사회적 성장을 촉진하기 위하여 필요한 도로, 상수도 등의 지역 사회기반시설의 구축 등에 국가와 지방자치단체의 특별한 배려가 필요한 지역으로서, 소득, 인구, 재정상태 등을 고려하여 대통령령'으로 정하는 지역으로 정의하고 있다.

이러한 정의하의 낙후지역은 일반적으로 도서나 두메산골 등을 뜻하지만 농촌에 대한 발전전략 수립 시 농촌은 낙후지역으로 규정된다. 농촌의 경제와 주민의 경제생활 수준이 절대적 기준으로 낙후되지 않았고, 농촌의 노동력 부족 현상은 일자리 부족으로 인한 노동력 과잉이 나타나는 일반적인 낙후지역과 양상이 다르다. 그러나 지난 반세기 동안 우리나라의 급속한 산업화와 경제성장으로 인하여 도시와의 상대적 격차가 발생한 농촌 지역이 정책 대상에 추가되었다고 볼 수 있다. 농촌의 활기를 되찾기 위한 민간의 노력도 계속되고 있지만, 농촌의 발전을 위한 법률의 제정과 이를 통한 재정적 지원은 농촌의 자생적 발전의 어려움의 방증으로서 농촌이 낙후지역의 특성을 가지고 있음을 알 수 있다.

농촌발전과 관련된 우리나라 낙후지역사업은 개별 법률에 의거하여 다양한 형태로 진행되어왔다. 한국전쟁 이후 1960년대 초까지 마을을 중심으로 전개된 지역사회개발사업은 1962년부터 농촌진흥청의 농촌지도사업으로 통합되어 1970년 초까지 농업기술지도 중심의 제한된 생활환경정비 형태로 나타났다. 1970년대 초부터는 새마을사업을 통해 농촌의 기초생활환경 종합정비를 실시하였고, 1980년 중반 이후에 비로소 군과 면단위의 계획적·종합적 농촌지역개발정책이 시행되었다. 1986년 농림부의 농어촌종합대책은 군단위의 종합개발사업이었으나 이를 기반으로 1990년 『농어촌발전특별조치법』과 1994년 『농어촌정비법』에 의하여 면단위 사업으로 전개되었다. 이를 바탕으로 1990년대 이후 농어촌도로정비, 주거환경개선, 농촌생활용수 개발 등의 다양한 개별 사업이 추진되었고, 2000년대 이후에는 농산물 개방과 농촌문화 및 자원에 대한 관심을 반영한 마을종합개발사업, 지방소도읍개발사업 등 소권역 개발이 이루어졌다. 근래에는 좀 더 작은 지역단위인 마을을 중심으로 농촌지역의 자산 가치 발굴과 주민의 자율성 및 창의 진작을 통해 살기 좋은 삶의 공간을 만드는 노력을 기울이고 있다. 또한 농촌 개발에 있어 지역의 자율성과 책임성 강화를 위하여 정책적 협력 거버넌스로 농촌협약제도를 도입하였다. 농촌협약은 농촌공간계획이라 불리는 「농촌공간 재구조화 및 재생 지원에 관한 법률」에 근거하여 지역의 농촌 공간계획을 이행하기 위해 정부와 시·군이 협력을 약속하는 제도로 2020년 처음으로 시행되었다. 한편, 농촌 개발을 포함한 지역개발에서 지방자치단체의 재정구조는 공공사업에 소요되는 재원확보 측면에서 매우 중요하다. 시·군의 재원은 자체재원, 의존재원, 민간재원으로 구분할 수 있는데 자체재원은 지방세, 세외수입, 지방채로 구성되고, 의존재원은 중앙정부로부터 지원받는 지방교부세, 국고보조금이 있으며, 민간재원은 민간자본 유치사업을 통해 부족한 재원을 확보하는 것을 일컫는다.

근래에 들어 농촌개발은 농업 생산이 이루어지도록 하는 고전적 농촌기능뿐만 아니라 소위 6차산업으로 불리는 식품가공 및 관광 자원 발굴 등 농식품 부가가치 제고를 통한 소득증대와 농촌다움을 가진 공간이 지니고 있는 자원들을 활용한 새로운 방향의 노력에 관심을 기울이고 있다. 농촌이 가지고 있는 공공재와 다원적 기능을 감안할 때 그 관리자인 농촌 거주민 특히 농민에 대한 보상이 필요하기에, 농촌의 유지 발전과 농업정책이 조정되고 통합된 형태로 시행될 필요가 있다. 이와 관련한 정책 수단이 가장 앞서 있다고 할 수 있는 유럽연합(EU)의 공동농업정책(CAP)은 두 개의 기둥으로 지탱되고 있다. 첫 번째 기둥은 직접지불제로서 토양의 질 보전, 생물다양성 보호, 영농 다각화, 목초지 보존, 생태지역 보전 등을 전제로 농가에 소득을 지원하는 것이다. 두 번째 기둥은 농촌개발 정책으로서 농장의 현대화와 경쟁력 강화를 위해 환경보전과 농촌사회 활력을 되찾기 위한 활동을 추진하고 있다. 2014~2020년 공동농업정책의 규모는 EU 총예산의 38%에 달하며, 첫 번째 기둥에 75%, 두 번째 기둥에 25%가량으로 사용되고 있다.[7]

한편, 농산물 생산 과정의 외부경제효과와 농촌자원의 공공재적 성격으로 인한 농업의 다원적 기능을 고려할 때 국가 전체의 지속가능한 발전에 있어 농촌의 기능을 유지하고 확대하는 측면을 고려하기도 한다. 만약 이러한 다원적 기능이 시장을 통해 적절히 공급될 수 없고, 시민단체를 포함한 비정부 조직을 통한 공급에 소요되는 거래비용이

---

[7] EU 집행위원회(European Commission) 농업·농촌개발 홈페이지 참조.
https://agriculture.ec.europa.eu/

SEEA의 개념 및 구성

경제활동은 환경오염 등 자연환경에 영향을 미치며, 자연환경의 변화는 경제적 이익에 영향을 미친다. 따라서 환경과 경제의 상호변화를 이해하기 위해서는 환경과 경제를 통합 측정할 수 있는 지표가 필요하다. GDP, 실업률, 인플레이션과 같은 거시경제지표는 실물 경제의 측정에는 용이하지만 자연환경 및 생태계와 같은 비시장 재 가치의 측정에는 한계가 있으므로 경제와 환경 간의 상호 영향을 측정하기에는 제약이 있다. 이러한 이유로 기존 지표는 지속가능한 개발의 수준을 효율적으로 측정할 수단이 되지 못한다. 따라서 SEEA는 경제와 환경 간에 존재하는 이러한 간극을 해소하기 위해 고안되었다. SEEA는 환경 및 경제 관련 정보를 일관된 방식으로 제시하며, 환경 관련 데이터가 기존 국민계정체계(System of National Accounts, SNA)와 통합이 용이하도록 구성되어 있다. 또한 SEEA는 UN 통계위원회 주관하에 국제적 기준으로 인정받고 있기 때문에 국가간 비교가 수월하고, 신뢰도가 높으며, 계정의 반복 사용이 용이하다는 장점이 있다.

SEEA는 환경과 경제의 상호작용을 정량적으로 측정 가능한 통합 체제(statistical framework)이고 '환경경제통합계정 중심체계(SEEA Central Framework, CF)', '환경경제통합계정 생태계계정(SEEA Ecosystem Accounting, EA)', '환경경제통합계정 적용 및 확장(SEEA Applications and Extensions, AE)'의 세 축으로 이루어진다. SEEA CF는 UN 통계위원회 주관으로 2012년에 국제 통계표준으로 승인되었고, SEEA EA는 SEEA CF를 보완하여 생태계계정 측정이 국제적으로 일관되게 진행되도록 기준 역할을 한다. 끝으로 SEEA AE는 환경－경제 계정이 의사결정, 정책 입안 및 검토, 분석 및 연구 등에 어떻게 사용되는지에 대한 이해를 위해 작성된다.

정부조달보다 클 경우 정부는 농산물 가격지지나 직접지불제 등의 농업정책을 통해 시장에 개입할 수 있는 당위성을 갖게 된다.

이러한 다원적 기능을 유지하기 위해서는 지속가능한 농업 발전 전략 수립이 필요한데 1992년 리우선언은 지속가능한 발전을 환경보전과 경제개발을 조화시키면서 지속적인 경제성장을 달성하는 것으로 규정하였다. 국제연합(UN)은 지속가능한 농업을 농업의 환경파괴적 기능을 최소화하면서 장기적인 농업생산성과 수익성을 확보하는 것으로 규정하였고, 우리나라는 이를 환경적으로 건전하며, 경제적으로 수익성이 보장되고, 사회적으로 수용가능한 농업생산활동으로 정의하였다. 따라서 농업의 지속가능성에 대한 지표는 경제(농가소득, 농업부문 보조금 등), 환경(농약 및 비료 사용, 가축 밀도 등), 사회(고령취업자 비율, 환경농업 실천 농가수 등)적 측면을 고려하게 된다. 이와 관련하여 환경계정은 환경을 고려한 지속가능한 발전을 분석하는 주요 정책 수단으로 개발되어 활용되고 있다. UN은 국민계정체계에 대한 국제표준으로 1993 SNA(System of National Accounts)를 제시했던 것과 같이 환경계정체계의 국제표준인 SEEA(System of Environmental—Economic Accounting)를 개발·발전시켜 환경비용을 고려한 경제적 성과를 측정할 수 있도록 채택을 권고하고 있다.

01 농촌과 도시로 분류되는 우리나라 국토 면적과 인구밀도를 조사하여 비교해 보라.

02 농촌 경제에서 성장과 발전의 차이가 무엇인지 예를 들어 설명해 보라.

03 1차 산업에 해당하는 A와 B 산업의 순이윤이 다음과 같을 때, 튀넨의 1차 산업 입지론에 따라 토지의 사용을 그림으로 나타내시오. (X는 도시로부터의 거리, km)

$$\pi_A = 70 - 10X$$
$$\pi_B = 30 - 2X$$

04 각 지역과 산업의 고용인구가 다음과 같을 때, A 지역 Y 산업과, B 지역 X 산업의 입지계수를 계산하라.

구 분		A 지역	B 지역	전지역 고용인구
X 산업	고용인구	100	140	240
	입지계수	0.83		
Y 산업	고용인구	100	60	160
	입지계수		0.75	
고용인구 합계		200	200	400

05 우리나라 자본장비율의 시간적 추이와 1, 2, 3차 산업의 자본장비율을 조사하고 이들의 시사점을 설명해 보라.

06 A 지역의 총고용인구가 50,000명이고 이 가운데 비기반활동 고용인구는 40,000명이라고 한다. 만약 이 지역에 외부 지역으로의 수출만을 목적으로 새로운 산업이 입지하여 500명의 고용 증가가 예상될 때 이 지역의 총고용인구 증가는?

07 폐쇄경제하의 B 지역은 세 개의 산업을 가지고 있고 다음 표와 같은 지역 거래 흐름을 가지고 있다고 한다. 만약 최종 수요자의 산업별 수요가 60, 120, 60 일 때, 각 산업의 산출액을 구하라.

구 분	구매액				
	산업 X	산업 Y	산업 Z	최종 소비자	총산출
산업 X	10	30	10	50	100
산업 Y	30	50	20	100	200
산업 Z	10	20	20	50	100
생산요소	50	100	50	200	
총투입	100	200	100	360	

"

본서의 제VI부는 농·식품산업의 국제적, 동태적 측면을 다룬다. 제18장은 농·식품의 국가 간 교역이 발생하는 원인과 교역형태를 결정하는 요인에 대해 이론적으로 검토한 후, 한국의 농·식품 무역의 현황과 구조를 분석한다. 제19장은 무역형태에 영향을 미치기 위해 고안된 다양한 정책의 작동원리와 효과를 분석하며, 한국 농·식품의 시장개방 현황과 무역 관련 정책에 대해서도 살펴본다. 마지막 제20장은 개발도상국의 경제발전이 어떤 과정을 통해 이루어지는지를 설명하고, 그 과정에서 농·식품부문이 어떤 역할을 하는지, 그리고 농·식품부문 자체는 어떻게 구조변환을 이룰 수 있는지를 설명한다. 아울러 농·식품부문의 국가 간 협력체제는 어떠하며 개발도상국 경제발전에 어떻게 기여할 수 있는지도 설명한다.

무역과 발전

농·식품 무역

국가 간 거래인 무역을 통해 한 국가의 경제는 세계경제의 한 부분이 되며, 다양한 방식으로 서로 간에 영향을 주고받게 된다. 이 장에서는 기본적인 무역의 원리를 개괄하고, 무역으로 인해 개방된 경제는 세계와 어떻게 상호작용을 하는지를 살펴본다. 나아가 무역이 발생하는 원인과 무역으로 인한 이득 (gains from trade)을 규명하면서 발전해 온 무역이론을 소개한다.

1 무역의 원인과 결과

무역은 희소성을 가진 재화와 서비스의 거래 주체가 개인이나 기업에서 국가 단위로 확장된 경제활동을 일컫는다. 우리가 직관적으로 생각할 수 있듯이, 무역은 재화나 서비스를 생산하는 비용이 국가마다 다를 때 발생한다. 어떤 상품의 생산비용이 국가별로 다르다는 것은 그 상품을 생산하는 보다 효율적인 국가가 있다는 것을 의미한다. 이러한 국가별 생산효율성의 차이는 그 상품을 생산하는 데 필요한 생산요소의 부존량이나 생산성, 생산기술 및 생산구조가 다르기 때문에 나타난다. 따라서 국제교역이 가능한 상태라면 각 국가는 상대적으로 더 효율적으로 생산할 수 있는 상품을 수출하고 다른 나라에 비해서 비효율적으로 생산되는 상품은 수입하게 된다.

그러나 우리가 현실에서 접하는 국제무역은 단지 비용을 기준으로만 발생하지는 않는다. 특히 어떤 상품이 국가별로 동질적이지 않게 생산된다면, 비용 외에도 다른 요인들이 무역을 발생시키는 원인이 된다. 제6장에서 살펴본 독점적 경쟁시장과 같이 품질차이가 있는 상품을 생산하는 산업의 경우에는 한 국가가 수출하면서 동시에 수입도 할 수 있게 된다. 이렇게 '품질이나 성능 등에서 차별화된 상품을 대량으로 공급할 수 있는 생산구조'나 '소비자의 다양한 제품을 소비하고자 하는 욕구'로 인해서 국제무역이 발생할 수도 있는 것이다.

기본적인 수요, 공급, 잉여의 개념을 이용해 한 국가가 무역을 하지 않을 때와 무역을 시작한 이후를 비교함으로써 무역의 형태나 크기, 무역으로 인한 이익이 어떠한지 살펴보자. 단순한 분석을 위해 국제적으로 비교적 동질적인 농산물인 밀을 상품으로 예시하고, 이 국가의 밀 시장은 국제 밀 시장에 비해 매우 작은 규모를 가지고 있다고 하자(small country). 따라서 이 국가의 밀에 대한 무역정책이나 국내에서 발생한 수요 또는 공급의 변화는 국제시장에 영향을 미치지 않기 때문에 이 국가는 완전경쟁 시장의 가격수용자처럼 국제 밀 가격을 주어진 것처럼 받아들인다.

〈그림 18-1〉의 왼쪽 그래프는 이 국가의 밀 수요곡선과 공급곡선이 제시되어 있으며, 톤당 1,000달러의 시장가격에 100만 톤이 거래되는 것을 알 수 있다. 이 국가가 밀의 자유로운 국제교역을 허용하면, 국제 밀 가격은 국내 밀 가격이 된다. 이는 시장개방

그림 18-1 국제무역과 수출 및 수입의 결정

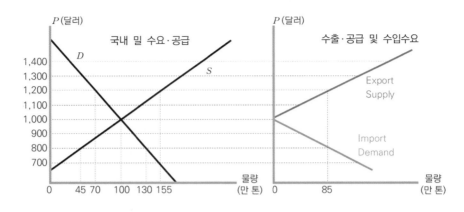

과 함께 그 나라의 작은 밀 시장이 훨씬 큰 국제시장에 편입되면서 더 이상 국내가격은 국내수요와 국내공급으로 결정되지 않고, 국내 밀 시장에서 주어진 상태가 되는 국제가격선이 효력을 발휘하기 때문이다. 만약, 국제가격이 무역 이전의 국내가격보다 낮은 톤당 800달러라면, 국내 밀 생산량은 45만 톤으로 줄어들고 소비량은 130만 톤으로 늘어난다. 〈그림 18-1〉의 왼쪽 그래프에서 보다시피 무역 이후의 국제 밀 가격에서는 국내 공급량이 국내 수요량보다 부족하므로 그 부족분을 외국에서 구입해야 한다. 이 경우 세계 밀 시장으로부터의 공급이 무한탄력적이기 때문에 국제가격선은 세계 밀 시장의 공급곡선과 같은 역할을 하게 된다. 결국 이 국가는 밀 수입국이 되는데, 85만 톤의 밀 수입량은 국제가격이 800달러인 상황에서 이 국가의 초과수요량이 된다. 각각의 가격수준에 대응한 초과수요량의 집합은 이 국가의 수입수요곡선이 된다.

〈그림 18-1〉의 오른쪽 그래프에는 무역 전 균형가격인 1,000달러 아래로 국제가격이 형성될 때 우하향하는 밀의 수입수요곡선이 제시되어 있다. 반면에 무역을 시작했을 때 국제 밀 가격이 1,200달러인 경우를 가정해 보자. 이 가격에서 국내 밀 생산자들의 공급량이 국내 수요량보다 더 많기 때문에 이 국가는 밀 수출국이 된다. 이때는 국제가격선이 세계시장의 수요곡선이라고 보아도 무방하다. 이 가격에서 국내 생산자들은 155만 톤의 밀을 생산하는데, 국내 수요량은 70만 톤에 불과하기 때문에 이를 초과한 공급량 85만 톤을 외국에 수출할 수 있다. 〈그림 18-1〉의 오른쪽 그래프에는 밀의 국제가격이 1,000달러 이상일 때 우상향하는 수출공급곡선도 제시되어 있다.

〈그림 18-1〉을 통해 우리는 이 국가가 밀 시장을 개방하였을 때 무역의 형태와 규

그림 18-2 무역으로 인한 후생변화

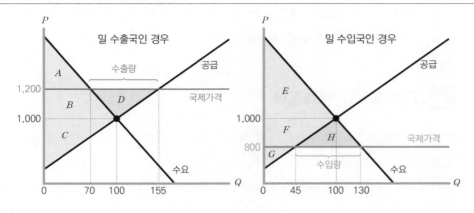

모를 파악할 수 있었다. 이제 같은 상황에서 무역으로 인한 이익을 살펴보기 위해 생산자잉여와 소비자잉여의 개념을 활용해 보자. 〈그림 18-2〉의 왼쪽 그래프는 이 국가가 밀 수출국인 경우를, 오른쪽 그래프는 수입국인 경우를 나타낸다. 먼저 수출국인 경우를 살펴보자. 무역을 하기 전 소비자잉여(수요곡선과 균형가격 사이의 면적)는 $A + B$이고 생산자잉여(공급곡선과 균형가격 사이의 면적)는 C이다. 따라서 무역이 없는 경우 밀 시장의 총잉여는 $A + B + C$이다. 무역이 개시되면 국내가격이 국제가격인 톤당 1,200달러로 상승하게 되면서, 소비자잉여는 A로 줄어든 반면, 생산자잉여는 $B + C + D$로 늘어난다. 이제 총잉여는 $A + B + C + D$로, 무역으로 인해 D만큼이 증가한 것을 알 수 있다. 무역을 통해 수출국에서는 생산자가 이득을 본 반면 소비자는 손실을 본다. 그러나 생산자들이 얻는 추가적인 잉여가 소비자들이 상실하는 잉여보다 크기 때문에, 이 교역은 수출국 전체의 후생을 증가시킨다.

　　다음은 수입국을 가정한 경우이다. 〈그림 18-2〉의 오른쪽 그래프와 같이 무역 전 국내 밀 시장의 총잉여는 $E + F + G$로 이는 왼쪽 그래프의 $A + B + C$와 일치한다. 무역을 통해 톤당 800달러의 국제가격이 국내시장에 적용되면, 더 싸게 밀을 소비하게 된 소비자의 잉여는 E에서 $E + F + H$로 확대된 반면, 생산자의 잉여는 $F + G$에서 G로 축소된다. 즉, 무역을 시작하면서 이 국가는 밀 수입국이 되어 소비자는 이익을 보지만 생산자는 손해를 입게 된다. 그러나 소비자잉여 증가분이 생산자잉여 감소분보다 크기 때문에 이 교역도 수입국의 후생을 증가시킨다.

　　이러한 국가 전체의 후생증가 외에도 무역은 소비자들에게는 다양한 소비기회를 제공하고, 생산자들에게는 넓어진 시장을 대상으로 규모의 경제를 활용할 수 있게 해준다.

또한, 재화와 서비스의 국제적인 이동은 새로운 기술과 노하우를 전파하고 각국의 기업 간 경쟁을 촉진함으로써 경제적 효율성을 제고하는 추가적인 이득을 창출한다. 이러한 무역의 또 다른 이득은 무역이론을 살펴볼 때 구체적으로 검토하기로 하자.

2 개방경제와 세계경제

재화와 서비스의 거래인 무역은 금융시장을 통한 자산의 거래를 수반하게 된다. 오늘날 모든 국가는 어느 정도 제약의 차이는 있지만 자국의 상품시장과 금융시장을 다른 국가에 개방하고 있다. 개방경제하에서는 각국의 무역정책이나 금융정책, 심지어 재정과 관련한 의사결정 등 한 나라의 거시경제 전반이 세계경제와 밀접하게 상호작용을 하게 된다. 여기에서는 무역과 거시경제 그리고 세계경제와의 상호연관성을 좀 더 구체적으로 살펴보자.

한 국가의 순수출(NX)은 수출액(X)에서 수입액(M)을 뺀 금액이며 무역수지라고도 한다. 순수출의 값이 음, 0, 양인가에 따라 무역수지는 각각 적자, 균형, 흑자가 된다. 한편, 국제금융시장을 통한 자산의 거래는 해외직접투자(foreign direct investment)나 해외 포트폴리오투자(foreign portfolio investment)로 구분되는데, 전자는 국내기업이나 국민이 외국에 생산설비를 짓거나 공장 또는 기업을 인수하는 경우이며, 후자는 외국의 주식이나 채권 등을 매입하는 경우이다. 우리나라 입장에서 국민들이 외국 자산을 구입하면 자본유출이며, 외국인들이 국내 자산을 구입하면 자본유입이 된다. 순자본유출(net capital outflow, NCO)은 자본유출액(capital outflow, CO)에서 자본유입액(capital inflow, CI)을 차감한 값이다. 한 가지 주목해야 하는 사실은 국가 간 상품이동은 항상 반대 방향으로의 자산이동을 초래하기 때문에 순수출과 순자본유출은 동일하다는 것이다. 즉, 한 국가가 무역수지 흑자이면, 이 국가는 순수출을 통해 확보한 외화로 외국자산을 사는 데 사용할 것이기 때문에, 그만큼의 순자본유출이 발생하게 된다. 반대로 무역수지가 적자이면 이 국가는 순수입에 필요한 외화를 마련하기 위해 외국에 자산을 팔 것이기 때문에 그만큼의 자본이 해외에서 유입된다. 개방경제의 상품과 자산 거래는 다음과 같이 정리될 수 있다.

$$(상품시장) \quad X - M = NX = NCO = CO - CI \quad (금융시장)$$

한편, 폐쇄경제와는 달리 상품시장과 자본시장이 개방되면 한 국가의 국내총생산이나 경제성장도 세계경제와 연계가 된다. 이는 한 국가의 거시경제가 다음과 같이 순수출(NX)과 순자본유출(NCO)에 영향을 받기 때문이다.

$$Y = C + I + G + NX$$
$$S = I + NX = I + NCO$$

제13장에서 다루었듯이 개방경제에서 한 국가의 국내총생산(Y)은 소비(C), 투자(I), 정부지출(G), 순수출(NX)의 합이다. 그 국가의 저축(S)은 국민소득에서 소비와 정부지출을 차감한 금액($Y - C - I$)이기 때문에 투자와 순수출의 합과 같다. 또한, 앞서 보았듯이 순수출은 순자본유출과 같기 때문에 저축은 다시 투자와 순자본유출의 합과 같게 된다. 즉, 한 나라의 저축이 늘어나면 이는 국내 투자나 해외 자산의 구입으로 사용될 것이다. 반면에 재정적자로 인한 저축의 감소는 국내 투자의 감소로 이어지거나 해외 자본의 유입으로 충당될 것이다. 마찬가지로 무역수지의 흑자는 저축의 증가(투자의 감소)와 무역수지의 적자는 저축의 감소(투자의 증가)와 각각 연계되어 있다. 이렇듯 개방경제에서는 한 국가의 장기적인 경제성장에 중요한 저축과 투자가 순수출과 순자본유출로 측정된 재화와 자본의 국제이동과 밀접하게 연결되어 있다는 것을 알 수 있다.

마지막으로 검토할 것은 이러한 세계시장을 원활하게 작동하도록 '가격'의 역할을 하는 환율이다. 국제시장에서 재화와 서비스, 자본의 이동은 각국의 화폐를 교환함으로써 이루어진다. 즉, 한 나라의 화폐와 다른 나라 화폐의 교환비율인 환율은 국제시장에서 생산자들과 소비자들의 의사결정을 조정하는 기능을 한다. 명목환율은 두 나라 화폐의 상대가격으로 대미환율의 경우 통상 '1달러에 1,000원'으로 표시된다. 대미환율이 '1달러에 1,200원'으로 오르면 1달러로 살 수 있는 원화가 늘어난 것으로 달러가 강해진다고 말하는 반면, 원화는 약해진다고 표현하거나 (달러 대비) 원화의 상대적 가치가 하락한 것이기 때문에 원화가 절하(depreciation)되었다고도 말한다. 원화가 절상(appreciation)된 것은 반대의 경우이다.

한편, 화폐 대신 양국 간 상품의 교환비율을 실질환율이라고 하며 이는 명목환율과 자국 통화로 표시된 두 나라의 상품 값으로 결정된다. 가령, 대미환율(e)이 1,000원인 경우, 쌀 1kg 가격이 한국은 4,000원(p_i^h)이고 미국은 2달러(p_i^f)이면 쌀의 실질환율(e_i^*)은 $e_i^* = e\,p_i^f / p_i^h = 0.5$이다. 즉, 쌀의 실질환율은 미국 쌀 1kg당 한국 쌀 0.5kg이다. 개별 상품 대신에 한 나라의 경제를 대표하는 전반적인 실질환율은 양국의 물가지수를 이용해 다음과 같이 산출된다.

$$e^* = e\, p^f / p^h$$

상기 식에서 알 수 있듯이 명목환율이나 외국의 물가수준은 실질환율과 같은 방향으로 움직이지만 국내 물가수준은 실질환율과 반대로 움직인다. 실질환율은 각국의 무역패턴이나 규모를 결정하는 중요한 변수이다. 자국의 실질환율이 상승하면 외국 상품에 비해 자국의 상품이 전보다 더 싸지기 때문에 수출은 늘어나고 수입은 줄어든다. 그러나 무역흑자가 지속되면 두 가지 경로를 통해 실질환율이 점차 하락하게 된다. 먼저, 순수출 증가로 기업들이 보유한 외국화폐가 많아져 외환수요가 감소하고, 또 이를 원화로 바꾸면서 국내 통화량이 증가한다. 전자는 명목환율을 낮추는 요인이 되고, 후자는 국내물가를 상승시키는 요인이 된다. 그리고 실질환율 상승으로 예전보다 비싸게 수입된 원재료를 활용한 재화들의 국내가격이 인상되어 자국 물가상승의 또 다른 압력으로 작용한다. 결국, 실질환율 인상으로 초래된 무역흑자는 이제 역으로 실질환율 하락을 초래하게 된다. 이렇게 환율의 자동적인 조정은 국제시장에서 보이지 않는 손의 역할을 한다.[1]

section 02 무역이론의 전개

국가 간 상품의 거래에서는 국경을 통과할 때 부과되는 관세뿐만 아니라 유무형의 비관세장벽이 장애요인으로 작용한다. 이러한 교역장벽으로 인해 초래되는 추가적인 거래비용이 존재함에도 불구하고 거래가 성립하는 이유는 국가 간 교역을 통해 동일한 자원을 가지고 더 많은 재화를 생산해 소비할 수 있는 무역이득이 발생해 이를 상쇄하고도 남기 때문이다. 무역에 참여한 모든 국가들이 〈그림 18-2〉처럼 후생증가를 경험할 수 있는 것도 무역이 창출해 내는 이득을 기반으로 한다. 무역이론은 이러한 무역이득이

---

1) 이렇듯 환율은 무역수지 외에도 각국의 물가수준과도 긴밀하게 연동되기 때문에, 한 국가의 통화량이나 이자율에 관한 의사결정도 타국의 거시경제에 직간접적인 영향을 미친다. 가령, 한국에 비해 미국의 이자율이 오르면 미국 금융상품을 보유하는 것이 더 유리해지므로 달러에 대한 수요가 증가하기 때문에 환율이 상승한다. 반대로 국내 이자율이 오르면 환율은 하락하게 된다.

발생하는 원인과 무역의 형태 및 규모, 그리고 무역으로 인한 파급영향 등을 규명하는 이론으로 발전해 왔다.

1 비교우위와 리카르디안 모형(The Ricardian Model)

아담 스미스는 「국부론」에서 두 국가가 자발적으로 무역을 하려면 두 국가가 모두 이익을 얻어야 한다는 관점에서 절대우위론(absolute advantage theory)을 제시하였다. 그는 한 국가가 다른 국가보다 한 상품의 생산에서 효율적이지만 다른 상품의 생산에서는 비효율적이라면, 두 국가는 각각 자신이 효율적으로 생산할 수 있는 상품을 더 많이 생산하여 이를 국가 간 무역을 통해 다른 상품과 교환함으로써 두 국가가 모두 이익을 얻을 수 있다고 보았다. 이러한 절대우위는 사실 다음에 소개될 비교우위(comparative advantage)의 특수한 경우에 불과하지만, 아담 스미스는 절대우위라는 개념을 통해 국가별로 생산에서의 특화와 무역을 통한 상호이익이 발생하게 된다는 사실을 처음으로 밝혔다는 데 의의가 있다.[2]

이후 리카르도는 한 나라가 두 재화의 생산에 모두 절대우위를 가진다고 할지라도 무역을 하는 것이 상호이익을 가져다준다는 비교우위의 법칙을 설명했다. 예를 들어, 한국과 중국은 유일한 생산요소인 노동을 투입하여 쌀과 인삼을 생산하는데, 한국은 한 사람의 연간 최대 생산량이 쌀 100kg 또는 인삼 20kg인 반면, 중국은 한 사람이 연간 쌀 200kg 또는 인삼 25kg까지 생산할 수 있다고 하자. 이 경우 쌀과 인삼 생산에 있어 중국은 한국보다 절대우위에 있다. 하지만 한국의 노동생산성은 중국에 비해 쌀 생산에 있어서는 1/2이지만, 인삼 생산에 있어서는 4/5이기 때문에, 한국은 쌀에 비해 인삼에서 중국과의 노동생산성 격차가 작다. 이는 비교우위의 원천이 되는데, 보통 이러한 비교우위는 기회비용으로 설명된다. 즉, 인삼의 기회비용은 인삼을 한 단위 더 생산할 수 있도록 생산요소인 노동을 동원하기 위하여 포기되어야 하는 쌀의 양이며, 한국에서는 5kg이지만 중국에서는 8kg이다. 이렇게 인삼의 기회비용은 한국이 중국보다 더 낮기 때문에 한국은 중국에 대해 인삼 생산의 비교우위를 갖게 된다. 이때 양국이 무역을 하면 인

---

2) 무역에서 한 국가의 절대우위는 다른 국가에 비해 같은 재화를 더 적은 양의 생산요소를 투입하여 생산할 수 있는 역량을 지닌 상태를, 비교우위는 다른 국가보다 같은 재화를 더 적은 기회비용으로 생산할 수 있는 능력을 가진 상태를 각각 의미한다. 여기에서 기회비용은 해당 재화를 얻기 위해 포기한 다른 재화로 측정된다. 따라서, 같은 재화를 생산하는 두 국가 중 해당 재화의 기회비용이 더 낮은 국가가 해당 재화의 생산에서 비교우위에 있다고 한다.

표 18-1 비교우위의 예시

	1인당 연간 생산량(kg)		기회비용(kg)	
	쌀	인삼	쌀(단위: 인삼)	인삼(단위: 쌀)
한국(A)	100	20	1/5	5
중국(B)	200	25	1/8	8
A/B	1/2	4/5		

삼의 쌀에 대한 상대가격($p^w_{인삼}/p^w_{쌀}$)은 두 국가의 인삼 기회비용인 5와 8 사이의 값으로 결정된다. 가령, 무역 시 상대가격이 7이 되었다고 하면, 이제 교역을 통해 인삼 한 단위는 쌀 7단위와 교환된다. 한국에서는 무역 전 인삼 1kg이 5kg의 쌀과 교환되었지만, 이제는 중국과의 교역을 통해서 2kg의 쌀을 더 얻을 수 있기 때문에 모든 사람들이 쌀 대신에 인삼을 생산하는 것이 더 이득이 된다. 중국에서도 무역 전에는 인삼 1kg을 얻기 위해서는 쌀 8kg을 포기해야 했지만, 한국과의 교역을 통해 7kg의 쌀만으로도 인삼 1kg을 얻을 수 있기 때문에, 더 이상 인삼 생산을 지속할 이유가 없게 된다. 이와 같이, 리카르도는 현실에서 관찰되는 양국 간 상품의 상대가격 차이가 비교우위의 증거이며 상호이익이 되는 무역이 발생하는 원인으로 보았다.[3]

　　고전학파 무역이론을 대표하는 리카르디안 모형은 하나의 생산요소로 두 가지 상품을 생산하는 두 나라가 교역할 경우 각 국가는 자신이 비교우위를 가진 상품의 생산으로 완전특화(perfect specialization)하여 이를 수출하고 상대국의 특화 상품, 즉 자신의 비교열위 품목은 수입하는 무역형태가 나타나게 된다는 것을 보여준다. 리카르디안 모형에서 각 국가는 비교우위가 있는 상품의 생산에 특화하여 그중 일부를 비교열위에 있는 상품과 교환할 수 있기 때문에, 무역을 통해 두 국가는 무역을 하지 않을 때와 비교해 두 상품 모두를 더 많이 소비할 수 있게 된다.

　　노동을 유일한 생산요소로 고려한 리카르디안 모형에서는 두 국가의 노동생산성(생산기술) 차이로 인해 비교우위가 결정된다고 보았다. 그러나 리카르디안 모형은 국가 간 생산성 또는 생산비의 차이가 발생하는 원인에 대해서는 명쾌하게 설명하지 못하고 있으며, 한 가지 생산요소만 고려되었기에 무역이 생산요소의 소득에 미치는 효과를 파악

---

3) 리카르디안 모형에서, 두 상품의 가격은 각각의 생산비용과 같고, 두 상품이 각 국가에서 모두 생산된다는 가정 아래, 각 국가에서 두 상품의 기회비용은 교역 이전 각국의 상대가격과 동일하게 설계되었다. 이는 (수요조건이 고려되지 않고) 생산 또는 공급조건에 의해 상품의 상대가격이 전적으로 결정되는 고전학파 경제학의 전통을 따르는 것이다.

하기 어렵다는 한계도 가지고 있다. 하지만 리카르디안 모형은 '국가 간 생산기술 차이로 인한 비교우위가 무역의 원인이 되고, 자신의 비교우위 품목은 수출, 비교열위 품목은 수입하는 무역흐름이 나타나며, 무역에 참가하는 양국은 모두 혜택을 누린다'는 간결하면서도 명확한 이론적 토대를 제공했다.

2 요소부존도와 헥셔-오린 모형(Heckscher-Ohlin Model)

신고전학파 무역이론으로 불리는 헥셔−오린 이론은 비교우위가 국가 간 요소부존량의 차이 때문에 발생한다는 데서 착안되었다. 이 이론에 따르면 각국의 비교우위는 부존자원의 상대적 풍부성과 생산기술(집약도) 간의 상호작용에 의해 결정된다. 한 국가는 상대적으로 풍부하고 값싼 생산요소를 집약적으로 사용하여 생산되는 상품을 수출하고, 상대적으로 희소하고 비싼 생산요소를 집약적으로 사용하여 생산되는 상품을 수입한다.

오늘날 무역이론의 기본모형으로 다루어지는 '2국가−2상품−2요소 헥셔−오린 모형'은 두 국가가 요소부존도를 제외한 모든 면에서 동일하다는 것과 함께 다음과 같은 가정 하에서 무역 이전의 양국 간 상대가격 차이는 요소부존도의 상대적 차이에서 발생한다는 것을 보여준다.

생산 측면에서 자국(H)과 외국(F)은 두 생산요소인 노동(L)과 자본(K)를 사용해 요소집약도(요소투입비율)가 다른 두 상품 (y_1, y_2)을 생산하며, 규모의 수익이 변하지 않는 완전경쟁구조하에서 가격수용자이다. 소비 측면에서 수요는 총예산제약하에서 사회효용을 극대화함으로써 도출된다. 또한, 국가 간 생산요소의 이동은 불가능하고, 양국에서 모든 생산요소는 완전고용된다.

헥셔−오린 모형이 제시한 무역으로 인해 양국이 혜택을 누린다는 사실은 양국의 생산가능곡선과 사회무차별곡선, 상대가격선 등으로 나타낸 〈그림 18−4〉를 통해 확인할 수 있다. 일단, 상품 y_1을 생산하는 산업은 노동집약적이고, 자국은 상대적으로 노동이 풍부하다고 간주하자. 〈그림 18−3〉의 왼쪽 그래프와 같이 무역 이전에 양국은 서로 상이한 상대가격(P^h, P^f)하에서 자국(h)와 외국(f) 지점에서 각각 생산하며, 국내에서 모든 상품을 소비하는 두 국가는 U만큼의 동일한 사회적 효용을 얻는다. 이때 양국이 무역을 하게 되면, 양국의 상대가격은 가중평균처럼 하나(P')로 조정되면서 노동이 상대적으로 풍부한 자국은 비교우위를 가진 상품인 y_1을 더 많이 생산($h \rightarrow h'$)하고, 외

그림 18-3 2022년 농가당 경지면적의 누적분포(단위: %)

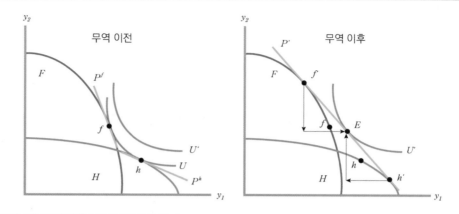

주: 원점에 대해 오목한 생산가능곡선은 두 상품의 생산에서 기회비용이 증가하는 현실적인 상황을 반영
한 것이다(제4장 참조). 만약 앞서 제시된 예시의 쌀과 인삼의 경우처럼 두 상품의 기회비용이 산출량
수준과 관계없이 일정한 경우 생산가능곡선은 직선이 된다. 사회무차별곡선이 원점에 대해 볼록한 것
은 한계대체율(MRS)이 감소한다는 사실을 반영한 것이다(제3장 참조). 양국의 기호가 동일하다고 가
정했으므로 양국은 동일한 사회무차별곡선을 가진다.

국은 자본집약적인 상품 y_2를 더 많이 생산($f \rightarrow f'$)하는 불완전 특화가 이루어진다. 그
결과 양국은 동일한 상대가격 하에서 교역을 통해 E 지점에서 소비함으로써 모두 무역
전보다 더 큰 효용수준인 U'에 도달하게 된다. 이때 자국의 y_1 수출량과 외국의 y_1 수
입량은 같고, 외국의 y_2 수출량과 자국의 y_2 수입량도 같다.

 핵셔−오린 모형은 각 국가의 요소시장과 상품시장의 상호작용을 고려해 두 시장
을 연관시켜 최종상품의 가격이 어떻게 결정되는 지를 보여주고 있다. 즉, 생산요소를
소유하고 있는 국민들의 소득과 기호가 상품에 대한 수요를 결정하고, 상품에 대한 수요
로부터 생산요소에 대한 수요가 유발된다. 이렇게 유발된 생산요소에 대한 수요와 각국
의 자원부존량인 생산요소 공급이 생산요소의 가격을 결정하고, 마지막으로 생산요소의
가격과 기술수준이 상품의 가격을 결정한다. 결국, 소득 및 기호나 기술이 유사한 두 국
가 간 비교우위와 무역의 흐름은 양국 간 요소부존도의 차이에 따라 내부적으로 결정된
상품의 상대가격 차이로 인해 발현된다.[4]

 핵셔−오린 모형의 또 다른 장점은 무역이 소득분배에 미치는 효과를 설명할 수 있

[4] 사실, 헥셔−오린 모형에서 다른 경제적 요인들, 가령 국가 간 소득분포 및 기호와 기술수준은 동
일하거나 대체로 유사해서 논리전개의 맥락을 해치지만 않을 정도이면 된다.

다는 것이다. 헥셔－오린 모형에서 직접적으로 유도되는 핵심 정리는 무역의 결과 국가 간 동질적인 생산요소에 대한 보수는 동일하게 된다는 **요소가격균등화 정리(factor price equalization theorem)**이다. 자본에 비해 노동이 상대적으로 더 풍부한 자국(h)의 경우, 노동의 가격, 즉 임금이 상대적으로 더 낮기 때문에, 무역 이전에는 노동집약적인 상품 y_1의 상대가격이 외국보다 더 낮았다는 점을 살펴본 바 있다. 무역을 하게 되면 자국에서는 y_1의 생산이 늘고 y_2의 생산이 줄어듦에 따라, 노동에 대한 수요가 증가하는 반면, 자본에 대한 수요는 감소하면서 임금은 상승하고 이자율은 하락하게 된다. 마찬가지 이유로 자본이 상대적으로 더 풍부한 외국(f)에서는 정반대의 현상이 나타나게 된다. 이렇듯 헥셔－오린 이론에서는 국가 간 생산요소의 상대가격이 상이하면 상품의 상대가격 역시 상이하게 되어 무역이 발생하게 되고, 무역이 계속 확대되면 국가 간 생산요소 가격의 격차는 감소하게 된다. 결국 무역은 국가 간 생산요소의 가격이 일치할 때까지 확대될 것이다. 이러한 무역을 통한 요소가격균등화는 한 국가의 소득분배에 영향을 미친다. 무역의 결과 각국에서 상대적으로 풍부하고 값싼 생산요소의 가격은 상승하는 반면, 상대적으로 희소하고 비싼 생산요소의 가격은 하락한다. 즉, 헥셔－오린 이론에서는 노동이 풍부하고 자본이 부족한 국가는 무역을 하면 무역 이전에 비해 노동자의 실질소득이 증가하고 자본가의 실질소득은 줄어들게 된다.

헥셔－오린 모형에서 제시하는 요소부존도 이론은 요소부존도가 다른 국가 간의 교역이 실제로는 산출물에 내재된 생산요소를 교역하는 것과 마찬가지라는 의미를 함축하고 있다. 국가 간 이동이 제한된 생산요소 대신에 상품의 교역을 통해 각국의 생산요소에 대한 수요가 반응하며, 그 결과 마치 생산요소가 국가 간 이동한 것처럼 요소가격이 균등해진다는 것이다.

3 산업 간 요소이동과 무역의 소득분배 효과

현실에서는 생산요소의 국제적인 이동뿐만 아니라 국내에서의 산업 간 또는 부문 간 이동도 완전히 자유롭지 못한 것이 일반적이다. 특히 단기적으로는 생산요소가 특정 산업에 완전히 고착되어 있는 경우가 많다. 헥셔－오린 모형은 생산요소의 국내 산업 간 이동이 가능하다는 것을 전제로 무역이 소득분배에 미치는 효과를 설명하는 반면, **특정 요소모형(specific factors model)**은 일부 생산요소가 특정 산업(부문)에만 사용되어 산업 간 이동이 불가능한 경우의 소득분배 효과를 설명한다.

예를 들어 노동이 풍부한 한 국가가 노동집약적인 쌀(y_1)과 자본집약적인 자동차 (y_2)를 생산하고 있다고 하자. 두 생산요소인 노동과 자본 중에서 노동은 산업 간 이동이 자유로운 반면 자본은 토지와 기계·설비로 구분되어 토지는 쌀 생산에만, 기계·설비는 자동차 생산에만 사용된다고 가정한다. 이때 특정 생산요소인 토지와 기계·설비는 산업 간 이동이 불가능하다. 무역을 하게 되면 이 국가는 노동집약적인 쌀 생산에 특화하여 수출하고 자동차를 수입할 것이다. 그 결과 이 국가에서 쌀의 상대가격(p_1/p_2)은 상승하고 노동수요가 증가하여 명목임금이 상승하기 때문에 자동차 생산에 고용되었던 노동 가운데 일부는 쌀 산업으로 이동한다.

이제 무역으로 인한 소득분배 효과를 살펴보자. 먼저 수출상품인 쌀을 생산하는 데 고정된 규모의 토지가 더 많은 양의 노동과 결합되므로 토지에 대한 실질보수(지가 또는 임대료)는 증가한다. 반대로 수입상품인 자동차를 생산하는 데만 사용되는 기계·설비에 대한 실질보수(자본재 가격 또는 이자율)는 감소한다. 한편, 산업 간 이동이 자유로운 노동의 실질임금은 쌀로 측정할 경우 감소하지만 자동차로 측정할 경우 증가해, 어떻게 변화할지는 불분명하다. 이런 경우 노동자의 후생변화는 노동자의 쌀과 자동차에 대한 소비구조에 의존하게 된다.

특정요소모형의 결론은 무역이 산업 간 이동가능한 생산요소의 보수에는 불분명한 영향을 미치지만, 수출상품을 생산하고 산업 간 이동이 불가능한 특정요소의 소득에는 유리한 영향을 미치며, 수입상품의 생산에 이용되는 특정요소의 소득에는 불리한 영향을 미친다는 것이다. 이렇게 산업 간 일부 생산요소의 이동이 적어도 단기간에는 제한적이라는 현실을 반영하고 있는 특정요소모형은 무역으로 인해 국내에서 손실을 경험하는 특정 부문에 의해 자유무역을 반대하는 논리적 근거로 활용되기도 한다. 앞서 예를 든 산업 간 이동이 자유롭다고 설정한 노동 또한 현실에서는 이동이 자유롭지 않을 수 있다. 쌀농사를 짓던 농민이 자동차 생산노동자로 단시간에 변모될 수 없는 것은 자명하다. 이처럼 무역은 국가 전체적으로는 혜택을 가져오지만 부문 간 상이한 소득분배 효과를 수반할 수 있다. 따라서 많은 국가들이 FTA 등의 무역자유화로 인해 혜택을 보는 생산요소를 소유한 경제주체로부터 이로 인해 손해를 입게 되는 생산요소를 소유한 경제주체로의 소득재분배 정책을 동시에 추진하고 있다.

4 산업 내 무역(intra-industry)의 증가와 새로운 무역이론

　　지금까지 살펴본 비교우위에 기반한 전통적 무역이론은 다음과 같은 두 가지 함의를 가진다. 첫째, 한 국가의 교역은 산업 간에 이루어지지 동일 산업의 산출물이 수출도 되고 수입도 되지는 않는다. 둘째, 생산기술이나 부존자원 측면에서 대단히 이질적인 국가일수록 서로 교역할 가능성이 크다. 그러나 이러한 예측과는 상이한 무역의 흐름이 점차 늘어나고 있다. 가령, 한국은 자동차를 많이 수출하면서 수입도 하고 있고, 주로 수입을 많이 하는 돼지고기도 검역문제가 걸림돌이 되지 않을 때는 수출도 적잖이 했다. 또한, 비교적 노동이 풍부하고 제조업 기술수준이 높은 한국은 자원부국인 호주나 아프리카가 아닌 기술력이나 자원구조가 유사한 일본과의 무역규모가 훨씬 더 크다. 마찬가지로 미국과 유럽은 둘 다 자본이 풍부하고 기술수준이 높은 국가들이지만 서로가 교역에서 차지하는 비중이 매우 높다.

　　이렇게 산업 간은 물론이고 산업 내 교역도 동시에 이루어지고, 생산기술이나 부존자원 측면에서 유사한 국가 사이에도 교역이 활발히 이루어지는 현실에 대해서는 기존 이론들이 설명하지 못한다. 크루그만(P. Krugman)이나 멜리츠(M. Melitiz) 등이 발전시킨 소위 **새로운 무역이론(new trade theory)**은 이러한 현상에 대한 설명을 시도하는데, 리카르도 이론과 헥셔-오린 이론이 전제하고 있는 '완전경쟁시장' 가정과 '규모수익 불변' 가정을 포기한다. 대신 대부분의 상품은 그 특성이나 품질, 인지도 등에 있어 소비자에게 동일하지는 않고, 상품 간에 일종의 차별이 이루어진다고 가정한다. 또한 동시에 이러한 '차별화된 상품'(이하 제품)을 생산하는 데는 일종의 규모의 경제가 존재해, 생산량이 많을수록 평균 생산비가 감소한다. 그리고 마지막으로 같은 조건이라면 소비자들은 보다 다양한 제품을 소비할수록 만족도가 커진다고 가정한다. 일반적으로 이질적인 제품을 만드는 산업의 진입비용(초기 고정비용)은 높은 편이며, 이것이 바로 규모의 경제가 발생하는 이유가 된다. 그리고 한 산업에서 차별화된 제품의 수가 많을수록 소비자들도 선택의 폭이 넓어지기 때문에 더 높은 효용을 누릴 수 있다. 그러나 제6장에서 살펴보았듯이 독점적 경쟁구조인 산업에서는 유사한 제품들이 경합하는 한정된 규모의 시장으로 인해 기업(제품)의 수가 증가할 때마다 한 기업이 판매할 수 있는 물량은 감소한다. 그리고 이러한 판매량 감소로 인한 평균비용의 증가를 감당하지 못하는 기업은 시장에서 퇴출되고 상품다양성은 줄어든다. 이렇게 '차별화된 제품을 생산하는 기업들의 규모의 경제 추구'와 '소비자들의 상품다양성에 대한 욕구'는 상호 제약요인으로 작용한다. 크루그

그림 18-4 불완전경쟁과 국제무역

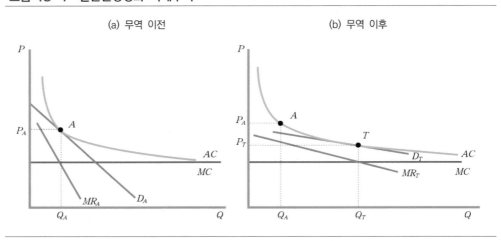

(a) 무역 이전   (b) 무역 이후

만은 이러한 문제를 해소하는 수단이 국제무역임을 주장했다. 이는 국제무역이 해당 산업의 제품들이 팔릴 수 있는 시장을 확대시키기 때문이다. 각 기업은 무역 전보다 더 많은 양을 생산할 수 있고, 그 결과 평균비용은 감소한다. 결국, 각국의 소비자들은 무역을 통해 타국의 새로운 제품을 소비할 수 있게 된다. 또한, 무역으로 인한 평균비용의 감소는 제품들의 평균가격 하락으로 이어지고, 이로 인해 소비자들의 실질임금은 상승하게 된다. 이것이 새로운 무역이론이 규명한 무역의 이득이자 현실에서 산업 내 무역이 증가하는 원인이다.

이렇게 생산기술, 시장구조, 소비자선호에 대한 가정을 달리한 새로운 무역이론을 보다 쉽게 이해하기 위해서 〈그림 18-4〉를 통해 규모의 경제와 독점적 경쟁구조를 보이는 어떤 산업에 속한 한 기업의 의사결정을 살펴보자. 무역 이전을 보여주는 왼쪽 그래프에서 이 기업의 평균비용곡선(AC)은 규모수익 증대로 인해 생산량이 늘어날수록 계속 감소하며 한계비용곡선은 MC와 같다. 독점적 경쟁시장에서는 진입가능한 새로운 생산자들이 존재하기 때문에 장기적으로는 이윤이 발생할 수 없다. 따라서 이 기업 제품의 수요곡선은 평균비용곡선과 접하는 D_A가 되며, A점에서 생산이 이루어져 균형 수량과 가격은 각각 Q_A와 P_A가 된다.

이제 무역이 이루어지면, 이 기업 제품의 수요곡선은 D_T로 바뀌게 된다. 이 수요곡선도 평균생산비곡선 AC와 접하고, 그 접하는 점 T에서는 한계비용과 한계수입도 서로 일치하기 때문에 생산은 여기에서 이루어지고 기업의 이윤은 여전히 0이 된다. 이 새로운 수요곡선 D_T와 무역 이전의 수요곡선 D_A를 비교하면, 전자의 기울기가 더 완만하다. 따라서 평균비용곡선과 만나는 점 T도 점 A보다는 더 오른쪽에 위치한다. 그 이유는 다른 국가와 교역을 하면서 전 세계의 기업들이 이제는 모두 동일 시장에서 활동하기 때문에 무역 이전에 비하면 대체재를 공급하는 경쟁자가 더 많아졌고, 따라서 개별 기업의 제품에 대한 수요는 더 탄력적으로 바뀌어 각 기업의 독점력이 그만큼 약해지기 때문이다. 또한 이러한 경쟁 격화는 각국에 존재하던 일부 기업들을 해당 산업에서 퇴출시키게 된다. 따라서 산업에 살아남을 수 있었던 기업의 생산량은 Q_A에서 Q_T로 늘어나게 된다. 아울러 이렇게 살아남는 기업의 생산량이 늘어나면 규모수익 증가로 인해 평균생산비가 감소하게 되고, 따라서 이 기업 제품의 가격은 P_T로 무역 이전에 비해 하락하게 된다.

이상의 결과를 자동차를 예로 들어 설명하면, 한국과 미국의 자동차 회사들이 각각 10가지씩의 차종을 생산하고 있었는데, 무역자유화를 하게 되면 한국은 아마도 소형차와 중형차 중심으로 6가지를 생산하되 대형차 4가지는 생산을 포기하고, 미국은 반대로 중대형 차종 6가지를 생산하되 4가지의 소형차 생산은 포기하게 된다. 한국의 중소형차 생산자들은 대신 미국시장에까지 공급할 수 있기 때문에 무역 이전에 비해 생산량이 늘어나고, 미국의 중대형차 생산자들은 한국시장까지 공급하므로 역시 생산량이 늘어난다. 각 생산자는 생산량이 늘어남으로써 규모수익 증대로 인해 자동차 판매가격을 낮출 수 있다. 모든 생산자는 〈그림 18−5〉가 보여주는 바와 같이 여전히 0의 이윤만을 얻지만, 대신 소비자들은 무역 이후 자동차 가격이 낮아졌고, 또한 두 국가 모두 기존에 10종이었던 자동차가 이제는 총 12종이 공급되므로 선택의 다양성이 넓어져 무역의 이득을 얻게 된다.[5]

이렇듯, 기술의 격차도, 부존자원의 차이도 존재하지 않는 두 국가 사이에, 규모의 경제를 실현하고자 하는 차별화된 제품의 생산자와 다양한 제품을 선호하는 소비자로 인해 산업내 무역이 발생하게 된다. 이러한 산업내 무역은 모든 경제주체에 다양성의 이익과 실질임금 상승이라는 혜택을 가져다준다. 전통적 무역이론에서는 모든 국가의 후생은 증가하지만 각국에서 위축되는 산업이 존재했던 것과는 대비되는 대목이다.[6]

---

5) 교역을 하면 생산자 간 경쟁격화로 기업의 수가 줄어들지만 살아남는 두 나라 기업의 총수(=12 개)는 교역 이전에 각국 내에만 있던 기업의 수(=10개)보다는 더 많고, 따라서 제공되는 제품의 종류도 더 많아진다는 것이 증명될 수 있다.

6) 한편, 무역자유화에 따른 경쟁격화로 퇴출된 기업들의 생산자원들은 새로 진입을 하려고 하는 기업들과 수출을 함으로써 규모를 증대할 필요가 있는 생산성이 높은 기업들에 재고용되면서 생산자원의 산업 내 재분배가 이루어지기 때문에, 이론적으로 무역으로 인해 피해를 보는 경제주체는 없다.

EXERCISE

01 다음 중 한국 농식품 수출증대에 긍정적인 요인으로 작용할 수 있는 것을 모두 고르고 그 이유를 설명하라.

① 대미환율 하락 ② 엔화의 강세 ③ 한국의 자본집약적 기술진보
④ 한국의 무역적자 확대 ⑤ 국제유가 상승 ⑥ 중국의 1인당 GDP 증가
⑦ 한국의 물가상승 ⑧ 미국의 금리인상

02 다음 중 리카도가 제창한 비교우위이론과 부합하지 않는 것은 무엇인가?

① 자급자족하던 양국이 무역이 시작하면 각국의 비교우위 상품의 가격은 상승한다.
② 무역을 통해 비교우위 상품의 수출보다 비교열위 상품의 수입이 큰 국가는 손해를 본다.
③ 무역 후 양국은 더 적은 생산요소를 투입해 무역 전과 동일한 양의 상품을 얻을 수 있다.
④ 절대열위 국가에서도 비교우위 산업이 생길 수 있는 이유는 국가 간 임금격차 때문이다.

03 다음 중 헥셔-오린 모형이 예측하는 무역의 형태와 결과에서 벗어나는 내용은 무엇인가?

① 자본풍부국은 무역을 통해 자본집약적인 상품에 완전특화하고 이를 수출하는 대신 노동집약적 상품을 무역 전보다 더 많이 수입한다.
② 특정 자원이 희소한 국가는 무역을 통해 그 자원을 충당하는 효과를 얻을 수 있다.
③ 무역 이후 노동풍부국에서 노동집약적 상품의 가격이 상승하면 국내 임금도 상승하고 요소가격균등화 정리에 따라 자본풍부국의 임금도 상승한다.
④ 전 세계에서 자유무역이 이루어진다면 모든 국가의 실질임금은 같아진다.

04 무역을 하고 있지 않는 두 국가(H, F)의 산업은 첨단산업과 제조업으로 구분되며, 생산요소는 자본, 숙련노동(skilled labor), 비숙련노동 세 가지이다. 숙련노동은 첨단산업에만 필요하며, 비숙련노동은 제조업에만 필요하다. 또한, 첨단산업은 숙련노동을 집약적으로 고용하여 생산하고, 제조업은 자본을 집약적으로 사용해 생산한다. 생산기술을 포함한 다른 모든 면에서는 유사한 두 국가의 요소부존량은 다음과 같다.

구분	자본	숙련 노동자	비숙련 노동자
H	150억 달러	100만 명	150만 명
F	120억 달러	40만 명	100만 명

(1) 각 국의 요소부존도와 이를 토대로 한 비교우위를 설명해 보라.

(2) 무역을 시작한 다음 각국에서 발생하는 생산요소별 실질보수의 변화에 대해 분석해보라.

(3) 만약, H국이 비교열위 산업을 보호하기 위해 자유무역 당시 수입량을 절반으로 제한하는 조치를 취할 경우, 두 국가의 생산요소별 실질보수에 미치는 영향에 대해 분석해보라.

(4) 이때 노동자의 이민이 가능한 상태라면 (4)번에서 H국이 취한 수입제한조치의 효과는 여전히 유효한가?

05 다음 중 크루그만과 멜리츠 등이 제시한 새로운 무역이론이 설명하는 바와 부합하지 않는 것은 무엇인가?

① 차별화된 제품을 생산하는 독점적 경쟁구조를 지닌 산업의 경우, 규모의 경제와 독점적 경쟁, 그리고 다양성 선호가 함께 국제무역을 발생시킨다.

② 무역자유화는 다국적기업들로 하여금 확장된 세계시장을 대상으로 규모의 경제를 더 크게 활용할 수 있는 기회를 제공한다.

③ 각국은 무역을 통해 생산성(또는 품질) 기준으로 더 넓은 범위(scope)의 제품을 생산함으로써 더 높은 생산성을 확보하고, 소비자도 더 넓어진 상품 유형에 대한 선택을 할 수 있어 추가적인 이익을 얻게 된다.

④ 국제경쟁력이 상대적으로 낮은 국가일수록 시장개방에 따른 경쟁압력으로 퇴출된 기업들의 노동자가 늘어나면서 고용 없는 성장이 지속될 수 있다.

06 FTA 협상에서 농식품 수출국 대표가 '산업 내 무역은 양국 모두에게 이득만을 주기 때문에 양국 간 농식품 시장을 완전개방하여 상호이익을 극대화하자'라고 주장했을 때, 농식품 수입국 대표의 입장에서 3가지 이상의 논거를 가지고 이를 반박해 보라.

무역정책과 시장개방

무역은 각국의 생산, 소비, 후생에 직접적인 영향을 미치며, 무역이 자유화될수록 이러한 영향은 더 커지게 된다. 따라서 각국 정부는 산업의 시장개방 수준을 결정하거나 개별 상품의 가격과 물량에 대한 제한조치를 도입하여 무역이 국내에 미치는 영향을 조정하고자 한다.

더욱이 농식품 무역은 공산품 무역에 비해 국경에서의 검역, 검사 등의 통관절차가 까다로우며 식품안전성 관련 별도의 제약도 존재한다. 또한, 농식품 무역은 각국의 식량안보, 농업·농촌 유지, 지역개발 등 규범적 가치판단에 의해서도 큰 영향을 받는다. 다자주의(multilateralism) 및 지역주의(regionalism) 기반 무역협정에서 시장개방의 수준이나 방식과 관련하여 가장 첨예하게 대립하는 분야가 농식품 교역이다. 이 장에서는 농식품 관련 대표적인 무역제한조치들의 원리와 효과를 살펴보고 다자주의적 무역협정의 근간인 WTO 체제와 자유무역협정(FTA)을 중심으로 한 지역무역협정의 주요 내용을 소개한다.

국가마다 시행하는 무역정책은 자국 소비자보다는 자국 생산자와 해당 산업을 보호하거나 지원하고자 하는 목적이 강하다. 이는 자유무역으로 후생이 증가하게 되는 소비자는 불특정 다수인 반면, 무역으로 인해 직접적인 손해를 보거나 이익을 보는 생산자와 산업은 이해당사자로서 정부의 무역정책에 관한 의사결정에 적극적으로 개입하기 때문이다. 각국 정부는 보호해야 하는 수입경쟁산업에 대해서는 **관세(tariffs)**와 **할당(quotas)**을 주로 사용하고 있으며, 수출경쟁산업에 대해서는 대표적인 수출지원정책인 **수출보조(export subsidy)**를 시행한다. 여기서는 이들 세 가지 무역제한조치와 기타 **비관세장벽**들에 대해서 살펴본다.

1 관세

관세는 무역을 통해 한 나라의 국경을 통과하는 상품에 부과하는 세금으로 통상 수출보다는 수입하는 상품에 부과된다. 관세는 수입상품의 국내 생산자와 산업을 보호하는 것이 주요 목적이며, 통상 관세부과는 그 상품을 수출하는 국가에 따라 차별적으로 시행되어서는 안 된다는 무차별 원칙이 적용된다. 관세를 부과하는 목적이나 근거에 따라 그 종류가 다양하지만 이로 인해 초래되는 경제적 효과는 거의 동일하다.[1]

관세의 경제적 효과를 특정 상품에 관세를 부과한 국가의 국내시장이 해당 상품의 세계시장에서 차지하는 비중이 작은 경우(소국)와 큰 경우(대국)로 나누어서 살펴보자.[2] 소국의 경우에는 그 국가가 수입품에 관세를 부과해도 세계시장의 가격에 영향을 미치지 않지만, 대국의 경우에는 교역조건(수입가격 대비 수출가격)을 개선할 수 있다.

〈그림 19−1〉의 왼쪽 그래프는 자유무역을 하는 한 소국의 밀 시장을 나타낸 것이다. 소국 가정에 의해 국내시장은 국제가격을 그대로 국내가격으로 수용하고 이에 맞추어 생산과 소비가 이루어지고 있다. 국제가격 p_w^0하에서 국내시장의 밀은 Q^0까지 소비되는데 이 중에서 q^0까지는 국내에서 생산되고, 나머지($m^0 = Q^0 - q^0$)는 해외에서 수

---

1) 부과방식으로 구분할 경우, 가격을 기준으로 부과되는 종가세(ad valorem tariff), 물량을 기준으로 부과되는 종량세(specific tariff), 이를 결합한 복합세(compound tariff)가 있다.
2) 한편, 수입품과 국내 상품이 동질적이며, 이 상품시장의 관세부과로 인해 그 국가의 다른 상품시장은 영향을 받지 않는다고(부분균형분석) 가정하자.

그림 19-1 수입국의 관세부과 효과

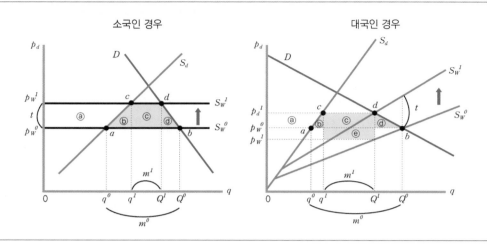

입된다. 즉, p_w^0 하에서는 해외에서 무한대로 밀이 공급될 수 있기 때문에 국내 밀 시장에서 이 국제가격선은 세계공급곡선(S_w^0)이 되어 이 선과 국내수요곡선(D)이 만나는 b점에서 소비가 이루어지고, 국내공급곡선(S_d)과 만나는 a점에서 생산이 결정된다.

이제 이 국가가 자국의 생산자를 보호하기 위해 밀 수입에 종가세 30%를 부과한다고 하자. 그러면 국내시장의 밀 세계공급곡선은 수입관세($t = 0.3p_w^0$)가 반영된 S_w^1으로 이동하고 새로운 밀의 국내가격은 p_w^0에서 $p_w^1 = p_w^0(1 + 0.3)$으로 상승한다. 가격상승에 직면한 국내 생산자는 공급곡선을 따라 c점까지 생산량을 증가시키고 소비자는 수요곡선을 따라 d점까지 소비량을 감소시킨다. 이렇게 줄어든 국내 초과수요로 인해 밀 수입은 $m^1 = Q^1 - q^1$으로 감소한다.

이러한 관세부과로 인해 소비자잉여는 ⓐ+ⓑ+ⓒ+ⓓ만큼 감소한 반면, 생산자잉여는 ⓐ만큼 증가한다. ⓒ는 정부가 밀 수입을 통해 징수한 관세수입이다. 각 경제주체별 잉여증감과 정부수입을 합산하면 관세부과로 인해 ⓑ+ⓓ만큼의 사회적 후생이 감소한다는 것을 알 수 있다. ⓑ는 생산측면에서 국내 자원이 상대적으로 비효적인 수입경쟁품목인 밀로 이전되기 때문에 발생한 손실이며, ⓓ는 소비측면에서 수입 밀 가격의 인위적인 인상이 초래한 소비의 변화로 발생하는 손실이다.

이제 이 밀 수입국이 대국으로 이 나라의 밀 수입량 변화가 밀의 국제가격에 영향을 미치는 경우를 살펴보자. 〈그림 19−1〉의 오른쪽 그래프와 같이 대국의 경우, 소국일때는 국제가격선과 동일했던 세계공급곡선이 이제 양의 기울기를 가진 해외공급곡선과 국내공급곡선의 합인 S_w^0로 표시된다. 해외공급곡선이 양의 기울기인 것은 해외 생산자들이 국내시장으로 밀을 더 많이 공급하기 위해서는 더 높은 가격을 지불해야 할 정도로 국내 밀 시장의 규모(세계시장에서 차지하는 비중)가 크기 때문이다. 자유무역인 상태에서 세계공급곡선과 국내수요곡선(D)이 교차하는 b점에서 소비가 이루어지고, 또 이 균형가격과 국내공급곡선(S_d)이 교차하는 a점에서 생산이 결정된다. 따라서 두 점의 차이인 m^0의 밀이 수입된다.

　　이제 이 국가가 밀 수입에 종가세 30%를 부과했을 때의 변화를 살펴보자. 관세부과는 해외 생산자들에게만 영향을 주기 때문에 해외공급곡선이 30%만큼 상향이동한다. 그 결과 국내시장은 이렇게 상향이동한 해외공급곡선과 국내공급곡선이 합해져 산출된 새로운 세계공급곡선 S_w^1을 직면하게 된다. 그렇게 되면 이 곡선이 S_d와 점 d에서 교차하여 국내시장의 가격은 p_d^1이 되고 밀 소비량은 Q_1이 된다. 따라서 관세부과 전과 비교해 국내 생산량은 q_1으로 늘어나고 수입량은 $m^1 = Q^1 - q^1$으로 감소한다. 한편, 국내시장을 제외한 해외시장의 세계공급곡선은 변하지 않는다는 사실에 주목하자. 관세가 부과되지 않은 해외시장에서는 이 나라가 관세부과를 통해 수입량을 줄이면 밀의 세계가격은 p_w^1으로 하락하게 된다. 이러한 세계가격의 하락은 해외 밀 수출업자들이 대국의 관세부과로 초래된 여타 해외시장에서의 밀 초과공급에 대응하여 밀 수출가격을 인하할 수밖에 없기 때문이다.[3] 이렇듯 소국의 경우와는 달리 대국의 수입관세는 국내가격을 인상시키고 세계가격을 인하시키면서, 관세부과에 다른 가격상승 부담의 일부를 해외 생산자에게 전가시킨다. 그 결과 실제로 부과된 관세($t = 0.3 p_w^1 = p_d^0 - p_w^1$)에 비해 국내시장에서 밀 가격의 상승 폭($p_d^0 - p_w^0$)이 더 작다.

　　대국에서의 관세부과에 따른 후생변화를 살펴보자. 소비자잉여는 ⓐ+ⓑ+ⓒ+ⓓ만큼 감소한 반면, 생산자잉여는 ⓐ만큼 증가한다. 소국과 다른 점은 정부의 관세수입을 나타낸 부분이 ⓒ+ⓔ로 확대되었다는 점이다. ⓔ는 앞서 설명한 바와 같이 대국이 관세부과를 통해 교역조건을 개선함으로써 해외 생산자(수출업자)들이 부담해야 하는 관세의 일부분을 반영한 면적이다. 이와 같이 해외 생산자는 국내 소비자와 수입관세의 부담을 공유하기 때문에 대국의 사회적 후생변화는 ⓔ-ⓑ-ⓓ가 된다. 만약 어떤 상품시장이 'ⓔ>ⓑ+ⓓ'인 경우라면 대국의 관세부과는 자국의 사회적 후생을 증대시킬 것이다.[4]

---

3) 마찬가지로, 해외 밀 수출업자들은 기존에 대국으로 수출하던 물량이 줄어드는 것을 피하기 위하여 관세를 부과해야 하는 대국 수입업자들에게 더 낮은 가격을 제시할 것이다.

2 수입쿼터

가장 일반적인 비관세장벽인 수입쿼터(import quota)는 수입상품의 물량을 직접 제한하는 할당정책이다. 관세와 마찬가지로 수입쿼터는 국내 생산자와 산업을 보호하기 위해 사용된다. 선진국들에서는 농업을 보호하기 위해, 개도국에서는 제조업의 수입대체를 촉진하기 위해 주로 사용된다. 수입쿼터제도 하에서는 특정 수입상품에 대하여 정부가 일정한 기간 동안(보통 1년) 수입가능한 물량의 상한을 설정하고, 이 상한이 채워지기 전까지는 자유무역을 허용하지만 할당된 물량이 채워지면 수입은 완전히 금지된다. 일반적으로 수입쿼터는 정부가 제시한 조건에 부합한 수입업자를 선정하여 이들에게 수입권을 부여하는 방식으로 운영된다.

정부는 이론적으로 수입관세로 인한 경제적 효과와 동일한 수입쿼터를 설정할 수 있다. 〈그림 19-2〉는 〈그림 19-1〉과 유사한데, 이는 정부가 30%의 종가세가 부과되었을 때 수입되는 밀의 물량과 동일하게 수입쿼터를 설정했기 때문이다. 참고로 할당제도는 가격이 아닌 수량을 제한하기 때문에 관세부과 시 제시되었던 세계공급곡선은 더 이상 무의미하다. 먼저, 왼쪽 그래프에 묘사된 소국의 경우를 보자. 자유무역 상태에서는 국제가격과 같은 동일한 p_d^0 가격하에서 q^0 만큼을 생산하고 m^0 만큼을 수입하던 이 국

그림 19-2 수입국의 수입쿼터 설정 효과

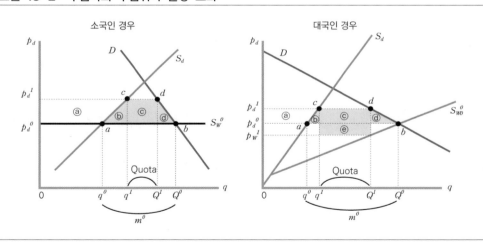

---

4) 해당 상품의 수요곡선과 공급곡선의 기울기, 수입규모에 따라 사회후생은 증가 또는 감소할 것이다.

가가 $Q^1 - q^1$만큼의 수입쿼터를 설정하면 국내가격은 p_d^1으로 상승한다. 할당량이 완전히 소진되지 않는다면 국내가격은 p_d^1보다 높게 되고, 할당량을 초과해 수입되면 국내가격은 p_d^1보다 하락하겠지만, 이는 정부가 허용하지 않을 것이기 때문에 이 할당량이 전부 소진되는 만큼만 수입된다면 국내가격은 p_d^1이 될 수밖에 없다.

수입쿼터의 설정에 따른 각 경제주체들의 후생변화나 이로 인해 발생하는 사회적 순손실도 관세부과 시와 같은 개념으로 해석할 수 있다. 다만, 관세부과 시 정부의 조세수입은 수입쿼터의 운영방식에 따라 정부, 수입업자, 또는 해외의 수출업자로 귀속될 수 있다. 만약, 정부가 수입권을 경매방식으로 최고입찰자에게 배분하면 밀 수입쿼터의 경제적 효과는 30%의 종과세 부과 시와 모든 면에서 동일하게 된다. 한편, 정부가 수입할당량을 자유무역 하에서 수입이 가능한 최대량보다 더 크게 설정한다면, 국내시장의 수량이나 가격에 아무런 영향을 미치지 못해 국내 산업보호라는 당초 목적은 달성될 수 없다. 따라서 수입쿼터가 경제적 의미를 지니기 위해서는 반드시 수입할당량이 자유무역 하에서 수입가능한 최대량보다는 작아야 한다. 〈그림 19-2〉의 오른쪽 그래프는 이 국가가 대국인 경우 $Q^1 - q^1$만큼의 밀 수입쿼터를 시행했을 때의 변화를 나타내고 있다. 독자들이 직접 〈그림 19-1〉의 오른쪽 그래프와 비교하면서 수입쿼터의 경제적 효과를 파악해 보라.

지금까지 살펴본 대로 수입쿼터와 관세는 이론상 동일한 경제적 효과를 가져올 수 있다. 그러나 실제 운용에서는 상당한 차이가 나며, 이러한 이유로 수입국은 할당제도를 선호하는 반면, 수출국은 관세부과를 선호하고 수입국의 쿼터를 관세로 전환하는 **관세화(tarrification)**를 요구하는 입장이다. 쿼터와 관세의 가장 큰 차이점은 3가지 정도로 정리할 수 있다.

첫째, 시장여건의 변화(수요 또는 공급의 변화)에 대해 쿼터 하에서는 국내가격이 더 크게 조정되는 반면, 관세하에서는 수입량이 더 크게 반응한다는 점이다.[5] 〈그림 19-3〉은 대국의 밀 수요증가 시 관세와 수입쿼터 체제에서 국내시장의 가격과 물량의 변화가 어떠한지를 보여준다. 관세가 부과되고 있는 상황에서 국내수요의 증가는 수입량을 크게 증가시킨다($Q^1 \rightarrow Q^T$). 늘어난 소비량의 대부분이 수입으로 충당되는 것을 알 수 있다. 쿼터의 경우에는 수입량은 변하지 않기 때문에 소비량 증가만큼 국내 생산량이 증가한다($Q^Q - Q^1 = q^Q - q^1$). 아울러, 관세부과 시 수요증가에 반응하는 가격인

---

[5] 이는 관세가 시장의 작동원리를 훼손하지 않은 범위에서 최소한의 개입을 한 것인 데 반해 할당제도는 이를 크게 제한하기 때문이다.

그림 19-3 관세와 쿼터하에서의 수요증가 비교

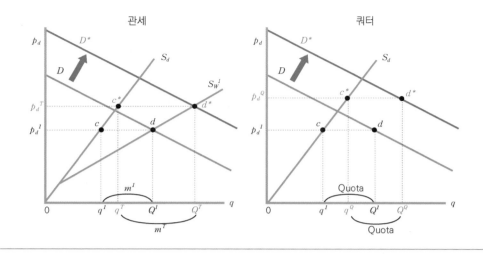

상 폭은 할당제도 시와 비교해 작은 것을 알 수 있다. 수요의 감소나 공급의 증감 또한 유사한 방법으로 분석될 수 있다. 소국인 경우에는 이러한 수급변화의 영향을 더 명확하게 파악할 수 있다. 이는 이 장의 연습문제에서 다루기로 하자. 일반적으로 과일이나 육류, 고품질 가공식품과 같은 품목은 소득이 늘어날 때 수요가 증가한다. 〈그림 19-3〉에서 확인했다시피 경제성장이 지속되는 수입국의 수요증가는 대부분 수입량 확대로 귀결될 수 있기 때문에 수출국 입장에서는 쿼터보다 관세를 선호하게 된다.

　　두 번째로 주목할 만한 차이는 쿼터가 관세에 비해 자국의 산업과 생산자 보호라는 정책목적 달성이 용이하다는 것이다. 우선, 일정 시기 집계되는 생산량, 소비량, 수입량과는 달리 수요곡선과 공급곡선을 정확하게 추정하는 것은 쉽지 않다. 따라서 국내시장을 보호하고자 하는 수준에 적합한 관세를 찾는 것부터가 난해한 일이다. 더욱이 관세의 경제적 효과는 수급여건의 변화, 수출국의 대응 등으로 인해 분리해서 파악하기가 어렵고 또한 불확실하다. 이렇게 쿼터가 관세에 비해 그 효과가 더 직접적이고 가시적이기 때문에 수입국 정부나 생산자들은 수입쿼터를 수입관세보다 선호한다.

　　쿼터와 관세의 세 번째 차이점은 관세는 할당제도에 비해 시행이 간단하며 관리가 쉽고 투명하다는 것이다. 관세를 설정·공표하고 국경에서 세관을 운영하면 끝나는 것과는 달리 쿼터는 수입권 배분 방식을 결정하고, 쿼터 초과 또는 소진 여부를 확인해야 한다. 더욱이 수입권 배분에 따른 경제적 지대(rent)의 적정성을 점검하고 수입 과정에서의 담합이나 불공정거래를 감시해야 하는 등 상당한 관리비용을 수반할 수 있다. 때에 따라서는 수입권 배분의 불합리성이나 쿼터 미소진을 이유로 수출국의 제도개선 요구에도 직면하게 된다. 수출국들은 투명성과 효율성을 이유로 경매나 선착순 배정 방식을 선호하는 반면, 수입국들은 체계적인 관리나 생산자 보호 등의 목적에서 국영무역이나 생산자단체에 의한 관리를 선호한다. 한국도 WTO 농업협정(1995)에 따라 63개 품목(227개 세 번)의 **저율관세할당(TRQ: traff rate quotas)**을 시행하고 있으며, 국영무역, 수입권 경매, 과거실적 기준 배분, 수입허가, 선착순 등의 관리방식을 운영하고 있다.

3 수출보조

지금까지 살펴본 관세와 쿼터는 수입국들이 주로 이용하는 정책수단이다. 그런데 수출국들도 자국의 생산자 보호와 산업육성을 위해 수출지원정책을 시행하는 경우가 있다. 대표적인 정책수단은 수출보조금의 지급이다. 그러나 수출보조금은 국제무역에서 오랜 논쟁의 대상이었고, 이미 WTO에서는 자유무역을 훼손하는 불공정 경쟁으로 취급하여 금지하고 있다. 더욱이 WTO는 수입국이 **상계관세(countervailing duties)**를 부과하여 보복하는 것을 허용하고 있다. 따라서 대부분의 국가에서는 수출보조금을 명시적이거나 직접적으로 생산자나 기업에 지급하지는 않지만, 간접적 또는 위장된 형태로 다양한 방식의 수출보조를 시행하고 있다. 세금감면이나 저금리 융자[6]와 같은 수출보조도 그 경제적 효과는 유사하기 때문에 여기에서는 분석의 편의상 수출상품 단위당 일정액을 지급하는 것으로 가정한다.

〈그림 19-4〉는 소국인 수출국에서 수출상품인 밀 한 단위당 s 만큼의 보조금을 지급했을 때 수출국에서의 경제적 효과(왼쪽 그래프)와 역시 소국인 수입국에서의 경제적 효과(오른쪽 그래프)를 함께 제시하고 있다.[7] 자유무역인 상태에서 두 국가는 세계공급곡선인 국제가격 p_w^0와 국내 수요곡선이 만나는 점에서 소비하고, 국내 공급곡선과 만나는 점에서 생산한다. 그 결과 수출국은 x^0만큼의 밀을 수출하고 수입국은 m^0만큼의 밀을 수입하고 있다. 이제 수출국 정부가 단위당 s만큼의 수출보조금을 지급하면 수출국 국

---

6) 조세감면이나 저금리 대부 같은 간접적인 수출보조도 그 자체로 덤핑의 한 형태로 간주되어 불법이지만 수입국 입장에서는 증명하기가 쉽지 않은 경우가 많다.

7) 간단한 분석을 위하여 왼쪽의 수출국은 우선 오른쪽의 수입국으로 밀을 수출하고 나머지 물량을 다른 국가에 수출한다고 가정하자. 이러한 우선권은 물리적 거리가 가장 가까워 수송비의 이점이 있다는 정도로 간주해도 무방하다.

그림 19-4 수출보조금 지급 효과

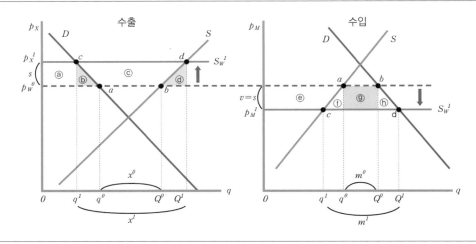

자료: 농림축산식품부, 『2023 농림축산식품 주요통계』를 이용해 작성

내시장의 밀 가격은 p_X^1이 되어 생산은 증가하고 소비는 줄어들게 되며 늘어난 초과공급량만큼의 밀이 더 수출된다.[8] 이러한 변화는 수출국의 소비자잉여를 ⓐ+ⓑ만큼 감소시키고, 생산자잉여를 ⓐ+ⓑ+ⓒ+ⓓ만큼 증가시킨다. 또한, 보조금 지급에 필요한 정부지출이 ⓑ+ⓒ+ⓓ만큼 소요된다. 그 결과 수출국의 사회적 순손실은 ⓑ+ⓓ이다. ⓑ는 인위적인 밀 가격 인상에 따른 소비의 왜곡으로 발생한 것이며, ⓓ는 밀을 더 생산하기 위해 추가된 생산비용을 의미한다. 결국, 관세, 할당, 수출보조는 모두 국내 생산자 지원이라는 정책목적을 가지고 국내가격을 세계시장가격보다 높은 수준으로 인상시킨다는 공통점을 가지고 있다.

다음은 밀 수입국에 미치는 수출보조금의 효과를 검토해 보자. 〈그림 19-4〉의 오른쪽 그래프는 수출보조금(s)의 지급 결정으로 인해 수입국 국내시장의 밀 가격이 p_M^1으로 s만큼 하락하게 되는 상황을 나타낸다. 가정에 의해 이 시장에 우선 접근권을 가진 수출국의 밀 수출업자들은 자국 정부로부터 지급받은 보조금 s만큼 수출단가를 인하하고 이 단가에서 이 수입국의 수입가능한 물량까지 수출했다고 하자. 그 결과 수입국의 국내시장 밀 가격은 p_M^1이 된다. 이는 수입국 입장에서 관세가 s만큼 인하된 것이나 마찬가지의 효과를 가져온다. 수입국 생산은 감소하고 소비는 증가해 밀 수입은

---

8) 좀 더 부연하면, 수출국 생산자들이 수출 시 얻게 되는 단위가격(한계수익)이 $p_w^0 + s$가 되기 때문에 한계비용과 한계수익이 일치하는 점까지 생산을 늘리게 된다. 동시에 국내 판매물량을 수출물량으로 돌리고자 하는 인센티브를 갖게 된다.

$m^1 - m^0$ 만큼 늘어난다. 수입국의 후생변화는 ⓔ+ⓕ+ⓖ+ⓗ만큼의 소비자잉여 증가와 ⓔ만큼의 생산자잉여 감소이며, 사회적 순이익이 ⓕ+ⓖ+ⓗ만큼 발생한다. 이러한 수입국의 후생 증가는 수출국 조세납부자의 부담에서 온 것이다.

만약, 수입국의 밀 생산자들이 수출국의 보조조치에 강하게 반발하여 수입국 정부로 하여금 수출국의 밀에 대하여 상계관세(v)를 s 만큼 부과하는 결정을 이끌어냈다고 하자. 이러한 수입국의 상계관세는 수입국 시장에서 수출국의 보조금 효과를 완전히 제거해 국내가격과 생산량, 소비량, 수입량은 모두 원상태로 복귀한다. 다만, 수출보조금과 상계관세가 동시에 시행되는 상황에서도 수입국은 m^0 만큼의 수입량에 대한 상계관세 수입으로 인해 ⓖ만큼의 사회적 순이익을 얻게 된다. 이 역시 수출국의 조세납부자의 희생에서 온 것이다. 한편, 수출보조금과 상계관세로 인한 두 국가의 후생변화를 함께 고려하면 세계 전체의 후생변화는 ⓖ-ⓑ-ⓓ이다. 수입물량의 크기와 수출보조금의 규모에 따라 세계 전체의 관점에서는 이러한 무역정책이 총후생을 개선시킬 수도 있다.

한편, WTO는 개도국에 한하여 농산물에 대한 일부 수출보조를 한시적으로 허용함에 따라 농업분야에서는 개도국의 지위를 인정받고 있는 한국은 1990년대 후반 이후로 농식품 수출기반 조성, 수출인력 및 조직 육성, 수출성장동력 확충, 해외시장 개척 등 다양한 수출지원정책을 추진해 왔다. 특히, 연 400억 원 내외 규모로 추진되었던 '수출물류비 지원'이 직접적인 수출보조에 해당한다. 정부는 신선농산물을 대상으로 매년 수출실적에 따라 개별 수출업체에 수출물류비의 일부를 사후 지급하였다. 그러나 WTO 10차 각료회의(케냐 나이로비, 2015)에서 2024년부터 모든 개도국의 농산물 수출물류비도 금지하도록 결정되면서, 한국의 수출지원정책은 조정이 불가피해졌다.

4 기타 비관세장벽

수입쿼터 외에도 세계 각국은 수입허가나 통관 과정에서의 복잡한 절차, 추가적인 조건을 요구하는 방식 등으로 원활한 교역의 흐름을 저해하기도 한다. 또한, 수입상품의 제조공정이나 함량, 위생과 같은 건강, 안전, 환경 등에 관한 규정이나 상품의 포장 및 표기, 원산지에 관한 다양한 규정들도 자유무역을 방해하는 비관세조치(non-tariff measures, NTMs)로 지목된다. 특별히 무역의 자유로운 흐름에 장애가 되며, 해당 국가의 무역을 보호하기 위한 의도가 반영된 정책수단 및 조치를 비관세장벽(non-tariff barriers, NTBs)이라 부른다. UN 무역개발회의(UNCTAD)와 세계은행은 다양한 비관세조치를 16개 유형으로 분류하고 있는데 여기에는 수입과 관련된 것뿐만 아니라 수출제한도 포함되어 있다. 수입조치는 기술조치와 비기술조치로 나뉘는데, 최근 들어 기술조치인 무역기술장벽(technical barriers to trade, TBT)과 동식물 검역(sanitary and phytosanitary measures, SPS)이 주요한 비관세장벽으로 대두되고 있다. 비기술조치는 통관절차부터 원산지규정까지 13가지의 유형으로 구분된다. 이러한 비관세조치들은 1995년 WTO 체제가 출범 이후로 감축되고 있는 관세를 대신하여 대부분의 산업에서 무역을 제한하는 실질적인 역할을 하고 있다(그림 19-5 참조).

농식품 분야에서는 신선농축산물의 검역 관련 규제인 SPS가 가장 유력한 비관세조치이며 TBT의 일부인 식품안전성 관련 규정들도 실질적인 무역장벽으로 인식된다. 특

그림 19-5 2022년 농가당 경지면적의 누적분포(단위: %)

자료: UNCTAD

히, 건강과 위생을 목적으로 하는 SPS 조치의 경우, 국제규정에 부합하면 수입국은 수출국에 존재하거나 발생한 특정 동식물과 관련된 가축질병 또는 병해충을 근거로 해당 수출국으로부터의 수입을 금지할 수 있다. 따라서 수입국 입장에서는 국제기준이나 규정에 저촉되지 않는 선에서 최대한 SPS 조치를 활용해 자국 생산자와 국내농업을 보호하고자 하는 유인이 발생하게 된다.

이러한 수입국들에 대응하여 최근 수출국은 SPS 개념을 국가에서 지역(또는 구역)으로 세분화하고 수입국이 준수해야 하는 규정도 강화해야 한다고 주장하고 있다. 이는 SPS 조치의 지역화와 동등성 문제인데, 수출국들은 국내에서 기후나 방역 노력의 차이로 SPS 위험도가 지역별로 다를 수 있기 때문에 수입국은 이러한 지역별 차이를 반영해 SPS 위험이 낮은 지역에는 완화된 규제를 적용해야 한다는 입장이다. 또한, 수출국의 국내 SPS 조치가 수입국의 보호수준을 충족할 수 있다는 것을 객관적으로 입증하면 수입국은 이를 자국의 SPS 조치와 동등한 것으로 인정할 것을 요구하고 있다.

그러나 기본적으로 SPS 관련 분야는 공공재의 성격을 가지고 있어 시장실패가 나타나기 때문에 각국 정부는 SPS 조치를 무역장벽이나 시장보호의 수단으로만 인식하지는 않는다. 예컨대 수입농산물로 인해 외래병해충이 유입되어 정착될 경우 외래병해충의 유입을 초래한 것은 수출업자와 수입업자이지만 그 피해는 농민들에게 귀속되므로 무역당사자들은 외래병해충 유입방지에 노력하지 않는다. 이들은 많은 물량을 교역해서 수익을 극대화하기만 하면 된다. 이 경우 피해를 초래한 주체에게는 아무런 비용이 지불되지 않고 농민에게 그 피해가 귀속된다는 점에서 외부불경제가 발생하게 된다. 이러한 외부불경제로 인한 시장실패가 정부로 하여금 SPS 문제에 관여하도록 한다. 그러나 어느 한 국가가 SPS 조치를 통해 수입을 제한하면 외래병해충과 질병의 위험은 줄어들지만 수입이 감소하고 국내가격이 높아져 소비자나 수입원자재를 사용하는 가공업자의 편익은 감소한다. 이렇게 상충(trade-off)관계가 발생하는 경우 정부는 합리적인 의사결정이 필요하게 되고 해당 병해충의 잠재위험에 관한 경제성 분석결과가 판단의 근거로 사용되기도 한다.

section 02 WTO와 FTA

1990년 이후 국제 통상환경은 신자유주의적 이념을 배경으로 한 다자주의적 WTO

체제와 자유무역협정(FTA)을 중심으로 한 지역주의적 시장개방 체제로 진전되어 왔다. 이 절에서는 다자주의(Multilateralism) 방식의 WTO 체제와 지역주의(Regionalism) 방식의 지역무역협정(RTA)을 설명하고, 추가로 WTO 농업협정과 우리나라 농·식품 부분 시장개방의 과정에 대해서도 살펴보기로 한다.

1 WTO 체제

세계무역기구(WTO, World Trade Organization)는 무역 분야의 국제기구이다. WTO는 1995년 1월 1일에 설립되었으며, 경제개발 분야의 국제부흥개발은행(IBRD), 금융 분야의 국제통화기금(IMF)과 더불어 세계 3대 경제체제 구성요소 중의 하나이다.

WTO의 전신이자 1947년에 합의된 관세와 무역에 관한 일반협정(GATT, General Agreement on Tariff and Trade)[9]는 무역자유화를 위해 관세와 각종 무역장벽을 실질적으로 축소하는 것을 궁극적 목표로 하고, 체약국[10] 간 '최혜국대우(Most Favored Nation Treatment: MFN)'와 '내국민대우(National Treatment)' 원칙의 준수를 핵심 규범으로 담고 있었다. 최혜국대우 원칙은 동일 상품의 경우 관세인하 조치 등 우대 혜택을 체약국들 모두에 적용하고 차별적 대우를 하지 않는다는 것(GATT 제1조 1항)이고, 내국민대우 원칙은 수입 상품과 국내 상품이 각종 조세나 규제 등으로부터 차별적 대우를 받지 않는다는 것이다(GATT 제3조).

GATT의 무차별 원칙은 글로벌 무역원활화에 중요한 기준과 역할을 하였지만, 무역자유화 확대를 위해 추가적 관세 인하와 비관세장벽 완화를 위한 다자무역협상이 여러 차례 진행하였고, 상당한 성과[11]도 달성되었다. 하지만, 1970년대 2차례의 오일쇼크 이

---

9) 'GATT'는 1947년 쿠바의 아바나에서 합의되고, 1948년 1월 1일 발효된 협정(agreement)이다. 국제기구가 아닌 체약국 간 협정으로 WTO 체제가 출범할 때까지 약 50년간 국제무역 질서를 규율하는 규범적 역할을 하였다. GATT 체제의 성립은 세계 대공황의 1930년대와 제2차 세계대전 기간까지 보호주의 정책들로 인해 교역국 모두에게 큰 손실을 보게 되었다. 이에 무역원활화를 통한 국제무역 질서 확립과 피폐해진 세계 경제를 부흥시키고자 연합국 중심 국제적인 공조 체제인 '브레튼우즈 체제'가 탄생하였다. 브레튼우즈 체제에서 국제 무역질서를 확립할 국제무역기구(International Trade Organization; ITO)을 설립하려 했으나, 각국의 입장차로 의회비준을 받지 못하여 기구 설립은 무산되었고, 대신 무역 관련 협정의 형태로 발효시키기로 합의된 GATT이 성립되었다. 우리나라는 1967년 4월 GATT에 정식으로 가입하였다.

10) 국제기구의 경우 참여국을 회원국으로 분류하지만 GATT는 국제기구가 아닌 협정의 성격을 갖고 있기 때문에 협정에 참여한 계약 당사국의 경우 체약국(contracting party)으로 명명한다.

11) GATT 체제(1947~1994년) 내에서 이루어진 다자간 무역협상은 총 8차례이며 관세인하 및 비관세장벽 축소에서 중요한 성과가 있었다. 제1차 제네바(1947년)에서 최초의 다자간 무역협상이 23개

그림 19-6 WTO 조직도

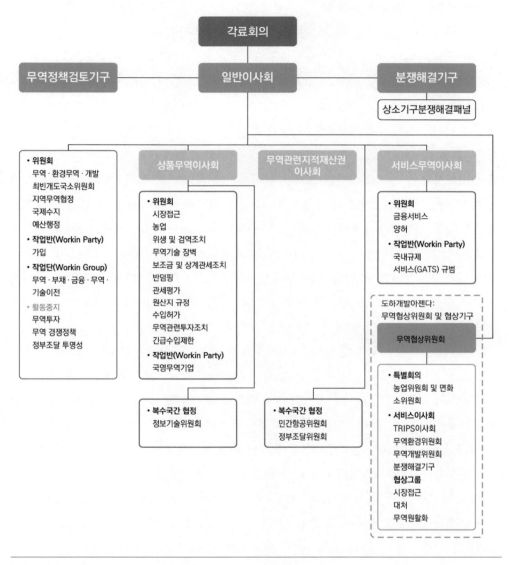

각료회의

무역정책검토기구

일반이사회

분쟁해결기구

상소기구분쟁해결패널

- **위원회**
  무역 · 환경무역 · 개발
  최빈개도국소위원회
  지역무역협정
  국제수지
  예산행정
- **작업반(Workin Party)**
  가입
- **작업단(Workin Group)**
  무역 · 부채 · 금융 · 무역 ·
  기술이전
- 활동중지
  무역투자
  무역 경쟁정책
  정부조달 투명성

상품무역이사회

- **위원회**
  시장접근
  농업
  위생 및 검역조치
  무역기술 장벽
  보조금 및 상계관세조치
  반덤핑
  관세평가
  원산지 규정
  수입허가
  무역관련투자조치
  긴급수입제한
- **작업반(Workin Party)**
  국영무역기업

- **복수국간 협정**
  정보기술위원회

무역관련지적재산권
이사회

- **복수국간 협정**
  민간항공위원회
  정부조달위원회

서비스무역이사회

- **위원회**
  금융서비스
  양허
- **작업반(Workin Party)**
  국내규제
  서비스(GATS) 규범

도하개발아젠다:
무역협상위원회 및 협상기구

무역협상위원회

- **특별회의**
  농업위원회 및 면화
  소위원회
- **서비스이사회**
  TRIPS이사회
  무역환경위원회
  무역개발위원회
  분쟁해결기구
  협상그룹
  시장접근
  대처
  무역원활화

자료: WTO

후 세계 경제의 침체와 무역수지의 불균형 심화로 신보호무역주의가 본격화되면서 무역
장벽이 다시 강화되었고, GATT의 규범을 위반하는 국가 간 무역 분쟁도 다수 발생하였

국 참여로 추진되었고, 마지막은 제8차 우루과이라운드(1986~1994년)로 참여국은 123개까지 확대
되었다.

다. 초기 GATT 체제는 규범 이행에 관한 강제력과 법적 구속력을 부여하는 국제기구가 부재한 상황이기 때문에 분쟁해결을 위한 규정도 영향력도 미흡하였다. 그러나 1980년대 들어 다시 세계 경제의 의존도가 높아짐에 따라 신자유주의가 다시 부상하였고, 보호무역주의 확산을 우려하는 국가 중심으로 GATT의 규범을 엄밀하게 규율하고, GATT의 기능을 효율적으로 운용할 새로운 무역협정과 국제기구 설립의 필요성이 제기되었다.

1986년 우루과이에서 열린 GATT 각료회의에서 제8차 '우루과이라운드' 다자간 무역협상이 개시되었다. 우루과이라운드에서는 GATT 체제를 대체할 세계무역기구 설립, 상품분야뿐만 아니라 서비스 및 지적재산권, 투자 관련 포괄적인 무역 규범 등 이전 다자간 무역협상에서 다루지 않았던 새로운 분야까지 논의되었다. 특히, 기존 GATT 체제에서 예외 취급이었던 농산물 및 섬유 부문의 규범 제정에 관해서도 심도 있게 다뤄졌다. 협상은 최고 의결기구인 무역협상위원회와 상품협상그룹 및 서비스협상그룹 그리고 그룹별 총 28개 세부 분야로 나누어 진행되었다. 최초 예상과 달리 광범위하고 새로운 의제 범위와 기존 GATT 규범의 강화에 대한 이해당사국들의 이견이 좁혀지지 않아 협상은 지지부진하였다. 특히, 농산물 부문의 경우 절대 열위 수입국들의 강력한 저항으로 인해 무역자유화 논의가 난항을 거듭하게 되었다.

결국 8년에 걸친 타협과 합의의 논의 과정을 거쳐 괄목할 만한 성과를 거두게 되었고, 1993년 12월 실제 합의가 이뤄졌다. 1994년 4월 마라케쉬 각료회의에서 최종의정서가 체결되었고, 이는 기존 GATT 체제가 공식적으로 폐기[12]된 것과 동시에 새로운 WTO 체제가 출범하게 된 것을 의미하며 1995년 1월 1일에는 WTO 설립이 이루어졌다.

WTO의 주요 기능은 국제 무역협정 협상을 위한 포럼을 마련하고, 발효된 무역협정의 이행 감독 그리고 무역협정의 해석과 적용으로 인해 발생하는 분쟁을 해결하기 위한 법적, 제도적 틀도 제공한다. WTO의 최고 의사결정 기구는 각료회의(Ministerial Conference)이며 보통 2년마다 개최되며 각국의 대표가 참석한다. 각료회의 아래 2단계 조직에는 상설기구인 일반이사회(General Council)가 있어 연중 총회가 개최되는데, 총회는 무역정책검토기구와 분쟁해결기구로도 회의를 진행하고 각료회의 비회기에는 최고의결기구 역할을 담당한다. 일반이사회 산하 3단계 조직에는 상품무역이사회, 서비스 무역 이사회 및 무역 관련 지적재산권 이사회 등 부문별 이사회와 위원회를 두고 있다. 모든 WTO 회원

---

12) WTO 설립으로 기존 GATT 체제는 막을 내리게 되었지만 무역 자유화의 GATT 협정의 기본원칙과 규범은 대부분 수정 보완 및 개선 등을 통해 WTO 협정에 흡수되어 유지되었다. 이에 WTO 협정의 부속서 구성에도 'GATT 1994'란 명칭을 유지하고 있다.

우리나라의 UR 농업협상과 WTO 체제하에서의 시장개방

한국이 1980년대 후반까지 주요 농수산물에 대해 수입을 제한할 수 있었던 것은 「관세와 무역에 관한 일반협정(general agreement on tariff and trade, GATT)」 18조 B항, 일명 개도국의 국제수지(balance of payment, BOP) 조항에 의거하여 국제무역수지가 적자인 개도국의 경우 농수산물에 대해서 수입을 제한할 수 있었기 때문이다. 이에 근거하여 한국은 1967년 GATT 가입 이래 주요 농수산물의 수입을 제한해 왔다.

그러나 1989년에 GATT로부터 'BOP 조항 졸업' 판정[13]을 받게 됨으로써 한국은 수입이 제한되었던 273개의 농수산물을 연차적으로 수입개방해야 하는 의무를 갖게 되었다. 더욱이 농업분야도 무역자유화의 대상으로 편입되어야 한다는 국제사회의 합의에 따라 7년 이상 진행된 UR 협상(GATT 제8차 다자무역협상)이 1993년에 타결되었다. 그 결과 1995년 출범한 WTO 체제 하에서 한국은 전면적인 농산물 시장개방에 직면하게 되었다.

UR 농업협상은 세계 농산물교역을 확대하고 국제시장에서 공정경쟁이 이루어지도록 하는 데 그 목적이 있었다. 이를 위해 농업분야에서 광범위하게 시행되어 온 무역왜곡적 지원을 줄여나가는 방법으로 크게 시장개방, 국내보조, 그리고 수출보조의 세 분야로 나뉘어 논의가 이루어졌다. UR 협상에서 합의된 시장개방 관련 주요 내용을 살펴보면 다음과 같다. 첫째, '예외없는 관세화'를 기본원칙으로 정하고, 그동안 비관세장벽의 형태로 수입제한되던 모든 농산물을 국내외 가격차 방식으로 새롭게 고안된 관세상당치(TE: tariff equivalent)를 이용해 관세화하며, 이를 이행기간 동안 단계적으로 인하하도록 하였다. 둘째, 관세화 대상 품목의 경우 기준연도(1986년~1988년) 3년간 국내외 평균가격 차이를 관세상당치로 부과할 수 있으나, 이행기간 동안 수출국의 안정적인 수출물량을 보장해주기 위해 수입국은 현행시장접근(current market access, CMA)과 최소시장접근(minimum market access, MMA)과 같은 쿼터물량

---

13) 1986~1988년 3년간의 무역수지 흑자를 근거로 1989년 10월 GATT 국제수지위원회로부터 한국은 무역수지 적자를 이유로 한 수입제한조치를 더 이상 계속할 수 없음을 통보받았다.

을 제공하기로 하였다.14) 셋째, 위와 같은 관세화 및 시장접근기회 보장 등 시장개방 약속을 이행함에 따라 특정 품목의 수입가격이 기준 이하로 급격히 하락하거나 수입 물량이 기준 이상으로 급증하는 경우 '특별긴급관세조치(special safeguard, SSG)'를 발동할 수 있으며, 이 경우 수입량을 직접적으로 제한할 수 있는 것은 아니고 추가적인 관세만을 부과하는 범위에서 제한을 허용하였다.

이어 모든 회원국은 UR 농업협정의 시장개방 원칙과 주요 이해당사국과의 양자협상 결과를 반영한 법적 형식을 갖춘 시장개방계획(Country Schedule)을 1994년 2월 15일까지 GATT에 제출하기로 하였다. 이에 한국도 협정의 기본원칙과 주요국과 양자협상에서의 합의내용을 준수하면서도 기술적인 세부사항을 최대한 유리하게 해석하는 방향으로 이행계획서를 작성해 제출했다. 이후 회원국들의 검증 과정을 거쳐 각국의 최종 이행계획서가 확정되었다.

한국은 최종 이행계획서의 검증과정에서 쌀, 쇠고기 등 79개 품목에 대한 국영무역과 고추, 마늘 등 63개 품목에 대한 종량세 또는 종가세의 선택적 사용을 관철했다. 무엇보다도 모든 관세의 양허의무에서 쌀을 제외시켰다. 핵심 전략품목인 쌀에 대해서는 관세화 예외조치를 인정받는 대신 일정물량을 의무적으로 수입하는 방식으로 시장접근 개선을 약속하였다.15) 당초 쌀 이외에 관세화 예외를 요구하였던 14개 품목 중 보리, 고구마, 감자 등 3개 품목은 관세화 원칙에 따라 국내외 가격차만큼을 관세화하고 3%에서 5%에 해당하는 물량을 최소시장접근(MMA)으로 제공했다. 콩과 옥수수는 현행시장접근(CMA) 보장을 통해 개방하였다. 그러나 나머지 9개 품목은 기존에 1997년 7월까지 현행관세로 자유화하기로 약속했던 BOP 품목들로서, 해당 관세를 현행수준보다 높게 설정하거나 자유화 시점을 늦추는 방법으로 개방을 약속했다.

---

14) 1986~1988년(기준기간) 동안 수입이 없거나 미미한 품목에 대해서는 기준기간 평균 국내소비량의 3% 이상을 최소시장접근(MMA)으로 보장하고 이를 이행기간 중에 5%까지 확대해야 하며, 기준기간의 수입량이 3% 이상인 품목은 현행시장접근(CMA)을 인정하고 이를 이행기간 동안 유지·확대해야 한다. 또한, 이들 시장접근 물량(또는 TRQ/저율관세할당이라고도 함)에 대해서는 고세율이 아닌 저세율에 의한 수입이 보장되어야 하며, 이들 물량의 증량은 최혜국대우 원칙에 따라 이행되어야 한다.

15) UR 협상 과정에서 '예외 없는 관세화' 원칙에 반대하던 국가는 한국, 일본, 스위스, 캐나다, 멕시코, 노르웨이 등이었지만 마지막까지 입장을 고수하여 관세화 유예를 받은 나라는 한국과 일본뿐이었다.

한편, WTO 출범 이후 지난 20년간 관세화 유예를 통해 시장개방의 유일한 예외 품목이던 쌀도 2015년부터 513%의 고율관세와 함께 관세화가 되면서 현재 한국은 모든 농산물이 수입자유화되었다. UR 협상 당시 쌀은 1995년에서 2004년까지 10년간 관세화를 유예받았으며, 관세화 유예라는 특별대우의 종료를 앞둔 2004년에 한국은 다시 쌀 수출국들과의 재협상을 통해 2014년 말까지 추가로 10년간 관세화를 재유예받았다. 대신 최소시장접근(MMA)이라는 명목으로 쌀 수출국으로부터 의무적으로 수입해야 하는 물량을 1995년 51천 톤 수준에서 매년 증량하여 2014년 409천 톤까지 수입해야 하는 의무를 지게 되었다. 이 물량은 관세화로 전환된 2015년 이후에도 계속 유지되는데, 현재 국내 쌀 소비량인 350만 톤(2024년)의 11.7%에 달한다. 쌀 소비가 줄어드는 추세를 볼 때 장기적으로 이 비중은 더 커질 것이다.

이러한 시장개방 외에도 UR 협정은 각국의 국내보조금 중에서 생산이나 가격에 영향을 미치는 가격지지나 투입재보조와 같은 보조금을 감축대상보조로 규정하여 점차 줄여나가도록 하고 국제시장을 직접적으로 왜곡시키는 수출보조금도 감축하도록 하였다. 이에 따라 한국을 포함해 국내보조의 규모가 컸던 30개의 WTO 회원국은 감축대상보조의 계측과 감축이행 수단으로 활용되는 보조총액측정치(aggregate measurement of support, AMS)를 감축해야 하는 의무가 부과되었다. 한국은 1989~1991년 평균 감축대상보조 지원실적(2조 2,595억 원)이 기준 AMS로 설정되어 1995년부터 10년간 매년 770억 원을 삭감해 2004년에는 1조 4,900억 원(AMS 한도)까지 줄이기로 한 이행계획서를 제출했다. 이러한 국내보조에서의 제약은 한국 정부에게는 큰 부담이 되었다. 특히, 주곡인 쌀에 대한 가격지지 정책인 수매제도를 운용함에 따라 쌀에 대한 AMS만으로 전체 AMS의 한도에 육박했기에 다른 품목에 대한 지원이 여의치 않았다. 결국, 정부는 2004년에 양정개혁을 단행하였는데 이때 '추곡수매제도'가 폐지되고 '쌀소득보전직불제도'와 '공공비축제도'가 도입되면서 2005년 이후 양허한도 대비 AMS 실적 비중은 급격하게 낮아졌다. 이는 쌀 농가의 소득은 고정직불(허용)로 보전하고, 급격한 쌀값 하락은 변동직불(감축대상)로 보완하도록 보조방식을 개편했기 때문이다. 동시에 쌀 정책을 적극적인 시장개입 대신, 소비량의 17% 내외만 구매하여 쌀 재고를 유지하고 최소한의 수급조절만이 가능한 정책수단인 공공비축(허용)으로 전환하는 계기가 되었다. 이렇게 쌀에 대한 보조유형이 변경됨으로써 2005년부터는 쌀값이 폭락하여 변동직불금 지급이 많이 늘어나는 상황이 아니라면 변동직불금은 AMS 산출에서도 제외되었다. 이는 변동직불금의 규모가 쌀 생산액의 10% 미만일 경우 AMS 대신에 품목특정 최소허용보조로 분류되기 때문이다. 쌀소득보전직불제는 쌀농가의 소득보전, 규모화 등에 기여하였으나 2010년대에 들어 쌀 공급과잉, 직불금 배분의 편중 문제 등을 초래했는데, 쌀의 목표가격 대비 시장가격이 폭락한 2017년에 쌀 변동직불금이 AMS 한도를 초과하는 상황에 직면하게 되었다. 이를 계기로 정부는 2020년에 쌀 변동직불금을 폐지하는 대신, 특정 작물 생산을 조건으로 하지 않으며 환경 등 공익적 기능에 초점을 둔 준수사항을 명시한 '공익직불제도'로의 개편을 단행하였다. 이렇듯 WTO 체제의 출범은 시장개방 뿐만 아니라 국내 핵심 농업정책의 대전환을 초래하였다.

국은 항소기구, 분쟁해결기구 및 다자간 위원회를 제외한 모든 이사회 및 위원회에 참여할 수 있다. 사무국은 스위스 제네바에 소재하며 이사회, 위원회, 작업반 등 업무 지원을 담당하는 기구이고, 사무총장 등 약 620명이 근무하고 있다. 현재 WTO 회원국은 164개국이며 소관 협정 수는 WTO 설립 협정에 관한 마라케시 협정(Marrakesh Agreement)과 그 부속서인 상품 및 서비스 관련 17개의 다자간 무역협정(Multilateral Trade Agreements, MTA), 4개의 복수국간 무역협정(Plurilateral Trade Agreements, PTA) 등 총 21개로 구성되어 있다.

2 지역무역협정

지역무역협정(Regional Trade Agreement)이란 두 개 이상의 국가 간 무역규범을 정의하는 조약이며, 조약을 체결한 국가(역내) 간에는 상품 및 서비스 무역에 대한 관세 및 비관세 무역장벽을 축소하거나 철폐하는 무역 특혜를 상호 부여하는 협정을 의미한다. 반면, 조약을 체결하지 않은 국가(역외)에 대해서 차별적 무역장벽 기준을 적용한다. 이러한 지역주의적 무역협정이 역내국 간에는 무차별 호혜적 무역규범을 적용하지만, 역외국에 대해서 무역장벽 등 차별적 기준을 적용한다는 점에서 다자주의적 무역체제의 무차별 원칙에 위배된다. 그러나 지역주의적 무역협정이 역내 무역의 원활화를 통해 세계 무역원활화를 달성할 수 있다는 점과 역내국의 경제성장에 기여할 수 있다는 점 등을 감안하여 상품 분야 협정인 GATT 제24조, 서비스 분야 협정인 GATS 제5조에 의해

그림 19-7 지역무역협정의 GATT/WTO 통보 추이 변화(1948~2024)

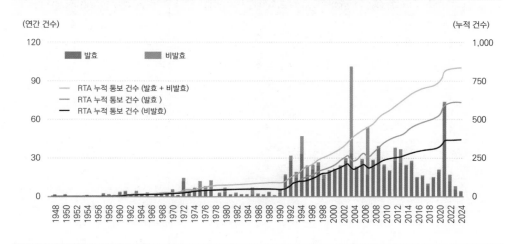

자료: https://rtais.wto.org/UI/charts.aspx#

표 19-1 지역무역협정 유형의 통합 단계별 특성

포괄범위		역내 관세철폐	역외 공동관세부과	역내 생산요소 자유이동	역내 공동경제정책 수행	초국가적 기구 설치·운영
통 합 수 준	(저)	① 자유무역협정 (FTA)				
		② 관세동맹 (Customs Union)				
		③ 공동시장 (Common Market)				
		④ 경제동맹 (Economic Union)				
	(고)	⑤ 완전경제통합 (Complete Economic Union)				

자료: 관세청(https://www.customs.go.kr/)

예외적으로 허용되었다.

지역무역협정은 1948년 GATT 체제 이후 매우 드물게 체결되어 오다가 1995년 WTO 체제 출범 이후 활발하게 추진되었다. GATT 체제(1948~1994년) 하에서 GATT에 통보된 지역무역협정은 43건에 불과하지만, WTO 출범 이후 현재까지 WTO에 통보된 지역무역협정은 566건에 달한다. WTO 체제의 다자주의적 무역협정이 오랜 기간 협상에도 불구하고 주요 쟁점들에 대한 합의에 이르지 못하자 개별 국가 및 인접 지역을 중심으로 하는 지역주의적 무역협정을 통해 무역자유화가 빠르게 진행되었다.

지역무역협정 유형은 협정 내용의 포괄범위와 통합수준에 따라 FTA(Free Trade Agreement), 관세동맹(Custom Union), 공동시장(Common Market), 경제동맹(Economic

표 19-2 GATT, WTO, RTA 주요 특성 비교

구분	GATT(1948~1994)	WTO(1995~현재)	RTA(2000~현재)
주요 목적	- 다자간 관세인하	- 다자간 관세 및 비관세 장벽 제거	- WTO체제 근간으로 이해 당사국간 관세 및 비관세 장벽 제거
성격 및 운영	- 국제협정	- 국제기구	- 협정 당사국 관련 부처 간 협의 운영
주요 기능	- 관세인하	- 관세인하, 비관세장벽 축소, 보조금 감축 등	좌동
참여국 명칭	- 체약국(계약당사국)	- 회원국	좌동
무역규범 강화	- 보조금 정의 모호	- 보조금 정의 및 규율 강화	좌동
주요 대상	- 주로 공산품	- 공산품, 농산물·섬유, 서비스, 지재권, 정부조달, 환경 노동 등	- 공산품, 농산물, 서비스, 지재권 등 기본 환경, 노동 등 논란 분야 회피
기본 원칙	- 최혜국대우 원칙, 내국민대우 원칙	좌동	- 최혜국대우 원칙의 예외 허용 - 상호이익 균형 / 민간성 존중
무역 구제	- 긴급수량제한(Safequard) 허용	- 긴급수량제한(Safequard) 허용 - 반덤핑관세, 상계관세 부과	좌동 + 원산지 검증

자료: 관세청(https://www.customs.go.kr/)

Union), 완전경제통합(Complete Economic Union) 등 5단계 유형으로 구분된다.[16]

FTA는 역내국 간에는 상품 및 서비스 교역에 관한 관세 및 각종 비관세장벽을 철폐하는 지역무역협정으로 통합 강도가 가장 낮은 단계의 협정이다. FTA는 인접 국가와 일정한 지역을 중심으로 진행되어 왔기 때문에 지역무역협정으로도 불리기도 하지만 엄밀하게는 지역무역협정의 유형 중 하나이다. FTA의 대표적 사례로는 양자 간 FTA의 경우 한·미 FTA가 대표적이며, 다자간 FTA는 북미자유무역협정(NAFTA), 유럽자유무역연합(EFTA), 동남아국가연합(ASEAN) 등이 있으며, 광역 FTA는 환태평양경제동반자협정(CPTPP), 역내 포괄적 경제동반자 협정(RCEP) 등이 있다. 명칭도 FTA 외에 다양하게 불린다.[17]

관세동맹은 역내국 간 관세를 철폐하는 역내 무역자유화뿐만 아니라 역외국에 대해

---

16) 헝가리의 경제학자 벨라 발라사(Bela Balassa)는 국가 간 경제통합을 5단계로 나누었으며, 일부에서는 4단계(자유무역협정 → 관세동맹 → 공동시장 → 완전경제통합)로도 구분한다.

17) FTA는 다양한 종류와 성격에 따라 CEPA(포괄적 경제동반자협정, Comprehensive Economic Partnership Agreement),EPA(경제연계협정, Economic Partnership Agreement) 등이 있으며, 각각 한-인도 CEPA, 일본-멕시코 EPA 등이 대표적 사례이다.

서는 공동관세율을 설정하여 부과하도록 역내국들이 공동보조를 취하는 협정이며, 베네룩스 관세동맹, 남미공동시장(MERCOSUR)이 대표적인 예이다. 공동시장은 관세동맹 수준 이상의 회원국 간 노동, 자본, 기술 등을 포함하는 생산요소의 자유로운 이동이 가능한 경제통합의 단계이다. 대표적 예로 유럽공동체(EC), 중앙아메리카 공동시장(CACM), 미국－멕시코－캐나다 협정(USMCA) 등이 있다. 경제동맹은 회원국 간 생산요소의 자유로운 이동뿐만 아니라 재정정책, 금융정책, 노동정책 등 모든 경제정책을 조정하여 회원국 공동의 정책을 수행한다. 대표적인 예로 EU(European Union)가 있다. 완전경제통합은 회원국들이 초국가적 기구를 설립하여 모든 경제정책을 단일체제로 통합 운영하는 완전한 경제통합을 의미한다. 현재 EU가 완전경제통합을 이루기 위해 노력 중이다.

한국의 FTA 추진과 농산물시장 개방화의 가속도

그림 19-8　한국의 FTA 발효 현황(2024.6.)

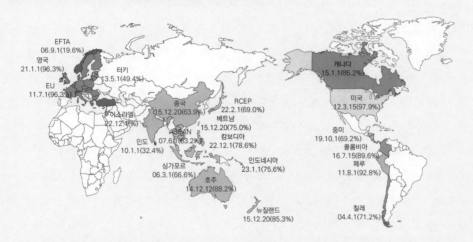

주: ( )은 국가별 협정문의 농축산물 전체 품목(HS 10단위) 수에서 계절관세/현행관세유지/TRQ/미양허/부분감축 등을 제외하고, 관세율이 완전히 철폐되는 품목(HS 10단위) 수의 비중(관세철폐율)을 의미함.

자료: FTA 이행지원센터, 한국농촌경제연구원

　　한국은 1990년대 이전까지 GATT/WTO 다자체제 중심의 통상정책을 추진하여 양자 간 무역협정인 FTA에는 소극적이었으나, 2000년대 들어 DDA와 같은 다자협상이 지체되면서 통상정책의 우선순위를 FTA 추진으로 전환하였다. 높은 대외무역의존도와 수출주도형 경제구조하에 지속적인 경제성장을 위해서는 적극적인 FTA 추진이 불가피하다고 판단한 정부는 2003년 9월 '중장기 FTA 추진 로드맵'을 확정·발표하였다. 이러한 FTA 로드맵에 기반하여 정부는 FTA 체결 대상국을 확대하고 다수의 국가와 동시다발적 FTA 협상을 추진해 왔다.

2004년 4월 칠레와의 FTA를 시작으로 미국(2012년 3월 발효)과 EU(2011년 7월 발효)에 이어 중국(2015년 12월 발효)과의 FTA가 발효되어, 한국은 전 세계 3대 거대 경제권과 모두 FTA로 경제네트워크를 구축한 국가가 되었으며, 한·인도네시아 FTA에 이르기까지 총 59국과 21건의 FTA를 발효하였다. 한·중·일, MERCOSUR, 러시아 등 9건 협상이 진행되고 있다.

그러나 농업분야에서는 이러한 적극적인 FTA 추진이 결코 달가운 상황이 될 수 없었다. 거의 모든 FTA 체결대상국과의 농산물 무역수지는 만성적인 적자상태였기 때문이다. 그 결과 농업분야는 FTA 협상과정에서 시장개방의 폭과 속도에 관해 상대국과 현격한 입장차를 보여 왔다. 예컨대 칠레, 미국, 호주, 뉴질랜드, 캐나다, 중국 등 농업강국들은 자국이 높은 국제경쟁력을 가지고 있는 농식품 분야에 대해 '예외 없는 관세철폐'라는 기본 입장을 표명하면서 가급적 빠른 시일 내 자국 농산물의 시장접근확대를 위해 한국 농업분야의 포괄적이며 큰 폭의 시장개방을 요구했다. 반면에 한국은 대표적 취약부문인 농업분야의 민감성을 고려하여 관세철폐 예외를 포함한 다양한 관세인하 방식의 허용과 함께 일정수준의 안전장치가 보장되어야 함을 주장하면서 농업부문의 피해최소화를 도모했다. 그 결과 주곡인 쌀과 쌀 관련 제품(HS 10단위 16개 세 번)은 지금까지 체결한 모든 FTA에서 관세감축 대상뿐만 아니라, 별도의 수입쿼터 제공과 같은 다른 형태의 추가적인 시장개방이 없도록 양허대상에서 제외되었다. 또한, 국내농업에 큰 영향을 미치는 보리와 콩, 쇠고기, 돼지고기, 닭고기, 분유, 감귤, 사과, 배, 포도, 고추, 마늘, 양파, 인삼 등의 경우, 최대한 관세철폐 예외, 고율 관세유지, 계절관세 도입, 혹은 장기간의 관세철폐 양허 품목으로 분류되도록 노력하였다. 하지만 FTA 협상은 상대방이 있기 때문에 우리의 기본 입장을 온전히 관철하기는 어렵다. 따라서 FTA 협상결과는 상대국의 관심품목에 대하여 일정 수준 통상이익 창출의 기회를 보장해 주는 대신 국내 민감품목의 수입급증으로 인한 부정적 파급효과를 줄이고자 한 타협의 산물로 볼 수 있다.

표 19-3 주요 FTA 협정별 농식품 양허유형 비교(HS 10단위 세번 기준)

구 분	한·칠레	한·EU	한·미	한·호	한·캐	한·뉴	한·중
일반철폐	1,007 (70.3%)	1,251 (85.3%)	1,342 (87.7%)	926 (61.5%)	1,218 (81.2%)	898 (59.9%)	589 (36.6%)
장기철폐	12 (0.8%)	159 (10.8%)	157 (10.3%)	385 (25.6%)	60 (4.0%)	371 (24.7%)	441 (27.4%)
관세철폐 예외	413 (28.8%)	56 (3.8%)	32 (2.1%)	194 (12.9%)	222 (14.8%)	231 (15.4%)	581 (36.1%)
협상 대상 세 번	1,432 (100%)	1,466 (100%)	1,531 (100%)	1,505 (100%)	1,500 (100%)	1,500 (100%)	1,611 (100%)

주: 장기철폐는 관세철폐 기간이 10년을 초과하는 경우임. 관세철폐 예외는 양허제외를 포함하여 관세 부분감축, DDA 협상 후 논의, 무관세쿼터 제공 후 현행관세 유지, 계절관세 등을 포함.
자료:「농업·농촌 70년」, 한국농촌경제연구원, 2016.

한국의 첫 번째 FTA 체결대상국인 칠레를 비롯하여 국내농업에 큰 영향을 미칠 것으로 예상되었던 EU, 미국, 호주, 뉴질랜드, 캐나다, 중국 등과의 FTA에서 합의된 국내 농산물 시장개방 양허수준을 포괄적으로 비교해 보면 〈표 19-3〉과 같다. 전체 농산물 중 관세철폐의 예외(양허제외, 관세 부분감축, DDA 협상 이후 논의, 무관세쿼터 제공 후 현행관세 유지, 계절관세 등)를 받은 비중으로 평가할 때, 미국, EU, 호주, 캐나다, 뉴질랜드, 칠레, 중국의 순으로 양허수준이 높게 타결된 것으로 평가할 수 있다.

재협상까지 거쳤던 한·미 FTA는 가장 높은 수준으로 국내 농산물 시장이 양허된 FTA로 평가된다. 한·미 FTA의 경우, 전체 농식품 가운데 관세철폐의 예외적인 취급을 받은 품목은 양허제외된 쌀과 현행관세를 유지하나 무관세쿼터가 제공된 식용 대두 및 감자, 일부 낙농품, 천연꿀, 계절관세가 부과된 오렌지, 포도 등을 포함하여 전체 농산물의 2.1%에 불과했다. 반면에 한·중 FTA의 농산물 개방수준은 이전에 체결된 한·미, 한·EU 등 다른 FTA에 비해 낮은 것으로 평가된다. 한·중 FTA 협상에서는 협상 대상 농식품의 36.1%에 해당하는 581개 세 번들이 관세철폐의 예외로 인정받았다. 특히, 이들 581개 세 번 중 548개(94.3%)에 대해선 양허제외, 7개(1.2%)에 대해 TRQ 제공 후 관세철폐 예외와 26개(4.5%)에 대해 관세 부분감축으로 합의되어 당초 우려했던 것보다 개방수준을 대폭 낮추었다. 이로 인해 한·중 FTA에서는 양허대상에서 제외된 쌀을 포함하여 국내에서 생산되는 주요 농축산물의 현행관세(WTO 양허관세)가 그대로 유지된다. 하지만 낮은 개방수준의 FTA라 할지라도 주요국과의 FTA 체결은 원칙적으로 WTO 체제에 비해 큰 폭의 시장개방 이행이 불가피하여 현재 쌀을 제외한 모든 농산물의 관세가 FTA 체결국에는 지속적으로 낮아지는 중이다.

정부는 2004년 한·칠레 FTA를 계기로 국회는 「자유무역협정 체결에 따른 농어업인 등의 지원에 관한 특별법」을 제정하였다. 정부는 이 법에 기초하여 FTA로 인해 농업인 피해를 보전하고 농업인의 경쟁력 제고를 목적으로 FTA 국내보완대책을 수립하여 추진 중이다. 일례로 정부는 2007년 한·미 FTA 협상 타결 이후 농업의 경쟁력 제고를 위해 재정·세제·제도 등 다각적인 지원방안을 마련하였다. 한·미 FTA 국내보완대책은 농업인의 피해지원 및 농업의 체질 개선과 경쟁력 강화를 위해 수립되었으며, 투·융자 규모는 총 23조 1천억 원이었다. 이러한 FTA 보완대책의 일환으로 추진된 축산과 과수분야의 규모화 및 시설현대화 관련 투융자사업은 농가의 비용절감, 생산성 향상, 품질개선 등에 기여한 것으로 평가받는다. 또한, 국내농업의 체질개선을 목적으로 추진된 다양한 세부사업들도 일정한 성과를 거두고 있다. 예를 들어 '음식점원산지표시제'와 '축산물이력제' 'HACCP 인증지원' 등의 사업들은 농축산물 유통경로의 투명성을 개선하고 국산 농축산물에 대한 소비자 신뢰를 확보하는 데 일조하고 있다.

표 19-4 농업분야 FTA 국내보완대책 추진

법적 근거	「자유무역협정 체결에 따른 농어업인 등의 지원에 관한 특별법」					
대책 (수립 시기)	한·칠레 보완대책 ('03.7)	한·EU 보완대책 ('10.11)	한·미 보완대책 ('12.1)	한·영연방 보완대책 (한 호/캐 '14.9, 한 뉴 '15.6)	한·중. 한·베 보완대책 ('15.6)	RCEP 보완대책 ('21.9)
추진 기간	7년('04~'10) *'08년부터 한미 대책에 통합	10년 ('11~'20)	10년 ('08~'17)	10년 ('15~'24)	10년 ('16~'25)	10년 ('22~'31)
투·융자 규모	1.2조 원	10.8조 원	23.1조 원	12.7조 원	1.7조 원	9,207억 원

자료: 한국농촌경제연구원 FTA이행지원센터.

앞서 언급했듯이 다자주의적 무역체계 GATT/WTO의 예외적 조항을 통해 허용된 지역무역협정은 90년대 후반부터 급속히 확산되어 현재 모든 회원국이 참여하게 되었고, 기존 지역무역협정(NAFTA, EFTA 등)보다 세계 경제에서 차지하는 비중이 대폭 확대된 광역단위 지역무역협정(CPTPP, RCEP, TTIP 등)[18]이 타결 및 협상 중에 있다. 또한, 협상 분야도 역내 상품 및 서비스 분야에 대한 관세 철폐뿐만 아니라 지적재산권, 기후·환경, 노동, 디지털, 인공지능 등 새로운 분야의 규범까지 포괄하면서 경제통합 효과는 더욱 강화되고 있다. 반면, 다자주의 WTO 무역체제는 무역협상인 DDA[19]가 장기간 교착되면서 상대적으로 위축되는 경향을 보이고 있다. 이에 따라 지역주의 중심 무역체제도 세계 경제와 무역 흐름을 결정짓는 큰 흐름이 되었고, 나아가 다자주의 WTO 체제와 함께 글로벌 무역자유화를 추진하는 양대 축의 역할을 하고 있다.

---

18) 광역 지역무역협정(RTA)의 대표적 사례로 환태평양경제동반자협정(CPTPP), 역내포괄적경제동반자협정(RCEP), 범대서양무역투자동반자협정(TTIP) 등이 있으며, 미국, 중국, EU, 일본 등 주요 대국이 주도하며 세계경제에서 차지하는 GDP 비중은 각각 15.3%, 34.5%, 48.3%로 매우 큰 규모이다.

19) 도하라운드아젠다(the Doha Round Agenda; DDA)는 WTO에서 추진하는 첫 번째 다자간무역협상이며 2001년 11년 카타르 도하에서 개최되었다. 협상 목적은 1995년 출범 당시보다 상품 및 서비스 분야의 추가개방 및 각종 국제규범 신설 등을 일괄타결방식으로 개선하는 것이다. 그러나 개도국 및 선진국 그리고 이해당사국별 협상그룹 간 대립으로 협상이 약 20년 지난 현재까지 진행되고 있다.

01 한국은 주요 농축산물의 수입규모가 상당히 큰 국가이다. 가령, 계절에 따라 포도의 수입량은 세계교역량의 10%에 달하기도 한다. WTO/DDA 협상을 통해 한국이 대국으로 간주될 수 있는 한 품목의 관세를 철폐했을 때, 해당 시장에 참여하는 경제주체들과 사회 전체의 후생변화를 <그림 19-1>을 참조하여 설명해 보라.

02 양국 간 FTA는 제3국에 비해 차별적인 관세혜택을 부여하는 결과를 초래한다. 두 국가로부터 쇠고기를 수입하는 작은 규모의 수입국이 한 국가와 FTA를 체결했다고 가정하자. 이때 수입국 시장에서 발생하는 수입전환효과(3국 → FTA 상대국) 및 수입창출효과(새롭게 증가된 수입)를 제시해 보라(수요·공급 곡선을 활용해 물량으로 나타내라).

03 세계수요에서 차지하는 비중이 작은 수입국이 장기적으로 볼 때 국내수요가 감소할 것으로 예상되는 품목과 국내수요가 증가할 것으로 예상되는 두 품목에 대한 시장개방 압력에 직면해 있다고 가정하자. 수출국들은 수입국이 한 품목에 대해 '관세'를 부과하면, 다른 품목은 '할당'을 설정해야 한다고 요구할 때, 수입국의 후생을 극대화할 수 있는 선택에 대해 분석해 보라(그리고 국내 생산자와 소비자 입장에 대해서도 검토하라).

04 수출량이 세계교역량의 1/3인 품목에 대해 수출물량의 국내 운송비를 전액 환급해 주는 방식으로 수출보조가 시행되었다고 하자. 이때 이 수출국의 후생변화는 어떤 방향으로 나타나는지를 설명해 보라(관세의 경우와 같이 교역상대국이 담당하는 부분도 검토하라).

05 한·칠레 FTA 대책 수립에 앞서 칠레산 포도에 의한 수입피해를 사전예측한 연구는 칠레산 포도와 국산 시설포도가 동일한 재화라는 가정 하에서 진행되었다. 그러나 FTA 발효 이후, "국내 시설포도 농가보다는 계절관세가 부과되지 않은 시기에 시장에 출하되어 칠레산 포도와 경쟁하게 된 딸기 생산농가가 더 피해를 보았다"는 주장이 제기되었다. 이러한 주장이 타당한지를 파악하기 위해서 어떠한 정보와 분석방법이 필요한지 생각해 보라(그리고 딸기 시장을 나타내는 그래프를 활용해 후생변화를 파악하라).

06 농산물 시장개방에 대응한 FTA 국내대책의 효과가 저조하고 효율성이나 체감도 역시 낮다는 비판이 일각에서 제기되기도 한다. "농업강국들과의 FTA를 대응해 추진해 온 개별 농가에 대한 시설현대화사업(과수, 축산)이 생산량 증가를 초래하여, FTA로 인해 수입이 증가한 품목은 공급과잉을 경험하게 되었고 오히려 FTA 전보다 농가소득이 감소했다"는 언론보도에서 간과하고 있는 점이 무엇인지 생각해 보라, 그리고 이 논리를 반박할 수 있는 합당한 논거를 제시해 보라(한편, 이러한 지적을 고려하여 시설현대화사업이 개선되어야 할 점은 무엇인가?)

CHAPTER
20

개발경제학과 농·식품 산업

개발경제학(development economics)은 경제학적 관점과 방법론을 통해 개인적, 사회적, 국가적, 혹은 전 세계적 차원의 개발(development) 문제를 다룬다. 초기에는 주로 국가 단위 경제성장 (economic growth), 특히 선진국의 경제성장에 초점이 맞추어져 있던 개발경제학은 제2차 세계대 전 이후 많은 신생 독립국의 등장과 함께 저개발국 혹은 개발도상국의 경제성장 문제에도 관심을 갖 게 되었다. 1990년대 이후에는 국가의 경제성장이나 개인의 소득증대 뿐만 아니라 인간의 삶의 질 (quality of life)과 행복(well-being)에 더욱 초점을 맞추어 굶주림, 교육, 보건, 환경, 자원, 기술, 인권, 성평등, 제도 등 다양한 측면의 빈곤 및 불평등 문제로 개발경제학의 관심이 확대되었다.

본 장에서는 개발경제학의 관점에서 경제성장이 이루어지는 과정에 대해 검토하고, 특히 그 과정에서 농업부문의 역할과 농·식품 산업의 발전 모습을 살펴본다. 아울러 농·식품 부문을 중심으로 빈곤문제 개선과 삶의 질 향상을 위한 최근 개발경제학 연구와 국제개발협력 현황에 대해서도 논의한다.

경제성장은 자유시장의 가격기구를 전제로 자원의 효율적인 배분에 의하여 이루어진다. 개인과 기업의 최대효용과 극대이윤을 추구하는 합리적인 의사결정은 이른바 시장의 '보이지 않는 손'에 의해 수요와 공급의 균형으로 연결되고, 이 균형에서 자원배분의 효율성이 가장 커진다. 따라서 경제성장은 자본과 노동 등 투입요소의 탄력적 대체를 통해 달성되는 새로운 균형의 점진적인 연속과정으로 인식된다.

경제성장 과정에서 경제 구조는 전통적인 부문보다 근대적인 부문의 비중이 커지고, 적절한 수준의 도시화가 진행되며, 인구의 성장과 정체기를 모두 성공적으로 거치고, 소비에 있어서 생존 필수재보다는 삶의 질을 높이는 소비재의 비중이 커지는 일련의 구조변환을 동반한다. 제2차 세계대전 이후 등장한 많은 신생 독립국을 비롯한 중·저소득국가들이 어떻게 해야 경제성장을 이룰 수 있는지에 대해 많은 연구가 진행되어 중요한 몇 가지 경제성장이론이 개발되었다. 제1절에서는 개발 문제가 경제학설사(史)적으로 어떻게 조망 받아왔는지 살펴보고, 경제성장에 초점을 맞춘 주요 경제성장모형들을 간략히 검토한다.[1)]

1 개발이론의 경제학설사(史)적 고찰

최초의 근대적 외교 회의를 통한 조약이자 국제법의 출발점으로 불리는 베스트팔렌 조약(Peace of Westphalia)이 1648년 체결되고 유럽의 30년 전쟁이 종식되면서 '국가주권' 개념에 기반을 둔 근대적 국가체제의 질서가 확립되었다. 이를 통해 국가 단위의 자연적·내재적 경제성장 관점의 개발(development) 논의가 시작되었다. 18~19세기 산업혁명을 거치면서 산업화 등 국가의 인위적 노력에 의한 국부 증진과 경제성장 관심을 갖게 되었다. 산업화 과정에서 나타난 자본가와 노동자 계급의 갈등과 빈부격차 심화 등의 문제로 인해 사회적 약자 보호와 복지 등 사회발전 개념이 개발경제학에 등장하였다. 또

---

1) 본 절의 내용은 토다로와 스미스(Todaro, M. P. and S. C. Smith, *Economic Development*, Addison Wesley, 10th ed., 2009), 길리스 외(Gillis, M., D. H. Perkins, M. Roemer, and D. R. Snodgrass, *Economics of Development*, Norton and Company, 4th ed., 1996), 래이(D. Ray, *Development Economics*, Princeton University Press, 1998), 샤프너(J. Schaffner, *Development Economics*, Wiley, 2014), 잔브리와 사두레(Janvry, A. and E. Sadoulet, *Development Economics*, Routledge, 2nd ed., 2021) 등의 문헌을 참고해 작성했음을 밝힌다.

한, 산업혁명으로 경제적·군사적 우위를 가진 근대 제국주의 열강들의 식민지 침탈은 서구적 근대화와 산업화를 통한 경제성장에 초점을 맞춘 여러 개발이론의 등장을 촉발하였다.

제2차 세계대전 이후 개발경제학자들은 새롭게 등장한 신생 독립국을 비롯한 중·저소득국가들이 자본 투자를 통해 양적 경제성장을 이룰 수 있다고 보았다. 이 시기 미국은 제2차 세계대전으로 황폐화된 유럽의 재건과 경제부흥을 위해 현대적 국제개발협력 원조 프로그램의 시작으로 볼 수 있는 마셜플랜(Marshall Plan)/유럽부흥계획(European Recovery Program)을 시행하였고, 케인스 경제학에 기반한 거시경제정책을 통해 정부 주도의 경제 성장을 추진하였다. 영국에서도 신생 독립국의 공업화와 자본주의 발전에 기반한 경제성장에 초점을 맞춘 개발경제학이 활발히 연구되며, 빈곤율, 국내총생산(GDP) 등의 계량경제학적 척도를 활용한 경제성장이론이 발전하였다.

이렇게 형성된 전통적인 개발이론에서 1960년대를 거치면서 저개발국가 혹은 개발도상국이 선진국과 동일한 경제성장 패턴을 따른다는 믿음이 생겨났고, 이러한 믿음에 기반한 근대화이론(modernization theory)이 등장했다. 경제성장이 선형적인 단계를 거쳐 이루어진다는 로스토우의 경제성장단계론(the stages of economic growth)과 전통적인 농업부문 중심에서 현대적인 제조업부문 중심으로 경제구조의 변화를 통해 경제성장이 이루어진다는 루이스의 2부문모형(two-sector model)이 대표적이다.

근대화이론에 대한 비판으로 마르크스 주의의 영향을 받은 종속이론(dependency theory)이 등장한다. 종속이론은 근대화이론을 국제경제체제 전반을 고려하지 않은 이론이라고 비판하며, 내부요인만이 아닌 발전을 저해하는 외부요인을 국제 자본주의 체제의 구조적 불평등에서 찾았다. 즉, 개발도상국의 저개발 상태는 그들이 선진국에 종속되어 있기 때문이며, 이로 인해 경제구조의 고착화가 나타난다고 주장한다.

1970~90년대 중동 지역의 급등하는 유가로 인해 세계 경제가 대규모 침체를 겪게 되면서 신자유주의(neoliveralism)적 개발이론이 등장한다. 자본주의 및 시장경제의 신뢰에 기반한 신자유주의는 정부개입의 축소를 주장하며 국가 주도의 개발을 반대하였고, 개발도상국의 나쁜 거버넌스를 비판하였다. 이 시기 선진국들은 경제위기를 겪는 개발도상국들에게 세계은행(World Bank)과 국제통화기금(International Monetary Fund, IMF) 등의 구조조정 프로그램(structural adjustment programs, SAPs)을 통해 조건부 대출을 제공하며 신자유주의에 기반한 경제구조조정을 요구하기도 하였다.

1990년대 이후 개발의 관점이 성장에서 인간의 삶의 질과 행복으로 확장되며 인간

개발(human development)의 관점에서 현대적 개념의 개발 논의가 시작되었다. 아시아인으로는 최초로 1998년에 노벨경제학상을 수상한 센(A. K. Sen)은 경제성장에 초점을 맞추어 발전해온 전통적인 개발경제학의 지평을 넓혀 인간의 삶의 질에 주목하는 현대적 개발경제학 발전에 큰 기여를 하였다. 그는 개발에 있어 경제성장 혹은 소득증대 그 자체가 목적이 아니라 삶에서 누려야 할 자유를 향상시키는 데 중점을 두어야 한다고 주장하며, 개발을 자유를 확장하는 과정으로 본다.[2]

2000년대 이후 전 세계적인 빈곤 문제와 기후변화 등 환경 문제에 대한 관심이 증가하면서 지속가능성이 개발이론에 중요한 개념으로 등장한다. 미래 세대에 부담을 주지 않으면서 현재 세대의 필요를 충족시킬 수 있는 방식의 지속가능개발(sustainable development)은 UN의 2000년 새천년개발목표(millennium development goals, MDGs)와 2015년 지속가능개발목표(sustainable development goals, SDGs) 채택으로 국제사회의 개발 논의의 중심에 서게 되었다. 또한, 2015년 UN 기후변화회의에서 채택된 파리협정은 기후회복력을 고려한 개발로 나아가는 것을 목표로 삼고 있다. 이와 같이 지속가능개발은 최근 활발하게 이루어지는 빈곤, 식량안보, 기후변화, ESG 등과 같은 전 세계적인 도전 과제의 논의에 있어 중요한 개념으로 자리잡고 있다.

2 경제성장이론

모든 사회 구성원의 삶의 질을 개선하고 국가 간 삶의 질 격차를 줄이기 위한 장기간의 지속가능한 개발에는 경제성장이 수반되어야 한다. 일반적으로 경제성장은 한 국가 내 총생산의 1인당 가치의 증가로 측정하는데, 경제성장을 통해 사회 구성원의 소득이 증가하고 사회 전체 삶의 질이 개선될 수 있다. 하지만, 성공적인 경제성장이 곧 성공적인 개발을 의미하지는 않는다. 만약 한 국가의 평균소득이 증가하더라도 다수의 소득수준이 감소하였다면 경제성장으로 인한 풍요가 대다수 사회 구성원의 삶의 질 향상으로 이어지지 않을 수도 있기 때문이다.

13장에서 살펴본 바와 같이 한 국가의 경제규모는 국내총생산(GDP)이나 국민총소득(GNI) 등으로 측정한다. 국내총생산은 1년 동안 한 국가 내에서 생산된 최종 재화나 서비스 가치의 총합이며, 국민총소득은 1년 동안 한 국가의 국민이 국내 혹은 해외에서

---

2) 센(Sen, A. K., *Development as Freedom*, New York: Alfred Knopf, 1999).

생산한 최종 재화와 서비스 가치의 총합이다. 경제규모의 국가 간 비교를 위해 동일한 화폐단위로 변환하여 사용하는데, 각 국 화폐의 실질구매력을 기준으로 평가한 구매력평가(Purchasing Power Parity, PPP) 환율이나 공식 기준 환율 혹은 공식 기준 환율의 3년 평균치인 Atlas 환율 등을 활용하여 동일한 화폐단위로 변환한다. 한 국가의 경제규모를 인구수를 고려하여 1인당 국내총생산 혹은 1인당 국민총소득으로 측정하여 활용하기도 하는데, 이는 한 국가의 총소득을 그 국가의 모든 사람에게 동일하게 분배할 경우 각 개인이 누릴 수 있는 소득수준을 나타낸다. 이는 만약 소득이 공평하게 분배될 경우 각 개인이 누릴 수 있는 물질적 풍요 수준을 의미한다. 일반적으로 경제성장은 경제성장률로 측정하며, 경제성장률을 측정하기 위해서는 2개 연도의 국내총생산(혹은 국민총소득) 값이 필요하다. 각 연도의 국민총생산을 그 연도의 가격으로 평가하여 측정한 성장률을 명목 성장률이라고 하며, 명목 성장률은 실제 경제가 성장하지 않더라도 물가가 증가하는 경우에도 증가할 수 있다. 따라서 실제 경제성장을 평가하기 위해 각 연도의 국민총생산을 특정 시점의 동일한 가격으로 평가하여 측정한 실질 성장률을 사용한다.

1940~1950년대의 경제성장이론은 자본근본주의, 구조주의, 이중주의에 기반하고 있다. 자본근본주의(capital fundamentalism)는 가장 중요한 경제성장의 직접적 원인을 물리적 자본 축적으로 보는 것으로, 구소련의 급속한 저축 증대 및 물리적 자본 투자에 기반한 비약적 경제성장의 사례에 영향을 받았다. 구조주의(structuralism)는 경제행위자들의 판단과 행위는 제한적이며 이들의 행위는 구조에 의해 결정된다고 주장한다. 예를 들어, 한 경제에 노동이 많고 자본이 부족한 경우 노동의 가격은 하락하고 자본의 가격은 상승하게 되는데, 경제행위자들이 이러한 가격변동에 적절하게 대응하지 못해 효율적인 시장균형을 이루지 못한다는 것이다. 이러한 구조주의는 1930년대 경제 대공황의 경험에서 영향을 받았다. 이중주의(dualism)는 한 경제가 서로 다른 독특한 특성을 가지고 있는 전통적 부문과 현대적 부문으로 나누어져 있다고 본다. 이중주의는 전통적 부문은 주로 농업으로 비합리적인 생산을 하고 퇴보하는 부문이며, 현대적 부문은 주로 제조업으로 이익극대화를 통해 물리적 자본 축적과 생산성 향상, 소득 증대로 진보하는 부문으로 바라본다. 이러한 1940~1950년대 경제성장이론의 특징은 저축률 증대와 물리적 자본 축적을 강조하는 정책들의 근거가 되어있으며(자본근본주의), 저축 증대와 물리적 자본 축적에 있어 정부의 개입을 요구하고(구조주의), 새롭게 축적된 자본을 제조업 부문에 집중하여 제조업 중심의 산업화를 장려하는 정책에 영향을 주었다(이중주의). 자본근본주의와 구조주의에 기반한 해로드-도마 경제성장모형과 자본근본주의와 구조주의에 더해

이중주의가 추가로 반영된 루이스 2부문모형 등이 이 시기의 경제성장을 설명하는 주요 모형이다.

1960~1970년대 경제성장이론은 신고전학파 경제성장이론으로 대표된다. 신고전학파 경제성장이론은 자본근본주의 측면에서 기존의 물리적 자본에 더하여 기술변화나 인적자본의 중요성이 대두되었다. 물리적 자본 축적을 통해 경제가 성장한다는 이전의 이론으로 설명하기 어려운 모습들을 미국의 경제성장 과정에서 발견되었기 때문이다. 신고전학파 경제성장이론은 구조주의 측면에서도 경제행위자들이 합리적인 의사결정을 하며, 정부개입은 비효율적이고 시장을 통한 효율적 자원배분이 가능하고 이를 통해 경제성장이 이루어진다고 주장한다. 또한 이중주의를 비판하며 제조업과 마찬가지로 농업의 한계노동생산성도 영(0)이 아니며 농업도 저축 및 물리적 자본 축적, 그리고 녹색혁명과 같은 기술진보를 통해 생산성 향상을 가져올 수 있다고 본다. 이러한 1960~1970년대 경제성장이론은 인적자본과 기술변화를 강조하고, 정부의 개입을 줄이고 시장을 중요시하는 정책에 영향을 주었으며, 농업의 중요성을 재조명하였다. 해로드-도마모형에 의문을 제기한 솔로우(R. Solow)의 경제성장모형이나, 기술변화를 고려하여 수정한 솔로우의 경제성장모형 등이 신고전학파 경제성장이론에 해당한다.

1980년대 이후 새로운 데이터에 의해 새로운 경제성장 양상이 발견되면서 경제성장이론은 다시 주목을 받게 되었다. 특히 인적자본이나 기술변화의 중요성이 강조되고, 이전에는 외생변수로 다루었던 이러한 변수들을 내생변수로 다루기 시작하였다. 또한, 개인의 의사결정, 투자, 제도 등의 미시적 경제성장 실증 연구의 중요성도 강조되었다.

3 로스토우의 경제성장단계론과 해로드-도마 성장모형

경제사학자인 로스토우(W. W. Rostow)는 서구경제의 역사적 전개과정 분석을 통해 모든 경제는 1) 전통적 사회, 2) 도약을 위한 준비단계, 3) 도약(take-off)단계, 4) 성숙단계, 그리고 5) 고도소비사회 중 하나의 단계에 속한다고 보았다. **로스토우의 경제성장단계론**에 따르면 선진국은 도약단계를 거쳐 지속적으로 성장하는 단계로 넘어가는 반면, 저개발국이나 개발도상국은 전통적 사회나 도약을 위한 준비단계에 머물러 있다. 로스토우는 특정 경제가 일단 도약단계로 접어들면 이후 단계로의 발전은 예외 없이 이루어지는 것으로 보았지만, 어떤 메커니즘을 통해 저개발국이 도약단계로 나아갈 수 있는지에 대해서는 분명한 설명을 하지 않았다.

로스토우의 경제성장단계론을 설명하는 모형의 하나가 해로드(R. F. Harrod)와 도마 (E. Domar)가 독립적으로 연구하여 발표한 논문들을 기반으로 한 **해로드-도마 성장모형**이다. 이 모형은 도약단계를 거쳐 성숙단계로 나아가는 가장 중요한 수단이 저축을 통한 자본축적이라고 보고 있다. 저축을 통해 자본축적이 이루어지고 축적된 자본이 투자로 이어져 경제가 성장하게 된다는 것이다. 한 국가의 총 산출량을 Y, 자본량을 K라 하면, 자본−산출비율을 $k = \dfrac{K}{Y}$로 정의할 수 있는데, 이 비율은 국가별로 고정된 것으로 가정한다. 따라서 산출 변화량은 $\Delta Y = \dfrac{\Delta K}{k}$와 같고, 그 증가율은 다음과 같다.

$$\frac{\Delta Y}{Y} = \frac{\Delta K}{Y}\frac{1}{k} = \frac{S}{Y}\frac{1}{k} = \frac{s}{k}$$

위의 식에서 S는 총 저축이며, 이것이 투자를 통해 자본 증가량 ΔK가 되므로 좌변의 산출증가율 즉, 경제성장률은 총 산출에서 저축이 차지하는 비중인 저축률 $s = \dfrac{S}{Y}$에 비례하고, 자본−산출비율 k에 반비례하게 된다. 따라서 경제성장률은 스스로 저축을 통해 s를 늘리거나, 해외 차입이나 원조를 통해 ΔK를 늘리거나, 아니면 생산성 향상이나 기술 원조를 통해 산출 한 단위당 필요자본량인 k를 낮출 때 더 높아진다. 경제성장이 저축에 의존하기 때문에 각국의 경제성장은 스스로 지속가능하다. 즉 어느 정도 성장이 이루어지면 이는 저축 증가로 연결되고, 저축에 의해 또다시 성장이 촉진되는 선순환이 이루어진다.

그러나 이러한 해로드−도마 성장모형도 서구경제의 성장과정 경험에 기초한 것으로서, 현실에 있어 각국 경제는 다양한 k를 가지고 있을 뿐만 아니라 한 국가의 k값이 고정된 것도 아니라 변할 수 있는데, 그 값이 어떤 요인에 의해 변하는지에 대한 설명은 제시되지 않았다. 또한 저축률 s가 어떤 요인에 의해 결정되는지에 대한 설명도 미비하다.

4 2부문모형

경제성장 과정에서 전통적인 부문은 축소되고 현대적인 부문이 생산 및 소비에서 차지하는 비중이 커지는 것을 기본조건으로 함에도 불구하고 해로드−도마 성장모형은 경제 내에는 하나의 생산부문만 있는 것으로 가정하기 때문에 경제성장 메커니즘을 밝히는 데 한계가 있다. 이러한 점에 착안하여 1950년대 중반이후부터 노벨경제학상 수상자인 루이스(W. A. Lewis), 페이와 래니스(J. Fei and G. Ranis) 등이 2부문모형(two−sector model)을 제안하였다. 이 모형은 경제가 선형적인 단계에 따라 발전한다는 로스토우의 경제성장단계론과는 달리 경제구조가 전통적인 농업부문에서 현대적인 제조업부문으로 구조적으로 전환되는 과정으로 경제성장을 설명하며, 그런 만큼 경제성장 과정에서 농업의 역할과 관련된 중요한 함의를 가진다.

〈그림 20−1〉에서 좌측의 두 그림은 전통적인 농업부문의 생산을, 우측의 두 그림은 현대적인 제조업부문의 생산을 보여준다. 좌측 위쪽 그림의 $f_A(K_A)$는 농업부문의 자본사용량이 K_A인 상태에서 농업노동 L_A를 늘려갈 때의 농업생산이 변하는 모습을 보여주는 농업생산함수이다. 루이스 2부문모형의 가장 큰 특징 중 하나는 경제 내의 전통적인 부문인 농업부문에서는 상당수 노동력이 일종의 잉여(surplus)상태에 있다고 본다는 것이다. 따라서 만약 현재의 농업노동력이 L_A^1으로 그림의 $\overline{L}_A$보다 더 많다면, 농업노동력이 더 늘어나도 생산량은 늘어나지 않으며, 농업노동을 줄여도 생산이 감소하지 않는다. 이는 경제발전 초기 대다수 노동력이 노동력 초과공급의 상태로 농촌에 머물고 있

그림 20-1   루이스의 2부문모형

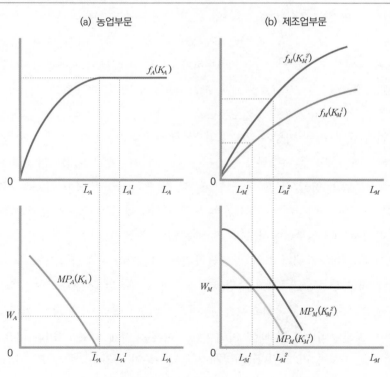

는 상황을 반영하는 것이다. 좌측 아래 쪽 그래프는 농업부문 노동의 한계생산곡선을 보여주는데, 농업노동력이 $\overline{L_A}$ 수준에 이르면 더 이상 생산은 늘어나지 않기 때문에 이 보다 많은 노동력이 농촌에 있으면 노동의 한계생산이 0이 된다. 반면 루이스 2부문모형은 농업노동의 임금은 한계생산이 0이 되는 상황에 이르더라도 특정 수준 W_A 이하로는 떨어지지 않고 이 수준을 계속 유지한다고 가정한다. 이는 전통적인 사회에서 흔히 보는 것처럼 임금수준이 특정 수준 이하로 떨어지면 노동자들이 적은 대가를 받고 일하기보다는 그냥 놀면서 가족 내 근로자의 수입에 의존하곤 하는 성향을 반영하는 것이다.

〈그림 20−1〉의 우측 상단 그림은 현대적인 제조업부문의 생산함수를 제조업부문의 자본수준(K_M)별로 그려놓은 것이고, 하단 그림은 제조업 노동의 한계생산성 곡선들이다. 제조업에서 사용가능한 자본량이 많을수록 동일 노동력으로부터 생산할 수 있는 양이 많아지므로 자본량이 K_M^1에서 K_M^2로 증가하면 제조업 생산함수와 노동의 한계생산성 곡선이 모두 위로 이동한다. 제조업부문에서는 전통적인 농업부문과는 달리 노동의 잉여현상은 없고, 투입되는 모든 노동력은 생산을 늘리게 된다. 현재의 제조업 자본이 K_M^1 수준이고, 만약 현재의 제조업부문 임금수준이 W_M이라면, 생산품의 가격이 1이라고 할 때 노동투입량은 L_M^1이 선택된다. 이때 0과 L_M^1 사이에서 형성되는 수평선 W_M과 한계생산성 곡선 $MP_M(K_M^1)$ 사이의 면적은 제조업의 이윤이 된다. 제조업체는 이 이윤을 재투자하여 자본을 K_M^2로 늘리려 하고, 이 경우 위쪽 그래프에서 제조업 생산곡선은 $f_M(K_M^1)$에서 $f_M(K_M^2)$로 상향 이동하게 된다. 이 때문에 제조업의 한계 생산곡선은 아래쪽 그래프에서 $MP_M(K_M^1)$에서 $MP_M(K_M^2)$로 우측 이동하고, 제조업의 노동고용량은 L_M^2로 증가하며, 대신 농업노동량은 L_A^1에서 그만큼 줄어든다. 루이스 2부문모형의 두 번째 큰 특징은 이렇게 제조업의 자본량이 늘어나고 그로 인해 제조업의 노동수요가 늘어나도, 제조업 시장의 노동가격은 여전히 W_M으로 고정되어 있다는 것이다. 그 이유는 제조업의 임금 W_M이 농업임금 W_A보다 높아 노동력이 이농을 선택하게 되지만, 농촌 노동이 잉여상태에 있어 농촌 노동력 감소에도 불구하고 농업임금이 상승하지 않고, 따라서 제조업부문에서도 임금 상승 없이 추가 노동력을 고용할 수 있기 때문이다. 즉 제조업부문에 대한 노동의 공급곡선이 W_M이라는 수평선과 같다.

제조업에 대한 노동공급곡선이 수평선인 상태에서 제조업은 자본을 늘려 노동의 한계생산곡선 혹은 노동의 수요곡선을 $MP_M(K_M^2)$로 이동시켜도 임금 상승 없이 추가 고용이 가능하여 자본량이 K_M^1일 때에 비해 더 큰 이윤을 얻게 되고, 이러한 이윤은 재투자되어 자본량을 다시 늘리게 된다. 이렇게 제조업부문이 추가로 성장하면 제조업의 노동

수요가 다시 늘어나고, 노동은 추가로 농업부문에서 제조업부문으로 이동하여 제조업은 더욱 성장하는 과정이 반복된다. 이렇게 현대적 부문이라 할 수 있는 제조업은 스스로 성장을 지속하게 되고, 이 과정은 농촌지역에 잉여 노동력이 더 이상 남아 있지 않아 큰 임금상승 없이는 제조업의 성장이 불가능하게 될 때까지 지속될 것이다.

루이스 2부문모형에 따르면 농업부문은 성장하는 제조업부문에 잉여 노동력을 제공하는 수동적인 역할만을 경제성장과정에서 하게 된다. 이 모형은 농촌지역에 잉여 노동력이 존재하여 이농에도 불구하고 농업부문과 제조업부문의 임금 상승이 발생하지 않는다고 가정한다. 하지만 이 가정이 개발 단계가 낮은 저개발국에서조차 현실적으로 성립하는지에 대해 많은 비판이 있다. 이 가정을 제거한 〈그림 20-2〉의 신고전학파(neoclassical school) 2부문모형은 루이스 2부문모형과 상당히 다른 결론에 제시한다.

신고전학파 2부문모형은 루이스 2부문모형과 달리 농업부문의 노동 잉여현상을 인정하지 않고, 투입되는 모든 노동력은 생산에 기여하며, 농업노동의 한계생산성은 결코 0이 되지 않는다고 본다. 현재 농업과 제조업이 각각 K_A와 K_M^1의 자본을 가지고 있고, 노동은 각각 L_A^1과 L_M^1을 고용하고 있다면, 노동은 두 시장 간에 이동할 수 있으므로 농업임금 W_A^1와 제조업임금 W_M^1은 일치하여야 한다. 이제 제조업이 이윤을 투자하여 자본을 늘리고자 할 때 이로 인해 노동수요가 늘어나면 농업으로부터 제조업으로 노동이동이 필요하다. 하지만, 농촌지역에 잉여 노동력이 존재하지 않기 때문에 만약 농업노동력이 L_A^2로 줄어들면 농업부문 노동 한계생산성 곡선의 높이인 W_A^2로 농업임금이 상승하므로, 제조업부문 임금도 상승하여야 한다.[3] 따라서 제조업은 우상향하는 노동공급곡선 S_M을 갖게 되며 임금 상승으로 자본에 투자할 수 있는 정도가 줄어들어 루이스 2부문모형에 비해 제조업의 생산함수와 노동수요 곡선의 우측 이동 폭이 줄어들고 제조업이 노동력을 흡수하는 정도가 감소한다.

따라서 신고전학파 2부문모형은 경제성장 과정을 루이스 2부문모형과는 다르게 바라본다. 무엇보다도 농업부문에서 효과적인 생산성 향상을 통해 농업부문의 필요 노동량을 감소시켜야 하고, 농업노동력 감소에도 불구하고 지속적으로 낮은 가격에 농산물을 도시로 공급하는 것이 가능해야 한다. 그렇지 못할 경우 제조업 자체의 성장이 저해될 수 있다고 본다. 루이스 2부문모형은 잉여 노동력이 고갈될 때까지 '농업부문은 그냥 둔 채' 비농업부문만의 성장을 촉진할 수 있다고 보지만, 신고전학파 2부문모형은 농촌

---

[3] 아울러 농업부문 생산이 줄어들면 농산물 가격이 오르게 되고 이로 인해서도 제조업 노동자에게 더 높은 임금을 지급해야 한다.

그림 20-2   신고전학파 2부문모형

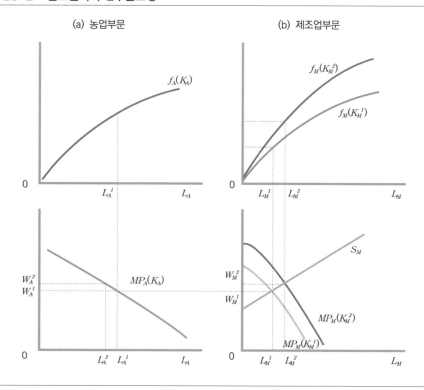

잉여 노동력 가설을 인정하지 않기 때문에 경제발전의 초기단계부터 비농업부문과 농업부문의 동반 성장이 없으면 제조업부문의 임금 상승 폭이 커져서 제조업의 성장 자체가 한계에 다다르게 된다고 본다.

5 내생적 경제성장론과 조정실패론

해로드－도마 성장모형, 2부문모형 등 고전적 경제성장이론은 경제성장의 동인으로서 자본의 축적이나 기술발전에 의해 현대적 산업부문 중심의 성장이 이루어지는 것을 든다. 이들 모형은 모두 생산기술이 규모수익불변의 특성을 가지며, 자본의 한계생산성은 2부문모형 그래프의 노동의 한계생산성곡선처럼 투자가 늘어날수록 하락하는 특성을 가진다고 가정한다. 따라서 이미 자본량이 많은 선진국보다는 자본량이 적은 개발도상국의 자본투자 한계생산성이 높아서 개발도상국의 자본축적률이 더 높으며, 결국 오랜 시간이 지나면 모든 국가는 유사한 정도의 1인당 자본량과 소득을 가질 것이라 전망한다.

표 20-1 장기 경제성장률

현재의 선진국			현재의 저개발국		
기간	연평균 경제성장률	국가 수	기간	연평균 경제성장률	국가 수
1890-10	1.5	14	1900-13	1.2	15
1910-30	1.3	16	1913-50	0.4	15
1930-50	1.4	16	1950-73	2.6	15
1950-70	3.7	16	1973-87	2.4	15
1970-90	2.2	16			

자료: 바로와 살라이마틴(Barro, R. J. and X. Sala−i−Martin, Economic Growth, 2nd ed., MIT Press, 2004), Table I.1, I.2.

그러나 이러한 고전적인 경제성장모형들은 기술발전이 어떻게 해서 이루어지는지, 국가 간 기술력의 차이는 어디에서 오는지를 설명하지 않는다. 뿐만 아니라 〈표 20−1〉이 보여주는 바와 같이 오랜 기간의 경제성장률 자료를 보았을 때 선진국보다 저개발국의 성장률이 더 높다는 징후가 발견되지 않는다는 점도 **경제수준의 수렴(convergence)**을 예측하는 고전적 모형의 신뢰도를 약화시킨다.[4]

로머(P. M. Romer), 바로(R. J. Barro), 루카스(R. B. Lucas) 등의 경제학자들이 1980년대 이래 발전시켜온 **내생적 경제성장론(endogenous growth theory)**은 고전적 경제성장 이론이 가지고 있는 이러한 한계점들을 개선하고자 한다. 기술발전은 외부적으로 주어지는 것이 아니라 기반시설이나 R&D에 대한 투자, 인적자본(human capital)에 대한 투자 등을 통해 경제 스스로가 내생적으로 그 수준을 선택한다는 점을 강조한다. 또한 내생적 경제성장론은 이러한 투자가 **파급효과(spillover effects)**를 가진다는 점에 주목한다. 어떤 기업이 생산기반에 투자를 하거나 R&D에 투자를 하면 그 성과는 기업 내부에만 머무르는 것이 아니라 경제 내의 다른 기업에게도 흘러들어가 다른 기업의 생산성도 높이게 되며, 모든 기업은 이렇게 서로 긍정적인 파급효과를 미치게 된다. 교육의 경우에도 사회전체의 교육수준이 높고 인적자본 축적도가 높을 경우 동일한 교육비를 투입했을 때 인적자본이 형성되는 정도가 훨씬 높으며, 따라서 개인의 인적자본에 대한 투자의 성과는 사회전체의 인적자본량에 의해서 영향을 받는다. 이러한 파급효과의 영향은 아래와 같은 파급효과하의 생산함수를 예로 들어 설명할 수 있다.

---

4) 국가 간 1인당 소득의 수렴현상을 실증적으로 분석한 다수의 연구들은 선진국그룹에 비해 저개발국그룹의 경제성장률이 분명히 더 높다고 할 수 없어 그룹 간 경제수준이 수렴하는 경향을 보이지 않는다고 결론을 내렸다. 이들 연구들은 대신 선진국 간의 그리고 저개발국 간의 경제수준은 수렴하는, 즉 그룹 내 수렴현상은 존재한다는 것을 보여주었다.

$$Y_i = AK_i^\alpha L_i^{1-\alpha}\overline{K}^\beta = AK_i^{\alpha+\beta}L_i^{1-\alpha}, \quad 0 < \alpha < 1, \ \beta > 0$$

어떤 기업 i의 생산량 Y_i는 자신이 사용하는 자본량 K_i와 노동량 L_i뿐만 아니라 경제 전체 기업의 평균적인 자본량 $\overline{K}$에 의해서도 영향을 받는다. A는 기술수준 등 생산성을 나타내는 계수이다. 경제 내의 기업은 모두 유사하고, 따라서 평균적인 자본량 $\overline{K}$와 이 기업의 자본량 K_i가 같다고 가정하면 생산함수는 $Y_i = AK_i^{\alpha+\beta}L_i^{1-\alpha}$처럼 표현이 된다. 기업 간에 존재하는 투자의 파급효과는 따라서 $\overline{K}^\beta = K_i^\beta$와 같다. 이렇게 파급효과를 인정함으로써 생산기술이나 경제성장과정과 관련하여 많은 변화가 발생하는데, 일단 생산기술은 이제 규모에 대한 수확체증의 현상을 보이게 된다. 고전적인 모형에서처럼 자본투자의 파급효과가 없다면 투입요소 사용량이 2배가 될 때 생산량은 $A(2K_i)^\alpha(2L_i)^{1-\alpha} = 2AK_i^\alpha L_i^{1-\alpha}$로 정확히 2배가 되지만, 파급효과가 있고 기업 i의 자본뿐 아니라 경제 내 평균 자본을 포함하여 모든 투입요소 사용량이 2배로 된다면, 생산량은 $A(2K_i)^{\alpha+\beta}(2L_i)^{1-\alpha} = 2^{1+\beta}AK_i^{\alpha+\beta}L_i^{1-\alpha}$가 되어 2배보다 더 커지게 된다. 생산구조가 규모에 대한 수확체증의 특성을 가지게 되면 경제 전체의 1인당 자본량이 많을수록 자본의 한계생산성이 높아지고,5) 극단적으로는 선진국의 경제성장률 자체가 저개발국보다 오히려 더 높아 시간이 지날수록 두 그룹간의 1인당 소득은 격차가 커지게 된다.

파급효과가 가지는 또 다른 중요한 의미는 기업 행위에 있어 일종의 양(+)의 외부효과가 발생한다는 점이다. i번째 기업은 자본량 고용을 결정할 때 자신이 한 단위 더 고용한 자본의 한계생산가치와 자본의 가격이 일치하는 수준의 선택을 한다. 그런데 이 기업 입장에서 경제 전체의 자본량 $\overline{K}$는 자신이 결정하는 것이 아니라 주어진 것이므로 생산함수에서 K_i^β부분은 스스로 선택할 수 없다고 보고, 자신이 직접 고용한 자본의 한계생산가치만 평가하게 된다. 즉 기업은 스스로 고용하는 자본의 한계생산성인 MP_{K_i} $= \alpha AK_i^{\alpha+\beta-1}L_i^{1-\alpha}$와 자본가격이 일치될 때까지 자본투자를 할 것이다. 하지만 경제 전체로 보면 이 기업의 신규 자본고용은 $\overline{K}$를 높여 다른 기업의 생산성도 높이기 때문에 이 기업은 자신의 투자성과를 과소평가하게 되며, 경제 전체의 기준으로 볼 때 바람직한 수준의 투자보다 더 적게 한다. 파급효과가 존재할 경우 경제 내의 모든 기업들이

---

5) 예를 들어 $\alpha+\beta>1$인 경우 자본의 한계생산성은 $(\alpha+\beta)AK_i^{\alpha+\beta-1}L_i^{1-\alpha}$가 되어 자본투자를 하면 할수록 커지게 된다.

이런 식으로 과소투자행위를 하게 되는 문제가 있다. 따라서 내생적 경제성장론은 경제 성장을 촉진하는 데 있어 중요한 정책적 함의를 가지는데, 정부가 경제기반시설에 대해 투자를 하거나 R&D를 자극하거나 교육투자를 통해 인적자본 축적량을 늘리는 것과 같은 정책을 시행하여 기업들이 간과하는 외부효과문제를 해결할 필요가 있다.

내생적 경제성장론이 강조하는 이러한 경제 행위자의 외부효과가 경제성장과 개발에 미치는 영향은 최근 더욱 정교하게 분석되고 있다. 최근 이론 중 하나인 **조정실패론**(coordination failure)은 경제 행위를 하는 주체들의 행동이 적절히 조정되지 못해 사회 전체 입장에서는 좀 더 나은 상태가 있음에도 불구하고 그런 상태로 나아가지 못하는 다양한 경우를 찾아내고, 정부의 적절한 시장개입을 통해 이를 해결하는 것이 경제성장과 개발에 있어 중요함을 지적한다. 이러한 조정실패가 발생하는 것은 각 개인이 미래 상황에 대해 서로 다른 기대를 하거나, 아니면 자신보다 다른 행위자가 먼저 어떤 행동을 해주기를 기다리기 때문에 흔히 발생한다. 예를 들면 첨단 산업이 육성되기 위해서는 기업이 첨단산업에 대해 투자를 하고 동시에 첨단 기술 인력이 적절히 공급되어야 하지만, 기업은 인력이 뒷받침되지 않으면 첨단산업에 투자하지 않고, 기술자들은 반대로 기업이 투자를 시작하지 않으면 새로운 기술습득을 위해 노력하지 않을 수 있다. 이런 경우 정부는 적절한 방식을 통해 조정자로서의 역할을 할 수 있다.

보다 최근의 경제성장모형들은 앞에서 살펴본 바와 같이 기본적으로 시장의 기능과 역할을 강조하면서도, 경제행위자 간 행동의 상호연관성과 파급효과에 주목하여 그러한 효과가 경제성장과 발전에 기여하는 바를 실현시킬 수 있도록 정부의 적절한 개입도 필요함을 설명한다.

section 02 농업경제의 발전

앞 절에서 살펴본 경제성장이론들에 비추어볼 때 농업경제는 어떻게 전통적인 농업에서 현대적이고 발전하는 산업으로 변모할 수 있을지도 검토하여야 할 것이다. 이 문제와 관련하여 루이스형 2부문모형이 보여준 바와 같이 초기의 경제성장이론은 농업을 노동력을 포함하는 자원을 현대적 산업부문에 제공하는 수동적인 역할만 하는 것으로 보았으나, 세계 여러 나라의 발전경험과 경제이론 자체의 발전에 따라 이제 그러한 시각은 거의 타당성을 잃고 있다.[6] 농업부문 자체의 현대화와 발전도 경제 전체의 구조변화 만큼이나 중요한 경제성장의 전제조건인 것이다. 또한 농업의 발전에 있어서도 최근의 경제성장이론들이 발견한 바와 같이 기술혁신의 파급효과를 살리거나 조정실패 문제를 해결하는 것 등이 중요한 문제로 대두되고 있다.

전통적으로 개발경제학자들은 초기 경제 개발에 있어 농업으로부터의 자원유출의 중요성을 강조해왔고, 이를 경제 개발에 대한 농업의 기여라고 해석했다. 저명한 개발경제학자 마이어(G. M. Meier)는 농업이 ① 경제 내의 다른 성장하는 부문에 식량과 원재료를 제공하고, ② 경제 내의 다른 부문에 투자될 수 있도록 저축과 경제잉여를 만들어 제공하고, ③ 농산물 판매를 통해 얻은 수입으로 비농업부문이 생산한 제품을 구매하며, ④ 농산물을 수출해서 외화를 벌어들이거나 수입농산물을 대체해서 외환부족 문제를 줄여주는 네 가지 중요한 기여를 한다고 지적하였다.[7] 농업이 행하는 이러한 기능은 물론 매우 중요하고, 이에 대한 실증분석사례도 다수 있지만, 이러한 역할은 경제발전 초기단계에서 산출물과 원료를 공급하고 투자재원을 만들어주는 비교적 수동적인 역할이라 할 것이다. 오히려 보다 최근에는 국가 전체의 환경보전에 도움을 주면서 지나치게 급속하게 진행되는 도시화의 문제를 완화하고, 친환경적인 삶의 공간을 제공하는 농업·농촌의 기여도가 더 강조되고 있다.

세계은행(World Bank)은 매년 경제발전과 관련된 주제 중 하나를 선정하여 『세계개발보고서』를 발간하는데, 2008년에는 다수의 농업경제발전론자들과의 공동 작업을 통해 『발전을 위한 농업』[8]이라는 보고서를 발간하였다. 이 보고서는 전 세계 개발도상국에서의 빈곤인구 4명 중 3명은 농촌에 거주하며, 따라서 농업발전이야 말로 경제발전에 가장 중요한 요소임을 강조한다. 이 보고서는 개발도상국농업을 〈표 20-2〉와 같이 세 가지 유형으로 구분하였다.

농업의존형국가들은 주로 사하라이남 아프리카 국가들이며, GDP에서 농업이 차지하는 비중이 매우 높고, 농촌인구의 절반 이상이 빈곤에 시달리고 있다. 전환국가들은

---

6) 고전적인 경제발전론을 농업발전이론으로 확장한 다양한 이론모형들에 대한 설명은 하야미와 루탄의 저명한 연구서(Hayami, Y. and V. W. Ruttan, *Agricultural Development: An International Perspective*, revised and expanded edition, Johns Hopkins University Press, 1985)와 박정근(『농업발전경제학: 경제발전과 농업문제』, 박영사, 2004)에서 찾을 수 있다.

7) 마이어(Meier, G. M., *Leading Issues in Economic Development*, 4th ed., Oxford University Press, 1984), p.42.

8) 세계은행(The World Bank, *World Development Report 2008, Agriculture for Development*, 2008).

표 20-2 세 가지 유형 국가별 주요 특성

특성	농업의존형국가	전환국가	도시형국가
농촌인구(백만, 2005)	417	2,220	255
농촌인구 비율(%, 2005)	68	63	26
1인당 GDP (US 달러, 2000)	379	1,068	3,489
GDP의 농업비중(%, 2005)	29	13	6
연간 농업GDP 성장률(%, 1993-2005)	4.0	2.9	2.2
연간 비농업GDP 성장률(%, 1993-2005)	3.5	7.0	2.7
농촌 빈곤인구(백만, 2002)	170	583	32
농촌빈곤율(%, 2002)	51	28	13

자료: 세계은행(2008, 전게서). p.5.

동남아시아, 동아시아(특히 중국), 중동 및 북아프리카에 주로 분포하며, 이들 국가에서는 농업이 더 이상 가장 큰 GDP 증가요인은 아니지만 여전히 농촌인구 비율이 높고, 대부분의 빈곤인구가 농촌에 거주한다. 마지막 도시형 개발도상국은 라틴아메리카, 카리브해, 일부 유럽, 중앙아시아에 주로 분포하며, 농업이 GDP 성장에 기여하는 바는 5% 미만일 정도로 도시화가 되었지만 농업과 전후방연계산업 전체로는 GDP의 약 1/3을 차지하며, 빈곤율도 농촌이 도시보다 훨씬 높다.

    세계은행은 이 세 가지 유형의 국가별로 서로 다른 발전전략을 제시하는데, 우선 **농업의존형국가**는 대부분의 농가가 자급농 수준이고 경쟁력 자체도 매우 낮지만 국가 경제성장에 농업이 주도적 역할을 해야 하는 어려운 상황임을 인지하고, 무엇보다도 소농들의 농업생산성 향상이 가장 중요하다고 지적한다. 이러한 생산성 향상을 통해 농촌빈곤을 감소시키고 식량안보를 제고해야 한다. 이를 위해 토지와 수자원과 같은 기본적인 투입요소에 대한 소농의 접근성을 높이는 농지개혁 등의 개혁이 필요하고, 생산자의 시장참여 인센티브 제고와 공공투자의 질과 양을 높이는 것이 필요하다. 또한 농산물시장의 원활한 작동을 통해 상업농 육성을 시도하고, 자본과 금융에 대한 접근성을 높여주는 동시에 생산위험을 감소시키는 것이 중요하다. 아울러 생산자조직의 육성을 돕고, 과학기술투자를 통해 농업생산성을 높여야 한다. 이러한 조치들은 농업생산자 본인의 노력과 함께 정부와 국제기구들의 적절한 지원을 필요로 한다.

    전환국가의 가장 큰 특성은 현재의 중국에서 볼 수 있는 바와 같이 도농간의 소득격차가 매우 크다는 것이다. 이들 국가에서는 국민 경제의 성장 동인이 농업보다는 도시부문에 있는데, 많은 경우 도시로의 인구이동이 규제 등으로 제한되어 농촌인구의 성공적인 도시정착이 지연되고 농촌의 높은 빈곤이 지속되는 현상이 발생한다. 따라서 직업교

표 20-3 농업 자체의 성공적인 구조변환 조건

① 거시경제 틀과 정치의 안정성(stability)
② R&D 성과가 다수의 농민에게 전달되도록 하는 효과적인 기술전달체계
③ 수익성 있는 시장에로의 접근성
④ 농업 투자와 노력에 대한 보상을 해줄 수 있는 적절한 (자원의) 소유권 구조
⑤ 농업 생산성 증대로 인해 발생하는 유휴노동력을 흡수할 수 있는 성장하는 비농업부문

육 등을 통해 도시경제로의 편입이 순조롭게 되도록 하는 것이 도움이 될 수 있지만, 한편으로 농촌인력의 양적·질적 저하를 가져올 수 있어 농촌지역 소득증가와 병행하여 이루어져야 한다. 농촌지역 소득증대를 위해서는 전통적인 주곡 위주의 농업보다는 성장하는 새로운 품목을 적극 수용하고, 적절한 수준의 농외소득원을 개발하여 농업과 비농업부문이 연계된 농촌을 육성하는 것이 중요하다.

도시형 개발도상국은 농업생산이 GDP에서 차지하는 비중은 매우 낮지만 애그리비즈니스(agribusiness)나 농업관련 서비스를 모두 포함하면 여전히 국민경제의 1/3의 비중을 차지한다. 이 단계에서는 농업 생산성이 높아지고 농촌 경제에 많은 활력을 불어넣을 수 있으며, 농촌은 특히 친환경적 서비스 제공과 바이오에너지 생산기지나 환경보전의 역할 측면에서 인정을 받는다. 또한 농촌과 도시의 격차보다 '도시＋현대적 농촌'과 '전통적 농촌' 간의 격차 해소가 중요한 문제로 대두된다. 농업은 노동집약적 산업으로서 국가 고용문제 해결에 큰 기여를 하지만, 영향력이 커지는 대형 농기업과 해외부문과의 경쟁 등이 중요한 문제로 대두된다.

한편, 세계은행에서 오랜 기간 동안 개발도상국의 농업발전전략 수립을 연구한 경제학자인 차콕(I. Tsakok)은 제2차 세계대전 이후의 대단히 많은 개발도상국에 대한 실증분석을 통해 농업의 성공적인 구조변환은 경제발전의 절대적인 필수조건임을 강조하고, 또한 농업 자체의 성공적인 구조변환은 〈표 20－3〉과 같은 다섯 가지 조건을 모두 갖추었을 때에만 발생한다는 것을 자료를 이용해 보였다.[9] 차콕은 이러한 다섯 가지 조건이 성공적으로 갖추어지기 위해서는 교육, 사회간접자본, R&D와 기술지도, 시장개설 등과 같은 공공재적 성격을 가지는 분야에 외국지원보다는 각국 정부 스스로의 지속적인 투자가 선행되어야 함도 강조하고 있다.

---

9) 차콕(Tsakok, I., *Success in Agricultural Transformation: What It Means and What Makes It Happen*, Cambridge University Press, 2011).

세계 각국은 농식품 무역 외에도 개발원조나 농업투자와 같은 방식으로 국제 간 교류와 협력을 확대하고 있는 추세이다. 국제농업개발협력은 개발경제학과 농업경제학에 이론적 토대를 두고 있으며, 해외농업개발은 농업자원에 대한 해외직접투자에 해당한다. 이 절에서는 앞서 배운 이론들을 참조하여 농업분야의 국제협력이 어떻게 진행되고 있는지 살펴본다.

1 국제농업개발협력

국제개발협력이란 국가 간에 존재하는 개발 및 빈부의 격차를 줄이고 빈곤문제 해결을 통해 인간의 기본권을 지키려는 국제사회의 노력과 행동을 의미한다.[10] 이는 고소득국가 정부를 비롯한 공공기관이 중·저소득국가의 경제성장과 사회복지 증진 등의 개발을 위한 원조인 **공적개발원조(official development assistance, ODA)**를 비롯해 NGOs와 민간의 자금흐름이나 증여까지 포함한 개념으로, 최근에 수원국인 중·저소득국가와의 포괄적 협력이 강조되면서 ODA를 대체하여 사용되고 있다. 제2차 세계대전 이후 1950년대부터 시작된 ODA는 2023년에 연간 2,237억 달러 규모로 확대되었는데,[11] 그동안 세계적 빈곤 감소과 중·저소득국가의 경제성장에 기여했을 뿐만 아니라 수원국과 공여국간 경제적, 문화적 교류를 확대시킴으로써 공여국에도 긍정적인 영향을 준 것으로 평가된다. 즉, 중·저소득국가의 개발을 돕는 ODA는 인도주의적 측면을 넘어 공여국과 수원국의 동반 성장을 위해 필요한 장기적 투자로도 간주된다.

초기 ODA는 해로드-도마의 성장모형 등 고전적 경제성장이론에 입각하여 수원국의 자본축적에 초점을 두었다. 즉, 수원국의 경제성장과 산업화를 가로막는 낮은 저축률을 타개하기 위해 개발원조를 통한 물적자본의 투입이 필요하다고 보았다. 이후 내생적 경제성장론 등이 주목을 받게 되면서 ODA도 생산성 증대와 인적자본의 축적을 도모하는 방향으로 조정되었다. 중·저소득국가의 국유기업이나 공기업 중심의 산업개발을 직접

---

10) ODA Korea. <http://www.odakorea.go.kr>

11) 경제협력개발기구(Organization for Economic Cooperation and Development, OECD)의 개발원조위원회(Development Assistance Committee, DAC) 회원국 기준으로 비회원국의 ODA 금액을 포함할 경우 전세계 ODA 규모는 더욱 클 것으로 추정된다.

지원하는 방식에서 교육, 보건, 산업 및 물류 인프라 등의 기반구축을 지원하는 방식으로 전환되어 왔다. 그러나 1990년대 이후 탈냉전에 따른 외교적 목적의 원조 감소, 아시아 금융위기 등에 따른 세계적 경기둔화, ODA에도 불구하고 최빈국들의 빈곤지속 등으로 국제개발협력이 전반적으로 위축되었다. 이에 따라 늘어나는 개발원조 수요를 충당하기 위한 재원 마련과 원조의 효과성 제고를 위한 국제적 논의와 공감대가 확대되었다.

그 결과 2000년 9월 UN 밀레니엄정상회의에서는 2015년까지 세계의 빈곤과 불평등을 줄이고 인간의 실제적인 삶을 개선하고자 하는 국제사회의 의지를 담은 **새천년개발목표(millennium development goals, MDGs)**가 채택되었다. MDGs는 빈곤문제를 국제사회의 핵심의제로 설정하고, 빈곤퇴치를 위한 재원동원에 효과적인 역할을 하였으며 중·저소득국가의 초등교육과 건강 등의 분야에서도 괄목할 만한 개선을 이루었다는 평가를 받았다. 그러나 일반적이고 실현가능한 개발목표만 제한해서 획일적으로 설정한 측면이 있는 MDGs의 한계를 극복하고 빈곤과 지속가능개발에 대한 국제사회의 진전된 이해를 바탕으로 식량, 에너지, 금융위기 및 기후변화 등 전지구적 개발과 환경위기를 포괄적으로 다루어야 한다는 인식이 확산되었다. 이에 따라 2015년 9월 UN 개발정상회의에서는 MDGs를 대체하여 2016년부터 향후 15년간 국제개발협력의 이정표 역할을 할 **지속가능개발목표(sustainable development goals, SDGs)**가 채택되었다.[12] MDGs와 달리 SDGs는 최빈국과 개도국뿐만 아니라 선진국도 개발의 주체이자 대상으로 포함했으며, 달성목표를 지구촌의 사회, 경제, 환경, 안보 등 포괄적 분야로 확대하였다. 특히, 빈곤을 소득과 같은 좁은 의미의 경제적 측면으로 국한하지 않고 빈곤의 정치, 사회, 문화적 측면까지 고려하고 있으며, 양적인 경제성장 과정에서 발생한 사회경제적 불평등의 문제와 부정부패 문제까지 포괄하고 있다. 또한, 빈곤퇴치와 양질의 일자리 창출을 위한 생산적이며 지속가능한 경제성장과 이를 위한 사회경제적 인프라의 중요성, 이와 관련된 개발원조의 역할이 강조되었다. 이외에도 성과중심 관리와 개발효과성 증대, 기업 및 NGO 등 민간부문의 역할, 기후변화 대응 등이 SDGs에서 중요하게 고려되고 있다.

한국은 산업화 과정에서 세계적으로 유례없는 빠른 경제성장을 이룩했으며 그 과정

---

12) MDGs의 8개 목표는 다음과 같다. ① 빈곤과 기아를 1990년 수준의 절반으로 경감, ② 보편적 교육 달성, ③ 성 평등 촉진, ④ 유아사망률 감소, ⑤ 임산부 건강 개선 ⑥ HIV/AIDS, 말라리아 및 기타 질병의 퇴치, ⑦ 환경 지속가능성의 보장, ⑧ 개발을 위한 글로벌 동반자 관계의 설립. SDGs는 17개의 목표와 169개의 세부목표로 구성되어 있다. 특히 두 번째 목표는 '기아근절, 식량안보, 영양개선 및 지속가능한 농업'으로 국제개발협력에서 농업 및 식량안보 분야의 중요성을 강조하고 있다.

에서 투자에 필요한 자본조달을 해외재원에 많이 의존했다.13) 한국의 1인당 국민소득은 1963년 100달러에 불과했으나, 1977년에 천 달러, 1995년에 만 달러, 2007년에 2만 달러를 달성할 정도로 급속한 경제성장을 경험했다. 그 결과 한국은 2009년에 가입한 OECD 개발협력위원회(DAC) 회원국 중에서 수원국에서 공여국으로 지위를 바꾼 유일한 국가이다. 이처럼 한국은 경제성장 과정에서 해외원조의 혜택을 보았지만, 모든 수원국들이 산업화와 경제발전에 성공한 것은 아니므로 높은 교육수준과 저축률, 수출주도형 성장전략과 정부의 정책 등 당시 한국의 기술적·사회적 역량이 효과적으로 축적되어 왔기에 경제성장에 성공했다는 평가가 지배적이다.

　　이러한 경제성장과 개발의 경험을 살려 한국은 개발원조를 적극적으로 시행하고 있다. 한국의 원조규모는 2010년 11.7억 달러(ODA/GNI 규모 0.12%)에서 2023년 31.3억 달러(ODA/GNI 규모 0.18%)까지 증가했으나, ODA/GNI 규모는 여전히 OECD DAC 회원국 평균인 0.37%에 크게 못 미친다.14) 또한 국내에서는 2010년 제정된 「국제개발협력기본법」에 따라 5년마다 개발협력의 전분야에 대한 중기 정책방향이 제시된 기본계획이 수립되고 있으며, 제3차 국제개발협력 종합기본계획(2021－2025)에서 '협력과 연대를 통한 글로벌 가치 및 상생의 국익 실현'이라는 비전과 포용적 ODA, 상생하는 ODA, 혁신적 ODA, 함께하는 ODA라는 전략 목표를 제시하였다. 특히, 포용적 ODA 목표 아래 인간의 삶의 질 향상을 위한 기아 해소 및 지속가능 식량생산 지원(종합적 농촌개발, 수원국 맞춤형 스마트팜 등을 통한 농업 생산성 향상과 식량안보 및 영양상태 개선, 소득증대 기여), 상생하는 ODA 목표 아래 녹색 전환 선도를 위한 기후변화 대응 지원 강화, 혁신적 ODA 목표 아래 수원국 혁신역량 강화를 위한 스마트팜 등 ICT 기술을 융합한 농업 분야 ODA 추진 등 우리나라 국제개발협력에서 농업 및 농촌개발에 대한 중요성이 강조되고 있다.

　　대부분의 중·저소득국가에서 인구의 3분의 2 이상이 농업에 종사하고 소득의 절반 이상이 농업에서 창출되는 상황을 감안하면 농업분야의 국제개발협력은 이들 국가의 기아해소와 빈곤감소에 직접적인 기여를 한다. 세계은행이 2008년 발간한 『발전을 위한

---

13) 한국은 1953년에서 1961년까지 미국으로부터 1인당 연간 약 65달러(2005년 기준 환산치)의 원조를 받았다. 1990년대 말까지 한국이 받은 모든 해외원조를 현재가치로 환산하면 600억 달러(약 70조 원)에 이른다.

14) UN이 권고하는 원조규모는 GNI의 0.7% 수준이며, 소수의 국가만이 자국 GNI의 0.7% 이상을 원조로 제공하고 있다. 제프리 색스(2005)는 모든 선진국들이 GNI의 0.7%를 개도국에 대한 원조로 제공한다면 MDGs의 8개 목표가 충분히 달성될 수 있다고 지적하였다. 이에 많은 선진국들은 개발원조를 2010년에 GNI의 0.5%, 2015년에는 GNI의 0.7%까지 인상키로 약속했지만 대부분 지켜지지 않았다.

표 20-4 한국의 농림수산 분야 개발원조 추이(단위: 억 원)

구 분	2013	2014	2015	2016	2017	2018
유·무상 양자원조 총액	14,255	15,423	16,828	19,479	21,301	23,876
농림수산 분야 금액 (비중)	855 (6.0%)	1,029 (6.7%)	834 (5.0%)	1,571 (8.1%)	2,119 (9.9%)	1,766 (7.4%)
구분	2019	2020	2021	2022	2023	2024
유·무상 양자원조 총액	24,939	27,750	28,817	32,199	36,738	51,282
농림수산 분야 금액 (비중)	2,209 (8.9%)	2,734 (9.9%)	2,497 (8.7%)	2,398 (7.4%)	2,550 (6.9%)	2,928 (5.7%)

주: 유·무상 양자원조 확정액 기준.
자료: 각 연도별 국제개발협력위원회의 국제개발협력 종합시행계획(안).

농업』에 따르면, 개도국에서 농업 GDP가 1% 성장하면 빈곤층 소득은 30% 개선될 정도로 농업의 성장은 중·저소득국가 경제에 매우 중요한 역할을 한다. 한편, 전세계 빈곤인구 중 70%가 거주하고 있는 농촌의 교육, 보건·위생, 모성보호 등 기초수요의 부족은 그 자체로 농촌 빈곤을 악화시키고 있다. 가령, 농촌의 열악한 교육여건은 저학력·저숙련 노동으로 이어지고, 고소득 직업으로의 이동 기회를 제약함으로써 저소득의 악순환이 지속되고 있다.15) 더욱이 중·저소득국가 중에서 인구가 많은 아시아 국가들과 인구가 급증하는 사하라 이남 아프리카 국가들에서는 농촌인구가 늘면서 농촌에서 취업 및 수입 기회가 더욱 감소하고 있기 때문에, 농촌인프라 구축, 농기업 육성 등의 농촌지역 개발사업을 통한 농촌의 취업기회를 확대할 수 있는 개발원조에 대한 수요도 커지고 있다. 이렇듯 국제기구와 주요 선진국들은 농업이 핵심 성장동력은 아니지만 중·저소득국가의 산업전환기에 농업·농산업·농촌의 발전이 경제성장의 기반이 된다는 점을 인식하고 있다. 따라서 인도적 차원의 식량원조 외에 중·저소득국가의 농업경쟁력을 강화하고 생계농업을 넘어 고부가가치 산업으로의 전환을 위한 농업부문 투자와 기술협력을 지속하며 사회적 유동성을 증대시켜 농촌사회의 구조적 변화를 유도하는 것을 개발원조의 목적으로 삼고 있다.

〈표 20-4〉에 나타난 것처럼 한국의 개발원조에서 농림수산 분야가 차지하는 비중은 해마다 차이가 있지만 꾸준히 중점분야로 꼽히고 있다. 이는 국제기구를 통한 다자원조를 제외한 수치로, 유상원조는 한국수출입은행 대외경제협력기금(EDCF)이 전담하고

---

15) 국제농업개발기금(IFAD)에 따르면, 전세계 빈곤인구 중 70%가 농촌에 거주하고 있다(2010, Rural Poverty Report).

무상원조는 한국국제협력단(KOICA)과 농림축산식품부가 주요 사업의 시행기관이다. KOICA는 주로 인적자원개발을 위한 교육·연수 프로그램이나 농업소득, 농업인프라, 사회복지 등이 종합적으로 시행되는 농촌개발사업을 주관하고 있다. 농촌진흥청은 농업기술 개발과 이전을 목적으로 해외농업기술개발사업(KOPIA)을 추진하고 있으며, 농어촌공사도 농업기반시설 구축을 중심으로 국제개발협력 사업에 참여하고 있다.

농림수산업의 비중이 높은 중·저소득국가의 특성상 농림수산 분야는 국제개발협력에서 중요한 분야이며 점차 지역개발, 과학기술, 교육, 보건, 환경 등 다양한 분야와 통합적으로 다뤄지고 있는 추세이다. 한국은 농업 중심의 경제에서 성공적인 경제 구조 전환과 고도성장을 이룬 경험과 전통적인 농업 기술뿐만 아니라 ICT 기반 스마트팜 및 디지털 농업 등 뛰어난 농업 기술을 보유하고 있다. 따라서 이를 기반으로 다른 국제개발협력 공여국과는 차별화된 농업 분야 국제개발협력 전략으로 중·저소득국가의 지속가능하고 환경친화적인 농업 및 농촌 개발에 기여할 수 있는 강점을 지니고 있다. 또한 현지의 특성과 수요를 고려하고 단순히 생산성 향상뿐만 아니라 생산−가공/수확후관리−저장/유통−판매/소비 등 농업 가치사슬 전반에 걸친 통합적 개발협력모델을 통해 높은 부가가치와 새로운 시장을 창출할 수 있는 농업 분야 국제개발협력 전략이 요구된다.

2 해외농업개발

해외농업개발은 자본재인 해외의 토지나 농업생산시설을 매입하여 농산물을 직접 생산, 판매할 목적으로 추진되는 해외직접투자이다. 비농업분야에서의 해외직접투자는 천연자원을 기반으로 하는 광업이나 아웃소싱 또는 오프쇼어링이[16] 효과적인 제조업과 서비스업의 다국적기업들에 의해 주로 이루어진다. 이러한 해외직접투자의 동기는 첫째, 더 높은 수익을 얻고 위험을 분산하기 위해서다. 특히, 고유 생산기술과 경영능력을 보유한 기업들은 해외에서도 이를 직접 통제하기를 원하며, 수출보다도 현지생산이 더 효율적인 경우 해외직접투자를 선호하게 된다. 둘째, 원자재의 지속적인 공급을 보장함으로써 생산과 판매가 안정적으로 유지될 수 있기 때문이다. 셋째, 무역 시 수반되는 관세나 비관세장벽을 피하거나 투자유치국의 보조나 지원을 활용하기 위해서다. 식품과 유

---

16) 아웃소싱(outsourcing)은 한 기업이 생산비를 절감하기 위해 국내 또는 해외의 다른 기업으로부터 원재료나 부품을 구입하는 것을 말하며, 오프쇼어링(offshoring)은 한 기업이 완제품 생산이나 일부 부품 생산을 위해 해외로 설비를 이전하거나 자체 공장을 설립하는 것을 말한다.

통, 종자, 농약, 비료, 농기계 등 농업의 전후방 연관산업에 종사하는 다국적기업들은 상기 세 가지 목적에서 해외직접투자에 적극적으로 나서고 있다.

반면, 토지 부존도가 낮은 농산물 순수입국의 경우 해외농업개발은 식량안보의 목적과 식품 원료의 안정적인 확보를 목적으로 추진되며 정부의 정책적인 지원이 수반된다. 이러한 해외 농업개발은 2007~2008년의 식량위기에 따른 국제곡물가격의 급등과 일부 수출국의 곡물 수출제한조치를 겪으면서 식량자급도가 낮은 수입국에서 정책적으로 장려되고 있다. 해외농업개발의 대상국들은 토지 부존도가 높지만 개발되지 않은 토지가 많고, 농업생산기반이 상대적으로 미흡한 상태이기 때문에 이러한 투자유치에 적극적이다. 더욱이 투자유치국의 국내 곡물생산이 늘어남과 동시에 선진 영농기술과 생산 및 유통 관련 기반시설의 확충에 따른 파급효과도 기대할 수 있기 때문이다.

〈그림 20-3〉과 같이 2000년대 후반부터 국제곡물가격의 변동성이 높아지고 있는 이유는 곡물시장의 수급여건이 과거에 비해 더 불안정해졌기 때문이다. 수요 측면을 보면, 중국을 포함한 주요 중·저소득국가들의 인구증가와 경제성장에 따라 곡물의 수요가 지속적으로 증가하고 있다. 특히, 이들 국가에서 축산물 소비가 빠르게 증가하면서 곡물의 사료용 수요가 급증하게 되었다. 공급 측면에서는 농업생산성이 과거에 비해 빠르게 향상되지 않으면서 곡물증산 속도가 수요증가 속도에 미치지 못하고 있는 데다, 대체에너지 수요확대에 따라 주요 곡물수출국에서는 바이오에너지용 작물 생산으로 전환이 많이 이루어지고 있다. 더욱이 기후변화가 지속되면서 곡물생산의 불안정성도 커지고 있다.

한국도 이러한 국제곡물시장의 변동성 확대에 대응하여 식량안보 강화를 위해

그림 20-3 국제곡물 가격동향(1972~2024)(단위: 달러/톤)

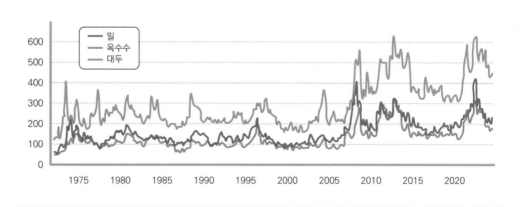

자료: 한국농촌경제연구원 해외곡물시장정보(www.krei.re.kr:18181/new_sub01).

표 20-5 한국의 해외농업개발 기업 현황(2021년)

국가	신고법인 수	활동법인 수	개발면적(ha)	생산·유통(톤)	반입량(톤)
전체(32개국)	214	68	294,342	2,154,929	633,975
러시아	17	10	24,287	49,038	22,038
중국	31	8	572	18,639	180
미얀마	6	5	50,460	194,492	−
캄보디아	38	12	4,471	17,548	177
인도네시아	21	5	54,547	976,360	−
우크라이나	3	1	73,853	351,000	87,000
미국	5	1	75,519	523,000	523,000
브라질	4	3	1,220	357	−
기타	89	23	9,413	24,495	1,580

주: 기타국가는 몽골, 베트남, 필리핀, 라오스, 카자흐스탄, 칠레, 호주, 우간다, 콩고 등을 포함함.
자료: 제4차 해외농업자원개발 종합계획(2023-2027).

2008년에 "해외농업개발 10개년 기본계획"[17]을 수립하고 2009년부터 농림축산식품부 주관으로 해외농업개발 사업을 지원하고 있다. 현재 제4차 해외농업자원개발 종합계획 (2023-2027)을 수립하여 주요 곡물 및 수입의존도가 높은 농산물의 안정적 해외공급망 확보와 국내반입 역량 강화를 목표로 밀, 콩, 옥수수, 오일팜(식용유), 카사바(전분) 등 전 략품목의 해외 확보량을 2021년 208만톤에서 2027년까지 600만톤으로 늘리고, 해외농 업자원 개발면적을 2021년 29만ha에서 2027년까지 50만ha로 확대하며, 2021년 7개소인 1만ha 이상 영농기반 및 대형 유통·가공 시설을 2027년까지 11개소 확보하려는 계획을 세우고 있다. 이를 위해 정부는 민간 사업자가 해외 농업자원의 구매, 저장·가공·운송·판 매 등에 필요한 자금을 융자하고, 해외진출 시 필요한 농업투자환경조사, 인력양성 및 기술지원과 관련된 비용을 보조하고 있다.

〈표 20-5〉는 최근 우리나라의 해외농업개발 기업 현황을 보여주고 있다. 2021년을 기준으로 총 214개 법인(206개 기업)이 해외농업개발을 신고하고 이 중 68개 법인(62개 기업)이 32개 국가에서 활동을 하고 있다. 다만, 68개 활동 법인 중에서 1만ha 이상 대규 모 농장이나 대형유통시설 등 대규모 공급 기반을 갖춘 법인은 7개에 불과하여 식량안

---

17) 2012년 「해외농업개발기본법」이 제정되고, 이 법이 2015년 「해외농업·산림자원개발협력법」으로 개정되면서 정부는 해외농업자원개발에 관한 종합계획을 5년 단위로 수립하도록 하였다. 이에 따 라 정부는 제1차 해외농업개발 10개년 기본계획(2009-2018), 제2차 해외농업개발 종합계획 (2012-2021), 제3차 해외농업자원개발 종합계획(2018-2022), 제4차 해외농업자원개발 종합계획 (2023-2027)을 수립하였다.

보를 위한 비상시 국내 반입을 위해서는 전문성 있는 대규모 기업의 유통·가공 등 공급 기반 분야 진출이 필요하다. 또한, 2018년부터 2022년 사이에 해외농업개발을 위해 해외에 진출한 법인은 20개국에 50개 법인에 이르지만 주로 동남아시아(28개 법인), 중국(6개 법인), 러시아(4개 법인)에 집중되어 있어 전쟁이나 이상 기후 등으로 인한 지역 리스크에 기반한 공급망 불안정 문제가 우려된다.

2021년 기준 해외에서 개발된 면적은 29만 4,342ha 규모이며, 이를 통해 확보된 농산물은 약 215만 톤에 달하고, 국내 반입량은 약 63만 톤이다(표 20-5 참조). 하지만, 이렇게 확보된 농산물 중 곡물류는 40% 이상 국내 반입되고 있으나 비곡물류(열대과일, 채소, 오일팜, 카사바 등)의 국내 반입은 전무한 수준이다. 이렇게 국내 반입실적이 저조한 원인은 다음과 같다. 우선, 해외에 진출한 많은 기업들이 생산여건, 투입재, 인력, 수확후 관리, 물류 및 유통, 소비시장 등 가치사슬 전반에 대한 고려가 부족한 측면이 있다. 이로 인해 저조한 수익성과 자금난을 겪게 되면서 다수의 기업들이 기존 개발계획을 축소·중단하거나 보류하는 경우가 많았다. 특히, 진출한 국가의 열악한 물류시설과 무역 인프라로 인해 국내 반입비용이 매우 높아져서 대부분의 기업들은 생산량을 현지판매 또는 인접국으로의 수출로 전환하는 경우가 많았다. 다른 이유는 수입곡물을 원료로 사용하는 제분, 제당, 식용유, 라면 등의 식품 대기업들이 투자위험이 상대적으로 높은 해외농업개발에 참여하지 않으면서 중소기업이나 개인사업체 위주로 해외농업개발이 이루어지고 있다는 점이다. 이는 국내 해당 산업의 독과점구조와도 관련이 있다. 국제곡물가격이 급등하더라도 이를 소비자에게 대부분 전가함으로써 일정한 이윤이 보장되는 시장구조 하에서는 원료곡물을 수입하여 가공해 판매하는 기존의 방식을 탈피할 유인이 적기 때문이다.[18]

한국은 연간 1,700만톤의 곡물을 수입하는 세계 7위 곡물 수입국이다. 2021년 기준 식량 자급률은 44.4%, 곡물자급률은 20.9%로 1980년대 이후 지속적으로 하락 추세에 있다. 가공용 식품원료의 수입의존도 역시 약 68%로 높으며, 특히 곡류, 두류, 전분류, 당류, 식용유지류, 커피 등의 품목은 수입의존도가 80%가 넘는다. 또한, 기후변화와 원자재 가격 상승 등으로 최근 국제 농산물 가격의 변동성이 커지고, 미-중 무역 갈등과

---

18) 또한, 미국으로부터 원료를 수입하는 식품기업들은 미국의 상품신용공사(CCC; Commodity Credit Corporation) 제공하는 수출신용보증을 활용함으로써 추가적인 혜택을 얻을 수 있다. 미국은 1980년 이래로 자국 농산물의 수출을 촉진하기 위해 해외 수입업체가 미국산 농산물을 구입하는 경우 상환 기간이 최소 90일에서 최장 2년에 이르는 저리의 수출신용보증(GSM-102)을 제공하고 있다. 수입업체는 장기간의 결제조건과 낮은 이자율을 통해 간접적으로 자금지원을 받게 되는 셈이다.

경제성장과 빈곤, 그리고 농업[19]

경제가 성장하면서 많은 국가에서 경제의 중심이 농업에서 비농업 부문으로 전환되어왔다. 하지만 여전히 경제성장에 있어 농업의 역할에 대한 논쟁이 활발하게 이루어지고 있다. 앞에서 살펴본 바와 같이 초기의 경제성장모형들은 농업을 비생산적인 부문으로 간주하고, 농업부문에서 제조업부문으로 노동력과 자원을 이전하는 것이 경제성장에 필수적이라고 보았다. 이러한 견해는 농촌이 아닌 도시 중심의 개발을 촉진하는 원동력이 되기도 하였다. 반면, 농업이 경제성장 초기 단계에서 중요한 역할을 하고 비농업 부문의 성장에도 기여하는 등 농업부문에 대한 투자와 정책이 국가 전체 경제 성장에 기여할 수 있다는 견해도 존재한다. 특히, 크리스디엔센, 데머리, 쿨(2011)은 농업이 경제성장에 있어 중요한 역할을 할 뿐만 아니라 빈곤 감소에도 효과적으로 기여함을 다각도로 분석하였다.

농업은 중·저소득국가의 성장에 중요한 원동력으로 작용한다. 특히, 1970~1980년대의 녹색혁명(Green Revolution)은 과학기술의 도입을 통해 전통적인 농업이 현대적이고 빠르게 성장하는 부문으로 전환된 사례를 보여준다. 또한, 농업부문의 성장은 비농업부문의 성장도 촉진시키며 국가 전체 경제성장에 긍정적인 영향을 미친다. 농업 생산성이 향상되면 농촌 지역의 소득이 증가하고, 이는 소비 증가로 이어져 비농업 부문의 성장을 촉진한다. 아시아와 사하라 이남 아프리카 지역에서 이러한 승수효과가 크게 나타난다.

또한 농업은 빈곤 감소에도 효과적인 기여를 한다. 특히, 농업부문은 가장 빈곤한 계층의 빈곤 감소에 있어 더 효과적이며, 자원이 풍부한 저소득국가들에서 비농업부문에 비해 최대 3.2배 더 효과적인 것으로 나타났다. 일반적으로 농업부문은 저소득 가구의 주요 생계수단이기 때문에 농업부문의 성장은 저소득층의 소득 증가로 이어진다. 따라서 농업부문의 성장 속도가 비농업부문에 비해 느리기는 하지만 농업

---

19) 본 내용은 크리스디엔센, 데머리, 쿨(Christiaensen, L., L. Demery, and J. Kuhl, "The (Exvelolving) Role of Agriculture in Poverty Reduction−An Empirical Perspective," *Journal of Development Economics*, 2011, 96: 239−254.)의 연구를 기반으로 작성하였음.

부문의 성장이 빈곤층에 미치는 영향은 매우 크게 나타난다. 이는 농업이 비농업부문보다 빈곤 감소에 더 효과적임을 의미한다. 농업부문이 전체 경제에서 차지하는 비중이 클수록 농업 성장의 빈곤감소 효과는 더 크게 나타난다.

결론적으로 농업은 경제성장 초기 단계에 중요한 성장동력의 역할을 할 뿐만 아니라 점차 그 역할이 진화하였다. 과학기술의 발전으로 농업이 그 자체로 경제성장의 중요한 부분이 될 수 있음을 보여주었다. 또한, 농업의 성장은 비농업부문의 성장에 기여하고 빈곤감소에도 중요한 역할을 한다. 특히, 농업부문의 성장은 농촌 빈곤층의 생활수준을 크게 향상시킨다. 따라서, 농업부문에 대한 적절한 투자와 정책지원은 경제성장과 빈곤감소를 동시에 달성할 수 있는 중요한 요소로 경제 전반에 걸친 포용적 성장을 가능하게 한다.

러시아─우크라이나 전쟁, 중동 지역의 군사충돌 등으로 인한 물류 위기로 식량안보와 해외농업자원개발에 대한 관심이 증가하고 있다. 따라서, 진출 지역과 공급 기반을 다변화한 해외농업자원개발을 통해 해외에서의 생산·유통 능력 및 공급망을 점진적으로 확보해 놓을 필요가 있다. 또한, 식량안보 측면 외에도 해외농업개발은 국내 농업기술인력을 활용하고, 농업의 전후방연관 산업에서 새로운 고용 및 소득을 창출하는 기회를 제공하며, 가치사슬 및 시장 연계를 통해 동반성장할 수 있는 비즈니스모델로 활용할 수 있다. 아울러 투자유치국과의 농업개발협력과 상품교역이 활성화되는 계기가 되고 이를 통해 양국 간 경제·외교적 관계를 한층 공고히 할 수 있다.

01 한 국가의 총 자본보유량이 $5억이고, GDP가 $1억이라고 가정하자.

  (1) 이 국가의 순국민저축액이 $0.05억이라면 해로드-도마 성장모형을 사용하여 이 국가의 경제성장률을 구하라.

  (2) 이 국가의 순국민저축액이 $0.05억이고 해외원조를 통해 $0.1억이 자본으로 유입되었다면 이 국가의 경제성장률은 얼마인가?

02 제7장의 해리스-토다로 인구이동모형과 본장의 2부문 모형들이 구조면에서 어떤 차이가 있으며, 인구이동에 대한 결론부문이 어떤 차이를 가지는지를 설명해보라.

03 우리 농업부문에서 조정실패에 해당되는 현실을 찾을 수 있으면 설명을 해보라.

04 전통적 산업인 농업과 근대적 공업의 2중구조 해소를 통한 경제발전론에 대해 조사해보라.

05 농업발전을 신고전학파의 균형이론이 아니라 갈등이론을 통해서 설명하라.

06 한 선진국(i)에서는 지난 20년 동안 30개 개도국(j)을 대상으로 추진해 온 개발원조의 성과를 파악하기 위해 다음과 같은 두 가지 실증분석을 실시한다고 하자.

$$\ln X_{ij} = \alpha + \beta_1 \ln Y_i Y_j + \beta_2 \ln d_{ij} + \beta_3 \ln A_{ij} + \epsilon$$
$$\ln Y_j = \gamma + \delta_1 \ln L_j + \delta_2 \ln K_j + \delta_3 A_{ij} + \epsilon$$

첫 번째 식의 X_{ij}는 i국의 j국으로의 수출, Y은 각국의 국민총생산(GDP), d_{ij}는 양국 간 거리, A_{ij}는 i국이 j국에 제공한 개발원조를 나타내는 변수이다. 두 번째 식의 L_j과 K_j는 각각 j국의 노동투입과 자본투입을 나타내는 변수이며, ϵ는 오차항(error term)이다.

(1) 추정계수 β_3와 δ_3가 의미하는 바는 무엇인가?

(2) 계량분석 결과, β_3는 통계적으로 유의하지 않은 반면, δ_3는 통계적으로 유의하며 양(+)의 값을 가진 것으로 나타나, i국 정부는 앞으로 개발원조 규모를 축소해 나가기로 방침을 정하였다. i국의 이러한 방침이 합리적 근거에 의해서 이루어진 것인지, 그리고 정책방향이 타당한 것인지를 평가해 보라.

07 국내 및 진출대상국에 미치는 경제적 효과, 성과와 한계 측면을 고려하여, 해외농업개발과 해외자원개발의 유사점과 차이점을 제시해 보라.

CHAPTER 03

06 (1) 한계효용은 $MU_A = 2AM, \ MU_M = A^2$

$\dfrac{MU_A}{MU_M} = \dfrac{2AM}{A^2} = \dfrac{2M}{A} = \dfrac{P_A}{P_M} = \dfrac{8}{2} = 4,$ 따라서 $2M = 4A$

이를 예산선에 대입하면 A = 20, M = 40

이때의 효용수준은 $U = A^2M = (20)^2 40 = 16,000$임.

(2) 사과가격이 P_A로 변하고, 우유가격 8천 원으로 증가 후 새로운 예산선은

$240 = P_A A + 8M,$ 즉 $M = -\dfrac{P_A A}{8} + 30$임.

효용극대화 조건에 따라

$\dfrac{MU_A}{MU_M} = \dfrac{2AM}{A^2} = \dfrac{2M}{A} = \dfrac{P_A}{P_M} = \dfrac{P_A}{8},$ 즉 $P_A A = 16M$

이를 새로운 예산선에 대입하면 M = 10

효용수준이 그대로 유지되어야 하므로

$U = A^2M = A^2(10) = 16,000$이며 A = 40

새로운 예산선에 A = 40, M = 10을 대입하면 $P_A = 4$

07 〈그림 3-4〉에서 볼 수 있듯이 쇠고기 가격에 대한 가격소비곡선은 수평으로 표현된다. 이는 돼지고기 소비량이 쇠고기 가격변화와 상관없이 동일하다는 의미로 수요의 가격탄력성이 1인 경우에 나타난다.

CHAPTER 04

04 (1)

생산량	TC	TFC	TVC	AVC	ATC	MC
0	100	100	0	0	0	0
100	150	100	50	0.50	1.50	0.5
200	250	100	150	0.75	1.25	1
300	400	100	300	1.00	1.33	1.5
400	600	100	500	1.25	1.50	2
500	900	100	800	1.60	1.80	3
600	1,300	100	1,200	2.00	2.17	4

(2) 450

06 (1) 10K

(2) 10K

(3) 특정한 K수준에서 노동의 한계수확은 일정하다.

07 $\dfrac{MP_L}{MP_K} = \dfrac{100K}{100L} = \dfrac{w}{r} = \dfrac{30}{120}$ 이므로 $L = 4K$임. 이를 생산함수에 대입하면

$1,000 = 100(K)(4K)$가 되어 K=1.58가 되고 L=6.32임.

총비용은 $30(6.32) + 120(1.58) = 379.2$만원임.

08 (1) $\dfrac{MP_L}{MP_K} = \dfrac{1}{2L^{0.5}} = \dfrac{w}{r} = \dfrac{1}{50}$, $L^{0.5} = 25$, $L = 25^2$이므로 등비용선에 대입하면

$10 = K + L^{0.5} = K + 25$이 되어 $K = -15$임. 즉, 자본을 사용하지 않는다.

(2) $\dfrac{MP_L}{MP_K} = \dfrac{1}{2L^{0.5}} = \dfrac{w}{r} = \dfrac{1}{r}$, $L^{0.5} = \dfrac{r}{2}$임. 이를 등비용선에 대입하면

$10 = K + L^{0.5} = K + \dfrac{r}{2}$이므로 $K = 10 - \dfrac{r}{2} > 0$인 r의 범위는 $r < 20$임.

(3) (1)에서처럼 $L = 25^2$이므로 $q = K + L^{0.5} = K + 25$가 되어 $K = q - 25 > 0$이므로 $q > 25$임.

CHAPTER 05

01 수요곡선: $P = 10 - \dfrac{Q}{10}$, 공급곡선: $P = \dfrac{Q}{10}$. 균형: $(Q_C, P_C) = (50, 5)$.

소비자잉여와 생산자잉여: $CS = \dfrac{1}{2} \times (10 - 5) \times 50 = 125$,

$PS = \dfrac{1}{2} \times (5 - 0) \times 50 = 125$. 지지가격이 6일 때 생산량은 60, 만간소비량은 40,

정부수매량 20. 〈그림 5-3〉에서의 면적: $A = 1 \times 40 = 40$, $B = \dfrac{1}{2} \times 1 \times 10 = 5$,

$C = \dfrac{1}{2} \times 1 \times 10 = 5$, $D = \dfrac{1}{2} \times 1 \times 20 = 10$, $E = \dfrac{1}{2} \times 2 \times 10 = 10$,

$F = 6 \times (60 - 40) - (B + C + D + E) = 120 - 30 = 90$.

05 힌트: 이들 경우에는 가격이 낮을 때 구매하여 높을 때 판매하는 방식을 통해 달성하는 안정화가격이 두 가지 작황 상황에서 형성되는 두 시장가격 P_1, P_2의 평균과 다를 수 있다.

06 생산자의 한계비용곡선(혹은 공급곡선)과 소비자의 수요곡선이 모두 상향 이동할 경우 형성되는 새로운 균형을 찾아서 논의를 진행한다.

CHAPTER 06

01 수요의 가격탄력성: $-\dfrac{1}{E_D} = \dfrac{200 - 25}{200}$ 로부터 -1.14. $P = a + bQ$,

$TR = aQ + bQ^2$, $MR = a + 2bQ$, $MR = MC$조건: $a + 2bQ = 25$, 이를 독점균형조건 $P = a + bQ$ 및 $Q = 100$과 결합하여 $a = 375$, $b = -1.75$ 도출. **독점균형**: $(Q_M, P_M) = (100, 200)$, **완전경쟁시장균형**: $(Q_C, P_C) = (200, 25)$. **사회적 손실**: 〈그림 6-1〉의 면적 $B = \dfrac{1}{2}(P_M - P_C)(Q_C - Q_M) = 8750$, 면적 $C = 0$.

03 $MR_B = 70 - 0.001Q_B$, $MR_P = 20 - 0.0004Q_P$. $MR_B = MC = 10$으로부터 $Q_B = 60,000$, $MR_P = MC = 10$으로부터 $Q_P = 25,000$,

$$P_B = 70 - 0.0005 \times 60000 = 40, \ P_P = 20 - 0.0002 \times 25000 = 15$$

05 $F = \dfrac{1}{2}(6-P)(6-P),$

$\pi = 2F + (P-2)(10 - P + 6 - P) = (6-P)^2 + (P-2)(16-2P)$

$= 36 - 12P + P^2 + 20P - 2P^2 - 32, \ \dfrac{\Delta \pi}{\Delta P} = -2P + 8 = 0, \ P = 4$

06 두 판매자의 전략적 관계가 무한히 반복될 경우에는 여러 전략을 사용할 수 있다. 한 예로 지금까지 두 판매자 모두 높은 가격(=20,000원)을 적용해 왔으면 이번에도 그렇게 하지만 어느 한 쪽이라도 낮은 가격(=15,000원)을 적용한 적이 있으면 이번에도 낮은 가격으로 판매할 수 있다. 만약 현재까지 둘 다 높은 가격으로 판매했다면 A가 이번에도 높은 가격으로 판매하면 지금부터 미래까지 얻는 이윤의 할인합은 $\displaystyle\sum_{t=0}^{\infty} 100 \delta^t = \dfrac{100}{1-\delta}$이지만, 이를 어기고 낮은 가격으로 판매하면 다음부터는 A와 B 모두 낮은 가격으로 판매할 수밖에 없어 이윤이 $130 + \displaystyle\sum_{t=1}^{\infty} 70 \delta^t = 130 + \dfrac{70\delta}{(1-\delta)}$로 바뀐다. 따라서 δ가 0.5 이상이면 두 판매자는 지속적으로 높은 가격에 판매하려 한다.

07 $Q(P,A)$는 판매량이며, 가격과 광고비 지출액 모두의 영향을 받는다. 이윤 $\pi = PQ(P,A) - C(Q(P,A)) - A$를 최대로 하는 가격 P와 광고비 A를 판매자가 선택한다. 이윤을 이 두 변수로 각각 미분한 것을 0으로 만든 뒤 결합하면 $\dfrac{A}{PQ} = -\dfrac{\epsilon_A}{\epsilon_P}$가 도출된다. 여기에서 $\epsilon_A = \dfrac{\Delta Q}{\Delta A}\dfrac{A}{Q}$로서 수요의 광고탄력성이고, $\epsilon_P = \dfrac{\Delta Q}{\Delta P}\dfrac{P}{Q}$로서 수요의 가격탄력성이다. 따라서 수요가 가격에 대해 비탄력적이고 또한 광고에 민감한 상품일수록 매출액에서 광고비가 차지하는 비중이 크다.

CHAPTER 07

03 생산함수: $Q = 3\sqrt{X} = 3X^{\frac{1}{2}}$, 한계생산: $MP_X = \dfrac{dQ}{dX} = \dfrac{3}{2}X^{\left(\frac{1}{2}-1\right)} = \dfrac{3}{2}\dfrac{1}{\sqrt{X}}$

한계생산가치: $VMP_X = MP_X \times (\text{쌀 판매가격}) = \dfrac{3}{2}\dfrac{a}{\sqrt{X}}$

$VMP_X = b$일 때 X에 관해 정리하면: $\dfrac{3}{2}\dfrac{a}{\sqrt{X}} = b \Leftrightarrow \dfrac{3}{2}\dfrac{a}{b} = \sqrt{X} \Leftrightarrow X^* = \dfrac{9a^2}{4b^2}$

07 (1) 이중차분법을 적용하려면 처치집단과 통제집단이 가능한 유사한 집단을 선정해야 한다. 따라서 마을 A와 마을 B는 인구 규모, 자연 환경, 면적, 작물 재배 등 경제 활동, 인근 지역 오염 상황 등 최대한 유사한 두 마을을 선정하여야 한다. 정책 수혜받는 집단이 처치집단, 받지 않는 집단이 통제집단이므로 마을 A가 통제집단이고 마을 B가 처치집단이다.

(2) 표에 나온 직불제 시행 후 마을 B의 미세먼지 농도 15는 관측된 농도이지, 정책이 없었을 경우 처치집단의 반사실적(counterfactual) 농도가 아니다. 평행추세가정에 따르면 시간 경과에 따라 통제집단의 성과 차이가 처치집단의 성과 차이와 같아야 하므로 통제집단인 마을 A의 직불제 시행 전후 차이인 20-10＝10은 처치집단인 마을 B에도 동일하게 적용되어야 한다. 시행 전 마을 B의 농도가 20이므로 평행추세가정에 따라 시행 후에는 20＋10＝30이 될 것이다.

(3) 이중차분법을 적용하면 다음과 같다.
통제집단(마을 A)의 시행 전후 차이: 20-10＝10
처치집단(마을 B)의 시행 전후 차이: 27-20＝7
집단 간 차이의 차이: $(27-20) - (20-10) = 7-10 = -3$
즉, 친환경농업직불제 시행으로 미세먼지 농도가 $3\mu g/m^3$ 줄었다고 평가할 수 있다.

CHAPTER 12

01 [농업혁명 1.0: 전통적 농업] → [농업혁명 2.0: 기계화] → [농업혁명 3.0: 자동화] → [농업혁명 4.0: 정보기술] → [농업혁명 5.0: 스마트 농업]

02 [농업생산기술]: 번식기술, 경작기술, 토양개선기술, 병충해 예방기술
[농업관리기술]: 작부체계조정, 농산물 시장 특성, 정부정책, 농업시설관리
[농업서비스기술]: 농업생산정보, 농업환경정보

03 고전학파, 신성장학파, 슘페터와 기술혁신이론, 전환이론

04 기술주도 모델, 수요견인 모델, 상호작용 모델, 공급자주도 모델(또는 사용자주도 모델)

05

공급곡선이 완전탄력적이면 공급곡선은 수평으로 수요곡선이 완전비탄력적이면 수요곡선은 수직인 오른쪽의 형태가 된다. 이때 기술진보가 이뤄지면 비용 절감은 발생하지만 공급곡선 자체의 이동이 발생하지 않는다. 따라서 생산량과 가격 변화는 발생하지 않는다.

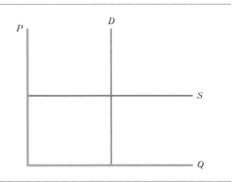

06

기술진보로 나타나는 고정비용 절감과 가변비용 절감의 차이는 다음과 같다.

	고정비용 절감	가변비용 절감
평균비용	하향이동	하향이동
한계비용	변화 없음	하향이동
규모의 경제 최적규모	줄어듦	범위 확대
최적 생산량	변화 없음	증가
가격	변화 없음	하락

07 (1) 독점기업이 이윤극대화를 위한 최적 생산량과 가격을 구하시오.

독점기업의 이윤극대화 조건이 $MR = MC$이다. MR을 구하기 위해서는 총수입곡선 TR을 먼저 구해야 한다. $TR = P * Q = 200Q - 2Q$가 된다. 총수입곡선을 미분해 MR을 구하면 $MR = 200 - 4Q$이 된다. $MC = 20 + 2Q$이므로 이를 연립해서 풀면 $200 - 4Q = 20 + 2Q$가 되며 이때 Q=30이 된다. 이를 수요곡선에 대입해서 풀면 $P = 140$이 된다.

(2) 이때 독점기업의 이윤과 소비자 잉여를 구하시오.

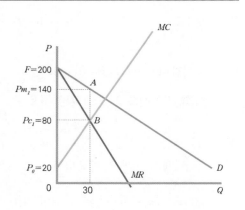

(1)의 상황은 아래의 오른쪽 그림과 같이 나타낼 수 있다. 독점이윤 □ ABP_0P_{m1}을 얻고 소비자 잉여는 △ FAP_{m1}을 얻는다.

독점이윤 $=$ □ ABP_0P_{m1}이므로 $(60 \times 30) + (60 \times 30 \times 1/2) = 1,200 + 900 = 2,100$이 된다.

소비자 잉여는 $60 \times 30 \times 1/2 = 90$이 된다.

(3) 독점기업이 신기술을 도입해 $MC = 20 + Q$로 변했을 때 독점기업의 이윤과 소비자잉여를 구하시오.

신기술 도입으로 인해 비용곡선이 변한 경우 최적생산량과 가격은 $(P, Q) = (128, 36)$이 된다.

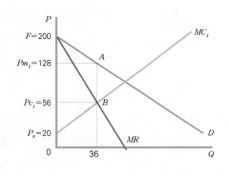

비용곡선의 변화로 인해 오른쪽 그림과 같이 균형이 바뀐다. 이때

독점이윤 $=$ □ ABP_0P_{m1}이므로 $(72 \times 36) + (36 \times 36 \times 1/2) = 2,592 + 648 = 3,240$이 된다.

소비자 잉여는 $72 \times 30 \times 1/2 = 1,080$이 된다.

08 A: 시장접근법
B: 수익접근법
C: 비용접근법
D: 로열티 공제법

CHAPTER 15

01 $MAC = MD \Leftrightarrow 12 - 2e = 4e \Leftrightarrow e^* = 2$

02 총저감비용: $TAC = (6-2) \times 8 \times \dfrac{1}{2} = 16$, 총피해: $TD = 2 \times 8 \times \dfrac{1}{2} = 8$

사회 전체적으로 초래되는 비용 $= TAC + TD = 16 + 8 = 24$.

03 (1) 제한 없이 솔벤트를 수요하려 함(즉, 반도체를 생산하려 함).
이때의 솔벤트 배출량을 e_P로 표시하면, $P = -2e + 32 = 0 \Leftrightarrow e_P = 16$

(2) 솔벤트 수요(D)와 한계피해(MD)의 교점에서 결정됨. 최적의 솔벤트 배출량을 e^*로 표시하면: $-2e + 32 = 11 + e \Leftrightarrow e^* = 7$

(3) $e^* = 7$을 솔벤트 수요(D)나 한계피해(MD)에 대입하여 계산함. 대응하는 가격을 P^*라 표시하면: $P^* = 11 + e^* = 11 + 7 \Leftrightarrow P^* = 18$

(4) **반도체 공장이 얻는 최종이득**: $e^* = 7$까지의 총편익 + 양어장으로부터 받는 금액
$= (32 + 18) \times 7 \times \dfrac{1}{2} + (16 - 7) \times 18 = 175 + 162 = 337$

올갱이 양식장이 얻는 최종손실: $e^* = 7$까지의 총피해 + 반도체 공장에 주는 금액
$= (11 + 18) \times 7 \times \dfrac{1}{2} + (16 - 7) \times 18 = \dfrac{29 \times 7}{2} + 9 \times 18 = \dfrac{203}{2} + 162$
$= 101.5 + 162 = 263.5$

04 (1) 사적 수요 $D_P : P = 50 - 2Q$
한계비용이 곧 공급함수 S이므로, $S(= MC): P = 10 + 2Q^2$
시장균형: $D_P = S(= MC): 50 - 2Q = 10 + 2Q^2$
$\qquad\qquad \Leftrightarrow Q^2 + Q - 20 = (Q+5)(Q-4) = 0$
$Q = -5$ 또는 $Q = 4$가 나오지만 벌꿀 양은 경제변수로 $Q \geq 0$이므로
$Q_P = 4$
균형가격은 균형수량 $Q_P = 4$를 수요나 공급에 넣으면 됨:
$P_P = 50 - 2Q_P \Leftrightarrow P_P = 42$

(2) 사과농가에게 벌꿀당 20의 가치가 있으므로 사회 전체의 수요는 사적 수요

D_P보다 20만큼 높아짐. 사회적(social) 수요를 D_S라 표현하면,

$D_S : P = (50 - 2Q) + 20 = 70 - 2Q$

사회적으로 최적인 수량은 사회적 수요와 공급이 일치하는 $D_S = S$에서

결정됨: $70 - 2Q = 10 + 2Q^2 \Leftrightarrow Q^2 + Q - 30 = (Q + 6)(Q - 5) = 0$

$Q = -6$ 또는 $Q = 5$이지만 $Q \geq 0$이므로 $Q^* = 5$

05 (1) 두 구간으로 나누어짐.

① $0 \leq Q < 2$일 때, $P = -3Q + 8$ ② $Q \geq 2$일 때, $P = -Q + 4$

(2) (굴절된) 사회 전체의 수요곡선과 공급곡선(=한계비용)과의 교점을 구하면 됨.

$P = -3Q + 8$과 $P = 2Q$가 만날 때 균형이 구해짐:

$-3Q + 8 = 2Q \Leftrightarrow Q^* = \dfrac{8}{5}$

(3) 공공재의 특성을 고려하지 않을 때,

수요자 1이 수요하는 양: $4 - Q_1 = 2Q_1 \Leftrightarrow Q_1 = \dfrac{4}{3}$

수요자 2가 수요하는 양: $4 - 2Q_2 = 2Q_2 \Leftrightarrow Q_2 = 1$

공공재의 특성을 고려한다면 수요자 2가 대가를 지불하고 $Q_2 = 1$만큼 수요할

때 수요자 1은 특별한 대가를 지불하지 않고 1만큼을 공짜로 수요: $\dfrac{4}{3} - 1 = \dfrac{1}{3}$

따라서 시장 전체에 공급되는 총량은 수요자 1, 2로부터 $1 + \dfrac{1}{3} = \dfrac{4}{3}$

06 (1) 오염 규제 없을 때 총 배출량: $4 + 4 = 8$

목표로 하는 전체 저감량: $8/2 = 4 \Leftrightarrow a_1 + a_2 = 4 \ldots$(i)

등한계원칙: $MAC_1 = MAC_2 \Leftrightarrow 20a_1 = 10a_2 + 5 \Leftrightarrow 20a_1 - 10a_2 = 5$

$\Leftrightarrow 4a_1 - 2a_2 = 1 \ldots$(ii)

(i)과 (ii)를 연립해서 풀이하면 $\begin{matrix} a_1 + a_2 = 4 \\ 4a_1 - 2a_2 = 1 \end{matrix} \Leftrightarrow \begin{matrix} 2a_1 + 2a_2 = 8 \\ 4a_1 - 2a_2 = 1 \end{matrix}$

$\Leftrightarrow a_1^* = \dfrac{3}{2}, \ a_2^* = \dfrac{5}{2}$

(2) 최소화되는 저감비용은 최적 오염물질 배출량에서 도출

공장 1의 총저감비용은 아래 그림에서 면적 d: $TAC_1 = \dfrac{3}{2} \times 30 \times \dfrac{1}{2} = \dfrac{45}{2}$

공장 2의 총저감비용은

아래 그림에서 면적 e: $TAC_2 = \dfrac{5}{2} \times (30 + 5) \times \dfrac{1}{2} = \dfrac{175}{4}$

최소화되는 저감비용은

등한계원칙에서 도출된 $TAC_1 + TAC_2 = \dfrac{45}{2} + \dfrac{175}{4} = \dfrac{265}{4}$

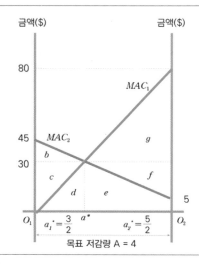

07 **06**번에서 이어짐.

(1) $a_1^* = \dfrac{3}{2}$ 을 $MAC_1 = 20a_1$에 대입 혹은 $a_2^* = \dfrac{5}{2}$를 $MAC_2 = 10a_2 + 5$에 대입:

부과금 = 30

(2) 환경 당국 수입 = 부과금 × (저감하지 않은 배출량)

공장 1 납부금: $30 \times \left(4 - \dfrac{3}{2}\right) = 75$

공장 2 납부금: $30 \times \left(4 - \dfrac{5}{2}\right) = 45$

환경 당국 수입: 75 + 45 = 120

CHAPTER 16

01 $PV(3$억 원$)= \dfrac{3억 원}{(1+0.05)^{10}} \simeq 184,173,976.$

02   순편익: $NB(Q)= TB(Q)- TC(Q)$, 한계순편익: $MNB(Q)= MB(Q)- MC(Q)$

이 문제에서 t기의 한계순편익: $MNB_t(Q_t)= a-bQ_t-c$

$t=0$기의 한계순편익: $MNB_0(Q_0)= a-bQ_0-c$

$t=1$기의 한계순편익: $MNB_1(\overline{Q}-Q_0)= a-b(\overline{Q}-Q_0)-c$

동태효율성 달성 조건: $MNB_0(Q_0)= \dfrac{MNB_1(Q_1)}{(1+r)}$

$$\Leftrightarrow \; a-bQ_0-c = \dfrac{a-b(\overline{Q}-Q_0)-c}{(1+r)}$$

동태최적량 Q_0^*는 동태효율성 달성 조건을 Q_0에 관해 정리하면,

$$(1+r)(a-bQ_0-c)= a-b(\overline{Q}-Q_0)-c \;\Leftrightarrow\; Q_0^*= \dfrac{b\overline{Q}+r(a-c)}{(2+r)b}$$

동태최적량 Q_1^*는 앞 서 구한 Q_0^*를 제약식 $Q_0+Q_1=\overline{Q}$에 넣어
Q_1에 관해 정리하면,

$$Q_1^*= \dfrac{(1+r)b\overline{Q}-r(a-c)}{(2+r)b}$$

03   (1) $R(X)=0 \;\Leftrightarrow\; X^2-60X= X(X-60)=0 \;\Leftrightarrow\; X=0$ 또는 $X=60$. $X=0$은
최소생존개체수(멸종임계자원량)에 해당하고 $X=60$이 최대환경수용능력임.

(2) $R(X)$가 최대로 하게 하는 X^*를 찾음: $R'(X)=-0.2X+6=0 \;\Leftrightarrow\; X^*=30$
$X^*=30$을 $R(X)$에 넣었을 때
재생량이 MSY: $R(30)=-0.1\times 30^2+6\times 30=90$

04   (1) $X_3= X_0-(C_0+C_1+C_2)= 40,000-(0+2,000+3,800)= 34,200.$

(2) $X_5= X_0- \displaystyle\sum_{s=0}^{4}(C_s-D_s)= 4,000$
$-\{(0+2,000+3,800+5,000+5,000)-(0+0+0+15,000+8,000)\}= 47,200$

06   (1) $N_0= \dfrac{1500}{5+295e^{-0.9\times 0}}= \dfrac{1500}{5+295\times 1}= \dfrac{1500}{300}=5$

(2) 로지스틱 성장 모형 $N_t = \dfrac{N_0 K}{N_0 + (K - N_0)e^{-rt}}$ 에서 6-1)의

$N_0 = 5$를 대입하면

$N_t = \dfrac{1500}{5 + 295e^{-0.9t}} = \dfrac{5K}{5 + (K-5)e^{-0.9t}}$ 이고 $1500 = 5K$이므로 $K = 300$

(3) 자연환경의 수용능력에 한계가 있기 때문에 개체 수 증가율이 초기에는 증가하다가 점차 감소하면서 전체 개체 수가 증가

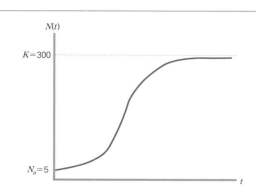

CHAPTER 17

03

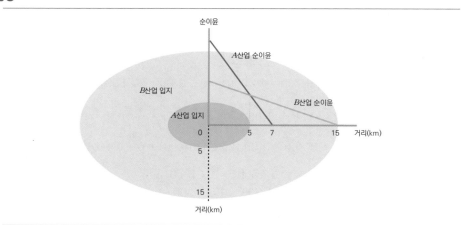

04

$$A\text{지역 } Y\text{산업의 입지계수} = \cfrac{\cfrac{A\text{지역 } Y\text{산업고용자수}}{Y\text{산업 고용자수}}}{\cfrac{A\text{지역 고용자수}}{\text{전지역 고용자수}}} = \cfrac{\cfrac{100}{160}}{\cfrac{200}{400}} = 1.25$$

B지역 X산업의 입지계수 $= 1.17$

06 경제기반승수(T/B)를 계산하면,

$$1/(1-n) = \cfrac{1}{1 - \cfrac{4}{5}} = 5\text{이므로 총고용증가는 } 2{,}500\text{명}$$

07 투입계수행렬을 A라고 하면,

$$A = \begin{bmatrix} 0.1 & 0.15 & 0.1 \\ 0.3 & 0.25 & 0.2 \\ 0.1 & 0.1 & 0.2 \end{bmatrix}, \quad I - A = \begin{bmatrix} 0.9 & -0.15 & -0.1 \\ -0.3 & 0.75 & -0.2 \\ -0.1 & -0.1 & 0.8 \end{bmatrix}$$

각 산업의 산출액을 x, y, z라고 하면, $\begin{bmatrix} 0.9 & -0.15 & -0.1 \\ -0.3 & 0.75 & -0.2 \\ -0.1 & -0.1 & 0.8 \end{bmatrix} \begin{bmatrix} x \\ y \\ z \end{bmatrix} = \begin{bmatrix} 60 \\ 120 \\ 60 \end{bmatrix}$

$x = 120, \ y = 240, \ z = 120$

CHAPTER 18

01 ② ③ ④ ⑥ ⑧

02 ② ④

03 ① ③

04 (1) H국의 요소부존도: K/L＝150/250, K/SL＝150/100,
　　　　　　　　　　　 K/UL＝150/150, SL/UL＝100/150

　　F국의 요소부존도: K/L＝120/140, K/SL＝120/40,
　　　　　　　　　　　 K/UL＝120/100, SL/UL＝40/100

H국은 노동이 상대적으로 풍부한데, 그 중에서도 숙련노동이 풍부한 반면, F국은 자본이 상대적으로 풍부하고 노동 중에서는 비숙련 노동이 풍부함. 따라서 H국은 숙련노동을 집약적으로 사용하는 첨단산업에, F국은 자본을 집약적으로 사용하는 제조업에 각각 비교우위를 가짐.

(2) H국에서는 수출산업인 첨단산업에 종사하는 숙련노동자의 실질보수가 증가하고 수입경쟁산업인 제조업에 종사하는 비숙련노동자의 실질보수는 감소하게 됨. 산업 간 이동이 가능한 자본의 실질보수는 불분명함. F국에서는 반대의 상황이 발생함.

(3) H국 비숙련노동자의 실질보수는 증가하고, F국 비숙련노동자의 실질보수는 감소함. 만약, F국도 보복 차원에서 유사한 보호조치를 취하게 되면 F국 숙련노동자의 실질보수는 증가하고, H국 숙련노동자의 실질보수는 감소할 것임.

(4) 생산요소의 국제적 이동이 가능할 경우, 실질보수가 높은 국가로 해당 생산요소가 이동할 것이므로 자국 비숙련노동자의 실질보수를 높이기 위한 무역제한조치는 아무 효과를 거두지 못함(즉, H−O 이론의 요소가격균등화 정리는 무의미해 짐).

05 ③ ④

CHAPTER 19

02 FTA 이전에는 P_{ROW}^T와 S, D가 교차하는 점에서 생산과 소비가 결정되지만, FTA 이후에는 P_{FTA}^T와 S, D가 교차하는 점에서 생산과 소비가 결정됨.
수입전환효과: $D_1 - S_1$ (ROW→FTA)
수입창출효과: $S_1 - S_2$ (국내생산 대체) $+ D_2 - D_1$ (가격하락에 따른 수입증가)

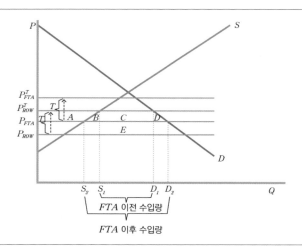

05 수입포도가 국산 딸기에 미치는 영향을 알기 위해서는 서로 다른 재화 간의 소비대체가 발생했는지를 파악할 수 있는 분석이 필요함. 수입포도에 대한 딸기 수요의 대체탄력성의 크기에 따라 딸기 수요곡선이 좌측으로 어느 정도 이동하는지를 가늠할 수 있으며, 아래 그림과 같이 딸기시장의 가격하락 폭도 추정할 수 있음(포도 수입은 대국인 상황을 표현함).

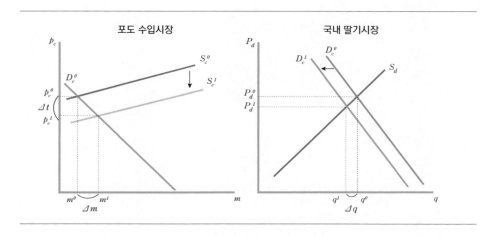

06 과수나 축산 품목의 국내시장에서 FTA 관세감축에 따른 세계가격 하락과, 소득증가 및 기호변화에 따른 수요증감, 그리고 FTA 투융자사업에 따른 국내 생산증가가 동시에 진행될 경우, 생산자잉여가 감소할 수 있는 상황을 고려

농축산물 수입이 증가하는 가운데 수급조절 의무가 없는 개별 경영체에 대한 시설현대화 지원은 해당 품목의 잦은 공급과잉을 유발할 수 있기 때문에 출하조절이 가능한 품목조직에 참여하는 농업인으로 시설현대화사업의 지원대상을 한정하는 것이 바람직할 수 있음.

CHAPTER 20

01 (1) 1% (2) 3%

06 (1) β_3 는 공여국 입장에서 원조의 효과성, δ_3 는 수원국 입장에서 개발의 효과성을 나타냄.

(2) 첫 번째 식의 경우, i국의 수출에 미치는 다양한 요인들이 충분히 고려되지 않았을 수 있음. 국제개발원조에 관한 정책방향은 보다 장기적인 관점에서, 그리고 비경제적인 측면에 대한 고려도 중요함.

INDEX
영문

marketing 171, 183

marketing channel 175

marketing margin 178

marketing mix 187

mark-up 122

material balance approach
  344

maximum sustainable yield,
  MSY 389

minimum requirement
  location quotient 407

minimum viable population
  388

monopoly power 121

monopsony 124

Most Favored Nation
  Treatment: MFN 456

N

National Treatment 456

natural capital 369

natural carrying capacity 388

natural resource 369

NBP 230

negative externality 351

net buying price 230

net capital outflow, NCO
  428

net growth function 376

net selling price 225

neutral progress 278

new trade theory 437

non-excludability 349

nonlinear pricing 128

non-renewable resources
  373

non-rivarly 349

non-tariff barriers, NTBs 453

non-tariff measures, NTMs
  453

normal good 62

NSP 225

O

official development
  assistance, ODA 489

open-access resources 348

opportunity cost 75

options 233

P

parallel trends assumption
  165

perfect hedge 227

perfect price discrimation 127

physical distribution 171

plant genetic resources for
  food and agriculture,
  PGRFA 349

positive externality 351

PPI 305

premium 233

present value 378

price consumption curve 62

price discovery 173

price discrimination 126

price effect 60

price elasticity of demand 121

price support 104

primary activities 207

private negotiation 359

producer surplus 102

product form 97

production curve 69

production function 275

production possibilities curve
  88

public goods 349

put option 233

Q

quotas 445

R

randomized controlled trial,
  RCT 163

recyclable resources 375

regional social account 405

renewable energy 160

renewable resources 373

reserve 371

revenue 83

risk 212

S

scarcity 370

scarcity rent 382

Schaefer model 387

SCP 188

seasonality 173

short hedge 224

short-run 70

저자소개

권오상(權五祥, Kwon, Oh Sang)

서울대학교 농경제학과 졸업(경제학사)
서울대학교 농경제학과 대학원 졸업(경제학 석사)
University of Maryland at College Park 대학원 졸업(농업 및 자원경제학 박사)
한국농촌경제연구원 근무(책임연구원)
현 서울대학교 농경제사회학부 농업·자원경제학전공 교수
전공분야: 자원·환경경제학, 생산경제학, 기후변화의 경제학

김성훈(金成勳, Kim, Sounghun)

서울대학교 농경제학과 졸업(경제학사)
서울대학교 농경제학과 대학원 졸업(경제학 석사)
미국 Purdue university 대학원 졸업(농업경제학 박사)
한국농촌경제연구원 근무(부연구위원)
현 충남대학교 농업경제학과 교수
전공분야: 농산물 유통, 식품산업 분석, 농식품 수출

김승규(金承奎, Kim, Seung Gyu)

고려대학교 식품자원경제학과 졸업(경제학사)
University of Tennessee, Knoxville 대학원 졸업(농업자원경제학 석사)
University of Tennessee, Knoxville 대학원 졸업(자연자원경제학 박사)
USDA, Economic Research Service 근무(Research Economist)
현 경북대학교 식품자원경제학과 교수
전공분야: 자원·환경경제학, 공간경제분석, 농업정책

김태영(金兌泳, Kim, Taeyoung)

성균관대학교 경제학부 졸업(경제학사)
성균관대학교 농업경제학과 대학원 졸업(경제학 석사)
Oregon State University 대학원 졸업(응용경제학 박사)
University of Tennessee(Post-doctoral Research Associate)
한국농촌경제연구원 근무
현 경상국립대학교 식품자원경제학과 교수
전공분야: 환경경제학, 농업환경 및 기후변화, 기술경제학

문한필(文漢弼, Moon, Hanpil)

서울대학교 농경제학과 졸업(경제학사)
서울대학교 농경제학과 대학원 졸업(경제학 석사)
Oregon State University 대학원 졸업(응용경제학 박사)
한국농촌경제연구원 근무(연구위원)
현 전남대학교 농업경제학과 부교수
전공분야: 농산물 무역, 농업통상 및 국제협력

유도일(劉道一, Yoo, Do-il)

서울대학교 농경제사회학부 졸업(경제학사)
서울대학교 농경제사회학부 대학원 졸업(경제학 석사)
University of Wisconsin-Madison 대학원 졸업(농업 및 응용경제학 박사)
삼성경제연구소 근무(수석연구원)
충북대학교 농업경제학과 근무(조교수 및 부교수)
현 서울대학교 농경제사회학부 농업·자원경제학전공 부교수
전공분야: 농업 및 응용경제학, 자원·환경경제학, 기술경제학(ICT, BT, 디지털 농식품경제학)

윤병삼(尹炳三, Yoon, Byung Sam)

서울대학교 농경제학과 졸업(경제학사)
고려대학교 경영대학원 졸업(경영학 석사)
Oklahoma State University 대학원 졸업(농업경제학 박사)
동양선물(주), (사)한국선물협회 근무
현 충북대학교 농업경제학과 교수
전공분야: 농식품 유통, 농산물 선물·옵션, 농산물 무역

이병훈(李秉勳, Lee, Byoung-Hoon)

강원대학교 농업자원경제학과 졸업(경제학사)
고려대학교 식품자원경제학과 대학원 졸업(경제학 석사)
Oklahoma State University 대학원 졸업(농경제학 박사)
한국농촌경제연구원 근무(연구위원)
현 강원대학교 농업자원경제학과 부교수
전공분야: 농업구조, 농업통상, 농업경영

이종욱(李種旭, Lee, Jongwook)

서울대학교 인류학과 졸업(문학사/인류학)
University of Maryland 졸업(이학사/수학, 문학사/경제학)
University of Chicago 대학원 졸업(통계학 석사)
University of Minnesota 대학원 졸업(응용경제학 박사)
University of Minnesota 근무(Research Professional)
Harvard University 근무(Research Fellow)
현 서울대학교 농경제사회학부 조교수
전공분야: 개발경제학, 효과성평가

장재봉(張宰鳳, Chang, Jae Bong)

성균관대학교 농업경제학과 졸업(경제학사)
서울대학교 농경제사회학부 대학원졸업(경제학 석사)
Oklahoma State University 대학원졸업(농업경제학 박사)
Oklahoma State University 근무(Post-doctoral Research Associate)
한국농촌경제연구원 근무(부연구위원)
영남대학교 식품자원경제학과 근무(교수)
현 건국대학교 식품유통공학과 교수
전공분야: 농식품경제학, 식품소비, 실험경제학

정원호(鄭源虎, Chung, Wonho)

고려대학교 농업경제학과 졸업(경제학사)
University of Minnesota 대학원졸업(농업경제학 석사)
University of Minnesota 대학원졸업(응용경제학 박사)
한국산업은행 근무(파생상품딜러, 과장)
미국 US Bank 근무(신용위험분석가, Vice President)
한국농촌경제연구원 근무(부연구위원)
현 부산대학교 식품자원경제학과 교수
전공분야: 농업정책, 농업금융, 농업경영

제2판
농·식품경제원론

초판발행	2018년 2월 9일
제2판발행	2024년 9월 10일
지은이	권오상·김성훈·김승규·김태영·문한필 유도일·윤병삼·이병훈·이종욱·장재봉·정원호
펴낸이	안종만·안상준
편 집	전채린
기획/마케팅	최동인
표지디자인	이수빈
제 작	고철민·김원표
펴낸곳	(주)박영사
	서울특별시 금천구 가산디지털2로 53, 210호(가산동, 한라시그마밸리)
	등록 1959. 3. 11. 제300-1959-1호(倫)
전 화	02)733-6771
f a x	02)736-4818
e-mail	pys@pybook.co.kr
homepage	www.pybook.co.kr
ISBN	979-11-303-2125-7 93320

copyright©권오상 외, 2024, Printed in Korea

정 가   35,000원